复旦大学新闻传播与媒介化社会研究
国家哲学社会科学创新基地成果丛书

童兵 / 主编

张晓锋 费雯俪 屠沂星 王震宇 / 副主编

# 中国新闻传播学研究
# 最新报告
## （2019）

复旦大学出版社

# 前　言

掐指算来,这是我主编《中国新闻传播学研究最新报告》的第 14 部。从 2006 年编撰出版第一部报告到今年编完 2019 年卷,共计 14 部。这其中,2006 年是开编之年,我在这首卷的"前言"中讲述了编撰报告的几个缘由。

第一,复旦大学新闻传播与媒介化社会研究国家哲学社会科学创新基地建立后,我被任命为基地首任主任,很想将全国高校系统新闻传播学科学术研究的进展情况和主要学术成果做一些收集、整理和分析,一年出一本,以检阅占全国该学科研究和成果都达到 80% 的这支队伍,展示他们的研究成果。

第二,教育部社科司从 2005 年起,每年召集哲学社会科学十余个学科的部分专家,编撰中国高校哲学社会科学研究蓝皮书。我作为新闻传播学科的专家代表也有幸参与其中。这部蓝皮书由于篇幅的限制,每个学科只收入 1 万—2 万字的报告,只能简略而难以充分地展示这个学科研究的繁荣状况和丰硕成果。

第三,从 2004 年开始,在开展复旦大学新闻学院博士课程"新闻传播学前沿"的教学时,我每年都要求选修这门课的同学就本年度新闻传播学研究的一个方面,写出综述报告。多数同学的这份作业写得十分认真,收集大量资料,分析也较到位,很有推广价值。事实上,不少新闻学术期刊也认识到这些作品的价值,其中的一些综述报告已在学术期刊上发表。

基于以上三个缘由,在学院领导的支持和基地同仁的努力下,在选修这门课的同学的辛苦操作下,首卷得以问世。各位读者看到的 2019 年卷,已经是第 14 卷了。

学逢其时,书逢其时。2019 年卷梳理分析总结的是 2018 年新闻传播学学科建设和学术发展的情况和成果,而 2018 年对新闻传播学来说,是值得大书而特书的一年。因为这一年,是以北京大学新闻学研究会成立 100 年为标志的中国新闻学问世且不断取得进展的 100 年。中国新闻学从无到有,从被不少人认为"新闻无学"到当今新闻学被视为"显学初现",这实在是值得大书特书的 100 年,是新闻学不断向着深刻、广阔发展的 100 年。又因为这一年,正值共产主义事业和马克思主义奠基人马克思 200 周年华诞,马克思和恩格斯的新闻学说以及马克思主义新闻观是中国新闻学立足之本,是这门现代学科的灵魂,不少学人推出了自己的力作和新的成果。还因为这一年,是中国改革开放 40 周年,许多在改革开放伊始攻读新闻硕士学位的年轻人已步入不惑之年,作为中国新闻学研究"国家队"的中国社会科学院新闻与传播研究所也迎来创办 40 周年的喜庆之年,这些机构和数以千计的研究者不仅以喜悦的心情迎来了学术的 40 年大庆,而且有相当实力贡献自己丰硕的研究成果。

基于以上三个方面的时代机遇,2019 年卷的内容,将纪念马克思 200 周年华诞和北京大学新闻学研究会成立 100 周年列为重点。论文的遴选则重点放在回顾新闻学科发展和学习马克思新闻思想和马克思主义新闻观上,以充分展示马克思对发展新闻思想和马克思主义新闻学的重大贡献。可惜的是,平心而论,2018 年发表的具有代表性和标志性的这方面内容的论文数量较为有限。这也说明新闻传播学的科学研究工作还需要不断加强。

同传统的做法一样,这部最新报告的撰写、编辑和出版,主要由复旦大学 2018 级全体博士研究生在研修我主持的"新闻传播学前沿"课程的基础上,本着理论联系实际、既动脑又动手的原则,通过集体努力完成。出于全面呈现 2018 年新闻传播学研究总体面貌的需要,有的博士研究生一个人承担了两个方面的研究与写作,此外还邀请了几位校外研究者参与撰稿。同往年一样,南京师范大学新闻与传播学院院长张晓峰教授依然在繁忙的教学与社会工作之余,又一次承担了 2018 年全国高校新闻院系主持召开的新闻传播学学术会议概况和 2018 年新闻传播类学术著作和教材出版概况的统计、梳理和撰写工作。

在本卷最新报告即将付梓的时候,要向本卷报告的全体作者和几位副主编表示衷心的感谢。同时,也向一如既往支持编撰出版最新报告的复旦大学新闻学院、复旦大学马克思主义新闻观教学与研究基地和复旦大学新闻传播与媒介化社会研究国家哲学社会科学创新基地,以及复旦大学出版社的领导和责任编辑、张晓峰教授和黄裕峰副教授,表达我和副主编们的感激之情。

最后,要向各位报告,由于工作安排的变动,这第 14 卷最新报告是我的挂印之作。从 2020 年卷,即第 15 卷最新报告开始,将由张涛甫和马凌两位教授担任主编,由他们带领作者们完成新一卷最新报告的编务。因为从这一学期(2019—2020 学年第一学期)开始,我的"新闻传播学前沿"已由张涛甫、马凌两位教授担纲任教了。

最后,请允许我作为主编讲过去常讲的几句话:我国新闻传播学学术刊物太多,高校的学报太多,每年发表的新闻传播学的论文太多,涉及的作者,包括学术大家太多,尽管我一再嘱咐每位撰稿人要对当年发表的论文进行"地毯式检索",相信仍难以避免疏漏少数学者的少数重要论文。由于水平有限,对一些观点的归纳提炼也未必准确。如果出现这类情况,则应由主编负主要责任,并向作者表示深深的歉意。真诚期待广大读者,尤其是新闻传播学科的专家学者,对本卷最新报告提出宝贵的批评和建议。

童　兵

2019 年 9 月 30 日

# 目　录

## 第一部分　总　报　告

## 第二部分　马克思诞辰 200 周年与改革开放 40 年

## 第三部分　新 闻 学 研 究

## 第四部分　传 播 学 研 究

## 第五部分　视听传播与编辑出版研究

## 第六部分　新媒体、媒介融合、广告、公关与文化创意产业研究

## 第七部分　台湾地区新闻传播学研究

# 第一部分　总　报　告

# 中国高校新闻传播学研究报告(2019)

同往年一样,2019 年卷的中国高校新闻传播学研究报告,检索、梳理和报告的是 2018 年中国高校新闻传播学研究工作者的研究课题、项目、论文、著作、教材的出版和发表情况,以及这一年由高校新闻传播学专业主持召开的国内外重大学术会议。

## 一、2018 年三件大事的研究

2018 年中国新闻传播教育界有三件大事:一是北京大学新闻学研究会建会 100 周年,中国新闻学从无到有、从小到大,走过了一条曲折、艰难、有效和新闻学术不断深化的道路;二是无产阶级伟大导师和马克思主义新闻思想奠基人马克思诞辰 200 周年纪念;三是中国伟大的改革开放事业展开 40 周年。学者们围绕这三件大事,开了一系列会,发表了许多论文,成为 2018 年中国新闻传播学研究的一个突出的亮点。

### 1. 北京大学新闻学研究会百年回顾和意义

1918 年 10 月 14 日,北京大学新闻研究会正式成立,被戈公振在《中国报学史》中称为"中国报业教育之发端"。及至 2018 年,中国新闻教育和新闻学研究届满 100 周年。

有学者考证,北京大学新闻学研究会成立前后,曾有"一字之添"的过程。研究会成立大会宣布的是"北京大学新闻研究会"。校长蔡元培亲拟新闻研究会简章八条,发表在《北京大学日刊》上。简章大意是:北京大学新闻研究会的宗旨是"灌输新闻知识,培养新闻人才"。研究内容共六项:新闻的范围、采集、编辑、选题、新闻通信法、新闻纸与通讯社的组织。四个月之后,即 1919 年 2 月 19 日,由于参加研究会人员日增,决定改组,并修改研究会简章,将研究会宗旨改为"研究新闻学理,增长新闻经验,以谋新闻事业之发展"。同时,决定将"北京大学新闻研究会"改名为"北京大学新闻学研究会",即变"新闻"为"新闻学"。其实,在此之前,蔡元培看到中国新闻纸发展日新月异,但全恃经验,就表示出一种担忧:"苟不济之以学理,则进步殆亦有限。"对此种变动,有学者指出,"这一字之添,实大有讲究"。这充分表明,在中国新闻学研究起步之初,就有了理论的自觉和对新闻学理的追求。蔡元培率先在北京大学举办新闻学研究会,便是借用北京大学的资源,开中国新闻学研究之先河[①]。

北京大学新闻学研究不仅开创了寻求新闻学理的传统,而且以具体的新闻课程和新闻教材为中国新闻学开创了新的功绩和新的成果。有学者指出,北京大学新闻学研究会的第一位大师徐宝璜,也同时开创了中国新闻教育的新纪元。"他参与创办了中国第一个新闻传播教育团体——北京大学新

---

① 参见童兵:《中国新闻学研究百年回望》,《中国社会科学报》2018 年 12 月 25 日。

闻学研究会,组织出版了中国第一份新闻学刊物《新闻周刊》,编撰了中国第一本国人自撰的新闻学教材及专著《新闻学》,开设了第一门新闻学课程,主持了中国第一个四年制大学新闻系——平民大学新闻学系,设计了中国第一个四年制大学新闻传播教育方案。徐宝璜成为百年中国新闻传播教育的奠基人、拓荒者。他确立的新闻传播教育传统和《新闻学》等宝贵遗产,仍将在新闻传播教育中发挥重要作用。"①

### 2. 马克思诞辰 200 周年和马克思新闻思想研究

2018 年是马克思诞辰 200 周年。回望马克思主义百年来的发展,学者们已经得出共识,那就是马克思主义是人类思想史上的一场革命,革命意味着范式的转变。

有学者指出,作为一门新兴的、正在蓬勃发展的新闻传播学科,在百年来的发展历程中不断受到马克思主义及其学术思潮的深刻影响,在中国主要体现为三个线索:一是马克思主义新闻观及马克思主义中国化及其传播的研究;二是顺着西方马克思主义学说而发展的传播政治经济学;三是马克思主义的批判传统与传播研究中的批判和文化取向结合,形成具有传播视角的文化批判和文化研究。在互联网、新技术快速发展的语境之下,这三条线索都与时俱进,结合新的社会现实发生着变化,而这一点在马克思诞辰 200 周年之际也同样得以彰显。

一些学者对马克思主义新闻观的形成和发展进行了梳理和回顾。有学者指出,在马克思主义新闻观的具体而长期的发展历程中,马克思和恩格斯共同做了该理论的奠基工作;之后,由苏联共产党时期的列宁、斯大林,以及苏联新闻工作者继承和发展;最后,中国共产党对马克思主义新闻观进行了大范围的发扬,毛泽东就是其中最为重要的领导人之一。

一些学者对马克思主义新闻观的内涵进行了仔细和深入的探讨,其中的重点是新闻真实性、党性与人民性、报刊的使命观。有学者指出,有机的报刊运动是马克思对新闻真实及其运作特征的论证。顺着这一思路,当代中国马克思主义新闻真实性,在坚持"事实真实"这个根本观点、"过程真实"(有机的报刊运动)这个实现方式的观念外,其明确的典型特征是强调新闻真实的统一性,即"统一真实"。这样的真实观念,实质上要求新闻传媒要反映、呈现出一定社会在一定时空范围内主导的、主流的真实面貌,能够引导人们正确而全面地认识一定社会的整体情况。

有学者从新闻学术史和思想史的演进中探寻党性和人民性关系争议产生的缘由指出,延安时期的党性是以马克思主义中国化的理论与实践为基础,核心是马克思主义及其阶级论基础上的无产阶级政治,其中天然蕴含着人民性,党性和人民性本是一体;与无产阶级党性相对的,乃是资产阶级、小资产阶级的"独立性"。相对于"党性与独立性"的矛盾对立关系,"党性与人民性"在延安时期的新闻界,经过整风运动和《解放时报》改版,无论理论还是实践均已作为一致的、统一的整体而得到广泛认同。还有学者指出,党性和人民性的有机统一是坚持群众路线的要求。群众路线是马克思主义新闻观的灵魂。按照马克思主义基本原理,人民群众是创造社会历史的主体,是推动历史前进的真正动力。从马克思主义群众观的理论思想看,马克思主义的群众观坚持"人民群众是创造社会历史的主体"这一基本前提;从中国革命和社会主义建设的实践来看,中国共产党的利益与人民的利益是一致

---

① 参见邓绍根:《百年奠基:论徐宝璜新闻传播教育的历史贡献和遗产》,《出版发行研究》2018 年第 10 期。

的。另有学者指出,马克思的报刊使命观是马克思主义新闻观的重要组成部分。马克思把充当人民的耳目喉舌作为报刊的重要使命,作为新闻记者的社会担当。马克思提出"人民报刊"理念,主张创办人民报刊。报刊必须站在人民群众的立场上,不偏袒和不惧怕政府、书报检查当局和官方报刊的压力;敢于为人民利益呐喊,无畏地说出人民的愿望和要求,努力使这一愿望和要求成为社会舆论,坚定地同人民站在一起,为人民利益和权利抗争,学会并善于用人民自己的语言说话,能够在日常报道中抒发人民群众的真情实感。

### 3. 改革开放 40 年和中国新闻传播学的发展

2018 年,中国新闻传播学界和业界对改革开放 40 年和中国新闻传播学发展的相关议论展开了充分研讨。1978 年,中国社会科学院成立新闻与传播研究所,新闻传播学正式被纳入国家层面的学科规划范畴。改革开放 40 年来,新闻传播学是我国哲学社会科学领域中发展速度最快、受扶持力度最大、地位提升最明显的学科之一。学者方汉奇指出,社会科学院新闻与传播研究所是中国新闻学研究的"国家队"。"国家队"不是散兵游勇,是力量的整合,代表和实践国家性的研究和部署。40 年来,研究所无论在新闻研究资料的收集整理方面,还是在培养新闻研究骨干人才方面,都发挥着不容低估的作用。

学者柳斌杰指出,改革开放 40 年来,我国在新闻、舆论、传播、媒体四个方面取得了突出的成绩,也发生了深刻的变化。中国新闻研究与改革开放的进程相适应,旗帜鲜明地坚持党的原则和正确的舆论导向,坚定不移地改革过时的观念、阻碍发展的体制和落后的管理制度,提出了"三贴近"、"走转改"等转变作风的措施,也提出了真实、准确、客观、及时、公开、透明的新闻报道方针,改变了过去一些封闭守成的做法。在当前一网天下、多点齐发的新闻传播大变局下,确立了包容开放、打造新型主流媒体、融合发展的思路,实现了与世界的共同进步。学者赵玉明指出,2018 年是中国新闻教育创办100 周年,也是我国新闻学专业研究生教育开办 40 周年。新闻研究所的成立和招中文研究生可以说是改革开放时期中国新闻教育大发展的标志性起点。40 年来,新闻学专业研究教育有了极大的发展,在教育层次上从硕士研究生发展到博士生教育,从单一的新闻学科发展为新闻传播学一级学科。目前已有 700 多所开办新闻传播本科教育的高校,开办研究生教育的院校和科研单位数以百计,其中新闻传播学一级学科点有 26 所高校,在职教师和在校学生人数远非 40 年前可比。

学者们从新闻理论的探讨争鸣、中国特色新闻学研究、中国传播学的引进及本土化、广播电视学和广告学的独立发展四个方面,梳理了改革开放 40 年同新闻传播学发展的轨迹和特点。

有学者指出,社会语境是新闻理论研究的重要影响因素。不同历史时期有不同的政治、经济和文化环境,由此也产生了对新闻的不同认识。新闻观念的变迁,是在社会政治、经济和文化变化的过程中不断发生的。他们将中国新闻观念的演变过程归纳为四个时期:1978 年到 1982 年是新闻真实观念的确立期;1983 年到 1991 年是新闻信息功能观念的引入期;1992 年到 2000 年是新闻"二元"性质观念的形成期;2001 年到 2018 年是新闻观念逐渐转向开放多元的时期。总体来说,这 40 年新闻观念经历了"正本清源—服务社会—双重属性—讲好故事"四个阶段。

有学者从研究对象、研究主体、研究方法和研究成果四个方面详尽地总结了新闻理论研究的当代中国特征。研究对象方面,新闻理论研究以"中国事实"为基础,以解决中国问题为导向,这一研究导向不仅适应于中国社会的特殊需要,还是世界新闻理论研究中独具一格的重要组成部分。研究主题方面,从事新闻理论研究的学者和科研人员,绝大多数内嵌于中国的地域环境、文化圈层和社会结构,其行为方式、思维习惯乃至语言表达无时无刻不体现着中国元素、中国文化和中国特征。研究方法方面,中国新闻理论研究经历着由单一的方法向多元的方法演进的历程,亦即由马克思主义的思辨传统向人文思辨与经验实证并存的方向转变,研究方法背后也深受中国文化因素的影响。研究成果方面,新闻理论研究有较大发展,马克思主义新闻思想研究成果丰硕,总体上呈现出以中国新闻现象为主、以外国新闻现象为辅的结构性特征。

有学者指出,中国新闻学研究40年沿着建设中国特色传播学目标迈进的脉络,深深嵌入改革开放进程大背景之中。我国传播学界长期以来围绕传播学本土化持续不断地展开。还有学者认为,这40年中传播学理论和传媒业务大致经历了"传播模式"、"定量分析"等世界传播学先进理念成为新闻传播教育的重要内容的历程。在实践中,从技术细节、美学观念到专业主义播种,中国传媒在中外交流碰撞中,逐渐掌握了和世界沟通的"词汇"和"语法",成为伴随中国走向世界舞台的"同期声"。如今,传播学已经发展成为由多个分支组成的学科,政治传播、国际传播、健康传播、城市传播、时尚传播、新媒体传播,每个方面中国都有自己的建树,并且与中国当代现实紧密联系在一起。

有学者指出,作为新闻传播学二级学科之一的广播电视学在改革开放40年中也取得了突破性发展。他们认为,1978年至1982年是学术研究的探索期,广播电视学者积极探索"自己的道路",不仅对广播电视的特点和原理做了深入探讨,还对广播电视"工具论"进行了批判与反思。1983年到1991年是学科意识的觉醒期,在此期间,广播电视学术团体和研究机构纷纷建立,多类刊物和学术论文不断涌现。1992年到2000年是学科的独立成形期,伴随着创新意识的增强,以及理论研究与业务实践的有机结合,广播电视理论体系日趋完善。2001年到2018年是学科的多元繁荣期,广播电视研究队伍日益扩大,主体身份更加多样,学术研究在规模、质量和层次上不断提升,并呈现出多学科交叉、多领域跨界、多方法融合的景象。

有学者认为,中国广告学术研究始于1979年。早期中国广告研究以启蒙和知识普及为己任,以介绍西方的理念为主,直到"创意"、"营销"、"传播"等语传入中国后,业界和公众才改变了对广告的认知。1987年中国广告协会学术委员会成立,标志着广告学人从此有了宣讲、发表学术理论的阵地。1992年后,随着整体经济的飞速发展,广告业进入市场要素主导的阶段,广告学术研究的主题也从概念的普及转向广告的专业化和产业化,品牌策略、企业想象和代理制成为这一阶段的研究重点。因此更多实践性的问题进入学术研究的视野。2001年中国加入世界贸易组织后,资本要素开始成为广告业发展的主导,作为最主要技术资本动力的互联网也得到广告学界的关注。

## 二、新闻学基础理论研究

2018年新闻学基础理论研究展开面广、成果丰硕,主要从马克思主义新闻观、新闻观念、新闻的真实性和时效性、新闻伦理、新闻生产、新闻学学科建设等方面深入思考。

### 1. 马克思主义新闻观研究

马克思主义新闻观内涵丰富、理论资源多,学者们围绕历史、哲学、发展继承几个方面,梳理马克思主义新闻观的理论脉络。

有学者从历史脉络展开。他们指出,"农村办报"与"全党办报"的提出,是中国共产党在革命战争时期对马克思主义新闻观的两大创新性贡献。有学者强调,坚持马克思主义新闻观中国化的过程要保持正确政治方向。还有学者强调,要在剖析和批判西方新闻观的过程中坚持政治家办报原则,坚持新时代意识形态领域斗争,更加自觉地坚持党管媒体、党管意识形态原则。有学者对马克思主义新闻观与其他哲学观念的互动对话进行考察指出,马克思主义新闻观与体验哲学的谱系勾连;马克思主义新闻观并非是纯粹逻辑推理形态的对空描摹,而是基于亲历或观察等具体的社会实践和身体体验,并在一定的语境、视角、立场下进行认知加工、创新思辨后的结果。

有学者从发展继承的角度对马克思主义新闻观的理论意义进行深度挖掘。他们对中国共产党历届领导人的思想理论贡献进行细致的系统梳理和概括指出,正是由于一代代中国共产党人所做的创造性工作,才使马克思主义新闻观在中国实现了当代发展,使之进入了一个与时俱进、内涵丰富、特色鲜明的中国化时代,从而得以不断继承、巩固和壮大,显示出强大的生命力。还有学者认为,马克思开创的新闻传播思想有五个方面的思想渊源,即世界交往体系、现代传播的时空观、报刊的内在规律、有机的报刊运动、党报立场与人民性,习近平在这五个方面继承了马克思新闻传播思想,并在中国特色社会主义条件下加以发展①。

**2. 新闻观念研究**

2018 年,学者们对新闻观念的研究持续不断。探讨的内容大致涵盖新闻观念的意义和历史脉络、新闻类型、新闻话语等几个方面。

有学者认为,在人类新闻活动的历史演进中,新闻内容与其他传播内容的关系大致有三个阶段:前新闻业时代,与其他信息内容浑然一体;新闻业时代,获得了自身的相对独立性;后新闻业时代,在形式上似乎又与其他信息内容浑然不分,但专业新闻显现出特殊的意义。新闻内容与其他内容相区分的过程,正是相对独立的新闻意识、新闻观念的产生过程,而新闻内容相对独立化的存在,不仅使专门化的新闻生产传播成为可能,使新闻业、新闻职业成为可能,更为重要的是,这使得新闻事业、新闻产业在整体的社会结构中具有独特的地位、功能和价值②。

有学者认为,新闻观念是新闻媒介体制的灵魂。新闻媒介体制是在一定宏观制度环境下,遵照一定新闻观念的新闻媒介组织及其工作者、新闻媒介管理机构与新闻媒介制度规范的统一体。

有学者专门讨论了人本主义新闻学观念。他们认为,新闻即人,新闻学即人学,新闻精神即人本精神,这是"人本主义新闻学"的根本要义。当下,传媒技术已开始成为新闻业的统治力量。新闻衰亡而信息崛起,事实变异而后真相崛起,人在退缩而物在崛起,哲学理性沉沦而数字逻辑崛起。新闻学应保持批判精神,努力促进新闻价值观向人本主义的转向。"成名的想象"应让位于"信念的回归",让新闻业回归知识分子创业,职业新闻应使新闻权力归于人,而不是归于数据和机器③。

---

① 参见陈力丹:《继承和发展马克思的新闻传播思想》,《新闻与传播研究》2018 年第 6 期。
② 参见杨保军:《新闻内容的历史变迁及实质》,《新闻与传播研究》2018 年第 6 期。
③ 参见杜骏飞:《新闻是人,新闻学是人学》,《国际新闻界》2018 年第 2 期。

### 3. 新闻的类型

新媒体环境下,"新闻是什么"、"什么是新闻"不断被重新挖掘和定义。学者们普遍认为,新闻的表现形式更加多样,类型不断丰富,串式新闻、新闻游戏、倒灌新闻、文学新闻、新闻漂移、慢新闻、VR新闻、浸入式新闻、算法新闻等现象或概念被学者们关注并不断进行阐释。

有学者指出,新媒体催生了许多新的新闻样态。例如,为适应以微博为代表的社交媒体而诞生了串式新闻,过程新闻和对话新闻是串式新闻的成因,串式新闻是一种适合新媒体语境下社交媒体话语表达的碎片化、社交媒体对话的简单高效等特点的新闻叙事样态。

有学者关注到近年来社交媒体对传统媒体的"信息倒灌"现象,认为这种现象导致出现了为数众多的社交媒体的"倒灌新闻",给传统媒体的新闻生产带来了深远影响,也给舆论引导带来了挑战。

有学者关注"解困新闻"理念和"解困新闻网站(SIN)",认为它们的倡导与实践标志着从"信息告知者"到"问题解答者"的媒介角色的转变,有助于媒体向"回归公共论坛"文化追求的实现。

有学者注意到"新闻漂移"现象,认为其核心特征是新闻传播活动对事实世界的偏移或背离;认为职业新闻活动应当回归新闻的事实本位,坚守新闻精神;强调唯如此才能减少"新闻漂移",实现正确的舆论引导。

随着人工智能、虚拟现实、增强现实等技术涌入新闻生产领域,VR新闻、AR新闻、算法新闻等新的新闻类型出现,学者们对此也进行了广泛的讨论。有学者通过分析VR新闻的职业理念和报道理念,认为VR新闻与传统新闻样态既有历史延续性又有一定变革。一方面,VR新闻服务于"公共领域"的理念,VR新闻采用的故事模式和第一人称视角与新闻主义一脉相承,是新闻发展史中与信息模式并存的一种合理的新闻报道方式;另一方面,VR新闻是在新的技术条件下形成的新的新闻形态,沉浸感和场景效应是其与传统新闻样态最大的不同,也是其报道模式的一种革新。

还有学者指出,以虚拟现实技术为生产逻辑内核的浸入式新闻,在真实性的边界、新闻价值的内涵、对用户的情感操纵程度三方面都呈现出与传统新闻的巨大差异,这成为浸入式新闻面临的主要伦理风险。对伦理风险的讨论不应局限于孰是孰非,而应着眼于"技术推动理念变革"的行业生态语境,作出更加符合新闻演进规律的判断。

### 4. 新闻话语研究

学者们认为,构建中国特色哲学社会科学,需要加强话语体系建设;新闻学作为对哲学社会科学具有支撑作用的学科,需要在加强话语体系建设、提升话语上下功夫。有学者指出,中国新闻话语有三个来源:中国5 000年传统文化传承,西方国家传入的反映新闻传播规律的有益话语,中国新闻工作者和新闻学者自己创造的话语。马克思主义新闻观既是标志性新闻话语的集合体,更是马克思主义经典作家关于新闻传播原理和规律的理论阐释,对中国新闻话语建设有着引领和规范的作用。应该通过解剖麻雀的方法,分析美国新闻专业主义形成发展的脉络和特点,批判地吸纳西方新闻话语以为我所用。

有学者提出,通过借用文化、话语、叙事等概念来研究新闻记者和新闻组织如何通过特有的叙事权力来建立文化权威。这位学者认为,在快速变化的新闻媒体环境中,新闻专业知识就是在各种新闻实践和叙事中被构建起来的,这正是新闻业建立自身权威的基础。新闻从业者试图在他们的日常新闻工作与他们对拥有新闻专业知识的要求之间建立关系,特别是在面对行业内外的挑战时,通过内部不断的反思和自省来构筑适当的新闻边界,这是一个长期、动态的过程①。

有学者认为,当下的研究大都把语言、概念同话语混为一谈,以语言学冒充话语理论。从本质上审视,新闻话语不是内容层面的叙述,更不是被叙述着的东西,而是福柯所说的近似于"意识形态"的关键词语。有学者分析了意识形态权力的内涵,讨论了软实力、巧实力、锐实力的内涵与运用,分析了美国国际话语体系持续更新的国际背景,指出在新的历史阶段,中国发展应增强国际传播中的话语权与意识形态权力,实现中国特色社会主义的话语创新。

## 三、传播学基础理论研究

2018 年是改革开放 40 周年,也是传播学引进中国的第 40 个年头。中国传播学研究的发展呈现出多点开花的总体局面。本文大致从三个方面梳理 2018 年的传播学研究:学科范式研究与反思、研究方法探索与创新、理论视角整合与丰富,试图从学科建设、研究方法、理论探索三个层面呈现这一年传播学基础理论研究的图景。

### 1. 学科版图的反思与扩展

有学者认为,传播学在中国经历了 40 年发展,达到一个较为成熟的阶段,其内因是,传播学自身的学科特性,即科学性、时代性和交叉性。人文社会科学的结构与人类社会的结构对应,可划分为三种类型:纵向型(侧重生产与分配的)学科、横向型(侧重沟通与整合的)学科、综合型(试图包含纵向型与横向型的)学科。传播学作为横向型学科,属于社会科学;而新闻学作为纵向型学科,属于人文科学,但两者在高度依赖媒介方面一致。其外因是,改革开放以来的社会需求,包括政治、经济、技术、文化层面的有利驱动,传播学为推动中国经济建设与社会发展,在学科建设、人才培养、科学研究、社会服务等方面发挥了重要作用。如能进一步加强学习、加强规范、加强合作,则前景十分宽广②。

有学者联系在国际学术期刊发表情况考察中国传播学者的国际影响力。他们采用文献计量分析方法,对我国学者在社会科学引文索引(SSCI)传播学期刊发表论文情况进行分析,发现:中国内地、香港地区和台湾地区在 SSCI 传播学期刊上发表论文的截止时间大致相似,但香港地区和内地发文数量的增速更快;香港地区更加注重与其他国家和地区的机构展开合作,且研究成果的数量超过台湾地区;香港地区论文发表的期刊分布广泛,台湾地区所发论文的期刊集中度更高;在研究的影响力方面,台湾地区学者更胜一筹③。

另一位学者通过对全球传播学 SSCI 期刊论文进行文献分析,发现中国传播学的国际发表在全球起步较晚,但近十年来发展迅速,论文总量已经跻身全球前十,仅论中国大陆学者发表的论文也可以

---

① 参见白红义:《边界、权威与合法性:中国语境下的新闻职业话语研究》,《新闻与传播研究》2018 年第 8 期。

② 参见张国良:《中国传播学 40 年:学科特性与发展历程》,《新闻大学》2018 年第 5 期。

③ 参见邓备:《我国新闻传播学研究的国际化现状——基于 SSCI 传播学期刊的实证研究》,《西南民族大学学报(人文社科版)》2018 年第 9 期。

排在全球第 15 位左右。作者的学科来源呈现多元化,但这些论文的数量和其他学者引用的频次,都未能形成主导性优势。研究视角高度同质化,主要表现在三个领域:以网络成瘾为代表的心理和行为研究,以技术运用为代表的产业和政策研究,以公共领域为代表的舆论和参与研究①。

有学者指出,从新体用观的角度建构中国传播学的反思性。他认为,面向人类传播实践的"体",其基础性工作就是理论祛魅,以文化持有者的内部视角理解传播学理论诞生的社会经验与知识脉络,辨析那些产生于西方社会和文化中的理论、思想能否帮助我们理解、解释和预测非西方社会。支撑新体用观的核心东西在于根植于日常交流实践的问题意识,即面向关于交流的焦虑。对于中国传播学来说,需要面向人类的交流自我,体悟人类传播实践的"体"。过去 40 年中的传播学研究面临的最大问题是几乎完全将自己的生活经验和社会经验放在割裂的、专门化的西方理论体系当中,既缺少在自身经验内寻求关联和统一解释的努力,又缺少将西方理论还原到其自身历史语境下的意识②。

有学者考察了大数据时代新闻传播学研究的重构。数据在对传统社会科学带来冲击的同时,也使新闻传播学成为当今的一门显学。大数据正从内外两个维度对新闻传播学科范式进行着重构,外部与其他学科的融合程度更高,内部学科的定位正从人文学科路径转向社会科学。大数据在对新闻传播学的业界和教学实践进行着重构,大数据所带来的信息处理和传播方式的改变,直接影响新闻传播领域的生态结构与运作方式,同时也改变着新闻传播教育的目标和内容。在这种情况下,这位学者主张,模糊研究的边界,清晰研究的核心主题,着重补齐研究方法薄弱的短板③。

### 2. 研究视角调适和整合

2018 年学者们在传播学的研究中对研究范式、研究方法下了许多功夫,研究最新报告前几年已有梳理和介绍,这里主要就研究范围、研究内容和学科结构上的探索做点梳理。

关于媒介环境学。媒介环境学派被认为是与经验学派和批判学派并行的传播学第三大学派,其学术观点和理论体系呈现出与其他二者明显的区别,这一区别恰恰符合范式理论视野下对社会科学研究的划分。经验学派理论符合客观经验主义范式,批判学派属于批判主义范式,媒介环境学则使用了诠释经验主义范式。有学者认为,当前虚拟现实等新媒介技术的高歌猛进,与媒介哲学研究的迟滞形成鲜明对比。人对媒介技术的使用与反馈成为学术书写的主流叙事,而对人的生命本质与存在方式的追问却被搁置。通常被作为结构功能主义预设的"有机体",在数字时代需要被重新审视,全新媒介环境具有颠覆有机体存在的潜能,进而干涉有机体的生命政治彰显出巨大的形塑力量,"社会有机体"或彻底沦为理想型概念。媒介环境即生命政治。通过对有机体不同向度的诠释,这位学者发现二者在前提与预设、理论阐述、实践勾连、观念指向、现实关怀等诸多方面的共通,为媒介哲学层面的主题追问提供了对话平台,对重新理解媒介、存在与政治之间的关系打开了新视野。他还指出,缺乏主题观照的媒介环境学是肤浅的,而忽视媒介环境的生命政治是抽象空洞的④。

有学者将算法视作与人和社会信息息相关的技术环境,考察算法作为环境时所具备的结构层次,并

① 参见韦路:《中国传播学研究国际发表的现状与反思》,《国际新闻界》2018 年第 2 期。
② 参见单波:《从新体用观的角度建构中国传播学的反思性》,《国际新闻界》2018 年第 2 期。
③ 参见吴小坤:《大数据时代新闻传播学研究的重构与进路》,《南京社会科学》2018 年第 11 期。
④ 参见骆世查:《媒介环境即生命政治——数字时代的"有机体"话语与主题追问》,《新闻界》2018 年第 6 期。

揭示了隐含于技术逻辑中的与信息传播高度关联的种种偏向。他认为,算法作为一种拥有独特偏向的技术形式,正在渗入媒介环境的中枢部分。它参与控制信息的筛选、聚合、呈现与传播,深刻影响着人类生活。算法看似减轻了人们获取信息的压力,实则将这种压力无限放大。它总是按照用户习惯的方式推送其感兴趣的内容,内容的吸引力、获取的低成本与无休止推送成为算法按摩人意识的麻醉剂。它将人与意义生活剥离开来,人人沉溺其中消磨时间,形成媒介依赖,忘却现实生活中的重要事项,最终失落为技术的奴隶。

关于社会学与心理学。有学者研究了传播视角下的交往互动与社会生成场。他认为,人类社会的历史既是生产的历史,又是人与人之间交往互动的历史。交往互动是现实的人在实践活动中体现出主体与主体之间的关系,交往互动关系影响着生产与再生产的进行。社会生成场是一个全新的概念,通过对它的分析确立社会生成场的传播属性,是传播学研究的一个新课题。大数据、云计算、人工智能、可穿戴设备等技术的发展,使得对人类交往互动行为的量化研究成为可能。有学者从认知角度切入探讨信息传播机制。心灵与意识问题是传统哲学的核心议题,而与意识问题紧密相关的则非"认知"莫属。因此,从认知角度切入探究信息传播机制成为当前的主流,意识表征、认知语境以及隐、转喻思维三个方面则成为探讨认知传播学的哲学基础。这位学者强调,首先,意识的表征在空间上具有全局分布性;其次,认知语境的建构离不开大脑认知图式与知识的激活,并在这一过程中体现出一种隐、转喻思维方式;最后,认知传播区别于以往传播学的 5W 经典模式,重点探索的是传播过程中思维如何得以被理解,这一过程需经历模式搭建、图式激发、选择记忆、行为形成四个阶段。

关于符号学与文化研究。有学者研究了新语境下传播符号学中的元媒介和元传播的概念,梳理了元媒介与元传播、元传播与元语言这两对核心概念及其相互关系,并从传播符号学的角度重新定义了元媒介与元传播。这位学者依据皮尔斯符号学现象学三性原理,对元传播活动进行重新分层,提出原媒介时代下传播符号学的三种具体探究路径:元传播的实际功能或技术层面、元传播的社会或文化层面(即符号再现差异与冲突层面)、元传播的创造性层面(主要指元传播过程中出现的新的意义解释,并对之做出调整,包含创造性和可能性层面)。

## 四、新媒体基础理论与实务研究

新媒体研究是 2018 年新闻传播学研究的一个热门。有研究者认为,这一年,中国高校的学者们主要从新媒体媒介使用、社交网络、新媒体受众、新媒体研究方法、新媒体与数据、人工智能在新媒体领域的应用、新媒体新兴业务、新媒体与虚拟新闻、新媒体伦理九个方面对新媒体进行了全方位的较为深入的研究和探索。下面,本报告择要而证之。

### 1. 新媒体媒介使用研究

对于新媒体媒介的社会使用,学者们从政治参与、社会抗争、民族国家认同、婚恋交友、环境传播、"技术反哺"、关系网络、社会资本、手机使用等方面进行较为深入和细致的探讨。有学者研究互联网使用工具性变量和政治心理变量对网络政治参与的影响。也有学者对社交媒体对当代青年政治参与的作用进行研究。

### 2. 社交网络研究

2018 年,社交网络研究十分注重结合实际,结合民众生活,通过这种结合提升社交网络的功能,也推进社交网络自身的发展。有学者通过线上民族志和田野调查相结合的研究方法,考察西部一农村的微信群活动,发现基于社交媒体的微信群已经成为社区的公共空间,村民能够借助微信群实现群体虚拟在场,使村民从"私领域"走向"公领域"。这样,微信群成为连接离散化村民的中介,从而构成由"终极价值而非组织更坚强地结构起来的团体"。村民由"原子化"状态转变为媒介"共在",通过舆论形成"共识",经由媒介形成共同行动。

### 3. 自拍:被环境构建的"自我技术"

有学者将自拍定义为新媒体时代的一种进行自我表达与自我创造的"自我技术"。福柯将"自我技术"定义为:使个体能够通过自己的力量或他人的帮助,进行一系列对自身身体及灵魂、思想、行为、存在方式的操控,以此达成自我的转变,以求获得某种幸福、纯洁、智慧、完美或不朽的状态。而新媒体技术作为与古典时期的自我审视、自我修炼相对照的新的"自我技术",给人们新的自我关注与自我创造了可能,并重新定义与自我的关系。

有学者指出,自拍可以通过彰显"在场感"来进行自我呈现与表达,是个体自我意识增强的体现,人们开始试图挣脱外在的摆布,自主地决定自己的存在方式。身体在场的背后,暗含着某种可以炫耀的能力或资本。然而,"在场"的选择、表达或姿态的设计、拍摄与发布的时间选择等都会从他人的角度出发。因此,自拍中表现出来的"在场"方式,常常也是被环境与他人建构的。

## 五、2018 年新闻传播学术会议概况

1 月 6 日,首届中国新闻传播学国际发表专题论坛在陕西西安召开。论坛讨论了中国大陆新闻传播学国际发表的现状及趋势,研究者为今后的国际发表之路的拓展提出了见解。大会还发布了《中国传播学国际论文发表(西安)联合宣言》,颁发了首届中国新闻传播学国际发表优秀论文奖。

1 月 8 日,首届高峰论坛全球传播与中式全球化高端学术论坛在北京举行。来自北京大学、清华大学、中国人民大学等十余所中外高校、科研机构的学者专家、业界领军人物和高校研究生,围绕全球传播和全球化的议题,展开跨界、跨学科的研讨。

1 月 12 日,上海研究院世界传媒研究中心成立大会暨"新时代:传媒·中国·世界——智库专家论坛"在上海召开。喻国明教授、程曼丽教授、单波教授和唐绪军研究员作了主题演讲,其他首批特聘研究员也围绕中心的建设目标及论坛的主旨,畅所欲言。

1 月 12 日,大数据与人工智能新媒体应用高峰论坛暨浙江省新媒体专业委员会年会在浙江大学召开。本次论坛就大数据和人工智能行业发展、人工智能和媒体传播优化深度融合、大数据和人工智能推动教育变革、大数据及人工智能教学新模式、创新型专业人才培养模式等话题进行了讨论。

1 月 12 日,贵州省传播学学会年会暨"新时代·新使命·新传播"习近平中国特色社会主义思想传播论坛在贵州贵阳召开。与会嘉宾就新闻传播教育与业务研究、新闻传播研究范式转型等议题进

行了深入交流和研讨。

1月18日,2018中国教育政务新媒体年会在上海召开。年会发布了"2017年度教育政务新媒体综合力十强"名单,教育政务新媒体星火计划在年会上启动。会议期间,学界专家围绕新媒体背景下的教育新闻宣传工作分别作报告,业界代表分享新媒体运营的新思路、新技术。

1月21日,传媒变革与教育创新雄安论坛在河北保定召开。与会嘉宾从其传媒实践的领域和实际出发,围绕新闻传播教育变革的方向与路径以及传媒教学与研究的"雄安学派"的建构,对新闻人才培养、知识体系重构、传媒变革趋势、传媒教育未来发展方向等相关议题进行了深入探讨。

1月23日,2018政务V影响力峰会在北京举行。中央网信办、人民日报、全国政务微博优秀代表、政务新媒体领域知名专家学者与微博平台方一起,回顾总结了2017年政务微博的发展情况,共同探讨新时代政务微博的发展方向。

3月9日,以"跨学科视野中的全球传播研究"为主题的第二届中国全球传播与公共外交学会年会在云南大理举行。会议围绕如何在新的国际秩序和全球治理中传播中国声音并贡献中国智慧,新闻传播学界如何作出自己的贡献展开讨论。

3月17日,第六届南方传媒学术论坛暨首届视觉修辞论坛会议在广东广州召开。学者们围绕大数据、视觉修辞理论、智媒时代等主题展开研讨。

3月24日,2018年中国新闻学传播学学科发展论坛暨教育部语言文学、新闻传播学和艺术学学部新闻传播学科咨询组第三次会议在广西南宁召开。国内十几所著名新闻院校的20余名专家学者,以及9家广西高校新闻院系负责人共同探讨新时代新闻学传播学学科发展建设问题。

3月31日,"纪念毛泽东《对〈晋绥日报〉编辑人员的谈话》70周年暨中国特色新闻学学科建设研讨会"在北京召开。与会代表们重温毛泽东主席当年的讲话,结合学习习近平总书记近年来关于党的新闻舆论和宣传思想工作的一系列重要讲话,探讨深入学习践行马克思主义新闻观,共商中国特色新闻学学科建设之路。

4月6日,"相遇在十字路口:跨学科与跨世代的对话"——第三届多闻论坛在浙江杭州举行。本次论坛承袭前两次论坛"跨学科对话"的传统,以"相遇在十字路口:跨学科与跨世代的对话"为主题,对传播学的跨学科问题、传播学者的跨世代对话等问题展开研究。

4月20日,第二届"马克思主义与中国新闻传播学"研讨会在山东济南召开。本次会议以"红色新闻文化与新时代马克思主义新闻观"为主题,围绕红色新闻文化与马克思主义新闻观理论体系建构研究、红色新闻文化与中国新闻传播学创新发展研究等11个议题展开研讨。

4月21日,第四届中国传媒公信力论坛在北京举行。本届中国传媒公信力论坛的主题为"互联网与社会信任",通过五场分论坛,与会学者立足交叉学科领域探讨了新媒体技术对社会发展的影响。

5月19日,"微聚正能量·新媒体正能量传播研讨会"在北京举行。与会专家学者围绕"当前新媒体正能量传播的挑战、困惑和反思"、"提振正能量传播的有效策略、平台作为和技术之道"两个主题展开研讨。

5月19日,第四届中国舆论学论坛在北京召开。本次会议议题涉及舆论学理论与教育、舆论学研究方法、传播与公共舆论研究、国际舆论研究、中外舆论史研究、社会治理与舆论引导等领域。

5月20日,新时代繁荣哲学社会科学传媒期刊主编论坛暨岭南传媒研究生论文工作坊在广东广州召开。本次论坛旨在搭建学生与期刊之间交流的渠道，与会主编就期刊定位、选稿标准与审稿原则、专题安排等问题与学生分享经验。

5月26日，"数字时代新闻生产的挑战与危机：首届北大传播前沿论坛"在北京召开。与会学者共同讨论了传统媒体数字化转型、新闻内容"专业化"受到挑战、新闻管理模式的转型等问题。

6月2日，第六届文化创新国际论坛在北京召开。本次论坛立足中外跨文化视域，寻求拓宽中国故事的国际表达路径，并为探析不同文明间共同意义空间拓展的方法建言献策，为不同民族之间相互理解提供机会。

6月9日，大数据时代信息权利问题高峰论坛暨媒介法规与伦理研究委员会常务理事会在江苏南京举行。会议回顾和总结了学会近期的相关工作，评选出首届"中国新闻史学会媒介法规与伦理研究委员会学会奖"。与会者围绕大数据、信息权利、网络安全、隐私权、人工智能、媒介伦理等问题展开学术。

6月15日，"新时代中国传播创新：动力与路径——第二届中国传播创新论坛"在湖北武汉召开。与会学者从多维角度，讨论综合改革创新阶段的中国媒体提供的新经验、新方法和新理念。

6月22日，"人类文明互鉴与东盟文化互通学术研讨会"在广西南宁召开。会前举行广西师范学院广西"一带一路"对外传播与国际文明互鉴研究中心揭牌仪式。研讨会中，与会嘉宾围绕国家"一带一路"建设以及广西在东盟文化互通的发展条件下如何做好对外传播等主题展开深入研讨。

6月22日，"智能化时代城市形象传播与传媒经济发展论坛"在湖北武汉召开。论坛聚焦第四次工业革命环境下，我国的城市形象应该如何传播、我国的传媒经济可能如何发展这两个核心议题展开研讨，寻求破解之道。

6月23日，第二届中国形象与全球传播高端论坛在上海召开。会议研讨内容为立足新时代国际传播的新格局，致力于构建中国特色国际传播理论，总结对外传播的实践与经验，为改革开放营造良好的国际舆论环境，为推动中国智慧、中国方案向世界传播提供战略对策。

6月24日，以"中国形象与全球传播"为主题的首届中国形象与全球传播研究生学术论坛在上海召开。该论坛围绕如何构建中国特色国际传播理论、如何提升我国对外传播的软实力展开深入讨论，听取青年学子的理论观点。

6月24日，"少数民族新闻传播史研究新范式、新方法研讨会暨白润生先生学术思想座谈会"在北京举行。与会专家针对会议主题，对当下少数民族新闻传播的研究发展发表了见解。白润生教授的师友、学友分享了白润生教授治学、为人的体会与经验。

6月28日，"新时代·新故事·新影像·新传播"第二届国际影视传播高峰论坛在广东广州开幕。论坛旨在促进讲好中国故事、传播好中国声音，推动影视传播理论与实践在高校影视国际传播专业建设中落地生根。论坛议题包括讲好中国故事研究、"一带一路"国际影视传播专题研究和跨文化影视语言及语境研究。

6月29日，第三届中国数据新闻大赛暨数据新闻教育论坛在陕西西安举行。论坛研讨的议题包括国内外数据新闻典型案例研究、数据新闻中数据获取与处理研究、数据新闻制作与可视化专题研究等前沿话题。

6月29日，第十一届新闻与传播心理研讨会暨中国社会心理学会传播心理专业委员会第八届年会在贵州贵阳召开。本次年会以"多元·对话·展望——新时代的新闻与传播心理研究"为主题,针对网络情绪、社交暴力、中老年人微信谣言等当下热门问题展开研讨。

7月7日,中国新闻史学会新闻传播思想史研究委员会2018年会暨第五届中外新闻传播思想史高峰论坛在四川成都举行。本次论坛以"反思与跨越:中国传播学发展四十年"为主题。与会者围绕中国传播学学科建设四十年、中国新闻传播思想发展四十年、媒介技术(人工智能、区块链等)与新闻传播理论发展等议题展开讨论。

7月8日,"传播学与符号学:本体、方法、趋势——首届符号传播学学术研讨会暨2018年文化与传播符号学高层论坛"在四川成都召开。与会学者围绕传播学研究的反思与超越、传播学研究的符号学路径、传播学与符号学研究的发展趋势、符号学方法在当今文化中的应用、符号学发展的新面向等议题展开学术交流碰撞。

7月14日,第九届中国少数民族地区信息传播与社会发展论坛在新疆乌鲁木齐召开。本次会议以"新时代、新任务、新发展"为主题,探讨新时代我国少数民族地区信息传播与社会发展的新任务。通过交流研讨,筑牢中华民族共同体意识,为实现中华民族伟大复兴的中国梦贡献力量。

7月20日,"抗战与安徽文化传播"学术研讨会在安徽黄山召开。与会学者从安徽地区的报刊、新闻人物、地方戏曲等方面进行了研讨。

7月25日,"一带一路"倡议与跨文化传播:第四届中国跨文化传播圆桌论坛在北京举行。与会专家从跨文化传播的角度切入,讨论如何向世界传播中国声音、如何讲好中国故事、如何解决传播效率和能力提升等问题。

7月28日,中国-东盟新闻教育研讨会在贵州贵阳召开。会议以"媒介融合环境下新闻传播教育的挑战、机遇与使命"为主题,搭建一个中国与东盟各国新闻传播教育者交流的平台,以分享关于新闻传播教育的经验和智慧,并加强各高校在新闻传播人才培养、学术交流、科学研究等领域的沟通与合作。

8月20日,"华文出版与科技创新:第十三届海峡两岸华文出版论坛"在河北保定召开。与会专家学者围绕如何创新出版业的技术、模式等问题展开研讨。

9月14日,中国新闻史学会少数民族新闻传播史研究会2018年学术年会在甘肃兰州举行。与会的新闻传播学、社会学、人类学、民族学学者从不同学科的视角,研讨了当前全球化、数字化、信息化的背景下,我国少数民族地区的交往、交流的历史、现状与传播含义等议题。

9月15日,第二届中华文化海外传播大连论坛在辽宁大连召开。本次论坛以"人类命运共同体与中华文化海外传播"为主题。与会专家学者就人类命运共同体理念的传播价值与传播效果研究、"一带一路"与中华文化海外传播研究、中华文化海外传播与国家软实力研究等问题展开研讨。

9月15日,首届中国媒介法规与伦理学术年会在湖北武汉举行。本次会议以"责任与悖论:新时代的媒介法规与伦理研究"为主题,从多学科交叉学术视野,反思正在发生的新闻职业道德偏向,展现信息安全伦理、数字隐私保护、人工智能技术交往等最新研究进展,探讨中国媒体在新时代信息传播中的责任与担当。

9月15日,"以碎立通:中国新闻史人物研究——第四届中国新闻史青年论坛"在山东济南召开。与会学者围绕新闻历史人物这一主题,从问题意识、历史背景、个体因素等面向展开交流。

9月20日，中国新闻史学会计算传播学研究委员会2018年大会在北京召开。本次会议主题为"多学科看计算传播学"。会议邀请各学科研究者，从传播学科、工科、理科、社会学科等不同的学科视角审视计算传播，以期达到多学科碰撞的目的。

9月22日，第六届国家传播战略高峰论坛在湖北武汉召开。本次会议以"新时代、新传播、新战略"为主题。与会专家学者围绕如何讲好中国故事，国际传播，"一带一路"，以及中美、中非、中俄关系等话题展开专题演讲及讨论。

9月23日，中国新闻史学会地方新闻史研究委员会成立大会暨2018年广东社会科学学术年会在广东广州召开。本次会议围绕"地方新闻与社会想象"和"改革开放以来广东传媒业的发展与创新"两大主题展开探讨，对地方报刊与历史记忆、报人与社会思潮、传媒与社会变迁、文本与媒介话语、历史与文化阐释等学术研究热点进行了探讨。

9月29日，第二届全国马克思主义新闻观中国化学术年会在陕西西安召开。本次会议以"延安时期新闻传统与新时代马克思主义新闻观中国化的新发展"为总议题。与会学者就新闻史、新闻理论、新闻业务和新媒体四个领域如何加强马克思主义新闻观研究与教学进行集中研讨。

9月29日，2018中国传媒经济与管理年会在四川成都召开。本次会议主题为"智能化媒体时代传媒产业的重构与创新"。与会学者针对智媒时代传媒产业经济发展新趋势、传媒产业政府规制、传媒战略管理、内容生产、媒体智能化发展与传媒商业模式创新研究等问题展开研讨。

10月13日，"万物互联与泛媒介时代的新闻传播教育：中外新闻传播学院院长会议"在北京召开。本次会议的目的在于汇聚国内外新闻传播学院院长，共同探讨当下全球新闻传播教育所面临的重大变革和调整问题。

10月13日，"大时代里的探索和求新：韬奋精神的传布与再生产——第四届韬奋学术研讨会"在甘肃兰州召开。与会学者从报刊出版与经营、著作及思想、交往与舆论引导、当代价值等问题进行了深入讨论。

10月13日，第十四届中国传播学大会在重庆召开。本次会议以"中国传播学40年：新时代、新使命、新担当"为主题。参会者围绕如何在理论和方法层面推进传播学的学术创新进行讨论。

10月13日，"数字内容研究：文本、理论与方法：2018第三届数字媒体研究年会"在北京举行。本次会议针对数字内容文本分析、在线公共意见演化、数字内容与新媒体艺术、计算技术与数字内容、数字内容与文化表征等问题进行了思想碰撞与交流。

10月13日，中国新闻史学会外国新闻传播史研究委员会2018年年会在广东深圳召开。本次会议的主题为"反思与超越：走向新时代的国际新闻与传播研究"。与会嘉宾来自不同学科，从交叉视野中归纳正在发生的传播现象，展现最新研究进展，探索中国媒体在新时代国际传播中发挥引领作用的可能性。

10月14日，"百年中国新闻教育：传承与发展暨北京大学新闻学研究会成立100周年学术研讨会"在北京召开。来自业界、学界的百余名老中青三代学者汇聚一堂，共同回溯北京大学新闻学研究会的发展历程，探讨百年来中国新闻学教育与研究的历史、现状及未来。

10月18日，智媒时代的传播伦理专题研讨会在北京召开。会议以"智媒时代的传播伦理：问题、主义与前景"为主题。与会专家学者及业界人士，就全球视野中的中国传播伦理观念体系建构、智能媒体与大数据驱动下的传播伦理、算法伦理与正义等前沿问题展开交流。

10月19日,"范式探索与创新:时代变革中的新闻传播人才培养——2018全球新闻传播院长论坛"在上海召开,"改革开放40周年与新时代中国特色社会主义新闻学论坛"、"第三届民意中国论坛"同期举行。本次院长论坛聚焦全国教育大会精神,通过主题演讲、圆桌论坛、现场考察等形式,探讨时代变革中的高校新闻传播人才培养、媒介融合的理论与实践、新闻传播人才培养中的学科定位与出路等。

10月20日,第八届批判传播学年会在上海召开。本次会议的主题为"社会主义公共传播体系的目标和方略",会议对数字经济视野下的公共传播与国家治理、综艺娱乐的政治经济学、传播学史的书写与发展、乡村传播与生态社会主义的未来、纪录中国的公共性等问题进行了交流和讨论。

10月20日,"世界传播论坛2018:'一带一路'与新闻传播学教育的跨文化交流暨上海大学新闻传播学院揭牌仪式"在上海举行。世界传播论坛集中探讨在"一带一路"倡议背景下新闻传播如何才能更有力、更有效地向世界传播中国声音。

10月21日,"2018气候与健康传播学术研讨会"在广西南宁举行。与会人员围绕"气候传播理论热点与思考"、"气候公众传播理论与实践"、"健康传播理论与实践"三个主题展开深入研讨。

10月21日,国际新闻传播教育联盟论坛暨上海大学新闻传播学院国际学术委员会第一次会议在上海举行。来自美国、瑞士、比利时、俄罗斯、英国、日本、中国香港等多个国家和地区的知名新闻传播院校院长、专家齐聚一堂,共同就新闻传播学术研究和人才培养的问题展开讨论。

10月27日,首届江西传媒发展论坛暨全国县级融媒体建设研讨会在江西南昌举行。与会的学界与业界专家探讨我国中小媒体集团和地方媒体当下的发展现状、问题,交流县级媒体融合的意见和发展策略。

10月27日,中国高等教育学会广告教育专业委员会2018年学术年会暨第九届中国广告教育论坛在浙江乌镇召开。本次会议所讨论的议题包括国外广告教育发展的现状与启示、中国广告教育发展历史研究、智慧教育背景下的广告教学理念与方法创新等。

10月27日,"第二届互联网+内容供给创新与文化创意产业高峰论坛"在上海召开。来自政界、业界、学界、智库领军人物和相关传媒机构领导的嘉宾,围绕互联网文化创意产业政策或案例、国外互联网时代文化创意产业发展趋势、中国互联网文化创意产业发展现状和问题等进行探讨。

10月28日,"智能传播:机遇与挑战——2018新媒体国际论坛"在上海举行。来自海内外的500余名学者针对智能媒体时代新闻行业的发展、智能媒体技术及方法的前沿应用、智能媒体时代的新闻传播教育、智能营销与智能媒体时代的政治传播、人工智能的中国想象、数字时代的网络文化等议题发表了见解。

10月28日,"改革开放四十年中国新闻传播教育专题研讨暨院长论坛"在上海召开。与会的近30家新闻传播学院院长、专家学者结合各自院校新闻传播学科发展现状,对中国新闻传播教育历史回顾、改革开放40年时间节点意义探讨、智能时代背景下中国新闻传播教育的问题和未来发展路径等进行研讨。

11月3日,2018第17届中国广告教育学术年会在广东深圳召开。会议以"中国广告教育的历史与未来"为主题。与会专家学者就广告历史、文化与社会研究,广告产业变革与数字品牌营销,新媒体、新技术与广告教育创新,广告人才培养与课程教学改革等重要主题进行了深入交流。

11月9日,2018湖北新闻与传播教育学会年会暨"新时代新闻与传播人才培养"论坛在湖北武汉举行。来自湖北省40余所高校新闻院系的200多位代表出席了本次年会,围绕目前本科教育出现的问题、各高校人才培养模式的回顾和探索及优秀案例、当前教材出版中的弊端与改进措施等问题进行了广泛的讨论。

11月9日,2018中国数据与媒体发展论坛暨数据新闻蓝皮书发布会在北京召开。本次论坛以"数据与媒体发展:智能技术下的机遇与挑战"为主题。论坛围绕数据技术与智能媒体,人才、技术与内容,数据传播案例研究三个主要议题展开研讨。与此同时,中国数据新闻蓝皮书也在本次论坛上发布。

11月10日,2018年度传媒学科组第二次工作会议暨虚拟仿真项目建设与实践实验教学规范化建设研讨会在陕西西安举行。本次会议围绕传媒学科组组织建设,讨论了由中国传媒大学、武汉大学和东北师范大学共同起草的《国家级实验教学示范中心传媒学科组组织章程(草案)》的内容。与会代表还围绕虚拟仿真项目建设规范和标准进行了讨论。

11月10日,"新问题、新挑战、新思路:外部环境复杂化形势下的对外传播国际高峰论坛"在江苏苏州召开。此次对外传播国际高峰论坛由两个分论坛组成,来自海内外的50多名专家学者围绕"一带一路"与对外传播、纪录片与国家形象、讲好中国故事、新媒体与对外传播等主题展开研讨。

11月10日,"讲好中国故事:财经信息传播与国家形象建构高端学术论坛"在江苏南京召开。论坛特邀六位专家学者与现场师生分享前沿思想、进行学术交流,与会学者还围绕新时代传媒教育的创新路径及实施对策进行了充分研讨。

11月10日,"文化自信与国家形象:2018清华国家形象论坛"在北京举行。与会的海内外知名学者和业界人士相聚清华园,围绕"文化自信"与"国家形象"两个主题展开热烈讨论。会议分论坛则围绕国家文化认同与身份建构、中华文化传承与创新、"一带一路"中的人文交流与文化传播等12个主题展开研讨。

11月10日,第十四届全国体育新闻传播学术研讨会在北京召开。本次论坛以"新时代·新奥运·新视野:体育文化的历史传承与国际传播"为主题。来自国家体育总局、冬奥组委等单位的领导嘉宾,学界、业界知名专家,以及来自全国20余所院校的师生代表就新时代的体育传播问题展开思想和学术讨论。

11月10日,第二届"三农"传播高端论坛在北京召开,主题是"乡村振兴:政策话语与国家传播"。学界和业界的50多名学者专家出席,共同围绕乡村治理与政策互动、乡村传播与话语建构、乡村文化复兴与传播、新媒体背景下的乡土变迁展开学术研讨。

11月10日,中国新闻史学会新闻传播教育史研究委员会2018年学术年会在山东济南召开。此次年会的主题为"改革开放40年来的中国新闻传播教育"。本次会议讨论了40年来中国新闻教育改革整体发展、40年新闻教育改革特定阶段、不同地域新闻教育改革等议题,发布了中国新闻史学会新闻传播教育史研究委员会成员的部分重要研究成果。

11月10日,"新环境·新媒介·新关系:第六届长三角青年传播学者论坛"在江苏南京举行。与会的青年学者就新闻创新与传播景观、风险信息与舆论监督、华夏传播与新媒体记忆等专题进行了研讨。

11 月 10 日,2018 新闻传播学院院长论坛在福建厦门召开。与会的 30 多位专家学者、行业嘉宾,围绕论坛主题"立德树人、入脑入心",以及马克思主义新闻观教学与新闻实践的融合创新、马克思主义新闻观课程设置与专业教学创新探索、媒体融合趋势下的互联网视听内容生产等话题进行了主旨发言和圆桌讨论。

11 月 15 日,中国新闻史学会党报党刊研究委员会成立大会暨中国共产党新闻理论与实践学术研讨会在江西南昌召开。本次会议举行中国新闻史学会党报党刊研究委员会成立仪式,并就中国共产党早期报刊活动家的新闻思想,新闻理论溯源、发展与实践,党报党刊研究,新闻事业史研究等问题展开研讨。

11 月 16 日,第四届中国电视研究年会在浙江杭州召开。本次年会的主题为"智媒时代的电视发展"。与会人员均为致力于视听媒体研究和运营的学界和业界人士,共同聚焦人工智能、大数据时代的传媒变革,探讨智媒时代的电视发展趋势及变革。

11 月 16 日,"新时代·新影视:中国影视的责任与使命——中国高校影视学会第十八届年会"在广东广州召开。本次会议主要举行中国高校影视学会成立 35 周年庆典仪式暨第十一届"学会奖"、第八届"学院奖"、第三届"学人奖"颁奖典礼,以及第五届理事会第三次会议等活动。

11 月 17 日,"亚洲马克思主义传播"学术研讨会在上海举行。与会学者围绕马克思主义在亚洲传播的起源、发展与流变,第三国际与亚洲共产主义运动史,民族独立运动与马克思主义传播思潮等议题展开研讨。会议期间还举行了华东师范大学亚洲马克思主义传播研究所揭牌仪式。

11 月 17 日,2018 中国新媒体传播学年会在广东深圳召开。本次会议以"新媒体时代:科技与人文的重逢"为主题,针对新媒体的技术形态及文化逻辑、新媒体的内容生产与公共传播、新媒体与商业传播、新媒体与社会文化变迁等问题展开研讨。

11 月 17 日,第十八届中国新闻传播学科研究生学术年会暨 2018 年复旦大学博士生学术论坛之新闻传播学篇在上海召开。本次论坛以"新时代与新视野:中国传媒变革的进程与趋势"为主题,围绕技术哲学与传媒变革、传播理论与转型实践、媒介叙事与全球传播等学科前沿话题展开讨论。

11 月 17 日,"新时代、新技术、新传播:第四届新媒体公共传播国际学术研讨会暨推进新闻传播学一流学科建设发展论坛"在河南郑州召开。会议就人工智能与公共传播、新媒体与危机传播、新媒体与健康传播、新媒体与环境传播等问题展开深入讨论。

11 月 17 日,中国高等教育学会新闻学与传播学专业委员会第八届理事会第一次全体会议暨智媒时代的新闻教育创新学术论坛在广东广州召开。会议聚焦智媒时代的新闻传播人才培养问题展开讨论。

11 月 17 日,北京大学新闻与传播学院前沿论坛暨首届创意传播与学科前沿论坛在北京召开。会议就创意传播与广告、传播学理论前沿、传播教学与业界趋势等问题展开研讨。

11 月 18 日,"医疗、人本与媒介:健康中国与健康传播的多元进路学术论坛"在北京召开。与会的中青年学者从多元视角,共同探求当前中国健康传播的研究主题、理论建构和方法路径。

11 月 19 日,"重启新闻研究:在数字时代重访理解新闻业与媒体的相关理论国际学术研讨会"在北京召开。本次会议邀请了国内外致力于新闻学研究的学者,共同探讨中国新闻媒体的发展图景、新闻理论研究等诸多课题。

11月23日,第十一届(2018)中国新闻学年会在北京召开。会议以"中国新闻学研究与教育百年暨新闻教育改革四十年"为主题。与会学者共同回顾中国新闻学研究与教育百年风雨历程,总结新闻教育改革40年成就经验,讨论我国新闻学科与新闻教育未来发展。

11月23日,"智能、物联、交往:第二届新媒体与社会变革国际学术会议"在湖北宜昌召开。来自美国、澳大利亚等国家和地区的知名学者,与我国学者一起就新媒体与社会变革、人工智能、移动互联网交往等问题展开深入交流与讨论。

11月23日,改革开放与传媒发展学术研讨会在湖南长沙举行。来自全国41所高校及中国社会科学院的专家学者共100余人参加了研讨会,围绕改革开放与新闻业发展、改革开放与广播影视业发展、改革开放与出版业发展三个主题展开讨论。

11月24日,首届中国中部传媒与社会发展高层论坛在江西南昌召开。与会学者聚焦传媒与社会治理、传媒与红色记忆、传媒与群体间沟通等问题展开深入讨论。

11月24日,中国社会科学院新闻所成立四十周年学术研讨会在北京召开。本次会议议题包括中国新闻学百年与马克思主义新闻观的发展、改革开放与中国新闻传播学的发展、新时代中国新闻传播学的新担当等。全国数十所高校新闻传播学院的院长、教授和地方社科院的40位专家学者进行了深入的研讨。

11月24日,"人工智能时代新闻传播的机遇与挑战:江苏省第五届传媒学科研究生论坛"在江苏南京召开。本次论坛围绕人工智能时代的媒体转型与融合发展、人工智能的计算传播研究、人工智能时代的新闻专业主义等议题展开学术思想交锋。

11月25日,第四届民国新闻史高层论坛在江苏南京召开。与会学者围绕民国新闻史研究的新史料、新视野、新方法,民国时期的地方新闻史研究,民国时期新闻业经营管理及管理体制研究,民国时期新闻报纸、广播通讯社摄影和纪录片研究等主题展开深入研讨。

11月25日,"首届(2018)中国新闻学传播学论坛:中国新闻学百年暨新闻业改革四十周年研讨会"在北京召开。与会学者共同回望中国新闻学百年来走过的风雨历程,总结新闻业改革40年取得的成就经验,展望我国新闻学传播学以及新闻与传播教育和传媒业的未来发展。

11月29日,"传播与中国·复旦论坛(2018)"在上海召开。本次论坛的主题为"沟通城市:数字技术与多元文化"。与会学者从文化实践、都市空间生产、移动性和城市意象、社会参与、社会变迁、城市认同等多个侧面,关注新技术、全球化、数字化及中国本土传播实践等研究问题。

12月1日,2018民族新闻与文化创新研讨会暨民族地区新闻与传播学院院长会议在广西南宁召开。与会的全国十几所民族地区新闻与传播学院的院长、系主任共同分析了当前民族地区新闻传播院系建设和发展中存在的问题,探讨了克服困难、实现发展的路径和方法,并就民族新闻与社会发展、新媒体与文化创新、民族文化与乡村振兴等问题展开深入交流。

12月1日,"媒介融合与粤港澳大湾区文化创意产业发展:2018年新闻传播学发展前沿粤港澳研究生论坛"在广东广州召开。参与本次论坛的嘉宾共同探讨丰富多元的媒体技术及理论范式如何与当下的文化创意产业实现兼容并蓄,迸发出新的产业思路和商业逻辑。

12月1日,"新工科背景下的智慧传播与融合创新——第五届新媒体发展与创新论坛暨第五届华南理工大学跨学科青年学术沙龙"在广东广州召开。会议汇聚不同学科背景的青年学者,共同探讨新工科背景下如何构建智慧传播生态、如何进行技术与各专业的融合创新以及如何推动相关领域的理论创新与研究方法创新。

12月1日,"智能媒体与社会发展:汕头大学第十四届新闻传播学研究生学术论坛"在广东汕头举办。与会青年学者就新媒体与社会发展、传播技术与人类生活等研究议题展开讨论。

12月1日,中国新闻史学会视听传播研究委员会2018学术年会在重庆召开。本次会议以"视觉议题研究:新理论·新方法·新趋势"为主题,从跨学科的视角,对视觉议题研究的学术范式、前沿理论与方法、图像社会史、图像阐释与哲学等问题展开研讨。

12月1日,意识形态与舆论研究高峰论坛在海南海口召开,对马克思主义意识形态理论、习近平总书记意识形态系列论述、改革开放40年意识形态建设的经验问题及对策、新时代意识形态的新态势及创新工作机制研究等问题进行深入讨论。

12月1日,首届大夏传播论坛(2018)在上海召开。本次论坛以改革开放与中国传播学的发展与反思为主题,回顾中国传播学的发展历程,检视其理论成就、实践走向、学科建设、学派脉络,探讨中国特色的社会主义建设中的传播学贡献。

12月2日,第五届政治传播与社会发展论坛在北京召开。本次会议以"新媒体场景下的政治传播"为主题。与会学者集中研讨政治传播研究在新媒体时代中的现状与范式。

12月7日,首届中国传播创新研究工作坊在湖北武汉召开。与会学者围绕短视频传播及其创新、媒体融合的创新与发展、性别传播现象、互联网平台垄断问题及其可能的管理创新、知识付费、数字营销、品牌传播等理论与实践问题展开研讨。

12月7日,"中国传播研究的本土议题与全球想象:首届'学问四海'博士生高峰论坛"在广东广州召开。本次论坛以"主题沙龙+点评"的方式,围绕马克思主义中国化、中国政治话语体系的国际影响力、基于大数据的舆情传播等议题进行交流。

12月8日,中国传媒经济四十年高峰论坛暨第七届中国传媒经济年会在北京召开。会议围绕改革开放40年中国传媒经济学术研究回顾与前瞻、媒体融合实践与传媒经济学理论创新、改革开放40年中国传媒产业政策规制研究、媒体融合背景下传媒新业态研究等问题进行了研讨交流。

12月8日,"媒介·思潮·实践:新时代的新闻传播与新闻传播的新时代——安徽省第十届新闻传播学科研究生论坛"在安徽合肥召开。与会青年学子围绕区域传播与文化研究、虚拟社区与受众研究、媒介与新闻专业主义、舆情传播与互联网治理等议题展开交流讨论。

12月8日,第二届舆情治理与传播法规研讨会在北京举行。与会嘉宾分别就"劳动·传播·舆情"、名誉权专题、特殊传播规制、著作权与名誉权、宏观传播法、互联网规制等九个主题做学术报告,开展学术评议和学术交流。

12月9日,2018新闻与传播学一流学科建设高层论坛在江西南昌举行。与会学者围绕"学科创新"与"人才培养"两大主题展开研讨。

12月18日,"新时代·新广电·新卓越:纪念改革开放40年——中国广播电视高层论坛暨迈向2.0时代卓越新闻传播人才培养重庆论坛"在重庆召开。与会专家学者就改革开放40年来中国广播电视的历史演进与发展成就、国际影响与世界意义、学科发展与理论创新、新闻生产与社会变革等议题进行了研讨。

12 月 21 日,"讲好中国故事、传播好中国声音:中国特色社会主义理论发展与传播论坛"在北京召开。本次会议紧密围绕中国特色社会主义创新理论及其话语传播的发展这一核心议题进行研讨,交流学术观点。

12 月 28 日,当代中国与世界论坛在辽宁沈阳开幕。论坛就当前国际舆论格局新变化、新趋势,国际舆论演变的历史规律,海外舆论中国观的变化与发展等问题展开广泛研讨。

## 六、2018 年新闻传播学著作出版概况

2018 年,新闻传播学著作出版依然繁荣,全年共计出版各类论著 300 余部。与 2017 年度相比,数量上有所下降,内容依然包括新闻传播理论、实务和历史等领域,新媒体领域的著作可谓独占鳌头。

### 1. 新闻传播理论研究持续深入

2018 年新闻传播理论研究成果持续积累,一些新闻传播学理论的基础教材陆续出版和再版,比如:复旦大学出版社的《新闻学概论(第六版)》,吉林大学出版社的《传播学概论》,中国国际广播出版社的《新传播学教程》、《传媒经济学教程》、《无人机新闻概论》、《社交媒体与智慧网络》、《手机媒体艺术概论》,北京体育大学出版社的《体育新闻学概论》,中国社会科学出版社的《媒介美育通论》等。

一批具有现实意义、符合时代特色的新闻传播学理论著作面世,主要有:中国传媒大学出版社的《马克思主义大众化传播方略》、《中国主流媒体融合创新研究》、《新时代大众传媒社会功能研究》,上海交通大学出版社的《中国社会情境中的媒介可信度研究》、《网络舆情与公共政策》,中国国际广播出版社的《社交媒体与智慧网络》,中国书籍出版社的《我国青少年手机传播中的亚文化研究》、《主流媒体直播探索的理论诠释与实践解读》,中国社会科学出版社的《中国环境治理中的传媒策略研究》,复旦大学出版社的《新闻传播与中国社会发展》,东北师范大学出版社的《共生媒介教育论》、《网络媒体演变与大众文化空间嬗变》,吉林人民出版社的《融媒体视域下新闻传播研究与分析》,学林出版社的《媒介的新与旧》,南京大学出版社的《传媒与教育》,长征出版社的《构建现代军事传播体系》,四川大学出版社的《产业融合趋势下我国传媒产业发展研究》,文化发展出版社的《跨媒体信息传播原理与技术》,东北大学出版社的《媒介与后现代艺术》,新华出版社的《融合情境因素的社会化信息推荐研究》,郑州大学出版社的《马克思传媒社会政治功能思想研究》,厦门大学出版社的《有效传播的术与道》,南开大学出版社的《英美后女性主义媒介批评研究》,社会科学文献出版社的《舆论引导新论》,电子科技大学出版社的《大数据视野下新闻传播变革研究》,湖北科学技术出版社的《情境危机传播理论研究》,九州出版社的《跨文化传播教育研究》、《网络环境下新闻传播理论与规范》,中国纺织出版社的《时尚传播学》,哈尔滨地图出版社的《媒体公共性多维视角研究》,首都经济贸易大学出版社的《传媒责任伦理研究》,黑龙江教育出版社的《媒体访谈语言与传播艺术》,中国时代经济出版社的《媒介环境变迁与身份认同构建》,北京师范大学出版社的《计算机传播学导论》,北京日报出版社的《新闻传播与数据分析》,华东师范大学出版社的《学术、传媒与公共性》,浙江工商大学出版社的《场域理

论与公共意见建构》，人民日报出版社的《社会主义核心价值观的对外话语体系建构和国际传播》，延边大学出版社的《媒介融合时代高校传媒教育发展研究》，人民出版社的《新时代马克思主义新闻观中国化创新发展》等。

**2. 新闻传播实务研究全面发展**

新闻传播实务类著作主要包括传统新闻采编业务、广播电视与广告等，在这些领域的著作中，教材依然占据半壁江山。有关传统新闻采写编评业务研究的著作层出不穷，如何在新媒体融合时代采写新闻成为新的热议话题。

相关著作主要有：武汉大学出版社的《新闻写作学》、《媒体融合背景下我国报业转型的发展策略研究》，九州出版社的《新闻采访与写作》，清华大学出版社的《审稿学论纲》，人民日报出版社的《通讯员新闻采写一本通》，人民出版社的《知名媒体人这样说》，郑州大学出版社的《媒体融合视域下新闻采访写作研究》、《重庆国家级非遗传承人采访实录》，中国广播影视出版社的《新闻病症辨析》、《报业·融合之道》，中国人民大学出版社的《数据新闻可视化》、《当代新闻写作》、《时评要领》、《危机沟通》，上海大学出版社的《新闻职场告白》，江苏人民出版社的《政在一线》，企业管理出版社的《媒体融合案例解析》，西南师范大学出版社的《全媒体新闻报道》，北京师范大学出版社的《网络编辑实务》，三秦出版社的《记者人生》，延边大学出版社的《新闻语篇分析与翻译》，中国国际广播出版社的《全媒体时代宣传干部新闻采编实务手册》，中国社会科学出版社的《城市化视角下农民工报道问题研究》，世界图书出版广东有限公司的《当代主流媒体融合发展大解码》，科学出版社的《拓展新闻写作研究的思维空间》，东北林业大学出版社的《当代新闻编辑案例教学》等。

广播电视研究类著作历来在新闻传播实务中占据重要比例。这类书籍主要有：中国传媒大学出版社的《电视采访》、《主持艺术风格形态》，中国国际广播出版社的《电视节目主持传播研究》、《媒介融合背景下我国广电全媒体发展研究》、《中国广播电视学》，九州出版社的《全媒体电视新闻采编》，吉林文史出版社的《电视新闻赏评》、《播音技巧与影视剪辑艺术编辑》，吉林出版集团的《当好新时代的新闻编辑与记者》、《中美电视播音员主持人评价标准比较研究》、《播音主持艺术概论》，中央民族大学出版社的《电视媒体对维吾尔观众的影响力现状与提升路径研究》，东南大学出版社的《中国电视节目的形态演变》，人民日报出版社的《美国儿童电视节目教育模式研究》，北京大学出版社的《数字电视节目制播技术》，清华大学出版社的《新媒体编播技术与应用》，天津科学技术出版社的《新媒体技术与广播电视发展研究》，广西师范大学出版社的《媒介融合背景下类型化广播主持人研究》，化学工业出版社的《视听节目形态解析》，现代出版社的《广播电视传播技术与电视编导》，东北林业大学出版社的《体育解说概论》，郑州大学出版社的《播音主持理论与实训研究》，武汉大学出版社的《语言学视角下语言文字类电视文化节目研究》，文化艺术出版社的《中国电视明星真人秀节目研究》，辽宁大学出版社的《新闻写作与广播电视》，湖北人民出版社的《湖北新闻广播节目改版及理论研究》，东北师范大学出版社的《融媒体时代主持人的发展探究》，吉林人民出版社的《广播电视艺术与新媒体技术发展研究》，云南大学出版社的《融媒体时代中国电视文化身份论》，江西科学技术出版社的《高校"视"界》，知识产权出版社的《网络视听艺术批评》，中国政法大学出版社的《全球热播综艺节目解析》等。

广告与媒介经营方面著作仍然不少,教材与学术研究均有涉及且层次丰富,主要成果有:中国建筑工业出版社的《广告学概论》、《广告媒介》、《平面广告设计》、《广告创意》、《互动广告设计》、《广告策划与创意》,中国商务出版社的《中美广告史》、《广告设计》,中国原子能出版社的《品牌形象设计与视觉传播》、《广告设计与应用研究》,现代出版社的《广告创意与文脉传承》、《广告设计艺术创新实践》,同济大学出版社的《广告设计》、《VI 设计》,上海交通大学出版社的《广告学导论》、《平面广告设计及其表现方法研究》、《Photoshop 平面设计广告创意达人之旅》,清华大学出版社的《Photoshop 新媒体广告设计》、《Photoshop H5 广告设计》,吉林文史出版社的《广告设计与艺术审美》、《广告文化解码》,吉林大学出版社的《广告传播研究》、《影视广告创作》、《网络内容文本广告在线匹配若干关键问题研究》、《自媒体广告传播研究》、《公益广告效果研究》,安徽美术出版社的《POP 广告设计》、《广告创意设计与制作》、《标志设计与实训》,光明日报出版社的《现代广告设计理念与实践研究》,北京工业大学出版社的《平面广告设计与制作实训》,化学工业出版社的《广告设计从入门到精通》,湖南师范大学出版社的《平面设计与广告创意》,北京理工大学出版社的《广告设计》,北京日报出版社的《广告设计艺术审美》,安徽大学出版社的《广告心理学》,电子工业出版社的《互联网文案创作与内容营销》,吉林人民出版社的《广告设计美学与电子商务》,北京师范大学出版社的《广告经营学》,上海古籍出版社的《上海广告史》,南京大学出版社的《新媒体广告规制研究》,东北财经大学出版社的《网络广告学》,西北农林科技大学出版社的《平面广告创意与设计》,新华出版社的《广告设计艺术的美学思考》,东北师范大学出版社的《广告摄影》,人民日报出版社的《广告符号意义研究》,汕头大学出版社的《广告美学》,东北大学出版社的《新媒体环境下公益对文明城市形象的优化研究》,经济管理出版社的《大数据时代的广告与营销嬗变之思》,辽宁美术出版社的《广告创意思维与设计初探》,中国大地出版社的《数字时代背景下新媒体广告的视觉设计研究》,北京联合出版社的《定格动画与广告创意》,复旦大学出版社的《广告传播政治经济学批判》,湖南大学出版社的《广告策划与创意》,国家行政学院出版社的《广告平面设计与视觉传达研究》,东北林业大学出版社的《新媒体广告》,湖南人民出版社的《中国古代书业广告史》,德宏民族出版社的《广告设计与视觉表达》,当代世界出版社的《疯狂文案》,吉林摄影出版社的《大数据时代的网络广告发展》等。

### 3. 新媒体领域研究独领风骚

2018 年新媒体领域的发展势头更为迅猛,伴随着媒介融合、网络时代媒体发展等议题的盛行,相关研究成果也蓬勃出版。

这类成果有:武汉大学出版社的《新媒体基础与变迁研究》,中国广播影视出版社的《融媒体时代传媒人才培养新探》,中国水利水电出版社的《新媒体时代的传播媒介与产业发展》,吉林教育出版社的《新媒体生态环境研究》,辽宁大学出版社的《传统媒体与新媒体结合》,中国纺织出版社的《新媒体时代下新闻传播模式创新》,辽宁人民出版社的《新型主流媒体研究》,江西高校出版社的《全媒体记者必备素质构成与培养》,延边大学出版社的《网络时代新闻媒体的发展》、《新媒体与新闻传播研究》,西安交通大学出版社的《媒介融合演进中的中国视频网站重定向》、《信息时代下的媒介传播与文化现象》,石油工业出版社的《新媒体运营职业技能一本通》,吉林文史出版社的《新媒体环境下媒介话语研究》,吉林大学出版社的《网络媒体可信度的生成与维系机制研究》,国家图书馆出版社的

《互联网时代媒体平台经济发展的理论与实践》《互联网时代的影像新闻研究》，陕西师范大学出版总社的《基于 OBE 理念的新媒体应用型人才培养模式改革》，中央编译出版社的《青少年网络媒介素养教育》，哈尔滨工程大学出版社的《公共危机中伪信息的扩散机理与干预研究》，中国传媒大学出版社的《新媒体策划与设计》，中国商业出版社的《自媒体运营从入门到精通》，中山大学出版社的《网络公共性表达法治问题研究》，郑州大学出版社的《新媒体与新闻创新研究》，天津科学技术出版社的《新媒体运营》，团结出版社的《新媒体网站建设与互联网信息安全》，清华大学出版社的《主流媒体对外宣传的新媒体策略》，中国书籍出版社的《媒体融合背景下的北京市新闻舆论工作》，吉林出版集团的《新媒体传播与受众参与式文化的构建》，中国人民大学出版社的《新媒体运营》，电子科技大学出版社的《新媒体环境下新闻传播的发展研究》，北京邮电大学出版社的《新媒体与北京产业发展研究报告》，吉林人民出版社的《新媒体与舆论传播》，知识产权出版社的《自媒体与话语权研究》，暨南大学出版社的《新媒体传播》，内蒙古人民出版社的《微博的自组织传播》，人民日报出版社的《VR 的商业开发与媒介传播》，四川大学出版社的《我国短视频新闻的发展与传播研究》，同济大学出版社的《新媒体传达时代》，万卷出版公司的《新媒体时代中国广播的理论创新与实践探索》等。

有关舆论舆情研究的著作持续增加，大量涉及网络舆情研究，主要有：中国社会科学出版社的《网络舆情预警的伦理问题研究》《特大城市突发公共事件微博舆情演化的建模与仿真》《网络舆情平抑的修辞策略》《社会网络舆情事件的情景分析与应急决策》《网络舆情治理创新研究》《网络舆情及其应对研究》，延边大学出版社的《网络新媒体时代舆情引导研究》，西南财经大学出版社的《网络舆情主动回应及其案例研究》《突发事件舆情引导理论与实务》，吉林大学出版社的《基于集群行为的复杂网络舆情研究》，北京理工大学出版社的《大数据视角下的质检网络舆情研究》《大数据时代的网络舆情分析》，电子工业出版社的《网络舆情分析技术》，中国政法大学出版社的《边疆民族地区网络舆情传播及其政府治理机制研究》，机械工程出版社的《微博社区成员参与的理论与实证研究》，中国原子能出版社的《自媒体时代高校网络舆情治理研究》，人民出版社的《移动环境下微博舆情传播机理及生态治理》，科学技术文献出版社的《网络舆情的演化机制和应对策略研究》，中国矿业大学出版社的《面向微博突发话题的舆情分析若干关键技术研究》，上海交通大学出版社的《社交媒体舆论》，河北科学技术出版社的《基于社会物理学的网络舆情演化研究》等。

### 4. 新闻传播史研究不断深耕

2018 年度，新闻传播史的论著并不多，主要有：科学出版社的《电子媒介发展史》《网络主持发展简史》，人民出版社的《中国近现代漫画新闻史》《菲律宾华文报刊与中国文化传播》，云南人民出版社的《文化传播视野下东南亚华文传播与华文教育》《声画聚焦耀荧屏》，电子科技大学出版社的《新媒体背景下看茅盾的编辑思想与实践》，福建人民出版社的《中国新闻事业编年史》，上海大学出版社的《近代上海小报精选图录》，人民日报出版社的《葡萄牙新闻传播史》，线装书局的《山东抗日根据地（报纸大众化）研究》，国家图书馆出版社的《建国前〈新华日报〉》，浙江大学出版社的《浙江当代报业新闻图志》，辽宁人民出版社的《沈阳日报七十年》，南京师范大学出版社的《中国传媒文化百年史》，中国广播影视出版社的《国际新闻史：从传播的世界化到全球化》《美国传媒业融合发展理论及数字化探索》，人民日报出版社的《中国报业 40 年》等。

　　此外,2018年度依然有一批研究报告出版,如《中国新媒体发展报告(2018)》《中国传播创新研究报告(2018)》《中国视听新媒体发展报告(2018)》《中国微电影短视频发展报告(2018)》《中国媒体融合发展报告(2017—2018)》《中国新媒体社会责任研究报告(2017)》《中国未来媒体研究报告(2018)》《中国媒体微传播国际影响力年度报告(2018)》《中国传媒人才能力需求研究报告(2018)》和《中国新闻传播学研究最新报告(2018)》等等。

总报告执笔：童兵　张晓峰

# 第二部分　马克思诞辰 200 周年与改革开放 40 年

# 马克思诞辰 200 周年与马克思新闻思想研究

2018 年是马克思诞辰 200 周年。回望马克思主义百年来的发展,学者们已经取得共识,即马克思主义是人类思想史上的一场革命,革命意味着范式的转变。萨特曾说,马克思的哲学是 20 世纪不可超越的哲学,马克思哲学已经远远超出意识形态的维度,成为一种哲学的范式转换。马克思主义对哲学和人文社会科学产生了变革性的影响,研究对象从思想理性的存在者转向对于社会实在和社会权力的研究。兰德尔·柯林斯曾这样形容马克思:"社会学的历史一直就是不断揭示出我们先前没有意识到的偏见之源,从而逐步使我们自身的思想精密化的过程。这一揭露的事业是由卡尔·马克思开启的,他是第一个站在普通工人的立场上来观察生活的伟大思想家。"①时至今日,马克思对于资本及人与人关系的研究,马克思对现代社会和现代性的批判,一直影响至今,在今天的各种社会文化现象中仍然具有强烈的透视力。作为一门正在蓬勃发展的新闻传播学科,也在百年来的发展历程中不断受到马克思主义及其随后学术思潮的深刻影响,在中国主要体现为三个线索:一是马克思主义新闻观与马克思中国化及其传播的研究;二是顺着西方马克思主义学说而发展的传播政治经济学;三是马克思主义的批判传统与传播研究中的批判和文化取向结合,形成具有传播视角的文化批判与文化研究。在互联网、新技术快速发展的语境之下,这三条线索都与时俱进结合新的社会现实和不断变动的社会实践发生着变化,而这一点在马克思诞辰 200 周年之际也同样得以彰显。

在本文中,笔者聚焦马克思主义与新闻传播研究这一核心议题,回顾 2018 年这一特殊年份里我国的马克思主义传播研究,试图勾勒出我国新闻传播研究与马克思主义、马克思主义新闻观的种种内在关联,发现当前马克思主义研究的热点和亮点,以期为之后的马克思主义与传播研究提供参照和镜鉴。笔者将从理论研究、历史研究、时代瞭望、国际传播和多元发展五个部分,对马克思主义与新闻传播研究的种种不同面向作一精华式的回溯。

## 一、理论研究:马克思主义新闻观的理论内涵

马克思主义新闻观,指的是马克思主义对于新闻现象和新闻传播活动的总的看法及规律性认识。它是马克思主义的世界观、人生观和价值观在新闻传播领域的反映和体现。马克思主义新闻观本身就是实践的产物,它是关于无产阶级和社会主义新闻实践的理论总结与科学概括②。对马克思经典文献中所蕴含的新闻传播思想与观念的持续开掘,以及在此基础上结合中国实践对经典新闻理论问题的哲学思辨,一直是研究者关注和回应当代中国马克思主义新闻观及其现实意义的重要路径。

---

① 参见兰德尔·柯林斯、迈克尔·马可夫斯基:《发现社会:西方社会学思想述评》,商务印书馆 2015 年版,第 10 页。
② 参见郑保卫:《与马克思同行 推进马克思主义新闻观中国化——写在马克思诞辰 200 周年之际》,《当代传播》2018 年第 3 期。

### 1. 马克思主义新闻观的概念起源

许多研究者对马克思主义新闻观的形成和发展进行了梳理和回顾。秦川和张博雅认为，在马克思主义新闻观形成的初期阶段，最为突出的思想内容就是新闻报道真实性、新闻出版自由、人民报刊思想、无产阶级政党报刊思想。在中国共产党人的努力下，马克思主义理论在中国大地上生根、发芽，并得到了广泛的发展和传播，由此，马克思主义新闻观的相关内容和理论体系也得到了进一步发展①。

通过对马克思主义新闻观概念的历史回顾，叶俊发现，在马克思主义新闻观概念出现前，中国共产党通过各种运动开展对新闻工作者的思想教育，同时，无产阶级新闻学、马克思主义新闻学、社会主义新闻学等概念曾都发挥了理论指导作用。马克思主义新闻观的提出是出于政治与意识形态的需求：一方面是鉴于加强国内新闻工作者的思想政治教育，要求新闻工作者要讲政治；另一方面，是鉴于对西方新闻理论的批判。但随着马克思主义新闻观的实践和教育的推进，马克思主义新闻观已成为培养中国新闻工作者队伍的理论基础。作为中国新闻工作者必须学习的一项内容，马克思主义新闻观经历了从单一政治话语向职业培训再到职业教育的话语转向，其属性也从政治属性为主发展到"政治—职业"双重属性的具有中国特色的新闻学概念②。而赵星耀认为，马克思主义新闻观的定义众说纷纭，至今并未取得共识。因而，厘清马克思主义新闻观的内涵需要明确马克思主义新闻观应该直接具体地表现为一套观念体系、一套深层次的方法体系，且两者互为依存、缺一不可③。陈力丹则清晰地指明，马克思所从事的革命斗争和理论研究，伴随着一系列的新闻实践。由他所开创的新闻传播思想有世界交往体系、现代传播的时空观、报刊的内在规律、有机的报刊运动、党报立场与人民性等五个方面的思想渊源④。

林克勤从更为抽象的层面分析了马克思主义新闻观与体验哲学之间的谱系关系。他指出，《关于费尔巴哈的提纲》一文中将马克思主义实践观分为"体验性社会实践"和"经验式社会实践"两种形态。直接参与的体验实践与间接投射的经验实践共同构成了马克思主义新闻传播观的初始来源与表述前提。无论在马恩报刊活动的《莱茵报》时期、《新莱茵报》时期还是《社会民主党人报》时期，无论是其人民报刊思想、自由报刊思想还是工人报刊思想、党报思想，都体现了这两种实践形态的合一与共振，核心都是从"我"出发，与社会关系的全面交往与激荡反馈⑤。

### 2. 马克思主义新闻观的内涵

除了从源头上对马克思主义新闻观进行深入追踪之外，不少学者围绕"新闻真实性"、"党性与人民性"、"报刊的使命观"等马克思主义新闻传播思想进行探讨。

（1）新闻真实性

杨保军认为，有机的报刊运动是马克思对新闻真实及其运作特征的论证，顺着这一思路，当代中

① 参见秦川、张博雅：《马克思主义新闻观与当代环境下新媒体理念的解读》，《青海社会科学》2018 年第 5 期。
② 参见叶俊：《"马克思主义新闻观"的概念起源及其话语变迁》，《现代传播（中国传媒大学学报）》2018 年第 4 期。
③ 参见赵星耀：《马克思主义新闻观的内涵、外延和阐释方法》，《中国报业》2018 年第 14 期。
④ 参见陈力丹：《继承和发展马克思的新闻传播思想》，《新闻与传播研究》2018 年第 6 期。
⑤ 参见林克勤：《马克思主义新闻观与体验哲学的谱系勾连》，《现代传播（中国传媒大学学报）》2018 年第 10 期。

国马克思主义新闻真实观在坚持"事实真实"这个根本观点、"过程真实"（有机的报刊运动）这个实现方式的观念外，其明确的典型特征是强调新闻真实的统一性，即"统一真实"。这样的真实观念，实质上要求新闻传媒要反映、呈现出一定社会在一定时空范围内主导的、主流的真实面貌，能够引导人们正确和全面地认识一定社会的整体情况。值得进一步思考和讨论的是，当代中国马克思主义新闻观、新闻真实观，实际上是通过将"新闻工作"转化为"新闻宣传工作"、"新闻舆论工作"来解决统一真实这一问题的，如何处理好新闻、宣传与舆论三者之间的关系，是理顺统一真实与事实真实的关键①。

（2）党性与人民性

向芬从新闻学术史和思想史的演进中探寻党性与人民性的关系。她指出，延安时期的党性以马克思主义中国化的理论与实践为基础，核心是马克思主义及其阶级论基础上的无产阶级政治，其中天然蕴含着人民性，党性与人民性本属一体；与无产阶级党性相对的，乃是资产阶级、小资产阶级的"独立性"。相对于"党性与独立性"的矛盾对立关系，"党性与人民性"在延安时期新闻界，经过整风运动和《解放日报》改版，无论理论还是实践均已作为一致的、统一的整体而得到广泛认同。新中国成立后，这种意识一以贯之，从无疑义。直到 20 世纪 80 年代前后，"党性与独立性问题"不知不觉被置换成"党性与人民性之争"。在批判与反批判中，对立两方所汲取的理论资源虽然无异，但是论证"党性与人民性"一致的思路却南辕北辙。她还认为，"党性与独立性问题"转变为"党性与人民性之争"，在某种意义上也反映出文化领导权的危机。延安时期共产党"舍我其谁"的文化自信与文化领导权，在20 世纪 80 年代后被逐步消解②。

郑保卫从马恩著作出发，指出马克思、恩格斯、列宁的著作奠定了"党性人民性统一论"的理论来源。以毛泽东为代表的中国共产党人在继承马克思、恩格斯、列宁相关理论观点的基础上，从中国的党情国情出发，结合中国共产党的新闻实践，对党报的党性原则，以及党报的人民性、群众性与党性的关系问题作了更加详尽、深入的论述，形成了一些独特观点，为丰富发展"党性人民性统一论"作出了理论贡献。此后的邓小平、江泽民、胡锦涛同志都丰富发展了"党性人民性统一论"，习近平对"党性包含着人民性的深刻内涵"观点深刻阐明了党性和人民性的关键与核心③。

宫京成和李彬认为，党性与人民性的有机统一是坚持群众路线的要求。群众路线是马克思主义新闻观的灵魂。按照马克思主义基本原理，人民群众是创造社会历史的主体，是推动历史前进的真正动力。从马克思主义群众观的理论思想看，马克思主义的群众观坚持"人民群众是创造社会历史的主体"这一基本前提；从中国革命和社会主义建设的实践来看，中国共产党党的利益与人民的是一致的④。

（3）报刊使命观

马克思的报刊使命观是马克思主义新闻观中的重要组成部分。童兵通过马克思的办报实践和论述，指出马克思把充当人民的耳目喉舌作为报刊的重要使命，作为新闻记者的社会担当。在面对 19世纪 30 年代末和 40 年代初普鲁士新闻出版界受到封建专制高压的情境下，马克思提出"人民报刊"

---

① 参见杨保军：《统一性：当代中国马克思主义新闻真实观的典型特征》，《新闻大学》2018 年第 1 期。
② 参见向芬：《理论回想：从"党性与独立性问题"到"党性与人民性之争"》，《新闻与传播研究》2018 年第 10 期。
③ 参见郑保卫：《"党性人民性统一论"的理论来源与当代发展》，《新闻大学》2018 年第 2 期。
④ 参见宫京成、李彬：《群众路线：重塑马克思主义新闻观的灵魂》，《新闻与写作》2018 年第 9 期。

理念,主张创办人民报刊。报刊必须毫不动摇地站在人民群众的立场上,不偏袒和不惧怕政府、书报检查当局和官方报刊的压力;敢于为人民利益呐喊呼号,无畏地说出人民的愿望和要求,努力使这些愿望和要求成为社会舆论,坚定地同人民站在一起,为人民的利益和权利抗争,学会并善于用人民自己的语言说话,能够在日常报道中抒发人民群众的真情实感①。

## 二、历史研究:马克思主义新闻观的历史回顾

### 1. 马克思主义中国化的历史进程

童兵在梳理马克思的新闻初心时也回顾了马克思主义后继人对其新闻工作初心的坚持和发展。新中国成立后,毛泽东不仅认同马克思新闻工作初心的两个方面,而且在中国实践中有了新的发展。一方面,新闻要向人民群众做真实的报道,也要尽可能公开发表党的政策;另一方面,毛泽东强调了党和政府要在报纸刊物上展开批评与自我批评的必要性和重要性。随后,邓小平、江泽民、胡锦涛等都各自以自己的方式和语言对马克思的新闻工作初心有一定继承和发展。胡锦涛的"以人为本"、"三贴近"、保障人民知情权、参与权、表达权、监督权等思想是对马克思的进一步发展②。

郑保卫同样强调并细致梳理了毛泽东、邓小平、江泽民、胡锦涛和习近平等几代中国共产党领导人,在推进马克思主义新闻观中国化和丰富创新马克思主义新闻观理论内涵方面作出的独特贡献。毛泽东对马克思主义新闻观中国化的开创性贡献主要体现在他对党报性质人物和功能作用作出明确解释,对坚持党性原则提出明确要求,提出"政治家办报"的重要思想并且强调实事求是、注重深入实际调查研究,倡导坚持群众路线,实行全党办报、群众办报,注重文风建设等。邓小平顺应中国改革开放和社会主义现代化建设提出"思想中心说",站在战略高度强调新闻工作的党性原则,在十一届三中全会后指导新闻事业实现工作重点战略转移,注重新闻工作的社会效益等。江泽民对马克思主义新闻观中国化的创新发展表现在他对社会主义新闻事业"喉舌"性质的认识,提出"福祸论"的舆论导向观,讲究新闻的宣传艺术等。胡锦涛对于新闻工作提出"贴近实际、贴近生活、贴近群众"的方针,强调把提高舆论引导能力放在首要位置,阐述新闻传播要统筹国内国际两个方面,同时要尊重新闻传播规律。习近平从党和国家事业发展的战略高度,就党的新闻工作的性质地位、职责使命、基本方针、重要原则、创新理念、发展路径,以及人才培养、队伍建设和党的领导等问题,作了全面系统深刻的论述,形成了独特的新闻思想,为马克思主义新闻观中国化的创新发展作出了新的历史性贡献③。

童兵结合学习《习近平新闻思想讲义》的心得体会分析认为,习近平的新闻思想是马克思主义新闻观中国化的典范,也是马克思主义新闻观在当代的新发展。习近平从中国新闻舆论工作现实出发,重点提出掌握意识形态工作领导权、构建全党动手的大宣传格局、增强领导干部同媒体打交道的能力三点见解。在具体的工作方法上提出"时度效"的要求,指出为改进当前的新闻舆论工作,必须抓住时

---

① 参见童兵:《无处不在的耳目　千呼万应的喉舌——纪念马克思诞辰 200 周年兼学习马克思的报刊使命观》,《新闻爱好者》2018 年第 5 期。

② 参见童兵:《追忆和传承马克思的新闻初心》,《中国广播电视学刊》2018 年第 4 期。

③ 参见郑保卫:《马克思主义新闻观中国化的历史进程及其理论贡献》,《新闻与传播研究》2018 年第 2 期。

机、把握节奏、讲究策略。《习近平新闻思想讲义》从七个方面讲述了习近平对马克思主义新闻观新发展的新贡献：对党的新闻舆论工作性质地位作出新定位,对党的新闻舆论工作职责使命作出新表述,对党的新闻舆论工作方针原则作出新论断,对党的新闻舆论工作创新发展作出新擘画,对党的新闻舆论工作作出新部署,对国际传播能力建设作出新阐述,对加强新闻舆论工作队伍建设提出新要求。童兵认为,除这七个方面之外,在理论上还可以更广泛地联系中国经济政治社会发展的新实践作透彻分析和论述①。

张垒认为,习近平新闻思想以党性原则为鲜明主线,以正确导向为基本要求,以人民为工作中心,包含遵循规律的内在逻辑、开拓创新的理论品格、统筹内外的格局视野。习近平对马克思主义新闻观的继承、丰富和发展集中体现在深刻的时代性、系统的创新性和鲜明的实践性,标志着中国共产党对新闻舆论工作的理论认识和实践探索达到新高度②。

### 2. 中共农村办报传统及其历史实践

马克思主义新闻观是中国共产党党报实践的理论基础与指导思想。中国共产党在其党报实践中,不仅始终坚守马克思主义新闻观的立场、观点与方法,而且还根据中国革命实际状况创新、发展马克思主义新闻观。郝雨针对中国共产党最早的报刊活动以及新闻思想和理论的发展成熟,特别解读了中共报刊思想中对于报刊作用的独特观点,尤其是新闻报刊在革命和战争中的特殊功能,以及新闻的党性观念、群众办报方针等;总结了中共新闻理论体系形成的标志性过程,认为 20 世纪 40 年代初以陆定一《我们对于新闻学的基本观点》一文为标志,党的报刊思想和理论日趋成熟③。

黄瑚和徐蓓蓓认为,除 1942 年延安《解放日报》改版中共提出"全党办报"方针之外,1927—1949年间中国共产党提出并践行的"农村办报"的理念与实践,虽说是根据中国土地革命的实际状况而采用的权宜之计,但具有伟大、深远的历史意义。此前,从来没有哪个政党想到在农村地区创办新闻事业,马克思、恩格斯、列宁没有设想、探讨党在农村创办报纸这一情况,也没有提出过有关的指导意见。"农村办报"作为一种创举,填补了马克思主义新闻观、马克思主义党报理论的空白。"农村办报"与"全党办报"的提出与践行,是中国共产党在革命战争时期对马克思主义新闻观的两大创新性贡献。值得注意的是,作为农村办报的具体做法和经验,"对不识字的党员读书报"早在 1929 年古田会议的决议中就已明确提出,后来发展为适应苏区实际情况的"读报组"④。

近两年读报组的研究颇受重视。沙垚通过对建国初期陕西农村"读报小组"变迁过程的考察,展现了读报组从群众运动到制度化、常态化的转变,这一转变的完成有赖于农村俱乐部的建立。读报组已经抵达农民日常生产生活的维度,成为一种政治学习的日常仪式⑤。詹佳如则将注意力转移至新中国成立初期的上海读报组,围绕集体读报的阅读方式,呈现出集体读报作为特定阅读实践类型的特殊

①　参见童兵:《马克思主义新闻观中国化的典范——〈学习习近平新闻思想讲义〉心得》,《新闻记者》2018 年第 8 期。
②　参见张垒、李成:《新时代马克思主义新闻观的最新发展——论习近平新闻思想对马克思主义新闻观的新贡献》,《新闻与传播研究》2018 年第 7 期。
③　参见郝雨:《中国共产党早期报刊思想及新闻理论生成》,《当代传播》2018 年第 3 期。
④　参见黄瑚、徐蓓蓓:《革命战争时期中国共产党对马克思主义新闻观的创新性贡献》,《新闻与写作》2018 年第 10 期。
⑤　参见沙垚:《新中国成立之初农村读报组的历史考察——以关中地区为例》,《新闻记者》2018 年第 6 期。

性,既不同于个体独处读报,也不同于首属群体或者次属群体意义上的聚集读报①。

对中共新闻理论及其实践的观照也可以在凸显空间视野的努力中获得一些另类的认识。例如,基于国际共产主义运动史的视角,中共新闻理论和实践是国际共产主义运动的产物,它的理论合法性来自马克思主义新闻观对资产阶级新闻制度的批判,实践合法性来自中国革命的成功;又如,基于北美新闻传播的在地实践理解中共新闻理论与实践,会作出新的诠释,对美国右翼意识形态构成冲击;此外,在全球视野下,结合批判传播政治经济学、后殖民文化研究和转型政治学等学术理论资源,中国新闻理论与实践又构成了新的规范性的乌托邦②。

### 3. 马恩新闻传播实践的历史回溯

童兵指出,马克思把充当人民的耳目喉舌作为报刊的重要使命,把确保新闻报道的完全真实作为新闻记者的价值追求。马克思的“人民报刊”思想在当时德国的历史语境中具有破天荒的革命性意义。马克思高呼人的崇高本质,尊重百姓的权利,要求报刊体察和反映民意,要求新闻实践要结合“自由报刊”和“人民报刊”的基本品质,而在今天这些思想依旧如群星闪耀,照耀后人。马克思在工人报刊时期首次提出报刊的“喉舌”观,认为这种喉舌的作用主要表现在:当革命不断掀起高潮,夺取敌人一个又一个堡垒的时候,工人报刊是冲锋陷阵的号角;而当革命被反革命镇压,工人报刊暂时仍占据着岗位的时候,工人报刊依然不能退缩,应该勇敢地为被压迫者辩护,为英雄们戴上桂冠。而到党报阶段,马克思坚守党报是党和党员群众喉舌之立场。这些观点和主张,无一不明确地说明,尽管马克思创办、编辑或指导的报纸处于不同历史背景,承担着不同的任务与使命,但马克思青年时代确立与提出的新闻初心,是坚持始终、毫不动摇的③。

郑保卫认为,马恩的新闻传播实践意义重大,马克思不但借助报刊为自己的理论著述和思想宣传收集资料、提供载体,更重要的是通过报刊扩大自己所阐述的思想原则和理论观点的影响,以推动无产阶级革命和共产主义运动的发展。马恩的传播实践有如下几个核心要义:第一,为其革命活动提供了思想的武器。马恩始终把报刊作为从事革命斗争的锐利武器,作为进行理论著述和思想宣传的重要工具,作为保持同党和群众联系的桥梁和纽带。第二,报刊实践为马恩的世界观转变营造了现实的环境。报纸不仅仅只是文本和被反映的现实,报纸自身也作为一种媒介,参加到主体的思想意识塑造和社会观念的形塑当中,具有更深层次的意义。第三,报刊实践为马恩的新闻思想之形成奠定了基础。第四,马恩新闻传播实践为无产阶级政党报刊开辟了优良的传统。第五,为马克思主义新闻观的进一步发展开拓了道路④。

除了马克思主义新闻观的核心理念,马恩新闻传播实践的另外一些维度的实践也被学者们细细探究。陈力丹从经营、出版的角度来重新审视马恩的传播实践。他认为,马恩在报业经营方面主要探讨了如下几个问题:一是必要的周转资金的问题。这是马恩在创办报刊时考虑的重点,例如在创办

---

① 参见詹佳如:《集体读报:新中国成立初期的上海读报组研究》,《新闻与传播研究》2018 年第 11 期。

② 参见赵月枝:《全球视野中的中共新闻理论与实践》,《新闻记者》2018 年第 4 期。

③ 参见童兵:《无处不在的耳目　千呼万应的喉舌——纪念马克思诞辰 200 周年兼学习马克思的报刊使命观》,《新闻爱好者》2018 年第 5 期。

④ 参见郑保卫:《论马克思报刊活动的历史地位》,《现代传播(中国传媒大学学报)》2018 年第 4 期。

《新莱茵报》时，马恩就有意识地扩大报刊的发行量，通过让进步人士成为股东，和发行人、承印商合作，在科隆酒店发放报纸征订单，在科隆街道贴出报纸的广告，整个城市都成为报刊发行和出版的网络系统，被卷入其中。马恩的策略相当奏效，让《新莱茵报》的订户达到 5 000—6 000 户，取得了非常广泛的社会影响。二是要重视发行量和广告。马恩认为，发行量和广告是一个报刊的物质保障，马恩在自己的著作中肯定广告传播的作用，他们自己也曾多次为他人写过书的广告。三是要寻找可靠的报刊发行人和经理。这对报刊工作的运转至关重要，如《新莱茵报》的老经理斯·阿·瑙特。四是要及时采用新技术。马克思时刻关注报纸的技术状况，在资金困难时仍花钱购买新式印刷机。恩格斯把报刊业革新的技术称作是"一种革命的因素"，1891 年恩格斯这样写道："如果德国的企业主们不是蠢驴，他们现在就会采用排字机，纽约和这里（伦敦）的各大报社都越来越多地使用这种机器了。"①陈力丹教授的研究很有价值，不仅让我们看到马恩新闻思想中关于经营的侧面，同时也启发我们思考新技术和新媒介作为一种影响要素，如何影响马恩新闻思想的传播和新闻实践的展开。

对于马恩传播实践的历史研究已经深入非常细致的文本研究的层面。例如，陈力丹详细地考察了 1840 年恩格斯在《知识界晨报》上发表的三组通讯。恩格斯对当时德国城市的公众交往、大众文化、报刊媒介作了细致入微的阐释，从新的维度提供了一个让我们重新思考恩格斯传播思想的方式②。李彦考察了马克思 1849 年在《新莱茵报》上发表的一篇评论文章《霍亨索伦王朝的出版法》，呈现了马克思针对该出版草案的批评，侧面向我们提供了马克思新闻出版自由观的相关线索③。王硕分析了马克思 1861 年发表于维也纳《新闻报》的通讯。该文本研究指出，马克思对英国伦敦报纸的分析，表明当时英国报刊已经被政党所控制，成为政治斗争和党派利益斗争的工具。马克思对当时英国报纸政治化的分析，与哈贝马斯在《公共领域的结构转型》中提到的欧洲报纸在现代性的过程中逐渐变成政党控制的观点形成呼应④。谢灵佳详细讨论了马克思给韦尔特海姆的书信手迹中表达的思想。这封信对于我们了解马克思关于出版党的理论刊物的思想有很大的参考价值。马克思的基本思想是："反对思想上的先入为主，以批判的态度审视现有的一切理论，以政治经济学为研究基础。"⑤

## 三、时代瞭望：新时代的马克思主义新闻观

### 1. 新时代马克思主义新闻观教育研究

胡钰和陆洪磊认为，当前中国的马克思主义新闻观教育面临着理论研究落后于教学需要的突出矛盾。他们指出，价值塑造是马克思主义新闻观教育的根本性问题；理论建构是马克思主义新闻观教育的关键性问题；情感培养是马克思主义新闻观教育的基础性问题。教育内容上需要重视宏大理论

---

① 参见陈力丹：《马克思和恩格斯论报刊经营》，《新闻界》2018 年第 3 期。
② 参见陈力丹：《恩格斯和〈知识界晨报〉》，《新闻界》2018 年第 1 期。
③ 参见李彦：《霍亨索伦王朝的出版法》，《新闻界》2018 年第 4 期。
④ 参见王硕：《马克思〈报刊的意见和人民的意见〉的观点呈现》，《新闻知识》2018 年第 2 期。
⑤ 参见谢灵佳：《记载马克思创办理论刊物的文献》，《新闻界》2018 年第 2 期。

的学习,进行广义的马克思主义历史和理论教育,也要关注现实问题的争论,学会批判方法的使用。教育方式上要在思维训练、专业实践、全球比较上进行创新。教育评价上在学术体系、学生反馈、学院建设上进行创新①。

樊亚平关注教师如何将"马克思主义新闻理论"这门课程上好,在激发学生课程兴趣的同时让学生得到更大收获和提高。他认为,该课程应传授相关概念、原理、原则等知识性内容,让学生了解这些概念、理论的内涵,知道新闻工作应遵循的主要原则,是"马克思主义新闻理论"课应该达到的最基本目标。在具体实现上述目标时,要遵循对理论的推导、阐释与对新闻实际问题的研究、分析相结合;对新闻工作原则、使命的强调与对党的初心、使命的揭示相结合;教授马克思主义新闻理论与介绍民族复兴梦及伟大成就相结合;老师和学生真学、真懂、真信、真用等原则②。

赵星耀认为,马克思主义新闻观教育的首要问题在于厘清该定义。如今尽管马克思主义新闻观定义的数量不在少数,可是大部分定义逻辑性不强、科学性欠缺,对于何为马克思主义新闻观并未阐释清楚。要掌握马克思主义新闻观的阐释方法,必须回到经典原著,采用系统化阐释和具象化阐释的方法③。

### 2. 新时代马克思主义新闻观与新闻舆论工作

新媒体环境下,随着媒体传播格局的重构,新闻舆论生态也发生重大变化,新闻观发展面临着真实性、公共性、宣传性和专业性被冲击和消散的风险。黄楚新认为,应当坚持马克思主义新闻观的党性原则、舆论导向原则、实事求是原则和融合创新原则,将马克思主义新闻观作为党的新闻舆论工作的"定盘星",才能保障新闻事业健康发展,维护主流意识形态安全④。

童兵从新闻记者的视角,梳理和分析了马克思的新闻初心和报刊工作主张。马克思在其办报实践中强调了孜孜不倦地揭露当权者,充当人民群众的耳目喉舌是作为新闻舆论工具的报刊的两大基本的社会使命。新时代习近平把对马克思新闻工作初心的理解和创新推向新的高度。他首先从舆论的社会功能切入论述媒体与人民群众的深切关系,舆论导向正确与否会带来不同的后果。对于舆论监督的功能,习近平提出要从总体上把握新闻报道的正负平衡,舆论监督与正面宣传是统一而非对立的,对于重大政策问题的批评可通过内部渠道向上反映,不宜公开在媒体上反映⑤。

陈力丹指出,习近平很关注马克思世界交往的思想,并且习近平关于新闻舆论工作的一系列论述切实贯彻了马克思关于新闻真实性和报刊要具有深切人民性两方面的思想⑥。张垒根据习近平在纪念马克思诞辰 200 周年大会上的讲话,总结了对新闻舆论工作的指导意义。马克思主义要求在人类社会发展规律下把握新闻传播规律,把新闻传播规律建立在批判和检验的基础上,在不断锤炼和有效引导中实现人民立场,通过思想观念的斗争来凝聚共识;马克思主义还要求处理好若干关系,以建设

① 参见胡钰、陆洪磊:《马克思主义新闻观教育的创新思路研究》,《新闻与传播研究》2018 年第 11 期。
② 参见樊亚平:《教好马新观,"功夫在诗外"——"马克思主义新闻理论"教学的目标、原则与方法》,《新闻与写作》2018 年第 8 期。
③ 参见赵星耀:《马克思主义新闻观的内涵、外延和阐释方法》,《中国报业》2018 年第 14 期。
④ 参见黄楚新:《马克思主义新闻观:党的新闻舆论工作的"定盘星"》,《人民论坛》2018 年第 11 期。
⑤ 参见童兵:《追忆和传承马克思的新闻初心》,《中国广播电视学刊》2018 年第 4 期。
⑥ 参见陈力丹:《继承和发展马克思的新闻传播思想》,《新闻与传播研究》2018 年第 6 期。

社会主义现代化强国为目标践行"积极新闻学",自觉在"世界历史"的视野下反思新闻舆论,在争夺国际话语权的同时警惕全球资本主义意识形态①。

### 3. 新时代马克思主义新闻观的价值和现实意义

新媒体的发展使得社会各种层面的观点和思想传播得更为迅捷,对马克思主义而言,其政治功能在新媒体时代可以得到更好的凸显。有研究者指出,在新媒体时代,一切活动应该秉持客观性、对立统一的方法和原则,而且服务于经济领域、坚持群众史观、重视认识对实践的能动作用。马克思主义的辩证新闻思想、唯物史观是新媒体和传统媒体重要的融合桥梁。在新媒体的挑战下,马克思主义的传播需要充分利用新媒体平台和技术进行一定的变革,努力争取受众注意力资源的有效聚合。

## 四、国际传播：马克思主义中国化与传播

在马克思主义进入中国之后,我国政治界与思想界就不断结合马克思主义的思想精髓和我国社会现实,对马克思主义不断进行重新理解和发展,形成了具有中国特色的马克思主义思想。那么,在互联网与新技术的语境之下,中国化的马克思主义如何发展与传播？马克思的相关思想观念,如何在媒体中报道和体现？我国马克思主义思想对外传播存在哪些挑战？一些学者在研究中聚焦了有关问题。

### 1. 马克思诞辰 200 周年国际媒体报道

童建军对全球 200 个国家和地区 2 431 家报纸和 11 家重要通讯社的马克思诞辰 200 周年的报道作了详尽的概述与分析,发现外国的新闻媒体在报道马克思 200 周年这一重大历史事件时,基本上都展现了相同的叙事范式:重温马克思在资本主义的批判性分析和平等的价值追求上的历史性功绩,肯定马克思对社会发展的预见性,赞赏马克思著作中深沉的人文主义精神,高度评价马克思在研究方法上的开创性贡献。

童建军在文本分析中发现,国外媒体的报道包括如下重点内容:第一,有关纪念马克思诞辰 200 周年的展览,举办地点包括德国、英国、法国、美国等西方国家;第二,外媒还报道了世界上主要左翼政党和中国共产党纪念马克思诞辰 200 周年的活动,其中,中国共产党举行的马克思诞辰 200 周年纪念大会备受瞩目,在大会上,习总书记对"为什么要高度重视马克思主义"、"究竟什么是马克思主义"、"怎样对待和运用马克思主义"及"怎样坚持和发展马克思主义"的阐释,受到各国媒体的关注和转载,受到国际媒体高度一致的好评;第三,关于马克思诞辰 200 周年的相关学术活动,例如北京大学、伦敦大学、德国罗莎·卢森堡基金会等的学术活动,都聚焦马克思在人类各个学科和各个思想史中的多维印记;第四,关于马克思诞辰 200 周年多样的艺术活动,诸如马克思故里德国特里尔的"马克思城市居民"活动、英国伦敦的"马克思在伦敦的生活和思想"主题游、曼彻斯特的"马克思主题漫步观光"

---

① 参见张垒:《习近平在纪念马克思诞辰 200 周年大会上讲话对新闻舆论工作的指导意义》,《现代传播（中国传媒大学学报）》2018 年第 8 期。

等等,这些丰富多彩的城市文化实践,展现了普通大众对于马克思的热爱及敬仰。

童建军还发现,国外新闻媒体围绕马克思开创的分析方法、马克思对资本主义的批判、马克思对平等的价值追求、马克思对社会发展的预见性以及马克思深沉的人文主义情怀这五个维度的报道,重申了马克思开创的研究方法的当代意义。例如,荷兰阿姆斯特丹大学经济地理学教授埃瓦尔德·恩格伦(Ewald Engelen)认为,马克思开创了一系列在当前情况下非常适用的关键工具。英国《新闻国际》指出,马克思为分析经济、历史、阶级结构或资本主义制度的基础而开创了一种科学的分析方法,它可以并且已经应用到许多领域。在这些"非常适用的关键工具"和"科学的分析方法"中,最具特色的是阶级分析方法。瑞士《时报》认为,马克思的社会研究方法就是阶级分析法,这是分析世界和理解阶级斗争的强大工具[1]。

### 2. 中国化马克思主义对外传播

杨芳和邝奕轩发现,当前我国的中国化马克思主义对外传播面临着如下压力:国家综合国力还不够强,意识形态领域斗争复杂而尖锐,跨文化传播冲突,对外传播能力存在差距等现实困境。中国化马克思主义对外传播应着力提升中国综合国力,依托"硬实力"发展提升"软实力";牢牢掌握意识形态话语权,将中国特色社会主义价值观念贯穿对外传播的各个方面;聚焦他国人民大众,加强跨文化分众传播;创建立体国际传播机制,实现中国化马克思主义对外传播多领域、宽渠道、多形式的立体协同推进[2]。

### 3. 新媒介语境与马克思主义传播

周昌辉认为,当前在新媒体语境之下,马克思主义的大众化传播存在如下问题:一是信息传播内容的碎片化与聚合的问题,二是话语体系的转化与接受。我们需要不断探寻马克思主义大众化传播的创新策略,通过加强信息传播内容的整合、善于寻找大众话语的契合点、打造高素质的传播人才队伍等手段,全面提升马克思主义的大众化水平[3]。

刘康认为,要把握马克思传播在新媒体语境之下的规律,构建点面结合的传播模式,坚持系统性推进,防止错误诠释和外部肢解。若能合理利用新媒介语境的传播特点,将极大增强马克思主义的整体性内涵,并增强马克思主义大众化的实效性[4]。

佘朝虎认为,需要借助新媒体工具,用大众化语言传播马克思主义思想,让受众能够理解马克思主义的内在精髓和肌理。马克思主义大众化传播之内涵是:将马克思主义思想的精髓用平民化的语言来讲述、传扬,和社会生活紧密联系,和普通民众的生活实践密切勾连,实现马克思主义向普通受众传播。具体的策略包括将马克思主义思想生活化,培养专业人才队伍,加强网络净化管理等[5]。

---

① 参见童建军:《国外新闻媒体关于马克思诞辰 200 周年的报道分析》,《马克思主义研究》2018 年第 11 期。
② 参见杨芳、邝奕轩:《中国化马克思主义对外传播的现实困境和路径探索》,《马克思主义研究》2018 年第 1 期。
③ 参见周昌辉:《马克思主义大众化传播的困境及破解》,《人民论坛》2018 年第 2 期。
④ 参见刘康:《形散神不散:碎片化传播环境下如何维护马克思主义的整体性》,《宁夏社会科学》2018 年第 3 期。
⑤ 参见佘朝虎:《马克思主义大众化与新媒体传播》,《新闻战线》2018 年第 10 期。

## 五、多元发展：马克思主义传播理论的其他流派

### 1. 马克思主义与传播政治经济学

在马克思诞辰 200 周年之际，我们必须要关注马克思主义在传播学中的另一个研究维度，即传播政治经济学、西方马克思主义与传播研究。这一传统一直秉持着批判的视野。戈尔丁和莫多克在《文化、传播和政治经济学》一文中指出："批判的政治经济学家追随马克思，在文化工业和更一般的工业内部，把注意力从交换领域转移到财产组织和生产组织，他们并不否认文化的生产者和消费者在持续地选择，而是要指出，这些选择是在一个更广泛的结构中作出的。……批判的政治经济学家尤其关注在物质资源和符号资源不平等的分配结构中，传播活动是如何开展的。"①在今天的语境之下，西方马克思主义学说仍在继续发展，它与传播政治经济学之间有密切的互动和勾连。下面我们就对 2018 年相关研究进行简要的梳理。

赵月枝重新审视了 2012 年出版的《马克思归来》一书。她认为，马克思毫无疑问是现代批判传播学的奠基者，马克思本人就是一位杰出的新闻工作实践者，在他的许多著作中，都有关于社会交往形式、传播技术、意识形态、知识和社会"一般智力"的论述。此后，从格奥尔格·卢卡奇到雷蒙·威廉斯等几代西方马克思主义理论家有关文化和意识形态的著作，更是汗牛充栋、蔚为大观。这些思想为现代传播学的创立与发展提供了丰富的理论基础。《马克思归来》一书的结构表明，"商品化"和"意识形态批判"是马克思主义传播研究的两大关键词。对于此书，需要批判性地接受和理解，要警惕在马克思主义学术传统内部生产西方中心主义②。

陈世华认为，时至今日，马克思主义仍然是传播政治经济学最为重要的思想来源，马克思主义具有超越时空、镜照现实的理论魅力，在今天互联网信息传播的语境中，马克思再次回归，而这一次是数字化的。面对前所未有、纷繁复杂的新的传播现象，传播政治经济学者达成共识：马克思是批判研究的奠基人，马克思主义对认识当代互联网和媒体的角色至关重要，必须回到马克思。在互联网时代，传播政治经济学体现出慕古和追新并存的新进展，具体表现为：回溯精神领袖，挖掘马克思在新时代的生命力；研究视角下移，从制度到实践，从宏观到具体；研究视野广阔又发散，中国问题受关注；研究焦点转移，从传统媒体转向互联网；学科边界模糊，与文化研究融合。虽然研究对象和视角不断转换，体现了与时俱进的学术敏感，但是批判精神和核心议题仍然不变，体现了初心不改、始终如一的理论取向，那就是坚持以马克思主义为最重要的思想源泉③。

夏玉凡从福克斯的传播政治经济学理论入手，思考传播政治经济学的数字劳动批判理论。福克斯的理论试图借助马克思的劳动价值论来重思信息数字时代的劳动理论，拓宽了马克思主义政治经济学的视野。但是，这一理论片面地理解了马克思的物质劳动概念，过度贬低了非物质劳动，同时还

---

① 参见彼得·戈尔丁、格雷厄姆·莫多克：《文化、传播和政治经济学》，载詹姆斯·库兰、米切尔·古尔维奇：《大众媒介与社会》，杨击译，华夏出版社 2006 年版。

② 参见赵月枝：《〈马克思归来〉：网络时代的马克思主义与传播研究》，《清华大学学报(哲学社会科学版)》2018 年第 5 期。

③ 参见陈世华：《慕古与追新：传播政治经济学的新进展》，《国外社会科学》2018 年第 11 期。

忽视了互联网产业背后大量的生产数据商品的劳动力投入,这一研究的批判性视角让我们重新审视互联网时代的数字劳动理论①。

### 2. 马克思主义与媒介环境理论、现代性社会批判理论

张进和姚富瑞从马克思对于技术和"物质性"问题的思考出发,探究马克思对物的追问的方式。研究认为,马克思的思想已经开始探讨人与物、人与技术的关系,对于后来媒介理论对于"物质媒介"的探讨有很多的参照。在马克思那里,技术有多重含义,比如技术作为一种生产力、技术的异化,以及技术的商品化。但是,马克思始终是在人与物的关系中思考技术的,"物在资本主义社会中是一种关系性的存在"。马克思将人与物分离,追问人的主体与技术物质客体之间的关系。马克思主义关于"物质媒介"的研究有三条路径:批判路径、媒介理论路径和文化研究路径。三个学派从不同的视角审视人与物的关系,开辟了后人类时代媒介物质性探究的新视野。

刘方喜思考了在人工智能革命的时代,马克思的工艺学批判如何让我们重新理解人工智能革命对于未来人类社会的意义。研究认为,人工智能带来了"技术奇点"和"经济奇点",资本主义无法面对人工智能、机器人和自动化带来的种种挑战,而当今智能自动化机器体系是更适合社会主义的劳动资料形式②。

郑飞检视了在现代性社会复杂性的语境之下,马克思主义特殊的研究价值。现代社会生活在马克思那里获得了唯物主义的解释,同时,马克思通过对政治经济学批判,揭示了现代社会的商品现象和资本主义的核心逻辑,构成了马克思现代性批判问题的核心。马克思创造性地提出了"物质实践"的理念,强调"人们是自己的观念、思想的生产者"。马克思力图实现对现代社会的总体性把握,注重考察物质生产因素和精神文化因素在现代社会生活中的作用③。

郑祥福从大众文化批判的视角,思考西方马克思主义批判理论的立足点。他认为,西方马克思主义是 20 世纪以来马克思主义的一种重要发展形式,其发展有两条基本线索,一是从马恩文献出发进行新阐释的学派,如卢卡奇、葛兰西等;二是从资本主义社会的政治、经济和意识形态批判入手,分析资本主义的现实问题,代表学派是法兰克福学派和后现代大众文化批判。西方马克思主义的发展呈现出多元化的发展趋势,呈现出文化转向,对于大众文化及其相关的资本主义经济结构和生产方式的重新理解,是西方马克思主义当下的焦点议题④。

## 六、结语

2018 年是纪念马克思诞辰 200 周年。两个世纪过去了,人类社会发生了巨大而深刻的变化,但马克思依然在世界各地受到人们的尊敬,马克思的学说依然闪烁着耀眼的光芒。当代法国著名思想家

---

① 参见夏玉凡:《传播政治经济学视域中的数字劳动理论——以福克斯劳动观为中心的批判性探讨》,《南京大学学报(人文社科版)》2018 年第 9 期。
② 参见刘方喜:《技术、经济与社会奇点:人工智能革命与马克思工艺学批判重构》,《马克思主义与现实》2018 年第 6 期。
③ 参见郑飞:《马克思的现代性批判思想》,《江苏社会科学》2018 年第 6 期。
④ 参见郑祥福:《大众文化批判:西方马克思主义的文化转向》,《国外社会科学》2018 年第 1 期。

雅克·德里达说:"不能没有马克思,没有马克思,没有对马克思的记忆,没有马克思的遗产,也就没有将来。"①特里·伊格尔顿写道:"很少有思想家能真正改变历史的进程,而《共产党宣言》的作者恰恰在人类历史的发展进程中发挥了决定性的作用。历史上从未出现过建立在笛卡尔思想之上的政府,用柏拉图思想武装起来的游击队,或者以黑格尔的理论为指导的工会组织。马克思彻底改变了我们对人类历史的理解,这是连马克思主义最激烈的批评者也无法否认的事实。"②中国社会科学院院长谢伏瞻写道:"马克思主义是最具实践性、人民性和革命性的科学,深刻地改变了人类历史进程。马克思主义不是停留于书斋里的学问,而是实践的科学,是在实践中不断发展的科学。"③

自从新闻传播学作为一门专门的学科建制兴起后,就一直在多重脉络上与马克思主义形成紧密的关联和互动。马克思主义新闻学、传播政治经济研究和文化研究成为新闻传播学中马克思主义学术理念的发展与延续,结合人类社会的具体传播实践碰撞出激烈的思想火花。马克思主义作为科学的理论、人民的理论、实践的理论、不断发展的开放的理论,为中国共产党新闻事业的发展提供了不竭的动力和资源,也为我国的新闻传播学科建设和人才教育工作提供了明确的方向。纪念马克思最好的方式就是要高举马克思主义的思想旗帜,学习马克思主义的科学理论,始终坚持与马克思主义同行,继续推进马克思主义新闻观中国化进程,为马克思主义新闻观在新时代取得新发展作出自己的贡献。

撰稿人:陈嫒嫒、褚传弘(复旦大学新闻学院 2018 级博士研究生)

---

①　参见雅克·德里达:《马克思的幽灵——债务国家、哀悼活动和新国际》,中国人民大学出版社 1999 年版,第 21 页。
②　参见特里·伊格尔顿:《马克思为什么是对的》,新星出版社 2011 年版,第 2 页。
③　参见谢伏瞻:《马克思主义是不断发展的理论——纪念马克思诞辰 200 周年》,《中国社会科学》2018 年第 5 期。

# 改革开放 40 年与中国新闻传播学建设研究

改革开放 40 年,也是中国新闻传播变革的 40 年。2018 年,中国新闻传播学界和业界对"改革开放 40 年与中国新闻传播学"相关议题展开了充分研讨。笔者以"改革开放"、"新闻"、"传播"、"中国传媒"等为关键词,在中国知网搜索到近百余篇期刊文章。本报告选择其中 62 篇进行综述,具体从改革开放 40 年的中国新闻传播理论、新闻传播事业、新闻传播实务、新闻舆论、新闻传播教育等方面进行归纳概括,希望同时兼顾理论和实践两个层面,为"改革开放 40 年与中国新闻传播学"勾勒一张知识简图。

## 一、改革开放 40 年与中国新闻传播学总论

1978 年,中国社会科学院成立新闻与传播研究所,新闻传播学正式被纳入国家层面的学科规划范畴。可以说,改革开放 40 年来,新闻传播学是我国哲学社会学科领域中发展速度最快、受扶持力度最大、地位提升最明显的学科之一。

2018 年 11 月 24 日,中国新闻学百年暨中国社会科学院新闻与传播研究所成立四十周年学术研讨会在北京举行。来自中国社会科学院和地方社会科学院的学者,以及清华大学、中国人民大学、复旦大学等全国 50 余所高校的新闻传播学院院长、教授,围绕中国社会科学院新闻与传播研究所与中国新闻传播学在各个层面的发展进行学术交流。会后,《新闻与传播研究》期刊将与会专家的演讲稿集中发表于 2018 年的增刊。本文在此选取部分内容简要介绍。

方汉奇将社科院研究所称为新闻学研究的"国家队",并指出"国家队"不是散兵游勇,是力量的整合,代表和实践国家性的新闻学的研究和部署。40 年来,研究所无论在新闻研究资料的收存整理方面,还是在培养新闻研究骨干人才方面都发挥着不容低估的作用①。

唐绪军指出,社科院新闻研究所是顺着改革开放的大潮应运而生的。她的创建是党和国家在拨乱反正过程中重启新闻学科建设的重要举措,是在邓小平、李先念、胡乔木等老一辈党和国家领导人亲切关怀下成立和成长起来的,为我国新闻传播学的学科建设、学术发展、人才培养作出了诸多开创性的贡献。目前,新闻所在打造创新型学术平台方面已经形成了"两鉴一刊一摘两皮书,两室一基一选两中心"的格局,通过这些载体和平台,研究所有效地掌握了中国新闻传播学的话语权,发挥出引领学术的带头作用②。

柳斌杰认为,改革开放 40 年来,我国在新闻、舆论、传播、媒体四个方面都取得了突出的成绩,也

---

① 参见方汉奇:《向新闻传播学研究的国家队致敬》,《新闻与传播研究》2018 年第 B12 期。
② 参见唐绪军:《四十年砥砺奋进 新时代守正创新——在"中国新闻学百年暨中国社会科学院新闻与传播研究所成立四十周年学术研讨会"上的发言》,《新闻与传播研究》2018 年第 B12 期。

发生了深刻的变化。中国新闻研究与改革开放的进程相适应,旗帜鲜明地坚持了党性原则和正确的舆论导向,坚定不移地改革了过时的观念、阻碍发展的体制和落后的管理制度,提出了"三贴近"、"走转改"等转变作风的措施,也提出了真实、准确、客观、及时、公开、透明的新闻报道工作方针,改变了过去一些封闭守成的做法。在当前一网天下、多点齐发的新闻传播大变局下,确立了包容开放、打造新型主流媒体、融合发展的思路,实现了与世界的共同进步。这些都与中国新闻传播学领域的研究探索分不开①。

赵玉明指出,2018 年是我国新闻教育创办 100 周年,也是我国新闻学专业研究生教育开办 40 周年。新闻研究所的成立和招收研究生可以说是改革开放新时期中国新闻教育大发展的标志性起点。40 年来,新闻学专业研究生教育有了极大的发展。在教育层次上,从硕士研究生发展到博士生教育,从单一的新闻学科发展为新闻传播学一级学科,目前已有 700 多所开办新闻传播本科教育的高校,开办研究生教育的院校和科研单位数以百计,其中新闻传播学一级学科博士点有 26 所高校,在职教师和在校学生人数远非 40 年前可比②。

陈力丹主要回顾了中国社会科学院新闻与传播研究所早期在马克思主义新闻观研究方面的贡献,指出新闻研究所是改革开放以后马克思主义新闻观研究的最早的也是主要的研究机构,新闻研究所的首届研究生开创了研究马克思主义新闻观的传统,后来很多毕业论文都涉及马克思主义新闻观。20 世纪 80 年代引领着全国马克思主义新闻观的研究③。

童兵总结了中国社会科学院新闻与传播研究所取得的辉煌成就,指出其在引领方向、担纲全局、搭建沟通平台等方面发挥着"国家队"的作用,是中国新闻学与传播学的主要指点者、带领者、冲锋者。同时,他也表达了对未来新闻研究所和新闻传播学的发展期望:思想更解放一点,旗帜更鲜明一点,步伐更大一点,各个大学和新闻研究所的联系更主动一点、更密切一点、更热乎一点④。

郑保卫指出,40 年前,社科院新闻研究所成立的目标非常明确,就是要建构中国马克思主义新闻学;40 年来,新闻研究所在这方面做了很多工作,也取得了很大成绩。为此,我们要高举习近平新时代中国特色社会主义旗帜,增强理论自信,坚持守正创新,努力创新发展中国新闻学。作为新闻学术研究的"国家队",中国社会科学院新闻与传播研究所要在新闻学术研究方面更好地发挥引领作用,要为壮大中国新闻学的声音、扩大中国新闻学的影响、构建中国特色社会主义新闻学作出更大的贡献⑤。

李本乾指出,党性原则是贯穿改革开放以来中国新闻传播理论研究的主线。从第一次新闻改革、第二次新闻改革到目前进行的新闻改革,党性原则始终是新闻工作一直坚持的基本原则。在这个原则的指导下,整个 40 年改革开放传播学理论的创新的动力,其一是改革开放,体制改革增添了新闻理论创新的活力;其二是数字技术的发展,它颠覆了传媒业态环境,给新闻传播理论研究提出了许多全

①　参见柳斌杰:《发扬成绩　守正出新　砥砺前行——祝贺中国社会科学院新闻与传播研究所成立四十周年》,《新闻与传播研究》2018 年第 B12 期。

②　参见赵玉明:《我与早期新闻研究所的片断回忆》,《新闻与传播研究》2018 年第 B12 期。

③　参见陈力丹:《新闻所早期在马克思主义新闻观研究方面的贡献》,《新闻与传播研究》2018 年第 B12 期。

④　参见童兵:《改革开放 40 年新闻所的辉煌和我们的期待》,《新闻与传播研究》2018 年第 B12 期。

⑤　参见郑保卫:《致敬光荣昨天　走向辉煌未来——在社科院新闻所成立 40 周年纪念会上的发言》,《新闻与传播研究》2018 年第 B12 期。

新的话题①。

## 二、改革开放 40 年与中国新闻传播理论

### 1. 新闻理论的探讨和争鸣

理论是学科发展的基础。如果从徐宝璜的《新闻学》算起,中国新闻理论研究已经走过百年历程。这些年来,新闻传播学术界对新闻理论的研究没有中断过。丰纯高指出,对新闻理论的探讨与争鸣事关原则、事关全局、事关方向,敏感而重要,应该讲政治、讲科学、讲方法,不应公开质疑和反对中央已经明确作出结论、形成规范表述的观点和主张②。

社会语境是新闻理论研究的重要影响因素。不同历史时期有不同的政治、经济和文化环境,由此也产生了对新闻的不同认识和理解。新闻观念的变迁,是在社会政治、经济和文化变化的过程中不断发生的。曾一果和张子铎沿着改革开放的足迹,对新闻观念在不同时期的发展历程和变化原因进行了梳理,将新闻观念的演变过程归纳为四个时期:1978 年到 1982 年是新闻事实观念的确立期,1983 年到 1991 年是新闻信息功能观念的引入期,1992 年到 2000 年是新闻"二元"性质观念的形成期,2001 年到 2018 年是新闻观念逐渐转向开放多元的时期。总体来说,新闻观念经历了"正本清源—服务社会—双重属性—讲好故事"四个阶段。此外,两位学者还强调,新闻观念的变迁是多学科交叉融合发展的结果,同时也离不开媒介技术的推动作用,但是在此变迁过程中,马克思主义新闻观始终占据我国新闻学的核心地位③。

沈正赋认为,改革开放 40 年,人们的思想观念和价值观念在潜移默化中发生变化,其中新闻传播理念的变迁及其给人们带来的冲击和影响,无论是在广度上还是在深度上都是前所未有的。他立足于新闻流程的逻辑结构,通过新闻、媒体、记者和用户四个维度的考察分析,对新闻传播的理念重新进行了审视和思辨。具体来说,在对新闻定义的纠结和论争中,新闻从"提供事实信息"转为"向每个人及时展示世界图景";在认识和理解媒介方面,基于新技术革命这一前提,新媒体的特征和功能逐渐得到清晰的阐释;在新闻生产方面,内容生产逐渐由职业记者转变为职业记者和个体受众共同担负并完成的日常传播行为;在信息接收者方面,"受众"一词被更具主体意识和较强主动性的"用户"一词取代,形成集信息的生产者、传播者和接受者"三位"于"一体"的局面,这是一场互联网思维的革命④。

赵国政对改革开放 40 年来我国新闻价值理论的研究过程、理论体系及存在的问题进行了梳理和总结。研究认为,新闻属性与新闻价值属性混同是造成新闻价值概念认识混乱的重要原因。在新闻价值要素的讨论中,对真实性是否属于新闻价值要素这一问题,学者们持不同看法,但最终厘清了真实性的归属:真实性是新闻属性,而非价值属性。新闻信息属性包括真实性、及时性、价值性、公开性,

---

①　参见李本乾:《改革开放四十年中国新闻传播理论研究》,《新闻与传播研究》2018 年第 B12 期。

②　参见丰纯高:《改革开放 40 年我国新闻理论领域若干问题的探讨与争鸣》,《新闻爱好者》2018 年第 6 期。

③　参见曾一果、张子铎:《改革开放四十年来新闻观念的变迁》,《传媒观察》2018 年第 10 期。

④　参见沈正赋:《改革开放四十年新闻传播理念的变迁与思辨》,《声屏世界》2018 年第 8 期。

新闻价值属性包括新鲜性、重要性、显著性、趣味性等。研究强调,不同层级的概念虽然有包含关系,但不宜并列混同,否则会造成理论上的混乱①。

**2. 中国特色新闻学研究**

改革开放以来,中国新闻理论取得了长足进步,也逐渐形成了自己的风格和气派。2018 年,习近平总书记将关于新闻舆论工作的重要论述进一步融入马克思主义新闻学的研讨中,不仅彰显出其当代意义,也使得作为哲学社会科学支撑性学科的新闻学更加明确了自身的理论和实践导向。

唐凯麟指出,建构和研究我国人文社会科学需要四个“继续坚持”,即继续坚持马克思主义的指导,继续坚持中国特色社会主义理论的指导,继续坚持中国人的理论自信、道路自信、制度自信和文化自信,以及继续坚持以实现中华民族伟大复兴的中国梦为最高价值目标。此外,研究者将推动我国人文社会科学进一步发展与繁荣的基本经验总结为:拓展我们的文化视域,坚持开放性思维取向,跻身世界性的文化交流与对话,努力增强我国的文化软实力②。

杨保军和李泓江从研究对象、研究主体、研究方法和研究成果四个方面比较详尽地梳理和总结了新闻理论研究的当代中国特征。研究对象方面,新闻理论研究以“中国事实”为基础、以解决“中国问题”为导向,这一研究导向不仅适应于中国社会的特殊需要,还是世界新闻理论研究中独具一格的重要组成部分。研究主体方面,从事新闻理论研究的学者和科研人员,绝大多数内嵌于中国的地域环境、文化圈层和社会结构,其行为方式、思维习惯乃至语言表达无时无刻不体现着中国元素、中国文化和中国特征。研究方法方面,中国新闻理论研究经历着由相对单一的方法向多元的方法演进的历程,亦即从马克思主义的思辨传统向人文思辨与经验实证并存的方向转变,研究方法背后也深受中国文化因素的影响。研究成果方面,新闻基础理论研究有较大发展,马克思主义新闻思想研究成果丰硕,总体上呈现出以中国新闻现象为主、以外国新闻现象为辅的结构性特征。两位学者认为,唯有承认中国特征、尊重中国特征、厚植中国特征,才能不断丰富和完善中国特色、中国风格、中国气派的中国新闻理论体系建设③。

丁柏铨认为,改革开放以来,中国新闻学及其各分支学科(应用新闻学、理论新闻学、历史新闻学)与经济社会、新闻实践同步发展,学科内容日渐充实,研究水平不断提升,取得了丰硕成果和显著成绩。40 年来,不断创新发展的马克思主义新闻观,成为中国新闻学的重要内容。中国共产党新闻思想作为马克思主义新闻观的重要内容,既有继承,更有创新,主要表现在如下几个方面:新闻舆论理论与实践创新,党性和人民性关系问题上的创新发展,重视新闻传播规律和其他相关规律,将媒体融合提升到国家战略层面,提出“加强国际传播能力建设”的重大命题,对创新新闻舆论工作予以倡导和鼓励,从战略高度对新闻队伍建设和人才培养提出要求④。

2018 年 10 月 19 日,来自国内 20 余所高校的新闻传播学者、知名期刊主编和媒体行业的精英人

---

① 参见赵国政:《改革开放 40 年来我国新闻价值理论的建构、发展与嬗变》,《新闻爱好者》2018 年第 9 期。
② 参见唐凯麟:《浅谈改革开放四十年我国人文社会科学发展的基本经验》,《中南大学学报(社会科学版)》2018 年第 6 期。
③ 参见杨保军、李泓江:《新闻理论研究的当代中国特征》,《新闻界》2018 年第 2 期。
④ 参见丁柏铨:《改革开放以来中国新闻学研究:宏观背景、学科内涵及未来走向》,《中国地质大学学报(社会科学版)》2018 年第 9 期。

士,齐聚复旦大学新闻学院,共同回顾改革开放 40 年来中国特色社会主义新闻学走过的风雨历程。清华大学新闻与传播学院院长柳斌杰从真理标准大讨论、拨乱反正建规矩、重要关口求突破、改革开放再深入、融合发展谱新篇五个部分全面梳理了改革开放 40 年来中国特色社会主义新闻学的实践和创新。他认为,中国特色新闻学建设是立足于中国事件和中国国情的一套在中国行之有效的制度。新时代坚持和发展中国特色新闻学,一定要深入了解中国共产党和宣传舆论事业的血肉联系,真正懂得马克思所讲的"思想旗帜"、列宁所讲的"党的工具"、毛泽东所讲的"战斗武器"、邓小平所讲的"思想阵地",习近平所讲的"重要力量"是我国新闻事业建设、改革、发展、管理的"核心理念"①。

### 3. 中国传播学的引进及本土化

40 年来,"改革"一直是中国新闻传播学发展的主旋律。所谓"改革",一方面是"走出去",另一方面是"引进来"。作为 20 世纪 80 年代引进中国的学科,传播学研究不可避免地关涉到学科本土化的问题。2018 年,以改革开放 40 年为背景,中国传播学界举办了多场研讨会,讨论和反思传播学的学科边界、主体性和方法论等议题。

张咏华指出,中国传播学研究 40 年不断向建设中国特色传播学目标迈进的脉络,深深嵌入在改革开放进程大背景之中。我国传播学界长期以来围绕传播学本土化持续不断地展开诸多讨论,我国历届传播学研讨会的主题和内容展现了迈向中国化过程的脉络。对传播学中国化的追求始终贯穿我国传播学发展的进程之中,通过持续的探讨,学术界对本土化的认识在不断深化,未来我国学术界在推进传播学中国化的过程中应更多着眼于学理性的开拓创新②。

焦中栋指出,改革开放 40 年,中国传媒业始终以开放的眼光,不断学习世界先进传媒技术和先进理念。20 世纪 80 年代以后,大量传播学理论和传媒业务书籍被翻译过来,"传播模式"、"定量分析"等世界传播学先进理念成为新闻传播学教育的重要内容。新闻实践中,从技术细节、美学观念到专业主义精神,中国传媒在中外交流碰撞中,渐渐熟练掌握了与世界沟通的"词汇"和"语法",成为伴随中国走向世界舞台的"同期声"③。

如今,传播学已经发展成为由多个分支组成的学科,政治传播、国际传播、健康传播、城市传播、新媒体传播等,每个方面在中国都有一定建树,并与中国当代现实紧密联系在一起。

其中,国际传播研究能较好地体现出改革开放以来我国传播学发展所取得的成就。龙耘和潘晓婷对改革开放以来的中国国际传播研究作了全面而详尽的回顾。研究认为,尽管中国的国际传播研究尚未形成具有国际影响力的重大创新,但是随着全球化进程逐步加深和中国国际地位的提升,中国国际传播研究在本体认识论、理论框架、研究议题、研究视角和研究方法等方面都呈现出与时俱进的变迁。纵观历史发展轨迹,中国国际传播研究已经从最开始的含混不清变得清晰且有侧重,进而逐渐走向理论化、自觉化、多元化和规范化。近 40 年间,中国国际传播研究历经嬗变与拓展,既显示了研究者们主体意识的不断增强,也折射出我国国际关系与国际地位的提升。随着"一带一路"、"人类命

---

① 参见于晴、胡栓:《回顾与展望,坚守与创新——"改革开放 40 年与新时代中国特色社会主义新闻学"论坛综述》,《新闻爱好者》2018 年第 12 期。

② 参见张咏华:《试论我国传播学研究迈向中国化的过程》,《新闻与传播研究》2018 年第 B12 期。

③ 参见焦中栋:《传媒改革 40 年:成就与经验》,《青年记者》2018 年第 25 期。

运共同体"等国际关系理念的提出,学者们将进一步深化国际传播领域的研究,使之与我国国际关系和国际地位的现实发展更加匹配,与国际传播实践的互动更为高效①。

### 4. 广播电视学和广告学的独立发展

欧阳宏生和唐希牧对在历史进程中产生过重要影响的事件和成果进行了新的挖掘和整理,进而论述改革开放各个阶段广播电视学术研究的具体内容和价值取向。1978 年至 1982 年是学术研究的探索期,广播电视学者积极探索"自己的道路",不仅对广播电视的特点和原理作了深入探讨,还对广播电视"工具论"进行了批判和反思。1983 年到 1991 年是学科意识的觉醒期,广播电视学术团体和研究机构纷纷建立,各类刊物与学术论文不断涌现。1992 年到 2000 年是学科的独立成形期,伴随着争鸣意识与创新意识的增强,以及理论研究与业务实践的有机结合,广播电视理论体系日趋完善。2001 年到 2018 年是学科的多元繁荣期,广播电视研究队伍日益壮大、主体身份更加多样,学术研究在规模、质量和层次上不断提升,并呈现出多学科交叉、多领域跨界、多方法融合的景象。由此可见,经过几代广电学者的不懈努力,中国广播电视研究在学科体系的建构上日益完善并形成了相当规模②。

陈刚和祝帅发现,早期中国广告研究以启蒙和知识普及为己任,以介绍西方的理念为主,直到"创意"、"营销"、"传播"等术语传入中国后,业界和公众才改变了对广告的认知。1987 年,中国广告协会学术委员会成立,标志着广告学人从此有了宣讲、发表学术理论的阵地。1992 年南方谈话后,随着整体经济的飞速发展,广告业进入市场要素主导的阶段,广告学术研究的主题也从概念的普及转向广告的专业化和产业化,品牌策略、企业想象和代理制成为这一阶段的研究重点。同时,业界精英也积极参与到学科建设中,因此更多实践性的问题进入学术研究的视野。2001 年中国加入世贸组织后,资本要素开始成为广告业发展的主导,作为最主要的技术资本动力的互联网也得到了广告学界的关注。经过 40 年的发展,中国广告研究积累了丰硕的成果,但是在互联网时代也面临新的挑战,学界已不再简单地追随业界热点,而是开始提出洞察性的、前瞻性的理论观点③。

总体而言,改革开放 40 年是中国新闻传播理论不断发展完善的 40 年。如今,中国特色新闻学的积极构建,传播学研究的日渐本土化,广播电视学和广告学研究的独立发展,展现出多元繁荣的局面。

## 三、改革开放 40 年与中国新闻传播事业

改革开放 40 年来,中国新闻传播活动始终处于不断演进的变动之中。作为社会系统中的一个子系统,新闻传播领域的任何变动都与社会其他领域尤其是政治经济领域的变动互相关联。当代中国新闻传播事业发生在改革开放的大环境中,是中国社会整体变革的重要组成部分。

---

① 参见龙耘、潘晓婷:《历史回音与现实交响——改革开放以来中国国际传播研究回顾(1982—2018)》,《对外传播》2018 年第 12 期。

② 参见欧阳宏生、唐希牧:《改革开放四十年:中国广播电视学术研究的历史进程》,《现代传播(中国传媒大学学报)》2018 年第 8 期。

③ 参见陈刚、祝帅:《在批判中建构与发展——中国当代广告学术发展四十年回顾与反思(1979—2018)》,《广告大观(理论版)》2018 年第 2 期。

**1. 改革开放以来中国新闻传播事业的总体变迁**

丁柏铨指出,改革开放 40 年,中国的新闻传播事业在持续发展中存在诸多关键节点,包括:开启改革开放巨大社会工程的十一届三中全会,20 世纪 80 年代中期传播学的传入,提出一系列重要命题的党的十三大,"舆论导向/舆论引导"论的提出,邓小平 1992 年在南方发表的重要讲话,1994 年中国接入互联网,十六届四中全会通过《中共中央关于加强党的执政能力建设的决定》,胡锦涛到人民日报社考察工作并发表重要讲话,标志中国进入新时代的十八大,在党内确立习近平新时代中国特色社会主义思想地位的十九大。这些关键节点对中国新闻传播事业大发展产生了极其重大的影响①。

除了受到社会环境的影响外,技术也是新闻传播活动变革中至关重要的因素之一。杨保军和李泓江以媒介技术为视角,从历时性的角度分析了当代中国新闻生产方式的变迁。研究发现,改革开放后中国经历了从"传统新闻业时代"向"后新闻业时代"的转变过程。从新闻生产的社会角度看,中国新闻生产形成了职业新闻生产与非职业新闻生产的二元化结构;从新闻业角度看,职业新闻生产方式也在新闻生产主体、新闻生产资源、新闻生产工具、新闻产品形态、新闻生产关系等多个维度发生改变甚至变革。新兴技术的不断涌入改变着传播形态,也改变着具体的新闻产品形态,从而进一步影响乃至决定着新闻生产方式。而中国社会整体变革所释放出的制度性活力、思想性活力则是当代中国新闻生产方式变革的深层次原因。这 40 年的新闻活动表现为一种时期比较分明却又紧密联系的过程。如果将之放在人类媒介整体发展的视野中,又会发现,这几十年的演变就像人类新闻演进活动的"压缩版"②。

中国新闻传播事业不仅见证和记录了改革开放的发展变迁,同时也反映了其自身经历的历史性变革。

王润泽对改革开放以来,我国报纸、广播电视、互联网等的相关数量和规模做了统计。1978 年,全国仅有报纸 186 家,一般 4 到 8 版,且均为党报。1980 年,我国有广播电台 106 座、电视台 38 座,每家也只有一两个频道,日均播出时间以小时计算。到 21 世纪初,全国有报纸超过 2 000 种,总印数超过 300 亿份。2016 年,我国共有公共广播节目 2 741 套、公共电视节目 3 360 套、有线广播电视用户 2.28 亿。截至 2018 年 6 月 30 日,我国网民规模达 8.02 亿,网络新闻用户规模为 6.63 亿,其中,手机网络新闻用户规模达到 6.31 亿。研究认为,引领新闻传播行业发展的因素主要有三:首先是新闻传播技术的变革,40 年来,新闻传播技术从基础条件转变为引领行业的主角和最大推动力;其次是新闻传媒组织结构的全面提升,从社长负责制到以市场为规律的管理方针,再到最近十年的媒介融合和融媒体尝试;再次是新闻观念的变革,承认新闻商品性是中国新闻界改革开放后的第一次观念变革,也是新闻改革的核心动力③。

**2. 改革开放与中国报业转型**

卓宏勇认为,改革开放 40 年来,我国报业走过了从少到多、从多到优的快速发展路程,可划分为

---

① 参见丁柏铨:《中国新闻传播事业 40 年发展中的 10 个关键节点——写在纪念改革开放 40 周年之时》,《新闻与写作》2018 年第 8 期。

② 参见杨保军、李泓江:《技术视野中的当代中国新闻生产方式变迁》,《新闻爱好者》2018 年第 8 期。

③ 参见王润泽:《改革开放 40 年来新闻传播的历史性变革》,《新闻与写作》2018 年第 12 期。

报业恢复创办期、快速发展期、跨越式发展期、数字化转型期和媒体融合期几个阶段。40 年来,报业取得的成就、获得的经验和得到的启示均弥足珍贵:无论在什么样的历史条件下,都必须把坚持正确导向放在第一位,坚持为全党全国工作大局服务,坚持实现社会效益和经济效益相统一,坚持以改革创新促进发展,积极利用新技术等①。

黄楚新认为,20 世纪 80 年代是中国报业内部融合的发展阶段,市场经济的深化改革为中国报业改革提供了宽松环境,中国报业积极拓展子报业务,改进印刷技术,从而成为"朝阳产业"。20 世纪 90 年代,中国报业逐渐通过业务合并与制度创新,开始大规模的"触网融合",从早期的电子版、自办网站到后期的报网融合,中国报业进入数字报业的发展阶段,同时形成了多家大型报业集团。进入 21 世纪后,在国家顶层设计与新技术的合力下,中国报业在不断创新的基础上开始探索在传播渠道、内容形式、经营管理等方面的新路径,尝试度过"报业寒冬期",实现新一轮的融合发展②。

张志安和曾励着重探讨改革开放 40 年来报业角色的变化。研究发现,自 20 世纪 70 年代末至 21 世纪以来,中国报业发生着从启蒙者到监督者、记录者、调查者和解释者的角色转变。纵观改革发展 40 年,无论是在计划经济体制和阶级斗争的实践中,还是在融入经济全球化浪潮的竞争进程中,中国报业始终发挥着不可替代的作用,既是历史发展的见证者,也是社会进步的推动者。当前,中国报业正在面向数字化平台和移动互联网传播转型升级过程中,新闻报道也在不断探索融合创新的形态。"在记录中影响,在影响中推动"是未来中国报业继续助力深化改革、助推社会进步的努力方向,这要求中国报业完成四个方面的转变:从议题追踪到议程设置者的强化,从事实把关者到真相阐释者的提升,从信息传者到价值引领者的追求,从致力于报道到服务于治理的转型③。

2018 年,《中国地市报人》期刊策划了"致敬改革开放 40 年"专栏,专门讲述地方党报改革开放以来的发展变迁。

刘重耀以江西《井冈山报》为例,对比了其在改革开放前后的变化。研究指出,改革开放前,《井冈山报》是铅印的四开小报,出版周期不固定,发行量不多,且多次遭到休刊、停刊的厄运。十一届三中全会后,井冈山报社加大对新闻事业的改革力度,重拳出击迎来了发展的"井喷"期。近年来,《井冈山报》不仅实现了版面和排版印刷技术上的飞跃,更是形成报纸、网页、手机 App、官方微博、微信等立体传播。这既得益于政策引领和扶持,又得益于技术驱动的媒体变革④。

褚福干、刘玉华和张亚宁从"经济建设"、"群众视角"、"民生民情"、"媒体融合"四个关键词出发,梳理了枣庄日报社新闻改革的历程。改革开放 40 年来,《枣庄日报》由最初的手刻油印、铅印的小报,发展到电脑照排、彩色胶印的对开大报,成为鲁南地区最具影响力的主流媒体⑤。

焦静和彭晓英认为是改革和创新催生了宜春日报社的巨变。报社从"一纸风行"的单一纸媒,发展到拥有"报、网、博、微、端、视"互动融合平台的媒体"舰队";从铅印机发展到拥有高速胶印轮转机的现代印务中心;从 10 人发展到 100 多人的员工队伍;从单一的广告发行,发展到主办主题活动、拓

---

① 参见卓宏勇:《中国报业改革发展 40 年》,《中国出版》2018 年第 23 期。

② 参见黄楚新:《改革开放四十年来中国报业融合发展实践与探索》,《出版发行研究》2018 年第 4 期。

③ 参见张志安、曾励:《媒体如何助力改革开放——中国报业四十年回顾》,《传媒》2018 年第 24 期。

④ 参见刘重耀:《蜕变的源头在改革——以江西〈井冈山报〉改革开放 40 年发展为例》,《中国地市报人》2018 年第 12 期。

⑤ 参见褚福干、刘玉华、张亚宁:《四个关键词看一张党报的四十年——从改革开放 40 年〈枣庄日报〉的探索看地市报报道主题的变迁》,《中国地市报人》2018 年第 11 期。

展会展经济、户外广告、项目合作等的多元化经营;从恢复出版发展到斩获中国新闻奖、江西新闻奖、中国报业融合发展奖①。

在中国特色社会主义已经进入新时代的当下,在中国报业处于媒体深度融合的关键时期,中国新闻传播业界继续解放思想、深化改革、加速创新。

很长一段时间以来,对"报纸消亡论"的讨论不绝于耳,不少学界和业界人士对报业转型持悲观态度。唐绪军和崔保国认为,媒体融合与报业转型发展是世界性的难题。中国报业 40 年来的发展之路与以互联网为代表的新兴媒体走的道路有着本质的差别,如何将这两种不同的媒体发展路径整合在一起,对于作为媒体融合执行主体的报人来说极具挑战。"报业+互联网"符合报人推动媒体融合这一全新业务的惯性思维,然而这又恰恰与媒体融合发展规律相悖。报业媒体融合的应然媒体形态是新兴媒体,如果以报业思维为主体思维,那最终融合的媒体就不可能成为真正意义上的新兴媒体。然而,"新兴媒体+"或"互联网+"已被行业公认为媒体融合的应然思维。那么,如何让报业媒体融合执行主体具备这样的思维,这需要报社与报人自我革命的魄力。两位学者对报业转型提出了三个需要考虑的方面:首先,体制改革与创新是关键点;其次,平台打造是核心;再次,内容融合是重中之重②。

范以锦和刘芳儒对媒体融合的前景持乐观态度。他们从传媒生态、媒体业态、媒介形态"三态"变化入手,将改革开放以来的中国新闻业划分为三个阶段:第一,传媒政治生态发生变化,恢复和强化了新闻工作的优良传统和作风,新闻业在推进新闻改革的同时也注重媒介经营管理的同步发展;第二,媒体业态发生变化,在中国市场经济的大潮中,媒体也重视市场的作用,媒体之间出现了前所未有的激烈竞争,由此推动传媒产业的发展;第三,互联网等新技术的变革下,媒介形态异彩纷呈,新闻业既面临巨大挑战,又迎来新的发展机遇。两位学者提到,虽然第三阶段的传统媒体在下滑,但媒体转型的步伐正在加快并取得良好成效,从全媒体的视角来看,新闻的传播影响力越来越大,万物互联下的传媒产业正在往纵深发展,中国新闻业做强做大势在必行③。

### 3. 改革开放与中国广播电视业

在改革与创新中,中国广播不断挖掘音频传播的特质,以适应新环境带来的新挑战。王春美立足改革开放以来的时代变迁,通过对多家电台改革实践的综合考察,总结了中国广播创新发展的主要进程,并探析其间的内在逻辑。研究发现,从以节目为核心的单项改革到探索整套节目的合理布局,从系列台的创建到频率专业化的纵深推进,再到融合时代的市场再细分,各家电台在实践过程中大都呈现出由局部到全局、由点到面、由浅入深、由易到难、不断深化的特征④。

蔡之国和王文瑾指出,尽管改革开放 40 年来,我国广电事业获得迅猛发展,建构起中央、省、市、县四级播出机构并存发展、广播电视人口基本全面覆盖的广电媒体格局,但是,"事业性质,企业化管理"的广电媒体在传播党的声音的同时也加速了媒介的竞争,随着互联网时代的到来更面临严峻的生

---

① 参见焦静、彭晓英:《创新融合与时代同行——从改革开放 40 年〈宜春日报〉的发展看地市报变革创新》,《中国地市报人》2018 年第 11 期。
② 参见唐绪军、崔保国:《中国报业四十年的改革发展之路》,《中国报业》2018 年第 13 期。
③ 参见范以锦、刘芳儒:《传媒生态、媒体业态、媒介形态:中国传媒业改革四十年》,《新闻记者》2018 年第 10 期。
④ 参见王春美:《改革开放以来中国广播创新发展轨迹探析——基于对多家电台改革实践的综合考察》,《中国广播》2018 年第 12 期。

存挑战。两位学者认为,在"过去未去,未来已来"的当下媒介生态环境中,我国广播电视媒体只有在坚守党媒喉舌的前提下改革创新,才能在竞争中争夺到话语权,实现党媒宣传和经济效益的双赢①。

赵广远横向分析了社会发展、传播媒介、传播内容、受众需求和主持人个性风格对新闻播音风格演变的影响;以改革开放伊始、中国电视黄金十年、民生新闻崛起和融合信息传播为四个时间分段,纵向比较我国电视新闻播音主持风格的变化,阐释不同历史时期新闻播音主持创作风格的审美取向与审美需求②。

## 四、改革开放 40 年与中国新闻传播实务

### 1. 改革开放与新闻报道

周蔚华和邵士博指出,改革开放 40 年里,新闻媒体一直在国家的政治、经济、文化、社会以及人们的日常生活中扮演重要角色,发挥引导舆论、传播知识、传承文化、沟通信息、瞭望社会、娱乐大众等作用。新闻信息的传播影响着人民群众对于社会的认知和理解,也影响了改革开放的进程③。

丁柏铨对改革开放 40 年来新闻报道的演进发展进行了考察。研究指出,媒体所刊播的新闻报道同时受到外部因素(政治生态、经济体制、法治环境和传播科技)和内部因素(新闻工作者的受众意识、竞争意识、规律意识)的影响。在内外双重因素的影响下,40 年中的新闻报道呈现出新闻产品生产者越来越重视与公众的需求相适应、新闻作品的传播方式比以前有所讲究、官方微博和微信公众号成为信息公开的重要渠道等若干走向。研究认为,正确的新闻理念对新闻报道有着引领、指导和促进作用,要以"勿忘人民"为新闻报道的准则,以清醒的意识认知新闻本体和受众,要认真探索新闻传播规律以处理好新闻与政治的关系。当新闻报道领域出现诸如采访的便捷与调查的深度、新闻信息的丰富复杂与受众接受信息的能力有限、先进算法技术与内容生产和推送之间的矛盾时,须以辩证的观点妥善处理。此外,在新闻创新方面,我们要以极大的努力对新闻报道的思维、内容获取的路径以及报道形式的方法等方面不断推陈出新④。

2018 年,"庆祝改革开放 40 周年"是新闻报道的重要主题,与这一主题相关的学术研究也层出不穷。

张倩对《人民日报》、新华社和 CCTV 三家中央级媒体关于"庆祝改革开放 40 周年"的新闻报道和媒体活动进行了对比分析。研究发现,三大央媒在发掘主题宣传报道新思维、新渠道,抢滩新媒体舆论阵地,拓展市场化运作手法等方面均进行了卓有成效的探索,每家媒体各具特色。其中,《人民日报》立足报道的影响力和传播力,以重大媒体活动和策划配合报道,打通线上和线下,联动地方媒体,产生人才、资源、渠道共享的叠加效应。新华社立足供稿本职,将新闻报道的专业性和职业化推向新高度,注重精耕客户端,以极富感染力的全媒体报道先声夺人,避免信息碎片化和同质化。CCTV 则坚

① 参见蔡之国、王文瑾:《"过去未去,未来已来":改革开放四十年广电事业发展回眸与展望》,《声屏世界》2018 年第 6 期。
② 参见赵广远:《改革开放四十年来我国电视新闻播音风格演变》,《新闻战线》2018 年第 6 期。
③ 参见周蔚华、邵士博:《作为改革开放 40 年推动者和见证者的新闻力量》,《传媒》2018 年第 24 期。
④ 参见丁柏铨:《改革开放 40 年来新闻报道研究》,《新闻大学》2018 年第 6 期。

持移动优先,深度市场化运作,以"小央视频"为抓手打通大屏小屏,把新媒体平台作为庆祝改革开放 40 周年宣传报道的主阵地、主战场,不但在自有移动客户端设置改革开放专题,还为快手、抖音等新媒体平台量身打造适配产品①。

岳振试图揭示和把握重要时间节点上重大题材报道的规律与逻辑。他通过对"改革开放 30 周年"的经验分析,从信息生产、传播、分享机制三个方面为贵州"改革开放 40 周年"报道的地方选题策划提供思路建议:在信息生产环节,应该注重把握宏观和现象两个层面;在信息传播环节,要尽量把丰富的、能够体现主流价值的信息通过客户端、微信公众号、微博等新媒体平台进行立体呈现;在信息分享过程中,应该更多考虑具有普遍参考价值、能够充分调动受众(网民)兴趣点的历史事件和现实案例进行融合传播②。

2018 年 10 月 29 日,在第三届中国报业新闻社会活动融合发展论坛暨改革开放 40 周年融合传播峰会上,贵阳日报传媒集团打造的"庆祝改革开放 40 年融合传播专题报道"荣获经典案例特等奖。杨丰源和罗建三认为,获奖的背后,是贵阳日报传媒集团整合"报、网、端、微"传播渠道,利用新媒体技术,对改革开放 40 年来贵阳巨变进行全方位、立体式报道的结果,并引发了其对融媒体时代"做强传播阵地"的思考③。

### 2. 改革开放与新闻编辑

陈国权对 40 年来报纸版式的渐变演化进行了梳理。报纸版式一定程度上反映政治话语。改革开放以后,报纸版式的政治话语逐渐被淡化,无论是从报纸资源匮乏阶段的穿插式版面,还是到后来的模块化,再到读图时代"浓眉大眼"的版式,都体现了满足读者需求的原则④。

蔡雯对 40 年来的编辑理念、操作方式以及新闻编辑的未来走向进行了整理和归纳。研究认为,传统新闻编辑规范在新观念与新技术引导下不断得到突破,对新闻的价值判断不再是单一标准,不同媒介对稿件的选择与处理有着各自不同的取向,媒体的定位与特色通过头条、导读、图片等得以张扬。近年来,随着互联网和移动新闻端的不断发展,新闻聚合平台的编辑工作更加深刻地理解媒体用户这一概念,因而新闻编辑更加注重产品的理念,注意将线上和线下相结合,编辑策划和编辑资源的整合力度也进一步加大。综合来说,新闻编辑业务改革所走过的历程与正在发生的变化,展示了编辑作为内容生产的主体所具有的能动性和创造力,也显现出其面临的挑战和考验永不停息⑤。

### 3. 改革开放与新闻评论

袁丽媛和王灿发回顾了改革开放 40 年的中国新闻评论。研究认为,中国新闻评论从恢复新生、稳步前行到蓬勃发展,已逐渐步入崭新的历史轨道。作为社会变革之声的话语体现,新闻评论反映了

---

① 参见张倩:《创意与创新:三大央媒庆祝改革开放 40 年报道阶段性分析》,《中国记者》2018 年第 11 期。
② 参见岳振:《重大题材信息生产、传播、分享机制分析——以媒体融合环境下"改革开放 40 周年"报道及"贵州选题"为例》,《贵阳学院学报(社会科学版)》2018 年第 5 期。
③ 参见杨丰源、罗建三:《对融媒体时代"做强传播阵地"的思考——从"庆祝改革开放 40 年融合传播专题报道"说起》,《中国报业》2018 年第 21 期。
④ 参见陈国权:《改革开放 40 年来中国报纸版式演化历程与趋势》,《中国报业》2018 年第 5 期。
⑤ 参见蔡雯:《40 年新闻编辑业务的变革与走向——对改革开放以来媒体实践的观察与思考》,《传媒观察》2018 年第 7 期。

媒介活动与社会变革的互动关系。针对中国新闻评论发展的历史和现状,反思其存在的问题,无疑具有重要的现实意义。两位学者指出,新闻评论应积极探寻本土化的发展路径,应妥善处理选题与立意、观点与论证、具象与抽象的关系。新闻评论 40 年带给我们的经验启示是:坚持新闻评论党性原则于首位,新闻专业意识回归是本质,大众化参与评论势不可挡①。

## 五、改革开放 40 年与新闻舆论

### 1. 改革开放与国内新闻舆论引导

施宇和郭致杰认为,党报话语在政治传播体系中居于重要地位,彰显了媒体言论的权威与核心,承担社会整合、舆论引导、捍卫主流意识形态的重要任务,是构成国家舆论格局的重要力量。改革开放 40 年来,中国党报在不同时期发挥着特定的社会功能,担当着不同的历史使命。改革初期,中国党报话语摒弃了"阶级斗争工具论",舆论监督话语从"舆论一律"逐步转向正常化、多样化。1992 年邓小平南方谈话与中共十四大召开后,党报话语成为经济改革与发展的助推器,"受众本位"思想得到重视,信息服务与舆论监督功能日益增强。到了 21 世纪后,媒介技术变革促使党报话语新一轮转型与创新,党报着力构建新时代舆论引导新格局:一方面,版面改革与创新坚持"三贴近"原则;另一方面,重大事件报道坚守党报话语底色,凸显主题特色,增强舆论引导力;同时媒介融合促使新闻报道方式创新,党报话语释放全新活力。改革开放 40 年来中国党报话语变迁带给我们诸多思考:党报要牢牢坚持党性原则与群众立场;主流话语与民间话语双重碰撞中,党报在议题再设置中要主动把握话语权,国际国内两大舆论场双向互动中,党报要在国际话语格局中讲好中国故事②。

从传媒改革 40 年的成就和经验看,焦中栋认为,强调新闻舆论工作的党性原则,强调弘扬主旋律和传播正能量的声音,始终是最强音,也是指导中国传媒实践的根本准则。习近平总书记于 2016 年 2 月 19 日在党的新闻舆论工作座谈会上的讲话中提出的"四个坚持"、"五个事关"、"四十八字方针"和"九个方面创新"等,构成新的时代条件下党的新闻舆论工作的"职责使命论",为新闻舆论工作指明了努力方向,提供了根本遵循,是马克思主义新闻观的新发展,将中国共产党新闻思想和理论体系推进到一个新的阶段③。

张志芳指出我国话语传播中的盲点及其消弭路径。研究认为,在话语传播问题上,我国存在原则性重视与具体操作缺失、特定性重视与战略布局缺失、被动性重视与创造性缺失、粗放型重视与内涵式缺失等认知与实践盲点。主要原因有四:其一,思想重视不足,意识形态与话语传播被置于次要位置;其二,缺乏本体自信,存在附和甚至崇拜西方话语问题;其三,体制机制缺位,未形成话语传播的制度保障;其四,话语载体与队伍建设欠缺,话语传播能力和本领偏弱。针对盲点,张志芳提出了消弭盲点、促进话语传播良性运行的路径:首先,战略性问题要从党和国家战略发展层面布局,推进和落实话语传播工作,强化话语引领的主动权;其次,思想性工作要围绕主体性、原创性和高质量的核心话语创

---

① 参见袁丽媛、王灿发:《改革开放 40 年中国新闻评论的回顾、反思与启示》,《新闻爱好者》2018 年第 6 期。
② 参见施宇、郭致杰:《改革开放 40 年来中国党报话语变迁与思考》,《新闻与写作》2018 年第 12 期。
③ 参见焦中栋:《传媒改革 40 年:成就与经验》,《青年记者》2018 年第 25 期。

新,构建中国特色社会主义的话语体系,增强理论自信;最后,要以积极主动的战斗精神推进话语强势,扭转话语传播的被动、防御式工作状态①。

张晓红和王玉凤以改革开放 40 年历史进程为背景,以《光明日报》、《人民日报》、《文汇报》等党报对重大思想认识问题和重大社会事件的具体报道为例,指出党报在改革开放中发挥的特殊作用。主要包括:第一,澄清思想迷雾,凝聚社会共识,为改革开放营造良好的舆论环境;第二,敢于触碰基层干部群众在实际工作中遇到的敏感问题,为催生新体制、新政策鼓与呼;第三,以强烈的责任担当意识,在新时代发挥更加有力的舆论引领作用②。

范以锦结合自身在《南方日报》的工作经历,回顾了改革开放以来党报新闻改革的历程。他认为,他所在的南方日报社在新闻报道改革思路上是清晰的,当时在讨论和制定报纸改革方案时,报社就明确提出"突出宣传党的工作重点转移这一中心思想",无论是内容还是排版上重点突出农村经济政策宣传。在具体操作过程中,党报清除了"文革"中"假大空长"的文风,记者从关在门里"找观点、套事例"转向深入农村第一线采写真实动人的故事。《南方日报》除了实事求是联系农村的实际做好政策宣传之外,还有一个重要的特色就是批评报道。批评报道也与落实农村经济政策有关,主要是抓住阻挠十一届三中全会精神贯彻落实、以极"左"的"土政策"及"规定"压制农民生产积极性的反面典型,进行曝光和剖析③。

周智强和夏斌以《解放日报》理论宣传为样本,分析党报的理论宣传和报道创新。研究发现,《解放日报》理论报道伴随改革开放 40 年所走过的不平凡历程,是党的宣传思想工作不断探索和创新的一个侧影。其中所形成的一些带有规律性的认识和经验,对于我们在新时代进一步做好党的创新理论,尤其是习近平新时代中国特色社会主义思想武装工作,推进马克思主义中国化、时代化、大众化,具有不可多得的启示,应该倍加珍惜,并在新的实践中开拓新空间、形成新实效④。

韩诚指出,作为新闻舆论重要阵地的党报,在改革开放 40 年间经历了体制转型、集团化发展和全媒体建设三个阶段。党报通过企业化管理、内容版式创新、组建报业集团、跨区域与跨行业合作、拓展新媒体平台等方式,不断增强党报的传播力,加强对新闻舆论的有效引导,树立了报纸的权威性和公信力⑤。

## 2. 改革开放与对外新闻舆论引导

秦汉和胡慧民对我国改革开放以来对外传播观念的演变历程做了梳理,将其大致划分为五个阶段:第一,1978 年至 1988 年纠正"文革"期间对外传播"左"倾思想,为经济建设服务;第二,1989 年至 1992 年明确对外传播导向,重视向国外反映改革开放政策及成就;第三,1993 年至 2000 年关注中西方意识形态差异,寻求更多交流突破点,重视媒体实力提升;第四,2001 年至 2012 年重视国家软实力,

① 参见张志芳:《话语传播:盲点的形成及其消弭路径——改革开放以来话语权认识与实践发展的启示》,《中国浦东干部学院学报》2018 年第 6 期。
② 参见张晓红、王玉凤:《党报的责任担当——写在改革开放 40 年之际》,《中国记者》2018 年第 11 期。
③ 参见范以锦:《见证工作重点大转折时期党报新闻改革》,《青年记者》2018 年第 22 期。
④ 参见周智强、夏斌:《深耕主流思想的传播园地——改革开放 40 年〈解放日报〉理论宣传的样本分析》,《传媒》2018 年第 21 期。
⑤ 参见韩诚:《改革推动党报构建"四力"》,《青年记者》2018 年第 9 期。

通过媒体硬件设施建设和文化交流提升对外传播能力;第五,2013 年至 2018 年转变"内外有别"的传播思维,积极融入国际话语体系,传播中国声音。研究者强调,一方面,对外传播观念变革存在于国家战略层面调整的大背景之中;另一方面,对外传播观念变革是中国对外传播工作发展的重要动力①。

赵新利指出,改革开放 40 年,是中国对外传播工作突飞猛进的 40 年,是中国国家形象不断改善的 40 年,是中国国际地位不断提升的 40 年。从改革开放初期的书刊对外传播、广播对外传播,到 20世纪 90 年代逐步开始的电视对外传播,再到新世纪的网络对外传播,中国对外传播的媒介和渠道越来越丰富。各领域、各层次的新闻发布制度和新闻发言人建设取得显著成效,国际公共关系、国际广告等对外传播手法得到灵活运用。但是,当我们在总结 40 年对外传播成绩的同时,也应清晰地认识到对外传播工作存在的不足和肩负的艰巨使命。中国的国际传播能力与中国在国际上的政治经济地位还不相适应,应在总结历史经验的基础上锐意进取,讲好中国故事,传播好中国声音,阐释好中国特色②。

## 六、改革开放 40 年与中国新闻传播教育

高晓虹和赵希婧以新闻传播学科在国家级教学成果奖中的获奖成果作为切入点,总结不同时代新闻传播教育的目标、体系与方法。研究者将理念探讨与案例分析相结合,通过梳理新闻传播学科的教学成果后发现,新闻院校的教育教学、人才培养始终服务于国家战略和社会发展,既重视基础知识与技能训练,传承并发展学科特色,也能够立足全球化、信息化的新平台,打造适应媒体融合发展的教育教学体系,建构具有中国特色、对接国际一流的人才培养模式。研究者指出,迈入新时代,新闻传播教育要以教学为重点、以实践为依托,恪守立场、坚持创新,为构建中国新闻传播事业的新格局贡献力量③。

艾红红和冯帆对改革开放以来几代新闻传播学教师的群体特征进行探析。研究发现,20 世纪 50年代中期前参加新闻教学工作的第一代教师、50 年代末至"文化大革命"结束前参加新闻教学工作的第二代、改革开放后毕业或从其他工作领域转向新闻传播教学工作的第三代教师和 21 世纪以来参加新闻传播教学工作的第四代教师一道,薪火相传、携手共进,共同推动了我国新闻传播学的大发展。在此过程中,数代新闻传播学教师又因彼此所处时代和经历的不同而呈现出鲜明的代际特征④。

程云杰认为,新闻机构国际传播能力的提升,必须围绕新闻人来做文章,要做好战略布局,为一线新闻记者编辑的成长营造一个良好的机制。为培养融通中外的新闻人才,一方面,需要增强内外并重的战略意识,在组织和采写对内报道时也要对可能的国际影响加以预判,多从国际视角去思考对内报道可能产生的效果;另一方面,组织和采写对外报道时也要更多了解国内的实际,避免以偏概全,两者都要避免说过头话⑤。

---

① 参见秦汉、胡慧民:《改革开放 40 年中国对外传播观念的演变》,《对外传播》2018 年第 12 期。
② 参见赵新利:《改革开放以来中国对外传播历程探析》,《公共外交季刊》2018 年第 2 期。
③ 参见高晓虹、赵希婧:《改革开放 40 周年:中国新闻传播教育的坚守与创新》,《新闻与写作》2018 年第 12 期。
④ 参见艾红红、冯帆:《改革开放以来几代新闻传播学教师群体特征探析》,《新闻爱好者》2018 年第 10 期。
⑤ 参见程云杰:《改革开放 40 年:中国对外传播人才培养的继承与创新》,《对外传播》2018 年第 12 期。

范以锦是一位从业界转到学界的媒体专家。他从媒体管理者的角度指出,改革开放后,媒体纷纷推出培育名记者的举措,涌现出了一批名记者和名篇,在扩大媒体自身影响力的同时也推动了社会的进步。进入互联网快速发展的融媒时代,媒体管理部门和媒体不拘泥于传统的人才培养模式,以新的观念培育适应新媒体运作的网络时代的名记者。其中,南方报业传媒集团实施的既当"纸红"又当"网红"的"两栖"名记者培养方案值得借鉴①。

郭晴和唐雨晴梳理了改革开放 40 年来我国体育新闻传播学的发展历程。两位学者指出,我国体育新闻传播学产生于体育新闻传播实践和研究者的学术自觉。在 40 年的发展历程中,我国体育新闻传播学研究在宏观上建立了"大众传播+体育"的研究框架,出版了相关教材,培养了大量人才,为服务国家体育新闻传播实践作出重要贡献。研究指出,未来的体育新闻传播学研究应增强与其他学科的融合,建立更具解释力与包容性的研究范式,引入新的研究方法,在服务国家战略的同时兼顾学术独立性,在培训全媒体型体育新闻传播人才的同时加强国际合作与交流,参与国际体育传播学术话语的建构②。

# 七、结语

2018 年,"改革开放 40 年与中国新闻传播学"这一议题具有特殊意义。无论作为一个学科,还是作为一项事业,中国新闻传播的变革脱胎于改革开放这一宏观社会背景,也成为国家改革开放成果中的一个方面,既是历史发展的见证者,又是社会进步的推动者。

研究中国新闻传播是研究中国改革开放的一个重要视角,在改革开放的进程中可以看到中国新闻传播学在各个层面上发生的变化。在关于"改革开放 40 年与中国新闻传播学"的众多研究成果中,我们发现,大多数学术研究在思路上呈现出"由点到面"、"由少到多"、"由旧到新"、"由浅入深"、"由弱到强"的线性的、进化的发展态势。虽说能够理解研究者对中国新闻传播学在改革开放 40 年来取得的一系列成果的肯定,以及对未来中国新闻传播学抱有的美好期待,但是我们不得不在学术研究上警惕这一单向线性的思维模式。这一模式由于缺乏对历史横截面的深度研究,以及缺少对一些历史上具有特殊性和差异性的对象的考察,因而导致这一议题在当前的研究成果趋于同质化。实际上,中国新闻传播学和改革开放的进程也不总是一帆风顺的,这尤其值得我们反思。

撰稿人:于晴(复旦大学新闻学院 2018 级博士研究生)

---

① 参见范以锦:《改革开放以来名记者培养模式的变迁——以南方报业传媒集团"两栖"名记的培养方案为例》,《新闻与写作》2018 年第 6 期。

② 参见郭晴、唐雨晴:《改革开放 40 年我国体育新闻传播学回顾与展望》,《上海体育学院学报》2018 年第 5 期。

# 习近平新闻舆论论述研究

习近平新闻舆论思想是在国内形势深刻变化、国际格局深刻调整和传播格局深刻变革的现实背景下形成的,是在体现时代性、把握规律性、富于创造性的基础上,丰富和发展了马克思主义新闻观,是马克思主义新闻观最新的发展成果①。该思想是在传承了马克思、恩格斯、列宁和毛泽东、邓小平、江泽民、胡锦涛的新闻思想基础上,针对党的新闻舆论工作所面临的新形势新任务,在宏观思考和战略布局的层面所提出的新思想②。2018 年,学界对于习近平新闻舆论思想的研究主要从四个方面展开,即习近平新闻舆论思想的历史逻辑、理论逻辑、实践逻辑和教育逻辑。

## 一、历史逻辑

沈正赋指出,习近平新闻舆论思想在研究进路上,主要以思想的价值域为逻辑起点,认识和阐释其理论意义;以结构的系统性为建构框架,审视和观照其整体功能;以方法的精准性为衡量标准,考察和分析其实践品质;以检视的有效性为行动旨归,佐证和彰显其科学精神③。

林爱珺和陈瑞华探讨了习近平新闻舆论思想所反映的深层内核——新闻舆论在中国共产党治国理政中的历史定位与时代价值。中国共产党一直高度重视新闻舆论工作。在革命斗争、经济建设和改革开放等不同时期,中国共产党通过不断完善新闻理论与实践,逐渐形成了一整套脉络清晰的思想体系和工作指南,在推动革命和经济建设中起到了重要的作用。习近平更是高瞻远瞩,把新闻舆论提升到"治国理政、定国安邦"的战略高度。研究者以史观视角回顾和梳理新闻舆论工作在中国共产党治国理政不同时期的历史作用,分析新闻舆论的传播实践、理念创新与时代价值,探讨新闻舆论在治国理政中的作用机制,以期改进新时期新闻舆论工作,推进国家治理体系和治理能力现代化④。

童兵指出,掌握意识形态工作领导权、构建全党动手的大宣传格局、增强领导干部同媒体打交道的能力,这三点源自习近平对党和媒体关系的理论见解,既有思想高度,又从中国新闻舆论工作现实出发,实现了马克思主义新闻观的中国化⑤。

雷跃捷、张馨方认为,习近平新闻舆论思想是中国特色社会主义新闻理论体系的一个极为重要的有机组成部分,展现了马克思主义新闻观在当代中国的新特质。马克思主义新闻观在当代中国的理

① 参见新华社课题组:《习近平新闻舆论思想要论》,新华出版社 2017 年版。
② 参见中共中央宣传部组织:《习近平新闻舆论思想讲义(2018 年版)》,人民出版社、学习出版社 2018 年版。
③ 参见沈正赋:《习近平新闻舆论思想研究进路初探》,《当代传播》2018 年第 5 期。
④ 参见林爱珺、陈瑞华:《新闻舆论在中国共产党治国理政中的历史定位与时代价值》,《现代传播(中国传媒大学学报)》2018 年第 6 期。
⑤ 参见童兵:《马克思主义新闻观中国化的典范——学习〈习近平新闻舆论思想讲义〉心得》,《新闻记者》2018 年第 8 期。

论结晶,是在丰富的中国特色社会主义新闻实践的基础上总结升华的中国特色社会主义新闻理论体系①。

郑保卫认为,习近平从党和国家事业发展的战略高度,就党的新闻工作的性质地位、职责使命、基本方针、重要原则、创新理念、发展路径,以及人才培养、队伍建设和党的领导等问题,作了全面系统深刻的论述,形成了他独特的新闻思想,为马克思主义新闻观中国化的创新发展作出了新的历史性贡献②。

陆绍阳同样认为,习近平新闻舆论思想是马克思主义新闻理论的最新发展成果,是马克思主义的世界观、人生观和价值观在新闻传播领域的反映和体现,蕴藏着对新闻传播规律的科学认识和对媒体变革大势的深刻洞察,是继承和发展马克思主义新闻观的典范③。

张垒和李成讨论了习近平新闻舆论思想对马克思主义新闻观的新贡献:它以党性原则为鲜明主线,以正确导向为基本要求,以人民为工作中心,包含遵循规律的内在逻辑、开拓创新的理论品格、统筹内外的格局视野。习近平新闻舆论思想以深刻的时代性、系统的创新性、鲜明的实践性,丰富和发展了马克思主义新闻观,标志着我们党对新闻舆论工作的理论认识和实践探索达到新高度④。

孙志平和甘泉认为,习近平新闻舆论思想中,马克思主义新闻观一脉相承的真理"本色";心系人民,坚持以人民为中心的深沉"底色";面向未来,勇于创新融合发展的鲜明"亮色";面向世界,自信讲好中国故事的时代"特色",反映了该思想开辟了马克思主义新闻观中国化的新境界⑤。

## 二、理论逻辑

关于习近平新闻思想的理论逻辑研究,学界目前的结论主要是:习近平新闻舆论思想主要由新闻舆论工作的本体论述、方针原则和实践指导所构成。其中,新闻舆论工作的本体论述构成了习近平新闻舆论思想的哲学基础,方针原则构成了习近平新闻舆论思想的理论基础,实践指导构成了习近平新闻舆论思想的实践基础。在理论逻辑部分,本文主要从本体思想总结和方针原则研究回顾相关研究成果。

在本体理论的总结梳理方面,沈正赋从逻辑起点、发展脉络、理论内核方面总结了习近平关于新闻舆论工作重要论述,认为它的理论来源主要是马克思、恩格斯、列宁的新闻观和中国共产党历代主要领导人的新闻观,它的实践来源主要是中国共产党领导的中国革命、建设和改革的伟大实践。它形成和发展的时空脉络十分明晰,理论与实践的结合水乳交融、相得益彰,从感性到理性的升华和腾挪浑然天成、相映生辉⑥。

① 参见雷跃捷、张馨方:《习近平新闻舆论思想对马克思主义新闻观的新发展》,《青年记者》2018 年第 7 期。
② 参见郑保卫:《马克思主义新闻观中国化的历史进程及其理论贡献》,《新闻与传播研究》2018 年第 2 期。
③ 参见陆绍阳:《习近平新闻舆论思想是马克思主义新闻理论的最新发展成果》,《中国广播电视学刊》2018 年第 4 期。
④ 参见张垒、李成:《新时代马克思主义新闻观的最新发展——论习近平新闻舆论思想对马克思主义新闻观的新贡献》,《新闻与传播研究》2018 年第 7 期。
⑤ 参见孙志平、甘泉:《本色、底色、亮色、特色——习近平新闻舆论思想开辟马克思主义新闻观中国化新境界》,《中国记者》2018 年第 2 期。
⑥ 参见沈正赋:《习近平关于新闻舆论工作重要论述:逻辑起点·发展脉络·理论内核》,《现代传播(中国传媒大学学报)》2018 年第 11 期。

　　季为民和叶俊认为,习近平新闻舆论思想包含新闻工作定位论、党性论、导向论、使命论、规律论、融合论、创新论、人才论,以及国际传播能力和话语体系建设论、互联网空间治理体系论等众多内容,形成了体系化的理论成果,成为马克思主义新闻观在新时代的新发展①。

　　丁柏铨讨论了习近平新闻舆论思想的创新性。从宏观角度来看,习近平新时代中国特色社会主义思想,不仅从统率全局的高度引领新闻舆论工作,而且以其贯穿始终的创新性和关于新闻舆论工作的论述给予新闻舆论工作创新以直接的指导和启迪。第一,以辩证思维防止简单化、片面性和绝对化,追求并实现理论和实践创新;第二,在对新闻、舆论、传播规律的尊重中体现的创新符合马克思主义基本原理;第三,"坚持把创新的重心放在基层一线"指明了新闻舆论工作创新的重要路径;第四,新闻媒体在多种创新之中尤须坚持内容的创新并以此为根本;第五,创新新闻传播的话语体系使之为传播对象所乐于接受②。

　　叶俊和赵云泽认为,习近平对新闻学和新闻学科的重要阐述是建构新时代具有中国特色社会主义新闻理论的重要基础。习近平在关于新闻舆论工作的系列讲话、批示中,体现出其对新闻、新闻事实、新闻真实、新闻学、新闻学科、新闻教育等基础概念、范畴、观念的深刻认识,对于与时俱进地发展马克思主义新闻观具有重要的意义③。

　　胡靖认为,习近平新闻舆论思想进一步发展了马克思主义新闻观,在运用科学逻辑把握新闻真实、担负新闻使命、认识网络社会、推动媒体融合发展和推进网络治理方面,为我们认识、理解和把握新闻舆论工作提供了理论依据和根本遵循④。

　　史安斌认为,新华社课题组完成的《习近平新闻舆论思想要论》是首次将习近平总书记新闻舆论思想进行系统化、理论化的尝试,是一份内容翔实、逻辑清晰、具有一定学术水准和实践启示意义的成果⑤。

　　郑保卫将习近平的《把握好新闻工作的基点》视作习近平新闻舆论思想的奠基之作⑥,认为习近平新闻舆论思想是根据新时代党和国家工作实际的需要,牢牢把握时代脉搏,积极回应时代关切,因应时代传播技术变革大潮而创新性地提出有关新闻舆论工作的一系列新观点新论断,形成了符合新时代需要、具有新时代特点的新闻观,将中国共产党新闻思想推进到一个新的阶段⑦。

　　李成对习近平致中国记协成立 80 周年的贺信展开研究,认为贺信既体现了对党的群团组织的共性要求,更有针对新闻舆论工作的特殊内涵,反映出习近平新闻舆论思想从历史方位中把握前进方向、从大局大势中把握职责使命和从改革创新中寻找前进动能的三个维度⑧。

　　在方针原则方面,陈力丹认为,坚持党性和尊重规律是习近平新闻舆论思想的"两个基本点",以

　　① 参见季为民、叶俊:《论习近平新闻舆论思想》,《新闻与传播研究》2018 年第 4 期。

　　② 参见丁柏铨:《习近平新时代中国特色社会主义思想的创新性与新闻舆论工作创新》,《编辑之友》2018 年第 1 期。

　　③ 参见叶俊、赵云泽:《习近平对于"新闻学"及"新闻学科"的重要阐述》,《编辑之友》2018 年第 4 期。

　　④ 参见胡靖:《论习近平新闻舆论思想的科学逻辑》,《新闻战线》2018 年第 1 期。

　　⑤ 参见史安斌:《系统梳理习近平新闻舆论思想的重要成果——读〈习近平新闻舆论思想要论〉有感》,《中国记者》2018 年第 3 期。

　　⑥ 参见郑保卫:《习近平新闻舆论思想的奠基之作——读习近平的〈把握好新闻工作的基点〉》,《新闻爱好者》2018 年第 3 期。

　　⑦ 参见郑保卫:《论习近平关于新闻工作重要论述的理论贡献——写作〈习近平新闻舆论思想讲义〉第一讲的思考与感悟》,《青年记者》2018 第 28 期。

　　⑧ 参见李成:《学习贯彻习近平新闻舆论思想的三个维度——从习近平致中国记协成立 80 周年的贺信说起》,《中国记者》2018 年第 6 期。

人民为中心的工作导向则是习近平新闻舆论思想的"一个落脚点"①②。具体而言,坚持正确舆论导向③,提高新闻舆论传播力、引导力、影响力、公信力④,是习近平新闻舆论思想的重要指导方针原则。

郑保卫着重阐述了"九个坚持"的理论内涵及实践意义,认为"坚持党对意识形态工作的领导权,坚持思想工作'两个巩固'的根本任务,坚持用新时代中国特色社会主义思想武装全党、教育人民,坚持培育和践行社会主义核心价值观,坚持文化自信是更基础、更广泛、更深厚的自信,是更基本、更深沉、更持久的力量,坚持提高新闻舆论传播力、引导力、影响力、公信力,坚持以人民为中心的创作导向,坚持营造风清气正的网络空间,坚持讲好中国故事、传播好中国声音"体现了党中央从新时代党和国家事业发展全局的高度,对加强宣传思想,乃至整个意识形态工作领导所作的重大决策部署和重要制度安排⑤。

张治中从思想源流和传播学理论支撑上进一步阐释了"正面宣传为主"的原则,认为"涵化理论"、"控制论"、"议程设置理论"、"框架理论"等传播学理论支持了新闻舆论工作应坚持"正面宣传为主"的方针⑥。

高晓虹和涂凌波讨论了新形势下把握好新闻舆论工作的中心环节与五个使命,认为习近平在全国宣传思想工作会议上提出的"把统一思想、凝聚力量作为宣传思想工作的中心环节"和"举旗帜、育新人、兴文化、展形象"的要求构成了习近平新闻舆论思想重要的方针原则⑦。

还有学者从学习贯彻的角度探讨习近平新闻舆论思想的方针原则。唐绪军认为,深入学习贯彻习近平新闻舆论思想,要切实把握两个要点,深刻领会两个重点。两个要点即理论渊源和时代背景,两个重点即管理和建设⑧⑨。

孙承斌提出立足三个视角和把握四个重点来领会习近平新闻舆论思想,包括立足党的理论创新视角、立足中国发展视角和立足新闻舆论工作实践视角,把握鲜明的政治立场、把握创新的实践要求、把握科学的方法武器和把握自觉的责任担当⑩。

张垒认为,习近平在纪念马克思诞辰200周年大会上的讲话对做好当前的新闻舆论工作有着强烈的指导意义。这次讲话反映了以下方针原则:它要求在人类社会发展规律下把握新闻传播规律,把新闻传播规律建立在批判和检验的基础上;它要求在不断锤炼和有效引导中实现人民立场,通过思想观念的斗争来凝聚共识;它要求处理好若干关系,以建设社会主义现代化强国为目标践行"积极新闻

---

① 参见陈力丹:《坚持党性,尊重规律,以人民为中心——习近平新闻舆论观的两个要点和一个落脚点》,《新闻记者》2018年第7期。

② 参见陈力丹:《坚持以人民为中心的工作导向》,《青年记者》2018年第19期。

③ 参见陈力丹:《"坚持正确舆论导向"——学习十九大报告关于新闻舆论工作的论述》,《新闻与写作》2018年第1期。

④ 参见陈力丹:《"提高新闻舆论传播力、引导力、影响力、公信力"——学习十九大报告关于新闻舆论工作的论述》,《新闻爱好者》2018年第3期。

⑤ 参见郑保卫:《论"九个坚持"的理论内涵及实践意义——学习习近平总书记在全国宣传思想工作会议上的重要讲话》,《中国广播电视学刊》2018年第10期。

⑥ 参见张治中:《习近平"正面宣传为主"思想的源流与传播学解读》,《出版发行研究》2018年第7期。

⑦ 参见高晓虹、涂凌波:《中心环节与五个使命——新形势下把握好新闻舆论工作的基点》,《中国广播电视学刊》2018年第10期。

⑧ 参见唐绪军:《把握两个要点　领会两个重点》,《青年记者》2018年第19期。

⑨ 参见唐绪军:《把握两个要点　领会两个重点——学习习近平新闻舆论思想的体会》,《新闻记者》2018年第7期。

⑩ 参见孙承斌:《立足三个视角,把握四个重点　深入学习领会习近平新闻舆论思想》,《中国记者》2018年第3期。

学";它要求自觉在"世界历史"的视野下反思新闻舆论,在争夺国际话语权的同时警惕全球资本主义意识形态①。张垒和李成进一步指出,学习习近平新闻舆论思想要充分把握其所具有的系统性和时代性的基本特征,即从鲜明主线、基本要求、价值取向、内在逻辑、理论品格和格局视野六个方面全面领会习近平新闻舆论思想作为马克思主义新闻观最新发展的重大意义②。

孔德明强调了新闻工作者学习习近平新闻舆论思想的重要性。习近平关于新闻工作的重要论述博大精深,是做好新闻舆论工作的根本遵循。新闻工作者要学习其核心和要义,领会其精神实质和科学内涵,把握其历史方位和时代特征,掌握其辩证思维和创新方法,从中汲取做好党的新闻舆论工作的智慧和力量③。

## 三、实践逻辑

成雅文从三个"过去"和"现在"来解释习近平新闻舆论工作创新论的实践要求,即"过去有效,现在未必有效"要求改变舆论引导思维,"过去不合时宜,现在势在必行"要求融入话语多元环境,"过去不可逾越,现在则需要突破"要求讲好"国际化"中国故事④。

张垒以深入理解和把握习近平总书记在 2018 年全国宣传思想工作会议上的讲话为进路,指出可以从五个方面来理解习近平新闻舆论思想对于实践的要求:一是从中国共产党执政规律、社会主义建设规律、人类社会发展规律三大规律的高度把握"九个坚持";二是从"扩展到聚焦"的发展脉络中理解新闻舆论工作使命任务新变化;三是把握以立为本、聚焦要害,进一步确立意识形态工作的重心目标;四是从既解决实际问题又解决思想问题的高度主动践行积极新闻学;五是突出"文化自信"在四个自信中的基础性作用,体现出人类命运共同体思想的文化取向⑤。

学界普遍认为,习近平新闻舆论思想在善用善管媒体、网络舆论引导、媒体融合发展、增强国际话语等多个方面提供了高屋建瓴的指导。

在善用善管媒体方面,陈力丹指出,"坚持正确舆论导向"是习近平思想对善用善管媒体提出的重要指导原则。坚持正确舆论导向不是仅仅对党直接领导的媒体而言的,而要贯穿所有媒体(包括互联网)新闻采集、撰写、编排、发布各个环节。习近平新闻舆论思想要求党报党刊、电台电视台、都市报、新媒体、副刊、专题节目、广告、时政新闻和娱乐类新闻、社会新闻、国际新闻都要讲导向,这是媒体党性原则的要求⑥。

方立明探讨了习近平新闻舆论思想对媒体的指导意义:一是对性质地位作出新定位,提出"五个事关";二是对职责使命作出新表述,提出 48 字职责使命;三是对方针原则作出新论断,提出四个"牢

---

①　参见张垒:《习近平在纪念马克思诞辰 200 周年大会上讲话对新闻舆论工作的指导意义》,《现代传播(中国传媒大学学报)》2018 年第 8 期。

②　参见张垒、李成:《把握系统性和时代性特征　全面领会习近平新闻舆论思想》,《中国记者》2018 年第 7 期。

③　参见孔德明:《从习近平新闻工作重要论述中汲取力量》,《新闻战线》2018 年第 15 期。

④　参见成雅文:《三个"过去"和"现在"——习近平新闻舆论工作创新论的实践要求》,《今传媒》2018 年第 11 期。

⑤　参见张垒:《习近平关于新闻舆论工作论述的新篇章——试论理解习近平在 2018 年全国宣传思想工作会议上讲话的五个方面》,《新闻与写作》2018 年第 11 期。

⑥　参见陈力丹:《"坚持正确舆论导向"——学习十九大报告关于新闻舆论工作的论述》,《新闻与写作》2018 年第 1 期。

牢坚持";四是对创新发展作出新擘画,提出九个创新;五是对网上新闻舆论工作作出新部署,提出"三个向";六是对国际传播能力建设作出新阐述;七是对新闻舆论工作队伍建设提出新要求,提出"四种角色"。这要求我们,清醒认识当前形势,以习近平总书记关于新闻舆论工作重要论述推动新时代报业高质量发展,努力实现履行党媒使命任务有新作为、舆论引领助推地方中心工作有新作为和打造新型主流媒体标杆有新作为①。

相当一部分学者结合具体的实际案例,从实践经验中进一步探讨习近平新闻舆论思想的指导意义。周建仁讨论了习近平新闻舆论思想对基层广电发展的指导作用。在基层媒体发展遇到困难的当下,浏阳广播电视台以习近平新闻舆论思想为指引,提高站位,做大格局,抓好学习,增强本领,在媒体影响力、市场占有率、综合竞争力等方面取得较大突破,在全省乃至全国具有一定的影响力②。《丹东晚报》的成功转型案例则反映出,以习近平新闻舆论思想为武装,始终坚持党报姓党原则,坚持党报是报原则,坚持创新驱动原则,坚持量力而行原则,通过"四个坚持",可以探索出一条符合欠发达地区党报实际的转型之路③。唐中祥以浙江日报报业集团为例,论证了以习近平新闻舆论思想为指引,对标一流、勇立潮头,努力立足新时代新起点,把媒体融合不断引向深入的必要性④。徐体义则以云南报业集团的实践来探索习近平新闻舆论思想指导下主流媒体的担当作为,认为习近平总书记关于新闻舆论工作的系列重要论述,为我们做好新形势下党的新闻舆论工作提供了科学理论指导和行动纲领。作为党报主流媒体,要认真学习领会并深刻把握其核心要义,自觉践行新时代主流媒体的职责使命,努力提高新闻舆论工作能力和水平,为推进新时代中国特色社会主义伟大事业凝聚强大正能量⑤。刘海陵则讨论了以习近平新闻舆论思想为统领建成新型文化传播集团的实践。以羊城集团为例,该集团旗帜鲜明地坚持党性原则,坚持正确的新闻舆论导向;坚持民生大报定位,把满足人民对美好生活的需求作为办报永不枯竭的动力;坚持开拓创新,继续在媒体融合方面走在全国前列;坚定文化自信,充分发挥传统媒体在传媒和文化上的比较优势,努力建成新型现代文化传播集团。这成为一条建设新型文化传播集团的重要进路⑥。

在网络舆论引导方面,习近平新闻舆论思想也有重要论述。陈力丹从党的十九大报告涉及新闻传播的论述切入,指出其中涉及新闻工作的有6句话、1个词(舆论监督)是需要重点把握的习近平新闻舆论思想的重要内容。其中的3句话"坚持正确舆论导向,高度重视传播手段建设和创新,提高新闻舆论传播力、引导力、影响力、公信力"是对我们新闻传播工作提的总体要求。"高度重视传播手段建设和创新"是首次提出,这是因为我们现在面临着融合发展的问题。后3句话"加强互联网内容建设,建立网络综合治理体系,营造清朗的网络空间"是对我们网络工作提的要求⑦。

王飞从互联网新闻舆论工作的角度探讨党性与人民性统一的原则,认为人民性是党性的前提和

① 参见方立明:《学深悟透习近平总书记关于新闻舆论工作重要论述 推动新时代报业高质量发展》,《传媒》2018 年第 21 期。
② 参见周建仁:《深入学习习近平新闻舆论思想 扎实推动基层广电发展》,《声屏世界》2018 年第 7 期。
③ 参见龙慕云:《以习近平新闻舆论思想为指导,实现新时期地方党报转型发展——以〈丹东日报〉的发展实践为例》,《中国记者》2018 年第 4 期。
④ 参见唐中祥:《学习习近平新闻舆论思想 建设新时代一流传媒集团》,《传媒评论》2018 年第 8 期。
⑤ 参见徐体义:《深刻把握习近平总书记关于新闻舆论工作系列重要论述 自觉践行新时代主流媒体职责使命——从云南日报报业集团实践看主流媒体的担当作为》,《中国记者》2018 年第 8 期。
⑥ 参见刘海陵:《以习近平新闻舆论思想为统领 努力将羊晚集团建成新型文化传播集团》,《中国记者》2018 年第 5 期。
⑦ 参见陈力丹:《将习近平"以人民为中心"的基本方略落实到新闻舆论工作中》,《新闻与写作》2018 年第 8 期。

基础,没有人民性就没有党性。互联网已经成为民众参与公共事务的重要渠道,网络舆情与社会舆情经常呈现同频共振的状态。因此,互联网新闻舆论要坚持党性指导下的以人民为中心的群众路线,把广大人民的根本利益放在首位①。

程少华认为,习近平总书记非常重视舆论监督工作,并逐渐形成了舆论监督思想体系。主要包括:舆论监督是加强党的建设和民主政治建设的一项重要内容;新闻媒体要直面工作中存在的问题,直面社会丑恶现象,激浊扬清、针砭时弊;舆论监督和正面宣传是统一的;各级党组织和政府应欢迎新闻工作者报喜也报忧等内容②。

郭欣慧认为,媒体引导力建设是习近平新闻舆论思想的重要组成部分。在多元意识形态并存与冲突的今天,媒体引导力的建设水平决定了党的先进理论发声能力、思想凝聚能力和话语权建构能力,提升媒体引导力建设水平是关乎“旗帜”和“道路”的“治国理政、定国安邦”的大事,影响着社会主义事业的平稳发展和人民生活的长治久安。习近平新闻舆论思想为媒体引导力建设提供了基本原则,以此为基础来审视融媒体时代我国媒体引导力建设中存在的优势与不足,从内容策划与制作、传播渠道、传播效果三个方面寻求媒体引导力的提升策略具有重要的理论与现实意义③。

有一部分学者探讨了习近平舆论引导思想的现实实践。蔡志勇和何运林研究了黄冈日报社如何围绕“学懂弄通做实”习近平新闻舆论思想,做实“五个强化”,不断提高新闻舆论的四力④。李琴讨论了新疆重点新闻网站如何以习近平新闻舆论思想为指引,坚持正确的政治方向,坚持党性原则,坚持守正创新,围绕中心为新疆工作总目标服务,做好新时代网络传播工作⑤。杨亮认为,《解放日报》、《大众日报》在坚守党性和人民性与新闻性相统一的实践中做出了有益的探索,是提升党的新闻舆论传播力、引导力、影响力、公信力的鲜活样板⑥。此外,铁铮还讨论了“四力”思想在高校新闻媒体中的应用⑦。

媒体融合和提升国际话语权也是习近平新闻舆论思想实践逻辑的重要内容。管洪认为,习近平新闻舆论思想时代性的理论品质,为中国媒体融合发展赢取了战略先机;其创新性的理论特征又和中国媒体融合发展的行动方略直接相关;在习近平新闻舆论思想指引下,中国媒体融合有了科学的理念和正确的政治方向、工作导向和价值取向⑧。

崔斌箴提出,以习近平新闻舆论思想为指导,创新对外宣传工作,是新时代外宣工作者的崇高使命。一是要深刻把握习近平新闻舆论思想丰富内涵,夯实创新外宣工作基础;二是要将内容创新当作新时代对外宣传工作的重中之重;三是抓住平台创新是新时代这一对外宣传工作的关键;四是要融媒

①　参见王飞:《论习近平互联网新闻舆论党性与人民性的统一》,《新闻研究导刊》2018 年第 20 期。

②　参见程少华:《习近平舆论监督思想探析》,《声屏世界》2018 年第 6 期。

③　参见郭欣慧:《基于习近平新闻舆论思想的媒体引导力构建研究》,《出版发行研究》2018 年第 10 期。

④　参见蔡志勇、何运林:《学懂弄通做实　全面提高“四力”——结合地市报新闻实践学习贯彻习近平新闻舆论思想》,《中国记者》2018 年第 5 期。

⑤　参见李琴:《坚持守正创新　做好新时代网络传播工作——学习〈习近平新闻舆论思想讲义(2018 年版)〉有感》,《新闻研究导刊》2018 年第 15 期。

⑥　参见杨亮:《党报坚持党性、人民性和新闻性的实践——习近平主席 2018 年新年贺词部分中央和省级党报新闻标题分析》,《今传媒》2018 年第 2 期。

⑦　参见铁铮:《深入贯彻习近平新闻舆论思想　做好高校新时代新闻舆论工作》,《中国高等教育》2018 年第 Z1 期。

⑧　参见管洪:《习近平新闻舆论思想与中国媒体融合发展新格局》,《中国记者》2018 年第 7 期。

体创新这一新时代对外宣传工作的有效路径①。

## 四、教育逻辑

程曼丽指出,习近平新闻舆论思想指明了"新时代"下中国新闻舆论工作者的新任务。具体而言,它包含三大要求:要求新闻舆论工作与时俱进,在实现中华民族伟大复兴的进程中树立自信,更好地发挥引领作用;要求新闻舆论工作者深入了解中国特色社会主义的本质特征,领会它的深刻意涵,成为它忠实的传播者与践行者;要求新闻舆论工作者应着力总结、提炼、传播中国特色社会主义道路、理论、制度、文化发展的经验,为其他国家和民族提供全新选择②。

郑保卫从习近平致中国记协成立80周年贺信的研究中指出,习近平新闻舆论思想要求新闻舆论工作者们不负重托、牢记使命、多作贡献,这充分体现了总书记对记协工作的重视与期待、对广大新闻工作者的关心与厚望③。

邵晓晖讨论了习近平新闻舆论思想对广电队伍的重大教育意义,认为深入学习习近平新闻舆论工作系列重要论述,是新时代做好新闻宣传工作的必备武器。学习习近平新闻舆论系列论述,可以在把握政治方向中锻造更好落实意识形态工作责任制的广电队伍,在把握舆论导向中锻造更堪担负新闻舆论工作职责使命的广电队伍,在把握发展动向中锻造更加适应新媒体时代发展需要的广电队伍,在把握价值取向中锻造更能弘扬中国精神的广电队伍,在把握改革走向中锻造更具事业心归属感忠诚度的广电队伍④。

在新闻人才培养上,叶俊和赵云泽指出,新闻人才培养是做好党的新闻舆论工作的基础。在习近平关于新闻舆论工作的系列讲话中,可见其对新闻人才培养的重视。习近平对新闻人才培养的指导思想创新之处在于,它第一次将融媒体时代的新闻人才培养方针给予明确定位,提出了具体的方法,同时有效推进了整个国家的融媒体发展战略。这不仅在意识形态上保证了国家安全,也在技术层面确保了新技术的发展空间和创新性、鲜活性。实践证明,在这一思想引领下,一批新兴主流媒体正在崛起,初步显现出良好的社会效益⑤。杨祖恩从新闻教育改革的角度研究了习近平新闻舆论思想的教育内涵,指出新时代高校新闻教育的主要职责是以习近平新闻舆论工作重要论述为指导,培育符合新闻媒体需求的高素质新闻人才。他认为,新闻教育改革应以习近平新闻舆论工作重要论述为指导深化新闻教育改革,加强马克思主义新闻观教育,铸就人才的灵魂,突出复合与应用,创新人才培养模式,创新教学内容教学方法,强化能力锻炼,从而培养适应媒体融合发展的新型新闻传媒人才⑥。

杨萍认为,党的十八大以来,习近平总书记对加强和改进党的新闻舆论工作、促进党的新闻舆论

---

①　参见崔斌箴:《以习近平新闻舆论思想为指导创新对外宣传工作》,《党建》2018年第4期。

②　参见程曼丽:《"新时代"下中国新闻舆论工作者的新任务——读〈习近平新闻舆论思想要论〉有感》,《中国记者》2018年第2期。

③　参见郑保卫:《不负重托　牢记使命——学习习近平致中国记协成立80周年贺信》,《新闻战线》2018年第9期。

④　参见邵晓晖:《学习习近平总书记关于新闻舆论工作系列重要论述　锻造新时代广电队伍的若干思考》,《中国记者》2018年第10期。

⑤　参见叶俊、赵云泽:《习近平对新闻人才培养的重要论述》,《编辑之友》2018年第11期。

⑥　参见杨祖恩:《以习近平新闻舆论工作重要论述为指导深化新闻教育改革》,《西部学刊》2018年第9期。

工作创新发展提出了一系列的新观点,形成了体系完整、科学系统的新闻思想。这为新闻院系的人才培养模式及新闻教育改革提供了明确的方向和有力的指引。新闻观与大局观培养、融合新闻传播能力训练、创新传播能力的提升等是未来新闻传播人才培养的重点努力方向①。

撰稿人：王震宇（复旦大学新闻学院 2018 级博士研究生）

---

① 参见杨萍：《论习近平新闻舆论思想对新媒体时代新闻传播人才培养的启示》,《新闻研究导刊》2018 年第 12 期。

# 第三部分　新闻学研究

# 新闻学基础理论研究

2018年,在新闻学基础理论研究领域,学者们研究成果颇丰。本文主要从马克思主义新闻观、新闻观念、新闻的真实性和时效性、新闻伦理、新闻从业者与新闻生产、新闻业的未来发展、新闻学学科建设等这几部分切入,借以呈现2018年我国新闻学基础理论方面取得的研究概况。

## 一、马克思主义新闻观研究

围绕马克思主义新闻观进行的研究,主要是从马克思主义新闻观的理论脉络、马克思主义新闻观的实践、马克思主义新闻观的教育这三方面展开。

### 1. 马克思主义新闻观的理论脉络

马克思主义新闻观内涵丰富、理论资源富足,学者们围绕马克思主义新闻观的理论脉络展开梳理,大致可以分为历史、哲学、发展继承等角度。

从历史的角度,学者对马克思主义新闻观的中国化进行脉络探析。黄瑚、徐蓓蓓认为,"农村办报"与"全党办报"的提出与践行,是中国共产党在革命战争时期对马克思主义新闻观的两大创新性贡献①。童兵在延安《解放日报》改版76周年之际进行回望及反思,认为强调坚持马克思主义新闻观中国化过程中要保持正确的政治方向②。朱继东通过剖析西方新闻观的本质,论证了新时代坚持政治家办报的重要性,认为新时代意识形态领域斗争依然复杂,要求我们应深刻认清西方新闻观的本质,更加坚定地坚持党管媒体、党管意识形态,更加理直气壮地坚持政治家办报、办刊、办台、办网③。

从哲学角度,学者们对马克思主义新闻观与其他哲学观念的互动对话进行考察。林克勤认为,马克思主义新闻观与体验哲学的谱系勾连;马克思主义新闻观并非是纯粹逻辑推理形态的对空描摹,而是基于亲历或观察等具体的社会实践活动和身体体验,并在一定的语境、视角、立场下进行认知加工、创新思辨后的结果④。

从发展继承的角度,学者们对马克思主义新闻观的理论意义深入挖掘。郑保卫分别从毛泽东、邓小平、江泽民、胡锦涛和习近平等几代中国共产党领导人推进马克思主义新闻观中国化的理论贡献入手,进行了细致的系统梳理和概括。他认为,正是由于一代代中国共产党人所做的创造性工作,才使

---

① 参见黄瑚、徐蓓蓓:《革命战争时期中国共产党对马克思主义新闻观的创新性贡献》,《新闻与写作》2018年第10期。
② 参见童兵:《坚持马克思主义新闻观中国化的正确方向——延安〈解放日报〉改版76周年回望及反思》,《新闻界》2018年第11期。
③ 参见朱继东:《论新时代坚持政治家办报的重要性——从认清西方新闻观本质的角度》,《新闻爱好者》2018年第10期。
④ 参见林克勤:《马克思主义新闻观与体验哲学的谱系勾连》,《现代传播(中国传媒大学学报)》2018年第10期。

马克思主义新闻观在中国实现了当代发展,使之进入一个与时俱进、内涵丰富、特色鲜明的中国化时代,从而得以不断传承、巩固和壮大,显示出强大的生命力①。陈力丹认为,马克思开创的新闻传播思想有五个方面的思想渊源,即世界交往体系、现代传播的时空观、报刊的内在规律、有机的报刊运动(新闻真实是一个过程)、党报立场与人民性。习近平在这五个方面继承了马克思新闻传播思想,并在中国特色社会主义条件下加以发展②。

### 2. 马克思主义新闻观的实践

马克思主义新闻观作为指导新闻实践的重要思想,在互联网环境下,为新闻实践解决新困难、新问题指明了方向,具有很强的实践指导意义。

胡钰认为,马克思主义新闻观具有真理性、批判性与实践性,在互联网特别是社交媒体引发的信息过载时代,形成更具解释力与普遍性的新闻观念,成为当代马克思主义新闻观发展的历史机遇③。

袁德栋认为,在"互联网+"时代,新闻生产方式发生改变,传播者与受众界限模糊,新闻舆论局面错综复杂。在这样的社会情境下,尤须恪守马克思主义新闻观,必须把握好马克思主义新闻观中的"变"与"不变",同时还要将马克思主义新闻观运用到新闻实践中,真正做到"学而信"、"学而用"、"学而行"④。

高崧认为,当下的公民新闻存在过度娱乐化、主观倾向明显、舆论监督指向模糊化等价值取向误区,而马克思主义新闻观可以对公民新闻价值取向进行引导。其引导策略包括:从国家、社会、个体三方面构建立体化的公民新闻价值取向引导体系;遵循真实性原则,强化公民新闻可信度;宣传新闻职业道德理念,引导公民新闻自律等⑤。

宫京成、李彬认为,群众路线是马克思主义新闻观的灵魂。把握新闻事业群众路线需要明确两个问题:一是厘清马克思主义群众观和西方资产阶级主流受众观的区别;二是明确新闻事业的"党性"与"人民性"的有机统一。以此为基础,立场上要坚持"以人民为中心,让人民做主人";方法上坚持"离人民越近,离真理越近";作风上牢记"人民的新闻人没有任何私利与特权"⑥。

### 3. 马克思主义新闻观的教育

马克思主义新闻观的教育是传承和创新马克思主义新闻观的基础性工作。2018年,学者们对马克思主义新闻观的教育进行了充分的讨论。

赵星耀认为,在马克思主义新闻观的教育中,存在内涵共识不明确、外延认识模糊等问题。他认为,马克思主义新闻观的内涵应当包括一套观念体系和深层次的方法体系,二者互为依存、有机统一、缺一不可,观念体系是基础,方法体系是工具。同时,要反对马克思主义新闻观外延认识的"泛化论"、"片面论"和"割裂论"。要提高马克思主义新闻观教育的质量和水平,应重点掌握好三种阐释方法:

---

① 参见郑保卫:《马克思主义新闻观中国化的历史进程及其理论贡献》,《新闻与传播研究》2018年第2期。
② 参见陈力丹:《继承和发展马克思的新闻传播思想》,《新闻与传播研究》2018年第6期。
③ 参加胡钰:《马克思主义新闻观的真理性、批判性与实践性》,《新闻与写作》2018年第8期。
④ 参见袁德栋:《"互联网+"时代尤须恪守马克思主义新闻观》,《新闻战线》2018年第14期。
⑤ 参见高崧:《论马克思主义新闻观与公民新闻价值取向》,《新闻战线》2018年第8期。
⑥ 参见宫京成、李彬:《群众路线:重塑马克思主义新闻观的灵魂》,《新闻与写作》2018年第9期。

"回到经典原著"的方法、"系统化阐释"的方法和"具象化阐释"的方法①。

胡钰认为,以马克思主义的立场、观点、方法分析新闻活动的基本规律,是构建中国特色新闻学理论体系的基本原则②。他和陆洪磊认为,马克思主义新闻观的教育要立足在中国特色新闻学构建的基础上;马克思主义新闻观的教育可以从目标、内容、方式和评价四个方面创新思路③。

丁柏铨认为,加强马克思主义新闻观教育,是新闻人才培养过程中的一个十分重要的环节。马克思主义新闻观课程建设,应当处理好马克思主义新闻观和新闻学概论课程、马克思主义新闻观课程中理论与实践、马克思主义新闻观课程与教学对象这三对关系。此外,他认为,课程教学应当通过增强针对性提升有效性,还应当加强课程教材建设、相关数据库建设、研究基地建设等④。

## 二、新闻观念研究

2018 年,学界对新闻观念的探讨持续不断、百家争鸣,探讨的内容涵盖新闻观念的重要性及其历史脉络、新闻的类型、新闻话语等诸多方面。

### 1. 新闻观念的重要性及其历史脉络

新闻观念从广义上讲,指一切与新闻有关的观念,它涉及新闻的方方面面。本文关注新闻观念,主要是从狭义切入,关注人们看待新闻的观念、新闻的内涵和外延等。2018 年,有学者持续关注新闻观念的历史发展脉络,亦有学者特别关注其中的人本主义新闻学观念。

杨保军认为,在人类新闻活动的历史演进中,新闻内容与其他传播内容的关系大致走过了三个阶段:前新闻业时代,与其他信息内容浑然一体;新闻业时代,获得了自身的相对独立性;后新闻业时代,在形式上似乎又与其他信息内容浑然不分,但专业新闻显现出特殊的意义。新闻内容与其他内容相区分的过程,正是相对独立的新闻意识、新闻观念的产生过程;而新闻内容相对独立化的存在,不仅使专门化的新闻生产传播成为可能,使新闻业、新闻职业成为可能,更为重要的是,这使得新闻事业、新闻产业在整体的社会结构中具有独特的地位、功能和价值⑤。

秦汉认为,新闻观念是新闻媒介体制的灵魂,新闻媒介体制是在一定宏观制度环境下的,遵照一定新闻观念的新闻媒介组织及其工作者、新闻媒介管理机构与新闻媒介制度规范的统一体⑥。

有学者特别关注人本主义新闻学观念。例如,学者杜骏飞认为,从新闻传播的观念上说,新闻即人,新闻学即人学,新闻精神即人本精神,这是"人本主义新闻学"的根本要义。当下,传媒技术已开始成为新闻业的统治力量:新闻衰亡而信息崛起,事实变异而后真相崛起,人在退缩而物在崛起,哲学理性沉沦而数字逻辑崛起。新闻学应保持批判精神,努力促进新闻价值观向人本主义的转向:"成名的想象"应让位于"信念的回归",让新闻业回归知识分子行业;职业新闻应使新闻权力归于人,而不是归

① 参见赵星耀:《马克思主义新闻观的内涵、外延和阐释方法》,《中国出版》2018 年第 14 期。
② 参见胡钰:《马克思主义新闻观与中国特色新闻学构建》,《新闻战线》2018 年第 9 期。
③ 参见胡钰、陆洪磊:《马克思主义新闻观教育的创新思路研究》,《新闻与传播研究》2018 年第 11 期。
④ 参见丁柏铨:《略论马克思主义新闻观课程建设和其他相应建设》,《当代传播》2018 年第 6 期。
⑤ 参见杨保军:《新闻内容的历史变迁及实质》,《新闻与传播研究》2018 年第 6 期。
⑥ 参见秦汉:《新闻媒介体制:要素、内涵与特征》,《国际新闻界》2018 年第 7 期。

于数据和机器①。另外，杜骏飞还关注到媒介文化的媚俗和新闻价值观的"崇低"现象，并探究其深层成因。他认为，在相应的政策允准下，媒体、市场、资本、技术、政策和社会传统相互驱动、相互建构，以趋利避害为原则，共同推动了这一看似不可逆的生态历程②。

### 2. 新闻的类型

新媒体环境下，"新闻是什么"、"什么是新闻"不断被重新挖掘和定义。学者们普遍认为，新闻的表现形式更加多样、类型不断丰富，串式新闻、新闻游戏、倒灌新闻、解困新闻、文学新闻、新闻漂移、慢新闻、VR 新闻、浸入式新闻、算法新闻等现象或概念被学者们关注并进行阐释。

曾庆香和高红梅关注串式新闻，认为新媒体催生了许多新的新闻样态，例如为适应以微博为代表的社交媒体而诞生的新的新闻样态——串式新闻。过程新闻和对话新闻是串式新闻的成因。串式新闻是一种适合新媒体语境下社交媒体话语表达的碎片性、新闻事件发展的过程性、社交媒体对话的简单高效性等特点的新闻叙事样态③。

蒋晓丽和贾瑞琪从符号叙述学视角出发，以新闻机构发布的新闻游戏作为研究对象，将"纪实-虚构"、"时效-非时效"作为划分维度，建构起新闻游戏属性划分的四象限图，从而将新闻游戏划分为一般性新闻、史态类新闻与严肃游戏三种，指出新闻游戏应按照属性的不同划分为"游戏化新闻"与"新闻游戏"两类。同时，他们对当前新闻游戏发展过程中存在的内容与形式冲突问题、适用性问题等进行了反思④。

申中华关注近年来社交媒体对传统媒体的"信息倒灌"现象，认为这形成了为数众多的社交媒体"倒灌新闻"，给传统媒体的新闻生产带来深远影响，也给舆论引导带来新的挑战⑤。

吴果中和刘佩关注"解困新闻"理念和"解困新闻网站"，认为其倡导与实践遵循从"信息告知者"到"问题解答者"的媒介角色转型，按照"寻求问题—描述问题—解决问题"的话语逻辑，在与民众交流与对话的新闻生产场域，重塑新闻社群的参与式协商，以"数据+案例"的调查式分析和讲故事的叙事范式，实施媒体"回归公共论坛"的文化追求。他们也指出，"解困新闻"及"解困新闻网站"的实践路径会面临诸多不适的规约要素，要求构建适于普遍范围内的而不是精英阶层的公共空间，回归公共论坛的元传播要义⑥。

陆晔关注文学新闻现象，认为文学新闻是一个包括报告文学、叙事新闻、新新闻主义、非虚构在内的庞杂文本门类，它比常规新闻更强调文学性，且更易于通过具体经验的传递与主流文化形成张力。当下新技术和可视化带来文学新闻的数字化复兴⑦。

杨保军和李泓江关注新闻"漂移"现象，认为其核心特征在于新闻传播活动对事实世界的偏移或背离。职业新闻活动应当回归新闻的事实本位，坚守新闻精神，唯有如此才能减少新闻"漂移"，实现

① 参见杜骏飞：《新闻是人，新闻学是人学》，《国际新闻界》2018 年第 2 期。
② 参见杜骏飞：《"瓦釜效应"：一个关于媒介生态的假说》，《现代传播（中国传媒大学学报）》2018 年第 10 期。
③ 参见曾庆香、高红梅：《串式新闻：一种社交媒体的新闻样态》，《新闻爱好者》2018 年第 1 期。
④ 参见蒋晓丽、贾瑞琪：《新闻游戏：一个属性的界定》，《新闻界》2018 年第 1 期。
⑤ 参见申中华：《社交媒体"倒灌新闻"探析》，《中国出版》2018 年第 15 期。
⑥ 参见吴果中、刘佩：《回归公共论坛："解困新闻"及 SJN 的实践路径》，《中国出版》2018 年第 4 期。
⑦ 参见陆晔：《文学新闻：特征、文化价值与技术驱动的未来》，《新闻记者》2018 年第 5 期。

正确的舆论引导①。

　　彭增军从"慢新闻"的理论和实践入手,认为重要的不是做新闻(making news),而是做专业的新闻(doing journalism)。新闻(news)有快慢,而专业新闻(journalism)没有快慢,只有好坏②。

　　伴随着人工智能、虚拟现实、增强现实等新技术涌入新闻生产领域,VR 新闻、AR 新闻、算法新闻等新的新闻类型出现,学者们围绕这些技术型新闻样态进行了讨论。徐茜和刘明洋通过分析 VR 新闻的职业理念和报道理念,认为 VR 新闻与传统新闻样态既有历史延续性又有变革:一方面,VR 新闻服务于"公共领域"的理念遵循了新闻专业主义的职业理念,VR 新闻采用的故事模式和第一人称视角与新新闻主义一脉相承,是新闻发展史中与信息模式并存的一种合理的新闻报道方式;另一方面,VR 新闻是在新的技术条件下形成的新的新闻形态,沉浸感和移情效应是其与传统新闻样态最大的不同,也是其报道模式的一种革新③。

　　常江和何仁亿认为,以虚拟现实技术为生产逻辑内核的浸入式新闻,在真实性的边界、新闻价值的内涵、对用户的情感操控程度三方面都呈现出与传统新闻的巨大差异,这成为浸入式新闻面临的主要伦理风险。对伦理风险的讨论不应局限于孰是孰非,而应当着眼于"技术推动理念变革"的行业生态语境,作出更加符合新闻业演进规律的判断④。

　　吴锋认为,算法新闻是运用智能算法工具自动生产新闻并实现商业化运营的过程、方法或系统。算法新闻的崛起将在受众认可度、媒体接受度、新闻传播业态及新闻伦理与法规等方面带来新课题⑤。

### 3. 新闻话语

　　童兵认为,构建中国特色哲学社会科学,需要加强话语体系建设。新闻学作为对哲学社会科学具有支撑作用的学科,需要在加强话语体系建设、提升话语权上下大功夫⑥。他还认为,中国新闻话语有三个来源:中国 5 000 余年传统文化传承、西方国家传入的反映新闻传播规律的有益话语、中国新闻工作者和新闻学者自己创造的话语。马克思主义新闻观既是标志性新闻话语的集合体,更是马克思主义经典作家关于新闻传播原理和规律的理论阐释,对中国新闻话语建设有着引领和规范的作用。应通过解剖麻雀的方法,借助分析美国新闻专业主义形成发展的脉络与特点,批判地吸纳西方新闻话语以为我所用⑦。

　　白红义试图通过借用文化、话语、叙事等概念讨论新闻记者和新闻组织如何通过特有的叙事权力来建立文化权威。他认为,在快速变化的新媒体环境中,新闻专业知识就是在各种新闻实践和叙事中被建构起来的,而这正是新闻业建立自身权威的基础。新闻从业者试图在他们的日常新闻工作与他们对拥有新闻专业知识的要求之间建立关系,特别是在面对行业内外的挑战时,通过内部不断的反思

---

①　参见杨保军、李泓江:《新闻的"漂移"及应对之道》,《新闻记者》2018 年第 10 期。
②　参见彭增军:《慢新闻:回归还是反叛》,《新闻记者》2018 年第 11 期。
③　参见徐茜、刘明洋:《VR 新闻:理论源流与趋势变革》,《中国出版》2018 年第 6 期。
④　参见常江、何仁亿:《真实的虚妄:浸入式新闻的伦理风险探析》,《新闻战线》2018 年第 6 期。
⑤　参见吴锋:《发达国家"算法新闻"的理论缘起、最新进展及行业影响》,《编辑之友》2018 年第 5 期。
⑥　参见童兵:《加强新闻学话语体系建设》,《新闻战线》2018 年第 10 期。
⑦　参见童兵:《中国新闻话语的来源和批判地吸纳西方新闻话语》,《新闻爱好者》2018 年第 2 期。

和自省来构筑适当的新闻边界,这是一个长期、动态的过程①。

刘建明认为,当下的话语研究,大都把语言、概念同话语混为一谈,以语言学冒充话语理论。从本质上审视,新闻话语不是内容层面的叙述,更不是被叙述着的东西,而是福柯所说的近似于"意识形态"的关键词语②。

胡钰和沈沁怡分析了意识形态权力的内涵,讨论了软实力、巧实力、锐实力的内涵与运用,阐释了美国国际话语体系持续更新的国际背景,提出在新的历史阶段,中国发展应增强国际传播中的话语权与意识形态权力,实现中国特色社会主义的话语创新③。

王辰瑶以"批判性媒介话语"和"元新闻话语理论"为视角,根据不同新闻学英语文献中对新闻业危机的本质、表现、原因、应对等核心问题的不同阐述,归纳出三种当代"新闻业危机"的话语类型——盈利危机话语、结构危机话语和观念危机话语,探讨当代新闻学研究如何从"危机"出发,想象未来新闻业图景的共识基础和进一步研究的可能④。

## 三、新闻业的未来发展研究

关于新闻业的未来发展,学者们主要从端口版权之争、中国特色新型智库、技术的冲击等方面进行研究。

### 1. 端口版权之争

胡翼青和罗喆认为,传媒已经进入了一个端口之争的时代,新媒体在这方面各显神通,传统媒体已经不可能像以往那样重新控制用户端口。传统媒体如果还像现在这样纠缠新闻版权这样次要的问题而不思变革,它们就会真正成为自娱自乐的文化孤岛⑤。

张婧妍和李宁认为,由于始终无法克服旧有传统中商业取向与宣传取向之间最根本的矛盾,地方传统媒体的价值取向与报道旨趣与新媒体时代的大众文化并不契合;其媒介融合转型只能停留在建成"新闻端口",而无法形成挑战商业新闻端口的竞争力。在既需要变革又不能彻底变革的情况下,新媒体技术的介入可能使传统媒体内在的市场/制度二元区隔及其各自内在逻辑的差异被进一步强化,加深了它作为"文化孤岛"的命运⑥。

### 2. 中国特色新型智库

学者们普遍认为,中国特色新型智库是传统媒体一条新的转型发展路径。

喻国明认为,我们已经进入了新时代,其中一个关键意味着,传统时代既有发展逻辑的中断和失灵,许多过去我们熟悉并行之有效的规律与规则已经变得低效无效甚至负效果,媒体必须积极探索和

① 参见白红义:《边界、权威与合法性:中国语境下的新闻职业话语研究》,《新闻与传播研究》2018年第8期。
② 参见刘建明:《话语研究的浮华与话语理论的重构》,《新闻爱好者》2018年第9期。
③ 参见胡钰、沈沁怡:《从"锐实力"概念演变看国际传播中的话语权与话语创新》,《中国记者》2018年第4期。
④ 参见王辰瑶:《反观诸己:美国"新闻业危机"的三种话语》,《国际新闻界》2018年第8期。
⑤ 参见胡翼青、罗喆:《"版权之争"还是"端口之争":一种思考新旧媒体之争的新视角》,《新闻界》2018年第4期。
⑥ 参见张婧妍、李宁:《"端口"争夺时代地方主流媒体的新闻生产——以"荔枝新闻"为个案》,《新闻界》2018年第4期。

创新,找寻新的发展逻辑和操作模式,才有可能在新的基础上重拾价值和影响力。"中国特色新型智库"概念的提出,就是基于这一逻辑的战略思考,给许多传统媒体提供了一条新的转型发展路径[①]。

章淑贞认为,2018 年是习近平总书记就"中国特色新型智库"首次作出重要指示五周年。五年来,越来越多的媒体加入智库建设的大潮中,为智库注入了更多的智慧因子,逐步向着"智库化媒体"的方向转型[②]。

### 3. 技术对新闻业未来发展的冲击

学者们关注到技术在未来新闻业发展中的重要作用。具体关注的技术包括区块链技术、算法和人工智能技术等。

喻国明认为,当下是主流媒体进场直面区块链问题的"最佳窗口期",主流媒体进阶区块链领域的应有姿态是开放连接、跨界协同、让专业的人做专业的事。未来,构建社群与社群之间形成健康平衡的交互作用,把控好社会的舆论情绪,才是主流媒体在未来社会中应有的责任担当[③]。

邓建国从媒介的偏向、传播史研究和新闻生产的政治经济学角度分析区块链技术对新闻业的价值,并介绍了目前该技术在美国内容产业中的具体应用,认为在区块链的支持下,新闻有可能抵达真相。区块链与新闻业的结合还需要更多的试错,不可对它过于乐观,但也不可断然忽视,因为很多迹象表明,它很可能已成为颠覆当今社会所有常规的革命性技术,其潜力不容小觑[④]。

张收鹏认为,区块链巨大的应用价值已经从金融行业向交通、医疗、传媒等其他行业扩展和延伸。区块链技术改变了现有媒体生产与运作模式,主要包括媒体信源认证与内容审核、数字版权保护与数字资产管理、推动内容生产、传播效果统计、用户隐私保护、数字资产管理等方面[⑤]。

霍婕和陈昌凤认为,智能技术正在重塑新闻,提升媒介体验,革新管理模式,推动新闻业的融合发展。媒体必须坚持内容与技术双核驱动,以内容建设带动用户关系的建设,以技术驱动为创新支撑,推动媒体进一步融合。智能时代新闻业也要重视黑箱生产、信息偏向等新型伦理问题[⑥]。

白红义提出"劳动—知识—权威"的三级分析框架,认为虽然人工智能从不同层次对新闻劳动、新闻知识和新闻权威构成了冲击和挑战,但仍无法从根本上代替人类在新闻业实践中的核心角色[⑦]。

师文和陈昌凤认为,算法与社交相结合形成的智能化社交分发模式打通了社交分发和算法分发的壁垒,继颠覆传统的大众传播模式之后,正逐渐改写人际传播和群体传播的规则。然而,对兴趣的加权容易加剧用户信息环境与客观现实的错位,对关系的加权需要妥善平衡"强连接"和"弱连接"在群体传播中的角色,对互动指标加权可以促进公共讨论,但有诱发黄色新闻潮的风险,而混合型算法则最含透明性隐忧,或许会导致技术权力对社交平台公共领域的"再封建化"[⑧]。

---

① 参见喻国明:《智库与创新:互联网发展"下半场"的机遇》,《新闻与写作》2018 年第 6 期。
② 参见章淑贞:《智库:媒体智慧转型新路径》,《新闻与写作》2018 年第 6 期。
③ 参见喻国明:《区块链变革与主流媒介的角色和担当》,《新闻与写作》2018 年第 9 期。
④ 参见邓建国:《新闻＝真相? 区块链技术与新闻业的未来》,《新闻记者》2018 年第 5 期。
⑤ 参见张收鹏:《区块链技术在传媒业的创新应用》,《新闻战线》2018 年第 23 期。
⑥ 参见霍婕、陈昌凤:《人工智能与媒体融合:技术驱动新闻创新》,《中国记者》2018 年第 7 期。
⑦ 参见白红义:《当新闻业遇上人工智能:一个"劳动—知识—权威"的分析框架》,《中国出版》2018 年第 19 期。
⑧ 参见师文、陈昌凤:《社交分发与算法分发融合:信息传播新规则及其价值挑战》,《当代传播》2018 年第 6 期。

# 四、新闻真实性和时效性研究

2018 年,关于新闻真实性的研究资料较为丰富,既涵盖从历史角度考察新闻真实性观念的,也有从新闻实践角度分析虚假新闻产生的原因及其治理,还包括对"后真相时代"的概念、特征及对策的分析。关于新闻时效性的研究,也有一定进展。

### 1. 新闻的真实观

杨保军提出"统一真实观":在针对个别事实的新闻报道中,要求"部分真实"与"整体真实"的统一;在针对目标报道领域的报道中,要求"具体报道真实"(具体真实)与"领域报道真实"(领域真实)的统一;在针对一定社会范围的报道中,要求"微观真实"与"宏观真实"的统一。统一真实观的实现或落实,还面临诸多困境与问题,需要进一步探索和研究①。

王润泽和杨奇光回顾了中国新闻史上的"电传假新闻"事件。他们认为,将"电传新闻"等同于"真实新闻"到有意识核实电报信源、判断信息真伪,专业性媒体建构起自身的合法性,同时也在声援和反思那些因制造假新闻而受迫害之报人报馆的过程中,塑造了维护新闻界文化权威的集体记忆②。

刘宪阁再次审视 1979 年渤海二号沉船报道,认为该事件的报道在当年新闻环境中取得了突破性进展,同时是一则被思想根源所遮蔽的新闻事实,值得人们重新认真思考审视③。

### 2. 虚假新闻

王敏和饶茗柯运用社会病理理论,分析 2001—2017 年我国历年"十大假新闻",认为虚假新闻的主要病因是网络媒体中的单一消息来源缺乏核查机制;次要病因是纸媒新闻娱乐化倾向;深层病根是竞争激烈的新闻信息市场中我国媒体更关注商业利益,以及"后真相"时代受众倾向于选择自己愿意接受的信息④。

赵浩和申金霞以美国拉斯维加斯枪击案假新闻现象为切入点,选取该事件中颇具代表性的假新闻实例,试图从其生成主体、传播平台、产生原因等方面入手,分析拉斯维加斯枪击案中假新闻传播的多元化特点,从而探讨新媒体语境下假新闻治理存在的困境与对策⑤。

张帆通过研究发现,传播主体立场取向与利益诉求会制造假新闻,用户生产内容(UGC)会产生从众性羊群效应。公众往往被自我情感支配而对新闻真实性产生误判,会使公共热点事件产生破坏性传播后果。公众网络政治参与应坚守新闻真实性原则⑥。

---

① 参见杨保军:《统一性:当代中国马克思主义新闻真实观的典型特征》,《新闻大学》2018 年第 1 期。

② 参见王润泽、杨奇光:《触电的谎言与真相:"电传假新闻"事件的媒介记忆重访》,《现代传播(中国传媒大学学报)》2018 年第 10 期。

③ 参见刘宪阁:《被思想根源所遮蔽的新闻事实——渤海二号沉船事故报道的再审视》,《新闻界》2018 年第 1 期。

④ 参见王敏、饶茗柯:《虚假新闻病理研究——基于我国历年"十大假新闻"的统计分析(2001—2017)》,《中国出版》2018 年第 24 期。

⑤ 参见赵浩、申金霞:《新媒体语境下假新闻治理的困境与对策——以美国拉斯维加斯枪击案为例》,《中国记者》2018 年第 6 期。

⑥ 参见张帆:《后真相时代的假新闻与网络政治参与》,《当代传播》2018 年第 5 期。

王志立认为,面对不断升温的新闻反转现象,既需要政府创设新的机制来规范网络舆论;也需要媒体强化职业操守,尊重新闻事实;还需要受众自觉提高媒介素养,坚守社会道德底线,通过净化和改善网络舆论的生态环境,让网络舆论场充满正能量、好声音,促进网络社会和谐发展①。

### 3. 关于后真相时代

於红梅和潘忠党借助福柯关于真相和权力的论述,以"话语的体制"为理论视角,系统分析了"后真相"相关的英文学术文献和学术活动,认为"后真相"的基本趋向是解构主流,关于"后真相"的学术话语则是在复原正被其解构的认知、言说和交往的基础符码②。

李彪认为,随着社会关系茧房化和重归部落化,情感和立场优于事实的后真相时代来临。从"个体对事实的争论"转变为"群氓为情感的困斗",从"两个舆论场"到"多元圈子区隔并存",从"广场式的众声喧哗"到"客厅式的窃窃私语",从"技术-公权力两方角力"到"多元力量纠结对决",网民从"想象的共同体"到"偏见共同体",行为从"围观—较真"模式到"应激—遗忘"模式,舆情治理从"寻求达成意见共识"到"意见压制与竞争失序",后真相时代需要对社会治理的范式进行转变,构建后共识和后秩序③。

李畅和黄颜颜认为,在后真相时代,伴随媒介技术的发展,舆论客体由"可读"、"可见"走向"可写",一改过去舆论客体相对静态封闭的特质。由协同过滤和算法推送导致的信息接触自主化、意见表达个性化,使得舆论主体更加倾向于处在和自己意见接近的群体中,依赖群体情感走向聚合,逐渐丧失了作为舆论主体的自主性,从而导致舆论极化、观点撕裂、共识难以凝聚④。

郑满宁认为,社交媒体时代是一个情绪超过事实的后真相时代,媒介环境发生了巨大的变化,职业生产者、网民、脱媒主体都在生产内容,内容消费越来越碎片化、快速化,新闻生产呈现出低质"海量"旧闻翻新、接力式免责、简单归因、对抗式框架普遍等特点,标榜更客观的算法推荐新闻则放大了新闻生产中不健康的部分内容,媒介营造出来的媒介环境健康状况恶化,需要在新闻客观性重塑、事实核查机制重建、媒介伦理重构等多方面进行优化⑤。

虞鑫认为,技术路径并不能解释具体事件中为何公众不相信媒体提供的权威真相;基于证实和证伪逻辑的语境真相和单一真相概念,可以补充理论在解释社会实践中的空隙;强调在一系列技术手段之外,还必须对语境作为辅助性条件的必然性及其作为告知义务的必要性予以充分认识⑥。

胡翼青试图从技术哲学的"时间-速度"维度讨论"后真相"为什么会被当下公众所"看到"。他认为,从历史的角度来看,大众传媒因采纳模拟和数字技术,以近乎同步的新闻叙事代替了历史叙事而成为事实和真相的代言人,而社交媒体又以更快的速度宣告大众传媒无法代言真相。但社交媒体消灭时距的传播同时也消灭了完整和确定的传播文本,于是新闻报道成为不完整和不确定的新闻线索,而社交媒体就以这样的方式将后真相呈现在公众面前。受众与信息载体之间的关系,已经不再是事

---

① 参见王志立:《网络舆论场域中新闻反转现象的传播学反思》,《新闻爱好者》2018年第2期。
② 参见於红梅、潘忠党:《近眺异邦:批判地审视西方关于"后真相"的学术话语》,《新闻与传播研究》2018年第8期。
③ 参见李彪:《后真相时代网络舆论场的话语空间与治理范式新转向》,《新闻记者》2018年第5期。
④ 参见李畅、黄颜颜:《后真相时代舆论内涵解读》,《新闻界》2018年第9期。
⑤ 参见郑满宁:《后真相时代新闻舆论场健康度及优化对策》,《中国出版》2018年第3期。
⑥ 参见虞鑫:《语境真相与单一真相——新闻真实论的哲学基础与概念分野》,《新闻记者》2018年第8期。

实的代理人与事实的接受者这样简单的二元关系了,而这种复杂的关系又恰恰加剧和维护着后真相时代的众声喧哗、瓦釜雷鸣①。

曹珊通过对新闻从业者的深度访谈发现,在充满不确定性、主观性的后真相语境中,新闻实践中的书写主体、书写规则、书写话语等逐渐突破传统新闻生产惯习,书写权力成为争夺焦点并主导着新闻生产传播;新闻业边界的模糊带来新闻书写主体的多元化,新闻从业者与公众共同参与新闻实践;媒介组织的社会化对传统新闻选择与编辑标准产生了极大的冲击,新闻生产中的书写规则被不断改写;随着新闻视觉化表达的兴起,颠覆了组织化新闻生产中新闻话语的独白式、单一同质性,新闻书写话语逐渐呈现出互动交往的趋势②。

**4. 新闻的时效性**

杨保军和王阳认为,新媒介环境下,及时原则发生了极化效应,时效分离现象出现。"时"与"效"的分离导致新闻失实、公共性缺失、背离新闻伦理等问题。因此,新闻传播的及时原则应该明确转化为"时效统一"原则。时效统一原则的实质要求是合规律性与合目的性的统一,即传播即时性与效益性的统一。从及时原则向时效统一原则转化的过程中,传播主体要坚持新闻本位和求实为本的新闻信条,树立公共性理念和职业责任理念,具体可从"动态性有机呈现,重视事实核查,找准报道时机,展开适度报道策划,坚持'时度效'相统一"等方面着手③。

白红义认为,时间既是新闻生产所能仰赖的资源,又对生产中的组织和个体施加着严厉的约束,成为形塑新闻面貌的一股主要力量。经典的新闻室民族志研究对效率、节奏、日程、即时性、截稿期等时间因素的论述深化了我们对新闻业"因时而作"这一特性的理解,这也构成了时间成为新闻研究中经典概念的最基本理由。到了数字新闻时期,除了这些因素之外,又有受众作为新的主体参与进来。如果说社会和组织的相互校准是以往塑造新闻时间性的主导力量,那么现在,技术和受众似乎成为更突出的影响因素。新的结构性因素的引入提出了许多新的问题,时间研究的重要性并没有减弱。我们需要再次进入新闻时间的具体情境中,对它的新模式、新特点、新问题展开研究④。

王海燕认为,学界需要在拓展新闻时间性的研究上做更加扎实的努力,可以聚焦新闻生产、新闻呈现、新闻消费等具体层面,并从更深更广的哲理层次入手,结合数字化环境的实际,对相关理论问题和方法论问题进行反思,重新建构新闻的时间性"大厦"⑤。

# 五、新闻伦理研究

## 1. 新闻实践的公共性

操瑞青认为,晚清早期国人对报刊角色的伦理定位、新闻实践的伦理界限、言论自由的伦理边界

---

① 参见胡翼青:《再论后真相:基于时间和速度的视角》,《新闻记者》2018 年第 8 期。
② 参见曹珊:《后真相语境下新闻从业者的书写权力研究》,《新闻界》2018 年第 2 期。
③ 参见杨保军、王阳:《论新媒介环境下新闻传播的"时效统一"原则》,《当代传播》2018 年第 3 期。
④ 参见白红义:《因时而作:新闻时间性的再考察》,《国际新闻界》2018 年第 6 期。
⑤ 参见王海燕:《新闻的时间性变迁:生产、文本与消费》,《新闻记者》2018 年第 10 期。

以及报刊工作者的个人修养等问题的叙述,都呈现出"秉公去私"的道德特性①。

黄艾和张晓星认为,西方传媒公共性理论与实践的历史沿革这一经典议题错综复杂的流变轨迹内嵌于资本主义全球扩张的脉络之中,并在"西学东渐"的过程中经历了一系列去历史化、去阶级化的挪用和改造。对于"传媒公共性"的理解应当回归中国乃至第三世界国家革命与建设的历史经验与理论资源,重新检视当下新自由主义话语中"国家与社会"以及"国家与市场"二元对立的意识形态框架,把国家与各种社会力量之间、国家与不同社会阶层之间在传播领域的关系视为更加复杂的动态过程,从而实现去西方中心主义的、有中国特色的道路探索,赋予传媒公共性这一议题以新的生机②。

虞鑫和张鹏翼认为,媒介公共性存在"理解-交往"悖论,个体的信息地位是其经济社会地位与网络认知态度间的中介变量;信息地位越高,媒介事件认知越低,媒介素养水平越高;与此同时,媒介事件认知作为信息地位和媒介信任评价的中介变量,媒介事件认知程度越高,媒介信任评价越低;"公共理解"和"公共交往"的矛盾性悖论构成了网络社会公共性的重要命题③。

刘建明考察了媒介公共性的神秘主义理论,认为媒介的公共性难掩其意识形态性。意识形态性是新闻媒介的本质属性。坚持以人民为中心的工作导向,这是提升我国媒体公共性和坚持正确的意识形态性的根本保证④。

尹金凤等认为,微信公众号应当具有同新闻媒体同等的公共属性。在微信公众号的新闻传播中出现了明显的煽情主义问题,对新闻公共善有一定程度的消解,阻碍了对新闻真相的探寻,消解了公共价值规范,使公众对新闻事件难以达成理性共识⑤。

苏振华发现,民众的社会公平感是媒体建构和社会建构的结果,与民众的收入水平没有必然关系,其中媒体建构较之社会建构的影响更大。在中国社会发展过程中,媒体建构和社会建构对公平感的影响将呈弱化趋势。维持较高的社会公平感,关键在于主流媒体为低收入群体发声,以及提高低收入群体的收入水平⑥。

孟会钏认为,应创建公共事务讨论空间,为公民提供发表自身观点和看法的平台,通过发表意见创建一个能够维护公民利益的公共领域。在公共新闻中,具有代表性的、有价值的声音才是被需要的。同时,公民素质需要提升,媒体要正确引导公民参与公共新闻,让公民从整体利益的角度来分析问题,这样才有利于公共新闻的发展,才能有效提升公共空间的质量⑦。

**2. 新闻媒介的社会责任论**

在互联网环境下,学者们对新闻媒介的社会责任重新进行审视。有的学者是从风险防范、时代变迁的角度出发,有的学者是从中西方社会的不同思想传统出发,有的学者是从新闻职业的专业性出发。学者们从多个角度探讨了新闻媒介的社会责任。

① 参见操瑞青:《秉公去私:"公"与早期国人报刊伦理观念的建构》,《新闻界》2018年第9期。
② 参见黄艾、张晓星:《传媒公共性:全球化的挑战与中国的道路自信》,《现代传播(中国传媒大学学报)》2018年第4期。
③ 参见虞鑫、张鹏翼:《媒介公共性的"理解-交往"悖论——基于结构方程模型的实证分析》,《新闻界》2018年第2期。
④ 参见刘建明:《媒介公共性的神秘主义理论——新闻媒介的公共性与意识形态性》,《新闻与传播研究》2018年第3期。
⑤ 参见尹金凤、胡文昭、刘果:《微信公众号中煽情主义对新闻公共善的消解与反思》,《新闻界》2018年第9期。
⑥ 参见苏振华:《理解社会公平感:媒体建构与公众感知》,《新闻与传播研究》2018年第1期。
⑦ 参见孟会钏:《浅谈我国公共新闻公民话语权的重构》,《新闻战线》2018年第6期。

刘海贵和李缨认为，传媒是公众感知风险、理解风险最重要的载体和渠道。"两个舆论场"并存的当下，传媒如果缺乏充分的考量，单纯从自己的角度思考，其报道很可能引发公众的不同解读，进而滋生新的社会风险。传媒在社会风险传播中，可能会因报道不当滋生新的社会风险。传媒要积极充当"减压阀"或"调节器"，寻找有效化解风险的路径和办法①。

许向东和邓鹏卓认为，在当今价值多元的时代，互联网的普及让社会个体拥有了更多的话语权，同时也带来了社会舆情风险。信息技术的日新月异使人们陷入对工具理性的崇拜，而新闻媒体的社会责任正在于对价值理性的呼唤，其目的是使二者在新媒体环境下实现和谐统一。主流媒体切实履行社会责任，有助于其传播力、引导力、影响力、公信力的提升，彰显主流媒体对我国民众和国际社会的影响②。

谢新洲和柏小林认为，履行社会责任是媒体获得社会支持的前提，是提升媒体影响力和传播价值的必由之路。科学开展媒体社会责任评价，能够帮助媒体客观审视自身发展存在的问题和不足，有效促进自我革新③。

钟媛媛认为，近代中西方传媒责任理念根基的迥异为各自新闻传播事业的成长设置了不同的发展路径，也为今日传媒治理对策的研究提供了参考。在理论基础上，中国的责任思想遵从天命道义，西方则追寻现实自由。中国的传媒大责任观决定了社会整体利益才是责任指向，而西方则始终将新闻自由作为最核心的责任目标。在责任制度设计上，中国主张软性调和与道德自律，西方更加强调刚性的外在约束和明确的责任落实④。

刘建明把新闻专业主义划分为实践规约、理论基础、专业标准、职业规范和新闻操守五个部分，对传统新闻专业主义理论和当代新闻专业主义理论的要点分别做了归纳，阐述了当代新闻专业主义理论的特性和记者的职业精神⑤。

吴飞和徐百灵认为，人们对新闻专业主义的认识是不断演进的，新的实践会反作用于理论，从而促成新闻专业主义理论的创新和发展。新闻专业主义观念体系的建立一方面是作为一种合法性的工具保护新闻业和新闻从业者的；另一方面，它可以建构新闻从业者职业权威，用以规范和指导媒体组织的运作和实践⑥。

翟秀凤认为，在数字化的冲击下，新闻业正在围绕信息技术进行一场深刻转型：新闻专业主义的基本假设和传统坚持正在被非专业参与和技术参数所改写；新闻生产中的价值理性遭遇危机；新闻教育转向"数字优先"和"结果导向"；新闻机构的盈利模式开始建立在更加中立、包容和资本友好的"信息"概念上。新闻行业内部的自救之所以是困难的，是因为新闻专业主义的危机并非源于信息环境的改变，而是因为建构新闻业的结构性力量已经打破了原有的制度和技术障碍，转向更加自由、即时、高效的资本形态⑦。翟秀凤还认为，新闻研究者、从业者关于新闻业危机的讨论形成了"普遍性框架"和

---

① 参见刘海贵、李缨：《媒体的风险呈现与责任担当》，《新闻战线》2018年第17期。
② 参见许向东、邓鹏卓：《新媒体环境下主流媒体的社会责任》，《新闻战线》2018年第17期。
③ 参见谢新洲、柏小林：《完善媒体社会责任评价，强化主流媒体责任担当》，《新闻战线》2018年第17期。
④ 参见钟媛媛：《伦理视域中近代中西方传媒责任之差异》，《新闻大学》2018年第4期。
⑤ 参见刘建明：《当代新闻专业主义理论与新闻操守》，《新闻与传播研究》2018年第1期。
⑥ 参见吴飞、徐百灵：《"为行动准则立法"——新闻专业主义的理论脉络》，《新闻大学》2018年第3期。
⑦ 参见翟秀凤：《新闻专业主义的"控制危机"与价值重建》，《新闻记者》2018年第3期。

"历史性框架"两种典型的话语框架。只有结束"普遍性"话语的语境抽离,重新探讨传播行为的基础属性、传播资源的配置原则、新闻传播的运作机制等基础议题,我们方能发掘新闻业的可能进路,在价值退却的数字化转型中寻得重建公共的可能①。

龚彦方和王琼慧运用新闻室观察法考察互联网媒介域的新闻创新,认为在互联网媒介域中,"新闻专业性"并非简单被瓦解或替代,而是趋向建构更具包容性的"新闻专业文化":"平等互惠"的参与式生产机制,包括"去制度化"的制度设计,以及业余者的"主体性"参与促生了新闻社群的实践理性;合约的选择自由提供了合理的制度安排;参与者的后果评价令创新获得了合法性支撑②。

李金铨认为,西方媒介专业主义的历史脉络源自市场经济的勃兴,并蕴藏"进步运动"所发展出来的"恒久价值",在理念上带有温和渐进民主改革的精神,在技术上则强调事实与意见分开。美英媒介目前面临专业主义低潮的调整过程,西方激进派对媒介专业主义的乌托邦式批评原具有进步的意义,但若不分青红皂白地跨文化移植,而在匮乏媒介专业主义的社会否定媒介专业主义,则无非是犯了"具体错置的谬误"③。

潘忠党借助文学理论中"副文本"这一学术概念及研究路径,反视新闻职业理念讨论所牵涉的一些周边话语,如新闻业的管辖区垄断与开放、新闻真实性背后的事实观和真相观、"后真相"以及"后学"语境的批判逻辑等。他认为,社会交往伦理规范在网络时代面临重构的挑战,重新阐发新闻的专业主义理念是直面这个挑战的组成部分,也是新的历史条件下现代性重建的重要内容④。

胡翼青认为,新闻专业主义这个概念具有多维空间与多元意义。新闻专业主义没有本质,它只是一堆碎片,是流动的意识形态景观。学界需要对汇集在这一概念上的各种意义进行更深入的研究⑤。

虞鑫和陈昌凤在"专业权力"的框架下,提出中国新闻专业主义的可能方向在于超越"科层"和"市场",确认政治性和自主性,建构"有机的公共生活"⑥。

### 3. 新闻规律与新闻价值

2018 年,学者们对新闻规律更加重视,对互联网环境下的新闻价值进行重点考察。

丁柏铨认为,只有遵循新闻传播规律,新闻传播实践方能取得预期的良好传播效果;违反此规律,不仅良好的传播效果无从谈起,还可能产生负面效果⑦。

杨保军认为,传播主体的变迁经历了三个历史阶段:民众个体为主导性传播者的时代,职业新闻传播主体为主导传播主体的时代,以及初步开启的职业新闻传播主体与非职业新闻传播主体共同主体的时代。这主要是由相关的生产力系统从根本上决定的。在新闻规律视野中,新闻传播者(主体)的历史结构变迁,反映和呈现了人类新闻活动是一个新闻自由不断提升的过程,甚至可以原则性地

---

① 参见翟秀凤:《普遍性还是历史性:理解数字时代的新闻专业主义》,《新闻界》2018 年第 4 期。
② 参见龚彦方、王琼慧:《从参与到互惠:互联网媒介域新闻创新的路径探索》,《现代传播(中国传媒大学学报)》2018 年第 10 期。
③ 参见李金铨:《"媒介专业主义"的悖论》,《国际新闻界》2018 年第 4 期。
④ 参见潘忠党:《在"后真相"喧嚣下新闻业的坚持——一个以"副文本"为修辞的视角》,《新闻记者》2018 年第 5 期。
⑤ 参见胡翼青:《碎片化的新闻专业主义:一种纯粹概念分析的视角》,《新闻大学》2018 年第 3 期。
⑥ 参见虞鑫、陈昌凤:《政治性与自主性:作为专业权力的新闻专业主义》,《新闻大学》2018 年第 3 期。
⑦ 参见丁柏铨:《加强对新闻传播规律的研究》,《当代传播》2018 年第 5 期。

说,新闻传播主体的演变规律就是社会主体不断走向新闻自由境界的规律①。

丁方舟考察了数字时代的三种"新"新闻价值观——即时性、互动性和参与性。这三种价值观分别代表新闻学界赋予在线新闻的三种神话:时间终结的神话、空间终结的神话与政治终结的神话。但由于数字时代市场压力的加剧,新闻业界对即时性、互动性、参与性价值观的实践及话语神话化过程更多出于商业和巩固权威的考量,从而在一定程度上悬置了上述价值观的公共性意涵②。

## 六、新闻从业者与新闻生产研究

### 1. 新闻从业者

郭小安和张伟伟对西北地区 731 名新闻从业者进行问卷调查。结果发现,西北地区媒体从业者的工作自主性感知水平较低,他们在日常工作中受到较高的政治和经济影响,其中政治对自主性干扰的程度高于经济;政治自主性感知对媒体从业者的内在政治效能感具有显著正向预测力;经济自主性感知则对媒体从业者的内在和外在政治效能感均具有正向预测力;人口学变量(性别和收入)对媒体从业者的外在政治效能感具有一定预测力,但它的预测力弱于经济自主性感知③。

张伟伟和韩翼帆从人口学变量、工作情况、媒介功能认知、媒介使用心理和政治心理五个方面对 763 名新媒体从业者进行调查。结果发现,新媒体从业者的媒介信任水平偏低,存在信赖传统媒体却高度依赖网络媒体的心理;在政治心理方面,新媒体从业者普遍拥有较高的政治效能感,相较而言,他们的外在政治效能感高于内在政治效能感④。

陈楚洁考察了媒体创业叙事与创业者认同建构,认为媒体创业具有精英化和浪漫化倾向,在多数情况下被等同为媒体人创业,且呈现出去新闻化、再媒体化的状态。媒体创业叙事再现了传统媒体机制的弊端,塑造了内部创业的他者形象。而新媒体创业则被刻画为在传统媒体动荡、技术变革、内容商业化、资本推动、社群互助、政策鼓励等背景下迎来历史性的"黄金时代"⑤。

胡翼青和朱晓颖通过对在职新闻工作者进行调查问卷统计发现,调查的多数新闻工作者并没有形成对人工智能的稳定而明确的态度,不同年龄工龄的调查对象之间有较大的个体差异。总的来说,对人工智能了解越多的个体越容易接受人工智能对新闻流程的改造,年轻记者比资深记者更容易接受人工智能对新闻流程的改造,女性记者比男性记者更了解人工智能的各种知识⑥。

### 2. 新闻生产

王敏认为,在网络时代,新闻生产社会学研究对 20 世纪七八十年代"第一波浪潮"的过于强调"常

① 参见杨保军:《变迁与意味——新闻规律视野中的传播主体分析》,《新闻界》2018 年第 11 期。
② 参见丁方舟:《"新"新闻价值观的神话———项对即时性、互动性、参与性的考察》,《新闻记者》2018 年第 1 期。
③ 参见郭小安、张伟伟:《新闻从业者的工作自主性感知与政治效能感———项针对西北地区的调查研究》,《新闻记者》2018 年第 3 期。
④ 参见张伟伟、韩翼帆:《互联网时代的新媒体从业者:一项对西部地区新媒体从业者的调查》,《新闻与写作》2018 年第 10 期。
⑤ 参见陈楚洁:《"从前有一个记者,后来他去创业了"——媒体创业叙事与创业者认同建构》,《新闻记者》2018 年第 3 期。
⑥ 参见胡翼青、朱晓颖:《人工智能的"幻影公众"——基于新闻从业者实证研究的考察》,《中国出版》2018 年第 19 期。

规"的理论缺陷进行修正,同时对布尔迪厄场域理论进行创新性吸收,形成一个更具开放性、包容性以及批判精神和实践导向的研究范式,是网络时代新闻生产社会学领域的一个重要的理论建构①。

张志安和章震对过去十余年来新闻生产社会学的本土研究进行梳理和评述。结果发现,研究者主要聚焦新闻生产的中国"语境"与主要影响因素、转型社会与新闻生产的互动关系、新闻生产与社会控制关系的张力呈现、数字化转型与媒体组织生产惯习调适、新技术采纳与传统媒体职业文化冲突等五类议题,并试图回应专业媒体实践的可能性、职业生产的自主性、中国新闻业的公共性等重大问题。面对正在浮现的新新闻生态系统,后续研究可从重新划分新生态中的"媒体"行动者、重审转型社会中的"国家"语境、重思中国新闻业的"网络空间"三方面推进这个领域的知识生产②。

曾庆香和陆佳怡认为,在 Web 2.0 基础上形成的新媒体语境下,新闻生产形成了社会化生产、职业化生产和智能化生产三者并存的状态。社会化生产包括公民讲述、官方发布两种方式,职业化生产则包括媒体复述、记者改写、记者代言、记者创作、记者策展五种方式,智能化生产即智能生成新闻。这诸种生产方式促成了全体社会行为主体都成为新闻生产者,从而形成了巨大的新闻生产主体网络。新媒体语境下的这一新闻生产主体网络,使传统媒体时代的"我—他"传播,转变为"我—你"传播和"我—我"传播,从而获得了新闻生产主体的主体间性的实现③。

方师师以谷歌搜索引擎中的新闻呈现为例,讨论影响用户搜索引擎使用的技术要素与社会机制。她认为,搜索引擎的社会意义在于,其在海量的信息环境下重新定义了真相,通过主动反馈用户搜索结果进行"有文化依据的组织形式重构",促进了一种新的"混合价值"的生成,既结合了传统的社会与文化目标,又提供了新的机制。但搜索引擎建立起来的知识-社会秩序并没有带来更高的知识水平,而是具有一种"膨胀的知识感"④。

# 七、新闻学学科建设研究

## 1. 中国特色新闻学

雷跃捷认为,中国特色社会主义新闻理论已初具体系,它是中国特色新闻学的核心部分。有理由相信,具有与时俱进理论品质的中国特色社会主义新闻理论,将引领中国特色新闻学的学术、学科、话语体系建设,并通过艰苦卓绝的努力,引领中国特色新闻学跻身世界的学术之林⑤。

董小玉和姚金秋认为,进入新时代,新闻学教材编写必须适应全球经济一体化、思想多元化,新闻传播数字化、移动化等新变化。新时代新闻学教材建设要坚持马克思主义哲学立场、政治意识、文化观念的指导原则,突破新闻学教材面临的理论西化与本土化角力困境,立足"形式"与"内容"的二维视角,构建本土化特色新闻学科,突出新闻学教材的育人功能,完善教材准入评价体系⑥。

---

① 参见王敏:《"场域-惯习"框架下的新闻生产:一个研究范式的学术史考察》,《新闻界》2018 年第 3 期。
② 参见张志安、章震:《重审语境与重新出发:新闻生产社会学的"本土化"脉络和反思》,《新闻记者》2018 年第 9 期。
③ 参见曾庆香、陆佳怡:《新媒体语境下的新闻生产:主体网络与主体间性》,《新闻记者》2018 年第 4 期。
④ 参见方师师:《搜索引擎中的新闻呈现:从新闻等级到千人千搜》,《新闻记者》2018 年第 12 期。
⑤ 参见雷跃捷:《建设中国特色新闻学的命题、资源、路径与方法》,《现代传播(中国传媒大学学报)》2018 年第 10 期。
⑥ 参见董小玉、姚金秋:《新时代新闻学教材建设论纲》,《中国出版》2018 年第 14 期。

叶俊认为,新闻学在作为支撑性学科的路上,还存在学术体系、学科体系、话语体系不健全,新闻学指导新闻实践不足,新闻学对其他学科影响有限等问题。提高新闻学的学科影响力,要遵循新闻学学科发展规律,加大新闻学指导新闻实践的力度,重视新闻学与外部的联系①。

吴飞认为,当下学术文章的传播对象已经转移到新媒体平台上。虽然目前因为各种评价体系尚未能与时俱进,所以大多数学者的论文发表仍然首选传统杂志,但未来的评价体系必然会有调整。从知识生产的目的与传播问题的角度,他进一步提出,知识的价值不能仅仅止于少数人探索真理,更应该让它们成为社会的知识、公众的知识②。

## 2. 人才培养

王易可认为,中国新闻传播学博士生教育总体可分为萌芽、成熟、拓展三个发展阶段。近年来,中国大陆博士生教育开始走向国际化,注重内涵发展、学科特色和应用实践③。

张小琴和胥佳认为,新闻与传播业迎来了"众媒时代",甚至是"万物皆媒"的时代,新闻生产与运营的主体、传播方式、经营模式都发生了根本性变化。在媒介新生态之下,中国新闻与传播教育的基点,应转向培养学生的内容生产与运营能力上来④。

连晗琪认为,大数据背景下,对传媒人才提出了更高的要求。高校需要与时俱进地变革教育模式,立足通识教育,丰富学生的跨学科知识背景,加强创新意识的培养。培养适应新时代、新环境的高素质拔尖创新型传媒人才,方可从根本上提供问题解决的动力⑤。

撰稿人:周玉桥(复旦大学新闻学院 2018 级博士研究生)

---

① 参见叶俊:《新闻学作为支撑性学科的基础、问题与方向》,《新闻爱好者》2018 年第 1 期。
② 参见吴飞:《让知识成为社会的知识:新时期新闻学术传播新渠道及方式创新》,《中国记者》2018 年第 6 期。
③ 参见王易可:《中国新闻传播学博士教育的历史、现状与展望》,《新闻传播》2018 年第 5 期。
④ 参见张小琴、胥佳:《美国新闻与传播教育最新动向及其启示》,《当代传播》2018 年第 2 期。
⑤ 参见连晗琪:《大数据背景下传媒人才培养路径探析》,《新闻爱好者》2018 年第 7 期。

# 中外新闻传播史研究

依据宏观理论探讨与微观个案研究、国别、线性时间发展、特定报刊报人等线索,总体上本文分为四个部分:第一部分陈述关于中国不同时期新闻传播发展状况的研究,第二部分展示有关外国新闻传播史的研究现状,第三部分梳理关于反思与再评价中国新闻传播史的研究,第四部分是结语。笔者仅希望通过此项梳理,使读者便于查阅 2018 年新闻传播史研究的概况,了解这一年新闻传播史研究涉及的主要对象以及研究者所立足的研究视角。

## 一、中国新闻传播史研究

### 1. 中国古代新闻传播史研究

汪小虎对"颁历授时"这一古代时间信息传播活动进行考察,提出其长期处于国家权力的主导乃至垄断之下,并发展出体现统治确认、身份认同关系的仪式化特征,最终形成一种东亚地区国际交往的礼仪文明的四种原因:第一,使用阴阳合历的广大臣民,需要国家天文机构每年颁发来岁新历;第二,大一统皇朝的长期统治下,出于社会管理对中央集权的需求,国家努力推行统一的时间秩序,并禁止私历;第三,通过颁历授时体现"统治-服从"关系的观念,实际上经过儒家学者的倡导、君臣互动的示范、国家加强控制等途径的逐步建构与强化;第四,颁历授时作为东亚"朝贡体系"下的国际交往方式,因藩属国臣服并认同宗主国正朔,以及宗藩之间就制度安排达成一致而形成①。

郭志菊从版印媒介技术发展的角度对宋代的文字狱及书禁报禁进行考察,认为宋代版印媒介的高度发育开启了"印刷交往"的时代,并深度介入社会公共生活,加之党争激烈,最终导致了宋代文字狱和书禁报禁的规模性爆发。宋代文字狱和书禁报禁的泛滥,版印媒介发达是首因,党争是动因,文字狱行之于前,书报禁继之于后,两者互为因果、颉颃而行,成为封建统治阶级控制信息传播最终达致稳定皇权统治的重要手段②。

魏海岩等对进奏院别名进行考证,指出在进奏院存在的几百年时间里,衍生出邸务、留后院、留邸、邸、郡邸、州邸、奏邸、邸院、奏邸、进邸、进奏、奏院等一系列别名,其中像奏邸一类的称呼使用范围广泛,遍及公私领域,频现于小说、诗文、史书等文体,像邸务、郡邸等词,并不是专门指称进奏院。学者认为,促成进奏院产生如此多别名的一个重要原因就是其功能由多元向信息传播集中。进奏院别名的出现还影响了邸吏状、邸报等名称的出现和流行。研究者在搜集史料的过程中,要注意广泛搜集

---

① 参见汪小虎:《颁历授时:国家权力主导下的时间信息传播》,《新闻与传播研究》2018 年第 3 期。
② 参见郭志菊:《从版印媒介技术发展看宋代的文字狱及书禁报禁》,《新闻大学》2018 年第 3 期。

与严格鉴别并举,方可汇聚真信息,复唐宋进奏院之实况①。

从传播史的角度看,"宣"是中国古代非常重要的传播行为和传播语汇,具有丰富的传播学内涵。潘祥辉提出,自上古开始,"宣"就是一种以王室和王命为中心的政治传播活动。这种传播是自上而下、自内而外的,为王权所垄断和独占,并被注入一种"神圣合法性"。学者认为,与西方及现代的"宣传"不同,古代中国的"宣"不偏重于讯息,而偏重于抽象的恩威与德泽。"宣"的主要目的不是为了说服,而是为了达致"德化"。在学者看来,古代"宣"之起源与发展及其所形成的历史传统也影响到中国近代以来"宣传"一词的感情与价值色彩。在当代中国"宣传"的概念语汇中,可以窥见华夏之"宣"的历史维度②。

### 2. 中国近代新闻传播史研究

（1）晚清官方信息传播研究

赵莹考察了《京报》英译与两次鸦片战争期间的中英关系。晚清时期,英国人对华情报需求大增。载有大量中国朝野新闻的《京报》因其"真实性"和"权威性"备受青睐,《京报》英译活动蓬勃发展。英国人对《京报》的定位也从"中国情报源"转变为"对华外交手段"。早在鸦片战争时期,中英就围绕《京报》信息的控制权展开争夺。以第二次鸦片战争为分水岭,英方开始在这场信息权力之争中占据优势,中方处境则日趋被动。晚清变局之下,信息传播领域内的中西权力格局业已发生巨变③。

邵志择对清政府所谓的保密统治进行考察。研究发现,清政府对信息和传播信息的媒介都有严厉的控制措施,其专制权力的有效运作建立在保密统治之上。这一信息控制机制一直都是有效的,直到西方人以及他们引入的新闻纸反制了清政府对信息的控制。新闻纸的大量增加与租界制度的保障使得清政府不再能维持专制统治所必须的保密统治,这在很大程度上改变了晚清的信息和舆论环境。保密统治的失效不仅使清政府的权力运作处处被动,也使得权力无法控制的新型舆论政治空间得以形成,晚清政治革命的勃兴与辛亥革命的成功与此不无关系④。

（2）在华外报研究

郭晓琼和谢庆立考察了《北华捷报》在"亚罗号事件"中的作用。"亚罗号事件"爆发之后,《北华捷报》对其做了大规模报道。通过表明立场、跟进事件进展、发表社论和刊登读者来信,制造了舆论话题,引发读者热议。《北华捷报》通过议程设置,发挥了媒介引导舆论的作用,使"亚罗号事件"及后续冲突进入在华西人的舆论视野,为英国海军提供了舆论引导,更为其借"亚罗号事件"发动第二次鸦片战争提供了理由和借口⑤。

张垒对《香港船头货价纸》内容变迁背后的原因做了考察。《香港船头货价纸》在后期突然加入大量传统《京报》的内容,从而呈现出新旧杂陈、不伦不类的样貌。反复考察这种"倒退"的时代特点和历史原因后,学者发现,19 世纪 50 年代以后,带有大量"资本"的移民成为香港华商主体,其中相当

---

① 参见魏海岩、谷文浩、刘子琨:《进奏院别名考证》,《新闻与传播研究》2018 年第 11 期。
② 参见潘祥辉:《宣之于众:汉语"宣"字的传播思想史研究》,《新闻与传播研究》2018 年第 4 期。
③ 参见赵莹:《〈京报〉英译与两次鸦片战争期间的中英关系》,《新闻与传播研究》2018 年第 3 期。
④ 参见邵志择:《机事不密则殆:京报、新闻纸与清政府保密统治的式微》,《新闻与传播研究》2018 年第 5 期。
⑤ 参见郭晓琼、谢庆立:《"亚罗号事件"的冲击波——〈北华捷报〉与英国对华战争舆论制造初探》,《新闻爱好者》2018 年第 4 期。

一部分成为从事转口行商的"新式商人"。作为报纸的目标读者,这些"绅商一体化"的新式商人的口味和需求影响了《香港船头货价纸》对内容的取舍①。

谢庆立指出,近代早期在华英文外报自创始阶段就呈现突出的"政治化"特征。以早期在华外报《中国丛报》为例,学者通过梳理 1834 年 8 月至 1835 年 1 月有关"律劳卑事件"报道,考察《中国丛报》与该事件之间的互动关系,探析有关报道所产生的政治影响。学者认为,《中国丛报》在一定程度上是该事件矛盾升级的"推手",在整个事件过程中发挥了引导、组织舆论的作用,使中英双方由潜在矛盾转为对抗性矛盾,为以后英国对华采取强硬政策提供了舆论基础。在"律劳卑事件"这个历史节点上,《中国丛报》推波助澜,扮演了活跃的政治角色②。

谢庆立还对《中国丛报》等在华外报与晚清中国军事形象的建构做了考察。研究者通过考察有关"中国军事实力"这一议题发现,借助有关报道和评论,早期在华外报不仅仅是为了研究中国军事问题,更重要的是为了寻找"控制东方的秘密"。这一议题被在华外报持续关注,其主要动力来自当时西方国家征服中国的殖民欲望③。

（3）清末舆论研究

舆论在产生、传播的过程中,可能受到来自外部的压制。基于具体的社会背景,研究者对不同时空下的舆论个案进行研究,侧重点在舆论压制与反压制的过程及启示。

程丽红和刘泽达认为,1905 年《警钟日报》遭查封是清末继"《苏报》案"后发生的又一个具有全国性影响的报案。该案的审判过程和结果不仅折射出清廷在舆论管控上受掣于外人的困境,还反映了清末新闻舆论主导权为外人所控的状况。租界内的革命报刊已渐成各国与清政府之间斗争交涉的工具,其存亡完全操于外人之手,租界当局的利益则是唯一的准则。与此同时,清廷在该案中的变通与应对也体现了其对当时舆论掌控局面认识的不断加深,这为后来《大清报律》等新闻出版法规的出台埋下了伏笔。而革命报人经此一案对租界当局的伪善亦开始有所警觉,对外人以自身利益为本有了更为清醒的认知④。

李彩霞和华京硕提出,日俄战争后,日本侵占了我国东三省南部地区,开始了所谓的"满洲经营"。日本军政当局为安抚民心、传递讯息,邀请日本老牌报人中岛真雄在营口创办了《满洲日报》。营口《满洲日报》的经营与发展先后受控于日本军方与日本外务省,然而其具体受控情况和报刊经营模式在中国却鲜为人知。目前在日本发现的外务省公文记录和日本报人留存的各种一手资料,反映出近代日本官方和军方势力通过干预和控制日系报刊,对中国进行文化侵略的事实⑤。

（4）国人自办报刊与译报研究

这部分包括《时务报》、《庸言报》、林则徐的译报活动等相关研究。《时务报》研究主要涉及《戊戌

---

①　参见张垒:《进化还是退化:现代报纸的"本土化"与读者身份的变迁——对〈香港船头货价纸〉的内容分析和历史考察》,《新闻春秋》2018 年第 2 期。

②　参见谢庆立:《看不见的"推手"——〈中国丛报〉与 1834 年"律劳卑事件"报道研究》,《新闻记者》2018 年第 2 期。

③　参见谢庆立:《殖民欲望浸透的晚清军事形象——早期在华外报对中国军事报道和评论议题研究》,《新闻爱好者》2018 年第 5 期。

④　参见程丽红、刘泽达:《"〈警钟日报〉案"中的舆论角力》,《新闻记者》2018 年第 2 期。

⑤　参见李彩霞、华京硕:《日本对初期东北日系报刊的干预与控制——以营口〈满洲日报〉的兴衰为例》,《新闻大学》2018 年第 6 期。

政变记》与政变图像建构、《时务报》属权之争、《时务报》外埠发行网点等研究议题。

王润泽和谭泽明从《戊戌政变记》出发，关注社会普遍认同的戊戌政变知识。研究发现，梁启超的《戊戌政变记》建构了一个普遍性认识的记忆图像，成为近代中国关于戊戌政变集体记忆的重要蓝本，深刻影响了戊戌政变的历史图像建构。清末报刊正悄然改变着传统中国的社会交往模式。包括语言、文字、报刊等在内的各种媒介形态，不断地与中国传统政治和文化进行融合，被赋予政治教化等功能，并发展成为一种新的权力代理人，推动了近代中国的现代化进程①。

《时务报》属权之争这一历史遗案，也受到王润泽和谭泽明的关注。他们指出，戊戌变法期间，康梁维新派试图通过"改官报"的方式获取《时务报》的控制权，将之纳入维新变法的政治议程中。由于复杂的权力纠纷和突然而至的戊戌政变，《时务报》属权之争变成了著名的历史遗案。这一事件涉及近代中国新式媒介、权力重组和政治现代化等诸多深层问题，解开了传统士人群体分化的历史事实，开启了新式媒介建构国家政治生活生态的过程，促进了现代化政党活动开展②。

朱至刚在《跨出口岸：基于"士林"的〈时务报〉全国覆盖》一文的基础上，根据《汪康年师友书札》等资料文献，对《时务报》外埠发行网点做了进一步爬梳。通过考证，研究者发现至少还有七个发行点可被纳入"亲友派报处"（也就是其主持人与报馆核心成员存在较为密切人际关联的派报处）之列。在此基础上，研究者还以省级行政区为单位，大致梳理了这份报刊对它们所属府、县的覆盖情况，并对其间的推动机制有所辨析，基本完成了《时务报》的空间覆盖图景③。

《庸言报》是梁启超归国后所办的政论为主的综合性刊物，在民初政治和社会生活中产生了重要影响。王润泽和谭泽明提出，梁启超在《庸言报》发表各类文章50余篇，利用该报凝聚政治共识、制造舆论声势、组织政治势力，深度融入自己的政治活动版图中，彰显了报纸媒体在民初政坛中的特殊地位和特殊价值。梁启超借助现代媒体实现了入阁目标，《庸言报》的目标得以变现，其命运也随即走向衰落，沉入历史的故纸堆。《庸言报》融入民初政治的历史，显示了近代中国报纸嵌入政治生活的特质，揭示了近代中国报纸与政治千丝万缕的关系④。

卞冬磊以"林则徐去广州"为叙事对象，借助《林则徐日记》等史料，深描了近代中国传播网络的一个片段。通过追寻1838年到1840年间林则徐的旅行、禁烟与翻译活动，研究呈现了近代中国传播网络的日常运作：道路交通、市镇分布和网络中的主要流动物（权力、商品和信息）。研究指出，权力和信息网络的封闭、权力网络和广阔疆域存在的矛盾以及信息网络的要素限制，是19世纪前期中国传播网络存在的主要问题。相较而言，甲午战争之所以引起巨大的社会震动，则与传播网络在19世纪后期发生的变化有关——主要是新闻纸兴起所引起的网络地理的拓展，同时性的增强，以及传播网络凝聚周围人群意见的能力提升⑤。

周小伶提出，鸦片战争前，林则徐的新闻舆论态度对禁烟运动时期的舆情有重大影响。禁烟运动期间，林则徐对华新闻舆论具有公开性、急迫性、狭隘性等特点，他对中外新闻舆论的重视引导了清廷

---

① 参见王润泽、谭泽明：《〈戊戌政变记〉与政变图像建构：从个体想象到集体记忆》，《新闻与传播研究》2018年第8期。
② 参见王润泽、谭泽明：《〈时务报〉属权之争：报刊、权力及现代化政治缘起》，《兰州大学学报（社会科学版）》2018年第5期。
③ 参见朱至刚：《〈时务报〉外埠发行网络续考：以省级行政区为单位》，《新闻春秋》2018年第4期。
④ 参见王润泽、谭泽明：《梁启超〈庸言报〉融入民初政治的路径研究》，《南京师大学报（社会科学版）》2018年第1期。
⑤ 参见卞冬磊：《林则徐去广州：19世纪中国"传播网络"的一个片段》，《国际新闻界》2018年第11期。

禁烟决策的预判以及国际形象的提升,极大地帮助了其"开眼看世界第一人"新兴形象的树立,翻译《澳门新闻纸》也成为中国近代第一报人的历史性新闻活动①。

（5）《申报》和《新闻报》研究

曾培伦关注《申报》、《新闻报》在中国近代印刷术革新中的作用。在中国近代印刷术的革新方面,学界长久以来聚焦于以商务印书馆为首的书商,而忽视了近代商业报纸的技术贡献。实际上,源于对规模经济效应和良性收益循环的追求,商业报纸经营者对机械化活字印刷机的渴望比书商更加迫切。《申报》、《新闻报》在西方活字印刷设备的采用、扩散、修造三方面的历史贡献支持了这样的判断。舶来的西式商业报纸化身为技术的"新知",推动了中国近代活字印刷技术的革命②。

（6）电报、摄影等传播技术研究

孙藜考察了晚清电报在重构帝制中国晚期的官文书体系与权力合法性中的作用。清代奏折制度蕴含着"拜折"仪式、形制与传递的组织规制,在传播形态上以毛笔手写方式"具身"展现着皇权"灵晕"的仪式化表演和强化式再生产。晚清电报网络拆除了清廷与世界的沟通壁垒,以密码化的信息存储与瞬时往返的传播形态形成不断转译的文本,剥离了由手写而来的身体"在场",催生出以"语质而事核,词约而理明"为特点的"电奏"新文体,重塑了君臣关系展演的空间舞台。电报在与奏折旧制的并行纠缠中,以新的传输与书写方式促成了皇权"灵晕"的分解与散落③。

李煜指出,在媒介特征上天然具有共享、互联特性的电报技术,在旧中国从未实现广泛的可达性（accessibility）或普及性,难以发展成为大众服务的公共事业。其原因在于,电报网络落地中国的决定因素,并不在于技术规则与商业刺激,而在于国内外政治经济的复杂考量。晚清电报"官督商办"体制中的"官",从一开始就不是简单的国家权力的运行代表,而是地方势力利益集团的主导者,他们在这种产权关系模糊的体制下,名为"国家监督",实为"疆吏私人控制",使电报从"自强"工具变为"求富"生意④。

王润泽和杨奇光提出,中国新闻史上曾发生多起经由电报这一当时的"新媒介"制造和传播的假新闻事件。作为文本中的记忆,在突发新闻事件中,报馆往往为了时效性而忽视对电报的核实,电报局员工在电码转录过程中也常"误伤"真相,而战争、政治类新闻则是"电传假新闻"真正的重灾区,其背后是不同政治立场和利益关系间的博弈。作为记忆中的媒介,电报既引发了"技术崇拜",也导致"技术失信"。通过重访"电传假新闻"事件,研究者进一步探讨了已死媒介的现代传播学意义,同时也为技术与后真相的现实焦虑提供历史参考⑤。

唐海江提出,新闻摄影在近代中国新闻场域合法地位的确立,与摄影及制版技术的日趋成熟密切相关,更有赖于近代中国报人的摄影实践和经验认可。石印写真画带来图画在新闻传播领域的价值

---

①　参见周小伶:《试析禁烟运动时期林则徐对英新闻舆论的态度——以南京图书馆藏〈澳门新闻纸〉抄校本为中心的探讨（1839—1840）》,《新闻春秋》2018年第4期。

②　参见曾培伦:《近代商业报纸何以成为"技术新知"?——以中国活字印刷革命中的〈申报〉〈新闻报〉为例》,《新闻与传播研究》2018年第12期。

③　参见孙藜:《书写与密码:晚清皇朝"灵晕"的离散》,《新闻与传播研究》2018年第9期。

④　参见李煜:《传播史视阈下晚清电报的官督商办》,《现代传播（中国传媒大学学报）》2018年第5期。

⑤　参见王润泽、杨奇光:《触电的谎言与真相:"电传假新闻"事件的媒介记忆重访》,《现代传播（中国传媒大学学报）》2018年第10期。

提升,为清末民初新闻照片频繁见诸报刊打下基础。革命时空登场的新闻摄影与文字一同承担舆论动员的任务,其价值获得新闻界初步认同。20世纪二三十年代,新闻摄影凭借真实客观、感染力强、易于理解等优势被报界全面认可,更被吸纳进入新闻教育的学科体系,最终成长为中国新闻界一种普遍接受的职业规范①。

董卫民提出,作为图像新闻的主要承载媒体,近现代画报出版业的繁荣,推动并见证了晚清民国新闻摄影的三次视觉转场:从《点石斋画报》到《真相画报》,是新闻从绘画到摄影报道、时事写真的视觉转场;从《点石斋画报》到《北洋画报》、《良友》画报,是新闻摄影从配角到专业化、市场化的视觉转场;而从《真相画报》到《晋察冀画报》,则是新闻摄影从揭示真相向抗战救亡宏大叙事的视觉转场。在画报出版的推动下,新闻摄影这三次视觉转场,形塑了新闻摄影作为一种新闻文体一步步走向成熟的文化轨迹②。

(7)清末报刊阅读史研究

蒋建国对维新前后商业报刊的时政报道与读者阅读进行考察。维新前后,商业性报刊得到了较快发展。上海的几家大报发行量和影响力进一步上升。商业报刊对甲午时局和维新活动的报道,引起士人的广泛关注。读者对国家和民族命运的关注,激发了对时政新闻阅读的热情。而读者读报后的所思所想,通过他们的社交网络和日常书写,进一步扩大了新闻知识作为思想资源的价值③。

蒋建国还对清末革命思潮与报刊读者的阅读心态进行考察。20世纪初,"革命排满"思潮风起云涌,革命报刊激发了各类读者的阅读想象,革命报刊所持的理念直接影响着读者的阅读偏好。读者对报刊的选择性阅读,又表明革命报刊具有明显的舆论导向。在帝制与共和之间,革命报刊预设了立场。许多读者以日记、自述与回忆录的方式,表达了他们对时局的观察、记录、判断与感想。尤其是一些守旧官绅的哀叹、进步青年的狂喜,在他们的读报时得到真实体现。因此,通过读者读报的私人记录来观察其阅读心态、社交网络、价值观念,可以构筑报刊阅读的"意义之网",反映"革命"进入读者阅读世界的历史进程,体现读者在时局中的情感与态度④。

(8)近代新闻思想与新闻职业研究

操瑞青以早期外报为考察对象,分析了19世纪中文报刊的两种新闻观念。研究认为,传教士报刊和外商报刊在理解新闻时,形成了"益闻"与"风闻"两种观念传统。前者以"载道"为宗旨,力图借助新闻实现传教之目的,因而注重阐述道理,格外强调报道真实与新闻伦理;后者以"传事"为宗旨,意在营业谋生、广传近事,早期并不重视新闻真实,主张事有可取皆能报道。19世纪后期,两种观念相互影响且渐趋融合,但"载道"与"传事"的重心仍有差异,它们共同构成了此后国人自办报刊中理解"新闻"的观念源头⑤。

操瑞青还提出,作为我国传统文化中最重要的思想概念之一,"公"自古至今都对中国社会多重观念的形成有着深远影响。早期国人对报刊角色的伦理定位、新闻实践的伦理界限、言论自由的伦理边

---

① 参见唐海江:《近代中国新闻界对摄影术的认知与运用考》,《现代传播(中国传媒大学学报)》2018年第5期。
② 参见董卫民:《近现代画报出版与新闻摄影"视觉转场"》,《编辑之友》2018年第11期。
③ 参见蒋建国:《维新前后商业报刊的时政报道与读者阅读》,《新闻大学》2018年第4期。
④ 参见蒋建国:《清末革命思潮与报刊读者的阅读心态》,《新闻与传播研究》2018年第2期。
⑤ 参见操瑞青:《"益闻"与"风闻":19世纪中文报刊的两种新闻观》,《国际新闻界》2018年第11期。

界以及报刊工作者的个人修养等问题的叙述,都呈现出"秉公去私"的道德特性。研究认为,此般在"公"的文化土壤中形成的报刊伦理认知长期不乏其影响,值得进一步探查①。

刘丽通过梳理 20 世纪初"记者"一词出现之前,"教友"、"友人"、"访友"、"访员"的称谓流变,论述在与编辑部互动的过程中,记者的职业身份、职业内容、职业关系的变迁。在记者的"名"与"实"之间,从另一个角度观察中国新闻事业的形成与变迁②。

(9)近代新闻通讯业研究

万京华考察了中国近代新闻通讯业的历史源起。研究认为,我国近代新闻通讯业发端于晚清时期。最早开展新闻通讯业务的是英国路透社,1872 年路透社在上海设立远东分社;而由中国人自己创办的通讯社,则于 1904 年诞生在广州。晚清时期中国人自办通讯社的出现,是我国新闻事业发展到一定阶段的必然产物,也标志着我国新闻事业发展到一个崭新的高度③。

### 3. 民国时期新闻传播史研究

(1)民国报刊与舆论研究

其一,国共两党新闻事业研究。

第一次国内革命战争时期,工人运动、农民运动等是国民革命的主要组成部分。与此相关,工人报刊、农民报刊也不断涌现,成为国民革命的重要舆论力量。杨雅芸对《工人之路》产生的时代背景、内容与版面特色、销售管理、社会影响与作用等做了考察,认为研究该报对深入了解 20 世纪 20 年代的广东革命运动情况和革命报纸的运作有特殊的意义④。毕耕和汪家乐对 1924 年至 1927 年国民大革命时期的第一次农民"报刊潮"进行考察,认为这些数量众多的农民报刊,尤其是以《中国农民》、《农民运动》、《犁头》为代表的政治类报刊,通过专题性的栏目设置与多样化的文本形式,并结合农民运动的理论与实践问题,对革命的内涵、目的、任务、对象、队伍、策略与方法等一系列问题深入探讨,从而构建出内涵丰富的革命话语体系⑤。

第二次国内革命战争时期,中央苏区的红色出版在新闻史上具有重要地位。余玉认为,中央苏区红色出版是中国共产党领导出版事业的早期探索和实践,它伴随着革命形势变化而兴衰起伏,约在十年间,其发展历经初兴萌芽、蓬勃发展和衰退尾声三个阶段,表现出出版品类多样、配合中心工作、体现大众特色等显著特征,在发挥信息传播与组织动员作用、探索因时应势出版之路、奠定出版管理和经营体制、形成艰苦朴素出版作风以及积累珍贵且有价值史料等方面作出了历史贡献⑥。

抗日战争时期,中国共产党在农村办报和城市办报方面均有实践与经验。

农村方面,以抗日根据地的新闻宣传活动为中心,形成了关于《晋绥日报》、抗日美术宣传、黑板报等的研究成果。常志刚和李梓薇以抗日战争时期的《晋绥日报》为个案,对杨效农在担任《晋绥日报》

---

①　参见操瑞青:《秉公去私:"公"与早期国人报刊伦理观念的建构》,《新闻界》2018 年第 8 期。
②　参见刘丽:《近代中国新闻记者的称谓流变(1860—1900)》,《编辑之友》2018 年第 3 期。
③　参见万京华:《中国近代新闻通讯业的历史源起》,《现代传播(中国传媒大学学报)》2018 年第 3 期。
④　参见杨雅芸:《大革命时期工人报刊的内容特色与编辑特征——以中国共产党创办的〈工人之路〉为例》,《新闻爱好者》2018 年第 1 期。
⑤　参见毕耕、汪家乐:《国民大革命语境下农民报刊的革命话语探析》,《现代传播(中国传媒大学学报)》2018 年第 9 期。
⑥　参见余玉:《中央苏区红色出版的历史考察及贡献》,《新闻春秋》2018 年第 3 期。

国际版主编期间的世界新闻进行考察,认为这些报道推动了抗日战争中的中国与世界反法西斯国家的命运共同体建构①。吴继金认为,晋绥根据地的抗战美术宣传,揭露了日本侵略者的罪行,讴歌了中国人民伟大的抗战精神,在鼓舞抗日军民的革命斗志、动员民众奋起抗争等方面,发挥了重要的艺术武器作用②。乔傲龙和岳谦厚提出,各抗日根据地的黑板报以广泛的普及性弥补了大报的不足,在社会动员方面发挥了独特作用,同时丰富和拓展了群众办报的理论内涵及实践外延③。

城市方面,重庆《新华日报》作为抗战时期中国共产党在国统区重庆的机关报,其城市办报的范式与理念成为研究聚焦点。王雪驹等提出,抗战期间,《新华日报》先后在武汉、重庆两座城市办报,形成独特的城市办报范式。通过对《新华日报》改版相关材料的分析,研究者发现,《新华日报》的城市办报范式与党报理论经历了从冲突到调适的过程。改版后的《新华日报》也并没有完全舍弃城市办报的做法,直至建国前,城市办报范式一直影响着中国共产党在城市的办报实践④。伍静对重庆《新华日报》的祝寿活动进行考察,认为该报通过征用祝寿、诗词唱和等传统文人民间交往素材,将其公开化为轰轰烈烈的媒介仪式,利用报纸的放大效应,赋予郭沫若、茅盾等文人以文艺界领袖地位,透过他们的影响力、号召力带动左翼文化圈在报上报下的聚合与壮大,重整了上海"左联"之后被打散的文人队伍,构建出共产党人领导文化界的政治现实,激发更多同路人的追随与认同⑤。

近年来,延安时期的新闻出版活动研究热度不减。汪罗以"延安新闻学"的提法,针对延安时期中国共产党人对于"新闻学"体系化的探索作了集中表达,认为"延安新闻学"是彰显中国特色、中国风格、中国气派的研究范式和学术建制⑥。朱清河和汪罗解析了《解放日报》"群众路线"的实践面向与价值诉求⑦。朱清河和王青认为,伴随着发展命题与媒介生态的转换,延安时期中国共产党确立与践行的"党管媒体范式"应更好地表征与引领社会主义国家的新闻事业改革与发展航向⑧。李飞提出,延安新闻在日常生活世界中围绕劳动缔造了新型的、以人民主权为核心的现代社会契约关系,其开创新的实践在今天亦有现实意义⑨。

抗战胜利后,中国共产党领导的人民新闻事业经历了发展、收缩、再发展直至取得全面胜利的历程。1946年国统区反苏反共游行是王明亮的研究中心。他提出,尚未走向执政舞台的中国共产党人,在这一突发舆情事件中,因事先准备不足,加以意识形态和政治立场的牵绊,未能及时针对学生和知识界关心的问题作出回应和解释,错失化解和防范舆情危机的窗口期。但中国共产党在事后的宣传报道中,对国民党内保守派和开明派进行了区分,对学生的爱国行为和少数暴徒乘机作乱的行为也进

①　参见常志刚、李梓薇:《杨效农的国际新闻述评与晋绥边区的世界命运共同体建构——以抗日战争时期的〈晋绥日报〉为个案》,《新闻春秋》2018年第1期。

②　参见吴继金:《晋绥根据地的抗日美术宣传》,《新闻春秋》2018年第2期。

③　参见乔傲龙、岳谦厚:《社会动员视域下的大众化传播实践——以革命根据地乡村黑板报为中心的考察》,《编辑之友》2018年第5期。

④　参见王雪驹、楚航、王润泽:《城市办报范式与党报理念的冲突与调适——对整风运动中重庆〈新华日报〉改版的考察》,《国际新闻界》2018年第8期。

⑤　参见伍静:《媒介仪式与政治斗争——重庆〈新华日报〉的祝寿活动及意义探析》,《新闻记者》2018年第9期。

⑥　参见汪罗:《"延安新闻学":缘起与内涵》,《新闻春秋》2018年第3期。

⑦　参见朱清河、汪罗:《延安时期中共媒体"群众路线"实践面向与价值诉求——以〈解放日报〉为例》,《新闻大学》2018年第4期。

⑧　参见朱清河、王青:《延安时期"党管媒体范式"的恒与易》,《新闻春秋》2018年第2期。

⑨　参见李飞:《延安新闻学传统与乡土中国的现代性》,《新闻春秋》2018年第2期。

行了区分,尽量将负面影响降到最低①。

其二,《新青年》与《每周评论》研究。

作为中国历史上一份具有划时代意义的刊物,《新青年》引领了一场意义深远的新文化运动,掀开了中国历史崭新的一页。张勇丽分析了《新青年》杂志的传播者、传播内容、传播载体、受众等要素,及其产生巨大影响的经验②。

朱天玉提出,《新青年》与马克思主义早期传播二者内在的关联,对于推进马克思主义传播研究意义重大。一是要从国际与国内双重视角来充分还原《新青年》传播马克思主义的历史背景;二是要充分认识到《新青年》传播马克思主义的主要内容,即马克思主义理论观点;三是国际社会主义运动经验概况;四是驳斥非马克思主义与反马克思主义思潮。在此基础上总结历史经验,对当下马克思主义最新理论成果传播具有重大的价值启迪③。

《每周评论》是我国第一本以“评论”命名的刊物。吴永贵和林英提出,《每周评论》创新构建的栏目类型,是一种宜于议论的媒介空间形式,具有媒介史方面的意义。研究对陈独秀、胡适两任主编在刊物交接之后办刊理路和风格上的维度差异进行辨析,说明五四启蒙者在时事关怀的大前提下存在着思想分歧的多面孔特征④。

其三,《大公报》与《观察》周刊研究。

《大公报》的相关研究至今硕果累累。随着新史料的发现和新视角的运用,新的研究空间还在不断拓展。王咏梅以周太玄至王芸生的一封信为中心,对1947年至1949年《大公报》的生存空间与艰难抉择进行解读。研究者提出,在新记公司《大公报》历史转向的重要关头,周太玄鼓励王芸生作为“此种转变中之枢纽人物”,应该担负起此种“艰伟无畏之工作”。在与周太玄的交流和合作之中,在中共的争取之下,1949年6月王芸生宣布《大公报》走向新生⑤。

汪卫东发现,“新生”《大公报》在“从民营到党办”历史变迁中,新政权与《大公报》主要经历过两次“理性选择”,《大公报》股权结构悄然发生变化,性质与身份实现根本转换。两种选择的结果出乎所有人意料,《大公报》从中国大陆彻底消亡⑥。

陈建云和杨唯汀梳理、分析、评价了《大公报》与国民政府新生活运动之间的关系。新生活运动是1934年由蒋介石亲自发起、南京国民政府主导推行的一场全国性“生活革命”运动,即把中国传统的道德准则“礼义廉耻”体现于衣食住行等日常生活之中,以求国民生活的军事化、生产化、艺术化,从而实现建设国家、复兴民族的目的。在新生活运动施行的15年间,《大公报》做了大量报道和评论。《大公报》对新生活运动总体上持赞同、支持态度,但对其推行过程中存在的问题也进行了深刻批评,尽到了监督政府之责。《大公报》对新生活运动的态度,体现了它与国民党政府之间的“诤友”关系⑦。

① 参见王明亮:《中国共产党如何应对解放前最大的一次舆情危机?——1946年国统区反苏反共游行再考察》,《新闻界》2018年第11期。

② 参见张勇丽:《〈新青年〉杂志的传播策略分析》,《传媒》2018年第11期(上)。

③ 参见朱天玉:《〈新青年〉与马克思主义在中国的早期传播》,《中国编辑》2018年第10期。

④ 参见吴永贵、林英:《〈每周评论〉的媒介空间与评论维度》,《中国编辑》2018年第2期。

⑤ 参见王咏梅:《1947—1949年〈大公报〉的生存空间与艰难抉择——以周太玄至王芸生的一封信为中心的解读》,《新闻春秋》2018年第3期;王咏梅:《论周太玄在新记〈大公报〉转向过程中的推动作用》,《现代传播(中国传媒大学学报)》2018年第4期。

⑥ 参见汪卫东:《在“选择”中“新生”——从“理性选择理论”看〈大公报〉变迁》,《新闻大学》2018年第2期。

⑦ 参见陈建云、杨唯汀:《〈大公报〉与国民政府新生活运动》,《兰州大学学报(社会科学版)》2018年第6期。

　　田秋生对《观察》周刊的"读者投书"栏进行考察。该栏是《观察》周刊专设的通信栏,供读者指陈时事、与同道交流,成为"文人论政"的一种特殊方式。研究发现,普通知识群体充当了政治和声者的角色,在有限的话语空间,对精英话语进行应和、延伸与补充,对实体政治的影响固然微弱,但在营造公共话语场域、推动公共舆论的形成、构建身份认同进而形成"知识人社会"等方面则功不可没①。

　　其四,企业刊物、报纸副刊、商业广告研究。

　　既有的新闻史对企业刊物鲜有记述,2018 年有关企业刊物的研究弥补了这一缺憾。操瑞青和夏羿认为,作为近代中国企业组织的内部沟通媒介,员工刊物有着别样于大众化报刊的独特文化意蕴,表征着截然不同的传播活动,理应纳入民国报刊史研究的整体范畴中予以深入讨论②。吕戎念考察了山西最大的综合性企业西北实业建设公司创办的两份杂志《西北实业月刊》和《西北实业周刊》。两刊创立于抗日战争后经济拮据、百废待兴之时,后期时局动荡仍坚持出版,直至 1949 年停刊。为树立企业形象、扩大同行影响、平衡内部阅读与外部宣传的关系,两刊各有侧重,拟定不同栏目,以期达到不同的宣传目标。两刊运营有其独特性,在对外发行销售上,利用企业驻外办事处,创立了不同于传统期刊的发行渠道,稳健推进期刊营销。为达宣传目的,期刊也会偶尔选择不计成本销售,甚至主动免费赠阅期刊③。

　　副刊研究方面,五四时期和抗战时期均有涉及。蒋含平等指出,五四时期的北京《晨报副刊》与上海《觉悟》都积极推动妇女解放运动。这两份地处不同城市的报纸,在妇女解放运动的表达与呈现中表现出完全不同的姿态。《晨报副刊》身居古都北京,汇聚罗家伦、徐彦之等各界文化精英;而《觉悟》身处十里洋场的上海,汇集青年读者和学生,成为一个开放包容的公共论坛④。肖燕雄认为,抗战时期国民党传播制度的变化分为三个阶段,《新华日报》《大公报》《中央日报》主要副刊抗战话语主体和内容的演变也呈现阶段性特征。1939 年 1 月、1943 年 10 月是两个关键的时间转折点。三家报纸主要副刊演变的几个关键点与传播制度的变化存在一定的呼应或者疏离关系,传播制度影响着副刊宗旨、主编、内容和宣传技巧的演变,主导了抗战文艺的发生⑤。

　　商业广告研究方面,王玉蓉等以《东方杂志》的商业广告为例,分析了民国时期商业广告中的文化冲突与文化涵化。民国时期的商业广告作为一种大众传播活动,深受西方广告意识与经营理念的影响,但也传承了中国传统文化和价值观念。新旧更迭、中西碰撞的特殊时代造就了商业广告文化的色彩纷呈。《东方杂志》的商业广告成为近代全球交往格局中西文化冲突与涵化的缩影,其商业广告投射出基于中西文化民族认同和价值观认同的文化冲突,也展现了从中西并立到求索中西文化之调和的过程,呈现出多元文化碰撞与交织的时代特色,体现了民国时期文化的复杂性⑥。

---

　　① 参见田秋生:《战后普通知识群体的报刊论政——〈观察〉周刊"读者投书"栏考》,《现代传播(中国传媒大学学报)》2018 年第 1 期。

　　② 参见操瑞青、夏羿:《企业员工刊物:被忽视的民国组织传播活动初探》,《新闻与传播研究》2018 年第 5 期。

　　③ 参见吕戎念:《民国山西企业杂志探微——以〈西北实业月刊〉〈西北实业周刊〉为例》,《编辑之友》2018 年第 11 期。

　　④ 参见蒋含平、李敏、王悦:《城市风格与报刊姿态:五四时期北京〈晨报副刊〉与上海〈觉悟〉副刊妇女解放运动呈现比较(1919—1920)》,《新闻大学》2018 年第 5 期。

　　⑤ 参见肖燕雄:《呼应或疏离:抗战时期三报主要副刊抗战话语研究》,《现代传播(中国传媒大学学报)》2018 年第 6 期。

　　⑥ 参见王玉蓉、宋伟龙、张晓宇:《民国时期商业广告中的文化冲突与文化涵化——以〈东方杂志〉商业广告为例》,《传媒》2018 年第 1 期(下)。

其五,舆论个案研究。

吴琳琳考察了台湾日据时期"治警事件"中的舆论抗争。研究者提出,台湾民众唯一言论机关《台湾民报》发挥资讯传递、政治动员和社会整合等功能,与"御用"报纸《台湾日日新报》进行舆论较量;台湾议会设置请愿运动、台湾文化协会与"治警事件"被捕者互相呼应,汇成共同力量。台湾民族运动人士所使用的舆论抗争武器,主要来自第一次世界大战后民族自决思潮、祖国反帝民族运动的思想方法以及日本大正民主思潮的启蒙。"治警事件"中的舆论斗争凸显台湾民族运动人士的中华情怀及两岸同仇敌忾的同胞之情,成为中国现代史中反帝、反侵略民族运动的重要组成部分①。

"满洲弘报协会"成立的历史背景、发展历程和历史影响成为虞文俊的研究焦点。日本关东军占领中国东北以后,在应对中苏宣传战与建设"复合民族国家"的背景下,以所谓的日"满"合作形式,成立"满洲弘报协会"。它从最初的同业公会变成垄断媒介经营的股份有限公司。在存在的5年(1935.11—1940.12)时间里,"满洲弘报协会"作为投资公司,始终以非官方机构出现,然而实际上接受日"满"当局的指导与监督,充当其统合全"满"言论机关的外围机构。通过投资、收买与兼并等各种经济手段,"满洲弘报协会"彻底控制全"满"的言论机关,剥离其自由独立经营的属性,使之丧失监督强权的可能,沦为日本关东军殖民统治中国东北的帮凶②。

田雷提出,东北沦陷后,国人报业饱受日伪新闻统制摧残。伪满《出版法》限禁了新的国人报纸的出现,伪满洲国通信社垄断了新闻媒体的信息来源,"伪满弘报协会"的整顿使国人民办时政大报实质性消亡。1932年至1937年"满"苏边界纷争的舆论鼓动是东北地区国人民办报纸在日伪新闻统制下拥日反苏的实际表现。"不法越境"、外交抗议、军事冲突等新闻选题是日方对苏思想战在伪满地域内民间形式存在的新闻媒体中的具体反映,日方这些舆论鼓动的实质在于形成对苏外交的宣传攻势和加强对东北地区的殖民统治③。

(2)民国报人研究

报人研究在民国时期新闻传播史研究中占很大比重。这些研究从报人与时代互相影响等角度展开,勾勒出时代背景、报人生平、新闻实践、心路历程、历史遗产等多重面向。

其一,金雄白研究。

王保平提出,当报人与时代相遇时,两者相互影响,报人书写时代,时代亦书写报人。金雄白于北伐革命易代之际进入《时报》,既面临着政治势力重新洗牌的风云突变,也遭遇着报业震荡与个人生涯的时代纠葛。在金雄白《时报》经历的脉络中,时代、报馆、报人三方关系交错,共同呈现出一幅交光互影的复杂图谱④。

其二,范长江研究。

吴廷俊认为,范长江先生奠定了中国无产阶级新闻教育的基础。作为中国无产阶级新闻教育的奠基者,他所倡导和践行的新闻记者"自我教育"思想,既符合当时时代的要求,也符合新闻学的学科

①　参见吴琳琳:《台湾日据时期"治警事件"中的舆论抗争始末析》,《新闻与传播研究》2018年第6期。
②　参见虞文俊:《"满洲弘报协会"探微》,《新闻大学》2018年第4期。
③　参见田雷:《东北沦陷区国人报纸"满"苏边界纷争的舆论鼓动(1932—1937)》,《新闻界》2018年第10期。
④　参见王保平:《报人与时代相遇:金雄白早年〈时报〉经历的考察(1926—1929)》,《新闻与传播研究》2018年第1期。

特点。对此,我们应该很好地加以总结并继承,进一步改革我们当下的新闻教育工作①。

通过对范长江步入记者生涯前探求个人出路与国家出路的人生历程,和其间产生的问题关注点的考察,樊亚平和王婷婷发现,范长江步入记者生涯,并非一件自觉的、有意识的、一开始就决定专意于此的职业选择行为,而是其探求个人出路与国家出路过程中产生的诸多问题(包括"元问题"和系列子问题)共同推动的结果,是一种与"九·一八"以来为挽救国运而投身救亡活动的其他青年所选择的救亡图存方式一样的行为。这种职业选择行为的特点是,以挽救国运为"体",以职业选择为"用"②。

抗战时期范长江在国统区的公开言说与话语策略,也受到研究者关注。通过研读范长江1939年5月入党至1942年进入党管区前在国统区的公开言说,樊亚平和李向辉发现,其话语表达的特点及其策略与抗战时期以公开身份在国统区从事抗日民族统一战线的共产党人不同。具体表现为,在面向全社会的时评、通讯等公开言说中,其话语表达多努力站在全体中国人的立场,显现出客观、中立、善意、平衡、以团结为主要目的的特点;在面向抗日爱国的新闻工作者群体的公开言说中,党派立场与色彩虽有一定显现,但总体来看依然接近于"中性"或"灰色",其党派立场与思想的表达依然是隐晦的③。

其三,邹韬奋研究。

邹韬奋在全面抗战时期的新闻出版思想及实践,是孟晖的研究主题。全面抗战时期,邹韬奋以极大的爱国热忱从事进步新闻出版活动,有力地推动了抗日民主运动的发展。这一时期他受到马克思主义新闻思想的影响,强调新闻出版以正确舆论发动群众、团结抗战的重要作用;基于民众立场的新闻出版工作应将服务精神与战斗性相结合;倡导民主和新闻出版自由,坚决反对国民党的新闻统制制度,并将这些思想贯彻在自己的新闻实践中④。

李晓灵和张高杰对邹韬奋的马克思主义思想进行辩证分析与评价。他们认为,邹韬奋的马克思主义思想呈现以马克思著作的系统学习和对马克思主义理论的全面梳理为基础。就其本质而言,邹韬奋的马克思主义思想呈现仍只停留在文化的范畴,居身于理论探索和反思的层面,他没有、也没能真正将它付诸浩大的社会政治领域,用以社会实践。而这也恰恰契合了他作为公共知识分子和专业主义新闻人的身份特征。而且,邹韬奋社会评判的历史性特征,也表现了其思想的复杂性和丰富性⑤。

其四,毛泽东研究。

毛泽东《对晋绥日报编辑人员的谈话》是刘建明的研究中心。在毛泽东发表《对晋绥日报编辑人员的谈话》70周年之际,回顾《晋绥日报》在土地改革宣传中发生的"左"倾错误,毛泽东委婉地批评《晋绥日报》没有执行和宣传中央的土地改革政策,鼓动群众冒险蛮干,不敢旗帜鲜明坚持真理,不依靠群众开门办报,势必要犯"左"的错误。这些观点对办好党报具有深刻的历史与现实意义⑥。

---

① 参见吴廷俊:《范长江新闻教育思想与实践初探》,《新闻春秋》2018年第2期。
② 参见樊亚平、王婷婷:《挽救国运为"体",职业选择为"用"——范长江步入记者生涯的心路与动力因素探析》,《兰州大学学报(社会科学版)》2018年第4期。
③ 参见樊亚平、李向辉:《抗日民族统一战线下的特殊话语表达——抗战时期范长江在国统区的公开言说与话语策略》,《国际新闻界》2018年第10期。
④ 参见孟晖:《邹韬奋全面抗战时期的新闻出版思想及实践》,《中国编辑》2018年第5期。
⑤ 参见李晓灵、张高杰:《试论邹韬奋马克思主义思想及其新闻实践的历史呈现》,《陕西师范大学学报(哲学社会科学版)》2018年第3期。
⑥ 参见刘建明:《毛泽东对〈晋绥日报〉编辑人员谈话的历史追述》,《新闻爱好者》2018年第6期。

毛泽东关于办好省级党报指示信的历史轨迹及其影响,是汪苑菁的研究主题。1958年1月,毛泽东参加南宁会议期间给广西省委(当时广西尚未成立自治区,属于"省"的建制,称为"广西省")负责人写了一封如何办好《广西日报》的指示信。这封信简明扼要地阐述了省级党报的性质、任务、功能、作用及办报方法,被称作是办好党报之"纲"。指示信在公开发表前后,给当时的新闻界带来了广泛影响,成为新闻界"大跃进"的推动力,它直接促成了新闻界业务竞赛运动的展开①。

其五,蔡和森研究。

于安龙考察了蔡和森的编辑思想与实践。研究者提出,把报刊宣传与革命实践高度融合、编辑出版与撰稿写作融为一体、坚持党性原则与广泛依靠群众同时并重,是蔡和森鲜明的工作风格和坚守的基本原则。回顾和研究蔡和森的报刊宣传思想,对于推动马克思主义大众化事业具有重要的理论和现实意义②。

其六,蒋介石研究。

王靖雨认为,蒋介石的新闻宣传理念与实践,在新闻史学界是一个尚未被重视的研究领域。美国斯坦福大学所藏的《蒋介石日记》(手稿本)中包含了大量蒋介石进行策动宣传和联络新闻界的事实,这份资料是民国新闻管控研究最为直接的一手材料。王靖雨对《蒋介石日记》所呈现的蒋介石进行新闻舆论布置和管控的措施进行梳理,并对这份《蒋介石日记》作为新闻史研究材料的有效度和使用方法进行了分析③。

其七,马星野研究。

马星野的"三民主义新闻思想"是王继先的研究主题。自20世纪30年代开始,作为国民党体制内新闻人代表之一的马星野用50余年的时间构建了其较为完整的"三民主义新闻思想"体系,主要包括新闻本质、新闻社会功能、新闻自由、新闻人职业伦理等四个方面。其产生发展的动因是源自特殊的"身份认同"、"专业认同"与"价值认同"。马星野的"三民主义新闻思想"有时代性思想特征,也存在固有的本质局限④。

王明亮对迁台后《中央日报》社长马星野下台原因进行考察。研究者提出,1949年《中央日报》迁台出版后,曾有一系列"脱序"、"反常"之举。这些批评国民党的言论非但没有引起蒋介石的不满,反而得到其纵容和保护,其原因是这些言论暗合了蒋介石接下来即将进行的国民党"改造"的舆论铺垫需要。而"改造"完成后,蒋介石非但已不需要《中央日报》的舆论造势,在其追求权力统合的背景下,一个自外于蒋氏掌控的"政校新闻系"为核心的团体的存在,必定会引起其不安与疑虑。这时,马星野为代表的侍从报人,也就难免再次堕入"兔死狗烹、鸟尽弓藏"的历史宿命中了⑤。

(3)民国新闻职业研究

张继汝以1923年北京新闻记者公会的酝酿为中心,透视新闻职业共同体的再起与难局。20世纪

---

① 参见汪苑菁:《省报工作之"纲":毛泽东关于办好省级党报指示信的历史轨迹及其影响》,《新闻春秋》2018年第2期。
② 参见于安龙:《蔡和森的编辑思想与实践》,《中国编辑》2018年第1期。
③ 参见王靖雨:《蒋介石的新闻舆论布置与管控(1928—1949)——兼论〈蒋介石日记〉(手稿本)的真实性与学术效度》,《新闻春秋》2018年第4期。
④ 参见王继先:《马星野的"三民主义新闻思想"略论》,《新闻与传播研究》2018年第9期。
⑤ 参见王明亮:《家长制支配下侍从报人的职业命运——迁台后〈中央日报〉社长马星野下台原因分析》,《新闻记者》2018年第9期。

20 年代初期,伴随着新闻职业新的发展趋向及群体自觉,在政治环境与执业环境恶化的影响下,组建新闻记者职业团体成为北京新闻界的共识。然而,由于筹备过程中传出当局因"金佛郎案"收买报馆之消息,导致职业团体的筹设节外生枝,并最终演变为业界内讧,致使新闻记者公会流产。北京新闻记者公会的酝酿虽表现出近代中国新闻记者构建职业共同体的努力与尝试,但受制于社会条件、职业意识和政治因素之影响,其距离形成稳固和"自觉"的职业共同体仍相距甚远①。

赵建国考察了中共报刊纪念"九一"记者节的报道与评论,提出以《新华日报》为代表的中共报刊,主张以马列主义引导新闻从业人员,再造职业传统,并争取言论自由,实现民主进步,政治色彩相当明显。这些极具舆论导向性的纪念文章,基本反映中共对时局的研判,突破职业界限,凸显媒介记忆的政治特性②。

民国时期报馆公开招考聘用人才的观念是曾来海的研究主题。研究提出,民国时期报馆为引进人才,起初习惯于"熟人举荐"以求安心,但往往出现用人唯亲、用非所学的不良现象。所以新闻学界也极力主张通过考试制度来选拔与引进新员工,很多报馆也积极尝试公开招考录用人才③。

(4)民国新闻思想研究

民国时期中国新闻界对苏联社会主义新闻事业的考察与态度,是齐辉等的研究主题。20 世纪 30 年代,在西方新闻业日渐衰退与苏联社会主义新闻业全面崛起的背景下,中国新闻界对苏联社会主义新闻事业给予了异乎寻常的关注。20 世纪 30—40 年代,中国新闻业界对苏联新闻事业的优势和成绩进行了大量研究与积极推介。国人盛赞和欣羡苏联新闻业所取得的成就,形成了一股"以俄为师"、同情认可社会主义新闻制度的思潮。借助苏联新闻业的窗口,国人了解了苏联新闻事业国有制新闻理念与运作模式。苏联新闻事业的特点、理念与实践,适时顺应了近代中国新闻界"文人论政"的精神传统与报人救国的现实需求,在此基础上所形成和建立的社会主义新闻业的好感,成为左右中国新闻人政治抉择的社会心理基础之一④。

郝雨对中国共产党最早的报刊活动以及新闻思想和理论的发展成熟,从几个侧面加以讨论。研究者特别解读了中共报刊思想中对于报刊作用的独特观点,尤其是新闻报刊在革命和战争中的特殊功能,以及新闻的党性观念、群众办报方针等,总结了中共新闻理论体系形成的标志性过程⑤。

(5)民国新闻教育和新闻学术研究

我国新闻史学界有一种共识,中国的新闻教育是从美国横向移植过来的。这其中,"密苏里帮"的中国成员发挥了重要的作用,一般认为他们是美国新闻教育移植到我国的实际操盘手。郭静通过考察汪英宾、黄宪昭、梁士纯和马星野的教学实践和新闻实践,发现这种移植是有限的,他们只是将密苏里大学新闻学院具体的、也是最容易模仿的教学方法和课程体系引入中国,但美国式的新闻理念、新闻专业主义并未随着"密苏里模式"一同进入中国的新闻教育场域⑥。

①　参见张继汝:《职业共同体的再起与难局——以 1923 年北京新闻记者公会的酝酿为中心》,《新闻与传播研究》2018 年第 1 期。

②　参见赵建国:《媒介记忆:民国时期中共报刊对"九一"记者节的纪念报道》,《新闻大学》2018 年第 6 期。

③　参见曾来海:《论民国时期报馆公开招考聘用人才的观念》,《编辑之友》2018 年第 9 期。

④　参见齐辉、秦润施、付红安:《民国时期中国新闻界对苏联社会主义新闻事业的考察与态度》,《新闻大学》2018 年第 1 期。

⑤　参见郝雨:《中国共产党早期报刊思想及新闻理论生成》,《当代传播》2018 年第 3 期。

⑥　参见郭静:《方法移植与理念流失:"密苏里帮"的新闻教育活动考察》,《新闻界》2018 年第 8 期。

　　王继先提出,20 世纪 30—40 年代,以燕京大学、复旦大学和中央政治学校新闻教育为代表的中国大学新闻教育在模仿西方尤其是密苏里新闻教育办学模式的基础上,通过不断实践创造出了符合各校自身发展实际,因应时代、社会和国家要求的不同办学模式。研究者以这一时期上述三所大学新闻系为例,通过比较研究不同模式的办学宗旨与目标、课程设置、教师选择、培养成果,揭示民国时期大学新闻教育不同办学模式带给我们的共同启示①。

　　胡百精和王雪驹基于 160 篇燕京大学新闻系毕业论文的视角,对燕京大学新闻教育的面向进行了总结与思考。现存 160 篇燕京大学新闻系毕业论文为这些精神遗产提供了直接丰富的史料证据,从这些毕业论文——学生视角出发,可真切、完整地检验燕京大学新闻教育在专业自主性建设、对社会变革和时代主题的响应,以及平衡中国国情与西方模式关系等重大问题上的观念、实绩和经验②。

　　齐辉和付红安对 1943 年中美合办重庆新闻学院的背景、培养目标与教学特色、办学成果做了考察。抗战时期中国急需适应战时要求的国际宣传人才。1943 年中美合办重庆新闻学院,以培养国际高级宣传人才为目标,以应战时之需为原则,在课程设置与教学方法上开展教学革新尝试,为战时中国培养了一批具有专业素养与国际视野的优秀人才。该学院的创办是近代中国新闻教育与国家需求的一次成功对接,其经验对当代中国国际传播人才的培养不乏借鉴意义③。

　　(6)广播、电视、电影、创意产业研究

　　其一,广播研究。

　　刘书峰提出,1924 年 7 月 13 日,澳门历史上第一座广播电台举行开播仪式,澳门总督夫妇出席。该广播电台由在香港注册的英资公司无线电通讯公司在澳门开办,主要负责人是中国境内第一座广播电台创办者奥斯邦。香港的英文报纸《士蔑西报》、《德臣报》、《南华早报》及中文报纸《香港华字日报》等记载了这一电台的开播及后续情况。研究首次确认这一电台为澳门开办最早的无线电广播,比当前大众所知的时间提前了近十年④。

　　民国广播与上海市民新式家庭生活是李暄的考察主题。在上海,收音机最初被家庭中男性成员所接受,制作收音机是他们的一种时髦的娱乐活动,家庭中开始出现围绕这一新媒介的广播群体。新式收音机的出现,方便了家庭成员一起收听广播,同时建构起以女性为中心的摩登家庭生活。广播逐渐成为家庭伴侣,建立起“准社会交往”的新型家庭关系。收听广播成为一种惯例纳入日常生活安排中,重组了日常生活的时序与节奏,塑造了上海市民全新的日常生活结构⑤。

　　民国时期第一本广播期刊《广播周报》是高国庆和马玉坤的研究中心。1934 年 9 月创刊的《广播周报》较为完整地保留了广播早期发展阶段基本的节目形态和丰富内容,提供了当时广播从业者和社会各界对广播价值的认识和实践探索。因此,《广播周报》不仅在中国期刊出版史上具有独特的地位,

---

　　① 参见王继先:《民国时期的大学新闻教育办学模式比较研究——以 1930—1940 年代燕京、复旦、政校新闻系为例》,《南京师大学报(社会科学版)》2018 年第 1 期。

　　② 参见胡百精、王雪驹:《专业自主性、回应社会与中西平衡:燕京大学新闻教育的面向——基于 160 篇燕大新闻系毕业论文的视角》,《新闻与传播研究》2018 年第 12 期。

　　③ 参见齐辉、付红安:《抗战时期“重庆新闻学院”与国际高级宣传人才培育》,《现代传播(中国传媒大学学报)》2018 年第 10 期。

　　④ 参见刘书峰:《澳门第一座广播电台考略》,《现代传播(中国传媒大学学报)》2018 年第 4 期。

　　⑤ 参见李暄:《民国广播与上海市民新式家庭生活》,《新闻与传播研究》2018 年第 2 期。

而且在中国广播史以及广播史中的播音史、节目史、语言规范史等宏观、微观研究中都具有重要的理论和史料价值①。

高璐考察了民国时期官方广播事业管理机构的变迁。中国近代广播事业起源于北洋时期，当时官方对广播的管理由交通部负责。南京国民政府成立后，广播事业管理体制延续北洋时期，直到1936年中央广播事业指导委员会成立之前仍旧由交通部主管，这期间曾短暂地由国民政府建设委员会负责管理一年。中央广播事业指导委员会成立后，官方对广播事业管理机构开始独立于无线电管理机构，说明广播事业日趋发展壮大，成为官方进行宣传和舆论控制的重要工具。直到国民政府失去对大陆的统治权，它对广播事业的管理都基本保持战前的模式。新崛起并迅速发展的红色政权同样重视广播事业，中共的广播管理机构随着政权的壮大而不断发展②。

其二，电视研究。

刘斌等从《东方杂志》、《申报》等文献中考察民国时期电视的技术观、电视的媒介观和电视的新闻观。研究认为，虽然民国时期中国电视业尚未诞生，但是当时的国人通过译介国外电视技术、电视产业的相关新闻报道与研究文献，对电视媒介属性、媒介社会功能以及电视业未来发展方向进行了较为清晰的梳理，从而完成了电视本体论的建构。民国期刊中展示的国人对电视媒介的认知，对于强化当前电视理论研究具有必要的借鉴意义③。

其三，电影研究。

20世纪20年代中国关于电影检查的舆论趋向是宫浩宇的研究主题。在南京国民政府创立电检制度之前的20世纪20年代，媒体上关于电影检查的讨论已甚为热闹，所涉议题及其生成的某些主流意见，为后来的电影检查的制度化发展提供了诸多可资利用的思想资源和实践方案，并内化于电影管理者的思维意识之中，左右着官方对电影政策法规的制定与实施。这些舆论也在主流意见之外为电影检查的实践路径探索了多种可能性。同时，舆论对电影检查制度的接受也不是毫无保留的，相反，其对电影检查及其实践路径或直接或间接地提出了各种限制条件。它们汇成了彼时中国关于电影检查的一种舆论趋向④。

其四，创意产业研究。

李华强从历史维度和文化创意职业者的主体视角，以20世纪初上海创意产业化起步时期的独立设计师事务所为研究线索和考察对象，对上海创意产业的源头进行追溯，试图重新梳理和发现中国创意产业发生、发展的历史路径，为当下的创意产业实践提供历史经验和新思路。研究者从创意设计师职业的兴起、设计事务所的运营、创意设计实践的业态关系几个方面展开，揭示上海城市文化创意产业的历史经验财富和现代实践传统⑤。

### 4. 中华人民共和国成立初期

（1）新中国报刊研究

读报组作为书写报刊阅读史的切入点，近年来受到研究者的高度关注。詹佳如对新中国成立初

① 参见高国庆、马玉坤：《民国时期第一本广播期刊》，《中国出版》2018年第19期。
② 参见高璐：《民国时期官方广播事业管理机构的变迁》，《新闻春秋》2018年第4期。
③ 参见刘斌、邹欣、景俊美：《想象中的本体论建构——民国报刊中的电视观研究》，《中国编辑》2018年第6期。
④ 参见宫浩宇：《有保留的接受：1920年代中国关于电影检查的舆论趋向》，《新闻与传播研究》2018年第7期。
⑤ 参见李华强：《创意产业化的萌芽：民国时期上海独立设计事务所研究》，《新闻大学》2018年第2期。

期的上海读报组进行考察。研究认为,读报组中的阅读者是以特定的政治目的组织起来的,其特殊性在于集体读报的阅读方式。与个体独处读报等阅读方式相参照,研究将集体读报这种阅读方式分为三个分析层面:第一,组群的形态、组群之间的关系多样,各自对读报运动的理解复杂多样,使读报组呈现不同样态,集体读报也就面貌多样;第二,集体和个体对集体读报的目的和意义,理解各不相同,集体读报的展开是个体与集体之间形式多样的互动结果;第三,集体读报转变了文本的印刷性质,读报员而不是印刷文本在阅读中的位置被突显出来,这中间就创造出新的矛盾和张力。由此,这三个层面呈现出集体读报作为特定阅读实践类型的特殊性,既不同于个体独处读报,也不同于首属群体或者次属群体意义上的聚集读报。读报组或将丰富对于阅读实践的历史多样性和丰富性的理解①。

沙垚对新中国成立之初关中地区的农村读报组进行考察。研究认为,新中国成立初期,农村读报组经历了从群众运动到经常化制度化的过程,这一转变的完成有赖于农村俱乐部的建立。重新梳理这一历史进程,对于今天的群众参与新闻实践与党报践行群众路线依然具有重要的现实意义与理论价值②。

在阅读史的研究路径之外,从报纸与交往关系的角度切入,形成了另一种研究路径。伍静以上海最后一份小报《亦报》(1949—1952)为个案,在细读原版报纸内容的基础上,结合上海档案馆的文献、日记、年谱等一手资料,从报纸与交往关系的角度,考察解放初在"改造"的社会氛围下,《亦报》的编者、作者与读者之间基于人情、趣味的合作共生关系何以被打破,并演变成一种基于阶级想象的此消彼长的紧张关系,从而给报纸自身造成行为的尴尬和生存的悖论。通过这一个案,研究者亦试图从中窥探报纸作为一种社会的、历史的实践活动,如何在制度环境的变换下,体现和构成于不同的交往关系中③。

(2)新中国新闻思想研究

新中国成立之初,在国内外形势推动下,新闻界"以苏为师",开始学习苏联经验,这也是中国新闻机关和新闻单位建章立制的过程。吴艳玲考察和评价了这一时期我国对苏联新闻工作经验的学习。研究提出,中苏关系蜜月期间,报纸、广播、通讯社三个代表团集中于1954年赴苏访问,全国各新闻单位全方位地学习苏联,在学习过程中产生教条主义、时空错位、水土不服等问题。梳理这一学习过程,一方面是了解现行新闻制度的核心内容和原则形成的历史过程,另一方面是吸取单向度学习的教训④。

新闻是否具有商品属性?是否能被看做是一种商品?这是中国新闻理论界多次讨论的一个问题。俞凡和陈芬认为,通过对这一问题的学术史回顾,在很大程度上折射出中国新闻理论的发展。通过梳理改革开放前国人对此问题态度的演变,研究发现,报纸经营活动在中国古已有之,而近代报纸经营思想萌生于维新派的报刊宣传实践中;至民初,随着西方新闻商品化理论的传入,国人逐渐接受了这一思想;到20世纪三四十年代,又由于政治态度的分野而形成了两种针锋相对的观点;1949年以后,王中提出了"报纸商品性"的观点,但由于受当时政治环境的影响,这种观点遭到一致的批判。这

①  参见詹佳如:《集体读报:新中国成立初期的上海读报组研究》,《新闻与传播研究》2018年第11期。
②  参见沙垚:《新中国成立之初农村读报组的历史考察——以关中地区为例》,《新闻记者》2018年第6期。
③  参见伍静:《"改造"的悖论:上海最后一份小报〈亦报〉的短暂繁荣与消失(1949—1952)》,《新闻大学》2018年第5期。
④  参见吴艳玲:《单向度的学习:1949—1956年苏联新闻工作经验的移植》,《国际新闻界》2018年第1期。

种变化的过程,在很大程度上受到不同时期政治、经济、文化等社会大环境的影响①。

（3）新中国新闻教育和新闻学术研究

2018 年是中国新闻教育创始 100 年。赵玉明和冯帆回顾了新中国第一代新闻教育家的办学思想和开创性贡献②。他们还以"文革"前 17 年期间我国代表性的三个新闻教育基地——中国人民大学、复旦大学和北京广播学院三所大学新闻系中的第一代新闻教师群体为对象,梳理他们的开创性贡献。包括：第一代新闻教师培养了新中国早期的新闻编采人员,指导和培养了我国第二、三代新闻教师,主持编写了 1949 年以来的第一批新闻史论编采教材并出版了一批新闻学专著,参与主编了重要的大型新闻工具书,创办了首批国家级新闻研究机构和社团,提高了新闻传播学的学科地位等③。

复旦大学新闻学院已退休的姚福申教授为新中国新闻教育和新闻学术作出了重要贡献。叶冲等撰文发表了姚教授回顾自己跌宕一生的口述实录,包括"校园生活并不宁静"、"王中老师一语成谶"、"'反右'斗争在劫难逃"、"平反之路崎岖漫长"、"探幽发微乐在其中"、"授课治学教学相长"、"学术争论风波一场"、"如沐春风师恩难忘"等④。

邓绍根和李兴博认为,中国新闻传播教育史研究历经百年发展,逐渐成为新闻史学的重要组成部分。百年中国新闻传播教育史研究可分为萌芽起步、曲折前行、恢复发展和开拓创新四个阶段,不同的阶段呈现出不同的研究特点。回顾百年中国新闻传播教育史研究,可以发现其研究边界不断拓展,研究深度不断增加,研究角度渐趋多样,研究成果不断涌现。反思中国新闻传播教育史研究,新理论、新史料、新方法、新视野等都是其可以拓展的研究空间⑤。

（4）新华社研究

万京华和王会梳理了新华社翻译工作的历史及相关翻译机构的发展沿革。翻译工作是从新华社前身红中社时期便开始有的一项业务。新华社历史上曾成立专门负责翻译工作的机构,特别是随着形势发展需要,先后三次成立翻译部,在推动新华社业务发展中发挥了重要作用。虽然新华社翻译部后来以改建或并入其他编辑部门的形式落下历史帷幕,但翻译工作仍继续有效服务于新闻报道工作,并在新华社业务体系中占有重要地位⑥。

## 二、外国新闻传播史研究

与中国新闻传播史研究的丰富性相比,外国新闻传播史研究寥寥无几。少数几篇外国新闻传播史的研究文章主要涉及印度新闻史、约旦新闻传播业、《新莱茵报》的历史贡献,以及斯诺、史沫特莱等新闻人创作的新闻文本所塑造的中国新形象与此前的中国旧形象之间的他者身份形象的巨大转变等。

王生智关注东印度公司在印度殖民主义报刊政策的历史流变。1600 年至 1858 年间,作为英国在

① 参见俞凡、陈芬:《论近代中国新闻商品性理论之源起与演变》,《兰州大学学报(社会科学版)》2018 年第 3 期。

② 参见赵玉明、冯帆:《新中国第一代新闻教育家及其办学思想探析》,《现代传播(中国传媒大学学报)》2018 年第 1 期。

③ 参见赵玉明、冯帆:《新中国第一代新闻教师的开创性贡献探究》,《现代传播(中国传媒大学学报)》2018 年第 12 期。

④ 参见叶冲、闵圣芊、顾文剑:《跌宕一生的回顾——姚福申教授口述实录》,《新闻大学》2018 年第 3 期。

⑤ 参见邓绍根、李兴博:《百年回眸:中国新闻传播教育史研究回顾与前瞻》,《兰州大学学报(社会科学版)》2018 年第 4 期。

⑥ 参见万京华、王会:《从译电科到对外新闻翻译部:新华社翻译工作历史变迁》,《中国记者》2018 年第 8 期。

印度势力的代表,东印度公司对印度实行殖民统治。基于巩固英国在印度殖民统治的需要,东印度公司将现代报刊引入印度,授权在印度的英国公民创办英语报刊,印度人民也曾获得有限的办报自由。东印度公司与这些报刊之间发生的控制与反控制的冲突贯穿始终。受政治局势与个人政治理念的影响,东印度公司历任总督执行的报刊政策或紧或松,但前提是不危及英国的殖民地位。东印度公司创办报刊的初衷是为殖民统治服务,但是客观上这些报刊将民族独立与自由的思想介绍到印度,并使其深入人心,结果反而成了殖民者的掘墓人①。

马晓霖和高杰对约旦新闻传播业的历史进程进行了梳理。研究指出,约旦的新闻传播业是从无到有随着国家的独立和发展而壮大起来的,政府的支持是其发展的重要推力,因此约旦的新闻传媒业具有一定的官方色彩,同时政府的过度管制也造成新闻业裹足不前。独立前的约旦在奥斯曼帝国版图内属于边缘地带,当埃及、伊拉克和沙姆地区(大叙利亚)纷纷建立起成熟的现代报业时,约旦尚未出现一份属于自己的报纸。1921 年外约旦酋长国的建立催生了该国新闻业。20 世纪 70 年代,约旦政局趋稳,其领导人着眼于国家现代化,约旦新闻界抓住历史机遇并获得长足发展。约旦强邻环绕,周边局势长期动荡,政府奉行低调务实的发展策略。受国家政策影响,约旦新闻业长期以来在地区内保持低调风格,致力于追求有限的地区影响力。尽管国家新闻政策多变,但约旦新闻业依然锐意进取、稳健发展②。

郑保卫对《新莱茵报》的历史贡献作了评价。他认为,马克思创办的《新莱茵报》在世界无产阶级党报史中具有重要的地位并作出了历史性贡献,它为马克思的战斗一生树起了历史丰碑,为无产阶级政党创办政治性机关报提供了办报经验,为无产阶级党报理论的最初形成奠定了实践基础,为马克思恩格斯的战斗友谊书写了精彩篇章,为马克思主义新闻观的形成发展开拓了前进道路③。

曹培鑫和薛毅帆对斯诺、史沫特莱等新闻人创作的新闻文本进行详细梳理,探讨这些新闻文本塑造的中国新形象与此前的中国旧形象之间的他者身份形象的巨大转变。研究认为,这种转变可以被看作是美国在彼时重塑主体性的思潮在新闻领域的实践。透过这一转变,结合对当时美国社会历史情境的分析,研究发现了一个美国新闻史当中的"中国时刻",这种新形象在整个西方有关中国的形象的谱系中如何延续,以及这种新形象如何在进入美国话语后参与建构美国的自我反思④。

## 三、中国新闻史研究反思与再评价

中国新闻传播史的反思与再评价,主要包括黄旦等提出的新报刊(媒介)史范式变更,王润泽等提出的中国新闻传播史史料学体系建设,程曼丽、张昆等提出的在华外报研究反思,以及倪延年提出的民国新闻史研究诸问题探讨,等等。

(1) 新报刊(媒介)史范式变更

黄旦指出,已有的中国报刊史研究继承的是戈公振《中国报学史》中所蕴含的媒介观,即以工具论为前提,以报刊性质为尺度,以报刊内容为重点,从中显示报刊对于社会的作用以及社会对之的影响。

①　参见王生智:《东印度公司在印殖民主义报刊政策的历史流变》,《新闻与传播研究》2018 年第 4 期。
②　参见马晓霖、高杰:《与国家共同成长的约旦新闻传播业》,《新闻界》2018 年第 4 期。
③　参见郑保卫:《论〈新莱茵报〉的历史贡献——写在〈新莱茵报〉创刊 170 周年之际》,《新闻爱好者》2018 年第 6 期。
④　参见曹培鑫、薛毅帆:《书写"红色圣地":世界新闻史上的"中国时刻"》,《现代传播(中国传媒大学学报)》2018 年第 11 期。

这样的一种媒介观,不仅与当前的传播实践相牴牾,而且也严重束缚了研究的想象力。研究将麦克卢汉等的论点与戈公振的做比照,并结合最近的一些研究,力图从媒介理论的角度,为改变现有报刊史研究状况提供新的启示和思考。研究提出,报刊史研究者要敞开眼界,吸取不同学科的理论养料,改变考察媒介的思维和视野,同时转变观念,跳出已有的研究范式,从再思媒介切入,辟出一条中国报刊史研究的新路①。

孙藜提出,"新报刊(媒介)史"的范式变更是要倡导一种与物质相联系、具身化媒介实践的视角,其"媒介"想象同时在"碎片"与整体、具体与抽象、特殊与普遍之间不断超越与返归。所谓"超越"在于从"版面"这一报纸最感性直观之"物"出发,质疑并打破二元对立下的重内容轻形式、观念中心论的偏执,视之为由"物"的技术形式限定着的世界网络之"聚集";"返归"则是将此深广的整体想象回返至具体情境,审视寓含"独特性"的"版面"如何塑形/转换着交往的时间、空间与身体感知。报刊史书写由此以厚重深入也是更为丰富生动的特定面向,展现媒介实践及其所"筑造"社会秩序的历史复杂性。如此不断往复的"超越与返归",也意味着报刊史研究者对自身"手"与"艺"的重新联结②。

季凌霄提出,报纸具有透明性。报纸以文字符号报道事件、再现场景、传递思想,"自然而然"地将身体与感性场景抽出。报刊史研究往往着眼于报纸作为再现窗口所呈现出来的内容,对窗口模式中固有的透明性不加反思。研究者试图通过《游戏报》重访报人和他眼中/笔下的人事物共同寓居的世界。以身体为中介,看者与所见之物不断交换角色,坦露自身的内面并共同创造都市体验的表达。新闻不再是纯粹的现实复制品,它能够使城市世界未被再现为可见的内面可见。《游戏报》提出了对窗口再现模式和透明性本身的反思,去身体化并非报纸与生俱来的。只有在此基础上,才能避免被报纸再现内容的表面束缚,发觉潜藏在报纸文本之中与之外的剩余的意义③。

(2) 中国新闻传播史史料学体系建设

新闻史学与历史学一样,都以史料作为基础性的研究对象和依据,因而史料体系的建设对新闻史学研究的重要性自不待言。王润泽指出,中国新闻传播史史料学是具体的专史类史料学。其合法地位的确立不仅在于该专业独有的史料内容,更在于该史料整理研究中的专业化方法路径和问题意识。目前已经开始整理的文字史料是新闻传播史史料学构建的基础,而专业意识导向是其进一步发展的方向,数据技术的发展又使得该史料学构建可以在一个开放和可持续建设的平台上进行,从而产生各种分类的史料成果。中国新闻传播史史料学的构建对打造具有中国特色和普遍意义的新闻学具有基础意义④。

陈媛媛和侯君明分析了目前我国近现代新闻文献数据库建设的现状,指出当下新闻史料数据库的主要建设力量源于当代数字化技术公司、部分有实力的出版集团、档案馆及图书馆。当下的新闻数据库主要存在内容局限于报刊库、平台建设不够成熟、重复建设问题突出、知识挖掘能力欠缺等问题。在此基础上,要建设真正意义上的新闻史料库应当采取措施,包括:加强各单位资源统筹与整合,确保新闻史料库内容的多元性;完善史料内容标引,建立立体化知识系统;实施知识挖掘,打造智能化服务平台⑤。

---

① 参见黄旦:《媒介再思:报刊史研究的新路向》,《新闻记者》2018 年第 12 期。
② 参见孙藜:《"版面"之物:"媒介"想象中的超越与返归》,《新闻记者》2018 年第 12 期。
③ 参见季凌霄:《祛除透明:一份报纸的感性实践与报刊史研究的"超视觉"》,《新闻记者》2018 年第 12 期。
④ 参见王润泽:《构建数据时代中国新闻传播史史料学体系》,《新闻大学》2018 年第 1 期。
⑤ 参见陈媛媛、侯君明:《近现代新闻史料库数字化建设刍议》,《编辑之友》2018 年第 8 期。

（3）在华外报研究反思与再评价

程曼丽指出,在学界有关西方传教士及其出版物属性的讨论中,时常有两种相互对立的表述:侵略性与非侵略性;或者是一种并行不悖的说法:一方面,传教士是随着西方殖民主义、帝国主义的对外扩张进入中国的,其扮演的角色就是西方列强对中国进行文化侵略的急先锋;另一方面,传教士及其新闻出版活动,加速了中国社会近代化步伐,促进了东西方文化交流,给封闭的中国带来了先进的政治制度和先进的文化。程曼丽试图超脱传统的二元论或两仪观,从文化政治的角度对中国近代历史上这一特殊的现象作一番检视与思考。她借鉴文化政治学的相关理论,提出清末西方传教士及其报刊出版活动,就是一种交织着权力关系的社会建构过程,进而从西方传教士如何在中国逐步取得话语权、在西方传教士的话语中的中国镜像、传教士们所传播的西学知识对中国社会产生的影响三个方面对清末西方传教士的影响做了重新考察①。

张昆指出,在新闻传播学领域,新闻传播史的研究略显薄弱,而在新闻传播史范畴中,研究者更多地关注本土报刊和本土报人的研究。在近代中国新闻史研究中,外报既是西方在华殖民事业这一庞大机器的重要部件,又是中国近代报业这一具体而微的重要组成部分。张昆提出,外报是帝国主义对近代中国的"文力征伐",并分析了近代外国人在华办报的历史背景,指出《汉报》是西方帝国主义列强在中国进行文化侵略的典型代表②。

（4）民国新闻史研究反思与再评价

作为深耕民国新闻史研究的学者,倪延年对民国新闻史研究提出了一系列反思与再评价,涉及民国新闻史人物、新闻业态、新闻史研究方法论等方面。

关于民国时期新闻史人物的群体特征及评价问题。倪延年认为,民国时期新闻史人物群体特征及其评价问题无法回避,因而提出对民国时期新闻史人物的评价应立足于历史唯物主义和辩证唯物主义的基本观点和方法,摆脱历史唯心主义和历史虚无主义的影响;立足于民国时期新闻史发展的实际历程和规律,摆脱僵化的非新闻史因素的局限;立足客观、真实、全面地认识和评价"历史的"民国新闻史人物,摆脱机械和片面的思维方式,从"国家"、"民族"、"道德"、"行业"和"阶段"来评价民国时期的新闻史人物③。

关于民国新闻史研究的对象、目标、功能及态度问题。自 2007 年以来,中国新闻史学界的民国新闻史研究有了迅速发展。倪延年提出,民国新闻史的研究对象是民国时期新闻事业构成要素及其发展变化规律,并可从宏观、中观和微观等不同层面加以认识;民国新闻史的研究目标是再现历史和探寻规律;民国新闻史研究的主要社会功能是评价历史和借鉴当下;民国新闻史研究的基本态度应是历史和辩证的态度④。

关于民初新闻业态对清末后期新闻业态的扬弃与进步。倪延年认为,民初新闻业态对清末后期新闻业态的主观性"抛弃"主要是借助"民主"、"共和"和"人权"等资产阶级政治学理论和思想解放社

---

① 参见程曼丽:《文化政治视角下清末西方传教士及其报刊出版活动》,《现代传播(中国传媒大学学报)》2018 年第 3 期。

② 参见张昆:《近代在华外报的"文化拓殖"——兼评日本在华首家政论报纸〈汉报〉(1896—1900)研究》,《新闻与写作》2018 年第 8 期。

③ 参见倪延年:《论民国时期新闻史人物的群体特征及评价问题》,《现代传播(中国传媒大学学报)》2018 年第 7 期。

④ 参见倪延年:《论民国新闻史研究的对象、目标、功能及态度诸问题》,《南京师大学报(社会科学版)》2018 年第 1 期。

会潮流,"抛弃"了清末后期新闻业态中逆时代潮流、反社会进步的"封建"因子。民初新闻业态对清末后期新闻业态的"保留"是特指客观上保留延续了清末后期新闻业态中已经存在且符合时代民主进步精神、符合新闻事业发展内在规律、符合社会发展趋势的"民主"性因子,使这些在清末后期新闻业态中已经出现的积极因素在民初新闻业态中继续存在并发挥作用①。

## 四、结语

依据宏观理论和微观个案、时间发展、国别差异等线索,回溯 2018 年的中外新闻传播史研究,可以看到以下几个特点。

第一,中国古代新闻传播史研究聚焦于"颁历授时"、宋代文字狱及书禁报禁、进奏院别名考证、"宣"字的思想史意义等研究议题,考察信息流动的权力结构与社会影响。

第二,中国近代新闻传播史研究数量明显多于古代,内容上涉及晚清官方信息传播、在华外报、清末舆论、国人自办报刊与译报、商业大报、传播技术、报刊阅读史、新闻思想、新闻职业、新闻通讯业等多种研究面向。这与近代中国较为剧烈的社会变迁与信息传播格局的多样性,以及报刊史料的丰富性不无关联。

第三,中华民国时期新闻传播史研究数量最多,成果丰富多样。主要包括:其一,报刊与舆论研究,国共两党新闻事业、《新青年》与《每周评论》、《大公报》与《观察》周刊、企业刊物、报纸副刊、商业广告等成为研究重点;其二,报人研究,涉及金雄白、范长江、邹韬奋、毛泽东、蔡和森、蒋介石、马星野等;其三,新闻职业研究,涉及民国时期新闻职业共同体的再起与难局、民国时期中共报刊对"九一"记者节的纪念报道、民国时期报馆公开招考聘用人才的观念等;其四,新闻思想研究,涉及民国时期中国新闻界对苏联社会主义新闻事业的考察与态度、革命战争时期中国共产党对马克思主义新闻观的创新性贡献、中国共产党早期报刊思想及新闻理论生成等;其五,新闻教育和新闻学术研究,涉及"密苏里帮"的新闻教育活动考察、民国时期的大学新闻教育办学模式比较研究、燕京大学新闻教育的面向、抗战时期"重庆新闻学院"与国际高级宣传人才培育等;其六,民国时期广播、电视、电影、创意产业的相关研究。

第四,新中国成立初期新闻传播史研究。主要包括:新中国成立初期的读报组、《亦报》等报刊史研究,学习苏联新闻工作经验、新闻商品性理论的百年变迁等思想史研究,新中国第一代新闻教育家等教育史研究。

第五,中国新闻传播史反思与再评价。主要包括:新报刊(媒介)史范式变更、中国新闻传播史史料学体系建设、在华外报研究反思,以及民国新闻史研究诸问题探讨等。

第六,和中国新闻传播史研究的丰富性相比,有关外国新闻传播史的研究少之又少。只有几篇文章讨论东印度公司在印度殖民主义报刊政策的历史流变,约旦新闻传播业,《新莱茵报》的历史贡献,斯诺、史沫特莱等外国记者对中国形象的塑造,等等。

撰稿人:贺才钊(复旦大学新闻学院 2018 级博士研究生)

---

① 参见倪延年:《论民初新闻业态对清末后期新闻业态的扬弃与进步》,《新闻春秋》2018 年第 1 期。

# 新闻实务研究

2018 年,媒介环境的变迁依然是影响新闻实践变革的关键要素。如学者张志安所说,在新的新闻生态系统中,最深层次的变化在于新闻采集、生成、分发的传播模式和行动逻辑被深刻改变①。尽管从新闻生产、组织或职业的角度看,"新闻常规"正在发生变化,但是新闻传播学者在意识到技术对新闻实务带来巨大挑战的同时,也没有忘记对新闻采访、写作、编辑、评论等传统业务技巧的讨论,并聚焦专业领域的新闻报道模式。为了更好地呈现新闻实务研究与当下媒介环境的结合,本报告依据研究创新之处,在 2018 年出版的相关学术期刊文章中挑选出 128 篇文章进行综述,并按照"传统业务领域的实务技巧研究"、"专业领域新闻报道模式研究"、"技术变革下的新闻实务创新"三个部分进行叙述,以期尽可能完整地呈现 2018 年新闻实务的学术研究图景。需要说明的是,新媒体实务的部分因另有章节叙述,本报告暂不涉及。

## 一、传统业务领域的实务技巧研究

### 1. 新闻采访研究

新闻采访是新闻生产流程中保障新闻真实性的关键环节。洪东方从非常态新闻心理衍生的新闻失实现象入手,探讨记者自我心理调控对于保障新闻真实的必要性,并从角色定位、事前准备、明确关系和投入情感四个维度,提出调控记者采访心理以保护新闻传播真实性的具体举措②。

运用匿名信息源是记者扩展信息源、诱使不愿意提供信息的人成为信息源的有效方式。陈昌凤聚焦新闻传播业匿名信息源运用的专业性和规范性,指出匿名信息源不仅是一个专业报道中追求真实客观的业务手段,更是一个新闻伦理的问题,它体现了信息传播中生产者、信息源、被曝光者等之间复杂的关系③。

倾听、观察、记录是新闻采访中的关键,这三项技能直接关系到采访的质量。高钢指出,新闻记者在采访时要通过打消自我表现的意识、兼收并蓄的胸怀、给采访对象提供思考时间、边倾听边思考来提高倾听效率;在采访观察时要通过独立式观察、参与式观察等方式发现问题;在采访记录时要综合录音、笔记、记忆力三种方式高效地还原新闻采访内容④。

在新闻实践中,经常会出现采访冲突的问题,采访内容一经披露就会引发高度社会关注。姜德锋

---

① 参见张志安:《数字新闻业研究:生态、路径和范式》,《新闻与传播研究》2018 年第 25 期。
② 参见洪东方:《非常态心理衍生的新闻失实及应对策略》,《中国报业》2018 年第 24 期。
③ 参见陈昌凤:《匿名信息源运用的专业性与规范性探讨》,《传媒观察》2018 年第 10 期。
④ 参见高钢:《采访中的倾听、观察与记录》,《新闻与写作》2018 年第 12 期。

从记者随投诉人一起采访被投诉对象所引发的采访冲突入手,指出该现象的症结在于"一同出场"可能构成"元传播",导致被采访的一方一见面就产生怀疑和抗拒心理,从而不利于采访活动进行。因此,从新闻规范的角度来看,随同投诉人一起采访被投诉对象,既有失记者的中立立场,又是对客观性原则的片面理解,不符合新闻专业主义精神,是新闻媒体和记者应该努力避免的采访方法,尤其是在新闻舆论监督这种涉及各方利益冲突的报道中,必须恪守新闻专业主义所内含的程序正义原则①。

质疑式采访是记者以怀疑和追问的态度和方式获得事实真相的活动。徐海龙、姜楠通过新闻访谈节目中质疑式采访的内涵和价值进行研究,指出质疑式采访支撑起新闻访谈节目的张力,但要注意两个方面的变化,一是要将大数据作为记者更有力质疑(尤其是再次质疑)受访者的武器,使新闻报道实现多维度立体交织;二是在后真相时代,要以节目质疑与释疑的对话过程对后真相的情感诉求和信息"茧房化"进行理性回拨②。

**2. 新闻写作研究**

(1)非虚构写作

近年来,非虚构写作热度看涨,成为媒体内容业态的新宠。张涛甫指出,非虚构写作作为在文学与新闻之间的"两栖"文体,是文学和新闻杂交的产物,但基因还是新闻的基因,其不可或缺的价值是在主流新闻叙事目力未及之处,以灵活的身段出场,弥补了主流新闻叙事的盲点,拓展了新闻表达空间,增强了新闻表现力③。

当下非虚构写作是由包括媒体记者、作家和普通大众等群体,针对文化程度较高、对社会有一定关注和思考的中青年人群兴起的一种写作样式。李娅玲以非虚构写作平台"真实故事计划"为例,对当下非虚构写作的发展前景和局限进行分析,认为非虚构写作在发展前景上体现了内容为王、故事源不断扩大、传播成本降低的趋势,与此同时,激烈的市场竞争、单一的商业化模式和不成熟的运营模式也给非虚构写作带来一定的风险④。

主客位的双重视角是非虚构写作者作为求知求真主体,清醒认识符号话语与现实之间距离的体现。王琛指出,非虚构的真实性是双重视域融合所抵达的多层次透视与多重真实。在实地调查中,非虚构写作者有意识地采取主位客位的双重视角,一方面参与观察以获得内部经验与观点;另一方面,不断抽离反思,对调查过程形成元认知⑤。张慧瑜从跨学科的角度分析非虚构写作与文学、新闻、社会学、人类学等不同学科的联系,并提出非虚构写作的伦理问题,指出要重视写作者与被写作对象的关系,要以自我与他者的平等意识和倾听理念进行写作,同时要警惕在流量和点击量追求下带有猎奇性和揭秘性的写作理念⑥。

除了非虚构性的文字报道之外,新闻游戏作为一种非虚构创作类型也引起学界的关注。蒋晓丽和贾瑞琪从叙事性的属性和程度出发,对新闻游戏进行形式类型划分,对不同类型的新闻游戏是否具

---

① 参见姜德锋:《新闻采访冲突及原因探析》,《新闻传播》2018年第23期。
② 参见徐海龙、姜楠:《质疑式采访在新闻访谈节目中的内涵和价值》,《青年记者》2018年第3期。
③ 参见张涛甫:《非虚构写作:对抗速朽》,《新闻记者》2018年第9期。
④ 参见李娅玲:《非虚构写作的发展现状与未来——以非虚构写作平台"真实故事计划"为例》,《青年记者》2018年第23期。
⑤ 参见王琛:《主位与客位:非虚构写作的认知实践与表述特征》,《新闻战线》2018年第17期。
⑥ 参见张慧瑜:《移动互联网时代的非虚构写作》,《新闻与写作》2018年第12期。

有叙事属性、在何种程度上具有叙事性进行研究,观照其真实性与叙事创造性之间的内在张力与平衡,从而以叙事性作为视角窥探新闻表达形式变革以及背后折射的新闻业自身的转型尝试,以此对当前的新闻游戏乃至新闻业实践带来一种反思①。

（2）机器写作

在媒介融合不断加深,互联网、人工智能、数据挖掘等技术不断发展的背景下,传统的新闻写作模式正在被结构和重建。惠东坡指出,新闻写作的话语风格越来越讲究对话性,更加注重小众化、精准定位和互动反馈;算法和模板使新闻写作从网络化、数字化转向智能化,重构了新闻写作的理念和方式②。

在智能化新闻写作中,机器写作在传媒业中的应用逐渐受到学界关注。何苑和张洪忠通过对机器写作的工作原理与现状进行分析,认为目前的机器写作已经应用在体育、财经、犯罪、自然灾害等容易生成格式化快讯的领域,但还不是一个真正的写作,机器写作无法采集到线下事实,只能按照"人"设定的模块来写作③。张帅认为,面对新闻机器人写作的局限,可以从三方面予以应对:一是减少文字信息堆砌,增加内容的可视化;二是定义"工具化",解开人类记者"枷锁";三是完善新闻数据库,提升机器人分析能力④。

随着新闻写作机器人在报道领域和选题上运用日益广泛,稿件质量也在稳步提升,不少人都担忧有朝一日新闻编辑是否会被机器人所取代。匡文波和张晗煜认为,新闻工作者在人工智能的挑战下,其工作能力不再局限于内容生产,还应该对社会信息的表达和配置有更强的平衡能力,建立更多元的制衡机制,从传播领域的生产者、控制者,升级为新型传播生态的共建者、维护者⑤。

（3）新闻写作的情感与叙事

在新闻作品中,情感与事实不是对立的。陈伟君认为,新闻不是一种冷冰块的模式化操作,适当的真情实感融入叙述中,能够增强文本的感染力。尤其是通讯、新闻特稿、人物专访等体裁,通过对社会现实语境、个体生活经历和特殊事件过程的呈现,容易引发受众的情感体验⑥。此外,要将人性化介入新闻报道,从人物关系、场景、语言、人与自然等方面,激活文本叙述的张力,唱响美好人性的颂歌⑦。

以故事化的方法叙述新闻事件,是新闻作品呈现的一种常见方法,不同的视角、框架、叙事策略和文体意识影响了不同新闻事件的故事化走向。曾庆香等通过对官民冲突的网络新闻报道进行分析指出,记者容易以长期沉淀的文化原型作为解释事件的框架,将作为受害者的政府人员呈现为强悍与冷漠的职业人物,通过其群像特征和简历式存在等技巧将其死亡合理化并抹去悲情,违背了客观性的原则⑧。段勃在研究了部分获得中国新闻奖和普利策新闻奖的调查性报道作品后发现,调查性报道非常青睐"寻宝"母题,在叙事建构方面多采用较为复杂的复合式序列,钟情于外在式焦点叙事视角,在报

①　参见蒋晓丽、贾瑞琪:《新闻游戏的非虚构叙事研究》,《现代传播（中国传媒大学学报）》2018年第7期。
②　参见惠东坡:《多模态、对话性、智能化:新闻写作话语建构的新走向》,《新闻与写作》2018年第8期。
③　参见何苑、张洪忠:《原理、现状与局限:机器写作在传媒业中的应用》,《新闻界》2018年第3期。
④　参见张帅:《新闻机器人写作的局限性与对策》,《青年记者》2018年第15期。
⑤　参见匡文波、张晗煜:《AI+写作能否让编辑"下岗"》,《新闻论坛》2018年第4期。
⑥　参见陈伟君:《新闻报道中的情感叙事》,《新闻与写作》2018年第11期。
⑦　参见陈伟君:《新闻与文学中的人性书写》,《新闻与写作》2018年第7期。
⑧　参见曾庆香、沈璠、潘晓飞:《新闻中的永恒故事:原型对记者视角的框限》,《新闻界》2018年第6期。

道的叙事结构方面也有一些独到之处①。刘勇和邹君然立足于新闻文体生成的微观视角,指出记者的文体意识与个人风格共同作用于记者的文本实践,不断互渗与博弈,由此实现了对于新闻文本的建构②。

此外,融媒体语境下,文字、影像、图片、音频、链接等元素组成的多媒体超文本也逐渐形成新的新闻叙事系统。杨凤娇等从融媒体的交互式叙事特点入手,选取《纽约时报》发布的霍金逝世人物特稿为例,探索人物特稿中交互式叙事的建构方式,挖掘融媒体语境下新闻生产与用户阅听体验之间的关系③。

（4）新闻写作技巧与规范

万物皆媒的时代,各类报纸的内容写作与表达方式都有所不同。范以锦提出,党报机关报为主要代表的综合类报纸在"窄平台宽传播"的模式下,要坚守评论与深度报道的优势,坚守必须与时俱进的创新写作方式。在运用新媒体平台进行"宽传播"时,写作方式的创新就是要以特殊的"语境"去表达、去连接好用户④。

新闻标题的制作是记者和编辑的立场、态度和情感的体现。吴珏通过对《人民日报》和《现代快报》两家报纸的标题进行历时研究,指出新闻标题的主观性可以由一些话语策略及语言表达形式来实现,党报和都市报新闻标题中主观性话语策略的使用频次呈逐年上升趋势,种类也越来越丰富,表明新闻标题中主观性话语策略的使用在一定程度上受到时代语境的制约⑤。

融媒体时代,注重新鲜、活泼、有趣的表达,然而"标题党"的盛行也容易带来失实、过度、低俗的问题。蒋博文提出,在倡导媒体融合发展道路上,要及时整治"标题党"现象,对"标题党"的危害有清醒认识,以真实性原则、贴近性原则、创意性原则远离"标题党",同时通过提高新闻从业人员的素质、媒体的社会责任担当和法律层面的治理约束,让"标题党"无处容身⑥。

武斌对于媒介融合下硬新闻的导语写作失误进行总结,指出传统新闻采写原理与方法研究在"融"时代趋冷。在实践中,硬新闻导语经常出现未将最重要的事实具体表现出来、导语缺乏受众本位意识、导语带有主观想象、冗余信息淹没了导语对最主要事实的呈现等十大失误⑦。

对于典型人物报道的写作,陈伟军指出,要以"人学"立场做好典型人物报道,转换观念,摒弃"高、大、全"叙事模式,将采写对象的共性与个性辩证统一,生动地展示其性格和心理,一定程度呈现社会背景和环境的宽度,就会提升典型人物报道的水平⑧。

### 3. 新闻编辑研究

（1）新闻编辑业务改革

蔡雯通过对 40 年新闻编辑业务变革的梳理,展示了新闻编辑工作在报纸、广播电台、电视台、网

---

① 参见段勃:《调查性报道的叙事学分析》,《河南师范大学学报(哲学社会科学版)》2018 年第 6 期。

② 参见刘勇、邹君然:《记者文体意识与个体风格的互渗与博弈》,《中国地质大学学报(社会科学版)》2018 年第 1 期。

③ 参见杨凤娇、姚帅、曹慧仪:《交互式叙事:融媒体语境下的人物特稿写作》,《新闻与写作》2018 年第 5 期。

④ 参见范以锦:《"窄平台宽传播"模式下的写作与表达》,《新闻与写作》2018 年第 3 期。

⑤ 参见吴珏:《报纸新闻标题主观性话语策略的历时研究》,《新闻知识》2018 年第 2 期。

⑥ 参见蒋博文:《新媒体时代"标题党"的特点及防范——浅议融合传播的标题制作》,《青年记者》2018 年第 6 期。

⑦ 参见武斌:《警惕:"融"时代硬新闻导语写作常见的十种失误》,《中国记者》2018 年第 1 期。

⑧ 参见陈伟军:《典型人物的报道策略与文学技法》,《新闻与写作》2018 年第 9 期。

络媒体、移动媒体中的业务共性,指出新闻编辑工作的内容主要包括新闻产品的定位与设计、新闻报道的策划与组织、新闻作品的修正与把关、新闻信息的整合与展示。随着媒介融合的发展以及新闻聚合平台的崛起,新闻编辑业务的探索还在继续①。例如,在新闻聚合平台上,新闻编辑工作呈现专业化分工、流水线生产,运营为主、编辑为辅的特点。尽管数据技术一部分代替了新闻编辑的职能,但是新闻编辑也得以从事更具有创造性的工作②。"非虚构写作"冲击着传统新闻工作的目标和过程,也给新闻编辑业务的转型带来了启发。新闻编辑需要从保持媒体公信力、提供产品贴近性和拓宽新闻资源开放渠道三个方面,探索自身业务改革的新方向③。

王斌和郭扬对移动社交情境下互联网媒体的内容生产进行考察,指出作为互联网媒体核心工作的内容生产正经历流程重构,体现在编辑职权从岗位制向项目制转变、价值重心从以编辑为中心到以作者为中心、工作节奏从追赶时效到制造话题、推送逻辑从议程设定到算法推荐。内容生产的流程重构是对用户习惯的响应,也带来新闻编辑的职业自主性和工作权威性的调适④。

尽管新闻界都意识到新闻编辑业务应随着媒介生态的变化做出相应变革,但在具体实践中仍然会有一定的困难。胡翼青和谌知翼对人民日报微信号"夜读"栏目的生产机制进行研究,发现夜读编辑部努力依照传统重塑内容生产的框架和惯例,然而由于写作者队伍的不可控和身份认同的混乱致使这种惯例的重塑面临困境,并导致编辑队伍在栏目内容生产时的各种焦虑。这体现了新闻编辑业务在媒介融合过程中遇到的共同难题:旧有的思维模式不可能帮助传统媒体适应新媒体平台并引领风潮,但传统媒体又不可能在其先验的技术和知识框架中找到新的思维模式⑤。

(2)新闻编辑人员的重新定位与思维转向

新媒体时代,读者对报纸的编辑水准要求更高,促使报纸编辑转型,以实现自我创新和自我优化。王成宇指出,要实现转型,必须改变传统的"低端定位",在"高端开发"上下狠劲儿,打造研发型编辑,建立激励机制刺激编辑的研发力,提供专业培训提升编辑整体研发力⑥。

数据新闻作为大数据技术下新闻业发展形成的新领域,引发了新闻编辑业务的一系列变革,新闻编辑的职能和角色也发生了转变。孟笛指出,数据新闻编辑应当同时具备新闻素养、数据素养和职业精神,具体包括判断新闻价值、呈现新闻故事、传播新闻产品的能力,以及用数据思维处理问题的意识和技能。数据新闻编辑应当具有团队协作能力,并始终坚持新闻专业主义对职业操守和伦理原则的要求⑦。

人工智能与媒体的协同信息生产正在探索中,新闻编辑的微观工作虽然尚未细化,但是新闻编辑的思维应当随着智媒体的发展趋势进行转向。蒋琳认为,在智能媒体趋势下,新闻编辑思维应转向聚合思维、场景思维、感官思维、联动思维,从深挖智能文本的符号意义、塑造与引领先进的新闻文化、创

① 参加蔡雯:《40年新闻编辑业务的变革与走向——对改革开放以来媒体实践的观察与思考》,《传媒观察》2018年第7期。
② 参见蔡雯:《从新闻聚合平台看新闻编辑业务的变化》,《国际新闻界》2018年第10期。
③ 参见蔡雯、李婧怡:《"非虚构写作"对新闻编辑业务改革的启示》,《当代传播》2018年第4期。
④ 参见王斌、郭扬:《移动社交情境下互联网媒体的内容生产流程重构》,《编辑之友》2018年第4期。
⑤ 参见胡翼青、谌知翼:《寻找惯例:"夜读"栏目的信息生产实践》,《山西大学学报(哲学社会科学版)》2018年第5期。
⑥ 参见王成宇:《报纸编辑如何从"低端定位"转向"高端研发"》,《青年记者》2018年第23期。
⑦ 参见孟笛:《论数据新闻编辑素养》,《中国出版》2018年第2期。

造强力资源创新互动传播、建构多维新闻话语空间四个方面实现思维拓展①。

自动化新闻这一新型新闻生产模式对新闻编辑群体心态产生了一定的影响。常江结合对 11 位美国主流媒体编辑的深度访谈,认为新闻编辑针对自动化新闻形成的温和、静止且带有一定盲目色彩的群体心态将成为算法在新闻生产领域全面普及的重要制衡力量。目前仍然缺乏对于算法如何影响新闻机构日常运作的编辑部参与观察,目前的研究尚未真正把握算法如何楔入新闻业内的人、理念和实践模式三者的相互关系,对此,只有深入新闻编辑部的内部进行近距离的观察,才能获得更有价值的信息②。

### 4. 新闻评论研究

(1)新闻评论的技巧与策略

新闻评论写作作为一种认识活动,涉及丰富的社会生活。马少华认为,新闻评论要重视演绎推理,涉及法律议题的新闻评论更加适合用演绎推理的"三段论"进行评论写作,不过演绎推理在评论中的适用范围也需要不断地拓展观察③。马少华还认为,新闻评论写作中要引入法律思维资源中的理性思维,除了对权利义务的审慎平衡之外,突出表现为缜密、有效的逻辑思维④。

在人们的社会表达中,新闻评论作为一种直接表达自己意愿的有效形式,越来越受到人们的青睐,也越来越受到媒体的重视。赵振宇认为,新闻评论在构建良好舆论环境中发挥了重要作用,也有助于提高人们的理性认识。要做好新闻评论,首先要提高评论者的媒介素养,不懈追求真理和捍卫真理的本质,兼顾民主观念和公民表达的独立品格,以宽容的胸怀做到明辨是非、平等公正⑤。

(2)新闻评论的路径分析与发展走向

崔晓晓使用共词分析法,对 2013 年至 2016 年新闻评论研究热点进行分析,发现新闻评论研究主要集中在五个领域:一是新旧媒体之对抗;二是电视新闻评论;三是舆论监督与引导;四是传统媒体之新形式;五是新闻评论之未来⑥。

徐开彬和万萍从隐喻视角出发,对 2001 年至 2006 年《人民日报》、《南方都市报》、《华西都市报》、《新京报》和《东方早报》刊登的新闻评论中有关医患矛盾的新闻评论进行分析。研究发现,常用的隐喻包括"疾病隐喻"、"战争隐喻"、"人体隐喻"、"金钱/买卖隐喻"、"方位隐喻"、"家庭隐喻"和"火的隐喻"。这些隐喻一方面强调了医患合作是解决医患纠纷的关键;另一方面,却遮蔽了医患矛盾的深层次原因,比如政府在医保方面的资金投入不足,医疗机构及医生们受利润驱使,以及缺乏保护患者权利的有效机制等⑦。

随着新媒体的快速发展,地方党报面临激烈的竞争环境。曹畅指出,为提升自身的影响力和竞争力,地方党报应持续增强新闻评论能力,提升理论水平,最大程度发挥主流媒体的优势,深化选题深

---

①　参见蒋琳:《智媒趋势下新闻编辑思维的转向与拓展》,《编辑之友》2018 年第 10 期。

②　参见常江:《生成新闻:自动化新闻时代编辑群体心态考察》,《编辑之友》2018 年第 4 期。

③　参见马少华:《什么样的新闻评论倾向于演绎推理》,《新闻与写作》2018 年第 4 期。

④　参见马少华:《评论写作中的法律思维》,《新闻与写作》2018 年第 10 期。

⑤　参见赵振宇:《怎样认识和做好新闻评论》,《新闻战线》2018 年第 15 期。

⑥　参见崔晓晓:《2013—2016 年新闻评论研究热点分析》,《青年记者》2018 年第 3 期。

⑦　参见徐开彬、万萍:《凸显与遮蔽:国内主流报纸新闻评论中医患矛盾的隐喻分析》,《国际新闻界》2018 年第 11 期。

度,增强创新能力,凸显地域特色,巧妙设置栏目,改进报道文风,充分激发受众关注度与参与度,持续扩大党报影响力,提升传播效果,稳步增强自身舆论引导水平①。

任孟山认为,社交媒体时代的"泛评论化"写作,凸显了专业评论写作的可贵与宝贵。在新闻评论从意见表达到价值判断再到专业判断的发展过程中,专业评论的意识自觉与自我训练,是学习新闻评论写作和从事新闻评论工作的群体应该具有的基本认识和必要实践②。

## 二、专业领域新闻报道模式研究

### 1. 专业领域新闻报道研究

（1）主题报道和时政新闻报道

主题报道是媒体聚焦特定议题对目标受众进行成规模、建制化的传播活动,一直是重大政治和新闻议题的报道载体。张涛甫指出,主题报道不应是思想缺位、价值缺席的"零度写作",要有思想的在场,从中见到时代精神,让深刻思想与扎实报道精彩互动、巧妙穿插,使主题的骨感和新闻的丰满相得益彰。主题报道守成易、开新难,须常怀警戒之心,时刻保持托举状态,防止惯性下沉③。

两会报道是历年来重要的时政报道之一,长期以来都颇受学界关注。常江和田浩从技术创新入手,关注两会报道中新闻生产的技术趋向,认为 2018 年两会报道的技术创新特色可以归结为三个方面：融合新闻生产全面精细化、智能化新闻生产日趋成熟化、短视频新闻生产实现常态化④。

赵程通过对《大河报》2018 年两会期间的"我 AI 新时代"专题报道进行分析,发现新旧媒体"联手"延伸报道题材,深化报道主题,深耕内容,打造了全新的地方"两会盛宴",将两会报道带到一个新的层面。作为地方都市类报纸,未来应当坚持根据地方文化特色,坚持对两会的认知和定位,做好议题设置,形成自己的特有风格;同时应当打造多角度、多层次的时政报道,增强自身的品牌意识⑤。

澎湃新闻作为中国首个主打时政新闻的 App,在理念定位、内容生产、报道方式和价值诉求上都形成了鲜明的特色,为其他媒体时政新闻报道的创新提供了良好示范。董博认为,澎湃新闻作为我国时政新闻报道的"第一品牌",在打造严肃、高端、精品的时政新闻产品方面,为我国新闻媒体的转型创新提供了重要参考。可以说,澎湃新闻积极拥抱时代发展主流,做到了新闻价值本位的坚守与践行。尽管在时政新闻报道方面还处于探索阶段,但其在报道内容和方式上的创新,依然取得了令人满意的成果,具有非常重要的借鉴意义⑥。

蔡丰喆对新媒体时政新闻的小报化予以研究,指出时政新闻小报化仅在少数新媒体账号中出现,这不影响官方舆论对时政议题的信息发布和导向把控,而小报化的时政新闻恰好可以以生活政治的姿态纳入民间政治参与的信息传递和讨论中。作为传统严肃时政新闻的补充,在推进公民政治参与

---

① 参见曹畅:《地方党报评论的路径分析》,《新闻战线》2018 年第 16 期。
② 参见任孟山:《专业评论的意识自觉与自我训练》,《新闻与写作》2018 年第 12 期。
③ 参见张涛甫:《记录新时代,主题报道当有新作为》,《新闻战线》2018 年第 9 期。
④ 参见常江、田浩:《从两会报道看时政新闻生产的技术趋向》,《新闻战线》2018 年第 7 期。
⑤ 参见赵程:《〈大河报〉2018 年两会报道的特色及启示》,《青年记者》2018 年第 20 期。
⑥ 参见董博:《澎湃时政新闻报道的创新示范》,《传媒》2018 年第 6 期。

意识形塑和国家民主政治建设上有着更多的积极意义①。

（2）财经新闻报道

随着保险业快速发展和民众保险意识的提高，保险新闻成为财经报道中的一个重要类别。施蕾蕾分析了当前保险新闻报道的现状，认为保险新闻在进行专业化报道的同时，要积极推进大众化传播，这是顺应社会经济发展趋势、打造金融强国的需要，也是新时期财经新闻工作中的一个值得关注的问题②。

肖鲁仁和杨子璇关注大数据背景下财经新闻的发展，认为当前财经新闻报道所面临的挑战和问题主要是：数据繁杂稀释财经新闻价值，专业门槛影响受众对数据新闻的理解和兴趣，监管不力易出现"数据寻租"现象。媒体要克服这些挑战和难题，第一，要认识数据的重要性，要用专业手段建立媒体财经数据库；第二，要丰富财经数据可视化的呈现方式；第三，要以故事化手段展示财经新闻；第四，加强引导与监管；第五，培养财经新闻工作者的数据素养③。崔保键也认为，在媒介传播语境下，要重视对故事化手法的运用，改变抽象数字带来的乏味感，财经新闻从业人员有义务面对枯燥、乏味的财经内容，采用通俗化、故事化的方式进行叙述，增强文章的可读性，从而使受众与财经新闻的关系更加密切④。

刘菲凡从新媒体的财经人物报道切入，运用传播影响力相关理论，将《湖北日报》"天下楚商"专栏自 2012 年 1 月到 2016 年 10 月的 96 篇财经人物专栏报道作为样本，从报道定位、报道内容、报道方式和报道效果四个方面来分析，提出做好新媒体环境下财经人物报道的四点启示：一要强调策划动态性、灵活性的报道定位；二要凸显经济报道价值取向，充实报道内容；三要利用全媒体互动，丰富报道方式；四要开展线下活动，巩固报道效果⑤。

钱晶晶和张菡芝从比较的研究视角出发，聚焦 CCTV、RT、Al-Jazeera、Press TV 四家非西方国家主流媒体对 2016 年以来七件重大国际财经新闻的报道，分析其报道框架、价值定位及其对世界经济新秩序的媒体呈现特征。研究发现，在西方保护主义盛行的背景下，非西方媒体对经济全球化持较为强烈的支持态度，并高度关注以中国为主导的重大国际经济事件。非西方国家正逐渐从被代表的"他者"进化为有共同愿景的利益攸关方群体，这一趋势正逐渐在非西方媒体的国际财经报道中显现出来⑥。

（3）社会新闻报道

社会新闻容易引起受众的关注和反响。张雅娟和陈力丹指出，社会新闻的采访、编辑到后期播发，都要从党的政策和工作大局出发，衡量事实是否适合公开报道，或考虑从什么角度进行报道，把握好时、度、效至关重要⑦。

---

① 参见蔡丰喆：《新媒体时政新闻的小报化》，《青年记者》2018 年第 14 期。

② 参见施蕾蕾：《保险新闻：如何找好专业化与大众化的结合点》，《中国记者》2018 年第 4 期。

③ 参见肖鲁仁、杨子璇：《大数据背景下财经新闻的特质、问题及对策》，《湖南工业职业技术学院学报》2018 年第 5 期。

④ 参见崔保键：《故事化手法在财经新闻报道中的运用分析》，《新闻战线》2018 年第 14 期。

⑤ 参见刘菲凡：《新媒体环境下财经人物报道传播影响力研究——以〈湖北日报〉"天下楚商"专栏为例》，《新闻世界》2018 年第 2 期。

⑥ 参见钱晶晶、张菡芝：《从"他者"想象到非西方"自我"媒介构建：一项结合新闻框架和语料库分析的国际财经报道研究》，《中国地质大学学报（社会科学版）》2018 年第 6 期。

⑦ 参见张雅娟、陈力丹：《从党的工作全局把握社会新闻的定位——从"陕西五娃农户被奖励"新闻说起》，《新闻知识》2018 年第 11 期。

吕佳琦以央视二套《第一时间》栏目作为分析对象,对民生新闻的主题策划进行研究,指出民生新闻在日常生活中寻找报道的依据、以民众的心声作为新闻传播的初衷,在贴近民生的前提下,增加新闻报道的趣味性和多样性,最大限度引起观众共鸣,实现新闻传播的社会引导价值,促进民生发展,稳定社会治安①。

（4）体育新闻报道

体育报道是都市类报纸内容的重要组成部分。随着数字化新媒体的发展,体育新闻版面的发展现状不容乐观。刘占鲁指出,都市类新闻版面的发展现状存在新闻失实、舆论导向错误、报道内容单一三大问题,影响都市类报纸体育新闻的既有媒体竞争环境的外部因素,也有相关新闻人才缺乏的内部因素②。

在媒介融合背景下,各类体育新闻的关注度正在不断提升,体育报道向着媒介融合的方向发展。李文华指出,要想吸引受众的关注,必须顺应体育报道大环境的变化,研究分析融媒体时代的信息传播特点,通过加强新媒体与传统媒体的协同发展,让不同媒介之间形成互补。同时,还要不断提升体育新闻从业人员自身新闻报道的技能,正确、全面了解当前媒介融合的形式。应充分发挥各媒体的报道优势,为推动我国体育事业的发展作出应有的贡献③。韩炜认为,纸媒体育新闻报道在全媒体时代面临着极大的发展困境。纸媒体育报道必须要抓住自己的报道特点,认清目前存在的诸如报道手法愈发娱乐化、缺失人文关怀、同质化现象严重的问题,注重发挥纸媒的深度解读性,以体育赛事的延伸作为报道内容,推动纸媒与新媒体融合发展④。

（5）文化新闻报道

江月英指出我国文化新闻报道和新闻元素融合的必要性和重要作用。随着文化新闻报道的不断发展与完善,要加强与新闻元素的深度契合,增强文化报道的真实性与可行性,提高报道质量,彰显文化内涵和底蕴,从而提高我国文化软实力⑤。

（6）科技新闻报道

刘莲莲以《人民日报》关于互联网议题的报道为研究对象,讨论传统媒体是如何报道互联网的发展历程这一问题。研究发现,《人民日报》关于互联网议题的报道遵循“技术—国际接入—网络媒体—政治参与”的报道路径,与互联网发展的现实路径之间存在很大的关联性,但互联网真实世界指标并不是支配互联网图景变化的根本力量⑥。

余霞和赵斓将PX议题作为争议性科技议题,通过对《人民日报》、《科技日报》、新浪网有关PX报道的内容分析,发现:PX报道的新闻框架遵循事实与科学逻辑,新旧媒介环境变迁和不同媒体框架互动共同推进了报道的广度与深度;与PX议题从地域性抗议演变为公共争议相应,新闻框架也从宣传框架变为科学与管理框架,体现了争议性科技议题呈现的理性特征⑦。

---

① 参见吕佳琦:《从〈第一时间〉栏目看民生新闻的主题策划》,《西部广播电视》2018年第23期。

② 参见刘占鲁:《都市类报纸体育新闻的主要影响因素分析》,《新闻战线》2018年第12期。

③ 参见李文华:《我国体育报道变化和未来发展的趋势》,《新闻战线》2018年第14期。

④ 参见韩炜:《我国纸媒体育报道特点与发展策略》,《新闻战线》2018年第10期。

⑤ 参见江月英:《文化报道与新闻元素的深度契合分析》,《新闻战线》2018年第12期。

⑥ 参见刘莲莲:《互联网的媒介图景及其变迁逻辑——对〈人民日报〉关于互联网议题报道的框架分析》,《江淮论坛》2018年第1期。

⑦ 参见余霞、赵斓:《流变、共建与重构:争议性科技议题的新闻框架——基于〈人民日报〉〈科技日报〉、新浪网PX报道》,《中国出版》2018年第8期。

（7）公共安全事件报道

胡栓和童兵对国内暴恐事件报道进行分析，以新闻框架理论作为支撑，通过对《人民日报》近十年相关事件的报道进行分析，指出《人民日报》的报道是在"破坏—反应—恢复"这一框架下展开的。该框架作为一种以维稳为核心的舆论引导框架，呈现出重定性宣传轻情节展示、重态度表达轻原因分析、重政府人员轻恐暴分子等特点。面对传播信息化和全球化的双重挑战，党报有必要对报道框架进行适当调整①。

**2. 扶贫新闻报道研究**

学界分别从报道框架、报道形式、叙事策略等方面对当前的扶贫新闻报道进行研究。

刘东建和高红梅从框架分析的角度，对《人民日报》2015 年 6 月 19 日至 2016 年 6 月 18 日的扶贫报道进行统计分析，指出扶贫报道未来应注意三点：其一，立体展现进程，平衡报道全貌；其二，立足社会实践，鼓励基层发声；其三，强化责任意识，重塑主体责任②。

王卫明和唐燕指出，近年，扶贫报道受到各级宣传主管部门和新闻媒体的高度重视，整体声势较大，涌现了一批优秀作品，亮点不少。扶贫报道以正面宣传为主，重点报道扶贫成绩和光荣事迹，但忽视报道扶贫领域的腐败问题及相应对策，重视报道扶贫者，轻视报道被扶贫者，报道的主动性、开放性、互动性、思辨性、探究性、深度、扶贫力度有待加强，全媒体报道不多③。

曲升刚指出，作为亲民路线的主流媒体，都市类报纸在精准扶贫报道中存在诸如报道一窝蜂、深入调研不足、社交媒体话题设置能力欠缺等问题，制约着新闻报道效果的实现。因此，都市报要结合本地实际，从明确方向、深入调研、脚沾泥土，动员新闻记者多组织参与式报道，坚守媒体责任、敢于进行媒体监督等层面改进自身的精准扶贫报道，为地方扶贫工作的推进做好舆论引导和社会动员④。

田森杰以中国江西网和河北新闻网扶贫报道为研究对象，采用实证研究方法，发现两大媒体关于文化扶贫的报道比较欠缺，正面倾向报道占据多数，对于部分扶贫重点区域的报道数量还相对较少，体裁上评论性报道较少。省级媒体要实现扶贫报道的创新，应该适当报道扶贫工作中暴露出的问题，实现报道载体、报道体裁的多元化，通过乡村文化的报道来构建扶贫话语⑤。

李嘉音和朱爱敏从《湖南新闻联播》扶贫报道的叙事情节、叙事细节、叙事场景三个方面分析其叙事策略，发现叙事策略在扶贫报道领域的运用可以体现个人的社会价值，起到励志和示范的作用⑥。

张明和陈有为通过分析《右江日报》及其"两微一端"精准扶贫新闻的报道内容，指出相对微信、微博平台而言，百色在线客户端在精准扶贫新闻的融合报道方面有了一定尝试，但是如何将客户端推广出去，例如能否将精准扶贫的故事以网络直播或者短视频等生动活泼的形式传播给更多用户，让更

① 参见胡栓、童兵：《我国党报国内暴恐事件报道的框架分析——以〈人民日报〉近十年报道为例》，《新闻大学》2018 年第 2 期。
② 参见刘东建、高红梅：《〈人民日报〉扶贫报道的框架分析》，《新闻爱好者》2018 年第 10 期。
③ 参见王卫明、唐燕：《近年扶贫报道的亮点与创新方向》，《今传媒》2018 年第 1 期。
④ 参见曲升刚：《都市报精准扶贫报道中的原则、问题及对策》，《新闻战线》2018 年第 6 期。
⑤ 参见田森杰：《省级网站媒体扶贫报道的创新路径研究——基于中国江西网、河北新闻网抽样文本分析》，《东南传播》2018 年第 10 期。
⑥ 参见李嘉音、朱爱敏：《〈湖南新闻联播〉扶贫报道的叙事策略分析》，《新闻知识》2018 年第 12 期。

多的群体了解百色精准扶贫工作的困难和成绩,这将是融合报道生产过程中必须要重视解决的问题①。

**3. 深度报道和调查报道研究**

当下学界对深度报道的研究集中在新媒体时代深度报道面临的困境及改进策略。

胡安川认为,传统媒介对新闻信息的深度报道,已经无法引起普通受众的持续关注。在新闻资讯多样化、实时化的传播形势下,如何突破新闻深度报道的发展困境成为新闻传播媒介面临的重要课题。他提出三项改革策略:其一,简化新闻深度报道的采编与传播流程;其二,坚持新闻深度报道的社会视角与真实性;其三,创新新闻深度报道传播形式与传播渠道②。陈匡蓉围绕调查性报道的嬗变,反思当下调查性报道存在的问题,提出突破调查性报道的困境,要从提高甄别能力,拓展信源渠道;积极引导舆论,应对反转新闻;坚守内容为王,增强传播效果;以问题为导向,扩大选题视角入手③。

卫毓博认为,随着媒介技术的发展和受众阅读习惯的变化,深度报道从形式到内容再到传播都面临着变革。"中央厨房"的出现,为改进新媒体时代的深度报道提供了诸多机遇④。郭佳楠指出,在融媒体的大环境下,党报完全可以利用自身独特的优势资源,融合新媒体的先进技术,再塑生产精品内容的全新深度报道优势⑤。

张志安和陈子亮聚焦调研报道这类"高精尖"产品,认为调研报道兼具新闻性与研究性,是传统主流媒体深入报道社会生活的优良传统。提高新闻舆论引导力是新时期调研报道的主要使命;在报道议题上,"十九大报告"提出的公共议题应成为新时代调研报道的主要方向;在调研方法上,要更加注重对社会调查法的运用以挖掘报道之"深度";在报道形态上,要突出故事化写作与融合化呈现⑥。

**4. 新闻报道的传受关系研究**

王斌和李岸东结合戈夫曼和梅洛维茨的"前后台"场景理论,以《中国青年》杂志对卓伟的报道及相关微博评论为例,运用框架分析和内容分析的方法,从新闻报道的内容、新闻报道的发布两方面梳理了互联网环境下传播场景嬗变所重构的传受关系的新特征。研究提出,在开放式新闻生产条件下,媒体的"后台"在一定程度开放以后仍然存在"深后台",这是传播者维系新闻职业权威的"场景",也可能进一步强化受众的被动性⑦。

**5. 新闻报道比较研究**

钟智锦和周志成用媒介化冲突中的工具性实现理论和属性议程设置理论,研究香港报纸在香港

---

①　参见张明、陈有为:《试析精准扶贫新闻融合报道——以广西百色〈右江日报〉为例》,《文化与传播》2018年第4期。

②　参见胡安川:《新媒体时代深度报道的困境分析》,《新闻研究导刊》2018年第21期。

③　参见陈匡蓉:《融媒体时代调查性报道的嬗变及对策》,《中国报业》2018年第24期。

④　参见卫毓博:《"中央厨房"在深度报道中的应用与提升》,《传媒》2018年第2期。

⑤　参见郭佳楠:《党报重塑深度报道优势的八大策略》,《青年记者》2018年第35期。

⑥　参见张志安、陈子亮:《新媒体环境下调研报道的议题方法和形态变革》,《中国记者》2018年第2期。

⑦　参见王斌、李岸东:《隐蔽的"深后台":开放式新闻生产中的传受关系——以〈中国青年〉对卓伟的报道为个案》,《国际新闻界》2018年第4期。

回归后对"一国两制"的建构。研究发现,香港社会对"一国两制"的理解差异在媒体上集中体现为"国族"议题与"自治"、"民主"等"本土利益"相关议题的话语争夺。不同政治立场的媒体在对"一国两制"这一政治议题的评价倾向上,都呈现出显著的差异。关于"一国两制"的未来,除"左"派报纸持乐观立场之外,其他报纸绝大多数持中立态度。"左"派、右派媒体各自肩负代表自身利益群体的使命,在属性报道和立场评价方面旗帜鲜明、立场稳固,中间派媒体对政府的批评最为猛烈,亲"左"、亲右派媒体则呈现出"似左非左"、"似右非右"的策略①。

李建波运用实证研究方法,抽取新华社、美联社2016年全年的新闻报道,精确描述了新华社新闻报道的特征:一是较注重新闻的大信息量;二是简洁性、可读性稍逊美联社②。

与上述几位研究者横向比较的思路不同,姚泽麟和寇静媛采取纵向比较的思路,对《人民日报》1949年至2014年有关医生人物的报道进行分析,考察该报所反映的医生职业媒介形象变迁逻辑。研究发现,《人民日报》对医生人物的报道可以概括为三方面:反映医德的报道占比稳定;集体主义的价值观是医生职业伦理的核心内涵和基本原则;"考虑患者的经济利益"成为改革后日益被强调的职业道德元素。总的来说,官方对医生的道德话语建构已经从改革开放前的"社会主义道德"框架转变为一种"专业"的道德框架③。

### 6. 新闻报道的媒介批评研究

何晶对国内五份代表性传统主流报纸有关农民工"讨薪"议题的报道进行了系统考察,发现传统主流媒体在社会弱势群体利益表达方面所具有的角色特征是态度暧昧的表达者,而非代言人。在报道过程中存在三大问题:未能及时将农民工"讨薪"这一突出的社会问题予以呈现;对这一议题的报道呈现出鲜明的"季节性"特点,有应景之嫌;通过选择性呈现事实回避冲突、屏蔽深层问题、彰显治理成绩,将对问题的揭示和解决转换为对权力部门的赞扬④。

陈静和胡美玲认为,民生新闻节目作为帮助百姓反映、解决关乎切身利益的媒体平台,面对"担当"与"盈利"往往倾向后者,让节目的功利性凸显。无论是节目的选题和曝光、问责对象的选择、表现手法还是问责力度,都容易受利益左右⑤。

于广智认为,我国体育新闻报道中人文关怀缺失现象十分严重,金牌至上、娱乐性强、功利心重、语言粗俗的现象时有发生⑥。杨仁伟和刘晓莹都认为,应该明确服务人民的自身定位,树立以人为本的报道理念,提升体育传播者的综合素养,健全新闻报道的监管体系,在报道中重塑人文情怀,努力推动我国体育事业健康发展⑦。徐明明和宋巍认为,体育报道中的性别失衡现象,不但给女性运动员带来了很大的负面影响,而且剥夺了女性话语权,严重阻碍了社会主义和谐社会的建立。体育新闻媒介

---

①　参见钟智锦、周志成:《"一国"与"两制"的工具性实现:对香港报纸的内容分析(1998—2016)》,《新闻大学》2018年第4期。

②　参见李建波:《新华社新闻报道量化文本分析——基于与美联社新闻报道的对比研究》,《中国出版》2018年第18期。

③　参见姚泽麟、寇静媛:《国家治理视角下的医生媒介形象变迁——以1949—2014年〈人民日报〉的相关报道为基础》,《社会科学》2018年第12期。

④　参见何晶:《传统主流报纸对农民工"讨薪"事件的媒介呈现分析(2002—2015)》,《国际新闻界》2018年第10期。

⑤　参见陈静、胡美玲:《民生新闻的"担当"意识与"盈利"思维》,《青年记者》2018年第26期。

⑥　参见于广智:《谈体育新闻报道中的人文关怀》,《新闻战线》2018年第12期。

⑦　参见杨仁伟:《体育报道人文情怀的缺失与重构》,《新闻战线》2018年第2期;刘晓莹:《探索体育新闻报道人文关怀缺失现象》,《新闻战线》2018年第10期。

作为传播社会正能量的主体,应该树立正确的性别观念,积极履行自身的职责,客观公正地开展女性体育报道,并塑造良好的女性运动员形象①。

刘苏仪关注新媒体语境下的涉警新闻报道,指出警察形象"污名化"导致警察权威性消解,公安机关的公信力下降、威慑力弱化、强制力软化、保障力不足、舆情支持力逐渐分化等问题。未来应坚守新闻伦理,客观中立地描述事实,通过合理的、真实的案件信息和调查进展的逐渐披露,打消公众的疑虑,切勿将警察合理的执法行为刻画成警察滥用职权或职权膨胀等②。

## 三、技术变革下的新闻实务创新研究

目前学界对新闻实务创新研究集中在融媒体新闻生产、大数据新闻生产、人工智能新闻生产和"VR+新闻"等方面。

### 1. 融媒体新闻生产研究

形成适应媒体融合发展的新观念、新认识、新思维,才能变被动为主动,积极想办法解决机制体制问题,推进内容生产创新。曾培伦和朱春阳以"中央厨房"为考察对象,认为2017年之后,"中央厨房"更多地被各媒体赋予媒体融合"改革载体"的全新角色,从过去关注"如何来用"的采编流程变为以"用来如何"的视角,即基于或借助中央厨房的建设来开展融合与改革,包括面向内部的生产机制重构、数据中心建设、创新产品孵化、薪酬人事机制改革,以及面向外部的技术服务、党政宣传与政府社区服务的平台拓展③。

王佳航在移动优先的背景下,考察2017年党报媒体深化媒体融合的情况,肯定了党报在线新闻生产的创新,也认识到党报在线新闻生产面临的挑战集中在内容同质化、"新宣传腔"和在线新闻生产力量尚未充分发挥这三点。对此,党报要在移动终端激活社群,做好与用户最后一公里的连接,进一步变革内容生产流程,进一步创新观念和体制机制④。

沈爱国等对第28届中国新闻奖融媒类获奖作品进行考察点评,指出获奖的融媒体作品均注重新闻策划与编排创新,敢于突破传统范式,创新新闻呈现手法,把握新闻本质,借力先进技术推进媒体融合创新⑤。

崔丽和何俊涛对融媒体时代H5技术在新闻报道中的作用与应用进行考察,指出H5推动了新闻报道的多元化,成为一种重要的模式,也是媒体融合战略中的一种创新举措。他们认为,H5在新闻报道中具有广阔的应用前景,特别是在事实明确、情节复杂、现场感强的新闻类型中,将被越来越多地使用⑥。

①　参见徐明明、宋巍:《体育报道中的性别失衡现象》,《新闻战线》2018年第2期。

②　参见刘苏仪:《涉警新闻报道的"污名化"框架》,《青年记者》2018年第21期。

③　参见曾培伦、朱春阳:《"如何来用"到"用来如何":中央厨房的"载体化"实践改造面向》,《新闻界》2018年第8期。

④　参见王佳航:《党报在线新闻生产的创新与挑战——基于移动优先背景下的讨论》,《青年记者》2018年第9期。

⑤　参见沈爱国、杨凌伟、曹文轩:《媒体融合类作品的创优路径探新——第28届中国新闻奖融媒类获奖作品点评》,《传媒评论》2018年第12期。

⑥　参见崔丽、何俊涛:《融媒时代H5在新闻报道中的作用与应用》,《传媒》2018年第2期。

石莹认为,在媒介融合的火热进程中,需要重新审视新闻生产对于新闻业的意义。专业人员和公众要善于利用数字化媒体,特别是开放性、资源非独占性、互动性的互联网络,来开拓报道领域、丰富报道内容。未来的新闻生产方向将挣脱对线性结构的束缚,更加自由灵活地提供这个时代、社会所需要的各种属性的信息,不拘泥于简单的事实性知识形态报道,增强处理事实的能力,提供关于事实的全新、全息解读①。

陶奕骏以《纽约时报》Story-X 媒体实验室为例,考察数字化时代媒体实验室的生产模式。《纽约时报》作为主流媒体,具有权威的发布平台和独特的国际视野,信息转载量高,依托 Story-X 媒体实验室的前沿技术创建平台,在数字化转型时代中开辟了新的空间,向成为具有国际影响力的媒体迈出了坚实的一步。Story-X 媒体实验室中的许多先进做法,例如,实行"积木式"编辑模式,打造非媒体的新闻生产参与;有效对接市场情境,聚焦受众实际需求;加强研发力度,推动媒体向智媒化方向发展;以技术敏感开展创意实验,探索移动时代的优化策略等,均值得转型初期的传统报业进行借鉴学习②。

**2. 大数据与新闻实务创新研究**

（1）大数据与新闻生产

夏雨禾围绕大数据思维中的新闻生产、新闻生产中大数据技术的运作逻辑和应用场景、大数据时代新闻生产流程重构面临的风险等问题展开探讨和分析,指出大数据具有在线性、流动性和精准性特征,大数据思维中的新闻生产必须满足在线化、数据化和算法化三大需求。"人-机"关系格局的变化以及机器写作、用户画像、文本挖掘和推荐系统等应用场景的出现,改变了新闻生产的整体生态。解决数据来源问题,防范"人-机"关系格局变化而导致的新型风险,是大数据时代新闻生产流程重构必须直面的核心问题③。

王怡溪关注大数据技术对于新闻把关人的冲击,认为越是在技术发展的时代,越要彰显传统新闻人的价值与使命。大数据时代,仍需要坚守新闻价值与公共信念的"编辑",因为用户不仅需要知道自己喜欢什么,还有作为公民应当知道的信息④。

（2）大数据与可视化

由大数据催生的可视化新闻正在成为融媒体时代的主流新闻形态。黄雅兰和仇筠茜对《卫报》、《纽约时报》、网易、财新网的数据新闻专栏进行内容分析,发现静态的图表和信息图仍是数据新闻可视化的主要表现形式。在信息告知功能方面,大部分可视化报道仅仅将数据进行了图形化处理,信息整合以及观点阐释和预测功能较弱。数据新闻可视化须以信息告知为首要功能,视觉吸引力应当服务于信息功能⑤。晋贝贝以"网易·数读"为例,指出数据新闻可视化不仅改变了传统文字传播的方式,更是一种新型传播理念的创新。但是可视化新闻作品并不是单一的可视化表现形式,而要是人们

---

① 参见石莹:《融媒时代新闻生产的创新实践》,《传媒》2018 年第 7 期。
② 参见陶奕骏:《数字化时代媒体实验室的生产模式探析——以〈纽约时报〉Story-X 媒体实验室为例》,《传媒》2018 年第 20 期。
③ 参见夏雨禾:《传播手段创新视域中大数据时代新闻生产流程重构》,《中国出版》2018 年第 6 期。
④ 参见王怡溪:《智媒时代算法推荐对新闻把关人的冲击与反思》,《传播与版权》2018 年第 10 期。
⑤ 参见黄雅兰、仇筠茜:《信息告知还是视觉吸引?——对中外四个数据新闻栏目可视化现状的比较研究》,《新闻大学》2018 年第 1 期。

完全理解可视化作品的新闻信息和所要阐述的内容①。徐少林和白净结合国内外数据新闻案例,探讨了数据新闻可视化设计与内容之间的平衡,并总结了三点减法设计策略应对,分别是运用扁平化形式做减法设计、运用对比与统一色彩形式做减法设计、运用网格版面空间形式做减法设计②。

尽管数据新闻可视化是全球新闻业发展的基本趋势,但是这种新型的新闻形态与传统新闻之间仍然存在着一定的冲突和矛盾。杨奇光通过对我国三家全国性主流新闻机构的 25 位视觉编辑进行深度访谈,发现在新闻可视化的业务层面,"好看"和"合适"是首要的考量范畴,这使得在可视化团队的组织内部,新闻性理念和视觉性理念构成了观念和方法的冲突,视觉编辑和传统编辑共同语言的缺失使得沟通成本上升,突出视觉表现力的新媒体新闻生产从传统的"新闻范式"转向一种注重产品质量和用户满意的"厂商范式"③。常江通过对相关学术文献中关于可视化新闻生产的话语构成的检视,以及对瑞士五家新闻机构的可视化编辑的深度访谈,发现可视化新闻生产逻辑将"真实"界定为再现层面上的操作性概念,主张将美学的维度纳入新闻专业主义体系,同时提出了重构新闻价值标准的要求,这对传统新闻理念的权威性构成了显而易见的挑战,可视化新闻生产所遵循的"科学-艺术"观念结构有可能导致整个社会公共空间和文化结构的变迁④。

（3）数据新闻报道与叙事

赵如涵和陈梓鑫对 2012 年至 2018 年数据新闻奖 77 份获奖作品进行了分析,发现:数据新闻报道中数据采集超越算法技术而联结到跨领域的技术与社会互动中;数据新闻的报道叙事方式被不断复合,多线叙事成为主流;数据新闻多关注社会公共议题,传统媒体在线平台更具内容优势⑤。

郑天通过对中央电视台 2015 年国庆期间重磅推出的一档全新大型数据新闻节目《数说命运共同体》进行内容分析,认为该节目依靠丰富的数据资源,挖掘了超过 1 亿 GB 的数据。海量数据的呈现方式令受众眼前一亮,不仅满足了受众对解读数据的需要,也创新了数据新闻节目的表现形式。研究者认为,数据新闻思考的不仅是如何去做,还应该思考数据新闻背后所包含的新闻生产制作中的逻辑链条,在大数据背景之下挖掘更多关联信息以解释事实⑥。

战迪基于对新浪网和新华网可视化报道的实证分析,指出新闻可视化生产在叙事方面存在四个方面的弊端:其一,叙事主干的模糊或缺失、叙事链条的断裂所造成的"信息黑洞"令受众不由自主地集体陷入持续性的信息揣测和判断中,难觅方向;其二,新闻可视化加剧了新闻报道的碎片化进程,将完整的新闻故事肢解得支离破碎,使受众的认知整体观进一步破碎;其三,新闻可视化由于泛娱乐化倾向所营造的过度亲近性文本空间,使其权威性和严肃性不断消弭;第四,新闻可视化呈现出某种泛新闻化趋势,在生产方式和传播形态上颠覆和打破传统新闻概念内涵和外延的同时,并未引导和建构出崭新的、自足的、具有说服力的新闻概念系统,从而模糊了新闻与信息之间的界限。因此,数据可视化仅仅是新闻讲述的手段,绝非新闻本体⑦。

---

① 参见晋贝贝:《我国数据新闻可视化的发展现状》,《青年记者》2018 年第 14 期。
② 参见徐少林、白净:《数据新闻可视化设计与内容如何平衡》,《新闻界》2018 年第 3 期。
③ 参见杨奇光:《媒体融合时代的新闻室矛盾:基于新闻可视化生产实践的考察》,《新闻大学》2018 年第 1 期。
④ 参见常江:《图绘新闻:信息可视化与编辑室内的理念冲突》,《编辑之友》2018 年第 5 期。
⑤ 参见赵如涵、陈梓鑫:《全球数据新闻报道的创新路径——以"数据新闻奖"获奖作品为例》,《新闻与写作》2018 年第 11 期。
⑥ 参见郑天:《数据新闻的叙事创新研究——以〈数说命运共同体〉为例》,《新闻知识》2018 年第 4 期。
⑦ 参见战迪:《新闻可视化生产的叙事类型考察——基于对新浪网和新华网可视化报道的分析》,《新闻大学》2018 年第 1 期。

### 3. 人工智能与新闻实务创新研究

人工智能是人类历史上跨时代的认知革命。米华从人工智能的内涵界定入手,分析美联社智能化的新闻战略主要表现在四个方面:第一,以信息采集智能化战略开启捕捉新闻的途径;第二,以内容生产智能化战略重塑新闻写作新模式;第三,以新闻分发智能化战略满足用户个性化需求;第四,以新闻反馈智能化战略改变人机互动模式。研究者认为,美联社对人际关系的鲜明态度并不是让机器取代新闻从业者,而是发挥机器的功能,为新闻从业人员所用[①]。

新闻核查是保障新闻报道真实性的关键一环。陈昌凤和师文打破新闻传播学与计算机学科的隔阂,围绕智能化新闻核查主流算法——基于内容模型的算法和基于社会情境的算法,从更为宏观的层面反思自动化新闻核查技术介入新闻界阻击假新闻的有益尝试和未来趋势[②]。

卢长春和刘莹莹指出,人工智能技术目前已经全面渗透到新闻生产的各个环节当中,实现了传统新闻生产的智慧化转型。在人工智能这一技术力量的推动之下,新闻生产中的主体、客体和生产关系都发生了深刻的变化。人工智能开启了人机协同生产的新时代,智能化新闻生产要求大规模的生产协作,移动化、平台化、数据化发展趋势使得跨部门、跨行业、跨领域的大规模新闻协作成为可能[③]。

郑春风以自动化新闻作为探讨新技术,特别是人工智能技术与新闻业自身结构转型之间复杂关系的重要切入口,指出从新闻生产流程、新闻记者再到新闻职业认同等各方面,自动化新闻对新闻业的某种变革性冲击和影响迹象已然开始显现。在自动化新闻快速发展的同时,其存在的阶段性问题也日渐显现出来。但无论如何,作为当前新闻业进行结构转型的重要举措,自动化新闻实践为新闻业的发展提供了某种可能性。需要指出的是,自动化新闻的发展及其命运广泛涉及技术、人员、制度、法律和伦理等系统性的社会因素,因此,这种可能性目前还是充满各种不确定性[④]。

传感器新闻是在互联网逻辑支撑下,依靠大数据形成的一种非独立的新闻报道类型,是依托传感器技术与互联网技术相融合来抓取数据,可供新闻媒体进行新闻内容制作的一种方式。张湘锋对大数据时代传感器新闻的生产模式进行探析,发现传感器新闻主要有三种生产模式:采集群体性数据,生产预测性新闻;强化参与理念,生产"众包"新闻;拓展感知能力,生产深度新闻。总体而言,传感器新闻的生产尚处于起步阶段,但在内容、品质和生产方式上有着广阔的发展前景,通过物联网和可穿戴设备等新技术手段与新闻生产的高度融合,可使传感器新闻成为新闻生产的"新常态"。与此同时,传感器新闻带来的隐私保护和数据同源问题要引起重视[⑤]。

张建中以人工智能语音音箱为研究对象,认为智能语音界面将会成为下一个重要的信息交流平台。研究指出,传统传媒组织在人工智能语音音箱上的创新报道上进行了许多探索,例如将"回声"、"谷歌之家"等人工智能语音音箱用于新闻报道,但是这种逐渐崛起的人工智能语音平台将会不断模糊我们的住所、生活与技术之间的边界,新闻媒体运用相关技术时也会出现相应的法律与伦理问题[⑥]。

---

① 参见米华:《AI 驱动下智能化新闻战略研究——以美联社的智能化新闻实践为例》,《编辑之友》2018 年第 7 期。
② 参见陈昌凤、师文:《智能化新闻核查技术:算法、逻辑与局限》,《新闻大学》2018 年第 6 期。
③ 参见卢长春、刘莹莹:《人工智能时代的新闻生产:变革、创新与重构》,《新闻传播》2018 年第 19 期。
④ 参见郑春风:《自动化新闻的实践、影响与困境》,《青年记者》2018 年第 28 期。
⑤ 参见张湘锋:《大数据时代传感器新闻的生产模式探析》,《传媒》2018 年第 21 期。
⑥ 参见张建中:《声音作为下一个平台:智能语音新闻报道的创新与实践》,《现代传播(中国传媒大学学报)》2018 年第 1 期。

　　尽管人工智能对于新闻生产具有创新性,但是智能化的流程也让新闻生产走进了一个"黑箱"。仇筠茜、陈昌凤通过梳理美、德、英、中等国对人工智能技术在新闻生产中的实际运用,发现技术本身和技术商业化一道,将新闻线索发掘、新闻文本写作、评论策展、标题制作、网页编辑、新闻分发渠道的诸多流程推向了"黑箱"——新闻生产的幕后,人类现有认知水平对其真实度、可信度、透明度难以判断。又由于人工智能技术有"科学"、"客观"光环的加持,黑箱化的过程不仅改变了新闻的样态、新闻生产的格局,而且带来了"流量工厂"驱逐优质新闻、定制推送固化社会分层、技术平台反收编新闻机构等社会格局变化①。

　　张超将研究视野聚焦在智媒时代新闻生产中的算法风险,认为当算法成为新闻生产的新中介时,会迎来失实风险、决策风险、偏见风险、隐私风险和声誉风险五类算法风险。为应对这些风险,应当从自律层面、他律层面、社会层面和媒体层面进行应对,通过构筑新闻生产的算法责任伦理、制定监管新闻算法的法律法规、提升利益相关者的算法素养、建立算法风险的应对机制,以减少伤害、降低损失、完善服务、挽回声誉②。

### 4. VR与新闻实务创新研究

（1）"VR+新闻"的实务创新

　　VR技术即虚拟现实技术（virtual reality）,作为一种沉浸互动式的计算机模拟环境,可以让受众产生身临其境的体验感。"VR+新闻"的新型传播模式引发了传媒业界的广泛关注和应用。王楠和徐天宜认为,VR技术的出现给新闻媒体提供了新的契机,使其能够利用VR技术实现立体化、全方位的新颖的报道形式。同时,VR技术也对传统的新闻生产带来了巨大的冲击,从新闻人才（由单一性转向复合型）、新闻选题（由价值导向转变为共同商议）、新闻内容（由浅层叙事转向沉浸体验）、新闻报道方式（由单一形式转向融合报道）等各个方面对以往的生产流程进行改造③。

　　周文杰和王瑜认为,VR技术作为一种全新的"补偿性媒介",对传统的新闻传播领域带来了深刻的变革,对传统新闻传播在新闻生产方式、新闻呈现方式及用户体验感上都有了极大的补偿④。袁文丽和米雅璐以场景理论为研究视角,指出VR新闻凭借其"复制世界"的核心技术优势"3I",即沉浸感、交互性和想象力,向新闻业提供了一个全新的传播视角和叙事思路。通过沉浸式的用户体验和深层次的人机交互两个核心要素,构建了一个高仿真的内容场景,得到了新闻业界和研究者的青睐⑤。

　　郭怡然认为,全景化新闻报道是一个全新的概念,它既是一种技术,也是一种思维方式。在具体的新闻实践中,要用全新的角度和观念,积极应用新技术,努力实现新闻传播的互动性和连续性,保证新闻的真实性,提供良好的互动体验⑥。刘懿璇同样聚焦VR新闻的全景式传播与融合应用,指出VR新闻融合可以应用于突发事件的报道和深度报道多场景的融合应用,突出细节化,提高参与感,强调

①　参见仇筠茜、陈昌凤:《黑箱:人工智能技术与新闻生产格局嬗变》,《新闻界》2018年第1期。
②　参见张超:《新闻生产中的算法风险:成因、类型与对策》,《中国出版》2018年第13期。
③　参见王楠、徐天宜:《VR新闻对传统新闻生产的影响》,《传播与版权》2018年第9期。
④　参见周文杰、王瑜:《VR技术对传统新闻传播的补偿性解读》,《科技传播》2018年第16期。
⑤　参见袁文丽、米雅璐:《场景理论视角下虚拟现实新闻探究》,《青年记者》2018年第35期。
⑥　参见郭怡然:《VR技术下的全景化新闻报道》,《新闻战线》2018年第16期。

沉浸互动,使得人机交互性更为多元丰富①。

符绍强和夏落兰探析 VR 技术在新闻报道中的应用特征及 VR 新闻的发展前景,指出 VR 新闻涉及两种新闻报道类型:一是实景拍摄,二是计算机三维建模。由于 VR 技术的技术特性和 VR 新闻采集方式的影响,VR 技术有自己倾向的报道类型,主要集中在军事科技报道、灾难报道、时政类报道和旅游题材报道②。

郝香指出,VR 新闻作为一种全新的新闻报道样式,正在被越来越多的媒介机构尝试探索。VR 新闻的发展离不开 VR 编辑的主导作用,而 VR 编辑在当前仍属稀缺品种,他们需要在产品、用户、整合、跨界等方面做出思维转向方可胜任"超编辑的全息产品经理"角色③。

何帆以虚拟现实媒介属性与新闻叙事为写作对象,从各种角度解读虚拟现实的媒介属性,论述虚拟现实冲击下的新闻叙事策略。他指出,为了更好地将虚拟技术运用于新闻报道,新闻工作者首先要找好选题,做好单一性的叙事,同时需要把握叙事符号的变动,这样才可以进一步做好新闻报道④。

(2)"VR+新闻"的局限与反思

刘义昆指出,从新闻创新的视角看,虚拟现实新闻在产品创新、过程创新以及理念创新层面确有颠覆性,但在新闻实践中却会不断遭遇技术瓶颈、扩散问题与伦理问题,甚至有对必要性的质疑,因此不能断言虚拟现实新闻会重构新闻业。须知,并不是每一种新技术都拥有互联网一样的变革力量,并不是所有的创新(新闻创新)都会有一个美好的未来⑤。

许燕认为,当下虚拟现实新闻的主要问题在于沿用线性思维,在新闻价值提供、新语境信息需求的满足,以及新工具特长发挥等方面均受到束缚,也未能满足高维时代的用户新需求。实际上,虚拟现实新闻要在海量信息时代立足,可以采用高程度注意力投注等多种方式建设与传统新闻的竞争隔绝机制,借助动态竞争新思路创新应用场景。以此为鉴,转型中的媒体人也应直面线性新闻生产的同质化风险,调整生产方式,更换思维方式,打通高维信息通道,提供适配高维新需求的新新闻产品⑥。

赵双阁和高旭认为,VR 技术推动媒介融合发展,在新闻叙事方式与能力方面带来了全新的突破与变革。传统新闻业在诸多方面发生嬗变,但新闻接触方式的改变并不意味着其新闻本源的变革与突破。特别是"沉浸"与"交互"两方面,对新闻报道通过真实性、客观性与解释性报道的逻辑性共同建构的新闻权威造成负面的影响,及其暧昧性的可视化表达,无法构筑对新闻事件的抽象价值意义的解读,而游走在新闻伦理红线边缘。VR 技术为新闻实践提供了多源信息融合的动态视景和智能交互体验的资源与优势,但也会带来一定的限制。因此,媒介发展之路并非创造"全能"媒介,而应是"物尽其用",搭建"智能化媒介"新闻业务平台⑦。

张筠浩通过对"超真实"理论和 VR 技术的起源、发展、特点进行阐述,探讨了虚拟现实技术可能

①　参见刘懿璇:《人工智能时代下 VR 新闻的全景式传播与融合应用》,《中国传媒科技》2018 年第 9 期。
②　参见符绍强、夏落兰:《基于媒体融合的 VR 新闻研究》,《传媒》2018 年第 21 期。
③　参见郝香:《VR 新闻编辑的思维转向》,《新媒体研究》2018 年第 8 期。
④　参见何帆:《虚拟现实的媒介属性与新闻叙事策略》,《中国报业》2018 年第 24 期。
⑤　参见刘义昆:《重构新闻业的想象:虚拟现实新闻的创新价值与实践困境》,《南京社会科学》2018 年第 7 期。
⑥　参见许燕:《从线性到高维——虚拟现实新闻的应用场景和生产误区》,《中国文化产业评论》2018 年第 1 期。
⑦　参见赵双阁、高旭:《VR 技术应用新闻实践的伦理困境及其突破策略》,《出版发行研究》2018 年第 8 期。

会引起的新闻叙事重构的几个方面,并试图分析这些重构所带来的三个伦理问题:其一,新闻娱乐化趋势可能更加严重;其二,"透明的"工具之"恶"可能导致策划新闻;其三,"超真实"导致的真实与虚拟真实混同①。

伍菲指出,人们对 VR 新闻的期待源于对"重要"新闻"临场"的需要,但是 VR 技术还原的现实不等于真实再现,VR 新闻报道也不是传统媒体的新闻思想、报道内容与 VR 技术的简单相加,而是以VR 技术为依托,通过增强体验者的沉浸感,强化信息报道的内容传递,从而获得更好的传播效果。目前 VR 新闻产品存在三点问题:一是 VR 新闻缺乏精品;二是专业播放平台的缺失;三是 VR 观看设备尚未普及②。

陈铭认为,VR 新闻目前存在三大困境:一是对新闻真实性的挑战;二是盈利模式的困境;三是新闻选题的局限。VR 新闻未来要更好地发展,不仅要加强技术革新,更要加强内容建设。第一,要建立起自己的真实性价值理念,将 VR 新闻中的用户体验真实和传统新闻中的新闻本质真实价值相统一;第二,探索符合自己逻辑的叙事模式,将从开端到探索再到指意的体验过程和传统新闻叙事相结合;第三,要强化心理上的接近性因素,这一点在 VR 新闻的选题和制作中都需要特别注意③。

张佳妮指出,发展 VR 新闻要意识到"技术+内容"缺一不可。VR 新闻这一新的传播形态,为媒体突破同质化带来了新的契机。借此契机,媒体应在内容上继续创新。此外,VR 技术给新闻报道的真实性提出了更高的要求,传统的新闻伦理理念对 VR 新闻而言已不能完全适应。因此,在媒体纷纷运用 VR 报道新闻之时,科学的 VR 新闻制作规范、制作标准等需要尽快达成共识④。

杨曙认为,媒体要充分借助 VR 的优势,需要提升技术,缩短制作时间,强化内容的广度和深度,将用户带入更深层次的信息界;规范可能产生的伦理问题,促进新闻从业者和用户的媒介素养提升;强化人才培养,培育新闻记者的 VR 视觉思维体系,加强记者的沉浸素养,提升 VR 制作团队能力,联合企业创建项目平台,吸引投资⑤。

### 5. 其他新闻实务创新研究

吴果中指出,互联网提供的技术可能性重塑了新闻的定义和人类的新闻实践,"训话式新闻"或"作为演讲的新闻"逐渐被"作为对话的新闻"所代替。他认为,对全民新闻进行内容管理的策展新闻,实现参与式协作和意义共享,成为一种以"对话"为中心的新闻实践。它按照专业新闻生产的话语逻辑核准、筛选和呈现新闻,以新闻生产的开放性和透明性,揭开新闻生产的"黑箱"。策展新闻依然遵循新闻专业标准,体现了互联网时代专业新闻权威性的重建⑥。

张建中通过编译牛津大学路透新闻研究所相关研究,介绍了新型卫星技术在媒体中的应用。卫星新闻是开源数据新闻的一个领域。现在新闻媒体越来越依赖于利用卫星图像揭露像亚马逊河流域

---

① 参见张笃浩:《"超真实"理论下 VR 新闻的叙事重构与伦理局限》,《新闻前哨》2018 年第 3 期。
② 参见伍菲:《"VR+新闻":虚拟现实报道的尝试与反思》,《传媒》2018 年第 2 期。
③ 参见陈铭:《VR 新闻的创新价值与现实困境》,《新媒体研究》2018 年第 16 期。
④ 参见张佳妮:《VR 新闻对新闻报道的意义、局限与发展路径》,《传媒》2018 年第 5 期。
⑤ 参见杨曙:《当下 VR 新闻制作的缺陷与未来发展》,《中国记者》2018 年第 3 期。
⑥ 参见吴果中:《策展新闻:以"对话"为中心的新闻实践》,《湖南师范大学社会科学学报》2018 年第 1 期。

等边远地区发生的环境破坏,以及用卫星图像来分析一些国家的导弹发射与核试验。虽然卫星技术在视觉叙事上引人注目,但是利用卫星图像进行新闻报道是一项复杂的任务,应该培训新闻记者掌握解释和使用卫星图像的基本技能,避免误解卫星图像从而损害新闻报道的可信度①。

撰稿人:辛艳艳(复旦大学新闻学院 2018 级博士研究生)

① 参见张建中、马克·科克伦:《新兴卫星技术在新闻采访报道中的应用》,《青年记者》2018 年第 34 期。

# 新闻传播法规与职业道德研究

  本文基于中国知网,以期刊检索为主,综合采用三种查询方式展开文献梳理:首先,通过文献来源展开检索,逐一输入《新闻与传播研究》、《国际新闻界》、《新闻大学》、《现代传播》、《新闻记者》等 16 份学术期刊,调取上述期刊 2018 年度刊发论文目录,人工筛选符合要求的篇目,纳入研究范畴;其次,将近年来在本文研究领域内知名度较高的学者姓名作为搜索项,逐一进行检索,寻找符合要求的论文篇目;再次,采取关键词查询方式,将"新闻传播法规"、"新闻传播伦理"、"新闻传播职业道德"等核心词语输入,查缺补漏符合本文标准的论文篇目。通过上述三种文献检索方式,笔者梳理出一批具有代表性的论文,并对其整合、梳理,归纳出 2018 年新闻传播法规、职业道德、新闻伦理等研究领域的几个热点研究话题。

  笔者发现,在这一主题下,目前学界和业界比较关心的话题包括:网络法规、互联网治理、融媒时代的版权问题、新闻侵权、网络伦理等。在行文过程中,本文将根据话题的重要程度与体量进行更细的划分。

## 一、新闻传播法制与规范

  新闻传播法规与传媒规制涵盖的研究领域很广,下文将之分为两个部分加以阐述:其一为关于传统新闻传播法规与传媒规制的研究;其二涉及在新的媒介生态环境下,有关网络法规及相应的互联网治理的探讨。由于 2018 年关于网络法制探讨的论文较多,因此笔者将之单独列为一个话题单元。

### 1. 新闻传播法规与传媒规制

  此处着重针对该领域具有普遍共性的话题进行探讨。需要特别说明的是,个别论文虽然是在网络传播生态背景下开展研究,但反映的仍然是具有普遍共性的新闻法制问题,笔者仍将之纳入这一部分。

  (1)新闻传播法规研究

  2018 年年初,中国传媒大学媒体法规政策研究中心搜集了 2017 年度有关传媒法的相关事例 916 个,并在此基础上发布《2017 年中国传媒法治发展报告》,概述本年度出台的有关传媒指导方针和基本法律规定,针对媒体体制改革与监管、互联网治理、信息公开、著作权保护、人格权保护五个领域展开述评,针对 2017 年度新闻传播领域的各种事件进行梳理①。

  著作权问题一直是学者们关心的一个重要话题。刘友华和魏远山认为,聚合分发平台未经许可

---

①  参见中国传媒大学媒体法规政策研究中心:《2017 年中国传媒法治发展报告》,《新闻记者》2018 年第 1 期。

而以商业目的整合传统新闻出版者的新闻报道,不仅侵害了传统新闻出版者的著作权,还严重损害其经济利益,导致两者之间的著作权冲突加剧。从聚合分发平台与传统新闻出版者间的利益偏好与博弈来看,合作是双赢的必由之路。他们从新近德国、西班牙的相关立法,以及我国现有纠纷的解决状况出发,认为过分注重保护传统新闻出版者而忽略问题根源,纠纷难以得到有效解决。引入著作权法定许可制度,协商合理的许可费率,授权中国出版协会集体管理新闻报道并代收使用费,从而协调两者利益是可行之路①。

著作权惩罚性赔偿制度是否真正具备惩治功能?对作品在市场上的传播能否起到正面效用?彭志强等利用博弈论分析方法,从著作权人、使用者两方面入手,分析双方在不同制度环境下可能作出的策略选择,阐释赔偿损害数额变化对参与者决策的影响②。

王炎龙和邓颖表示,平衡作者、传播者和使用者三方的利益是著作权法重要的立法原则。为应对媒介技术冲击,适应版权经济发展,我国对著作权法进行第三次修订。这次修订对利益的再分配作出规定,通过从创作者、传播者和使用者三个利益主体对比法律条文,探究我国版权保护规制变化,探讨其如何适应新技术和新市场环境变革,从而实现各个主体利益的再平衡③。

互联网带来的开放与创新是当下的全球趋势,但新、旧时代的交织总有碰撞。王玮和张博令认为,当下,自由、开放、共享的理念与传统知识产权制度格格不入。代表反叛的技术开源与专利权之间的关系错综复杂,一方面,企业专利诉讼频率和数量井喷式增长;另一方面,创新成为市场竞争中必不可少的环节。新技术发展下的专利制度究竟该承担何种社会功能,值得人们深思④。

由于中国没有专门的《诽谤法》,"特许权"至今仍是一个学理概念,虽然相关规定在司法解释中也有体现,但与国外的诽谤法相比,特许权范围小得多,同时,因立法的简陋和模糊,导致这一问题在案件报道中尤为凸显,以致媒体无所适从。王宝卿分析了我国法律关于媒体特许权的基本规定,以案例阐释特许权抗辩适用的司法实践与问题,指出当前尚需立法来进一步明晰特许权的范畴,扩大媒体特许权的保护范畴⑤。

(2)传媒规制研究

窦锋昌以工商行政管理局等官方机构公布的45起违反新《广告法》的典型案例为素材,分析了新《广告法》实施后对违法广告的规制效果,概括出违法广告在违法平台、违法领域及违法类型三方面的特点。研究发现,新《广告法》延续了原《广告法》"政府主导型"的规制模式,但是在新媒体环境下,广告规制受到互联网广告实践的强烈冲击,规制模式面临着从"政府主导型"向"社会主导型"迭代的迫切需求⑥。

唐英分析了互联网广告低俗化问题及产生的原因,并以建构监管机制为目标,探讨在新《广告法》

① 参见刘友华、魏远山:《聚合分发平台与传统新闻出版者的著作权冲突及解决》,《新闻与传播研究》2018年第5期。
② 参见彭志强、游双、廖汶沁:《著作权惩罚性赔偿对作品传播的效用》,《青年记者》2018年第22期。
③ 参见王炎龙、邓颖:《版权保护规制的权利再平衡——基于〈著作权法(修订草案送审稿)〉的分析》,《新闻界》2018年第6期。
④ 参见王玮、张博令:《知识产权在互联网时代的发展与挑战——专访北京大学法学院张平教授》,《新闻爱好者》2018年第5期。
⑤ 参见王宝卿:《案件报道中媒体特许权适用存在的问题》,《青年记者》2018年第16期。
⑥ 参见窦锋昌:《新〈广告法〉的规制效果与规制模式转型研究——基于45起典型违法广告的分析》,《新闻大学》2018年第5期。

视域下,如何适时适度地建立符合我国国情的互联网广告管理机制,为防控低俗互联网广告的社会危害提供法律保障,并为制定相应的监管制度提供一定的启示①。

李毅和戴林莉指出,我国修订后的《广告法》、《反不正当竞争法》未对比较广告之概念、合法性标准及适用范围等核心问题作出直接规定,使得实践中只能以分散的立法条文作为对比较广告行为进行规制的依据。而分散式立法所存在的不衔接及缺失之处,使得对比较广告的规制在效果上大打折扣。比较广告利弊同存且显著的特性,无疑会给相应的立法活动增加困难,态度不一的域外立法例或多或少也会影响我国相关立法。随着比较广告运用的愈加频繁,模棱两可的立法态度应当被打破,立法的不衔接之处应当被缝合,《广告法》、《反不正当竞争法》和《商标法》需各司其职,立法缺失部分亦应当被补足②。

王炎龙和李玲认为,传媒产业的发展,促进我国媒介市场主体性的逐渐增强,以法律法规为代表的法律规制和以监管部门政策为代表的行政规制的权威性受到一定程度的挑战。研究以2006年至2016年制定或修订的广播电影电视法律法规和政策文本为研究对象,试图厘清媒介规制与媒介生产之间的关系。研究发现,在媒介规制过程中兼顾管理和服务功能、平衡政府与市场的关系,构建符合我国国情的媒介规制效果评价体系,才能达成媒介规制与媒介生产的契合与共存③。

言论自由是公民享有的一项基本权利,在享有这项权利的同时,也要承担起相应的责任。许前川指出,互联网时代赋予公民言论自由更大的诉求空间,但从传播效果来看,公民网络言论自由存在过度“消费”。其权能语境下不断延伸了新的网络传播问题,如“网络暴力”、“人肉搜索”等事件,直接影响了公民网络言论的自由度。针对公民网络言论自由的限制问题,研究结合法律展开探讨,提出规范公民网络言论自由法律规制的相关建议,指出相关管理部门应加强网络言论的监管,有效打击侵权行为,维护公民的言论自由④。

### 2. 网络法规与互联网治理

随着移动互联网的飞速发展,网络法制成为2018年度学者们重点关注的研究领域。围绕这一话题,大量学术论文得以发表。网络法制建设应始终将权利保护置于核心位置,这在许多学术论文中均有论及。

（1）网络法规研究

王伟亮以“营造清朗的网络空间”这一网络传播治理目标为出发点,梳理分析了2017年制定或施行的网络传播主要法律制度,探讨其对2018年或更长一段时期网络传播的可能影响。在网络安全和网络空间主权观念已然确立的情况下,相关从业人员不能再有任何“放松管理”、“回归自由”的幻想,准确把握国家对网络传播治理的思路,熟练掌握相关规定并积极应对,才是应有之道⑤。

侯健指出,我国涉及网络信息内容管理的行政法规存在超越宪法和法律的现象,禁止了宪法和法

①　参见唐英:《新〈广告法〉视域下互联网广告低俗化监管机制研究》,《当代传播》2018年第1期。
②　参见李毅、戴林莉:《论我国比较广告的法律规制——以立法衔接与补足为视角》,《新闻界》2018年第8期。
③　参见王炎龙、李玲:《媒介规制与媒介生产:一种把关的制衡——基于2006—2016年广播影视法律法规和政策的分析》,《新闻大学》2018年第5期。
④　参见许前川:《公民网络言论自由的法律规制》,《新闻战线》2018年第16期。
⑤　参见王伟亮:《营造清朗的网络空间——2017年网络传播法立法回顾与2018年展望》,《青年记者》2018年第1期。

律没有禁止的某些种类信息内容。这种现象的体制性原因是过于宽泛的行政法规制定权。行政法规是行政部门而非代议机关制定的规范性法律文件,而表达自由作为宪法上的公民基本权利,具有形成民主意志的重要作用。行政法规的超越性规定并不妥当。行政法规制定权的制度安排需要完善。只有在特别授权的情况下,行政法规才能超越宪法和法律的行为规范,限制表达自由;一般情况下,只能为了执行宪法和法律的行为规范,在宪法和法律行为规范的范围内限制表达自由[①]。

魏永征认为,对互联网新闻业务实行许可制度始自 2000 年《互联网站从事登载新闻业务管理暂行规定》的出台,近一年来基于《网络安全法》规定精神密集出台的诸项互联网监管的部门规章,进一步深化、细化了行政许可与主体责任的事项。互联网新闻业务许可制说明在互联网上不存在从事采编发布和转载新闻的普遍性的权利和自由。新闻传播的管控关涉重大公共利益,具有充分的理据,但也存在明显的缺陷。如果全国人大常委会能够根据《宪法》第六十七条的规定行使"解释宪法"的职权,对相关规定进行解释,将互联网新闻业务纳入行政许可,在立法程序上的缺陷则可迎刃而解[②]。

互联网领域最重要的立法《网络安全法》已于 2017 年 6 月 1 日开始实施。立法者希望借此全面提升我国网络安全(包括网络信息安全)的保障水平。就个人信息保护而言,这部法律真的能达到立法者所期待的效果吗? 邵国松等对《网络安全法》的个人信息条款含义进行分析,并选取我国 500 家颇具影响力的网站(包括政府、社会组织、教育、商业、敏感信息五类)的隐私政策声明(含个人信息保护政策)进行分析,审查这些网站是否很好地执行了《网络安全法》相关条款。研究发现,我国大部分网站合规程度较低,不同类别网站的合规程度也存在差异。通过技术检测发现,70% 的敏感信息类网站存在中级及以上的数据安全漏洞。简言之,法律在保护个人信息中所扮演的角色目前看来是有限的[③]。

在各类信息数据非常容易搜索查找的今天,"被遗忘权"作为一种公民的权利越来越受到重视。付筱竹对国内外学者关于"被遗忘权"的研究做了梳理,为进一步的研究提供了参考。在"被遗忘权"的领域,媒介始终有其例外,对于这一层面,还需更为深入的研究。但无论如何,理论再多的讨论都需要实践来证明,中国网络信息保护的法律进程需要得到切实推动[④]。

(2) 互联网治理研究

张小强认为,在网络空间中,网络中介因为技术和平台等优势形成与公权力相对的私权力。网络中介的私权力来源于用户条款,而用户条款的制定和执行受到法律、政府、用户及商业利益的驱动。通过用户条款,法律这种公共性质的、抽象的"社会契约"部分被私人性质的、具体的"私人契约"所代替,网络治理与个体权利实现都要依赖网络中介。网络中介权力的正当性来源于合同法规则,使得其权力相对于法律在网络空间中更加凸显、更为直接,失去了传统意义上的社会协商空间。虽然合同法、竞争法、企业社会责任、用户集体行动对网络中介私权力有一定限制,但这些机制本身也有局限。在网络治理和用户权利实现上,已经形成了一种复杂的网络。解决上述问题,传播法理论研究和具体

---

① 参见侯健:《表达自由与行政法规制定权——以网络信息内容管理规范为例》,《新闻大学》2018 年第 2 期。
② 参见魏永征:《互联网新闻业务许可与新闻自由》,《新闻爱好者》2018 年第 2 期。
③ 参见邵国松、薛凡伟、郑一媛、郑悦:《我国网站个人信息保护水平研究——基于〈网络安全法〉对我国 500 家网站的实证分析》,《新闻记者》2018 年第 3 期。
④ 参见付筱竹:《大数据时代"被遗忘权"的研究与思考》,《青年记者》2018 年第 25 期。

实践应从以规范为核心转向对规范和行为的综合分析①。

张殿元和张殿宫表示,传统纸媒已整体衰落,电子媒体日渐式微,而替代传统大众传媒位置的网络音视频媒体正在蓬勃发展。这是人类共同要面对的新兴事物,也将各国拉回到媒介管理赛场上的同一起跑线。能否抓住网络音视频媒体规制管理的机遇,将成为决定未来国家在信息传媒领域乃至整个互联网世界竞赛成败的关键。加强中国网络音视频媒体的法治管理,既有利于网络企业快速发展,也将提升中国网络音视频媒体作为整体参与国际竞争的能力和水平②。

我国是最早对网络视频内容进行政府规制的国家之一。王长潇和位聪聪以 2016 年以来多个相关政府单位发布的规制内容和执法中的典型案例为研究对象,从法律法规建设、规制机制、规制方式等角度进行考量,认为目前我国网络视频政府规制层面存在以下特点:法律规制建设不断完善,监管方式多元化,新环境下行业自律态势明显等。当前蓬勃发展的网络视频带来的不仅是行业的发展,更是民主化进程的体现。政府层面要进一步科学合理规制,引导网络视频健康发展③。

以信息为传播呈现的广告,其从业环境必然会随信息生产与传播环境的变化而适应性改变。以互联网为技术载体的社交媒体与自媒体的崛起,从根本上改变了受众身份的单一性。这一改变客观上要求《广告法》适应性调整此前以广告运行环节分解责任主体的规制方式。唐英和刘瀚骏以新修订的《广告法》及作为其领域延伸的《互联网广告管理暂行办法》的立法精神为立足点,审视当前微信领域的广告规制,认为现行以行政监管为主、以行业自律为辅的广告监管制度,在微信广告面前,缺陷比较突出。弥补这些缺陷,需突破原有的"政府-行业"二元模式,引入"国家与社会"的关系模式,并在此基础上建立多元主体共治机制。只有政府、行业、社会共同参与,类似微信广告这类必将随互联网技术的发展而不断演化监管对象,才能既被规制也保持活力④。

互联网带来了无数便利,也带来了无尽麻烦。随着互联网应用的普及,一些网络媒体平台引发了侵犯用户隐私、虚假信息、内容低俗等一系列互联网治理问题。崔保国和王竟达运用双边市场理论,从规制与自制、用户与客户、用户侧与供给侧等多个维度,探讨网络媒体盈利模式设计运营的底线问题,指出网络平台媒体企业的盈利模式对用户侧的忽视,提出"用户友好型"盈利模式的构建设想⑤。

司明宇指出,互联网的开放性和受众的广泛性、交互性,加快了信息传播的速度,扩大了信息传播的范围,提高了信息传播的效率。但在此过程中,煽动性信息的传播也必然给社会带来不安定因素。只有明确网络煽动性言论的刑罚界限,公民才能更好地行使自己的言论自由权利,维护自己的合法利益,从而更好地促进网络社会生活的有序进行⑥。

乔新生认为,腾讯与今日头条诉讼反映出我国反不正当竞争法关于互联网领域不正当竞争行为的规定显得过于简陋,以至于无法反映出反不正当竞争法的基本精神。反不正当竞争法的核心价值在于要保护经营者和消费者的合法权益⑦。

---

①　参见张小强:《互联网的网络化治理:用户权利的契约化与网络中介私权力依赖》,《新闻与传播研究》2018 年第 7 期。

②　参见张殿元、张殿宫:《网络音视频媒体法治管理的挑战及应对策略》,《当代传播》2018 年第 5 期。

③　参见王长潇、位聪聪:《乱象与回归:我国网络视频政府规制的现状、特点与发展》,《当代传播》2018 年第 2 期。

④　参见唐英、刘瀚骏:《新〈广告法〉视阈下微信广告的规制路径》,《当代传播》2018 年第 4 期。

⑤　参见崔保国、王竟达:《互联网的规制与网络媒体的自制》,《新闻战线》2018 年第 17 期。

⑥　参见司明宇:《自由与责任:网络煽动性言论的刑罚界限》,《新闻战线》2018 年第 2 期。

⑦　参见乔新生:《腾讯与今日头条诉讼中的法律问题》,《青年记者》2018 年第 22 期。

张惠彬和王欣怡表示,"服务器标准"和"用户感知标准"是判定网络服务商是否侵犯信息网络传播权的两种标准。"服务器标准"的含义为如果行为人将信息上传到公开服务器,使公众在选定时间、地点可以查看,则属于"信息提供",构成直接侵权行为。如果提供传输、存储、链接、定位等服务的,则属于"技术支持",仅承担帮助、教唆等间接侵权责任。"用户感知标准"在客观上可反映为"实质呈现标准"和"链接不替代标准",即信息直接向用户呈现,传播的实际效果替代了原始提供者即构成侵权。经比较,传统的"服务器标准"已经出现落后产业实践的趋势。"用户感知标准"能应对技术变化、降低维权成本和优化利益分配格局,已存在国内外制度及案例基础,可用于修正僵化的"服务器标准"。司法中,有必要明晰"用户感知标准"的举证规则效力,以司法解释确立"用户感知标准"的地位。此外,未来还有必要改革传播权制度以解决技术主义立法路径之弊端①。

陈堂发和杨世宏认为,以审判为中心取代以侦查为中心是刑事诉讼制度完善的目标所在,涉及公权力表达的刑事追责案件的诉讼过程明显存在侦查权中心主义的倾向,法庭审判成为一种程式主义。对于言论治罪案件而言,确立以审判为中心的刑事诉讼制度的路径之一,是通过有效手段严格排除非法证据。言论行为违法或犯罪构成条件认定具有相对复杂性、模糊性的特征,合法取证应强调以可监督举证的方式,在取证源头预防强迫自证其罪或伪造证据,保障庭审前被告人寻求权利救济的司法渠道畅通,以及保障庭审阶段控辩双方对证据合法性的举证、质证权②。

王凤翔和申文静认为,中国特色社会主义进入了新时代,网络治理从网上信息管理向规范网络行为转变是"与时偕行"。网络信息规律、信息技术趋势、法治建设、管理实践与互联网安全内容,决定了传统的信息管理方式不符合网络发展规律及其治理趋势,必须将网前行为、网上行为、网下行为作为一个完整系统来统筹考虑、全面规范,覆盖网络全业态、全平台、全链条。这既是一个立法、执法、守法的硬要求过程,也是一个与从业人员和广大网民教育养成、互动交流的柔性培育过程,主要通过法律法规、行政监管、行业自律、网民自觉等手段规范,从根本上改善互联网发展治理的国内国际环境③。

白净和程子姣通过案件分析发现,使用网络制造和传播谣言而构成刑事处罚和行政处罚的,主要有以下几个因素:主观上故意制造并传播谣言;在突发事件发生后或重大事件期间制造并传播谣言;制造和传播的谣言含有恐怖信息或威胁政治经济和社会秩序的信息;因制造和传播谣言导致严重后果④。

全面依法治国方略为网络谣言治理法治化奠定了制度基础,"共建共治共享"的社会治理机制为网络谣言治理路径选择提供了思路。张振亮借鉴西方发达国家网络谣言治理经验,结合我国全面依法治国实践,将网络谣言多维共治纳入法治化轨道,是构建我国新时代网络谣言治理机制的重要路径选择⑤。

---

① 参见张惠彬、王欣怡:《如何判定侵害信息网络传播权的行为?——基于"服务器标准"和"用户感知标准"的比较》,《新闻界》2018年第11期。

② 参见陈堂发、杨世宏:《网络言论追责中以审判权制约侦查权问题》,《新闻爱好者》2018年第2期。

③ 参见王凤翔、申文静:《新时代的互联网络治理创新——从网上信息管理向规范网络行为转变》,《新闻与写作》2018年第1期。

④ 参见白净、程子姣:《当前网络谣言的成因、性质以及处罚的合理性——基于65个治安处罚案例》,《新闻爱好者》2018年第2期。

⑤ 参见张振亮:《网络谣言多维共治法治化的路径》,《新闻爱好者》2018年第2期。

## 二、融媒时代的版权研究

中国版权协会秘书长孙悦指出,2017 年,中国版权政策持续利好、立法日趋完善,全国人大常委会开展大规模著作权执法检查,司法保护力度加强,热点版权案件不断出现,版权执法力度不减,"剑网行动"再度重拳出击,版权社会服务工作持续进行,版权产业蓬勃发展成绩斐然,版权事业进入快速发展的新阶段[①]。

中国新媒体版权保护在 2017 年有了新进展,同时在一些新兴领域也出现了新问题。朱鸿军和蒲晓梳理了当前新媒体版权保护的成果、问题,对版权保护的现状进行总结,并针对新媒体版权保护,从司法、行政、媒体、社会等几方面提出加强版权保护的优化建议[②]。

在互联网操作系统下,许多工业时代的制度安排与行为边界需要重新审视,版权即为其一。丁汉青认为,版权保护制度将随着互联网技术的变革而演进。虽然互联网技术呼唤更宽松的版权保护制度,但调整版权保护制度应遵循基本原则——遵从自然法,平衡版权所有者私利与社会公共利益[③]。

于文表示,以"知识付费"为代表的新兴知识服务是基于网络时空而产生的全新知识生产和分享空间,围绕知识作品使用的各种权利义务关系也都随之颠覆与重构,引发了知识服务在"思想/表达"、"成本/效率"、"围墙/自由"方面的版权矛盾与冲突。出版业等数字内容产业在知识服务转型的过程中,应当从建立和完善侵权监察制度、版权许可方式、版权合作机制和版权经营理念等方面,做好相应的版权制度调适[④]。

邹举指出,版权制度是将具有公共物品特性的信息产品铸造成版权商品,并进而推动版权产业形成的经济制度架构。这个过程是版权静态收益和动态收益逐步实现的过程。制度经济学对版权问题有着较强的解释力。从制度经济学视角来看,从版权制度确立到版权经济发展的变迁过程包括三个步骤:首先通过产权的界定使得信息产品的外部性得以内化,继而通过市场激励机制促进版权产品的商品化,最终通过市场竞争、权利扩张、交易成本控制等手段实现版权产业的发展[⑤]。

李宗辉认为,人工智能创作物的版权保护具有文化、经济和技术上的正当性。在文化方面,这种保护可以增加知识学习的素材,拓展人类思维的广度和深度,以及激励人类创作出更优秀的作品;在经济方面,这种保护可以促进人工智能的开发,以及维持版权市场的均衡竞争;在技术方面,这种保护符合版权法应对技术革新的一贯态度,并可以避免增加版权制度运行的成本。人工智能创作物由其产生过程所反映出来的特点,客观上符合"作品中心主义"的独创性判断标准,为其版权保护提供了现实可能性。从法律上的能力、责任以及公共政策考量的角度而言,相较于人工智能本身、人工智能设计者和使用者,将人工智能创作物的版权归属于人工智能所有者是最佳的立法选择[⑥]。

胡光认为,在对待人工智能生成对象的属性问题上,当下,倾向于将其视为具有技术性质的创作

---

① 参见孙悦:《2017 年中国版权发展及热点问题回顾》,《新闻战线》2018 年第 1 期。
② 参见朱鸿军、蒲晓:《2017 年中国新媒体版权保护报告》,《新闻与写作》2018 年第 8 期。
③ 参见丁汉青:《有关版权保护制度的几点思考》,《新闻战线》2018 年第 5 期。
④ 参见于文:《知识服务转型中的版权制度调适》,《编辑之友》2018 年第 5 期。
⑤ 参见邹举:《制度经济学视角下版权制度与版权经济的关联分析》,《编辑之友》2018 年第 1 期。
⑥ 参见李宗辉:《人工智能创作物版权保护的正当性及版权归属》,《编辑之友》2018 年第 7 期。

物,只要该对象符合一般版权法上创造性作品的条件就应当予以保护,只是权利享有者为人工智能所有人或考虑第三方管理机构,并以代理的方式处理人工智能主体与管理机构之间的关系。未来,人工智能本体获得法律认同的主体资格并拥有自主权利是可以预见的,对未来技术规制的立法思路应当基于这一认知予以引导①。

人工智能生成内容能否成为拥有著作权的作品?应归属于谁?眼下争论较多。王渊和王翔表示,为了人工智能产业的发展,可以拟定人工智能生成内容为"作品",并设置所有权。该所有权根据不同的阶段可能属于程序设计者、人工智能使用者或者投资者。人工智能"作品"不需要标注,阅读使用者仍需遵循著作权法②。

郑自立指出,在泛网时代,数字版权作为无形资产的重要组成部分,在促进国家政治、经济、文化等方面的发展上,都体现出较为重要的价值和意义。研究者梳理了泛网时代我国政府在数字版权保护方面所做的积极努力,探析了我国数字版权保护面临的主要困境,并提出具体对策建议:进一步健全数字版权保护法规体系,加强数字版权保护技术研发创新,优化数字版权保护体制机制,夯实数字版权保护的民意基础③。

文章、图片之著作权财产是最具有价值的知识财产,而侵权者却如同寄生虫一样蚕食原创者的血肉。崔健等指出,让用户接受新闻收费不容易,但不代表付费不适应中国土壤,关键要看国内纸媒如何搭建和维护付费的基石,其中涉及用户、内容、渠道、收费模式等诸多方面。只有采用科学的维权手段和技术监测体系,建立严格授权的管理机制,才能在这场版权大战中脱颖而出,让内容带来应有的价值,最终通过版权保护实现知识付费④。

史霄鸿表示,随着数字阅读和媒介融合的发展,有声阅读业已成为国内网络视听产业链的结构重点之一,在网络视听产业各运营模块的收入占比也颇为可观。在此过程中,有声阅读版权问题浮出水面并成为制约网络视听产业发展的瓶颈因素。视听平台审核不力、市场竞争无序、用户法律意识淡薄是造成版权问题突出的主要原因。考虑到国内有声阅读市场仍处于起步阶段,网络视听平台企业有望通过加强行业自律、优化战略合作、共建良好生态等举措,在改善有声阅读版权问题中发挥核心的中介作用⑤。

华劼认为,近几年来,我国频繁发生的网络平台盗播游戏直播节目的著作权侵权案件,引发了实务界和学界对网络游戏和游戏直播著作权保护的关注。首先,网络游戏由游戏引擎和游戏资料库组成,游戏直播节目主要直播玩家操作游戏画面,其是否具有独创性和可复制性,能否作为作品受到著作权法保护值得研究。其次,玩家操作游戏是否属于创作游戏,玩家能否作为著作权人就网络游戏享有权利也存在争议。再次,未经许可的游戏直播属于著作权侵权行为还是属于合理使用尚无定论。针对以上问题,研究重点讨论了网络游戏与游戏直播节目的可版权性及权利归属、与游戏直播有关的权利内容,以及游戏直播可否构成对网络游戏的合理使用⑥。

①　参见胡光:《人工智能生成对象版权法基本理论探讨:历史、当下与未来》,《当代传播》2018 年第 4 期。
②　参见王渊、王翔:《论人工智能生成内容的版权法律问题》,《当代传播》2018 年第 4 期。
③　参见郑自立:《泛网时代我国数字版权保护》,《新闻战线》2018 年第 4 期。
④　参见崔健、刘云霞、王梦龙:《版权保护与知识付费——从重报集团维权实践说起》,《新闻战线》2018 年第 5 期。
⑤　参见史霄鸿:《有声阅读版权:网络视听产业发展制约性因素》,《今传媒》2018 年第 7 期。
⑥　参见华劼:《网络游戏及游戏直播节目著作权问题研究》,《编辑之友》2018 年第 6 期。

## 三、新闻侵权与舆论监督

作为新闻法学界的一个常规问题,新闻侵权持续吸引着不少学者的目光。他们关注新闻传播活动可能涉及的侵权、违法等问题,并进行建议性研究和对策思考。此外,部分学者继续对舆论监督问题展开探讨,希望舆论监督与司法公正共同构建、相互促进。

### 1. 新闻侵权研究

对于新闻侵权的归因问题的探究,可谓是仁者见仁、智者见智。目前的研究大部分从法律角度归因较多,鲜有从文化基因角度,尤其是从中西文化对比和文化工业理论的角度分析问题。慕明春和魏修治认为,中国传统文化中隐私意识的匮乏,以及目前中国社会公共领域和私人领域界限不明晰的情况,导致公共领域很容易对私人领域中的个人隐私造成侵犯。同时,新闻媒体又抓住受众/消费者与名人生活的落差以及与生俱来的猎奇心理,其精神商品的生产过程逐渐向娱乐化倾向转变。多重因素的共同作用,使新闻侵犯隐私权事件频发。研究以中国传统文化、西方文化中公共领域与私人领域的研究、人性本身所具有的猎奇窥伺欲望和文化工业语境下新闻的泛娱乐化倾向为着力点,将新闻侵犯隐私权从文化基因的层面上进行归因①。

源于损害风险管控的传播注意义务,包括法定注意义务和依据习惯、常理产生的一般注意义务,其确立模式有英美法的成立条件模式和德国的适用范围模式,其标准包括适用于一般人的"理性人"标准及职业标准。罗斌认为,在传播侵权诉讼中,传播注意义务作为过失存在、客观化演进及违法性的判断依据,发挥着责任要件的构成功能,而且,因其与行为标准之间的关系而使责任要件的证明便利化。我国侵权法未引进一般注意义务,相关司法解释中参照英美法成立条件模式的条款,未能系统明确规定传播注意义务与过失判断的关系,导致司法实践中对媒体"事中注意义务"的矛盾性判决。我国《民法典·侵权责任编》应引入一般注意义务,并在涉及传播司法解释中规定德国模式注意义务适用范围②。

罗斌认为,《民法典·人格权编(草案)》的"新闻舆论条款"使新闻传播中人格权主体的一定容忍义务有了法律依据,同时确立了(新闻)传播者侵害人格权益时一定范围的免责原则。但第八百零六条中举证责任倒置的规定则是刚性的归责条款,其导致过错推定,会使传播者在相关名誉权纠纷中面临高败诉率的威胁,使"新闻舆论条款"确立的免责理念化为泡影;侵权法归责原则体系将产生自我矛盾,侵权法结构也面临一定程度调整。因此,"新闻舆论条款"应该删除,将其相关免责内容与第七百七十九条第二款有机结合③。

近年来,国产现实主义题材电影蓬勃发展,基于真实事件改编的电影广受好评,如《亲爱的》、《红海行动》、《我不是药神》等都获得了商业和艺术上的成功。王军峰指出,在真实事件转向电影艺术的过程中,虚构与再创作成为实现这一转变的关键,但也引起了事件当事人的指控和质疑,其中侵犯名

①　参见慕明春、魏修治:《新闻侵犯隐私权的文化基因归因研究》,《当代传播》2018 年第 2 期。
②　参见罗斌:《传播注意义务功能研究——从侵权责任构成要件的视角》,《新闻与传播研究》2018 年第 8 期。
③　参见罗斌:《〈民法典(草案)〉"新闻舆论条款"举证责任问题研究》,《当代传播》2018 年第 6 期。

誉权和肖像权成为这类电影普遍面临的风险。这种风险既源于真实事件与电影艺术两者之间的不同价值取向,也源于现实层面的因素。因此,在未来的创作中,还需要平衡真实与艺术、商业与伦理之间的关系,推动真实事件与电影艺术之间的良性互动①。

新闻聚合 App 让人们在最短时间内获得大量有价值的信息,但在其快速发展的同时,也引起大量新闻作品著作权纠纷。以"今日头条"为例,从 2014 年起,《广州日报》等媒体相继起诉其侵犯著作权,之后虽然"今日头条"同一些主流媒体和解,但其对新闻作品著作权的侵犯及其不正当竞争行为仍具有深入研究的空间。"今日头条"所涉侵权争议主要集中于"转码"和"深度链接"行为是否涉及著作权侵权。李辛扬和张帆分析了上述争议,并围绕新闻聚合 App 的著作权侵权问题的解决提出具体建议②。

### 2. 舆论监督研究

在西方国家,新闻媒体被视为"第四权力"。媒体成为一种与立法、行政、司法并置的社会力量,并对后面三种政治权力起着制衡作用。在我国,切实发挥大众传媒的舆论监督功能,确保新闻媒体的舆论监督权利,有效保护新闻自由,同样有助于社会的文明进步与国家的长治久安。

徐蓉蓉认为,我国媒体与法院关系的张力缘于各自寻求自主性的结果。面对媒体监督,法院判决既有可能屈服于舆论压力,也可能借此找到管理和应对媒体的方法。要审视和平衡媒体与法院的关系,必须基于二者所处的社会政治结构背景。对于媒体而言,国家的媒体工具观并未改变,一方面,媒体作为一个体制内的横向监督机构服务于国家的整体利益的功能将长期存在;另一方面,媒体作为党和国家的喉舌,其商业化带来的自主性的扩大是有限的,对法院发展的影响也是有限的。对于法院而言,法院只有通过自身改革促进司法公开,增进更大的透明度,并赢得体制中其他权力主体的支持,才是维护审判独立、树立司法权威的根本,而这比控制和管理媒体更能赢得公众的信任③。

廖天虎和卜希霆表示,要协调好媒体监督与刑事司法公正之间的关系,首先,要明确新闻媒体的定位,即新闻媒体仅仅是舆论机构,不是权力机关,不能依靠强制性的手段来解决问题,要解决媒体批评和监督中披露的问题,应依靠相关主管部门依法解决;其次,为有效消除媒体监督对刑事司法运行的消极影响,充分发挥媒体监督对刑事司法公正的积极作用,应当规划媒体监督司法公正的合理化路径,即以法律的形式明确规定新闻媒介的法律地位及其社会作用,明确新闻媒介有采访新闻与传播事实及整合舆论的权利和义务,但更应当明确的是新闻媒体的批评和监督仅仅只具有信息传递和舆论监督的作用,而不具有行政执法和司法裁判的功能,否则新闻媒介就有"越位"之嫌疑;最后,消除负面效应的根本路径在于真正地实行官方信息公开,健全信息发布制度,以保证媒体对司法的监督不偏不倚,当然,司法部门也应当做好公开裁判和案件信息的及时公布,以保证司法的公正。总之,为实现司法公正并保证媒体监督职能,最终的落脚点在于平衡好司法公正与新闻自由之间的关系④。

郭魂强系统梳理了舆论监督的发展脉络,阐述了其重要作用与地位,解析了国家底线的构成过

① 参见王军峰:《真实事件电影改编的侵权风险及其规避》,《传媒》2018 年第 22 期。
② 参见李辛扬、张帆:《新闻聚合 APP 著作权侵权行为及规制路径》,《青年记者》2018 年第 27 期。
③ 参见徐蓉蓉:《我国媒体监督与法院审判的关系张力研究》,《现代传播(中国传媒大学学报)》2018 年第 4 期。
④ 参见廖天虎、卜希霆:《论媒体监督对刑事司法的影响》,《现代传播(中国传媒大学学报)》2018 年第 5 期。

程,即社会公平正义与依法治国的形成与确立。在法治中国的框架里,研究深入分析了舆论监督与国家底线的辩证关系:舆论监督能守望公平正义的国家底线,不断推进民主与法治的进程;而国家底线又给舆论监督提供了强大的法律制度保障,国家底线内涵要求舆论监督坚守法治原则,坚守法律底线,促使舆论监督朝着公平正义的目标呐喊。舆论监督与国家底线在法治中国的视域里,相互促进,共同构建、捍卫法治中国的"中国梦"①。

郑艳馨认为,媒体监督对促进一些社会问题的解决发挥着重要的积极作用,但也要合理划定媒体监督的边界,构建良好的媒体监督环境,充分发挥媒体的信息传递功能、社会协调功能、监督纠错功能、道德与行为引领功能和历史文化传承功能,真正实现媒体为社会公众提供优质服务的基本行业定位,为建设和谐社会提供有力支持②。

周白石关注深圳"鹦鹉案"、江西"鹦鹉案"、海南"梅花鹿案",认为媒体的关注及形成的舆论,将对案件发挥积极的效果。新闻和法律是一对兄弟。法律在一定程度上赋予新闻行使监督的权利,新闻在一定程度上监督司法工作乃至法律的漏洞,促进司法工作查缺补漏③。

## 四、放眼海外

除了关注新闻传播法规的国内进展状况,部分学者还放眼海外,关注国外相关领域的研究成果。

近年来,信息权研究中个人信息权成为热点话题,而公共信息权却没有得到应有的重视。黄建友从全球化视角分析发现,公共信息权日益成为一项基本权利,受到越来越多国家的宪法保护。在所统计的 74 个国家中,有 41 个国家明确承认该项权利是一项宪法性权利。不过,媒体作为该项权利实现的重要保障,由于违反法律平等原则,在绝大多数国家仍然难以享有超越一般公众的信息近用特权④。

陈绚对近一百多年来美国对国外势力宣传游说的规制进行梳理。其脉络清晰显示,早期美国立法阶层秉持政治正确观念,将外国势力分为朋友和敌人,对不同政见的国外势力抱着排斥态度,用"外国朋友法"、"外国敌人法"、"煽动法"等对其进行制裁。但随着和平时期的到来,美国政府在一定程度上改变了不同政治观念对抗的认知和态度,对不同意识形态的外国势力、外国代理人实施登记法和活动公开法,让宣传游说者无论是在收受经费方面还是在经费使用的去向方面,都有很高的透明度⑤。

戴元光探讨了美国关于网络空间管辖权的立法与争论,认为互联网等新媒体的无国界性对法律的管辖权提出了挑战。国家的概念在互联网中是不存在的,国家的边界已经消失。网络作为一种没有国界范围的空间,其中存在的问题需要通过国际合作来加以解决,而网络对国家概念的消解则恰恰加深了这一矛盾⑥。

美国被视为具有高水平的新闻自由和相对完整的新闻法律制度的国家之一。根据记者无国界组织(RSF)2018 年世界新闻自由指数,美国在 180 个国家中排名第 45 位。自 2010 年以来,美国媒体自

---

①　参见郭魂强:《法治中国视域下的舆论监督与国家底线关系研究》,《新闻知识》2018 年第 12 期。
②　参见郑艳馨:《媒体监督的法律边界——以食品安全危机事件的媒体监督为视角》,《青年记者》2018 年第 10 期。
③　参见周白石:《新闻监督促进司法工作查缺补漏——由两起"鹦鹉案"引发的思考》,《青年记者》2018 年第 31 期。
④　参见黄建友:《公共信息权利保护的全球发展趋势分析》,《新闻知识》2018 年第 8 期。
⑤　参见陈绚:《美国"外国代理人"注册媒介宣传游说规制》,《国际新闻界》2018 年第 1 期。
⑥　参见戴元光:《美国关于网络空间管辖权的立法与争论》,《新闻大学》2018 年第 2 期。

由的排名持续下降,从第 20 名下降到第 45 名。崔欣和许加彪指出,新闻自由排名整体下降的背后有几个原因:一是影响表达的政治压力;二是影响信息获取的经济因素;三是媒体所处的法律制度环境等。美国作为经济强国,政治压力和法律环境是美国媒体所面临的主要挑战。为更好了解美国新闻自由的现状,研究分析了与美国新闻自由有关的现行法律框架,特别是《1917 年间谍法》,并通过詹姆斯·里森(James Risen)的案例,讨论了《1917 年间谍法》对美国新闻自由的影响,展示出美国新闻自由的现实状况①。

乔新生认为,美国的《外国代理人登记法》不仅是一个非政府组织登记法,也是一个全面监督控制外国机构或外国人在其境内活动的法律,对外国媒体的管控非常严格,折射出美国舆论环境的真相。《外国代理人登记法》的存在充分说明,美国对新闻舆论亦有严格的管制。《外国代理人登记法》反映了美国的双重标准:一方面,美国在国内倡导所谓的言论自由,允许国内的媒体自由报道;另一方面,却对外国媒体实行严密的监控措施,目的是为了防止美国人民了解事实的真相②。

孟茹表示,美国作为隐私权的诞生地,对消费者隐私保护的关注已有一百多年的历史。网络时代,随着营销传播者搜集、使用消费者隐私数据的能力不断增强,网络用户隐私侵权问题成为政府监管的重点。广告行业协会与隐私、消费者保护协会纷纷加强对相关问题的研究与自律监管,努力引导营销产业对用户数据利用的规范化运作,一定程度上减少了政府干预,不仅更好地保护了网络用户的隐私权利,也为产业发展创造了更为宽松的空间③。

"一带一路"的推进为中国出版物对外出口贸易发展提供了契机,然而需要在"走出去"的过程中重视保护中国出版物版权,并积极遵守出版物出口对象国的版权法律。赵勇宾和田柯指出,"一带一路"沿线涉及国家众多,版权保护法律制度也不尽相同。对此,我国在借势"一带一路"促进中国出版物出口时,应积极研究沿线国家版权法律制度的差异,在合作框架内推进版权法律制度对接的同时,提高我国出版物对外出口企业对沿线国家版权法律制度的异域适应性④。

欧盟《通用数据保护条例》旨在切实保护消费者的自主选择权,防止互联网络企业采用格式合同等方式,要求消费者必须放弃自己的隐私。乔新生建议全国人大常委会认真研究欧洲联盟议会通过的这部法律,从合同签订和合同履行环节切实保护消费者个人隐私,并且针对互联网络企业建立数据库制定专门的法律规范,防止互联网络企业利用自己的数据库中存储的消费者个人隐私从事商业活动,损害消费者的合法权益。"他山之石,可以攻玉",研究者建议全国人大常委会在《中华人民共和国电子商务法》中增加有关消费者个人隐私保护的条款⑤。

1710 年 4 月 10 日,世界上第一部版权法——英国《安妮法》正式颁布实施,版权私法化得以确立,并将版权与公共领域作为版权法体系内相互依存、不可分离的两极。王辉对该法的立法意图、基本内容,以及它对微信空间版权保护的启示作了分析,提出引入默示许可制度的建议⑥。

2017 年 9 月,澳大利亚通过以媒体所有权法修改为核心的媒体改革一揽子方案,废除了原有法律

---

① 参见崔欣、许加彪:《美国法律框架与新闻自由的冲突与平衡》,《新闻知识》2018 年第 9 期。
② 参见乔新生:《〈外国代理人登记法〉暴露美国舆论真相》,《青年记者》2018 年第 31 期。
③ 参见孟茹:《美国网络用户隐私保护的自律规制研究》,《当代传播》2018 年第 3 期。
④ 参见赵勇宾、田柯:《"一带一路"沿线国家版权法律制度的差异及其影响》,《编辑之友》2018 年第 9 期。
⑤ 参见乔新生:《欧盟〈通用数据保护条例〉的启示》,《青年记者》2018 年第 19 期。
⑥ 参见王辉:《微信空间版权保护原则的设计——英国〈安妮法〉的启示》,《青年记者》2018 年第 19 期。

中对跨媒体所有权的一系列管制措施,同时通过政府补贴等方式扶持小型独立媒体,鼓励地方性内容生产,推进新闻业更好地服务于公众。王敏和王毅认为,此次改革被视为应对新媒体挑战而实施的规制变革,改变传统上以媒介形态数量来控制市场占有率的做法,重新设计适应网络时代的媒介规制框架,对于数字化背景下西方国家媒体所有权规制政策的历史性转型,以及我国当下基于媒介融合所进行的产业规制融合,都具有一定的参考价值①。

郝婷和赵云婕分析了新加坡数字版权立法制度、执法与司法制度,以及新加坡数字版权制度的特点,认为新加坡的知识产权保护位于世界前列,拥有完善的法律制度保障,其理念和做法对我国的知识产权保护制度建设不无启发和借鉴意义②。

## 五、新闻伦理与职业道德

作为具有不同内涵和外延的两个概念,新闻伦理与新闻职业道德所探讨的对象与涉及的研究内容有一定差别。新闻伦理是新闻传播业整体、新闻媒介实体与新闻工作者在新闻传播活动中的价值取向、道德表现与日常行为品德规范等的总和。而新闻职业道德是新闻工作者在长期新闻实践活动中形成的调整人们相互关系的新闻规范和准则,是社会道德对新闻记者这一职业所提出的特殊要求。因此,新闻伦理所涵盖的范围包含但不局限于新闻工作者的职业道德。在对这两个概念界定清楚,明白它们的区别的基础上,也要看到二者确实相近相连,存在很多共通性,所以在一般情况下,学界与业界的研究并不将二者截然分开。本文在后续阐述中,也将二者纳入同一个分析单元,在此予以说明。

《新闻记者》年度传媒伦理研究课题组延续往年传统,在 2018 年第 1 期发布了《2017 年传媒伦理问题研究报告》,对 2017 年度传媒伦理问题进行梳理、分析。在分析 2017 年度传媒伦理领域相关管理措施、理论研究、舆情热点的基础上,选出 10 项(类)有代表性的传媒伦理问题进行述评,具体如下:报道差错与责任意识、体育解说员不当言论、《刺死辱母者》报道及引发的舆情、对医学研究的拔高炒作、记者站权力寻租问题、江歌案中机构媒体与自媒体的舆论生态、女主播车祸现场微笑自拍、齐鲁晚报记者公器私用、媒体发布极限高空挑战者坠楼视频、融合传播出现的新问题。针对 2017 年传媒伦理领域的理论探讨和实践热议,报告指出,首先,挖掘事实、探求真相是新闻媒体的第一准则,也是人们对媒体最基本的伦理期待;其次,真实、公正、准确等传统媒体时代的伦理基本准则在数字化环境下并未过时,甚至因为生产环境的透明、讨论场域的开放而得到更大关注;再次,随着媒介融合的加速、职业边界的模糊,专业媒体、机构与公众之间更多时候是互相监督、共同协作的关系,共同生产了我们对整个世界的想象,因此有必要共享价值准则。在新的传播环境中,专业媒体在较高层面对这套价值准则的承诺和践行,提供了框架和标杆,这对于"新手"和整个传播环境尤为重要③。

《新闻记者》年度虚假新闻研究课题组在 2018 年第 1 期发布了《2017 年虚假新闻研究报告》,根据截至 2017 年末搜集到的虚假新闻案例,分析虚假新闻的基本特点,点评 12 起虚假新闻的典型案

---

① 参见王敏、王毅:《互联网时代西方媒介规制政策的转型与重构——以澳大利亚媒体法律改革为例》,《现代传播(中国传媒大学学报)》2018 年第 6 期。

② 参见郝婷、赵云婕:《新加坡数字版权制度的立法、司法与执法》,《青年记者》2018 年第 34 期。

③ 参见年度传媒伦理研究课题组:《2017 年传媒伦理问题研究报告》,《新闻记者》2018 年第 1 期。

例，揭示虚假新闻的成因，指出虚假新闻的治理已经不仅是约束新闻机构的不规范操作就能解决的问题。对平台媒体的监管、用户媒介素养的提升以及新技术工具的运用，也是今后需要着力关注的角度和综合治理的方向①。

### 1. 传统新闻伦理道德研究

张佰明等基于场域理论，以 871 个热点伦理事件文本为基础，详细考察了 2010 年至 2016 年七年间中国社会伦理舆情的总体特征和社会伦理重要场域的舆情态势。研究发现，中国社会伦理舆情的峰值出现在 2015 年，伦理舆情的热点集中于制度伦理和职业伦理两类，其中制度伦理中的政民关系，职业伦理舆情中的警民关系和医患关系热度最高②。

刘明洋和毕璐健以新闻类核心期刊与业务期刊中所刊载的新闻伦理相关文献为研究对象，确定近年来学界、业界对新闻伦理相关话题的研究趋势及关注焦点。当下，新闻伦理面临着新的媒体环境带来的种种挑战，需要学界、业界在差异中达成共识，在冲突中走向融合，共同寻找构建新闻伦理的新路径③。

江作苏和孙志鹏基于全球化时代的媒介变化背景，针对情绪化语境下的媒介伦理特征进行分析，认为媒介伦理在全球网络空间变频中发生着解构与重构，导致伦理变迁，进而对传播观念带来冲击。同时，传播伦理危机的内在成因表现为："祛魅"媒介功能极致化，数字技术重构议程设置，"后区前置"的媒介情境。面对新媒体和逆全球化思潮的冲击，中国传播伦理需要在普遍存在的伦理危机中，持正自强，参与全球治理，扩展媒介伦理新内涵④。

谢丹和杨小彬认为，跨文化传播所表现出的重要伦理功能是促进不同文化体系的理性对话和互动，实现有效的、良性的、合理的信息传播与文化交往，从而实现构建人类命运共同体、实现人类共存共赢的目标。在多元文化并存、互动和交融的过程中，对异质文化的抗拒和排斥、个人文化归属感的缺失、信息传播的失衡等伦理缺失问题日益凸显。虽然文化差异客观存在，但在最基本的伦理要求方面，各种不同文化背景中的伦理体系却大体一致，探寻适用所有人和所有文化的普遍伦理规范成为可能。只要全人类都践行平等、自主的全球伦理准则，秉持宽容、互重的全球伦理理念，一定能实现全球文明共存和共赢的全球伦理目标⑤。

传播权是一个权利束，包括表达权、知情权、监督权、传递权、媒介近用权等。人人都有传播权，在传播权面前人人平等，没有谁的传播权高于其他人。范玉吉指出，为了集体利益或更高尚的目的而牺牲他人的合法权利，是功利主义伦理观的遗毒。把"为多数人的最大幸福"捧为传播伦理的圭臬，这是一种误解。要把传播过程中形成的一切权利都囊括进传播权，无论是受访者、记者还是受众都应当明了自己的传播权包括哪些内容。只有重视传播权，重视人人平等地享有传播权，才能保证我们的报道不被某种目的所左右。在新闻传播过程中，职业伦理规则是无力的，真正有力量保护民众的还是法

---

①　参见年度虚假新闻研究课题组：《2017 年虚假新闻研究报告》，《新闻记者》2018 年第 1 期。

②　参见张佰明、杨雅、李彪：《中国社会伦理舆情场域空间素描——基于 2010—2016 年度社会热点伦理事件的分析》，《新闻大学》2018 年第 1 期。

③　参见刘明洋、毕璐健：《冲突与融合——学界业界共同推进新闻伦理建构的一种想象》，《当代传播》2018 年第 5 期。

④　参见江作苏、孙志鹏：《伦理的彷徨：逆全球化思潮与媒介伦理情绪化语境的分析》，《新闻大学》2018 年第 1 期。

⑤　参见谢丹、杨小彬：《跨文化传播中的伦理缺失及全球伦理的构建》，《现代传播（中国传媒大学学报）》2018 年第 5 期。

律——传播权①。

　　江作苏和刘文鑫指出,我国提出构建"人类命运共同体"的世界性治理议题,亦是具有公共产品特色的全球传播新理念。此理念与中国古典伦理智慧的逻辑具有一致性,是伦理自洽的重要表现,揭示出伦理自洽于东方传统文化的内在规律。在当今世界,无论是中国还是西方国家,都存在当代文化与传统文化严重不自洽的现象,世界范围的传播场域呼吁伦理自洽。伦理自洽的构建要有"传播即涉伦理"的意识,推动革新传播体系,在更大范围提升公众的媒介素养,重建人类应有的共同价值理念②。

　　新媒体与传统媒体在传播伦理上的传承关系是目前媒体伦理研究中的一大难点。但是至少在一个道德问题上,传统媒体与新媒体是一致的,那就是对匿名消息来源的保护。展江和刘亚娟以 2018 年 3 月下旬垂直媒体"铅笔道"一篇报道所引发的批评为由头,回顾了中外传统媒体和部分自媒体有关消息来源保护的经典案例,证明"铅笔道"以追求正义为名,违背承诺公开消息来源行为的错误性。此外,研究还从伦理和法律两个维度,探讨保护消息来源可能导致的刑事后果以及该领域的国际趋势,以期为国内媒体界提供镜鉴③。

　　刘海明和何林表示,虽然每年的打击新闻敲诈行动成效显著,但要彻底将新闻敲诈清理出历史舞台,显然不是新闻行政管理部门和公安机关两个部门可以完成的。反新闻敲诈是一项系统工程,需要动员媒体行业、企业、新闻行政管理部门等社会各方的力量共同完成④。

　　新闻舆论监督是公民的基本权利,也是维持社会正常运转必不可少的重要环节,但新闻舆论监督正在成为少数人敛财的重要手段。乔新生指出,当前我国敲诈勒索犯罪法律适用出现了问题,只有不断提高国家治理的水平,才能防止假借新闻舆论监督实施敲诈勒索的犯罪行为发生⑤。

　　刘海明和尹芳芳表示,清除假记者需要大家齐心协力,无论是被假记者祸害的企事业单位还是普通的民众,都应清醒地认识到假记者的敲诈勒索等违法乱纪行为给社会带来的严重危害。治理假记者是项长期的工作,根除假记者关键在于消除社会问题,同时也需要新闻媒体加大舆论监督的力量,不给假记者的不法活动提供温床⑥。

　　康瑾认为,当广告活动对社会产生机制性影响时,广告伦理问题就出现了。西方社会对广告伦理问题的关注先后聚焦于医疗广告、欺骗广告、恶劣品位和物质主义等方面。20 世纪初在"专业化"动机的驱动下,广告从业者开始建立行业协会,通过发布伦理守则等行动,争取广告职业的道德合法性。有关广告伦理的学术研究有六个集群,分别是早期的批判性研究、广告态度的"伦理因子"调查、广告专业化的"伦理要素"讨论、广告从业者和广告受众的伦理决策模式研究、以伦理问题为中心的数字广告效果研究,以及广告伦理教育和伦理规范研究⑦。

　　李俊欣认为,新闻游戏是数字化语境下新闻与游戏的杂交形式。以符号叙述学理论加以考察,新闻游戏是新闻从"窄幅文化"走向"宽轴操作"的结果。作为纪实性叙述文本的新闻走向了纪实与虚

---

① 参见范玉吉:《职业伦理与传播权》,《青年记者》2018 年第 13 期。
② 参见江作苏、刘文鑫:《伦理自洽在当代传播场域下的价值动向分析》,《今传媒》2018 年第 2 期。
③ 参见展江、刘亚娟:《保护消息来源:国际视野与本土案例》,《新闻界》2018 年第 1 期。
④ 参见刘海明、何林:《新闻敲诈与反新闻敲诈》,《青年记者》2018 年第 19 期。
⑤ 参见乔新生:《分析敲诈勒索原因更重要》,《青年记者》2018 年第 27 期。
⑥ 参见刘海明、尹芳芳:《假记者的生存土壤与综合治理》,《青年记者》2018 年第 31 期。
⑦ 参见康瑾:《西方广告伦理实践及理论研究的演进》,《现代传播(中国传媒大学学报)》2018 年第 8 期。

构的杂交叙述,消解了新闻业的传统边界,使新闻的真实客观性面临挑战。与此同时,新闻游戏实际上是对新闻报道的符号化和再媒介化,通过程序修辞使受众看似拥有自主选择权,而实质上更加被动①。

"罪刑法定"是依法治国国策之下最基本的法律原则之一,但是"江歌日本遇害案"中表现出来跨国"舆论审判",充分暴露了国内新老媒体和网民自媒体法律意识的欠缺。展江和刘亚娟以"江歌案"中媒体,尤其是自媒体的表现为出发点,梳理司法案件报道应该遵循的基本专业需求,探讨这场涌出国门的"舆论审判"所表现出来的新特点,以及不佳的域外反应。研究认为,"江歌案"警醒业界和学界:当下公民(包括媒体)信息素养和法律常识亟待普及和加强②。

新闻图片是新闻报道的重要组成部分,图片质量直接影响新闻报道的效果。周建华表示,新闻图片伦理缺失的不良后果体现在对新闻事件中逝者的不尊、对受众接触新闻的心情污染,以及对青少年身心健康的损害。若要改变此种不良现象,需提升媒体公信力,树立公众利益至上观念,并在新闻报道中从细节着手,谨慎刊播刺激性强的新闻照片,避免违背伦理现象的出现③。

**2. 新技术背景下网络媒体伦理道德研究**

作为有别于传统媒体的信息传播体系,新媒体实现了从新闻传播格局到全新的信息生产方式的转变。媒体运营策略和方式不断翻新,助推新闻传播进入一个新的时代。一些新闻工作者置身于新的环境,面对职业竞争压力、个人发展意愿和利益诱惑,放弃职业操守,挑战道德底线,给新闻事业及整个社会造成不容忽视的危害。张炳兰对新媒体时代我国新闻职业道德体系建设进行系统分析和探讨,对新媒体环境下的虚假新闻、有偿新闻等乱象进行批判,以期探索出新闻职业道德体系的构建路径④。

王敏表示,大数据背景下,隐私内涵愈发复杂,与传播的角力愈发激烈,但个人隐私的保护是恒久主题,因其是人格权的堡垒、财产权的私域和未来社会的价值观。研究从传播伦理视角,将分级理论应用于大数据时代的个人隐私保护,提出并解答了以下问题:个人隐私分级保护的伦理基础和逻辑框架是什么?关于"保护谁",隐私主体如何分级?关于"保护什么",隐私数据如何分级?关于"如何保护",法律保护、行业自律和自我防范三种方式应遵循怎样的伦理原则?理论上,研究提出从分类分级视角解析、解释、解决隐私保护问题;实践上,研究针对当前保护个人隐私"一刀切、一把抓"的问题,提出了分级保护的逻辑框架、伦理原则与实践路径⑤。

随着人工智能对新闻业的加速渗透,媒体智能化时代已全面开启。人工智能在带来新的新闻革命的同时,也给既有的伦理和法律法规带来全新挑战。邵国松探讨了人工智能和新闻业结合的三大领域,即机器化写作、算法推荐和沉浸式新闻,不仅关注其各自的发展脉络,更关注其带来的社会问题。此外,研究还讨论了与媒体智能化发展密切相关的两个议题——假新闻泛滥和个人数据保护,重

---

① 参见李俊欣:《符号叙述学视角下的新闻游戏及其伦理反思》,《新闻界》2018年第9期。
② 参见展江、刘亚娟:《江歌命案何以成隔海打牛的"舆论审判"?》,《新闻界》2018年第1期。
③ 参见周建华:《论新闻图片中的新闻伦理及其改进》,《新闻战线》2018年第8期。
④ 参见张炳兰:《新媒体时代我国新闻职业道德体系建设》,《中国广播电视学刊》2018年第2期。
⑤ 参见王敏:《大数据时代如何有效保护个人隐私?——一种基于传播伦理的分级路径》,《新闻与传播研究》2018年第11期。

点关注这些问题给既有应对模式带来的严峻挑战。只有借助传播学、法学、伦理学和计算机科学等多学科知识和方法，将法律规制、伦理规范和技术手段综合应用起来，才有可能保障人工智能为新闻业所善用，在符合伦理规范和法律准则的轨道上自动前行①。

陈昌凤和霍婕认为，以算法技术进行分发的新闻在人们的信息接触中扮演着越来越重要的角色，在满足个性化需求、增大用户黏性的同时，算法式分发新闻也引发了假新闻泛滥、信息偏食、信息茧房、回音室等不良后果。作为新兴信息技术的算法究竟是由什么因素所决定的？算法的技术实践与公共信息生产之间的关系该如何处理？研究从算法式分发新闻的现状入手，挖掘潜藏在技术黑箱背后的价值理念②。

常江和何仁亿指出，以虚拟现实技术为生产逻辑内核的浸入式新闻，在真实性的边界、新闻价值的内涵以及对用户的情感操控程度三方面，都呈现出与传统新闻的巨大差异，这成为浸入式新闻面临的主要伦理风险。而这三种伦理风险，归根结底都由 VR 技术在话语层面明确"现实可以被虚拟"这一命题的合法性所致。对伦理风险的讨论不应局限于孰是孰非，而应当着眼于"技术推动理念变革"的行业生态语境，作出更加符合新闻业演进规律的判断③。

大数据应用于政治、经济、军事、社会、文化等诸多领域，为各行各业的发展带来了契机。但是伴随着大数据的过度开发和使用，出现信息过载、用户信息焦虑以及后真相时代的媒介依赖等，引发隐私担忧。钟瑛和刘利芳厘清了网络隐私的概念，探讨了网络隐私的边界，梳理了大数据传播对隐私侵犯的类型，最后提出了相应的大数据信息传播的隐私保护建议④。

全文瑜认为，在全媒体时代，影像时空控制权的滥用，可能传播虚假内容，造成践踏剪辑对象人格权、制造或加剧社会矛盾、摧毁大众传媒机构公信力等诸多危害。媒体机构和监管部门都应慎用"剪辑刀"，重塑职业伦理，提升职业素养，加强道德自律⑤。

随着媒介融合现象的出现，新闻传播与计算机、互联网、通信三大信息技术的结合日益密切，这就要求新闻伦理必须融合一些信息伦理的理论及观点，从而应对新闻传播遇到的一些新的伦理问题。特别是要结合智慧技术的特点及媒介发展动向，及时创新发展新闻伦理。娄霄霄和王灿发在分析智慧时代主要特征的基础上，结合美国管理信息科学专家马森提出的信息时代的四个主要伦理议题（PAPA），从新闻从业者、受众、被报道对象三个新闻核心利益相关者角度出发，提出智慧时代的新闻伦理议题创新维度及实施策略⑥。

目前，基于算法的新闻推送成为人们获取新闻信息的重要方式，在实现精准化推送、改善用户新闻阅读体验方面有着独特优势，但对算法技术的过度依赖也带来了新的媒介伦理风险。赵双阁和岳梦怡指出，算法新闻背后的价值逻辑从强调新闻记者普遍认可的公共利益，转移到基于用户属性和兴趣的个性化新闻，同时"把关人"的权利从编辑让渡给算法工程师，最终造成信息真实性认知偏差、价值观异化、公共性缺位、算法偏见与歧视等问题。这些问题的产生，源于技术理性与价值理性间的失

① 参见邵国松：《媒体智能化发展的伦理与法律问题初窥》，《现代传播（中国传媒大学学报）》2018 年第 11 期。
② 参见陈昌凤、霍婕：《权力迁移与人本精神：算法式新闻分发的技术伦理》，《新闻与写作》2018 年第 1 期。
③ 参见常江、何仁亿：《真实的虚妄：浸入式新闻的伦理风险探析》，《新闻战线》2018 年第 11 期。
④ 参见钟瑛、刘利芳：《信息传播中的隐私侵犯及保护》，《新闻与写作》2018 年第 2 期。
⑤ 参见全文瑜：《全媒体时代编导者要慎用剪辑权》，《新闻战线》2018 年第 5 期。
⑥ 参见娄霄霄、王灿发：《智慧时代新闻伦理议题的创新维度及实施策略》，《新闻爱好者》2018 年第 8 期。

衡、算法多样性与精准性的矛盾、注意力经济与公共责任之间的矛盾。因此,实现媒介伦理的生态平衡、健全法律监管、加强"人"在新闻传播中的主体性、建立多指标推荐系统、提升算法透明度等就成为有效之策①。

数据新闻报道在服务公共利益的同时,不去侵犯某些个体或者群体的权益,不仅是新闻伦理问题,更是法律问题。申琦认为,方兴未艾的数据新闻显然不是新媒介技术环境下新闻报道的最终形态。毕竟,开源新闻、算法新闻、自动化新闻等新型新闻报道方式还在不断涌现。回归新闻报道本身,关注数据与技术带来的真实性与客观性问题,让报道更好地为公众服务,在任何一个时代都不过时②。

2018 年 5 月 4 日,在成都新经济发展研究院和封面新闻举办的"第二届 AI+移动媒体大会"上,周涛阐述了近年来蓬勃发展的大数据和人工智能技术为社会带来的变革,并发表了自己的看法。他认为,大数据时代的到来,是人类历史上的跨越式发展,没有人能置身事外。人类从一个高度信息贫乏的时代走到现在这个令人眼花缭乱的信息爆炸时代,只用了不到一个世纪。两个进化阶段的耗时差距如此悬殊,我们的社会是否已经真正为我们进入这样一个信息高度丰富的时代做好了准备,值得思考。算法未必"绝对中立",迎合人类喜好的背后隐藏着"歧视"。人类和机器智能融合互联的终极目标,就是共创这个万物智能的新宇宙③。

通过调查中国六所高校大学生的微信使用情况,徐敬宏等考察了大学生微信使用中的隐私关注、隐私认知、隐私担忧和隐私保护的相关状况及其相互关系。研究发现,大学生微信使用程度越高,其隐私关注和隐私认知水平越高。大学生对社会隐私信息的认知水平高于个人隐私信息的认知水平。总体看来,大学生在使用微信的过程中,对个人信息的认知水平越高,其隐私关注和隐私担忧水平越高,采取隐私保护措施的可能性越大。此外,大学生在微信使用过程中存在明显的"隐私悖论"现象,即大学生一方面表示担心自己的个人隐私泄露,另一方面又主动披露大量的隐私信息④。

唐远清和赖星星运用文本分析法和比较研究法,从"一般项目"、"信息的收集与存储"、"信息的使用与共享"、"用户权利"四个方面,对比分析 Facebook 与微信隐私政策文本的现状与不足,论述如何完善社交媒体的隐私政策⑤。

作为时下最新的网络传播媒介,社交媒体已成为人们日常生活中不可或缺的交往工具。有研究发现,社交媒体使用会对人们的道德认知产生影响,并且这种影响存在明显的性别差异。通过问卷调查和SPSS 数据分析,宋素红等发现,女性作为社交媒体的积极使用者,其媒介使用情况会影响她们的道德认知状况,而且这种影响是正向的,即使用社交媒体越频繁的女性,对社会道德状况的认知就越乐观。同时,微信的使用对女性道德认知影响不显著,QQ 和微博的使用对女性道德认知有显著的正影响⑥。

微信群拓展了新的交往方式和信息交流空间,"一人多群"已是网络群体生活的新常态。万晨和靖鸣认为,微媒介为实现和扩展自由表达提供了技术条件,创造了新的表达场域,构建了"我们"的集

---

① 参见赵双阁、岳梦怡:《新闻的"量化转型":算法推荐对媒介伦理的挑战与应对》,《当代传播》2018 年第 4 期。

② 参见申琦:《数据新闻报道的伦理困境与出路》,《青年记者》2018 年第 28 期。

③ 参见周涛:《人工智能对社会经济和伦理规范的挑战》,《传媒》2018 年第 13 期。

④ 参见徐敬宏、侯伟鹏、程雪梅、王雪:《微信使用中的隐私关注、认知、担忧与保护:基于全国六所高校大学生的实证研究》,《国际新闻界》2018 年第 5 期。

⑤ 参见唐远清、赖星星:《社交媒体隐私政策文本研究——基于 Facebook 与微信的对比分析》,《新闻与写作》2018 年第 8 期。

⑥ 参见宋素红、靳怡、朱雅琪:《社交媒体使用与女性道德认知的相关性研究》,《当代传播》2018 年第 3 期。

体认同。但在"虚实合一"的微信群聊空间里,编造网络谣言、发表不良言论和违法言论等失范现象频频发生。从法律、伦理和纪律角度分析构建指尖的表达边界,应规范微信群的信息表达,坚持"以保护与引导为主,以惩罚为辅"的原则,完善群众监督机制,制定群体内相应的规范准则来影响和控制成员:群主履行管理责任,做到权责一致;群友遵守法规、文明表达,进而推进互联网群组信息表达的健康发展①。

在大数据时代,在线行为广告已被大规模使用,其所带来的隐私侵犯问题日益凸显。如何对在线行为广告进行规制,以更好地保护用户数据隐私,是一个亟须解决的现实问题。邵国松和杨丽颖介绍了在线行为广告的概念、发展简史和运行机制,详细阐述了其所带来的隐私隐患,以及对其进行规制的必要性。结合国内外相关理论和实践,研究认为,规制的重点应从用户转移到政策制定者和网络服务提供商方面。具体来说,应通过立法手段要求从事在线行为广告的网络服务提供商恪守以下几项原则:确保数据的匿名化处理;杜绝敏感数据的收集;杜绝未成年人数据的收集;建立数据的访问、修改和保留制度;建立严格的追责机制;完善用户的投诉机制。唯有如此,才有可能将个人信息保护落到实处,同时推动在线行为广告和大数据产业的健康发展②。

周建青和邓惠玲认为,建构公民网络影像传播伦理原则是对传播主体从职业记者扩大到广大公民的现实回应,其目的是探讨现已成为网络影像传播主体的公民如何行使传播权。公民网络影像传播伦理基于公共道德理论、责任伦理学,提出不伤害、公正、前瞻性责任。研究从融贯权衡与细化角度,综合运用多种经典伦理理论和原则的有效因素,构建公民网络影像传播伦理原则的分析框架,从而为识别、判断并解决网络影像传播伦理问题提供一种方法论。公民网络影像传播伦理原则的分析框架有助于公民自觉规避影像传播伦理问题,这也是对职业传播伦理向公民传播伦理方向发展的理论探索③。

短视频平台十分火爆,用户规模不断刷出新高,然而多数以 UGC 为主的短视频平台,却被贴上低俗、娱乐化的标签。顾杨丽和吴飞表示,短视频平台面临短时期市场盈利的压力和用户激增带来的内容审查的压力,同时还有更多针对内容和平台的指责。简单地归咎短视频平台的缺失是有欠妥当的。对于急速扩张的短视频平台来说,保持高度的警惕性是必不可少的。对于那些难以决断和无法确证其有害的内容,就不必太快抢起道德的大棒④。

### 3. 媒体人经济犯罪研究

李婷婷和展江以北京人民广播电台原台长汪良受贿逾百万元获刑三年为例,通过比较媒体人经济犯罪的涉案金额及其刑期,认为汪良案总体上给人以"重罪轻罚"的印象,因为案件审理时新的刑法修正案已经生效,汪良受贿 160 万元原本可能被处以十年以上刑期的重罪,但最终以三年轻罪入狱。对比其他贪污受贿类案件,此案还折射出一些问题:汪良被举报后曾用自己的字画"还钱"试图掩人耳目;虽然党纪党规严格禁止,党政干部经商却屡禁不止。如此种种,令人警醒⑤。

---

① 参见万晨、靖鸣:《微信群表达失范及其边界》,《新闻爱好者》2018 年第 3 期。
② 参见邵国松、杨丽颖:《在线行为广告中的隐私保护问题》,《新闻界》2018 年第 11 期。
③ 参见周建青、邓惠玲:《公民网络影像传播伦理原则分析框架的建构》,《现代传播(中国传媒大学学报)》2018 年第 7 期。
④ 参见顾杨丽、吴飞:《短视频平台的伦理困境》,《当代传播》2018 年第 5 期。
⑤ 参见李婷婷、展江:《受贿逾百万元获刑三年的电台台长——媒体人经济犯罪经典案例(十三)》,《青年记者》2018 年第 1 期。

展江和李婷婷以安徽广播电视台的购剧腐败窝案为例,认为这是一起令人震惊的媒体腐败大案,其涉案人员从原台长、副台长到广告中心主任、购销中心主任、办公室副主任等,台内中高层落马者多达九人,涉案金额从数十万元、数百万元到数千万元人民币不等,总涉案金额超过4 000万元。研究揭示了安徽台在"以剧立台"的发展战略下,涉案人员是如何扭曲心态,将电视台变成一个电视剧大卖场的剧腐现象①。此外,展江还对安徽广播电视台购剧腐败窝案中"电视官僚"的敛财路径予以综合描述和分析,指出涉及十多人犯罪的窝案给安徽广播电视台自身造成巨大损害,集体贪腐行为以及频频爆出的媒体负责人贪腐问题值得再三反思:如何形成有效的制度体系;如何强化对"行业官僚"的有效监管;如何杜绝"一把手"因个人风格特征改变整个媒体的经营特征,乃至一个媒体的文化;如何建立起台内有效的民主商议机制,避免领导搞"一言堂"等,这些都是本案留下的思考②。

刘亚娟和展江以《北京青年报》资深编辑王燕梅因"软文"获罪的三次法院审理为例,对"软文"的历史进行追溯。"软文"介于新闻与广告之间,模糊了意义与价值的边界,本质上属于有偿新闻。虽然这种文本形式在一段时间内塑造了媒体业内的商业神话,但它严重影响了舆论监督的公正性和媒体公信力,甚至会让当事人堕入犯罪泥沼。在因"软文"导致的为数不多的媒体人所涉刑事案件中,罪与非罪的差别,在于钱款是否收入私人囊中③。

展江和李婷婷通过雷雅梅单位受贿罪、关春芳受贿罪两个案例,继续追踪和讨论互联网环境下的"软文"问题。在融媒时代,尤其是公众号、自媒体等传播能力已形成规模优势之后,"软文"已经成为一种十分常见的传播文体,"有偿传播"行为在市场环境下也很难禁止:对于媒体来说,全面禁止"软文"很可能就是在切断它们的收入来源。在这种情况下,严格禁止新闻与广告的混同,禁止凭借专属平台的有偿新闻,比单纯地禁止"软文"更具实际意义。对于媒体合法的经营行为,如标识清晰的软文广告,应当报以宽容的心态,鼓励其在明确伦理和法律的界限的情况下的良性发展。刑法是对社会逾矩乱象的严格惩处,秉持谦抑立场,方能积极促进行业的净化④。

李婷婷和展江以消费日报总编室原主任顾克非案为例,再次给存有"法不责众"侥幸心理的媒体人敲响警钟:我们的经济犯罪预防意识必须加强。作为事业单位的媒体若是为了激励经营,建立"内包"机制,不失为一种刺激创收动力的良好模式。但在媒体内部,将编辑部门与广告部门混岗管理的模式,带来的问题必然是"有偿新闻"泛滥,并且可能突破既有财务制度,最终导致犯罪⑤。

2012年,浙江省内连续审理了五起报社采购受贿案。展江和李婷婷认为,这五起案件凸显了作为事业单位的报社在设备采购中财务监管不严导致的腐败问题,也反映出行贿方难以受到惩处这一司法实践现状。尤其值得警惕的是,在纸质媒体式微、已处理案件相对而言较为严厉的情况下,依然有类似案件发生,同类犯罪依然不时出现,这说明理想状态的管理机制依然尚未建立⑥。

① 参见展江、李婷婷:《一家省级电视台的腐败窝案(上)——媒体人经济犯罪经典案例评析(十四)》,《青年记者》2018年第4期。
② 参见展江:《一家省级电视台的腐败窝案(下)——媒体人经济犯罪经典案例评析(十五)》,《青年记者》2018年第7期。
③ 参见刘亚娟、展江:《专刊编辑因"软文"获罪的三次法院审理——媒体人经济犯罪经典案例评析(十六)》,《青年记者》2018年第10期。
④ 参见展江、李婷婷:《副总编的缓刑与主编的实刑——媒体人经济犯罪经典案例评析(十七)》,《青年记者》2018年第13期。
⑤ 参见李婷婷、展江:《"内包"版面的结局——媒体人经济犯罪经典案例评析(十八)》,《青年记者》2018年第16期。
⑥ 参见展江、李婷婷:《浙江五起报社采购受贿案——媒体人经济犯罪经典案例评析(十九)》,《青年记者》2018年第19期。

　　无论是在之前多年的经营旺势,还是在近几年的经营颓势下,传媒行业都出现了诸多从失德到违法犯罪的腐败行为,典型的就是介于道德与法律之间的"有偿新闻"和"有偿不闻"现象。二十一世纪传媒及沈颢案过去已经整整四年,展江和李婷婷重拾这个案例,在进行大量案卷梳理和专业访谈的基础上,对此案进行进一步的分析、解读①。

　　展江和李婷婷指出,何华章是中国报业市场改革中的典型特例,也是以非国家工作人员受贿罪定罪的媒体掌门人。与瞿优远、黎元江的"越轨"和"试错"不同,何华章从无到有创办并发展壮大了一份新报纸,其改革创新本质上是一系列对规则甚至法规的突破。重新审视何华章案,或许能给当下传媒业的改革创新提供某些启示②。

　　李婷婷和展江通过中国牧业通讯杂志社原社长唐福坤因一辆购置数年的"公车"而被送进监狱的案例,聚焦行业期刊的腐败现象,提出在市场化大潮下,媒体一方面被要求财务独立,丧失了财政来源;另一方面,在市场的挤压下难以找到合适的生存路径,大量记者站成为新闻敲诈的重灾区③。

　　展江和李婷婷分析了三名处于不同资产管理形式下的媒体高管触犯"私分国有资产罪"的案例,为我们敲响警钟。当前,受到媒体融合和市场整合的巨大冲击,部分地方媒体有重归财政供养的趋向和意愿。这或许能带来一时财务困境的缓解,但经营主体资格的丧失也将带来财务管理风险。一体两面,得与失可能就在咫尺之间④。

## 六、结语

　　综上所述,2018 年我国新闻传播法规与职业道德研究可谓亮点纷呈。在新闻传播法规层面,学者们既在著作权、知识产权、公民言论自由等传统研究领域有所建树,又在网络言论追责、新媒体版权保护、网络音视频媒体法治管理等领域积极探索,产出一批较有分量的研究成果。移动互联时代,学者们高度关注互联网多元治理机制建设、媒体体制改革与监管、网络公民权利等新兴话题,讨论极为热烈,为该领域的规范与发展提供了不少学理支持。在新闻伦理与职业道德层面,国内学者重点关注网络媒体伦理道德研究,聚焦于人工智能对伦理规范的挑战、社交媒体对个人隐私的影响、大数据时代的"被遗忘权"、算法式新闻分发导致的技术伦理等话题。在职业道德层面,学者们着重对新闻敲诈、媒体人经济犯罪等方面进行探讨。总体而言,学者们针对普遍意义的伦理冲突、伦理失范等常态困境进行了解析,针对新媒体引发的伦理困境、冲突、道德两难进行了剖析与思考,同时也对失范表象的归因、伦理困境的解决提供了不同的研究思路与考察路径。

撰稿人:傅一卿(复旦大学新闻学院 2018 级博士研究生、郑州大学讲师)

---

　　①　参见李婷婷、展江:《"新闻圣徒"的敲诈勒索和强迫交易罪——媒体人经济犯罪经典案例评析(二十)》,《青年记者》2018 年第 25 期。

　　②　参见展江、李婷婷:《报业改革闯将的惨淡结局——媒体人经济犯罪经典案例评析(二十一)》,《青年记者》2018 年第 28 期。

　　③　参见李婷婷、展江:《一辆轿车十年刑期冤不冤?——媒体人经济犯罪经典案例评析(二十二)》,《青年记者》2018 年第 31 期。

　　④　参见展江、李婷婷:《媒体高管当心触犯私分国有资产罪——媒体人经济犯罪经典案例评析(二十三)》,《青年记者》2018 年第 34 期。

# 突发公共事件、群体性事件新闻报道研究

德国社会学家乌尔里希·贝克在其名著《风险社会》中将当前社会的现代性诊断为"风险社会"，即人类面临由工业社会带来的方方面面的危机。贝克提醒人们："必须注意现代社会的矛盾和风险更具多发性、突发性、扩散性、全局性、复杂性和危害性，具有与以往社会的矛盾和风险显著不同的逻辑和特征。"伴随改革开放的持续推进，今日中国社会的方方面面也进入改革攻坚的深水期，形形色色的社会矛盾与利益冲突纷至而来，从一定程度上看，中国社会也正处于风险社会的阶段。新时代中新的媒介与传播形式成为众多突发公共事件与群体性事件的表达机制，所以对新闻传播学研究而言，新的社会环境与新的媒介技术共同构成了今日理解中国社会中各类突发事件、群体性事件的基本语境。本文立足于中国知网在 2018 年度收录的与突发公共事件、群体性事件新闻报道研究相关的论文进行检索和爬梳，以期对中国学者关于此类议题的研究展开进一步的讨论。本文以"突发公共事件"与"群体性事件"为主题进行搜索，共得到 200 条检索结果，而 2018 年度的相关研究更是寥寥无几。尽管中国突发公共事件、群体性事件频发，但相关研究仍然较为单薄，大量研究囿于传统的政府公关、议程设置和意见领袖等传统议题。

## 一、2018 年度的重大突发公共事件、群体性事件

王威指出："频频发生的安全事件导致公众的社会整体焦虑情绪比较明显，主要表现为风险焦虑和安全焦虑，过度焦虑的社会情绪容易引发比较激烈的群体事件。"[①]因此，在社会转型这一风险高发期，作为社会发展的瞭望者的新闻传媒一定要高度重视公众的社会情绪。

根据人民网舆情数据中心的调查统计，列出了 2018 年度十大热点事件（话题），分别是：吉林长春长生公司问题疫苗案件、滴滴顺风车乘客遇害系列事件、超强台风"山竹"登陆、山东寿光洪灾、重庆万州区公交车坠江事故、碧桂园安徽六安工地坍塌事故、福建泉港"11·4"碳九泄漏事故、河北张家口市"11·28"爆燃事故、河南商丘华航现代牧业有限公司厂区火灾事故、非洲猪瘟。对这些热点舆情做初步分析，可以发现它们基本代表了当下中国的三大风险议题或者说不稳定因素，即公共卫生事件、灾难性事件、群体性事件。

## 二、公共卫生事件研究

马天娇认为，在突发性公共卫生事件发生时，信息传播与风险沟通显得尤为重要。然而，对以"两

---

① 参见王威：《风险传播中公众社会情绪的平衡》，《当代传播》2018 年第 5 期。

微"为代表的融媒体而言,信息的爆炸性传播在促进问题浮现的同时还极有可能扩大社会公众的恐慌,因此政府和相关行业专家对这类有海量受众的新媒体应该积极探索灵活的化解风险的传播策略①。

钱瑶从新闻实践层面出发指出公共卫生报道中存在的问题,比如科学素养仍在限制报道的客观准确性,没有"打破砂锅问到底"的精神,以及融媒体时代中记者核实事实等专业素养水准的下降。基于此,研究者提出改进突发公共卫生事件报道的建议,认为首先要提高媒体自身处理突发公共卫生事件报道的应急能力,培养具有较高专业素养的记者;其次,要建立健全公共卫生事件相关机构与媒体之间的互动机制,打通信息传播、处理危机等方面的联络。媒体要将关注人的命运作为践行人文关怀的出发点和立足点②。

如前所述,伴随互联网的发展与成熟,新媒体早已成为理解中国社会中各类突发事件、群体性事件的基本语境。胥琳佳和屈启兴聚焦于突发公共卫生事件信息在社交媒体上的传播,探究社交媒体内容与传播网络结构对信息转发行为的影响,并在强调新媒体强烈的社交属性的同时,指出在公共卫生事件发生时,应找准社交媒体中的意见领袖这些关键节点③。

在今天,网络虚拟空间是大量公共事件酝酿和爆发的重要空间,可以说,新媒体成为当前最为重要的意见平台之一。王君研究了当前屡屡出现的虐童事件,指出政府对信息的传播与控制应采取"疏而不堵"的形式,在危机事件的传播过程中,媒体应鼓励受众充分表达观点和主张,保护自身合法权益,缓解社会情绪,防止不良社会情绪的集中爆发,避免坠入后真相的不信任陷阱之中④。

刘仟等由"长生生物疫苗"事件的传播和舆情的发展演变入手,借助慧科新闻搜索数据库,从信息发布量、信息来源、舆情内容来研究突发事件不同时间段舆情所表现的传播特征,探讨突发公共事件的传播规律。研究指出预防、应对突发公共事件的措施:主动挖掘出"意见领袖";安抚"底层情绪",缓解社会矛盾,积极建立良好的对话环境,疏导人们的情绪;加强政府公信力建设,提升传播能力⑤。

张旭阳指出,网民对不同社会角色信息发布者的信任成为影响其认知、参与事件的重要因素。研究发现:网民更信任发布突发公共事件信息的法律人士和专家学者;不同背景网民对各社会角色的信任存在差异;媒介接触与媒介信任会提升网民对社会角色的信任;媒介信任因素对网民的角色信任评价的影响最为重要;网民越信任普通网民,其网络攻击、人肉搜索意向越高,越信任法律人士,采取网络暴力行为的意向越低⑥。

## 三、群体性事件研究

在新媒体、自媒体时代,纷繁复杂的"小道消息"成为群体性事件得以产生并发酵的原因之一。基

①　参见马天娇:《融媒时代突发公共卫生事件信息传播及风险沟通策略探讨》,《新闻研究导刊》2018 年第 21 期。

②　参见钱瑶:《做好突发公共卫生事件报道的几点体会》,《视听》2018 年第 5 期。

③　参见胥琳佳、屈启兴:《突发公共卫生事件中社交媒体内容与社会网络结构对转发行为的影响》,《现代传播(中国传媒大学学报)》2018 年第 11 期。

④　参见王君:《突发公共事件中的危机传播应对策略——以虐童事件为例》,《新闻战线》2018 年第 18 期。

⑤　参见刘仟等:《突发公共事件舆情传播特征与规律的研究——以"长生生物问题疫苗"事件为例》,《新闻研究导刊》2018 年第 21 期。

⑥　参见张旭阳:《突发公共事件中社会角色对网民信任及行为的影响——基于三个城市问卷调查数据的实证研究》,《新闻记者》2018 年第 6 期。

于此,陈芸结合具体案例,以"小道消息"的传播为脉络展开研究,并从政府角度出发讨论了"小道消息"的化解之路①。

李伟权和刘雁指出,微信的多种叠加表现在传播主体、传播渠道和传播内容的多重叠加效应,由此造成的这种与以往截然不同的新型传播改变了舆情传播结构,给管理者带来了极大的舆情治理挑战②。在这种情况下,政府要首先树立风险意识,其次加强相关网络法律规范的制定,并且适时采取微信叠加效果的预警乃至阻断。

翟欣通过对微信公众号的传播特点进行总结梳理,提出在重大热点事件发生时的传播策略:强化突发公共热点事件中媒体微信公众号传播责任意识的建设;注重对重大公共热点事件中公众角色的引导;完善舆情预警机制,建立明确的舆情评价体系③。

向加吾对群体性事件衍发出的网络舆情的演变要素、主体动机与行为特点进行了较为系统化的探究。研究指出,利益诉求、权利诉求、价值诉求是群体性事件网络舆情的主体动机,因此,在探究群体性事件解决之道的过程中,深刻洞察、辨别群体性事件主体的动机和刺激因素成为重中之重④。

潘敏霞等人认为,网络群体性事件的最大特点是线上、线下群体联动,由此从虚拟的舆论和行动转向现实世界的活动,网络群体性事件上升为社会公共事件。在此情况下,应建立健全网络舆情监测机制,设立应急预案和应急机制⑤。

刘洋认为,新媒体的传播生态对群体性事件发生后的舆论引导工作构成了挑战,这些问题具体表现在:媒体用户表达偏激,信息掌控难度增加,以及由此造成的危害性大。在新媒体环境下,对群体性事件进行舆论引导的若干策略包括:构建信息汇集分析机制,构建应急信息发布机制,以及构建社会自我调节机制⑥。

曲艺梳理了近年来频发的群体性事件的舆论生成路径,指出其中的三个关键环节:诱发、生成和升温。从诱发机制来看,存在三个因素:第一,网络因素:网络信息发布渠道广泛,利用互联网平台人人都可以发声;第二,主体因素:个人有情绪释放的需要,网民的参与意识觉醒;第三,社会因素:社会处于转型时期,社会系统运行障碍导致现实利益表达渠道不通畅。从生成机制看,存在两个因素:争论性议题与网络公共舆论场、意见领袖的产生和传统媒介的介入。从升温机制看,存在三个因素:利益趋向的显现、传播的辅助、心理认同的形成。当今频发的网络群体性事件正是这三种机制相互作用的结果⑦。

李春雷运用SPSS统计软件数据分析发现,语言传播勾连信息传递、意义生产与舆论建构,在叙事、对话与行动层面都蕴含隐性风险,经大众传媒对其叙事模式和规训效应的强化,对民众情绪和社会心理形成了异化嵌入⑧。

---

① 参见陈芸:《群体性事件中的政府信任陷阱——基于小道消息的传播视角》,《改革与开放》2018年第1期。
② 参见李伟权、刘雁:《微信舆情叠加效应下群体性事件的预警与阻断问题研究——以广东A市环境群体性事件为例》,《东北大学学报(社会科学版)》2018年第4期。
③ 参见翟欣:《重大公共热点事件中媒体微信公众号的舆情传播研究》,《出版广角》2018年第8期。
④ 参见向加吾:《群体性事件网络舆情的演变要素、主体动机与行为特征》,《重庆交通大学学报(社会科学版)》2018年第3期。
⑤ 参见潘敏霞、罗希、于萍:《网络群体性事件的公共冲突治理》,《新闻研究导刊》2018年第6期。
⑥ 参见刘洋:《新媒体环境下群体性事件的舆论引导》,《新闻战线》2018年第14期。
⑦ 参见曲艺:《探析网络群体性事件的舆论生成路径》,《西部广播电视》2018年第5期。
⑧ 参见李春雷、邹月华:《突发群体性事件语言传播风险规避——基于广东省茂名市"PX事件"实地调研》,《当代传播》2018年第6期。

## 四、灾难事件研究

徐开彬和徐仁翠在汶川地震十周年之际,讨论了在四川地方媒体中这一灾难性事件是如何产生社会公众的地方认同、国家认同和记忆共同体的。这类研究开启了人们在事件之后再次客观认识其效果的研究传统,事件由此成为人们"记忆共同体"的关键要素,这一共同体进而加深了人们的地方、民族、国家的认同①。

值得注意的还有关于灾难性事件新闻报道中的图像研究。在读图时代,图像是最给人以冲击的传播要素,因此,大量研究围绕图像和视觉修辞展开。秦璇以 2018 年"荷赛"和"普利策奖"获奖作品为例,指出在这两项重要赛事中的,有关灾难性事件的新闻摄影图片占据较大比例②。王易可在对灾难事件的新闻影像进行研究时指出,灾难性事件报道最能体现一个新闻媒体的伦理道德准则,最能体现一个媒体人的伦理道德水平③。钟敏对突发事件新闻摄影报道中的人性的显现、如何凸显人性以及新闻照片的选材与视角三方面展开讨论④。

值得注意的是,2018 年有不少关于灾难事件传播研究的硕士论文,他们的研究立足不同维度,运用了不同的研究方法。四川外国语大学的徐珑绫分析灾难报道中新媒体存在的新闻伦理问题,运用因果分析法对新媒体传播伦理失范问题进行深入分析,并梳理相关文献,结合内容分析法,对新闻伦理失范的现象提出了解决策略,以期重构新媒体在灾难报道中的新闻伦理,让新媒体在遇到灾难时能够正确对待⑤。黑龙江大学的甘思丽指出,对灾难新闻的报道是新闻传播活动的一大重要内容,其报道方式和报道手段是对新闻媒体价值取向的一大重要考量。研究对灾难事件报道的新闻伦理进行了剖析⑥。安徽大学的陶颖紧密联系不同时期社会整体的政治、经济和文化环境,讨论《人民日报》在传递灾难信息、引导控制舆论等方面发挥的作用。研究发现,《人民日报》在灾难报道理念上呈现出三个方向的转变:由救灾宣传向科学认知灾难,报道中以人为本的理念不断深化,由天人对立的生态理念转向天人合一的和谐理念⑦。西南交通大学的王舒指出,媒介作为灾难事件的记录者,是灾难记忆形成的重要基础,在雾霾的灾难记忆中担任灾难事件的见证者与记录者。研究运用内容分析和话语分析的方法,对传统媒体和新媒体如何建构灾难记忆这一核心问题进行了深入研究。研究发现,官方记忆与非官方记忆之间既有互动又有对立,官方记忆强化了灾难中的成就记忆、动员记忆和反思记忆,却忽视了环保组织主体;非官方记忆重点呈现了记忆中的创伤记忆和质疑记忆,却对企业主体进行选择性遗忘⑧。

---

① 参见徐开彬、徐仁翠:《汶川十年:汶川地震的媒介记忆研究》,《新闻大学》2018 年第 6 期。

② 参见秦璇:《灾难性事件新闻摄影作品的视觉修辞——以 2018 年"荷赛""普利策奖"获奖作品为例》,《青年记者》2018 年第 6 期。

③ 参见王易可:《灾难事件的新闻影像伦理探讨与反思》,《新闻战线》2018 年第 2 期。

④ 参见钟敏:《新闻照片在突发事件中如何凸显人性关怀》,《传媒论坛》2018 年第 1 期。

⑤ 参见徐珑绫:《新媒体时代下我国灾难报道的新闻伦理失范研究》,四川外国语大学硕士学位论文,2018 年。

⑥ 参见甘思丽:《灾难报道中的"二次伤害"研究》,黑龙江大学硕士学位论文,2018 年。

⑦ 参见陶颖:《90 年代以来〈人民日报〉灾难报道理念转变研究——以 1998 年和 2016 年两次洪水报道为例》,安徽大学硕士学位论文,2018 年。

⑧ 参见王舒:《灾难记忆的媒介建构》,西南交通大学硕士学位论文,2018 年。

　　闫岩和邹文雪以新世纪以来我国所有特大事故的新华社报道为分析对象,在"人格化—去人格化"的维度下,对报道中的受难者形象进行文本分析。研究显示,官方报道中的受难者群像与独像并存。可辨识的受难者独像多数为"理想的受难者",遵循"无辜者等级"并混合了英雄遇难的叙事,呈现出高度同质化和可替代性的面貌。而群像的塑造则以"去个体化"为原则,通过引语塑造出亲历的在场者和朴素的感恩者,通过数字化将不幸者对立、比较、排序,通过指代词实现身份区隔和"熟悉的陌生化"等叙事目的①。

　　许琴总结了突发事件采访报道中缺乏人文关怀的典型情况:功利化报道现象泛滥,无法融入现场的居高临下状态,低俗化倾向明显。研究认为,人文关怀不仅是报道的核心价值追求之一,同时也是宣传以人为本的理念和社会主义核心价值体系的有效载体。在突发事件的报道中,记者如何保持真诚客观、以人为本的态度传递人文关怀是当前新闻媒体在人文化发展道路上需要关注和研究的重点课题②。

　　张永理运用文献分析等研究方法,以 2004 年至 2018 年网易新闻版块报道资料汇总的数据库为对象,对中国城市社区突发事件进行归纳分析。研究表明,在自然灾害、事故灾难、公共卫生事件和社会安全四类突发事件中,社会安全事件占比最大,公共卫生事件占比最小。从发生区域来看,这些事件主要集中于东南沿海地区和省会城市,大部分有影响的典型案例也发生在这些区域,这些省份和城市应该是社会矛盾暴露相对充分的区域③。

　　陈超认为,在融媒体时代,面对突发事件的传播与报道,广播媒体应该结合自身的传播特质,充分发挥主流媒体的责任担当,从"主流"之声、"多源"之声、"应急"之声三方面"发声",探索自身的传播优势,将之与突发事件报道有机连接起来。首先,广播应充分发挥其实时传播的先天优势,并牢固坚持其对突发事件的报道的高度政治觉悟这一优良传统。其次,广播从业者只有具备过硬的业务水平才能充分发挥广播传播及时的先天优势,在突发事件发生后做出精准可靠的报道,以实时声音引起听众的信任、共鸣、共情。由此,在灾难发生时,在社会动荡之中发挥传递信息与安抚人心的作用④。

　　杨晓鸣对如何在全媒体报道中处理好突发事件报道的策略进行探索,认为要建立联动播报机制、迅速抢占报道先机、疏通引导大众舆论以及打造差异化的报道,由此满足受众获取信息的要求,推进新闻传播与社会的稳定和谐、人民群众信息需求之间的紧密结合⑤。

　　魏靖涵研究公众在理解网约车犯罪事件频发的现实时指出,以社交媒体为代表的网络民意表达空间的开辟,不仅使社交媒体成为网络舆情的主要承载空间,而且在一定程度上改变了社会动员的方式⑥。

　　① 参见闫岩、邹文雪:《群像与独像:新世纪以来我国特大事故报道中的受难者形象》,《国际新闻界》2018 年第 6 期。
　　② 参见许琴:《浅析突发事件采访报道中的人文关怀》,《新闻研究导刊》2018 年第 13 期。
　　③ 参见张永理:《中国城市社区突发事件及其应对问题研究——基于网易新闻社区报道的统计分析》,《北京航空航天大学学报》2018 年第 6 期。
　　④ 参见陈超:《广播对突发事件传播的维度思考》,《声屏世界》2018 年第 12 期。
　　⑤ 参见杨晓鸣:《突发事件如何做好全媒体报道》,《新媒体研究》2018 年第 19 期。
　　⑥ 参见魏靖涵:《社交媒体时代公共事件中的情感动员》,《青年记者》2018 年第 33 期。

# 五、评价

尽管我们看到,关于突发公共事件、群体性事件报道研究一般有着庞大的数据样本和完善的定量方法,但是研究旨归、研究立场和研究方法也暴露出一些潜在的问题。

### 1. 研究方法单一

总的来看,当前此类研究主要采取定量研究的方法。尽管这一方法能够兼顾大量样本并做宏观剖析,但是还需意识到关于突发公共事件、群体性事件的报道与研究涉及复杂的利益群体,因此应提升报道者与研究者开展质性研究的专业水平,要深入各种矛盾冲突者的实际生活境遇中,不能流于表层现象的研究,必须警惕量化研究中样本的"代表性"和"科学性"问题,避免研究进入简约论、还原论的机械怪圈之中。

### 2. 相关报道缺乏人本主义视角

通过大致的梳理,我们可以发现,研究往往聚焦的是某一具体事件,研究的目的在于讨论对这一事件的解决或对更好解决方法的探索,但是事件中人的复杂的情感、心理和动机被研究者或是有意或是无意地埋藏起来,因此人似乎成了研究要解决的事件的附属物。本文认为,做好突发公共事件、群体性事件新闻报道研究,必须坚持新闻报道的人本情怀,不局限于某一事件的概述和总结,而应使事件背后的鲜活的人浮现纸端,关注事件进程中的人的生存状况。因此,对今天的媒体机构而言,应建立健全社会舆情的收集与反映机制,落实好社会发展的"瞭望者"、"检测者"的职责;系统化地展开对社会舆情的收集、监测、预警和反馈,促进社会大众意见与建议交流渠道的畅通,避免消极心态的积累恶变,控制不良情绪引发的"次生灾害",促进民众意见和社会风气的良性演变,把人文关怀渗透在媒体新闻传播工作的方方面面。

### 3. 缺乏对当前社会政治经济结构的洞察

任何社会问题都是内嵌于某一特定的社会政治经济结构之中的,因此,对突发公共事件、群体性事件新闻传播的研究同样应立足于转型中国这一复杂语境之中,不能"就事论事",而要审时度势地作出判断。政治经济学的路径强调社会过程的结构化一面,因此,从政治经济角度出发,必须敏锐洞察中国当下的传播与社会的具体情境,才能挖掘事件背后的深层动因,做好应对突发公共事件、群体性事件新闻传播的良性循环发展。

# 六、结语

在当今各种风险频发的时代,做好突发公共事件、群体性事件新闻传播是降低风险社会中矛盾与冲突的一个关键途径,应正确认识到进入改革深水期中的中国社会必然将长期存在各类事件,因而对新闻传播而言,从人民群众的基本立场出发,做好符合人民群众根本利益的信息传播、深度分析和政策建议应是一个负责任、有担当的媒体的重要使命。也因此,媒介责任同样成为突发公共事件与群体性事件报道研究的关键维度。例如,刘琴和王丝莲指出,主流媒体应秉承社会瞭望功能,在风险缘起阶段加大信息安全危害性的预警报道,普及用户信息安全的知识,履行其教育责任担当。然而,这一问题的解决涉及面广、主体层次多异、治理体系复杂①。因此,应形成长效的媒介专业主义自律机制,并与相关法律规范等他律措施关联,净化传媒生态,坚守传媒责任。

撰稿人：兰凯伦(复旦大学新闻学院 2018 级博士研究生)

---

① 参见刘琴、王丝莲:《风险传播视域下主流媒体信息安全报道的责任担当》,《中国报业》2018 年第 7 期。

# 中外新闻教育研究

2018 年的新闻教育研究依然将焦点集中在"教育"、"行业"、"技术"等关键词上,新技术发展方兴未艾,新闻教育如何"向外"处理好与新闻行业的关系,如何"向内"处理好与技术的关系,如何走出一条人才培养的新路子,是所有新闻教育研究者关心的问题。2018 年,对于新闻教育来说,有这样几件事具有重要意义:一是马克思诞辰 200 周年,二是改革开放 40 周年,三是北京大学新闻学研究会成立100 周年,四是 2018 年 9 月教育部、中共中央宣传部发布《关于提高高校新闻传播人才培养能力实施卓越新闻传播人才教育培养计划 2.0 的意见》。不同的历史节点彼此重合,为新闻教育提供了一个回顾往昔、审视当下、展望未来的深刻背景。无论是对当前新闻教育现状与问题的描述与反思、对人才培养路径与目的的辨析与探索、对新闻学科建设与师资建设的回顾与梳理,还是对国外新闻教育的比较与借鉴,都意在为我国新闻教育的调整与发展寻找路标、铺垫道路。

## 一、中国新闻教育研究

### 1. 教育现状

张涛甫认为,身处互联网时代,整个新闻传播业态大洗牌,系统不确定性骤然升级。在新媒体丛林中,适者生存。行业竞争如此惨烈,对人才的需求也十分焦灼。新闻传播教育界的反应相对迟缓,没有举系统之力,跟进新闻传播业态变革,多数新闻传播教育机构还是在强大的传统惯性轨道上滑行,变革意识不强,与业界和社会需求差距甚巨。如今的新闻传播教育,一方面,在本科阶段强调复合型人才培养;另一方面,在更高的层级寻求专业细分,尤其在以培养应用型新闻传播人才为主打目标的专业硕士教育方面,定制化和细分化趋势日渐明晰。研究生教育,尤其是专业硕士研究生教育,不再强调以"大一统"批量生产为主,更倾向于精准化、定制化培养,针对社会和业界需要,实行定制化生产。新闻传播教育不能按兵不动,也不能跟风冒进,应与业界保持一定的距离,不能做短线投资,而应做中长期考置①。

范玉吉认为,目前全国新闻传播专业学生的就业已进入泛就业时代,即大部分学生没有在新闻传播领域就业,而是分散在其他许多相关甚至毫不相关的专业领域。之所以会出现泛就业,主要是因为新闻业的就业市场发生了变化。现在媒体业正处在转型期,传统媒体在新的媒介生态环境中面临诸多困境与压力,很难再大量接收新从业人员。而新媒体自由开放的天性又使其不一定非要用有新闻传播专业背景的从业人员。这样,在新闻传播专业人才数量急剧增长与就业市场不断萎缩的矛盾中,

---

① 参见张涛甫:《传媒新业态与当今新闻传播教育的新转型》,《传媒评论》2018 年第 1 期。

出现泛就业就在所难免了。泛就业并不是新闻教育的失败,在强调专业知识教育和专业技能教育的同时,一定要多增加一些不同岗位共同需要的职业技能,如写作能力、协调能力、合作能力、创新能力等。新媒体的技术再发展,其对内容的需求不会改变,我们只要抓住内容生产方面的教育不放,一切都可以迎刃而解。在新闻专业教育的课程中,增加深度报道、非虚构写作、新闻叙事研究,进一步加强和改进采写编评基础教学才是这一专业发展的重中之重①。

高晓虹和赵希婧立足改革开放 40 年的历史进程,以新闻传播学科在国家级教学成果奖中的获奖成果作为切入点,总结不同时代新闻传播教育的目标、体系与方法。研究发现:新闻院校的教育教学、人才培养始终服务于国家战略和社会发展,既重视基础知识与技能训练,传承并发展学科特色,也能够立足全球化、信息化的新平台,打造适应媒体融合发展的教育教学体系,建构具有中国特色、对接国际一流的人才培养模式②。

强月新认为,不断更新的传播技术改变着当前的传播生态,不论是传统媒体还是新媒体,它们对人才的需求都不再限制在传统意义上的采编人才中,而是增加了很多新岗位,如数据工程师、可视化编辑、网络互动编辑、产品经理等,这些新岗位更看重人才所拥有的交叉学科背景和互联网思维。此外,在信息膨胀饱和的当下,媒体机构对拥有独到见解、具有较强叙事能力、能生产优质内容的观点型记者更加青睐。如果新闻传播院校不及时更新人才培养模式,还按传统传媒人才的目标来培养人才,这只会加重市场人才需求与高校人才培养之间的结构化失衡。现如今的传媒业对人才的需求其实早已突破了以往对编辑能力、写作能力的单一要求,而是要求"十八般武艺,样样精通","一专多能"的全媒体人才是各大媒体机构争抢的对象,他们需要你既能熟练掌握传统新闻采写编评等基本能力,又可以掌握图片、视频编辑处理能力和编程、运营能力等③。

栾轶玫和张晓旭发现,人工智能加入现代传播教育,对教师的教学内容和教学手段都带来了新的机遇和挑战,这有利于改善教与学的关系,更多地发挥学生在课堂上的主动性,有利于学生更好地掌握知识。同时,在人工智能冲击下的现代教育中,学生能够更多地进行思考而非记忆,有利于学生批判性思维的形成④。

刘冰认为,融合新闻教育应该注重跨学科培养人才,明确设置相关专业或方向,因材施教,加强巩固新闻学专业的主导地位。要将新闻伦理教育扩展到非职业群体,注重新闻传播伦理的普适性。新闻教育具有明显的职业教育特征,应该秉承务实的教育观,重视新闻业务教学,加强新闻实践能力与理论研究能力的融合培养。融合新闻教学与研究过程中,需要强调实践体验、文献研究和案例研究方法的运用⑤。

刘明洋和袁晓川从师资队伍构成、学科平台建设、课程体系、学位设置、科研成果等方面对国内外新闻传播学教育的最新现状进行研究,旨在把握新形势下新闻传播教育的理念与实践变化。研究表明,国内外新闻传播类院系积极探索"双师制"的教师聘用制度,坚持学术培养与职业训练并重的教学

① 参见范玉吉:《泛就业时代的新闻教育》,《青年记者》2018 年第 7 期。
② 参见高晓虹、赵希婧:《改革开放 40 周年:中国新闻传播教育的坚守与创新》,《新闻与写作》2018 年第 12 期。
③ 参见思涵:《全媒体传播生态下的新闻教育——访武汉大学新闻与传播学院院长强月新教授》,《今传媒》2018 年第 2 期。
④ 参见栾轶玫、张晓旭:《人工智能驱动下的新闻传播教育变革》,《新闻与写作》2018 年第 5 期。
⑤ 参见刘冰:《融媒时代新闻教育变革与实践》,《中国出版》2018 年第 12 期。

理念,推进学、媒融合的教学科研平台,稳步推进学界与媒体界的深入合作。多学科的背景也是新闻传播学师资队伍的一大特色,通过构建跨学科、跨院系的学位项目及课程体系,实现多学科交叉。学界与业界的融合、文科与理科的融合已成为新媒体环境下新闻传播学教育发展的两大趋势①。

雷跃捷和田承旭认为,从新闻学研究和新闻教育的角度来观察,新媒体的发展,会给新闻学研究和教育带来这样的变革:新闻学研究和新闻教育会打破以往传统媒体时代以研究传统新闻学和培养传统媒体的专业新闻人才为目标的局面,将数据新闻、算法新闻、公共新闻、公民新闻、参与式新闻、大众新闻、社区新闻等方面的研究和教育与传统的专业新闻研究和教育有机结合起来。未来的新闻学研究和新闻教育将会沿着两条路径平行开展:一条是以公众和专业新闻工作者为对象的媒介素养研究和教育;另一条则是以专业新闻工作为研究对象的新闻学研究②。

弥建立对甘肃的 11 所设置新闻传播专业的高校的大数据教育做了一次问卷调查。调查结果显示,学生对大数据的认知还处于感性阶段,大数据实际运用较少,在甘肃部分高校"行动"迟缓,大数据基础教育偏少。大数据背景下的新闻教育应抢占大数据发展制高点,优化课程,建立品牌专业,加快转型,改善教师知识结构,与新媒体合作,增强新闻教育的针对性③。

陶建杰和李晓彤对上海地区八所高校新闻传播类专业本科生进行问卷调查,发现新闻学子对新闻教育的总体满意度不高,其中对课程设置、从业促进的评价最低;不同年级、生源地、录取志愿、学校类型的学生,对新闻教育的满意度有较大差异;除了年级、生源地、是否调剂、学校类型外,入学前对专业的了解程度、社会媒体实习经历也是影响新闻学子对新闻教育评价的显著因素④。

张昆和张宇认为,新闻教育和行业有相当程度的脱节,而且越来越严重,这种状况有几个方面的原因。第一,传播技术发展太快,新闻传播教育跟不上。第二,不仅是新闻传播学科落后了,实际上整个教育系统都落后了。不仅教育系统落后了,其他系统也落后了。金融、管理等行业都受到了互联网的冲击。第三,新闻传播学科自身"尾大不掉",几十年的问题积累下来,使得原来的优势变成劣势,原来的长处变成短处。新闻教育的目标应该是培养能够独立思考、具有批判精神的报道者。在报道事实和追求真理的过程中,新闻人要坚持自己独立的判断能力,既不屈服于外在的所谓权威,也不依附于不合理的权力⑤。

杨维东和董小玉认为,为适应新媒体的发展趋势和国家新闻舆论工作的实际需求,中国的新闻传播教育发展范式需要重新定位和整体转型,立足当下媒介融合的新语境,从改革人才培养目标、学科重构、专业设置、师资调整和实践教学等方面进行改革。同时,我国高校新闻传播教育在高歌猛进的时候,不可避免地出现了"千校一面"、"千院一面"的趋同现象,要实现学科的健康、有序发展,我国必须重构新闻传播教育新格局,在品牌和特色上下功夫。为适应传播环境的变迁,高校应引入多元化的社会资本,充分调动政府、媒体、企业等资源,促进学界、业界与政府互动,理论与实践结合,联合培养

①　参见刘明洋、袁晓川:《融通之道:解读新媒体环境下新闻传播教育的两大趋势》,《国际新闻界》2018 年第 9 期。

②　参见雷跃捷、田承旭:《挑战与变革:新闻学研究和教育的发展趋势》,《新闻与写作》2018 年第 3 期。

③　参见弥建立:《我国新闻传播院校大数据教育的现状与对策——基于十一所在甘高校的调查》,《教育传媒研究》2018 年第 4 期。

④　参见陶建杰、李晓彤:《新媒体时代新闻学子对新闻教育的评价及影响因素——基于上海高校的实证研究》,《贵州师范大学学报(社会科学版)》2018 年第 1 期。

⑤　参见张昆、张宇:《新闻教育的"华科大模式"》,《教育传媒研究》2018 年第 5 期。

新媒体人才①。

殷琦认为,21 世纪以来,在台湾地区政治经济体制改革、社会变迁、高等教育制度变革以及传媒产业转型的背景下,台湾地区新闻传播教育在办学结构、学科专业、课程设置与师资构成等方面都发生了诸多调整和变革,偏重职业技能训练的"密苏里模式"不再被奉为圭臬,与专业化相关的通识教育、学术发展与学科自主日益成为一种普遍性的要求。但在台湾地区市场持续扩张、技术操控力加强以及新闻传播学科自主性仍有待建立的语境下,台湾地区新闻传播教育的专业化发展仍面临相当大的压力②。

吴敏苏和郑锦强认为,在"众媒"、"融媒"环境下,媒体的竞争往往就是新媒体人才的竞争。谁拥有新媒体专业核心人才,谁就在信息传播领域占据有利地位。在这种情况下,高校要培养出适应时代发展要求的新闻传播工作者,其新闻传播教育就不得不更新理念、更新教材、更新课堂。新闻学"规范性理论"中关乎真实、客观、准确的"专业主义"圭臬需要坚守,新闻业的独立性和公共性需要去维系,但传播学"经验性理论"中认知现实规律、把握传播特点等知识体系在新闻传播教育中亟待强化。只有这样,培养的学生才有可能既有对"规范"的守望,又有对"经验"之掌握。新闻教育应注重内容与技术的结合;重视团队教学;开展案例教学;利用新媒介延伸课堂边界,增加教学交互性;加强"创业新闻"教育,鼓励学生打造自媒体③。

向芬等通过调研发现,新闻学在全国主要新闻院校中存在边缘化的现象,马克思主义新闻理论的研究某种意义上存在停滞不前、后续乏人的现象,马克思主义新闻观教学创新不足,某些高校部、校共建的效果不容乐观。一是部分高校存在急功近利办学模式:对于新闻专业学生的思想政治教育不够有力和有效;高校社会科学实用主义导向下传统新闻教育的边缘化;高校评价体系重科研、轻教学。二是马克思主义新闻学体系建设不尽如人意:部分高校马克思主义新闻学建设在院系整体学科构架中独木难支;马克思主义新闻学研究突破难度大,后续人才难以为继;马克思主义新闻观课程和马工程教材创新有限,对于高校学生的吸引力较低④。

**2. 人才培养**

夏凤军认为,从当前新闻教育的形势来看,在融媒环境的影响下,新闻教育的理论教学、业务课程、课堂教学等传统的内容与形式已无法满足融合媒体、技术变化、业界发展和教学形势的需要,要充分发掘"体验式教学"的作用,提高理论教学、业务教学和课堂教学的效果,从实验室、媒体实践、翻转课堂三个角度,探索理论、实践、教学方式三者中的"体验"方式⑤。

黄钦认为,新闻传播教育要由之前的嵌入式、旁观式教育转换为参与式教育,通过引导学生参与自下而上尤其是社会横向之间的沟通交往,增强学习的获得感,培养面向社会的公共情怀,真正实现"一专多能"的培养目标⑥。

---

①  参见杨维东、董小玉:《整体转型与特色发展——媒介融合视域下高校新闻传播教育的多维度思考》,《出版发行研究》2018年第1期。

②  参见殷琦:《走出"密苏里模式":台湾地区新闻传播教育的专业化趋向》,《现代传播(中国传媒大学学报)》2018年第6期。

③  参见吴敏苏、郑锦强:《"众媒""融媒"环境下新闻传播本科教育改革初探》,《教育传媒研究》2018年第1期。

④  参见向芬、季为民、叶俊:《高校新闻学科的现状、危机与挑战》,《教育传媒研究》2018年第1期。

⑤  参见夏凤军:《"体验式教学"在新闻教育中的意义及运用》,《传媒》2018年第22期。

⑥  参见黄钦:《参与式传播:新闻传播教育的范式转换及其实践价值》,《传媒》2018年第16期。

　　陈媛媛指出,我国数据新闻人才培养,一方面要吸收国外数据人才培养的有益经验;另一方面要查漏补缺,改善现有师资的学科结构,与业界开展更多元、更深入的合作和对接,在新媒体领域建立数据新闻实践基地,让在校学生能到相关的新闻生产部门参与正规的数据新闻实践,在与业界的互通互融中,新闻教育才能紧跟业界前沿,培养满足社会需要的新闻传播人才①。

　　王贵斌指出,互动式新闻是新闻出版的新时代标识,是网络新媒体专业的教育目标。网络新媒体专业教育需要在三个方面努力:一是增加计算机编码课程,重点考虑如何适应互动式生产的需要,而不是大量增加计算机课程;二是强化新闻写真能力,实现新闻生产的公共性价值;三是认真研讨社交媒体和新媒体环境中用户的需要②。

　　姚娟认为,"小新闻"走向"大传播"的趋势,对复合型人才的需求,数据新闻的兴起,融合新闻对技术型全媒体人才的需求,使得新闻教育的培养目标、课程体系、教学内容等设置与选择总是处于变动之中。作为与媒介紧密相连的新闻教育,其需要满足媒介现实需求;作为一门高等教育学科,其又需要考虑教育系统的稳定性。新闻专业核心素养的确立可以解决变化性与稳定性二者之间的矛盾。围绕马克思主义新闻思想素养、新闻职业道德素养、技术素养、传播素养、人文素养这五大素养确定新闻教育的改革方向,使新闻教育在培养方案、课程设置上既能适应媒介环境的变化,又能真正将所学知识渗透在学生的品格和能力之中③。

　　代芳芳认为,针对全媒体时代对新闻工作者的要求,可以将国际新闻传播人才培养的课程体系分为五大模块:一是通识教育模块,如现代汉语基础、计算机基础、马列新闻理论等;二是中国国情教育的课程模块和世界情形教育的课程模块,如中国文化概论、中国文学作品选读、世界历史和经济等;三是新闻专业课程模块,如新闻学采访与写作、大众传播学、新闻法规和职业道德、报纸与编辑、广告学、国际传播等;四是第二语言课程模块,如新闻英语、英语口语、英语听力、英语新闻写作等;五是拓展课程模块,如新闻摄影、新闻心理学、中西文化比较、跨文化交际等。为拓宽学生的国际视野,国际新闻传播专业人才教育中应制订到国外新闻媒体和专业院校学习的计划,与海外大学新闻学院开展学术交流和学生交换活动,利用丰富的资源优化学生的专业知识结构④。

　　郭苏豫从"新闻共建"角度探讨了"政校共建"、"校校共建"、"政校企共建"、"校企共建"四种主要新闻共建教学模式,认为将政府、企业共同纳入高等教育培养体系,使高校传媒教育与业界有效融合对接,可以共同促进我国新闻高等教育与传媒生产方式变革的对接⑤。

　　周庆安认为,新闻教育从本质上就是一种叙事的教育,是一种"讲故事"的艺术。在媒介融合环境下,叙事教育是新闻教育安身立命的基础,也是新媒体环境中最为稀缺的内容。研究者讨论了基于现场的叙事能力、基于数据的叙事能力、基于不信任的叙事能力,认为以上三种叙事能力对于媒介融合时代保证新闻媒体的专业性极为重要和迫切⑥。

　　黄晓军和王山龙认为,新闻专业的高年级学生应是通过实习成为"业务熟手",但在传媒竞争和实

---

① 参见陈媛媛:《国内外数据新闻人才的培养途径与基本现状》,《今传媒》2018 年第 7 期。
② 参见王贵斌:《互动式新闻与网络新媒体专业教育》,《青年记者》2018 年第 20 期。
③ 参见姚娟:《基于核心素养理念的新闻教育改革与实践》,《新闻研究导刊》2018 年第 13 期。
④ 参见代芳芳:《论全媒体时代国际新闻传播人才的创新培养》,《新闻爱好者》2018 年第 6 期。
⑤ 参见郭苏豫:《浅析融媒时代"新闻共建"传媒教育的转型实践》,《传媒》2018 年第 6 期。
⑥ 参见周庆安:《融媒环境下如何培养三种叙事能力》,《青年记者》2018 年第 28 期。

习竞争的压力下,先成为"熟手"才能获得实习岗位,这是新闻实习的悖论。这个悖论反映出滞后的新闻教育与不断变化的新闻业之间的矛盾。国外新闻学院通过顶点课程缝合新闻教育与新闻行业之间的距离。国内地方新闻院系可以通过增加实习频率、仿真顶点课程、加强媒体参与来逐步解决新闻实习悖论①。

张昆认为,新闻人才培养是一个系统工程,涉及诸多要素,包括人力资源、物理空间、实验设施、实践基地,还有学院的整体氛围或学习环境。学院文化是新闻专业人才的培养基。它在提升学生的道德、塑造良好的情操、强化专业精神和责任意识、营造学习氛围以及增强对学院、专业的认同感方面具有重要的影响。要建设好学院文化,必须统筹兼顾、综合施策:弘扬历史传统,丰富精神文化,引领学习风尚,提升行为文明②。

彭翠和赵金灿认为,智媒时代的新闻传播教育改革,就新闻传播的人才培养者而言,必须认清形势、杜绝保守,在勇敢拥抱智媒时代的同时,还要把控传媒生态格局的演变和新闻生产系统、用户平台、新闻分发平台及信息终端的相互联系;就新闻传播学的在读学生而言,必须努力拥有较高的传播素质,即拥有较好的人际沟通能力和较强的媒介传播能力,二者作为传播素质的两大维度,构成了新闻传播的基本能力要求;就始终行走在一线的媒体人而言,扶持新人、培植高人需要变成他们的常规工作③。

刘义昆认为,在新的传播生态下,新闻传播教育的培养目标应该是多元的:在国家层面,是要培养新闻舆论工作者;在行业层面,是要培养有职业精神的新闻传播从业者;在社会层面,是要培养能力多元且具有批判意识的公共传播者。改变"职业导向"的单一思维与模式,以"多元的人才培养"为目标,不仅能弥合新闻教育与传播教育之间的鸿沟,也将使新闻传播教育更加名正言顺。新闻传播教育的"变革"应该是大前提、大方向,而"培养核心价值观"和"强调实践技能"则是仍需坚守的内容④。

王哲平认为,为了造就具有"新质"的卓越新闻传播人才,新闻传播教育首先要明确自己的战略定位,跨媒体以因应媒介形态的颠覆重构,跨学科以构建多元复合的人才培养模式,跨文化以确立新闻传播的全球视野。其次,要围绕战略定位制定合理的战术选择。向教改要出路以明确培养目标,制定人才标准,优化学分配置,强化创新实践;向课程要质量关键是考察需求、结构、内容、条件、实施等要素的协调驱动;向学科要支撑旨在谋求方向引领、科研反哺和平台聚合;向社会要资源重点是拓展补短板的智力资源、课程资源、实训资源⑤。

席莉莉和范以锦认为,一个高效的见习过程应该包括两个层面:第一个层面要求学生在见习过程中提升实践技能;第二个层面要求学生带着理论意识参与见习。传媒业正面临着深刻的变革,当学生身处传媒职业现实环境,可以发现在校所学理论知识中应加强或与时代发展不适应的部分,在学习实践技能的同时提升理论素养⑥。

————————————

① 参见黄晓军、王山龙:《新闻实习生与"业务熟手"的悖论与破解》,《中国记者》2018 年第 1 期。
② 参见张昆:《学院文化:新闻传播人才的培养基》,《新闻记者》2018 年第 2 期。
③ 参见彭翠、赵金灿:《智媒时代的新闻传播教育改革》,《青年记者》2018 年第 2 期。
④ 参见刘义昆:《走向多元:新闻传播教育的变革与坚守》,《中国地质大学学报(社会科学版)》2018 年第 3 期。
⑤ 参见王哲平:《"三跨""四向":移动互联时代新闻传播教育新向度》,《中国出版》2018 年第 8 期。
⑥ 参见席莉莉、范以锦:《不只解决现实问题,还要培养前瞻眼光——新闻学教育如何处理好实践与理论提升的关系》,《青年记者》2018 年第 19 期。

　　窦锋昌认为,伴随着互联网技术对社会化组织和个人的"赋权",传统媒体机构原来所享有的新闻生产垄断权已经被打破了,新闻生产从原来的专业化生产向现在以及将来的社会化生产的转移不可避免。新闻学作为研究新闻生产的一门学科,必须适时调整自己的研究对象,把新闻学的人才培养目标从专业化新闻机构调整为社会化新闻机构①。

　　代雅赤认为,新闻传播学教育的供需矛盾日益突出,主要表现为高校培养的新闻传播学人才就业难与媒介化社会对传媒人才需求日益上升、用人单位猎寻优秀传媒人才难之间的矛盾。当前社会进入公共传播时代,传播关系由原来的强主体性特征转变为主体间性的对话关系,传播过程中的公共理念与公共精神成为基本的传播伦理要求,传播目标的公共利益取向日益突出。与之相对应,新闻传播学教育的公共传播范式转向成为必然,高校在培养新闻传播人才时应转换原来的"新闻传播"范式为"公共传播"范式②。

　　欧阳明认为,新闻传播学学科毕业生就业难的原因是多方面的:第一,现有的专业教育规模过大,结构失衡,也一定程度上存在着漠视用人市场而自我行为的盲目趋向;第二,培养的人才距离传媒业的要求存在明显落差;第三,我国传媒业的发展与变化非常快,用了不过30年左右的时间走过了西方百年甚至数百年的历程,这对高等教育的自我调整的挑战是非常大的。在培育学生就业能力上,我国新闻教育应该进行多方面的系统的调整,打持久战。一是在国家管理与教学点的设置上,应适当控制新闻传播学教育的发展规模,缩减人才的低效甚至无效供给;二是在教师环节上,须大力培养合格的专业师资队伍;三是在学生环节上,注意分类,注意应用③。

　　陆高峰认为,设置马克思主义新闻理论研究生专业,加强高层次研究生人才培养,可以采取两种路径:一种是在原有的新闻传播学一级学科下设置马克思主义新闻理论专业。其好处是便于加强新闻传播专业理论和实践技能教育,不足之处是难以融入系统的马克思主义理论教育,容易导致马克思主义理论与新闻传播理论两张皮现象。另一种办法是在马克思主义理论一级学科下采取学科交叉的方式设置马克思主义新闻理论专业。这种办法便于解决现有新闻传播学的马克思主义新闻观教育中,马克思主义理论系统性、专业性不足的问题。整合马克思主义理论和新闻传播学相关学科资源,在马克思主义理论一级学科下设置马克思主义新闻理论学科,可以更有利于培养出具有扎实马克思主义理论素养的高层次、复合型新闻传播创新人才,更好地满足国家机关、新闻媒体、教学科研机构和其他企事业单位的需求④。

　　赵金红认为,当下在新闻教育领域正进行着的这场变革已经跳脱出了传统意义上内容生产方式的新旧媒体差异化呈现,而是围绕全球化、信息化、数字化,打破人文社会科学与自然科学边界,使新闻学专业人才培养向"新媒体"与"社会发展"两大主题倾斜。从培养目标来看,更加关注教育与新媒体、社会发展之间的关系;从培养要求来看,更加强调学生的综合文化素养与社会调研能力;从课程体系来看,更加重视对文理工不同学科的模块平台教育资源共享;从专业外延来看,更加注重举办跟踪

　　①　参见窦锋昌:《从专业化到社会化:新闻学人才培养目标在新媒体时代的转向》,《高教探索》2018年第11期。
　　②　参见代雅赤:《公共传播范式下的新闻传播学教育改革》,《传媒》2018年第12期。
　　③　参见武典:《建立媒介新环境下传媒教育的新理念——访华中科技大学新闻与信息传播学院欧阳明教授》,《今传媒》2018年第9期。
　　④　参见陆高峰:《开展马克思主义新闻理论专业研究生教育的必要性与可行路径》,《教育传媒研究》2018年第4期。

学术动态、专业前沿的讲座和沙龙①。

胡易容认为，包括新闻传播教育在内的人文社科领域出现了一种技术至上的冲动，其路径是人文社会科学技术化、工程化，表现在以各种方式将人文科学纳入工程实验平台、项目平台。对于新闻传播专业来说，技术至上思维忽略了一个显见的事实——新闻传播不是一个完全意义的技术领域，而是一个以传媒技术为手段来实现"新闻事实"传播的公共场域。在中国教育资源增加投入的关口，需要警惕运动式地集体上马"高技术模式"新闻学院建制。尤其是一些以人文社会科学见长的新闻传播学院，在面对大数据、人工智能等新技术时，要避免削足适履地以 MIT 实验室式为唯一对标模式。社会需求和社会分工的多元生态现实将自然催生出新闻传播教育的多元化生态，不变的是新闻传播教育需要围绕"人"来建构价值、理念、沟通能力要素。这是新闻传播教育的基石，也是新闻传播专业的公约数②。

张志安从三个层面探讨新闻传播教育如何通过理念更新和范式重构，培养出高素质的高级专门人才：一是专业设置的重构。新闻院校的专业设置应该彻底打破专业之间的边界和藩篱，同时面向各种类型的媒体培养融合型的跨学科传播人才。二是课程体系的重构。教学内容不能一成不变，而应与时俱进。三是培养模式的重构。今天中国的新闻传播教育，要引入更多的、基于新媒体技术的实践教学和实验教学。实践教学的场景不仅在学校更要在行业中，不仅要立足中国更要面向世界。除此之外，教师个人要保持足够的对教学和课堂的敬畏感。这份敬畏感是教育工作者自我督促更新的内驱动力③。

丁云亮认为，随着传媒业的迅猛发展、新闻传播教育的繁荣以及教育体制改革的深化，批判性思维方式日益受到媒体和教育工作者的关注。在传媒理论和实践层面，培养学生"求真"、"求全"、"求善"、"求美"，是专业化教育、教学中实施批判性思维训练的主要手段，也是提升全民媒介素养的重要途径。批判性思维的获得与提升，是一个长期累积的过程④。

### 3. 学科建设

刘桂平对国内财经新闻教育师资进行梳理后总结出如下特点：一是财经类院校的财经新闻教育是国内财经新闻教育的主力军，这类财经新闻教育的师资普遍存在融合型师资匮乏的问题，即"两张皮"的问题，准财经新闻教育的师资和财经类院校的财经新闻教育一样缺乏融合型师资；二是高校和媒体机构合作的订单式财经新闻教育项目的师资最为理想，但是由于这类财经新闻教育项目不像财经类院校的财经新闻教育那样固定（稳定）和有连续性，同时也由于这类财经新闻教育不是财经新闻教育的主力军，这类财经新闻教育的师资虽然比较理想但却存在着不可避免的问题——持续性不强，并且特别奇缺；三是目前学界和业界已经达成共识，融合型师资已经成为掣肘财经新闻人才培养的关键问题⑤。

---

① 参见赵金红：《新媒体时代新闻教育人才培养主题的变化》，《青年记者》2018 年第 15 期。
② 参见胡易容：《新闻传播教育的技术焦虑及其超越》，《青年记者》2018 年第 13 期。
③ 参见张志安：《新闻传播教育的理念更新与范式重构笔谈》，《贵州师范大学学报（社会科学版）》2018 年第 1 期。
④ 参见丁云亮：《新闻传播教育中批判性思维的培养》，《东南传播》2018 年第 3 期。
⑤ 参见刘桂平：《国内财经新闻教育师资述评》，《科技经济导刊》2018 年第 13 期。

　　赵玉明和冯帆重温了以安岗、罗列、甘惜分、陈望道、王中、左荧和温济泽等为代表的新中国第一代新闻教育家,即中国共产党的第一代新闻教育家的艰苦实践,探析他们以马列主义、毛泽东思想为引领,坚持与国情相结合,坚持与实践相结合,追求真理、百折不挠探索中国新闻教育道路的思想和理念。新中国第一代新闻教育家打破了"新闻无学论"的禁锢,创建了新中国的新闻教育事业,他们对新中国新闻教育的贡献在于:一是奠定了新中国新闻教育的基础;二是引领和培育了一批新闻教师,使他们成为新中国第二代、第三代新闻教师的中坚力量;三是为人民日报、新华社、中央三台等新闻媒体培养了大批优秀的毕业生①。

　　黄星民和李辉基于自由主义与共和主义两种公民身份范式的差异,阐述了詹姆斯·凯瑞的新闻教育原理,认为凯瑞从美国宏观社会历史语境建构了美国新闻教育史,并基于共和主义公民身份理念批判了专业主义教育在知识、政治与伦理上存在的缺陷,他主张把新闻教育作为亚里士多德式"实践"教育,培育掌握全面的道德与知识观的公民。凯瑞的新闻教育原理有助于回应当前新闻教育的争论,对于在变动社会中的公民身份语境下思考新闻教育,亦有普遍的理论与实践意义②。

　　周庆安认为,新媒体时代的国际新闻教育,尽管有各种新技术的嫁接,但更重要的是摆脱技术的规训,回到人文主义的教育本位。在这个过程中,国际新闻教育需要将现场的叙事教育作为核心,重视精确新闻学和阐释新闻学。同时,国际新闻教育要以全球化的多元价值观作为理念,以构建世界认知作为知识生产的核心重视新技术和传统业务教育的联系③。

　　曹磊和白贵认为,未来的新闻传播领域要培养既有全球化的文明视野,又具有"共情"的沟通能力的传播者,需要为全球对话和全球治理提供渠道和平台。这种全球对话的渠道和平台不仅仅是将国外的精神文化产品引进中国,或者将中国的经典文化产品推向国外那么简单。全球化的对话平台需要全球化的立场和全球化的思考方式,需要修正过分狭隘的民族主义立场,对于民族主义的理解也要具有更多的现代视角。强调本民族历史、语言、文化至上的文化民族主义是在外力压迫之下的应激反应,具有时代性、合理性和革命性④。

　　张明新认为,新一代信息技术正推动全球性的科技革命,颠覆现有的产业格局和社会分工形态,塑造全新的交往方式和传播业态。移动互联、大数据、云计算、人工智能、无人驾驶、区块链、VR/AR等新的信息技术持续带来翻天覆地的变革,不断颠覆、刷新和重构人们的生活与想象。这对文工交叉融合的新闻传播教育模式提出了挑战,需要我们重新思考这种模式的建构逻辑和行动路径。同时,新闻与传播的内涵本身,也在不断演变为"大新闻"、"大传播"的概念。我们必须重新思考这种新闻传播教育模式的再定位与再出发问题,以真正实现学科间的深度融合,培养具有科学理性、人文情怀、创新意识与完备能力的新闻传播人才。这无疑是一种全方位的变革,涉及培养目标升级、课程体系调整、师资结构优化、教学组织重构、教学方式创新等系列要素⑤。

　　① 参见赵玉明、冯帆:《新中国第一代新闻教育家及其办学思想探析》,《现代传播(中国传媒大学学报)》2018年第1期。
　　② 参见黄星民、李辉:《"作为公民身份的教育":论詹姆斯·凯瑞的新闻教育原理》,《传媒观察》2018年第12期。
　　③ 参见周庆安:《规训与免于规训的叙事教育:新媒体时代国际新闻教育的抉择与思考》,《全球传媒学刊》2018年第1期。
　　④ 参见曹磊、白贵:《培养全球化的文明观与"共情"的沟通能力——"构建人类命运共同体"背景下对新闻传播教育未来的思考》,《新闻记者》2018年第2期。
　　⑤ 参见张明新:《探索文工交融的新闻传播教育模式——华中科技大学新闻传播教育的创新与实践》,《中国社会科学报》2018年10月12日。

胡凤认为,早期中国新闻教育的诞生是基于近代报业的发展,报业发展的同时也推动新闻职业化和新闻团体的出现。其中,新闻团体是中国新闻教育的直接推动者,它不仅首倡新闻教育,还逐步推动了中国新闻教育框架的搭建。以中国报馆俱进会、北大新闻学研究会、全国报界联合会和新闻记者联欢会为代表的新闻团体,在不同时期,从新闻学科的建构、新闻教育机构的成立以及新闻学研究刊物的构想方面,对早期中国新闻教育的理论和实践都起到了推动和铺陈的作用①。

## 二、外国新闻教育研究

王荣介绍了英国伦敦政治经济学院社会科学研究方法系的课程设置与教学体系。该系将研究方法教育分为理论基础、研究方法和软件操作三大部分,以理论与方法学习为主,以软件操作为辅,注重基础知识教育;面对本科及硕士研究生,开设基础课程,以介绍社会科学研究方法的基础知识为主,面对有一定研究基础的博士生及其他对特定研究方法有需求的研究者,开设高阶研究方法工作坊;联合媒体与传播系开设专门针对传播研究的媒体和传播研究方法课程。王荣总结了可供我国传播学研究方法教育借鉴的有益经验,并提出专门针对新闻传播研究进行方法教学的可行性建议:对新闻传播研究方法的课程体系建立较为系统的规划,将理论、方法与软件区分开来;针对本科生、硕士博士研究生,要有不同层级的方法训练;讲授新闻传播研究方法时,应该树立传播研究的意识,面对传播问题,有针对性地选择适合于新闻传播研究的分析路径和具体方法②。

章于炎介绍了美国密苏立大学新闻学院在媒体融合时代背景下的发展过程。密苏里大学新闻学院在全美率先系统创办媒体融合专业,于 2005 年正式着手培养熟悉多媒体平台特点、熟练运用多媒体技术的媒体融合人才,以满足受众对新闻和资讯及其他内容快捷和多样化呈现的需求。针对大数据时代的发展前景,密苏里大学新闻学院不断地创新自己的课程体系和人才培养方式,以媒体融合专业为龙头,把培养新兴媒体分析师、网页设计师、多媒体销售经理、多媒体内容监制、互动图表或信息图表设计师、节目研发员、数据营销经理、多媒体新闻协调人、多媒体内容管理系统协调人等新兴媒体人才作为己任③。

张小琴和胥佳从教学体系和课程设置两个方面介绍了美国高校新闻与传播专业研究生教育新动向。为了在研究生教育中更好地将课堂学习与媒体实践结合起来,美国部分高校采取了一种"浅实践+专业课+浸入式实践"的橄榄形课程体系,即首先为学生提供入门级全媒体新闻实务课程,难度较浅但种类齐全;其次提供较多的专题性课程供学生选择,学生在其中培养报道兴趣,进行深入学习;最后综合运用所学,完成难度较大的顶石课程(capstone course)或毕业作品。美国高校的新闻与传播硕士教育十分注重学生的跨学科培养,一种方式是学校提供多样的学位选择,如双学位或专业辅修;另一种则是在专业课程之内,提供某些专项内容的深入学习机会。美国各高校的研究生院将课程技能细化或组合,比如体育报道技能、数据新闻报道和信息化软件处理技能、跨领域综合性的创业技能等;

---

① 参见胡凤:《新闻团体与早期中国新闻教育的理论与实践》,《新闻史鉴》2018 年第 12 期。
② 参见王荣:《对新闻传播研究方法教育的思考》,《新闻世界》2018 年第 5 期。
③ 参见章于炎:《媒体融合时代新闻传播教育的变革与创新:密苏里大学新闻学院和中国新闻传播类学院的合作》,《世界教育信息》2018 年第 16 期。

依托内容资源进行灵活的教学设计,例如位于凤凰城的沃尔特·克朗凯特新闻与大众传播学院享有丰富的体育资源,学院针对性地设计了不同层次的教学活动;快速更新的新闻实验室,例如斯坦福大学成立了计算机新闻实验室,作为整个新闻创新生态系统的一部分,计算机新闻实验室与来自计算机、设计、虚拟现实、社会学等不同领域的专家、教授、机构合作,举办计算机+新闻研讨会,开展数据分析项目,开设公共事务、编程、调查性报道等课程,促进计算机、数据、新闻之间的融合以及不同人才之间的交流①。

张小琴和胥佳在另一篇探讨美国新闻与传播教育的文章中指出,无论媒介格局如何变化,对内容的需求不会变。越是无边界,格局越大,对内容的需求也就越大,而这正是新闻与传播教育多年来已经形成的核心资源。两位学者推荐美国克朗凯特学院的理念,即依托内容资源,进行综合的教学设计,以内容平台作为教学依托,培养学生的内容生产与运营能力,并以这种能力来贯通媒介新生态的不同维度。在培养内容能力的过程中,传统的教育模块依然有效。在此基础上,"专题内容+专业训练"的实务课程模式可以发挥更集中的作用。通过浸入式实践,培养和延展学生的核心能力,其中包括但不限于对新闻或其他信息进行认识、采集、加工、运用的能力,与技术人员协同工作的能力,与市场连通的能力,以及基本伦理和价值观的确立②。

林渊渊介绍了融媒体背景下美国北卡罗来纳大学的新闻课程与教学:重视综合素养和创新能力,着力打造媒体创业者、领导者;多种手段建设融媒时代的优秀师资,为教学创造一流的硬件设施;教学方案专业性、宽广性、灵活性、自主性相结合;专业素养和技能的教学广泛采用浸入式教学方法;课程和专业围绕着融媒体的核心不断改革③。

申琦和赵鹿鸣分析了美国新闻和大众传播教育认证委员会认证的 100 所新闻院校开设数据新闻课程的基本情况。研究发现:100 所美国新闻院校中开设数据新闻相关技能课程的院校占半数以上,课程设置较为审慎,偏向基础性,主要侧重于培养可视化技能;注重媒介融合人才的培养,算法、编程等高阶课程虽有涉及但仍然稀缺;已有专门开设数据新闻课程的院校,多以短期工作坊、单一导论型课程为主,其中传统新闻教育名校的数据新闻课程体系设置较为完备,起到了一定的示范引领作用④。

美国华盛顿州立大学默罗传播学院创院院长阿莱克斯·谭教授在接受采访时表示,在美国,新闻传播院系正在朝提供专业课程加方向课程的方向转型。已有的各自独立的专业趋向合并为新的专业领域,这使得专业设置越来越专业化的同时,专业的适用领域也日渐扩大。公共关系和广告合并为战略传播(专业),报纸杂志新闻学和广播电视新闻学合并为新闻与媒介制作(专业)。新闻传播教育正在逐渐适应新媒体技术。大多数美国新闻传播院系的课程体系已经涵盖数字媒体、社交媒体、数字媒体素养与伦理、数字媒体写作与编辑以及(数字)多媒体平台内容制作等内容。这些新课程大概在课程体系中占到 30%—40%。美国近年来新闻传播院系注册学生数量不断增加,新闻传播院系常常成为大多数大学里规模最大的院系。新闻传播院系毕业生就业率很高。高达 70% 的学生能够在毕业后

① 参见张小琴、胥佳:《美国高校新闻与传播专业研究生教育新动向》,《贵州师范大学学报(社会科学版)》2018 年第 1 期。
② 参见张小琴、胥佳:《美国新闻与传播教育最新动向及其启示》,《当代传播》2018 年第 2 期。
③ 参见林渊渊:《融媒时代北卡罗来纳大学的新闻课程与教学》,《国际新闻界》2018 年第 9 期。
④ 参见申琦、赵鹿鸣:《审慎前行:美国数据新闻人才培养现状研究——基于美国新闻和大众传播教育认证委员会(ACEJMC) 100 所新闻院校的实证分析》,《新闻记者》2018 年第 2 期。

五年内找到与专业领域相关的工作。但薪酬水平要比商科、科学和技术类毕业生低很多。学生之所以选择新闻传播院系，就是因为毕业后就业有多种选择，相当多的组织、媒体、公司会聘用具有良好传播能力的人①。

翟秀凤认为，在过去十多年里，美国新闻教育的理念正在发生变化。自 2005 年起，美国众多主流新闻院系纷纷设立了新闻学–计算机双学位，希望将学生培养为"新闻应用程序的数据开发专家"。由大型企业建立的非营利性基金会在欧美新闻教育中长期扮演着重要角色。它们通过支持荣誉教席、设立奖学金、资助新闻项目等方式引导新闻教育的发展方向。非营利性基金会提出了明确的目标：新闻业需要一套服务于信息商业模式升级的新理念。首先，这套理念要摆脱新闻专业主义对传统新闻盈利模式的限制。其次，新闻业要从对"新闻"的关注转向对"信息"这一中性概念的强调。与"新闻"不同，"信息"没有特定的价值内涵②。

撰稿人：屠沂星（复旦大学新闻学院 2018 级博士研究生）

---

① 参见董庆文、邵宝辉：《新媒体推动新闻传播教育转型——专访美国华盛顿州立大学默罗传播学院创院院长阿莱克斯·谭教授》，《社会科学报》2018 年 1 月 11 日。

② 参见翟秀凤：《新闻专业主义的"控制危机"与价值重建》，《新闻记者》2018 年第 3 期。

# 哲学社会科学与新闻传播学学科建设研究

无论是哲学社会科学还是新闻传播学学科建设,近百年来都取得了不少标志性的进展与成就,但从学科发展的高度来审视,它们仍然在学科成果体系的完整性、学科方向的分类细化乃至整合学科队伍方面留下了不少亟待提升的空间。基于学科发展的视角,笔者对 2018 年在中国大陆公开发表的有关哲学社会科学与新闻传播学学科建设的论文进行回顾和阶段性总结,结合习近平一系列重要讲话精神,通过地毯式的搜索进行内容的归纳与梳理,对哲学社会科学与新闻传播学学科建设的现状、问题和对策进行大量的理论分析和实践探索,使读者便于查阅 2018 年哲学社会科学与新闻传播学学科建设的研究概况。

## 一、高校哲学社会科学学科建设

高校是推动我国哲学社会科学学科建设繁荣发展的主阵地,广大高校哲学社会科学工作者是推动我国哲学社会科学事业繁荣发展的主力军。中华人民共和国成立 70 年来,我国高校哲学社会科学始终坚持以马克思主义为指导,高举中国特色社会主义伟大旗帜,大胆开拓,不断创新,在理论研究、学科建设、人才培养、社会服务、国际交流等各个方面都取得了令人瞩目的成就。

### 1. 学科建设

哲学社会科学作为"软科学",却有"硬作用",是推动历史发展、时代进步、社会演化、文明传承的强大动力,也是人们认识人类历史、治理国家社会、建构生活世界、提升精神境界的强大思想武器。哲学社会科学虽为"软实力",却是国家综合实力的重要体现,在中国特色社会主义事业发展中具有不可替代的重要作用。高校哲学社会科学是我国哲学社会科学事业的重要组成部分。当前,如何充分调动广大高校哲学社会科学工作者的积极性,进一步推动高校哲学社会科学的繁荣发展,破解发展瓶颈,探索发展路径,已成为重要的研究课题。

世界一流大学和一流学科建设(简称"双一流"建设)是新时代党和国家为了提高我国高等教育综合实力和国际影响力作出的重大战略决策,是党和国家意志在高等教育领域的具体体现。学者王宇翔对国内外理工类高校哲学社会科学发展实践进行案例分析,总结出理工类高校哲学社会科学发展的策略,即在"双一流"建设背景下应做好顶层设计,广泛凝聚共识;依托学校优势学科,大力发展交叉学科研究和应用型研究;在人财物和政策方面给予支持;大力发展科研团队和科研基地①。

梁晓丽指出,高校哲学社会科学在取得重大成就的同时,也面临着一系列亟待解决的瓶颈性难

---

① 参见王宇翔:《"双一流"建设背景下理工类高校哲学社会科学发展策略》,《广西社会科学》2018 年第 6 期。

题,比如经费投入少、项目资助率低、人才待遇不平等、没有国家级奖励等。高校哲学社会科学的作用没有得到充分发挥,既有认识上的遮蔽和观念上的错位,也有待遇上的偏差。要实现哲学社会科学的繁荣发展,首先就要摒弃目前实际存在的对哲学社会科学的制度性障碍,建设一批在哲学社会科学领域具有鲜明特色的世界高水平大学和一流学科,真正落实党和国家的相关政策。为了促进高校哲学社会科学事业的持续进步,要求在理论上深刻认识哲学社会科学的价值,在实践中加大经费投入,重视人才队伍建设,充分彰显哲学社会科学的智库作用①。

　　孙红和林春逸通过对广西高校哲学社会科学研究绩效考核实践的现状探索,分析当前存在的问题:创新导向、质量导向不够凸显,协同创新的评价机制亟须建立健全,分类评价机制尚待完善,公平公正的评价考核机制还需完善等。广西高校哲学社会科学研究绩效改革的思路及对策包括:按照"鼓励创新、服务需求、科教结合、特色发展、重奖高端、兼顾起步"的原则,做好顶层设计,统筹谋划;通过分类评价、多元开放评价、长效评价、探索建设"学术特区"、探索"虚体实做"学术服务中心等措施,推进广西高校科研评价体制机制改革②。

　　习近平总书记要求高校哲学社会科学课与思想政治理论课同向同行、协同育人,培养德智体美全面发展的中国特色社会主义事业建设者和接班人。何玲玲从学理层面出发,指出高校哲学社会科学课与思想政治理论课具备同向同行的理论前提,即各自具有相对独立性,且基于共同的育人使命相互影响、彼此支持、相得益彰。从实践层面而言,高校哲学社会科学课与思想政治理论课同向同行,必须各自准确定位以奠定协同基础,有效整合两支队伍以凝聚协同主力,构建长效激励机制以激发协同动力,有效制止"去意识形态化"倾向以减少协同阻力③。

　　顾海良认为,习近平新时代中国特色社会主义思想是全面推进新时代高校哲学社会科学及其学科体系和教材体系建设的重要指导思想。要从新时代巩固马克思主义在意识形态领域的指导地位,从高等教育发展方向和发展理念,从增强中国特色社会主义文化自信的高度,深刻把握新时代哲学社会科学教材体系建设的战略意义。坚持以马克思主义为指导,是新时代高校哲学社会科学及其学科体系和教材体系建设的基本遵循。要进一步提升哲学社会科学教材体系建设中彰显中国立场、中国智慧、中国价值的信念和信心。要全面推进高校哲学社会科学教材体系建设的系统性和规范性,全面提升高校哲学社会科学教材体系建设的思想性、科学性、时代性④。

　　马赫指出,高校应通过弘扬传统文化,加强传统文化教育、宣传引导,强化科研诚信意识,建立科研诚信档案,健全科研诚信相关的规章和制度等方式加强高校哲学社会科学科研诚信建设。培养教师"板凳坐得十年冷,文章不著一句空"求真务实的科研态度。促进学术自律,提升科学研究道德素质,重塑求真务实的学术精神⑤。

　　吴红杏认为,高校对哲学社会科学创新能力评价的基本指标框架的研究,需要在遵循科学化原则、规律性原则的基础上,立足于人力资本的投入、科研费用的投入、管理机制的建立、组织文化的建

　　① 参见梁晓丽:《高校哲学社会科学繁荣发展的路径选择》,《教育理论与实践》2018年第21期。
　　② 参见孙红、林春逸:《广西高校哲学社会科学研究绩效考核探究》,《社会科学家》2018年第8期。
　　③ 参见何玲玲:《推进高校哲学社会科学课与思想政治理论课同向同行》,《思想理论教育导刊》2018年第2期。
　　④ 参见顾海良:《新时代高校哲学社会科学教材体系建设的指导思想》,《中国编辑》2018年第1期。
　　⑤ 参见马赫:《高校哲学社会科学中科研诚信建设》,《中国多媒体与网络教学学报》2018年第8期。

设等能力之上,以此实现高校哲学社会科学的高质量科研产出①。

杨解君和李俊宏认为,学风问题主要是做学术研究的态度、方法与观念方面的问题。当前,哲学社会科学领域存在的学风问题主要有学术不端、学术失范、学术浮夸、学术腐败等。不良学风问题的形成,既有科研本身的内部因素,又有社会的外部因素;既有科研人员自身的主观原因,又有体制局限、环境障碍等客观方面的因素。在中国特色社会主义新时代,哲学社会科学学风问题的根本解决,需要寻求德治与法治相结合,着力于优化学术生态环境的若干有效治理举措②。

郑会青认为,高校哲学社会科学的繁荣发展是培养高素质人才的要求,是文化自觉和文化自信的要求,是推进理论创新的要求。目前高校哲学社会科学发展中存在着对马克思主义理论、中国特色社会主义信仰不够坚定,对中华优秀传统文化缺乏自信等问题。坚定文化自信,繁荣发展高校哲学社会科学要坚持以马克思主义为指导,以党的十九大精神引领高校哲学社会科学的发展;教材、教学、教师"三位一体"出发全面提高哲学社会科学教育教学质量;从学科、层次、年龄三方面构建起梯队衔接的高校哲学社会科学人才体系;坚定文化自信,打造优势特色学科;运用互联网和大数据技术,构建哲学社会科学研究信息化平台,服务社会③。

### 2. 课程思政

宋强和王占仁认为,习近平哲学社会科学育人育才思想有着丰富的内涵,是新时代构建中国特色哲学社会科学的指导思想,深刻回答了哲学社会科学"培养什么样的人、如何培养人以及为谁培养人"这一根本问题,要求完成新时代党赋予思想政治教育研究的任务,对哲学社会科学育人育才作出科学的理论分析和政策指导,做到"育人""育才"的内在统一。习近平哲学社会科学育人育才思想的核心内容集中体现在"以马克思主义为指导"的理论基础、"以人民为中心"的科学目标、"三学一体"的实现路径、"人才、学科、教材、学术、话语"的保障体系四个核心问题上,具有重要的历史价值、理论价值和实践价值④。

钟杨认为,在我国政治学界,对政治学的理解和定位还有许多混淆和不清楚的地方。从科学的哲学说起,可以触及科学的思维与逻辑方法,并将科学的思维与逻辑延伸到社会科学和政治科学。科学(包括社会科学)的本质就是发现和解释事物间的差异与不同。通过回答事物的一般性与特殊性的关系、诠释论与科学逻辑的关系、政治学本土化等问题,让我们认识到,只有承认社会科学(包括政治科学)的普世性,才能正确把握和回答社会科学"本土化"的问题,将中国社会科学推向世界,为解决人类的共同问题贡献中国智慧和提供中国方案⑤。

### 3. 哲学社会科学人才培养模式研究

郭名等以百人工程为例,对人才政策对于哲学社会科学人才成长的影响问题进行研究。通过问

---

① 参见吴红杏:《新时期高校哲学社会科学创新能力评价的基本指标框架研究》,《当代教育实践与教学研究》2018 年第 4 期。

② 参见杨解君、李俊宏:《哲学社会科学研究的学风之治——问题、德法之途与生态优化》,《东南大学学报(哲学社会科学版)》2018 年第 3 期。

③ 参见郑会青:《以坚定的文化自信繁荣发展高校哲学社会科学的路径研究》,《哲学文史研究》2018 年第 9 期。

④ 参见宋强、王占仁:《习近平哲学社会科学育人育才思想研究》,《思想政治教育研究》2018 年第 2 期。

⑤ 参见钟杨:《科学哲学、政治科学与中国社会科学走向世界》,《学术界》2018 年第 4 期。

卷统计,将影响因素分为政治支持、经济支持、舆论支持和社会服务四个维度,将人才的发展归结为学术科研、参政议政、社会地位三个方面,运用相关回归分析的方法,探究人才政策对于哲学社会科学人才的影响。研究发现:经济支持对学术科研有显著影响,经济支持和社会服务对参政议政有显著影响。为促进哲学社会科学人才更好发展,政府相关部门应该制定相关政策,加大经济支持力度,提高人才服务社会意识①。

张桂兰以济南市为例,提出了哲学社会科学人才体制机制改革的方向和建议。进入新时代,哲学社会科学人才发展面临着管理体制僵化、选拔机制固化、培养机制单一、激励机制不活等问题。她提出,要以机构整合推动哲学社会科学人才管理体制改革,建立哲学社会科学人才发展的政策推进机制、项目聚合机制、平台交流机制、环境激发机制②。

陈莹莹等通过对21名江苏省高校哲学社会科学领域的科研人员进行深度访谈,发现江苏省高校哲学社会科学"走向社会"影响因素主要由社会文化环境、科研环境、政策环境、个人能力、激励评价五个维度构成。这五个核心要素并非孤立分开,而是具有紧密的逻辑关系。在此基础上,研究结合访谈资料,提出构建需求导向型的社会服务模式、打造注重实用的学术环境、完善政策环境、培养科研人员全方位的能力、完善激励机制和评价体系等建议来促进高校哲学社会科学"走向社会"③。

## 二、中国特色哲学社会科学构建

中国特色哲学社会科学在面对我国社会发展进程中的"真问题"、"大问题"和"深问题"中获得自身的内在规定性,是在对改革开放伟大实践以及我国社会整体发展历史进程的批判性反思中达成的理论自觉,展现了高度的实践智慧。

### 1. 马克思主义理论教育

韩露阐述了哲学社会科学工作者在推进马克思主义理论教育事业的繁荣与发展过程中的责任意识的具体体现,并在此基础上,深刻揭示了马克思主义对哲学社会科学工作的强大指引功能。研究者提出,应对马克思主义理论教育新形势,需要建设责任意识强、业务素质硬的哲学社会科学队伍,强化哲学社会科学工作者的责任意识。用马克思主义中国化的最新理论成果统领哲学社会科学,用马克思主义立场、观点和方法开展哲学社会科学研究,锻造马克思主义者的高尚品格,净化哲学社会科学环境④。

习近平总书记在哲学社会科学工作座谈会上指出,要坚持马克思主义在我国哲学社会科学领域的指导地位。高超认为,这个要求不仅是由马克思主义本身的优秀品质决定的,还是由哲学社会科学

---

① 参见郭名、朱心田、袁宝宝:《人才政策对哲学社会科学人才成长影响的实证研究》,《北京交通大学学报(社会科学版)》2018年第3期。

② 参见张桂兰:《哲学社会科学人才发展体制机制改革探讨》,《山东广播电视大学学报》2018年第3期。

③ 参见陈莹莹、岳泉、袁勤俭:《中国高校哲学社会科学"走向社会"影响因素及策略探析》,《大学图书情报学刊》2018年第1期。

④ 参见韩露:《论哲学社会科学工作者的责任意识与马克思主义理论教育》,《武汉理工大学学报(社会科学版)》2018年第6期。

仍然处于"前范式"状态这一事实决定的。既然哲学社会科学总要受到某种意识形态的支配,那么由符合最广大人民根本利益的马克思主义来指导就是完全合理的了①。

王海军和王栋梳理了不同历史时期哲学社会科学的发展,探讨民主革命时期中国共产党领导创建哲学社会科学的基本历程与主要经验,总结其重要现实启示:高度重视哲学社会科学在建设社会主义现代化强国中的重要地位;坚持哲学社会科学为了人民、依靠人民;坚持哲学社会科学的问题导向;在兼容并蓄中彰显中国特色②。

赵畅认为,要充分发挥马克思主义理论期刊在构建中国特色哲学社会科学中的引领作用。马克思主义理论期刊要克服的问题仍然不少,主要表现在:部分马克思主义理论期刊以政治宣传代替学术研究;马克思主义理论期刊在哲学社会科学中影响力普遍偏低;马克思主义理论期刊数字化、国际化普遍不足。马克思主义理论期刊必须迎难而上,加强期刊内容建设,解读中国实践,建构中国理论;加强统筹,优化布局,推动马克思主义理论学术共同体建设;相关管理部门要加强马克思主义理论期刊资助,既要提升其整体水平,又要提升其数字化、国际化水准③。

### 2. 中国特色哲学社会科学话语体系

王学荣认为,构建中国特色哲学社会科学话语体系并不在于要创造多少高深晦涩的学术术语和学术词汇,而是应当行进在理解人类社会现实的道路上。构建中国特色哲学社会科学话语体系要以中国人民群众所喜闻乐见的方式来阐明理论学术问题,广大理论工作者应当转变自己的表达方式,力争用一种最能够为广大老百姓所理解和接受的方式来表达自己的思想观点,大专家多讲家常话,不断扩大受众面,提升话语影响力。此外,构建中国特色哲学社会科学话语体系还应当紧密结合当代中国的社会现实,扎根中国的文化土壤,要让中国的哲学社会科学"讲中国话",使其充分彰显鲜明的中国风格和中国气派,进而使中国的哲学社会科学成为中国人自己的学术④。

赵红艳和张焕金指出,加强中国特色哲学社会科学话语体系传播路径建设,关系国家的精神文明建设,关系中国特色社会主义的实践创新,影响国家文化安全和文明价值理念的传播。新时代中国特色哲学社会科学话语体系的传播,应积极发挥哲学社会科学工作者在构建主流大众话语中的作用,创新与人民群众日常生活相契合的哲学社会科学话语传播体系,与大众话语形成良性互动。应借助网络媒体传播,建立议程设置与政府参与结合传播,打造全方位传播等路径和手段进行积极有效的传播⑤。

### 3. 中国特色哲学社会科学体系的建构

韩升认为,中国特色哲学社会科学的发展,展现了我国改革开放伟大实践不断深入推进的理论自觉和实践智慧。改革开放以来的中国特色社会主义伟大实践为构建中国特色哲学社会科学提供了坚

① 参见高超:《哲学社会科学为什么需要马克思主义的指导?》,《长春理工大学学报(社会科学版)》2018年第1期。
② 参见王海军、王栋:《中国共产党领导创建哲学社会科学的历程与经验探析》,《马克思主义理论学科研究》2018年第3期。
③ 参见赵畅:《中国特色哲学社会科学构建中的马克思主义理论期刊建设》,《学校党建与思想教育》2018年第4期。
④ 参见王学荣:《构建中国特色哲学社会科学话语体系的路径期成》,《宁夏社会科学》2018年第2期。
⑤ 参见赵红艳、张焕金:《新时代中国特色哲学社会科学话语体系的传播路径研究》,《黑龙江省社会主义学院学报》2018年第3期。

实根基、宏大舞台和广阔空间,广大哲学社会科学工作者要将之作为理论建构和学术研究的出发点、落脚点,立足当代中国实践、面向,立足当代中国问题,积极贡献自己的智慧与力量。新时代中国特色哲学社会科学必须坚持马克思主义的指导地位,贯彻和落实习近平新时代中国特色社会主义思想,正视哲学社会科学自身存在的诸多问题,洞悉新时代社会矛盾和社会发展的特点,基于中国问题和中国经验以形成成熟的中国理论话语①。

2016 年 5 月,习近平总书记在哲学社会科学工作座谈会上的讲话中深刻阐释了哲学社会科学工作的重要性,为新时期我国哲学社会科学发展提供了根本遵循和行动指南。吴振磊指出,在习近平总书记重要讲话精神的指引下,中国特色哲学社会科学构建迈出了强有力的步伐:一是在理论创新上形成了习近平新时代中国特色社会主义思想,这一当代中国的马克思主义;二是马克思主义理论研究与建设工程成效显著,学科体系、学术体系、话语体系不断强化,取得系列标志性成果;三是马克思主义在意识形态的主导地位不断强化,长期困扰哲学社会科学发展的方向性、根本性、全局性问题得以破解,马克思主义的底色更加鲜明,社会主义核心价值观广泛弘扬;四是中国文化软实力大幅提升,在中华优秀传统文化研究与传播、世界问题的中国话语的发表与交流、中国模式的研究与传播等方面更加增强了自信;五是哲学社会科学的成果转化效应凸显,一批高质量的智库机构不断壮大,哲学社会科学服务党和人民的能力不断提升。以习近平新时代中国特色社会主义思想为指导,加快构建中国特色社会主义哲学社会科学,新时期高校应该从学科、学术、学养、学人四个层面激发新动能,协同推进②。

刘德中等指出,党的十八大以来,中国特色哲学社会科学构建在认识和实践方面取得了一系列重大进展:第一,科学阐明了哲学社会科学的中国特色;第二,切实加强了党对意识形态工作的领导;第三,全面推进了党的理论创新;第四,深入实施了马克思主义理论研究和建设工程;第五,大幅提升了当代中国的文化软实力。党的十九大提出加快构建中国特色哲学社会科学,为贯彻落实这一实践要求,我们应解决在构建中国特色哲学社会科学中存在的问题:主体性不够突出、理论不够彻底、批判性不够鲜明。同时,在这一过程中,我们要坚持马克思主义的指导,聚焦中国问题,强化国际视野,以习近平新时代中国特色社会主义思想为指导,加快构建中国特色哲学社会科学③。

马敏认为,从事哲学社会科学工作,要树立责任意识,敢于立时代之潮头、善于通古今之变化、勇于发思想之先声,以崇高的责任和使命,致力于中国特色社会主义伟大事业中;要树立规律意识,遵循哲学社会科学学科的系统性、专业性、逻辑性,尊重学科发展的内在规律,尊重学者的自由探索,努力营造积极宽松的学术环境。作为哲学社会科学工作者,更应当注重加强自我锻造和淬炼,不断提升学术研究的能力和水平;要围绕重大理论和时代问题,进行深入透彻的理论阐释,认真研究和总结提炼我国改革发展、社会主义建设及党的建设的成功经验,研究治国理政的客观规律,增强人民群众走中国特色社会主义道路的坚定性和自觉性,为中国梦的实现提供坚实的理论支撑和鲜明的道路指引④。

---

① 参见韩升:《改革开放与中国特色哲学社会科学的问题意识》,《科学社会主义》2018 年第 5 期。
② 参见吴振磊:《学科、学术、学养、学人:构建中国特色哲学社会科学的四个维面》,《中国高等教育》2018 年第 12 期。
③ 参见刘德中、吴波、钟慧:《以习近平新时代中国特色社会主义思想为指导,加快构建中国特色哲学社会科学》,《世界社会主义研究》2018 年第 2 期。
④ 参见马敏:《哲学社会科学的使命与担当》,《决策与信息》2018 年第 1 期。

杨威和张金秋认为,传承和弘扬优秀传统文化精神,能够充分体现中国特色哲学社会科学的继承性;挖掘和阐释优秀传统文化思想精华,可以凸显中国特色哲学社会科学的民族性;推动和促进优秀传统文化的与时俱进,亦能展现中国特色哲学社会科学的时代性。因此,如欲加快构建中国特色哲学社会科学创新体系,我们在强调其"与时俱进、推陈出新"的同时,不能忘却或忽视对优秀传统文化资源的"薪火相传、代代守护"。唯其如此,才能更好地凝聚中国力量,保持中国特色,体现中国风格,展现中国气派。当然,特别需要注意的是,构建中国特色哲学社会科学,还必须旗帜鲜明地反对历史虚无主义等错误思潮①。

构筑学生、学术、学科一体的综合发展体系是习近平总书记在哲学社会科学工作座谈会上的重要讲话精神之一。这一重要论述准确框定了哲学社会科学育人育才的全新格局,理论内涵丰富,实践指向明确,是新时代构建中国特色哲学社会科学的行动指南。王子刚和王占仁认为,"三学一体"哲学社会科学综合发展体系的构建是一项复杂的系统工程,高校作为哲学社会科学的主力军和育人育才的主阵地,必须将构筑"三学一体"综合发展体系作为实施哲学社会科学整体发展战略的有力抓手,坚持以学生为根本和中心、以学术为基础、以学科为支撑,围绕立德树人的根本任务,充分发挥哲学社会科学的育人功能,把学科建设与育人育才两个目标相统一,基于学术创新能力提高育人育才质量②。

### 4. 哲学社会科学评价体系

彭忠益试图分析我国哲学社会科学评价体系和标准存在的困境,并在此基础上提出构建哲学社会科学评价体系的四个原则,进而形成哲学社会科学优秀成果评价的差异化体系。只有建立科学权威、公开透明的评价体系,才能把哲学社会科学优秀研究成果真正评出来、推广开。扎根中国大地,服务于人民、国家和社会,这是哲学社会科学评价体系构建的出发点和落脚点③。

## 三、新闻传播学学科发展现状

季为民认为,新闻学的发展建设存在许多问题,尤其是学科的建设和发展问题值得学界重点关注,同时有一系列学科前沿问题值得重点研究,包括:新闻传播理论研究自主性不足,新闻学研究的理论"硬度"不足,新闻专业过度扩张,学术质量提升跟不上,新闻学理论研究跟不上新闻实践的变革,学术机制和队伍建设不能适应学科建设的需要。中国新闻学的发展创新要建立在学术资源继承融会发扬的基础上,坚持不忘本来、吸收外来、面向未来,在继承中转化,在学习中融会,在发展中超越,从而弘扬中国文化传统,反映中国特色实践。在学科建设上,协调好科学精神与政治原则间的关系。在理论创新上,倡导开放包容,摒弃抱残守缺。在学术队伍建设上,高度重视人才生态建设,避免恶性竞争。在新闻教育上,秉持务实开放的态度,服务新时代的人才需要④。

---

① 参见杨威、张金秋:《优秀传统文化资源与构建中国特色哲学社会科学》,《马克思主义文化研究》2018年第2期。

② 参见王子刚、王占仁:《习近平"三学一体"哲学社会科学综合发展体系重要论述的理论释义》,《重庆大学学报(社会科学版)》2018年第3期。

③ 参见彭忠益:《哲学社会科学评价体系与评价规范建构》,《中国高等教育》2018年第3期。

④ 参见季为民:《中国特色新闻学如何创新发展》,《青年记者》2018年第7期。

邵鹏和朱钰嘉以中国新闻传播学 6 本 CSSCI 期刊 2016 年 9 月至 2017 年 9 月间的 1 131 篇学术论文为研究对象,采用内容分析法,从发文量、海内外作者比例、论文合著情况、词频、特色栏目、研究方法和支撑理论等方面进行了系统分析。研究发现,这 6 本期刊的发文量差距较大,海外作者参与的论文比例极低,作者合作率与合作度指标与外国同级别期刊相比还有一定差距,定性研究依然是我国新闻传播研究的主流,样本总体的理论支撑比率为 54.5%,还未形成成熟的原生理论体系[①]。

雷晓艳和胡建秋采用文献资料法、问卷调查法等研究方法,以我国理工院校的新闻传播教育为对象,归纳出理工院校新闻传播教育在地域分布、专业设置、课程设置、教学改革、学科建设等方面的特征。针对目前理工院校新闻传播教育面临的培养目标不清晰、专业认同度低、师资力量薄弱、科研实力不足、课程体系滞后、融合不足等问题,研究提出,要从培养一专多能的融合型新闻人才、打造"三师型"师资队伍、整合资源、打造交叉课程等方面进行转型,以适应融合媒体时代对新闻传播人才的需求,从而推动我国新闻传播教育的良性发展[②]。

骆正林对四轮学科评估的指标体系和新闻传播学的评估数据进行研究,考察新闻传播学在四轮评估中学科实力变动情况,研究学科评估对新闻传播学未来的影响。研究认为,学科评估绘制的"学科地图"满足了社会的知情权,给高校学科建设带来了紧迫感和危机感。在双一流建设背景下,学科评估对新闻传播院校的学科与学位点建设、科研与人才竞争,以及社会服务等都将产生重要的影响。然而,数据具有科学主义、功利主义、实用主义的倾向,它无法评判人的道德伦理和精神价值。因此,我们在肯定学科评估的管理价值的同时,还应该创造一种能够平衡"数据专制"的机制[③]。

王易可纵观中国大陆新闻传播学博士教育的发展历程,详细论述了新闻传播学博士教育发展现状与师资情况。研究者对目前中国大陆 17 个具有新闻学或传播学博士点的 268 位博士生导师进行了初步的统计分析,并展望中国新闻传播学博士教育前景。研究指出,近年来,中国大陆博士生教育开始走向国际化,注重内涵发展、学科特色、应用实践[④]。

马超指出,"科学知识图谱"这一新兴知识计量方法正在我国悄然兴起。当前新闻传播学界采纳该方法的文章数量较少但增长势头较好,已有的研究议题相对集中但存在明显的追逐热点现象。新闻传播学传统名校成为重要的研究主力,但目前尚无跨学科的合作产出。当前新闻传播学界运用科学知识图谱方法时存在种种问题,包括不熟悉研究对象而盲目追逐新方法、不熟悉软件功能而事倍功半劳动、误用情报学概念和分析指标、深陷方法本身而忽略理论关怀等。因此,在采纳新兴研究方法的同时,必须重视作为研究主体的人的核心地位。在未来的文献管理中,需要将传统的定性文献综述与科学知识图谱相结合[⑤]。

## 四、新闻传播教育改革

随着国内本科教育改革的推进,越来越多的大学正在采取开设跨院系、跨专业的课程创新,鼓励

---

① 参见邵鹏、朱钰嘉:《当前中国新闻传播学研究的脉络与走向》,《当代传播》2018 年第 3 期。
② 参见雷晓艳、胡建秋:《我国理工院校新闻传播教育的现状、问题与转型》,《传媒观察》2018 年第 9 期。
③ 参见骆正林:《第四轮学科评估及其对新闻传播学的影响》,《现代传播(中国传媒大学学报)》2018 年第 9 期。
④ 参见王易可:《中国新闻传播学博士教育的历史、现状与展望》,《新闻传播》2018 年第 3 期。
⑤ 参见马超:《反思与超越:科学知识图谱在新闻传播学的知识生产检视》,《新闻与传播评论》2018 年第 6 期。

建设多层次、有特色的跨学科本科人才培养项目,包括跨学科专业、双学位、辅修专业、跨学科系列课程或课程模块等。新闻传播学跨学科人才培养的创新与研究,与大多数人文学科的处境相似,周旋于跨学科研究的初级阶段,即多学科的创新实践中,丰富多样的创新实践为之后的发展提供了宝贵的资料,但由于某些认识论上的误区可能会导致该问题突破的困难。尤其是新闻传播学学科的专业特殊性,使得关于学科发展中学术研究与人才培养相辅相成的正确逻辑,被学科内部与外部之间的先后顺序所取代,导致该问题走偏。

### 1. 新闻传播人才培养模式的研究

张萱聚焦当前我国新闻传播学跨学科人才培养的现实情况与理论探索,通过对新闻传播学科在跨学科领域的成果探索与学术经验进行梳理发现,"以问题为导向的人才培养模式"已成为主流观点。目前制约新闻传播学跨学科人才培养的部分原因,在于"跨学科=跨课程"、"跨学科=去中心"、"跨学科=追技术"三种认识上的误区[①]。

李政认为,在大数据背景下,传统的新闻业态发生了深刻变革,数据新闻方兴未艾,并对媒体的新闻内容生产、呈现方式和经营管理等方面带来了重大影响,同时也对高校新闻传播人才的培养提出了更高的要求。在此背景下,高校新闻传播教育应充分发挥大数据的技术优势,在人才培养理念、课程体系、教学模式、师资队伍建设等方面进行改革创新,以全面培养适应时代发展的新闻传播人才[②]。

### 2. 师资队伍建设

孙玉凤通过德尔菲法确立了新闻传播学"双师型"师资队伍指标体系及权重,并以武昌首义学院传播系为对象进行为期一年的验证。武昌首义学院新闻与法学学院依据新闻传播学"双师型"师资队伍指标体系的权重对教师的培养方式和激励制度进行了相应的调整,采取对教师科研经费的补助,加强应用型科研力度,引进专家讲座,多元化提升教师能力,优化专业实践、实验、实训教学体系,对教师素质能力的培养等一系列措施,并通过学生满意度调查来考核传播系老师的科研能力是否得到提高[③]。

邵国松认为,世界一流大学应有三个特点:一是拥有世界一流的教授队伍;二是所培养的学生出类拔萃,尤其是所培养的博士研究生素质一流,受到学术市场的高度肯定;三是有一套支持教授队伍培养人才、进行高端研究的体制和政策。其中,师资队伍建设是"双一流"建设的重中之重。而师资队伍建设,恰好是制约我国学科建设的重要瓶颈。以新闻传播学为例,研究者讨论了师资队伍建设存在的四个主要问题,即人才引进方面、薪酬待遇、职称晋升、考核评估[④]。

### 3. 课程体系建设

刘建萍提出,地方普通本科院校向应用型转变的背景下,应深化产教融合,构建基于专业群建设

---

① 参见张萱:《我国高校新闻传播学跨学科人才培养现状与认识误区》,《贵州师范大学学报》2018 年第 1 期。
② 参见李政:《大数据背景下新闻传播人才培养模式创新》,《新闻教育》2018 年第 5 期。
③ 参见孙玉凤:《新闻传播学"双师型"师资队伍指标体系实证研究》,《今传媒》2018 年第 6 期。
④ 参见邵国松:《新闻传播学"双一流"师资建设的思考》,《青年记者》2018 年第 6 期。

的课程体系,以保证专业群建设的质量和效益。研究者以新闻传播学类专业群为例,对地方本科院校重构课程体系给出了具体改革途径,其中包括按照教学质量国家标准完善并优化专业群课程体系、深化产教融合,调整、优化专业群课程体系等①。

## 五、结语

依据宏观理论和微观个案、时间发展、类型差异等线索,回溯 2018 年的哲学社会科学与新闻传播学学科建设研究,可以看到三个方面的特点。

第一,在哲学社会科学研究中,几乎所有学者都肯定哲学社会科学在中国特色社会主义事业发展中具有不可替代的重要作用,并从马克思主义理论评价体系、新时代中国特色社会主义的视角分析哲学社会科学的研究路径、瓶颈问题,以及建议性的解决方案。

第二,在新闻传播学学科建设研究方面,研究者从学科和课程建设创新、人才培养模式等方面阐述新闻传播学近几年的发展状况。

第三,无论是哲学社会科学研究,还是新闻传播学学科建设研究,都强调要以马克思主义思想为指导,建立与人才培养方案相符的学科体系,逐步完善学科建设。

撰稿人：费雯俪(复旦大学新闻学院 2018 级博士研究生)

---

① 参见刘建萍：《专业群视角下地方本科院校课程体系建设研究》,《新闻传播》2018 年第 7 期。

# 舆论学基础理论和实务研究

随着中国社会持续转型升级和面临的国际环境日益复杂化,在互联网技术的推动下,公众的利益表达日趋常态化和多元化。这种社会现状为舆论学提供了丰富的研究背景的同时,也催生了大量的优秀研究成果。本文以 2018 为检索限定时间,以"舆论"、"舆情"为检索关键词,以中国知网学术期刊出版总库数据库所收录的所有论文为查询对象,检索后获得 4 517 条检索结果。在此基础上,以"被引用数"为排序标准,剔除了内容相关度不高的研究成果,对获得的文献进行仔细考察。本文将从"舆论学基础理论"和"舆论学实务"两个角度对考察结果进行梳理,以期勾勒出 2018 年度中国舆论学研究的学术脉络。

## 一、舆论学基础理论研究

舆论学的基础理论主要聚焦于舆论学的基本概念、基本机制和舆论史的研究。和以往相比,2018 年度的研究除了继续探讨相关概念和历史事件之外,有两个方面的研究成果比较前沿和富于中国特色:对以习近平关于新闻舆论工作重要讲话为主的马克思主义舆论观进行深入的探讨,对当前中国舆论场中舆论的基本机制和特点进行重点研究。

### 1. 舆论学基本概念和理论研究

张涛甫认为,当前的舆论治理应超越舆论本身,同时从三个方面着手理解民意:舆论、价值观和文化。这三个方面组成了一个互相联系的三维框架:舆论是悬浮于民意表层的结构,它鲜活、生动、变动不居、显示度高;价值观为民意提供明确、理性化的依据;文化居于民意的底座,与民意的关系是间接的、隐性的,有时表现为默认知识和集体无意识,成为一个族群共享的惯习,集体规约族群的所思所为。民意的三维框架为理解民意提供了一个整体性的认识框架,试图为舆论治理提供新的战略视野。仅把治理目标局限于舆论层面,是治标之术,不是治本之道。舆论治理需要超越表层视野,下沉到价值和文化层面,从而形成上下贯通的整体性框架①。

方振武和吴潇阳认为,公共舆论既包括纵向的、政治面向的舆论监督、舆论引导等功能,也包括横向的、社会面向的、社会团结等功能。遗憾的是,它的社会面向至今尚未获得学界的足够重视。因此,他们通过对涂尔干公共舆论思想的考察,指出虽然涂尔干是较早关注到公共舆论社会面向的学人之一,但学界往往误将他的"集体意识"等同于"公共舆论"。事实上,涂尔干的"公共舆论"是一个以"集体意识"和"集体监控"为核心概念,以"社会容量"、"社会密度"、"社会流动"和"社会联系"为辅助概

---

① 参见张涛甫:《舆论、价值观、文化:理解民意的三个维度》,《新闻与写作》2018 年第 1 期。

念建构起来的至高无上的统治力量。此外,涂尔干在"机械团结"和"有机团结"框架下分别论述的公共舆论思想,亦可以用于解释公共舆论社会面向被人淡忘的原因①。

陈龙引用学者里夫金关于社会系统中"熵"的理论,认为复杂的社会系统都是在发展中不断与自然界进行物质、能量、熵的交换,吸收负熵而排出熵。网络生态系统是现代社会的人工生态系统,这一系统也具有耗散结构的特征,即旧的结构不断解体,新的耗散结构不断生成。如果将网络舆论生态看作是一个特殊系统,那么熵就是这个特殊系统中存在的混乱状态。在与社会方方面面的交流过程中,也进行着信息能量的交换。熵的增加越快,混乱程度就越大。如果国家主要利用行政手段对网络舆论进行全面控制,虽然成功地抑制住了某些舆论的泛滥,然而由于流通性差,这种做法只会导致整个网络生态系统熵的不断增加,结果会窒息网络发展的生机与活力。解决这一问题就必须尽可能多地输入负熵流,让不同的网民拥有相同的机会表达各自的诉求。系统的参与者会逐渐改善自身的认知结构,将社会各方的力量与智慧都凝聚起来、调动起来、发挥出来,最终使社会各阶层和各利益集团形成共识②。

上官酒瑞提出,网络舆论生态是由政府—网民—媒体三维互动形成的舆论场。虽然近年来网络舆论生态治理能力不断增强,但现实中仍存在不少"行为盲点",其背后则是"认知误区"。他认为,在认识论上,网络舆论生态治理的关键是要正确认识并处理好网络民意的虚与实、网络传播的一与多、网络言论的好与坏、网络治理的软与硬以及网上治理与网下治理等关系。网络舆论生态治理需要遵循辩证法③。

徐蓉蓉通过分析边沁的舆论思想与其民主理论的关联,认为按照边沁的民主价值观,民主价值不仅体现在一人一票的选举制度中,还体现在更广泛的政府活动中。与多数暴政和舆论专制相比,能否建设一个对人民负责的好政府才是决定民主成功的关键。公共舆论就是在选举制度之外确保统治者对被统治者负责的最重要的手段,其运作蕴含在公共舆论法庭这一机构之中,即通过对政府信息的审查压力来对统治者滥用权力进行道德制裁,使之成为实现共同体福祉的最重要的社会力量④。

### 2. 网络舆情的生成机制研究

为了从网络舆论对象的情感变化和关系变化展现舆情走向,为舆情监测和分析提供新的研究方法和研究角度,梁晓敏和徐健提出了一个舆论对象分析模型,利用依存句法分析,识别和抽取舆论对象-情感词对,进行情感分析,并对舆论对象的关系网络进行研究。实验结果表明,他们提出的模型能有效识别主要舆论对象及其情感词,直观地展现网民对舆论对象随时间演化的情感表达和关系认知。通过舆论对象情感变化与舆情事件发展的拟合,这一模型可为舆情监测、分析等相关研究提供新的研究视角⑤。

薛可等基于网络舆论内涵的辨析,探讨了热点事件中民意、网络舆论和网络舆情的前后递进关

① 参见方振武、吴潇阳:《公共舆论与社会团结——爱弥尔·涂尔干的"公共舆论"思想》,《新闻与传播研究》2018 年第 4 期。
② 参见陈龙:《舆论熵的控制与防范:一种关于网络治理的认识方法论》,《新闻与传播研究》2018 年第 8 期。
③ 参见上官酒瑞:《网络舆论生态治理的认识论分析》,《求实》2018 年第 6 期。
④ 参见徐蓉蓉:《被忽视的先驱——边沁功利主义舆论思想阐释》,《国际新闻界》2018 年第 11 期。
⑤ 参见梁晓敏、徐健:《舆情事件中评论对象的情感分析及其关系网络研究》,《情报科学》2018 年第 2 期。

系,着重讨论了网络舆论的存在形态和层次演进,梳理了热点事件中网络舆论主体、本体和客体层面的层次构成关系。研究发现,民意作为一种公众意见和情绪蕴涵于所有的民众心中,代表了民众的心声,当某一热点事件爆发时,借助网络的平台得以在情绪-态度层次进行舆论的诉求和表达,情绪-态度层次的网络舆论既是民意的反映,也会受到民意的左右和影响。一旦情绪-态度层次的网络舆论引起网络民众的共鸣,会更进一步激发网民线上呼应和线下响应,即走向行为层次的网络舆论。当这种行为舆论趋近一致达成共同意见,并通过公开表达对社会问题或现象产生影响和倾向性时,就形成了网络舆情①。

金燕和杨魁聚焦于中国社会体制的特殊性、社会转型期的复杂格局以及社交网络的特殊形态,提出社交网络舆论"中国式风险"的概念。研究通过深入分析其症候、实质及形成机制,认为在社交网络化的背景下,中国社会隐藏的巨大社会交往隐患从现实转移到网络,极易生成社交网络的舆论风险②。

刘焕提出,公共事件网络舆情发生偏差会引发社会恐慌和社会信任危机等问题,但已有研究缺少对公共事件网络舆情偏差影响因素的系统梳理。因此,他以国外 Web of Science 数据库和国内 CNKI 数据库收录的核心期刊中关于公共事件网络舆情主题的文献为分析对象,从不同利益相关主体的视角,系统分析了政府、媒体、公众对公共事件网络舆情偏差的影响。研究提出了网络舆情偏差的影响因素模型,发现政府部门做好顶层设计、媒体加强自身治理、公众不断提高媒介素养可以有效削弱公共事件网络舆情偏差和降低舆情偏差的负面影响③。

毛牧然提出,较之其他网上宣教措施,在网络舆论的形成演化过程中进行核心价值观的宣教,宣教的受众越多,宣教的效果越好,越能使得网络舆论场成为极其重要的核心价值观网上传播阵地。研究网络舆论与核心价值观宣教之间的关系,需要结合典型案例在世界观层面探讨二者的互动关系并归纳出具有规律性的认识成果,还要根据规律性认识成果在方法论层面探讨借助网络舆论助力核心价值观宣教的对策建议④。

何建佳等认为,认知盈余的出现以及互联网技术的迅猛发展,使得网络舆论逐渐成为公众发声与评议过程中的一项重要议题。在新形势下,如何合理引导网络舆论演化,对破解重大舆情危机、疏导公众情绪、维护社会长治久安具有重要的理论与现实意义。他们基于认知失调视角,将个体之间的亲和度纳入经典 HK 模型。在此基础上,研究分析了初始观点坚持度、异质信任水平、个体亲和度、观点影响阈值对网络舆论演化的影响,并以 2015 年成都女司机被打事件为例进行案例分析。研究结果显示,观点坚持度在均值为 0.5 的正态分布条件下,观点会较快完成演化;较大的个体亲和度和观点影响阈值对舆论的演化具有加速效应⑤。

韩运荣和何睿敏提出,新技术变革驱动下,网络舆论呈现出多元化特征。在互联网主导舆论传播的时代,加强舆论治理已成为网络安全发展的关键性因素。为弘扬社会主流价值观,掌握网络空间话语权,我国的网络舆论治理措施也在不断更新和完善。通过深入探究网络舆论场的发展动因,他们指

---

① 参见薛可、许桂苹、赵袁军:《热点事件中的网络舆论:缘起、产生、内涵与层次研究》,《情报科学》2018 年第 8 期。
② 参见金燕、杨魁:《社交网络舆论空间的"中国式风险"检视》,《现代传播(中国传媒大学学报)》2018 年第 1 期。
③ 参见刘焕:《公共事件网络舆情偏差及影响因素研究述评》,《情报杂志》2018 年第 11 期。
④ 参见毛牧然:《网络舆论与社会主义核心价值观宣教》,《理论学刊》2018 年第 1 期。
⑤ 参见何建佳、刘举胜、王祥兵:《认知失调视角下网络舆论演化模式与对策研究》,《现代情报》2018 年第 3 期。

出,当前技术、资本、政府三股力量间的博弈日益激烈,且政府参与网络舆论治理的力量日益凸显,这将决定未来网络舆论生态的发展走向。在当前,一方面要谨防网络空间日趋"泛娱乐化"的特征越来越凸显;另一方面,政府的公信力面临新的挑战。在社交媒体后真相时代,情绪的影响力远远超过事实。只有更科学地掌握网络舆论生态的新变化特点,更有效地分析出网络民众的真实心理与行为心理,才能够让我们的网络舆论引导走向积极向上的正确方向上来,才能真正实现互联网上的"同心圆"①。

### 3. 网络情感与后真相时代的舆论场研究

王松林通过分析后真相背景下的互联网新媒介舆论的形成机制,认为当前公众对事件真相的认知和判断会忽视事件的真实状况,受到情感、情绪的影响,并倾向于表达对事件的情绪化立场和观点,这对舆论引导形成了新的挑战。为此,他认为,后真相时代的舆论引导,需要发挥主流媒体的舆论引领责任,及时传播权威新闻事实;把握公众信息认知规律,注重公众情绪的理性引导;合理规划社会正向舆情信息,及时化解负面舆情②。

开薪悦和姜红通过对《刺死辱母者》的报道及其引发的舆论仔细梳理,发现借由朴素正义感所产生的公众同情成为当下公众舆论的重要表征,它在某种规范下与法律的同频共振能够打破理性与情感之间的二元对立。追求真理或达成共识曾是传统舆论观的意义所在,因此基于认知层面的公众舆论在尊崇理性的过程中刻意摒弃了情感存在的价值。他们认为,这一案例中澎湃的互联网舆论显示了典型舆情事件中情感的共通性,从而延展了舆论的意义与价值③。

朱天和马超对情绪传播在舆论学、心理学、计算机科学三个学科面向的研究路径进行了探讨。他们指出,在未来的情绪传播研究中,应注重从事件导向型情绪向全域整体型情绪研究深化;聚焦网络公共事件中的反向认知情绪研究;关注行业舆情中的情绪判别与口碑营销④。

李彪认为,后真相使得舆论场出现新转向,从"个体对事实的争论"转变为"群氓为情感的困斗",从"两个舆论场"到"多元圈子区隔并存",从"广场式的众声喧哗"到"客厅式的窃窃私语",从"技术-公权力两方角力"到"多元力量纠结对决",网民从"想象的共同体"到"偏见共同体",行为从"围观—较真"模式到"应激—遗忘"模式,舆情治理从"寻求达成意见共识"到"意见压制与竞争失序"。后真相时代需要对社会治理的范式进行转变,构建后共识和后秩序⑤。

张爱军和秦小琪提出,在国家对网络强势治理的背景下,网络进入了后真相与后政治冷淡主义并存的时代。网民基于个人情感与个人信念对网络政治信息进行意识形态式的解构、重组、传播,形成了后社会公共舆论。无真相的真相成为后真相的典型特征,政治的主流范式表达成为网民的机会主义选择。后真相与后政治冷淡主义密切结合,以不介入政治的方式介入政治,从而影响甚至破坏健康的社会公共舆论,冲击主流意识形态,打破多元意识形态的动态平衡。因此,国家应根据社会主要矛盾的转化进行相应调整,完成社会公共舆论治理转型,推动社会公共舆论的健康发展,加强主流意识

① 参见韩运荣、何睿敏:《中国网络舆论生态的变化与特点》,《新闻与写作研究》2018 年第 7 期。
② 参见王松林:《"后真相"时代的舆论引导策略研究》,《传媒》2018 年第 5 期。
③ 参见开薪悦、姜红:《公众舆论中的情感互通——以"辱母案"中"朴素正义感"为中心的考察》,《新闻界》2018 年第 12 期。
④ 参见朱天、马超:《互联网情绪传播研究的新路径探析》,《现代传播(中国传媒大学学报)》2018 年第 6 期。
⑤ 参见李彪:《后真相时代网络舆论场的话语空间与治理范式新转向》,《新闻记者》2018 年第 5 期。

形态的吸引力和引导力。对此,需采取法治矫治、民主矫治、公平矫治、道德矫治、技术矫治等多元并重的措施,并以法治为基本目标进行矫治,才能克服网络社会公共舆论乱象①。

张庆园和程雯卿认为,后真相已经从政治领域的特殊现象发展为自媒体时代一种不可忽视的社会认知规律。他们主张回归事实与价值二分法,探究新媒体语境下后真相背后事实、真相、情感、价值关系链的变迁。事实、规范共识和价值共同建构了真相。事实片段召唤既有情感,既有情感裹挟游离于事实的真相,真相触发或建构更广泛的价值,价值驱动情感,进一步基于新的事实片段或对事实片段的想象拼贴真相,由此便构成了后真相的完整发展过程。后真相是新媒体语境下真相的新内涵,是一种反思、一种价值的审视,有利于促进社会问题的解决②。

程仕波提出,后真相时代的网络舆情呈现出新的特点,舆论场域上的反相共生性、内容上的真假同构性、评判上的情理倒序性是其最鲜明的表征。随着网络舆论新境遇的到来,网络舆论引导和思想政治教育面临诸多挑战,例如:加剧民众的心态失衡,恶化网络舆论生态;网络舆情治理的难度提高,舆情安全漏洞可能频出;消解网民对主流价值观的认同。我们应从认知矫正、关切利益与监管体系建设三个方面加强工作,从而为营造清朗的网络空间助力③。

李畅和黄颜颜提出,后真相时代的舆论出现了客体流动性、本体撕裂与极化、主体由精神聚合体向情感聚合体转变等新特点。伴随媒介技术的发展,时效性和碎片化的传播方式导致信息接触的不全面,舆论客体由"可读"、"可见"走向"可写",一改过去舆论客体相对静态封闭的特质。由协同过滤和算法推送导致的信息接触自主化、意见表达个性化,使得舆论主体更加倾向于处在和自己意见接近的群体中,依赖群体情感走向聚合,逐渐丧失了作为舆论主体的自主性,从而导致舆论极化、观点撕裂、共识难以凝聚④。

郑满宁提出,社交媒体时代是一个情绪超过事实的后真相时代,媒介环境发生了巨大的变化,众声喧哗中,职业生产者、网民都在生产内容,内容消费越来越碎片化、快速化。在激烈的竞争下,新闻生产呈现出低质海量旧闻翻新、接力式免责、简单归因、对抗式框架普遍等特点,标榜更客观的算法推荐新闻放大了新闻生产中不健康的部分内容,媒介营造出来的媒介环境健康状况恶化,需要在新闻客观性重塑、事实核查机制重建、媒介伦理重构等多方面进行优化⑤。

### 4. 习近平及马克思主义舆论观研究

陈力丹指出,坚持党性原则,尊重新闻传播规律,是习近平29年前担任福建宁德地委书记时就提出的马克思主义新闻观的两个要点。在"8·19"讲话中,习近平首次明确提出了"以人民为中心的工作导向"。这"两个要点"和"一个中心"反映了习近平既强调新闻工作的党性,又不忽视新闻工作自身的规律性的新闻舆论观⑥。

---

① 参见张爱军、秦小琪:《"网络后真相"与后政治冷淡主义及其矫治策略》,《学习与探索》2018年第2期。
② 参见张庆园、程雯卿:《回归事实与价值二分法:反思自媒体时代的后真相及其原理》,《新闻与传播研究》2018年第9期。
③ 参见程仕波:《论"后真相"时代网络舆论的特点及其引导对策》,《思想理论教育》2018年第9期。
④ 参见李畅、黄颜颜:《后真相时代舆论内涵解读》,《新闻界》2018年第9期。
⑤ 参见郑满宁:《后真相时代新闻舆论场健康度及优化对策》,《中国出版》2018年第3期。
⑥ 参见陈力丹:《坚持党性,尊重规律,以人民为中心——习近平新闻舆论观的两个要点和一个落脚点》,《新闻记者》2018年第7期。

颜隆忠和潘玉腾认为,习近平新闻舆论思想是马克思主义新闻舆论观中国化的产物,也是习近平新时代中国特色社会主义思想的重要组成部分,习近平新闻舆论思想源于中国共产党人的长期新闻工作实践,体现着历史性与当代性的统一、党性和人民性的统一、先进性和群众性的统一、继承性和创新性的统一,为新时代党的新闻舆论工作提供了实践指引①。

沈正赋指出,纵观中国共产党历代领导人的新闻观,尤其是习近平关于新闻舆论思想工作的重要论述,"舆论监督"与"舆论引导"是贯穿中国共产党新闻舆论思想发展的一条主线和两个核心理念。对新时代中国共产党新闻舆论思想核心理念的阐释与研究,主要体现在这样几个方面:中国共产党舆论监督思想发展的历史观照及其现实问题,舆论引导及其舆论引导力建构的理论基础与现实归因,舆论监督与舆论引导"双轮驱动"成为新时代中国共产党舆论思想发展的新手段与新空间②。

张志安和晏齐宏通过梳理当代中共领导人舆论工作的相关论述,从舆论功能、舆论传播的中介、舆论主体三个维度提炼出不同阶段领导人舆论观特点及其变迁逻辑。研究发现,当代中共领导人舆论观变迁具有以下特征:舆论功能经历了从为革命服务到为建设服务再到为治理执政服务的变迁轨迹;舆论传播中介经历了从宣传本位到对象本位、从自上而下到自下而上传播模式的变迁轨迹;作为舆论主体的人民,经历了从能动主体到引导对象再到积极表达群体的变迁轨迹。变迁过程中,领导人的舆论观始终强调坚持中国共产党的领导、坚持党性原则。研究者借用拉卡托斯的"科学研究纲领方法论"中的"硬核"和"保护带"理论,总结了领导人舆论观的继承和发展逻辑,指出相关变迁背后存在典型的实践导向的功能性表达特征③。

### 5. 舆论史研究

卜宪群通过梳理先秦至汉魏乡里舆论与国家关系发现,乡论是乡里社会的民间舆论,源于先秦,发展于西汉,鼎盛于东汉,转折于汉魏之际。除了秦统一后的短暂时期外,乡论与国家秩序之间的互动关系是先秦至汉魏历史发展过程中的一个特征。西周贵族制下的国人议政是乡论的萌芽。春秋战国时,乡论在国家政治秩序中发挥着一定的作用。两汉政府对乡论高度重视,以儒家思想改造乡论,注重影响或干预乡论的发展方向,采取多种方式将其纳入国家秩序,并与察举制相结合,使乡论与国家主流意识形态相统一,产生了积极的历史作用。这一作用在东汉表现得尤为充分。但在某些特定时期,乡论也会出现失控状况,沦为某些社会阶层手中的工具,演变为与中央集权相抗衡的力量④。

李文玉通过研究明末内阁阁臣钱龙锡因蓟辽督师袁崇焕"通敌"而获罪、阁臣杨嗣昌因宣大总督卢象升战死遭舆论谴责两起历史事件,发现在这两起与总督相关的事件中,阁臣皆成为被抨击的对象。在明末的庙堂之上,政事追责的内阁指向性与阁臣行为的易受攻击性,构成内阁政治生态的显著特征。在阁臣与督抚的关系中,此种特征表现得尤为明显。其中原因与内阁"类相"而又"非相"的制度特征有着本质关联。在这两起事件及此后的舆论形塑影响下,内阁的职能空间愈发逼仄,阁臣处境更为艰难。通过钱龙锡、杨嗣昌两位阁臣的个人境遇,可以看到制度演进、舆论环境与政治事件对明

① 参见颜隆忠、潘玉腾:《习近平新闻舆论思想的形成、特征与实践价值》,《东南学术》2018年第3期。

② 参见沈正赋:《舆论监督与舆论引导:新时代中国共产党新闻舆论思想的核心理念》,《新闻与传播研究》2018年第11期。

③ 参见张志安、晏齐宏:《当代中共领导人舆论观及其变迁逻辑》,《当代传播》2018年第2期。

④ 参见卜宪群:《乡论与秩序:先秦至汉魏乡里舆论与国家关系的历史考察》,《中国社会科学》2018年第12期。

末内阁政治生态的共同影响与作用①。

　　蒋建国研究了清末革命报刊的舆论导向,认为 20 世纪初革命报刊激发了各类读者的阅读想象,革命报刊所持的理念直接影响读者的阅读偏好。读者对报刊的选择性阅读,又表明革命报刊具有明显的舆论导向。在帝制与共和之间,革命报刊预设了立场。许多读者以日记、自述与回忆录的方式,表达了他们对时局的观察、记录、判断与感想。尤其是一些守旧官绅的哀叹、进步青年的狂喜,在他们的读报时分得到真实体现。因此,通过读者读报的私人记录来观察其阅读心态、社交网络、价值观念,可以构筑报刊阅读的"意义之网",反映"革命"进入读者阅读世界的历史进程,体现读者在时局中的情感与态度②。

　　刘娜等通过系统梳理罗伯特·E·帕克有关新闻与传播研究的 9 篇论文,发现两个此前被新闻思想史研究者忽视的关键词:舆论与共同生活。舆论是连接新闻与社会控制的必要节点,它产生于新闻及其引发的讨论之中,并借助其蕴含的集体性力量对社会稳定或社会变革产生条件性的影响。共同生活既是新闻得以成为社会共识之主要来源的基础,也是新闻、舆论与社会控制的终极关切。新闻所建构出的共同生活的主要内容是本地新闻和人情味故事。本地新闻在新闻所建构的共同生活与个体的日常生活之间建立联系,有助于社群成员重拾对于共同生活的密切感与亲身参与感。人情味故事则借助其超越时空和历史语境的象征性,在过往与未来的共同生活中占据独特的位置。在此基础上,他们认为,舆论与共同生活是理解帕克新闻思想的关键节点,它们所连接的新闻、社会共识、社会控制等概念是新闻社会学研究的重要关注点③。

　　黎藜提出,发行是衡量报刊到达与影响的重要因素,也是影响舆论形成的一个重要因素。基于这种认识,他研究了晚清岭南报刊发行情况,发现晚清岭南报刊的发行呈现了两个特征:囿于区域的国内发行,在海外华侨聚集地的广泛传播。区域发行,聚焦区域需求、区域事件,引领区域舆论;海外发行,促进革命思想在华侨中传播。发行是晚清岭南报刊推进革命思想传播、引导革命舆论的重要路径④。

## 二、舆论学实务研究

　　舆论学是一门实务性很强的学科,所以舆论学实务研究一直是舆论学的主要研究方向,尤其在中国现实社会环境下,传播环境的日益复杂和国际局势的起伏变化既为舆论学实务研究提供了机会,也提出了研究的紧迫性。

### 1. 典型网络事件治理案例研究

　　蒋建国指出,"油腻中年男"作为网络舆论的流行议题受到社会的广泛关注,而"油腻"的内涵与

---

① 参见李文玉:《制度演进与舆论形塑:明末内阁政治生态解析——以钱龙锡、杨嗣昌为例》,《文史哲》2018 年第 6 期。
② 参见蒋建国:《清末革命思潮与报刊读者的阅读心态》,《新闻与传播研究》2018 年第 2 期。
③ 参见刘娜、黄顺铭、田辉:《"舆论"与"共同生活":罗伯特·E·帕克新闻思想中两个被忽视的关键词》,《国际新闻界》2018 年第 8 期。
④ 参见黎藜:《清末岭南报刊革命舆论影响路径》,《中国出版》2018 年第 22 期。

外延也在各种议论中变得更为丰富,尤其是一些"油腻"的标准使中年男人呈现出"油腻化"特征。此类标签化的认知,具有戏谑和"油腻"的态度,是对中年男人过度生活和消费的批判。同时,网络上对中年男人身体肥胖的讥讽具有潜在的污名化风险和歧视的意味。因此,在网络狂欢之中,我们看到了更多"油腻"的话语,这与理性、客观、文明的公共精神有着较大的差距[①]。

张洁提出了"主流网红"的概念。在移动互联网时代,"主流网红"是指在新媒体平台吸引、聚焦大量粉丝关注,争取网络用户能力极强,能够在众声喧哗中传播主流价值观、道德观,发出具有影响力的真声音、好声音,体现强烈的社会责任感和使命感的主流媒体。他引用人民网舆情监测室发布的政务指数,通过对微博账号"@共青团中央"舆论传播的个案分析,认为"@共青团中央"作为连接党和青年的桥梁和纽带,在引导青年、服务青年,弘扬主旋律、传播正能量方面发挥着独有的感召力,是移动互联网时代的"主流网红"[②]。

邱新有和卢佩华以1768年叫魂案为例,全面梳理了1768年叫魂案中谣言传播的逻辑规律,用影响信息内容稳定的信息失真、变异和无用三个维度来分析叫魂案与现代社会典型案例中谣言传播的深层次原因,结合现代社会谣言的传播特点,提出了现代社会谣言防控的阶段化策略。他们认为,这种谣言防控策略更有操作性、针对性和适应性,从而更加合理有效[③]。

常健和余建川通过对2010年至2016年全国110个典型的微博维权案例研究发现,微博技术的发展以及"权利本位"思想的影响导致以微博为媒介的维权事件日益受到社会的关注。当现有维权渠道不畅或缺乏公信力时,微博维权行为便在体制外得以生存发展。微博维权行为在维权主体、对象、过程和结果等方面都表现出与传统维权行为不同的特征。虽然微博维权在社会监督、政治参与、权利救济等方面发挥了积极效用,但它冲击了现有的社会秩序,有违全民守法的内在要求,在某种程度上引发了网络民意与司法独立之间的冲突,加大了依法维权制度化的难度。对此,微博维权行为的法律引导,一方面应以全面推进网络空间法治化为基础;另一方面,应增强全民法治观念,充分发挥司法能动性,着力思考完善依法维权的制度,以实现公民权利保障的法治化[④]。

### 2. 国际舆论与国家形象传播研究

胡钰认为,当代社会发展的一个突出特征是传播驱动、形象驱动,国家传播水平已经成为国家发展的重要标志。当代传播与传统传播的差异是巨大的,从传播范围来看,是高度全球化的,信息流动是无国界的;从传播主体来看,是高度全民化的,由少数人、少数机构垄断传播活动的时代已经过去;更重要的是从传播形态来看,是高度多样化的,不仅依赖媒体传播,大量的文化传播、企业传播、人际传播等都构成国家传播的活跃内容。研究者结合自己参加国际会议及带领学生在非洲调研的经历,认为尽管中国企业为非洲的建设贡献了巨大的力量,但因为不重视企业形象的传播,反而招致各种各样的质疑。同时,在一些国际学术会议上,国外的一些学者要么把中国当成假想敌,要么质疑中国的

---

① 参见蒋建国:《油腻中年男的媒介呈现、认知标签与社会化戏谑》,《探索与争鸣》2018年第1期。

② 参见张洁:《从@共青团中央看"主流网红"的发展路径》,《传媒》2018年第2期。

③ 参见邱新有、卢佩华:《信息内容稳定与现代社会谣言的防控——以1768年叫魂案为分析对象》,《现代传播(中国传媒大学学报)》2018年第5期。

④ 参见常健、余建川:《微博维权行为的实证分析与法律引导——以110个典型案例为中心》,《华中师范大学学报(人文社会科学版)》2018年第1期。

价值观。上述诸种非政府层面的现象都应该引起重视。在国家形象的国际化传播中,他建议中国应向英美日韩等国学习:派驻更多的记者,同时,发动文化界、教育界、企业界、体育界乃至全民的共同参与,以国家吸引力为着力点,从而有效地提升国家的传播能力,占据舆论制高点,在国际上树立良好的中国形象①。

刘鹏飞等提出,经历"一带一路"、G20峰会、南海仲裁、世界互联网大会、里约奥运会等热点,我国在塑造国际形象方面正从以往的"他塑"转为"自塑"。资本、技术、产业和受众对国际媒介融合趋势作用凸显。未来需要加强新媒体国际传播力和效果评估体系建设,加强境外媒体布局,推出适销对路内容,学习国际经验,培养一流人才。应通过创新国际传播理念、方式和机制,提升互联网传播力和国际舆论引导力,努力提升我国在国际舆论场中的影响力②。

相德宝和张驰对 30 年来中国国际传播研究议题做了梳理,发现 30 年来这一议题经历了从关注国际主权硬实力的研究转向国家形象、国际话语软实力塑造,再到建构具有中国特色的国际传播理论和话语体系的三阶段。国际传播研究网络形成明显的中心,但相对松散,中国国际传播研究共同体初步显现。国家形象、国际传播、国际舆论、软实力、公共外交、跨文化传播等成为中国国际传播研究的关键词。国家形象塑造、国际传播能力建设、国际涉华舆论研究、对外报道研究、公共外交和跨文化传播成为中国国际传播研究的五大领域。在此基础上,他们提出了中国国际传播未来的研究方向,认为未来的研究可以从个体层面出发,研究草根阶层国际传播的模式,同时应加强国际传播理论研究,加强跨学科研究,加强新媒体时代的国际传播研究③。

### 3. 大数据与舆情治理研究

张志安认为,人工智能给新闻舆论与意识形态工作既带来机遇,也带来新的挑战。在机遇方面,首先,人工智能可以提升主流资讯传播的力度;其次,人工智能可以提升主流资讯传播的精度;最后,人工智能可以提升主流资讯传播的效度。在挑战方面,第一,新闻传播领域内人工智能当下的应用场景更多的还是感性化与实用性的,无法促进受众公共意识的培育;第二,人工智能的资讯推荐易造成"信息茧房",加剧社群区隔,从而不利于主流意识形态的整合;第三,人工智能对网络内容建设、传播格局的影响,将突出体现在平台媒体优势强化、主流媒体影响弱化方面;第四,人工智能对传媒业生态和传播效果的评价体系具有革命性影响,导致主流媒体面临进一步被边缘化的风险。针对上述趋势,人工智能时代做好新闻舆论与意识形态工作应把握两个要点:首先,应该推动主流媒体跟上人工智能化的发展潮流;其次,针对新闻传播智能化的负面效果进行必要矫正④。

曾凡斌把 2013 年至 2016 年 75 个网络热点舆情事件的百度指数作为受众议程的显要性,把中国重要报纸全文数据库对这些事件发生当年的报道数作为媒体议程的显要性,然后分析这两者之间的关系。研究发现,在 45 个社会新闻类网络热点舆情事件中,百度指数最高周平均值和中国重要报纸

---

① 参见胡钰:《舆论制高点与理论制高点》,《新闻与写作》2018 年第 4 期。
② 参见刘鹏飞、曲晓程、何睿敏:《构建新时代国际传播能力体系的实践路径——试论我国互联网国际舆论场趋势与对策》,《中国出版》2018 年第 14 期。
③ 参见相德宝、张驰:《议题、变迁与网络:中国国际传播研究三十年知识图谱分析》,《现代传播(中国传媒大学学报)》2018 年第 8 期。
④ 参见张志安:《人工智能对新闻舆论及意识形态工作的影响》,《人民论坛·学术前沿》2018 年第 8 期。

全文数据库的报道量是显著正向低度相关的,6个国外政治事件的百度指数最高周平均值和中国重要全文数据库的报道量是显著正向高度相关的。研究显示,在网络热点舆情事件属于社会新闻事件或国外政治事件时,媒体舆论场和民间舆论场呈正向相关,但在其他事件中,这两个舆论场还存在一定程度的背离。在某些事件上,中国的媒体议程难以很好地影响受众的议程①。

李彪从新闻传播格局的新变化分析社交网络时代舆情预警面临的挑战,总结了当前敏感词库预测、传播特征值预测、关键意见领袖预测、多元子数据库预测四种预测模式,探讨了舆情预警面临的底层爬虫技术、预警指标的多寡以及准确度过低等一系列问题,认为社交平台短文本的语义分析、文本内容分析与社会关系分析相融合、地理位置与社会关系关联耦合等是未来舆情预警的发展趋势②。

夏一雪等基于网络舆情大数据特征,研究了网络舆情反转效应,分析大数据环境下网络舆情反转机理和反转预测机理。他们基于微分方程构建网络舆情反转机理模型,通过数值仿真定量研究网络舆情反转效应。在此基础上,分析网络舆情反转预测机理,提出反转动态评估方法。研究发现,经过实证分析得出构建的网络舆情反转机理模型是可行的,基于此开展的反转预测能够较好预测舆情演化趋势,并根据反转评估了解舆情反转程度,这为政府治理网络舆情反转效应提供了参考依据③。

### 4. 舆论引导和舆情治理研究

杨维东和王南妮认为,网络舆论是以互联网为核心的新媒体与社会发展需求相结合的产物。网络舆论中失真失序失范的乱象需要政府加强管理。已有的以行政手段为主的治理路径已不能完全适应互联网发展的形势。建立以法治为底线、以技术为保障的网络舆论治理体系,通过法律法规规范,技术手段取证相结合的方式,才能不断提升政府网络舆论治理的有效性和科学性④。

陈超提出,分众时代的社会舆论具有不同于大众时代社会舆论的泛化特征,如碎片化、圈群化、功利化、无厘头化等。这些特征,既反映了舆论主体和新闻受众认知、兴趣和需要的变化,又反映了新闻信息供给方式、供给渠道、供给类型等的结构性变化。从供给结构和触发机制看,借助手机、电脑和无线网络的个体爆料、新媒体和自媒体播报,已成为社会舆论的重要供给方式,它们与传统媒体共同构成了当今社会舆论信息的三种主要供给方式。规范和引导社会舆论的有序发展,关键要紧紧把握时代特点,明晰其供给结构和触发机制,对不同的信息来源和舆论主体进行分类管理及引导⑤。

李永先和吕诚诚针对中国智库舆论影响力在全球范围内相对薄弱的问题,基于利益相关者理论,将智库舆论影响力要素分为直接相关层、舆论媒体层和服务层三个层次,从智库、媒体、政府等不同层级出发,提出增强智库舆论影响力的有效传播策略,包括彰显智库智力优势、调节媒体舆论机制、规范政府决策程序等,为完善国家智库治理体制、构建中国话语体系提供参考⑥。

---

① 参见曾凡斌:《百度指数对议程设置理论的检验及"两个舆论场"的关系——基于2013—2016年75个网络热点舆情事件的分析》,《新闻记者》2018年第11期。

② 参见李彪:《社交网络时代舆情预警的挑战、模式及趋势研究》,《编辑之友》2018年第11期。

③ 参见夏一雪、兰月新、刘茉、冯晓阳、黄鑫、连芷萱:《大数据环境下网络舆情反转机理与预测研究》,《情报杂志》2018年第8期。

④ 参见杨维东、王南妮:《新时代政府网络舆论治理的路径拓展》,《重庆社会科学》2018年第1期。

⑤ 参见陈超:《分众时代社会舆论的泛化特征与供给结构研究》,《河北学刊》2018年第1期。

⑥ 参见李永先、吕诚诚:《基于利益相关者理论的智库舆论影响力研究》,《档案资料工作》2018年第1期。

为了更好地预测网络舆论危机,姚曦和晋艺菡提出了一套网络舆论生态系统评估指标体系。该指标体系共有网络舆论信息资源、网络舆论信息主体、网络舆论信息无机环境和网络舆论信息社会环境四个一级指标,下设 14 个二级指标和 42 个三级指标。他们认为,舆论信息主体在风险评估与治理的过程中是最为重要的因素,尤其是具有权威身份与专业属性的信息生产者;涉及公共安全、民生等迫切的生理需求的信息更易引发舆论风险;信息挖掘技术要素在网络舆论生态系统中的重要性高于媒介要素本身;有强制性与针对性的网络立法能更有效地控制网络舆论危机。这些发现与前人研究注重网络信息的观点存在一定出入,为网络舆论风险研究的深化与发展提供了新的思路,也为相关管理部门对网络舆论风险进行评估与治理提供决策依据①。

吴涛以近年来我国舆情产业为研究对象,从兴起节点、发展逻辑和未来走向三个层面出发展开整体观察。研究发现,舆情服务产业应互联网而生。互联网的勃兴使党和国家在舆论治理中第一次直面公民原生态、公开化的舆论表达与舆情反应。面对冲击,党的善治逻辑激发了对舆情监测与应对的旺盛需求,商业化舆情服务公司应运而生,并逐步走向繁荣②。

王长潇和刘盼盼指出,作为移动社交信息和网络舆论的聚集地,网络短视频平台的场景变革所催生的社交新模式和商业化效应,使得平台内容鱼龙混杂、质量参差不齐。在这个眼球经济畅销的时代,各方势力为赚取注意力轮番登台表演,使得早已与整个社会黏连在一起的平台动荡不安。新的场景意味着新陈代谢下的正常反应。网络短视频平台受政府指导、平台监测和用户监督等多种力量牵制,各方最终的舆论博弈和适时妥协,方能使平台的发展更加平稳长远③。

史安斌指出,当今全球传播变局的具体表现之一便是新闻传媒业正在经历一场视频转向。这种新的传播形式引发的行业变革让人联想起 20 世纪 50 年代在美国出现的"电视震荡",它对新闻传媒业产生了全方位、全链条的影响。短视频和直播所具有的线性、集中化、情感驱动等特点也改写了互联网的叙事规则与传播形式。互联网曾经是一个去中心化的、基于文本的、由思想和理性驱动的"阅读网络",现在则演变为高度中心化的、基于图片和影像的由情感驱动的"收视平台"。电视工作者应当率先垂范,通过转变思维方式,在提高新闻舆论"四力"上谋划新思路,施展新作为。首先是"可视化传播"思维。在视频转向的时代背景下,好故事不单单靠讲述,更要依靠展示。其次是"情感化传播"思维。所谓"舆情"不仅是舆论的集聚,更是情感的爆发。在这个"情感压倒事实"的后真相时代,如何在坚持新闻真实性的同时,及时回应网民关注的热点、痛点和槽点,是做好舆论引导的关键所在。在这方面,图像和视频对情感引导的作用要远胜于文字,因此,电视工作者在重视舆论引导的同时,更要重视如何运用视觉传播提升情感引导的功效,在后真相时代的舆论场上占得先机④。

詹晨林和闫修彦提出,移动互联时代,地方信息传播提速扩容,围绕各类突发事件不断涌现复杂多元的网络舆论。肩负地方舆论引导责任的地方媒体,面临着诸多现实困境,网络舆论引导力较弱。站在媒介形态变化与社会变革的高度,地方媒体应充分利用媒体融合转型的机遇,立足本土,从渠道、

---

① 参见姚曦、晋艺菡:《网络舆论生态系统评估指标体系建构研究》,《湖北大学学报(哲学社会科学版)》2018 年第 4 期。

② 参见吴涛:《我国舆情产业的兴起节点、逻辑背景与未来走向》,《当代传播》2018 年第 3 期。

③ 参见王长潇、刘盼盼:《网络短视频平台的场景演变及其舆论博弈》,《当代传播》2018 年第 4 期。

④ 参见史安斌:《"视频转向"背景下提升新闻舆论"四力"》,《电视研究》2018 年第 4 期。

内容、技术三个维度发力,实现对网络舆论的有效引导①。

吴光恒提出,政府网络舆情调控需要解决合法性和有效性问题。前者属于政府进行网络舆情调控的先决条件,一些人却对其持否定态度。宪法、宪法性法律以及互联网管理的法规对于政府网络舆情调控行为都有着或概括或明确的授权,意见自由市场失灵理论、风险社会理论、政府规制理论则构成政府网络舆情调控的合理性基础。对于后者,可以通过建立健全网络舆情背景事件,政府矛盾解决进程的公开制度,网络舆情的监测、收集、研判、处置制度,网络舆论权利的救济制度,以及与商业机构协同调控制度等进行制度创新,以提高政府网络舆情调控的积极效果②。

周伟通过探寻自媒体时代信息传播特点与公共事件网络舆情生成的关联,从自媒体时代信息传播特点和政府回应现状两个方面分析网络舆情政府回应面临的困境,发现政府回应面临预警技术不足、回应被动,管理条块分割、回应行动迟缓,人治思维影响、回应话语失范,制度不完善、回应责任意识淡薄等方面的困境。在此基础上,他建议,消解政府回应困境须加强预警技术化水平,建立政府回应联动机制,规范政府回应话语,完善政府回应监督问责制度,形成制度化、规范化、程序化和系统化的网络舆情政府回应长效机制③。

南长森指出,互联网时代,新闻传播要向真实、真相、真知、真理方面发展,就要遵循传统媒体和新媒体的传播规律,克服边疆地区少数民族媒介变迁中信息传播的落后性,消除边疆地区少数民族媒介变迁中信息传播的滞后性,倡导边疆地区少数民族媒介变迁中宗教传播的先导性,消弭边疆地区少数民族媒介变迁中信息传播的湮灭性,调整边疆地区少数民族媒介变迁中区域传播的复杂性。他建议在综合传播中,以党的一元化领导为主体,形成"国家—社会—民众—宗教—舆情"五位一体的管理方式,共同促进边疆地区社会的健康发展④。

### 5. 谣言传播及治理研究

喻国明认为,信息生产和分发的社会化与多元化造就了谣言生成传播的土壤,而互联网的社群传播使得谣言传播呈现出零成本、高速率、高危害的特点。面对内容生产和分发的多元格局,消除谣言的关键对策不是"堵"和"删",而是努力构建起新传播格局下内容生产与分发的新生态⑤。

李彪和喻国明选取微信平台传播量最高的4 160条谣言作为研究对象,通过研究发现:谣言在标题修辞上具有权威加持与恐惧诉求、大量使用新闻式和数字式标题等手段;议题建构多使用程序化固定结构、故事元素、建构社交货币等方法;传播机制上呈现出幂律分布、嵌套结构的圈群化传播等。研究总结出后真相时代谣言传播的"加冕"与"祛魅"、逆火效应、延时机制、可视化负效应和少数人情绪启动等新机制。在此基础上,研究提出了后真相时代科学辟谣的做法:后真相时代,社群和圈子成为谣言传播的基本单元,情感要素成为谣言传播的基本动力,传统的基于个体传播、事实诉求的辟谣手段的效力在不断消解,后真相时代的辟谣必须要变被动为主动,变内容识别为圈群识别和情感识别,

① 参见詹晨林、闫修彦:《渠道、内容、技术:提升地方媒体舆论引导力的三个维度》,《中国出版》2018年第7期。
② 参见吴光恒:《政府网络舆情调控规制探究》,《中南民族大学学报(人文社会科学版)》2018年第3期。
③ 参见周伟:《自媒体时代网络舆情政府回应困境与消解路径》,《情报杂志》2018年第4期。
④ 参见南长森:《边疆地区少数民族媒介变迁与国家安全意识舆论引导研究》,《现代传播(中国传媒大学学报)》2018年第12期。
⑤ 参见喻国明:《双因机制:移动互联网时代的谣言生成》,《新闻与写作》2018年第3期。

变各自为战为社会化综合治理①。

邓胜利和付少雄研究了社交媒体健康类谣言的附加信息。他们以新浪微博中的健康类谣言为研究对象,选取社交媒体谣言中附加信息的三个维度,即图片、认证与链接,通过情境实验与访谈法,对社交媒体中健康类谣言进行实证研究。研究发现,对于信任程度,认证与链接会对用户信任产生显著影响,其中认证的影响效应更大,图片并未对用户信任产生显著影响;对于分享意愿,图片与链接并未对用户的分享意愿产生显著影响,认证会对用户的分享意愿产生显著影响,具有较小的影响效应②。

曾润喜和陈创为研究新媒体时代网络辟谣过程中不同类型媒体平台的信息传播特征及治理行为方式,利用数据挖掘法和社会网络分析研究方法,选取有代表性的网络谣言个案"新疆滴血食物事件"的辟谣舆情进行定量研究,从中心度分析、结构洞分析和凝聚子群分析三个方面分析网络结构,探索不同节点的信息行为特征。他们发现,按照整个舆情网络的权力状态,可以划分四种不同类型的媒体平台。不同类型的媒体平台在辟谣过程中表现出行为倾向一致性,但在影响和作用上呈现差序格局,涉民族类媒体平台在此间起了关键作用。此外,以"头条新闻"为代表的新兴媒体在大数据背景下的信息传播角色值得重视③。

唐雪梅和赖胜强提出,突发事件中往往有一些网络谣言出现,如果不能有效辟谣制止谣言传播,网络谣言蔓延极可能导致事态扩大。但政府辟谣并非发布信息就能有效,需要制定合理的辟谣策略。他们认为,泸县太伏中学事件是一起较为典型的因谣言传播而导致事态扩大的突发性事件。通过详细阐述突发事件中的谣言特点并分析了政府在此突发事件中辟谣得失,构建辟谣策略框架,他们认为,政府的辟谣策略包括辟谣主体策略、辟谣时机策略、辟谣渠道策略和辟谣内容策略四个方面,并依据谣言传播和情景建立合理的策略组合④。

占欣等认为,虽然已有的研究表明群体智慧可以抑制社会化媒体谣言的传播,探索影响群体智慧高质量的因素,便于更好地利用群体智慧应对谣言传播,但是当前研究缺乏对这方面的定量分析。为弥补这一不足,他们构造了社会化媒体谣言传播的系统动力学模型,定量描述社会化媒体谣言热度,通过建模和仿真分析群体智慧抑制谣言传播效果的影响因素。仿真结果表明,用户理性、用户规模、用户多样性及用户独立性的提高均会加强群体智慧抑制谣言传播的效果,而群体极化具有减弱作用⑤。

彭晓哲等从情境、内容特征、传播者与受众特征这三个维度论述了影响谣言传播的因素。他们提出,从情境特征来看,谣言在模糊且具有潜在威胁的情境中更易传播,封闭的舆论场也助长了谣言传播;从内容特征来看,包含负性情绪、针对特定对象的谣言更易得到传播;从传播者与受众特征来看,可靠消息源会增强人们的传播意愿,而受众的认知局限、人格特质、动机、价值观等可能造成认知偏差或歪曲,助长谣言传播⑥。

杨慧琼等收集了 2002 年至 2014 年我国社会传播的 261 则拐卖儿童的谣言,并结合在 S 镇做的问

---

①　参见李彪、喻国明:《"后真相"时代网络谣言的话语空间与传播场域研究——基于微信朋友圈 4 160 条谣言的分析》,《新闻大学》2018 年第 2 期。

②　参见邓胜利、付少雄:《社交媒体附加信息对用户信任与分享健康类谣言的影响分析》,《情报科学》2018 年第 3 期。

③　参见曾润喜、陈创:《涉民族类网络辟谣舆情传播过程中不同主体治理行为实证研究》,《中南民族大学学报(人文社会科学版)》2018 年第 1 期。

④　参见唐雪梅、赖胜强:《突发事件中政府对网络谣言的辟谣策略研究——以太伏中学事件为例》,《情报杂志》2018 年第 9 期。

⑤　参见占欣、夏志杰、罗梦莹、何音:《影响群体智慧抑制社会化媒体谣言传播的因素研究》,《图书馆》2018 年第 8 期。

⑥　参见彭晓哲、崔芳、焦璨、李红:《谣言传播的情境、内容、传播者与受众特征及相关认知神经科学研究》,《心理科学》2018 年第 4 期。

卷调查结果进行分析。结果发现:人们的集体记忆和谣言叙事具有一致性。一方面,创伤记忆为谣言提供叙事框架。有三种形式的创伤记忆进入谣言之中,即现实的失孤之痛、古代社会创伤的微弱回响、人们对现代医学科技的想象性创伤。另一方面,谣言本身也成为集体记忆。种种创伤在传播过程中被人们调用起来,来解释当下生活的日常环境。因此,不断循环出现的拐卖儿童谣言是创伤的不断闪回,讲述着古代的、现实的和想象的创伤①。

### 6. 舆论监督研究

陈力丹指出,习近平所作的党的十九大报告中,继 1987 年党的十三大报告使用"舆论监督"概念以来,再次使用了"舆论监督"的概念。原文是在报告的第十三部分"坚定不移全面从严治党,不断提高党的执政能力和领导水平"之下第七点"健全党和国家监督体系"的最后三句话:"构建党统一指挥、全面覆盖、权威高效的监督体系,把党内监督同国家机关监督、民主监督、司法监督、群众监督、舆论监督贯通起来,增强监督合力。"这是对"健全党和国家监督体系"任务的概括。舆论监督,属于"从严治党"的一部分,不再仅是简单的媒体(包括网络)自身职能。舆论监督的对象是党各方面的工作,目的是提高党的执政能力和领导水平。在这个意义上,舆论监督成为党和国家监督体系的重要组成部分。高效权威地从严治党,需要各种监督贯通。这方面以往只有一些经验,还没有制度化。所以,习近平在十九大报告中提出了"形成监督体系"这一艰巨的任务。舆论监督在其中,如何做到在党的统一指挥下与其他监督形式相配合,需要媒体人的新认识,跟进党的十九大报告精神②。

李永发现,舆论监督的主体从大众媒体开始真正回归到公众主体,舆论监督的功能则从治理技术转向盈利工具再继而回归大众公器,舆论监督的话语经历了从权威、多元向个性化转变的过程。舆论监督未来的发展方向,在于调动多方资源,通过调整国家、媒体和公众三者关系,促进监督合力的形成③。

范逸尘提出,融媒体时代,新闻舆论依托大众传播活动,在公共政策和社会事态等方面发挥监督与整合作用。行政反馈是行政系统通过新闻舆论了解外界情况,对这些情况进行转换分析,通过制定政策或提供服务等方式反作用于外部环境,提升行政效率,完善行政功能,达到为民服务的目的。新闻舆论与行政反馈机制相互作用,为地方政府行政管理工作的顺利开展提供了保障④。

陈虹等提出,在舆论监督的媒介记忆逐渐从文字转向视觉之后,视觉元素的立体化在真实化的建构中,增加了舆论监督主体对监督客体的事实确信,艺术话语—群众监督—新闻舆论监督的新型方式逐渐形成,拓宽了舆论监督的渠道。媒介对舆论监督的书写是两种过程的交织:一是社会语境作用于媒介、舆论监督的过程;二是媒介的凸显与遮蔽过程。在网络时代,个体话语的加入改变了舆论监督的媒介记忆,在网络大数据承载形成的连续记忆中构筑了社会对舆论监督的回忆⑤。

张帆和宋小卫提出,为进一步完善媒体舆论监督的责任评价与激励机制,可考虑在逐步扩大施行

---

① 参见杨慧琼、麻小影、颜如玉:《创伤记忆和谣言传播——基于对我国拐卖儿童谣言的分析研究》,《福建师范大学学报(哲学社会科学版)》2018 年第 6 期。

② 参见陈力丹:《舆论监督要在党统一指挥下》,《当代传播》2018 年第 1 期。

③ 参见李永:《新媒介语境下舆论监督本位回归:历程与方向》,《现代传播(中国传媒大学学报)》2018 年第 1 期。

④ 参见范逸尘:《新闻舆论的监督效力与地方政府行政反馈机制探微》,《出版广角》2018 年第 3 期。

⑤ 参见陈虹、潘玉、郑广嘉:《媒介记忆视域下中国电视媒体舆论监督研究——从"中国质量万里行"到〈人民的名义〉》,《现代传播(中国传媒大学学报)》2018 年第 1 期。

的"媒体社会责任报告"文本中增设"履行舆论监督责任"的专项内容;同时,在中国新闻奖评选中强化对新闻舆论监督类作品的褒奖力度,将一定级别以上的纪检部门和监察机关接纳为新闻舆论监督参评作品的报送单位,为新闻舆论监督提供更多的组织支撑①。

陈天祥提出,一些地方基层治理中存在"大闹大解决、小闹小解决、不闹不解决"的现象,究其根源,主要是诉求渠道不畅通,基层政府解决问题的能力和方法不足,社会治理体系不健全,社会舆论监督不完善,考核和问责机制存在缺陷等。应多措并举,从源头上破解"恐闹症"②。

## 三、结语

互联网的高速发展为社会各个阶层提供了方便快捷的表达工具,也持续强化了舆论在国家治理、社会公平方面的重要性。舆论的重要性不仅体现在社会现实层面,也体现在学术研究层面。所以,与以往相比,2018 年度的舆论学继续呈现出视角多元、方法多元、学科多元的研究特点。同时,随着国家舆论治理力度的不断加大和社会心态的发展变化,2018 年度的舆论学研究也出现了不少以往不太突出的新议题和新领域。从总体上来看,2018 年度的舆论学研究呈现出以下几方面的鲜明特点:

第一,从研究视角上来看,2018 年度绝大多数研究都立足中国本土实践,聚焦现实环境,对中国社会中的舆论实践进行了深入的考察,除了继续深入讨论舆论学的基本概念和基本规律外,对当下语境中舆论演化机制、舆情治理方法和典型网络舆情事件都进行了深入的探讨。这些研究基本上都以具体的舆情事件为基础,在深入分析的基础上提出相关政策意见和建议,体现出研究者们深切的社会关怀。同时,一些研究也表现出主题重复、分析不够深入、研究结论可行性不强的问题。

第二,舆论的重要性日益凸显吸引了许多学科研究者的关注和兴趣,本年度的舆论学研究继续体现出跨学科的鲜明特点,除新闻传播学这一舆论学研究的主力干将外,政治学、情报学、金融学、计算机科学等诸多领域的学者也都对 2018 年度的舆论学研究作出了重大贡献。然而我们发现,尽管跨学科特色明显,但各个学科依然是各自为政,几乎每个学科都有自己独特的研究视角、研究方法和研究重点,各学科之间的研究缺乏交流,多学科协同研究的局面更是罕有出现,这对于舆论学研究的发展来说是一个很大的问题。

第三,在研究主题方面,2018 年度的舆论学研究在理论和实务方面都出现了两个特色鲜明、成果丰硕的研究热点。在理论层面,陈力丹等学者深入探讨了以习近平为代表的马克思主义新闻舆论观的基本特点、要点以及在中国的发展实践,提出了许多独到的研究观点。在实务层面,随着"一带一路"倡议的持续推进和中美贸易摩擦的起伏变幻,对全球化背景下中国国家形象的传播现状和战略的探讨成为 2018 年舆论实务研究的一个新的热点。这些理论成果既为 2018 年度舆论学研究增添了鲜明的特色,也为未来中国的舆论学研究指明了方向。

撰稿人:魏新警(复旦大学新闻学院 2018 级博士研究生)

---

① 参见张帆、宋小卫:《优化媒体舆论监督语境的两个选项》,《当代传播》2018 年第 4 期。
② 参见陈天祥:《基层"缠闹"现象的深层根源》,《人民论坛》2018 年第 28 期。

# 第四部分　传播学研究

# 传播学基础理论研究

2018 年是改革开放 40 周年,也是传播学引进中国的第 40 个年头。整体来说,中国传播学研究的发展呈现出多点开花的总体局面。本报告检索了 2018 年出版的学术期刊文章,并根据研究创新之处从中挑选了 141 篇文章进行综述。本报告共有三个部分的内容,分别是"学科版图的反思与扩展"、"研究方法的探索与创新"、"理论视角的整合与丰富",试图从学科建设、研究方法、理论视角三个层面呈现 2018 年中国传播学基础理论研究的图景。

## 一、学科版图的反思与扩展

### 1. 中国传播学 40 周年

20 世纪 40 年代,传播研究在美国应运而生。而现代意义上的中国传播学研究,则始于 20 世纪 50 年代的香港和台湾。社会宏观背景和外部环境变革直接决定着传播学科的建立与发展,也影响着传播研究的主体和内容走向。早在 1978 年之前,传播学就"亮相"中国,但未形成有效影响力。1978 年郑北渭先生在《外国新闻事业资料》第一期上译介的华伦·K·艾吉的两篇论文《公众传播工具概论》和《美国资产阶级新闻学:公众传播》作为开端,传播学在中国的学科化进程已经完整地经历了 40 年的历程[①]。

胡翼青将这一历史过程划分为前学科发展阶段与学科化发展阶段,在此基础上梳理和比较了两个时期中国传播研究的学术队伍、学术成果与学术理念,认为我国当前传播研究中依然存在功利主义倾向过强与学科意识形态保守的痼疾。在这种情况下,从新媒体传播打开的新问题域入手,关注媒介技术通过改变传播方式影响人的存在方式,以及被媒介形塑的人与社会反过来如何加强或弱化媒介技术自身的偏向,成为帮助中国传播学发展走出循环,走向进化的一种可能进路[②]。

黄旦从媒介史的角度出发,考察分析新闻学和大众传播学的学科化历史。研究认为,新闻学是以报纸职业为导向,以报纸职业及其业务操作为研究和教学的主要内容,以伦理-规范为要旨的学科。大众传播范式及其研究,则是由广播范式所引发。大众传播学是以社会科学理论为基础,以研究生培养和经验研究为目标,以大众媒介的社会影响及其效果为重点的社会学科。在美国,新闻学和大众传播学在建制上常常属于一个学院,实际上二者是拢而不合、各做各事。当前数字技术使得传播进入"互联网星系",完全不同于新闻学和大众传播学产生的背景。因此,从历史中汲取智慧,紧紧扣住媒

---

① 参见胡翼青、张婧妍:《中国传播学 40 年:基于学科化进程的反思》,《国际新闻界》2018 年第 1 期。
② 同上。

介技术、传播形态和学科的关系，以新的基点、新的思路来筹划新闻传播学科的未来，已属当务之急①。

陈力丹和夏琪认为，随着传播技术的翻新，新闻传播学每年的新鲜话题都有新变化，不过，目前多数文章比较浅薄，缺少批判思考和前瞻预见。究其原因在于两类：一是缺少学术积淀。面对传播新现象、新问题，可以颇为敏感地一拥而上、泛泛而谈，但大多是一些以工作经验和生活经验为基础的感受或现象描述，缺少学理方面的深刻分析。二是缺少多学科的研究视角。传播技术发展带来的新现象、新问题都是综合性的，日趋复杂，迫切需要本学科的研究者加强计算机科学、社会学、社会心理学、心理学、经济学等学科最新理论知识，或者与这些学科的研究者展开合作研究②。

吴予敏以"引进"、"采纳"、"对话"和"重构"四个关键词概括了40年来中国传播学的发展，指出中国传播学并非学术殖民化的结果，而是和改革开放的时代场景并行不悖。对于"传播学本土化"的问题，她认为，在注重"地方性知识"或"本土性知识"的建构的时候，需要意识到，所谓"地方性"或"本土性"概念是基于一个逻辑设定，即是和"全球性"或"普世性"相对的范畴。传播学在中国历经40年历程，已经部分地融入或整合到中国的新闻传播学知识系统中。这样的改造不仅提高了新闻传播学对于国家和社会发展的促进作用和预测研判能力，也为世界各国的交流开创了较好的对话空间。倡导"重构中国传播学"和突破功能主义思维框架有一定的关系。但是，这并不是说，所谓"中国风格、中国气派、中国智慧"是和功能主义相对立的。从中国文化本位和传统文化的"创造性转化"角度出发的中国传播学（另一个表述是"华夏传播学"），应当从坚持自身文化的主体性出发来确定自己的学术位置③。

### 2. 传播学范式研究

顾洁从媒介实践范式的角度出发，通过对相关社会实践理论的梳理和批判，并借鉴实践理论在其他学科领域的应用成果，构建了以西奥多·夏兹金（Theodore Schatzki）的实践理论为基础的媒介实践研究范式，并对该范式的基本框架和研究路径进行了阐释，讨论了媒介实践研究范式的价值以及对我国媒介研究的启示。媒介实践范式的基本理论认同可以总结为两个核心概念："去中心化"和"去二元论"。"去中心化"可以被看作是媒介实践研究对媒介景观变化发展的一种显性回应。而"去二元论"则是媒介实践范式重新诠释媒介用户主体性和社会秩序在理论框架上的内在要求。如果实践理论更多地是在本体论层面提供一种具有普世意义的理论以对社会行动和秩序进行观照，那么媒介实践范式的发展和完善必须还得学会从媒介技术内容的独特性以及实践背后政治文化情境的在地性入手，探索媒介实践的独立品格与特征。这一目标的价值与意义将不单是在传播学学科层面，更是在今天全球化背景下愈来愈丰富和多样的媒介实践层面④。

龙强和吴飞梳理了传播学的经典范式。当前学界对传播研究的反思主要集中在学科地位、研究范式和重建路径三个层面。学科性与跨学科性的二元冲突，引发了传播学者深刻的认同危机，具体体现在学科领域的碎片化、核心知识的乏善化和学科地位的边缘化。对长期以来占据主导位置的行政

① 参见黄旦：《新闻传播学科化历程：媒介史角度》，《新闻与传播研究》2018年第10期。
② 参见陈力丹、夏琪：《2018年中国新闻传播学研究的十个新鲜话题》，《当代传播》2019年第1期。
③ 参见吴予敏：《"重构中国传播学"的时代场景和学术取向》，《国际新闻界》2018年第2期。
④ 参见顾洁：《媒介研究的实践范式：框架、路径与启示》，《新闻与传播研究》2018年第6期。

研究的批判,成为学界的共识。而在学者所推崇的范式传统中,最被重视的是芝加哥学派和批判学派。在重建路径方面,探讨最多的是三个方面,即整体性否思、深耕理论本身和回应现实问题。传播研究反思的主题仍然是对过往的延续,视野不够开阔,知识创新严重不足,且各自为政、缺少对话,最大的问题在于缺乏对人类所面临的重大问题和苦难的关切①。

喻国明等以媒介接触与使用的研究为例对用户媒介接触与使用的研究范式及学术框架进行研究,借助社会学、认知行为科学、发展心理学等多学科理论与研究方法,以发展心理学中的自我同一性发展框架和社会系统理论框架结合,在多学科融合视角下发掘媒介用户在复杂环境下的媒介接触与使用特征。研究逻辑是以时间为轴,挖掘受众的行为-空间-心理分配特征,从现实生活情境中考察受众的媒介接触状态。在以往的研究中,媒介接触与使用研究的基本范式是被框定在时钟刻度的单一维度上,尽管关于媒介接触与使用的研究林林总总,但几乎都集中在人们接触与使用媒介的时段、时长及频度等指标上。这样的指标虽然也有它的价值与意义,但它却明显地存在着研究意义的局部、割裂和片段的缺陷,与人们媒介接触与使用的实际状况相去甚远,缺少对于实际状况的描述、分析和解释能力,更少具有进一步挖掘和延伸其价值的数据关联的基础。他们认为,媒介接触与使用调研的关键性创新,绝非某些技术手段或技术环节上的修补与改进,而应集中在研究范式的创新上②。

在另一个研究中,喻国明将认知神经研究作为传播学研究中的一个新范式,据此提出认知神经传播学的研究框架与基本议题,给从本质上认识传播现象、把握传播规律提供一个切入点。他认为,认知神经传播学研究旨在运用认知神经科学的研究范式、分析工具与技术设备,研究传播学学科领域内的各种相关问题。一方面,认知神经传播学可以将传播学研究视野从用户意识层面扩展至潜意识层面,从短期、中期与长期效果扩展至瞬时效果;另一方面,认知神经传播学亦可深化认知神经科学在传播领域内的研究体系,最终成为传播学领域新的细分学科,成为当下和未来传播学学科体系新的增长点③。

韩有业和魏海岩提出了传播学研究的新范式,分析了我国新媒体研究的范式转换与创新。他们认为,首先,这种转换和创新是局部的,例如各范式中的价值层面几乎没有变化,而方法却不断更新,研究对象、事实、概念也同时更新。其次,我国新媒体传播研究范式转换创新,对于问题及人的关注经历了从弱到强的过程④。

刘新传和魏然对互联网环境下传播学的新范式进行研究。他们认为,由于互联网的发展时间比较短,尚未形成一套完整的、独有的互联网理论来解释网络传播。相反,网络研究更多的是借助社会科学现有学术传统和研究体系而发展。当前互联网技术的移动化、智能化等重要变革,为研究范式转向和传播理论创新带来了新的机遇。在网络传播语境下,未来的传播理论一定要有以下属性与范式的转变:第一,网络的属性转变,从工具属性到媒体属性;第二,在互联网的语境下,研究范式在经历从信息控制、分发模式到社区空间、共享服务,从传播效率到参与共享式传播的根本性

① 参见龙强、吴飞:《认同危机与范式之惑:传播研究反思之反思》,《国际新闻界》2018 年第 2 期。
② 参见喻国明、何其聪、吴文汐:《传播学研究范式的创新:以媒介接触与使用的研究为例——用户媒介接触与使用的研究范式及学术框架》,《新闻大学》2017 年第 1 期。
③ 参见喻国明:《认知神经传播学:范式创新与研究框架》,《浙江传媒学院学报》2018 年第 1 期。
④ 参见韩有业、魏海岩:《我国新媒体传播研究的"范式"转换与创新》,《青年记者》2018 年第 3 期。

转变。在新的网络语境下,新传播范式是网络化社区传播,传播研究更多关注技术背后人的社会关系。在新范式中包括不同类型的传播,即大众化传播和网络化的社区传播,前者属于利用网络技术,推动传统媒体与时俱进发展。而后者属于面对面网络传播的一种模式,它有别于前者垂直的、分等级和点到面的传播特点,目前重点研究的网络传播是横向的、平等的和参与式的社区传播模式(平台转化)①。

王昀指出,时下传播学科关于人工智能之关切既受到计算机科学及其相关学科脉络的深刻影响,也出现不同层次研究案例注意到智媒时代内容生产与受众关系的生态变化,整体来看,已经涵盖基于机器自动化的媒介生产取向、基于算法模型的计算科学取向、基于信息处理的认知传播取向以及基于用户中心的人机交互取向等代表性论述。将人工智能置于传播媒介分析的互动框架,研究者有必要继续审视其如何助益多元化内容生产格局,提升人工智能数据分析、情景反应能力的精确性,同时,持续关注由此衍生而来的媒介素养与传播规范问题②。

吴舫和崔迪从研究理论取向和分析层级两个维度出发,将智能媒体研究议题划分为采用政治经济学范式的社会建构主义宏观研究、采用新媒体研究范式的科技中心主义宏观研究、采用认知心理学范式的科技中心主义微观研究和采用科技人类学范式的社会建构主义微观研究,探讨了各类研究议题的元问题与方法论,预测了智能媒体研究的发展方向③。

### 3. 传播学基础理论研究

从传播学的基础理论来看,2018 年学者们对议程设置理论和使用与满足理论关注较多,对涵化理论、第三人效果等理论研究较少。

范红霞和叶君浩从大众媒体议程设置中的"微议程"层面出发,通过对传统媒体新闻选择原则与社交媒体信息排序算法的对比分析,比较了二者在不同时代发挥信息选择的基础性功能变化,揭示排序算法对当下议程环境产生的深刻影响,并基于算法新闻视角,分析论证了由算法驱动的信息环境与议题建构中的作用机制与理性原则。他们认为,大众媒体时代的公众议程是传统新闻选择原则的放大与延伸,其本质表现为媒体意识形态对公众意识形态的影响、指引与聚合。同时,在传受双方慢循环、弱互动的交往反馈过程中,大众媒体以新闻选择的能动性,实现对公众认知的理解与修正。新媒体既要面对信息的泛滥与过载,又要考量用户需求的多元化与个性化,权衡利弊之后,引入算法技术成为各类媒体平台的不二之选。在信息价值意识转化为机器语言的过程中,由于机器语境与价值语境在逻辑上的不对等、新媒体自身把关意识和法律意识的淡薄以及信息价值观念的缺失,导致以算法为中介的媒体议程与公众议程出现背离与误导。进一步而言,算法虽然创造了信息价值的模式化,但也不可避免地出现了意义上的失真和模糊。这体现了机器线性思维与人脑逻辑思维的本质差别。在这种语境阻隔与思维差异中,信息价值到底能否被算法量化的问题难免被人争论不休。算法的广泛运用也不断引发人们对于技术理性的质疑④。

---

① 参见刘新传、魏然:《语境、演进、范式:网络研究的想象力》,《新闻大学》2018 年第 3 期。
② 参见王昀:《新媒介研究拐点:人工智能时代传播学的现貌与反思》,《编辑之友》2018 年第 2 期。
③ 参见吴舫、崔迪:《智能媒体时代的传播学研究:元问题与方法论》,《出版发行研究》2018 年第 2 期。
④ 参见范红霞、叶君浩:《基于算法主导下的议程设置功能反思》,《当代传播》2018 年第 4 期。

曾凡斌讨论了关联网络议程设置。随着新媒体的出现和发展,很多研究者对传统媒体议程设置的效果能否在新的复杂的、碎片化的媒介环境中继续发挥作用产生怀疑。关联网络议程设置的核心假设是新闻媒体将不同信息、概念和理念连接起来的关联网络方式,同时它也是影响受众将不同信息、概念和理念连接起来的关联网络方式。目前的关联网络议程设置不仅应用于传播学的研究,还渗透到其他学科,但是,中国目前对关联网络议程设置的研究并不多,且主要集中在对香港的研究上。进行关联网络议程设置的研究需要使用社会网络分析方法,即分析媒介议程或属性之间的关联网络,进而分析受众议程或属性的关联网络,并比较媒介议程或属性之间的关联网络与受众议程或属性的关联网络①。

徐翔认为,媒介"情绪设置"效应机理包括情感领袖影响与情感同质性、情绪启动与情感框架、情绪共变与情绪螺旋、情绪动力与情绪偏向等多维架构。从"议程设置"向"情绪设置"的转向涉及一系列相关联的架构,包括从"沉默的螺旋"到"情绪的螺旋"、从"群体极化"到"情绪极化"、从"认知一致性"到"情绪一致性"、从"启动效应"到"情绪启动"、从"意见领袖"到"情感领袖"等的调整延展。情绪的有效传播对于媒介环境、社会气候产生重要影响。"情绪设置"不仅是对议程设置等效果理论的必要延伸,也是对传播效果研究的重要视域转向,从探讨受众在媒介影响下如何感知、感知什么到以什么情绪感知,以及这种情绪对于感知和后续的传播和接受而言意味着什么②。

赵心树提出"选择螺旋"理论,以试图包容、总结、调整、延伸、链接、融合和运用实证主义传播学中的经典理论,以及心理学、社会学、消费者行为和其他涉及信息传播的理论。研究指出,选择螺旋最大限度地包容多种理论,因而是一个大理论;选择螺旋包含关于理论的理论,因而是一个元理论;选择螺旋可用于预测尚未观测到的传播行为与传播现象,因而是一个预测理论;选择螺旋可以作为一个预设的框架来帮助解释已观察到的传播行为和传播现象,因而是一个预设理论③。

肖晶晶对互联网视域下沉默的螺旋理论进行再思考。她以沉默的螺旋理论中处于劣势地位的弱者为小切口,对互联网语境下沉默的螺旋理论中"弱者反扑"的可能性及方式等进行简要分析,回答了"互联网语境下,沉默的螺旋中处于弱势的一方,是不是敢于大声疾呼而不再沉默?"这一问题。她发现,互联网语境给沉默的螺旋中的"弱者反扑"提供了良好的环境,弱势一方在环境允许和理性判断的基础上,完全具备大声疾呼而不再沉默的可能④。

甘春梅等基于使用与满足这一视角,对国外社交网络用户行为相关的文献进行系统的梳理与分析。研究发现,已有研究通常整合多种理论来构建实证模型;认知需求、个人整合需求和社会整合需求相关的影响因素被学者关注得最多;情感需求与压力释放需求相关的影响因素也逐渐受到关注。后续研究需要关注不同层面的需求满足对社交网络用户行为产生的不同影响,不同代际的用户群体使用社交网络的行为,以及社交网络沉迷行为这些日益浮现的重要议题⑤。

---

① 参见曾凡斌:《关联网络议程设置的概念、研究与未来发展》,《新闻界》2018 年第 5 期。
② 参见徐翔:《从"议程设置"到"情绪设置":媒介传播"情绪设置"效果与机理》,《暨南学报(哲学社会科学版)》2018 年第 3 期。
③ 参见赵心树:《选择螺旋——一个传播学大理论、元理论、预测理论和预设理论》,《国际新闻界》2018 年第 2 期。
④ 参见肖晶晶:《互联网视域下"沉默的螺旋"理论再思考》,《中国报业》2018 年第 8 期。
⑤ 参见甘春梅、梁栩彬、李婷婷:《使用与满足视角下社交网络用户行为研究综述:基于国外 54 篇实证研究文献的内容分析》,《图书情报工作》2018 年第 7 期。

## 二、研究方法的探索与创新

研究方法是实证传播学中重要的问题,但关于方法本身的研究却始终较为稀缺。随着移动互联网络的发展,人类传播活动不断网络化和复杂化,传播学的研究方法出现新的可能和挑战。

### 1. 量化实证方法

实证传播学着眼于传播活动中各方主体、各变量之间的关系的规律与发展趋势,试图回答"是什么"与"为什么"的问题。就国内的研究现状而言,实证传播学并未形成成体系的研究实践活动。刘德寰和李雪莲认为,研究方法是实证传播学中重要的问题,但关于方法本身的研究却始终较为稀缺。他们对实证传播学领域应用较广的观察法、访谈法、实验法、问卷调查法、文献法进行考察,旨在对大数据时代我们仍然可用的研究方法进行应用层面的梳理,对其在描述和解释方面的特性进行说明。更重要的原因在于,隐藏于其中的分析逻辑需要更为明确的阐述,这是不因数据采集方式、数据体量而变化的基本问题①。

近年来,大数据方法已经逐渐渗透和影响到各个学科的研究。曾凡斌认为,大数据方法对传播学研究的具体手段产生了以下影响:从问卷调查到自然数据,从抽样调查到海量数据,从内容分析到文本挖掘,从控制实验到互联网实验,从定量与定性分别切入发展到将定量与定性研究相结合。大数据方法要为传播学研究所认可和接受,就必须注意测量的有效性、样本的代表性、隐私保护等。确保大数据方法中机器编码的有效性,就要通过和人工编码相结合,取长补短②。

钟智锦和王童辰对比了文本挖掘和传统的内容分析法,介绍了文本挖掘的几种常用技术,即词典法、无监督的机器学习和有监督的机器学习,通过案例阐述了这些方法在情感分析、主题建模、语义网络中的具体应用,总结了文本挖掘技术在新闻传播学学科中的使用场景和特征,分析了它给传播学研究带来的机遇及其在发展应用中的瓶颈。文本挖掘不仅对于大样本数据的处理更有优势,而且也拓展了传统内容分析的测量范围,对于分析海量网络文本数据有着明显的优势③。

王茜提出,在大数据研究和算法技术的研究中,机器学习手段的出现给传播学以及相关学科的研究者和新闻业从业者带来新的方法,同时也给传统的内容分析法带来新的挑战。基于算法分析的计算型数据分析法迎合了大数据时代的挑战,快速便捷且分析量大,然而会丢失很多媒介语境中深层的含义,也无法挖掘语言和文字中的丰富性、复杂性以及内涵的微妙之处,对于媒介内容的研究仅仅依赖大数据计算分析会产生偏差。因此,大数据与智能媒体时代依然需要计算机自动分析与传统人工的内容分析法相结合的研究方法④。

### 2. 田野调查方法

民族志传播学作为一门从文化人类学演化出来的传播学的新分支,对传播研究进行了方法、理论

---

① 参见刘德寰、李雪莲:《实证传播学的方法树及其应用逻辑》,《广告大观(理论版)》2018 年第 5 期。
② 参见曾凡斌:《大数据方法与传播学研究方法》,《湖南师范大学社会科学学报》2018 年第 3 期。
③ 参见钟智锦、王童辰:《大数据文本挖掘技术在新闻传播学科的应用》,《当代传播》2018 年第 5 期。
④ 参见王茜:《算法技术的盲区与智媒时代的数据伦理困境》,《新媒体与社会》2018 年第 2 期。

方面的拓展和推动。霍嘉炜通过主题检索,将中国大陆 2002 年至 2018 年间 19 篇相关论文进行整合,对其发展源流、概念廓清和方法实践进行综述,指出民族志传播学除了在我国发展空间较大之外,其本身在发展过程中也存在概念杂糅等问题①。

沙垚认为,近年来,民族志传播研究取得了丰硕的研究成果,但在理论与方法层面还存在一些不足。尤其是将民族志传播研究仅仅理解为参与式观察、深度访谈等技术化的方法进行传播学研究,就忽略了民族志背后丰富的学术脉络、理论关怀与问题意识,也导致研究实践中流于形式、趋于浮躁的现状,将研究方法仅仅视为操作性的技术,剥离了其中所蕴含的理论抱负、问题意识和学术情怀。同时,实践中民族志与传播学的机械拼接,即民族志为方法,大众媒介为研究对象,使得传播学对民族志缺乏整体性和深入性的了解,更遑论传播学对民族志乃至整个人类学的学理性贡献了。因此,反思民族志传播研究,除了对研究者进行严格的方法训练,端正研究态度之外,还需要:第一,采取超越媒介中心主义的文化取向,从传播学具体的、对象化的文化延伸到民族志对作为一整套社会关系和社会秩序的文化,可以使民族志传播研究摆脱对象化依赖,打开研究视野;第二,从传播学和民族志各自的理论进程和研究实践中爬梳、探寻批判理论与反思性,进而超越方法与对象的机械组合,实现深层次的学科对话;第三,引入历史维度,既能为民族志传播研究带来历史的深度,又能彼此开拓新的研究领域,实现转型与超越②。

郭建斌以中国知网和港台两本重要的新闻传播学期刊作为资源库,检索相关文献并筛选,从中挑选出百余篇文章,并结合作者所了解的相关中文研究专著,试图勾画出一幅中文文献中民族志传播研究相对完整的知识地图,并分不同的阶段对该研究地图作出进一步的说明。他指出,相当一部分研究有意无意地把研究对象指向了少数民族(或族群)或其居住地区。但这并不意味着这样一类研究只适合于少数民族(或族群)或是少数民族地区。在中文的表达中,还有一个类似的术语是"民族传播"。这两者之间只相差一个字,但意义却天差地别。"民族传播"并非都是民族志式的研究,"民族志传播"研究也不仅限于民族(或少数民族)③。

张放在传播学史视域下研究了民族志转向问题。以戴维·莫利的电视受众研究为代表的受众民族志研究被称为媒介研究的诠释主义转向和民族志转向,并被认为是媒介研究人类学取向的开端。但文献显示,在人类学学术史上,人类学媒介研究的历史起点远远早于受众民族志研究,可以追溯到几位人类学家在 20 世纪四五十年代开展的人类学电影研究,并于 70 年代以应用人类学媒介研究的形式得到了持续发展。人类学媒介研究所属的诠释主义研究范式,是与客观经验主义、批判理论并列的社会研究三大范式。因此,探析人类学媒介研究的起源与发展,有助于消除客观经验主义范式对传播学的垄断,并构建更为全面和完整的传播学史④。

### 3. 历史与阐释主义

连水兴通过考察具体的历史场域和学术语境,还原法兰克福学派被批判理论所遮蔽的学术事业

---

① 参见霍嘉炜:《民族志传播学研究方法研究综述》,《新闻研究导刊》2018 年第 18 期。
② 参见沙垚:《民族志传播研究的问题与反思》,《国际新闻界》2018 年第 6 期。
③ 参见郭建斌:《民族志传播:一幅不十分完备的研究地图——基于中文文献的考察》,《新闻大学》2018 年第 2 期。
④ 参见张放:《传播学史视域下媒介研究"民族志转向"之辨及其价值探析》,《南京社会科学》2018 年第 6 期。

及其知识贡献,呈现出一个经验研究与批判理论并重的学术流派,并重新探讨其对传播学研究的历史意义。他认为,对于法兰克福学派而言,"批判理论"的标签是如此的根深蒂固,以至于常常被等同于这个学派学术思想的全部。当这种刻板印象被固化以后,也就很少有人会真正地重返法兰克福学派,去探究这个学派更为本真的面目。重新梳理法兰克福学派的经验性传播研究,不仅有助于解构该学派单一的批判理论神话,而且能够再现批判理论与经验研究两种不同方法论之间的桥梁①。

许加彪从知识思想史视角对杜威传播观进行了解读,梳理了杜威的传播思想。他认为,在传播学的学术思想史中,杜威的传播观具有开拓性的价值。杜威界定传播的基石是经验自然主义,循此阐释了传播的核心意旨。杜威认为,传播的本质机制是经验共享,从而使有机体质变为社会人,使单个人构建成共同体,在这种意义上,传播成为社会的表征和隐喻。杜威特别阐释传递、交流与社会的关系,凯瑞据此认为杜威的著作中存在两种传播观,创造性地继承了杜威的传播思想,提出了传播的传递观与仪式观。两种传播观成为传播学术思想史的主流叙事,杜威传播观与凯瑞传播观之间一脉相承成为共识,但彼此的差异一直被学术界所忽视。实际上,杜威认为"transmission"与"communication"至少是对等的,或者前者位阶高于后者;凯瑞认为"transmission"只是"communication"统摄之下的一种子类型而已。在这桩学术公案中,依据语境本身准确把握杜威的传播观,并厘清两者的异同,从而还原学术历史被遮蔽的景观,十分必要②。

朱振明解读了福柯的"话语与权力"及其传播学意义。他指出,由于福柯所从事研究的阶段性,这使得诸多对福柯话语理论的理解和引用仅局限于"话语实践",把话语看成一个生产主体和社会现实的机器,无视"非话语实践"(或权力)对主体性和社会现实的微观建构。他采用了历史实证主义的方法,通过对福柯的"话语与权力"思想的文献进行分析,强调福柯的话语与权力是不可分离的,"话语与权力"的互动是理解现实秩序建构的关键③。

梁明艳引入"场景"作为一个传播学概念与情境进行比较。场景作为专有名词引入传播学要归功于美国人罗伯特·斯考伯和谢尔·伊斯雷尔。场景的引入极大地丰富和扩展了传播研究的角度和视野,但也由于未能明确给予界定而引发了不小的混乱。具体表现为:场景在何种意义上的使用?因为场景在引入传播领域之前,已经被作为场所、地方、情景等的替代词广泛使用,要分清此场景非彼场景。场景与情境的关系为何?到底是场景包括情境,还是情境包括场景?两者的异同又表现在哪些方面?之所以出现这些问题,原因在于场景概念的界定不清晰,场景与情境的关系没理顺。她认为,作为传播学专用概念的场景是移动互联时代的产物,场景与早期传播学的情境论一脉相承,情境包括场景,但同中有异,两者的外延大小不同、研究视角不同、传播方式不同④。

钱佳湧以"行动的场域"阐释了媒介的意义。他指出,实证主义的传播学将"媒介"与大众传媒画等号,并视之为一种信息传递的工具。而麦克卢汉以降,包括德布雷在内的诸多学者对"媒介"的定义则要宽泛许多。同时,媒介也不仅是一种中性的"工具",还成为人类的生活环境和图底。对"媒介"的认识发生变化是理解传播与"媒介"的基点从社会、国家如何对个体施加控制转移到人如何"在世存

① 参见连水兴:《被遮蔽的存在:论法兰克福学派的经验性传播研究》,《新闻与传播研究》2018年第3期。
② 参见许加彪:《作为经验共享的传播:知识思想史视角下杜威传播观再解读》,《新闻与传播研究》2018年第8期。
③ 参见朱振明:《福柯的"话语与权力"及其传播学意义》,《现代传播(中国传媒大学学报)》2018年第9期。
④ 参见梁旭艳:《场景:一个传播学概念的界定——兼论与情境的比较》,《新闻界》2018年第9期。

有"这一根本性的变化造成的。"媒介"可重新界定为"容纳"人、技术、权力、资本、文化等不同要素的"行动场域"。"媒介化"则是不同要素在"媒介"这一"行动场域"之中彼此汇集、互嵌的行动过程。"媒介"既非实证主义传播学、法兰克福学派之中性的"工具",也不是一种先验的、制度性的要素,其意义在于为不同传播要素间的互嵌和转换提供了丰富可能①。

## 三、理论视角的整合与丰富

### 1. 媒介环境学

媒介环境学派被认为是并行于经验学派和批判学派的传播学第三大学派,其学术观点和理论体系呈现出与其他二者明确的区别,这一区别恰符合范式理论视野下对社会科学研究的划分。经验学派理论符合客观经验主义范式,批判学派理论属于批判主义范式,媒介环境学则使用了诠释经验主义范式。

骆世查指出,当前,虚拟现实、增强现实等新媒介技术的高歌猛进,与媒介哲学研究的迟滞形成鲜明对比。人对媒介技术的使用与反馈成为学术书写的主流叙事,而对人的生命本质与存在方式的追问却被搁置。通常被作为结构功能主义预设的"有机体",在数字时代需要被重新审视,全新媒介环境具有颠覆有机体存在的潜能,进而对关涉有机体的生命政治彰显出巨大的形塑力量,"社会有机体"或彻底沦为理想型概念。媒介环境即生命政治。通过对有机体不同向度的诠释,他发现二者在前提预设、理论阐发、实践勾连、观念指向、现实关怀等诸多方面的共通,为媒介哲学层面的主体追问提供了对话平台,对重新理解媒介、存在与政治之间的关系打开了新视野。他进一步指出,缺乏主体观照的媒介环境学是肤浅的,而忽视媒介环境的生命政治是抽象空洞的②。

杨家明将算法视作与人和社会息息相关的技术环境,考察算法作为环境时所具备的结构层次,并揭示了隐含于算法技术逻辑中与信息传播高度关联的种种偏向。他认为,算法作为一种拥有独特偏向的技术形式,正在渗入媒介环境的中枢部分。它参与控制信息的筛选、聚合、呈现与传播,深刻影响着人类生活。算法看似减轻了人们获取信息的压力,实则将这种压力无限放大。它总是按照用户习惯的方式推送其感兴趣的内容,内容的吸引力、获取的低成本与无休止推送成为算法按摩人意识的麻醉剂,它将人与意义生活剥离开来,让人沉溺其中消磨时间、形成媒介依赖,忘却现实生活中的重要事项,最终失落为技术的奴隶③。

谢清果和杜恺健认为,以往学界对于媒介环境学派的评判大多持有一种"技术决定论"的范式,而他们试图从早期媒介环境学派的文献及其评论入手,探讨媒介环境学派是如何被塑造为一种技术决定论式的理论范式。虽然早期媒介环境学派的学者,如伊尼斯、麦克卢汉在他们的文献都有谈到媒介、技术与社会的关系,但是如伊尼斯提出了"传播的偏向理论",其核心是在媒介与社会之间的平衡,而不在于谁决定了谁。由于媒介环境学派的理论对北美传播学界造成了很大的冲击,但限于当时的

---

① 参见钱佳湧:《"行动的场域":"媒介"意义的非现代阐释》,《新闻与传播研究》2018 年第 3 期。
② 参见骆世查:《媒介环境即生命政治——数字时代的"有机体"话语与主体追问》,《新闻界》2018 年第 6 期。
③ 参见杨家明:《媒介环境学视阈下算法的概念界定及其传播偏向研究》,《新媒体研究》2018 年第 4 期。

学术背景,当时的学者依然是站在一种媒介效果的维度上去看待这种媒介与社会的关系,并认为他们的理论乃是一种长期效果论的范式,而这种长期效果论也就是一种技术决定论。从此,媒介环境学派就被打上了技术决定论的烙印。后来这一情况虽有所改善,但媒介环境学派却因此与技术一词紧密相关①。

麻小影从梅罗维茨的媒介情境理论出发,研究了互联网时代地域的"存在"与"消失"。媒介技术的迅猛发展带来的巨大变化备受人们关注,媒介环境学派以深厚的人道主义和现实关怀,指出技术本身对于社会实践和人类生活的巨大影响,提醒人们要合理利用媒介,创造一个更加"平衡"、"健康"的符号环境或媒介(文化环境),以便使人们享受更加"美好"的生活②。

韩永青认为,随着信息与传播科技的发展,媒介环境的存在方式以及对人类的影响方式发生了前所未有的重大变革,导致媒介素养研究遭遇困境,需要实现研究路向的转换与升级。以媒介环境学为理论指引,以后媒介环境学为问题情境,建构"媒介环境素养"研究路向是理想选择,可以为人类个体的媒介环境实践提供具体指导,使人类个体与媒介环境的关系趋于和谐。在具体研究中,应该遵循"发展"研究范式,即如何提升人类个体在媒介环境中的发展能力。由此,媒介环境素养研究将在人类个体如何对待媒介环境、如何实施媒介素养水平提升、如何实现媒介素养研究创新发展等方面体现重要价值③。

### 2. 社会学与心理学

梁湘梓认为,心灵与意识问题是传统哲学的核心议题,而与意识问题紧密相关的,则非"认知"莫属。因此,从认知角度切入探究信息传播机制成为主流,意识表征、认知语境以及隐、转喻思维三个方面则成为探讨认知传播学的哲学基础。首先,意识的表征在空间上具有全局分布性;其次,认知语境的建构离不开大脑认知图式与知识的激活,并在这一过程中体现出一种隐、转喻的思维方式;最后,认知传播区别于以往传播学的 5W 经典模式,重点探索的是传播过程中思维如何得以被理解,这一过程需经历模式搭建、图式激发、选择记忆、行为形成四个阶段④。

周慎研究了传播视角下的交往互动与社会生成场。他认为,人类社会的历史既是生产的历史,又是人与人之间交往互动的历史。交往互动是现实的人在实践活动中体现出主体与主体之间的关系。交往互动关系影响着生产与再生产的进行。社会生成场是一个全新概念,通过对它的分析确立社会生成场的传播属性,是传播学研究的一个新课题。大数据、云计算、人工智能、可穿戴设备等技术的发展,使得对人类交往互动行为的量化研究成为可能。法国哲学家德勒兹和加塔利的根茎理论与"探索"、"参与"两种传播模式,为遵循多样性、连接性、流动性的交往互动增效提供了理论指导。以交往互动增效为方法论的新型治理要以社会有机团结为目标,通过有效的交往互动方式将社会结构的不同因素、部分结合成一个有机整体,使社会成为一个有益于全体人民的繁荣可持续的社会⑤。

---

① 参见谢清果、杜恺健:《媒介环境学派与"技术决定论"关联的再思考》,《现代传播(中国传媒大学学报)》2018 年第 2 期。

② 参见麻小影:《互联网时代地域的"存在"与"消失"——从梅罗维茨的媒介情境理论出发》,《新媒体研究》2018 年第 4 期。

③ 参见韩永青:《媒介环境素养研究:背景、内容、范式与价值》,《新闻爱好者》2018 年第 7 期。

④ 参见梁湘梓:《意识表征、认知语境与隐、转喻思维——认知传播学的哲学路径》,《重庆邮电大学学报(社会科学版)》2018 年第 1 期。

⑤ 参见周慎:《传播视角下的交往互动与社会生成场》,《青年记者》2018 年第 15 期。

### 3. 实用主义与批评理论

李晓燕和甘峰审视和评估了杜威的传播思想。他们认为,偏重应用向面的大众传播研究传统遮蔽了传播的本性与内涵,并严重影响传播学科的健康发展,学界需要寻找推动学科发展的新力量。杜威的传播思想为现代传播学建构提供了重要的学术资源,但学界对杜威实用主义的传播研究传统却一直存在着严重误读:认为他的传播研究是关注事实与效果、维护资产阶级意识形态的经验研究。事实上,杜威的传播研究是立足于人类意义与价值、注重媒介公众效用、以媒介技术共享为目的的研究,它以推进人类的自由交往为旨归。杜威批判了新闻传播在人文关怀方面的缺失,认为艺术传播可以有效增进人类的相互理解。杜威传播思想的当代价值在于,它不仅拓展出传播研究的新领域与新方法,还为传播学主要流派克服自身局限提供了启迪①。

陈力丹表示,传播学要保持批判性思维。互联网是一种颠覆性的传播技术。当前,一些重大的传播科技的发展,将对未来社会产生极大影响。而在我们憧憬着技术带来的便捷的时候,互联网对生活、对社会的巨大影响,还没有被广泛认知。网络发展的任何一种趋势都是双刃剑,其间,指出可能的负面影响比一味点赞更重要,纠正不科学的偏见认识也更为可贵。中央已经提出了媒体融合战略,传播学研究应深刻把握将要发生的变化,为行业发展提供一种批判性的思考视角②。

### 4. 符号学与文化研究

赵星植研究了新语境下传播符号学中元媒介与元传播的概念。"元媒介"与"元传播",近几年随着数字媒介技术的飞速发展,成为国内外传播学的一对重要范畴。他梳理了元媒介与元传播、元传播与元语言这两对核心概念及其相互关系,并从传播符号学的角度重新定义了元媒介与元传播。在此基础上,他依据皮尔斯符号学现象学三性原理,对元传播活动进行了重新分层,并提出了元媒介时代下传播符号学的三种具体探究路径:元传播的实际功能或技术层面、元传播的社会或文化层面(即符号再现差异与冲突层面)、元传播的创造性层面(主要是指元传播过程中所出现新的意义解释,并对之做出调整,包含创造性和可能性的层面)③。

### 5. 媒介技术理论

管璘认为,以往的研究大部分关注媒介"物"的功能性和有用性,忽略了人的主体性内涵。德国思想家海德格尔为我们建构媒介观打开了一扇新的窗户,该媒介观与发展传播学中的技术结构主义视角下媒介观的内涵亦有相通之处。他借用第三代发展传播学的旗手美籍伊朗裔学者泰拉尼安的技术结构主义媒介观,认为所谓媒介"就是一切社会关系的总和"④。

常江和何仁亿通过深度访谈,对美国著名传播理论家约翰·杜伦·彼得斯的学术思想进行深入考察。彼得斯坚持传播学的非学科化,长于透过历史与哲学的透镜阐释传播现象,并将传播观念视为

---

① 参见李晓燕、甘锋:《杜威传播思想的再审视及其当代价值的再评估》,《新闻界》2018 年第 10 期。
② 参见陈力丹:《传播学研究要保持批判性思维》,《传媒观察》2018 年第 8 期。
③ 参见赵星植:《元媒介与元传播:新语境下传播符号学的学理建构》,《现代传播(中国传媒大学学报)》2018 年第 2 期。
④ 参见管璘:《技术结构主义:一种媒介观的解释》,《青年记者》2018 年第 15 期。

一种一般性哲学理念而非特定专业领域加以考察。总的来说,他是美国传播学学界为数不多的致力于深入挖掘传播理念中的哲学基因,并尝试建立基于西方哲学和人文思想土壤的传播观念体系的学者。研究发现,在彼得斯的传播观念中,技术及其构成的中介环境扮演了至关重要的角色,人文思想则应成为传播观念研究的底色。他进而主张在打通各学科、各文明体系之边界的基础上,探索一种全人类共同的传播观念体系,令传播学成为人类思想"跨学科重组"的先驱①。

胡翼青基于技术的知识社会学视角,讨论了大众传播的历史性与意识形态性。他指出,早期传播学采取了自然科学的姿态为大众传播下了各种定义,然而这些定义有两个共同特点:其一是它们共同忽视大众传播所处的社会框架;其二是它们忽视大众传播更为抽象的技术座架。因而这些定义不具有现实意义,也不具有继续深入探索的潜力。批判的社会学从各种角度生动地描述了当代资本主义社会与大众传播的关系,但多少忽视了作为技术的大众传播为何能嵌入这种社会框架的原因。采用技术的知识社会学视角,可以帮助我们从时间、空间、权力关系等维度揭示大众传播的历史性与意识形态性②。

霍美辰和李贺研究了融媒体时代媒介化生存危机的产生根源。他们指出,融媒体时代,媒介技术的虚拟性、交互性、超文本、超媒体等特性极大地改变着人们的感知模式、行为方式、思维模式以至生活方式。深入挖掘并整合鲍德里亚、马克·波斯特、约书亚·梅罗维茨和埃尔温·戈夫曼的媒介文化理论可知,媒介化生存危机的产生根源为:第一,电子媒介语言与理性自律自我的解构使得虚拟书写主体直接将自我呈现为他者;第二,工具理性的压迫和媒介技术的感受性回归导致人与媒介技术关系的自由悖论;第三,虚拟交流中的无语境的场景议程和融媒体中言谈身份的消散导致人与他人媒介关系的无物之词状态。如此,人与自我、人与媒介技术、人与他人的媒介社会关系出现了分裂与失衡,这势必导致媒介化生存危机。对此问题,从道德行为主体的角度去揭示媒介审美活动中包含的一系列价值冲突,思考如何实现"人的媒介社会关系的全面发展"才是解决危机的关键所在③。

孙玮从存在现象学、技术现象学、后人类理论出发,结合移动网络、虚拟现实、人工智能等新媒体实践,回顾并探讨了身体议题在传播学研究中的基本状况,以及对传播学创新发展的价值与意义。她聚焦交流者的身体,在描述传播主体从意识主体、身体-主体、智能主体的演变过程中,呈现并阐释了传播与多种身体形式、多重在场方式的复杂关系。在她看来,所谓在场或缺席,即是主体现身或脱离于现实与虚拟杂糅的关系网络。传播就是编织关系网络的身体实践,物理的、信息的、意义的多重网络通过传播聚焦于智能身体这个节点主体。传播研究必须回归身体世界,将自身重新放置到当前智能主体的世界中,才能重建传播与人类存在的根本性关联④。

# 四、小结

通过对传播学基础理论的学科建设、研究方法和理论视角三个维度的梳理,可以看出,2018 年的

---

① 参见常江、何仁亿:《约翰·杜伦·彼得斯:传播研究应当超越经验——传播学的技术史视角与人文思想传统》,《新闻界》2018 年第 6 期。

② 参见胡翼青:《论大众传播的历史性与意识形态性:基于技术的知识社会学视角》,《南京社会科学》2018 年第 3 期。

③ 参见霍美辰、李贺:《融媒体时代媒介化生存危机的产生根源探究》,《东北师大学报(哲学社会科学版)》2018 年第 1 期。

④ 参见孙玮:《交流者的身体:传播与在场——意识主体、身体-主体、智能主体的演变》,《国际新闻界》2018 年第 12 期。

传播学研究对 40 年来传播学在中国的发展以及传播学本土化的反思较多,同时对新技术环境下的理论创新和重构较多。总而言之,传播学研究呈现出开放多元的态势,正在逐步构建新媒体时代的学术体系。

撰稿人:周源(复旦大学新闻学院 2018 级博士研究生)

# 政治传播研究

　　无论是李普曼提出"制造同意"的革命是当代最为重大的革命,还是罗伯特·福特纳提出所有国际传播都具有政治性,广大传播学者从不同的角度揭示了传播与政治"共生"的现象——传播因政治而发生,政治则在传播中存在。从较为广泛的意义上来说,政治传播是特定共同体中政治信息扩散和被接受的过程①。从对内对外两个角度来说,政治传播涉及政治沟通和国际政治传播②,其自身领域亦可分为本体系统、行为系统、内容系统和环境系统等四大系统③。

　　由于政治传播本身属于政治学与传播学的交叉地带,尽管中西方学者都围绕这一政治与传播融合的视域产出了相当多的理论成果,但是政治传播共同的研究对象和领域仍然没有形成,其概念体系和理论框架也没有建立④。在中国的语境之中,政治传播更是一个实践要求远远超出理论指导供给的特殊领域⑤。因此,笔者并未选取既有的分析框架,而是更多采用扎根方法,试图从丰富的政治传播学术实践中提炼出特定主题,以此来梳理 2018 年国内的政治传播研究成果。在对 300 多篇相关文献逐篇地阅读、筛选和分析后,笔者最终选定从政治传播基础理论、政治传播与历史、政治传播内容与实践、政治传播与技术四个方面呈现 2018 年我国的政治传播研究概况。

## 一、政治传播基础理论

　　2018 年的国内政治传播基础理论在立足本土经验的基础上,增加了与西方主流政治传播领域的学术对话,对民粹主义和后真相时代等新时代下政治传播的重大主题作出了有力观照,并通过对"政治阐释"等基础概念的辨析,进一步丰富了作为传播学重要分支的政治传播研究。

　　在关注和聚焦中国政治传播研究方面,国内学者重点反思了中国政治传播研究的发展路径。史安斌以"行省化"视域作为切入点,探讨中国政治传播在新全球化时代理论创新的可能性。在全球进入"后西方、后秩序、后真相"的时代背景下,政治传播学在理论和实践层面的解释力都面临前所未有的巨大挑战,这使得政治传播需要寻求超越"西方化-去西方化"二元对立的现实路径。在这种超越中,关注根植于不同政治和文化背景下的本土经验和在地实践的"行省化"路径提供了更具包容性的研究视域。在此基础上,中国传统的政治传播思想、革命时期的政治传播经验和新时代的政治传播实

　　①　参见荆学民、施惠玲:《政治与传播的视界融合:政治传播研究五个基本理论问题辨析》,《现代传播(中国传媒大学学报)》2009 年第 4 期。

　　②　参见周培源:《政治传播研究:概念、辨析与整合》,《青年记者》2014 年第 17 期。

　　③　参见荆学民:《政治传播简明原理》,中国传媒大学出版社 2015 年版,第 31 页。

　　④　参见荆学民、施惠玲:《政治与传播的视界融合:政治传播研究五个基本理论问题辨析》,《现代传播(中国传媒大学学报)》2009 年第 4 期。

　　⑤　参见荆学民、段锐:《政治传播的基本形态及运行模式》,《现代传播(中国传媒大学学报)》2016 年第 11 期。

践可以成为中国政治传播研究拓展的重要维度①。

　　荆学民提出了中国政治传播研究向纵深拓展的"三大进路"。进路一：持续聚焦高势能运转的政治宣传研究。政治传播的基本形态是政治宣传，现代政治中政治宣传的正当性与合法性，来源于人类政治的"理想性"与"现实性"的双重属性及其张力关系。国家的存在，决定着政治宣传永远在国家政治层面"高位势能"运行。中国的以政治宣传为主轴的政治传播模式短时期内不会改变，政治宣传将一如既往地释放巨大的传播能量。进路二：高度关注方兴未艾的微政治传播研究。随着国家与社会关系的逐步分离和良性互动，政治不断地从国家形态向社会形态回归和迈进。伴随着这种回归和迈进，微观政治越来越凸显出来。微观政治与微传播的镶嵌与耦合，迅猛激活了微政治传播。进路三：深度融合迅猛兴起的政治传播交叉学科研究。伴随着政治传播由国家宏观政治向万象丛生的社会微观政治领域的延伸和拓展，诸多学科所聚焦的政治传播的新的学科方向、新的"交叉地带"已经形成或正在形成②。

　　在与西方重要政治传播学者的对话上，国内学者重点关注在新的技术背景和社会背景下政治传播研究的变化。常江和徐帅选择从"根源"和"面向"两个角度对欧美著名社会学家、传播理论家伊莱休·卡茨的学术思想进行考察和探讨，即从法国社会学家加布里埃尔·塔尔德（Gabriel Tarde）对他的影响讨论其"根源"，从卡茨对新媒体环境下媒介使用与政治参与之间关系的理解和判断讨论其"面向"。在卡茨看来，法国社会学家塔尔德对于美国传播研究的影响是奠基性的，因为他最早提出了媒介使用与政治参与之间的关系模型，这正是美国主流传播研究的逻辑起点和核心议题。塔尔德媒介使用行为具有政治效能的思想为媒介和传播研究解释社会发展变迁提供了基础。伴随着对新媒体社会的研究，卡茨认为，尽管新媒体加速了政治的日常化，但是，在缺乏充分、扎实的经验研究支撑的情况下，贸然判断新媒体会带来颠覆性的改变是不负责任的。传播学未来的发展必须立足于经典理论解释新媒体环境，以及打通传播学与其他相关社会科学的边界③。

　　吴世文和姚飞访谈了美国宾夕法尼亚大学安纳伯格传播学院院长迈克尔·德利·卡皮尼教授，探讨了政治传播面临的政治娱乐化、政治参与和在线协商的问题。卡皮尼认为，在社会娱乐化的大环境下，政治议题的娱乐化表达是很有必要的，关键问题在于娱乐如何向大众提供有用的信息。在当下的媒介环境下，政治参与处于一种半控制的混乱状态之中，以在线协商为代表的新的政治参与和协商模式具有成为公民参与工具的重大潜力，但一个有效的在线协商模式仍需要共同探索④。

　　公丕钰等访谈了瑞典乌普萨拉大学尼科·卡彭铁尔教授，探讨了参与传播与新媒介、政治参与、政治传播及国家治理的关系。卡彭铁尔认为，参与传播强调传播过程的受众参与，打破了传者本位的思维定式，是当代传播理论的一个重要发展。随着互联网的崛起，公众较之以前在信息、知识和娱乐生产中扮演更重要的角色，并且更深入地参与社会对话中。参与不但关注国家与社会关系议题，也关

　　① 参见史安斌：《政治传播研究的"行省化"：理论反思与路径重构》，《国际新闻界》2018 年第 2 期。

　　② 参见荆学民：《论中国政治传播研究向纵深拓展的三大进路》，《现代传播（中国传媒大学学报）》2018 年第 1 期。

　　③ 参见常江、徐帅：《伊莱休·卡茨：新媒体加速了政治的日常化——媒介使用、政治参与和传播研究的进路》，《新闻界》2018 年第 9 期。

　　④ 参见吴世文、姚飞：《政治娱乐化、政治参与和在线协商——宾夕法尼亚大学安纳伯格传播学院院长访谈》，《青年记者》2018 年第 27 期。

注文化教育机构与公民关系议题。国家治理是多元主体的参与过程,遵循权力平衡逻辑①。

周书环访谈了美国加州大学圣地亚哥分校传播学院丹尼尔·C·哈林教授,探讨比较媒介体制研究和拉丁美洲传媒体制。哈林教授认为,在互联网时代,比较媒介体制研究依然要注重国别差异。互联网技术实际上是进入了一个已然发生社会变革的语境之中,它亦被这些变革所改变。在不同的国家,互联网技术与地方权力结构是高度相容的,这使得国别差异仍然非常重要。在拉美问题上,哈林认为拉美的传媒体制最像极化多元主义模式,并且由于依侍主义和民粹主义的流行,使得拉美传媒体制在新闻专业性上较为低下。这种伴随着市场化带来的依侍主义控制增强同时也是中国传媒面临的问题②。

针对"后真相"和民粹主义等在西方世界引发重大影响的问题,国内政治传播学者也进行了相应的研究。支庭荣和罗敏通过对"后真相时代"等词语背后的意识形态、社会心理和媒体角色进行梳理和研究,指出"后真相"从根源上是西方政治失灵和新闻失范的产物。因此,当下的西方媒体实践中的事实查验并不能从根本上扭转媒体秩序,后真相政治传播仍是一个亟待厘清的问题域③。

段永杰从政治传播中反话语空间的生成机制与流变来探究西方民粹主义兴起的原因。在政治传播中,利益集团及其媒介通过新的话语映照"现实",同时也再造"现实",形成一套动态开放的"意义"生产机制,这一机制的流程体现在符号生产、身份建构与权力关系的扣连中。在 2016 年美国大选中,草根选民在观照自身现实、利益关系的基础上,通过重新解读、解构,抗拒严肃主流的话语,形成一种逆生性的反话语空间。这种反话语空间的生产与传播往往伴随着符号生产、身份建构与权力关系的重构与互动,构成了从"民主"到"民粹"的转向④。

全燕指出,算法传播对西方政治极化有一定推动作用。西方政治极化表现在社交网络上是种族民粹主义的传播和民粹政治、情感政治的崛起。其原因首先是主流媒体信誉下降为社交网络崛起提供契机,而算法传播在其中扮演了助推器的角色,它促成网络集群的聚合,算法的个性化定制也为组织化政治操纵提供便利渠道⑤。

国内学者亦对政治传播领域的基础概念和理论做了研究。祖昊和荆学民辨析了政治传播中的一个重要概念——政治阐释。该概念是指公民按照一定方式对作为"文本"的政治信息进行阐释和解读的过程。阐释既有公共性、意识形态和语义基础上的客观性,同时也带有阐释者自身的主体性。在实践层面,政治阐释是一种以社会政治发展为导向的思维方式和实践精神。它要求作为阐释者的公民能理性地、实事求是地解读社会政治现象,借助自我批判和反思向国家视域靠拢,积极寻求与国家的交流对话,最终实现两者的"视域融合"⑥。

刘晶则辨析了图像与政治的历史溯源,指出人类的认知和价值观的形成始于图像而非文字,图像

① 参见丕钰、张晋升、詹扬龙、迟浩男:《参与传播:国家治理研究的新向度——瑞典乌普萨拉大学尼科·卡彭铁尔教授访谈》,《国际新闻界》2018 年第 8 期。

② 参见周书环:《比较媒介体制研究与拉丁美洲的特色——政治传播学者丹尼尔·哈林教授访谈》,《新闻记者》2018 年第 6 期。

③ 参见支庭荣、罗敏:《"后真相"时代:话语的生成、传播与反思——基于西方政治传播的视角》,《新闻界》2018 年第 1 期。

④ 参见段永杰:《从民主到民粹:政治传播中反话语空间的生成机制与流变》,《湖北行政学院学报》2018 年第 3 期。

⑤ 参见全燕:《西方社交网络的政治极化与算法传播的角色反思》,《社会科学》2018 年第 10 期。

⑥ 参见祖昊、荆学民:《政治传播中"政治阐释"之辩证》,《青海社会科学》2018 年第 5 期。

才是意识形态最初的媒介;偶像恐惧与偶像崇拜背后是图像的抗争与权力的规训;从偶像崇拜到自我崇拜的肖像画政治、图像神话成就的感性政治、数字图像的可视化统治以及线下线上的图像行动共同构成了现代图像政治的表征①。

李政提出了主流媒体政治传播的四条融合创新路径:第一,强化融合传播的理念,推动跨媒体合作,构建全媒体格局;第二,注重创意策划,用"微言"讲"大义",提升主流价值传播;第三,创新话语表达方式,深入探索契合融媒体平台的政治叙事方式;第三,深入开发微视频产品的社交属性,强化用户意识,打造媒体品牌②。

张晗和罗小艺通过推演分析方法研究了政治议题在社交媒体时代若遵循两级传播模式会产生什么样的后果。通过使用政治经济学纳什均衡模型建构和推演分析的方法,两位学者证实,由于社交媒体的出现,政治报道若仍然遵循两级传播的过程,最终导致的社会后果将会是集体谬误③。

邵梓捷和季程远对政治传播中的认知框架效应进行了实证分析。人类的认知框架是信息到达受众并被接受的过程。两位学者运用网络调查实验的方法,以源于中国媒体渠道的新闻和源于外国媒体渠道的新闻分别测量其渠道框架效应,以新闻表达方式的积极和消极情感来测量情感框架效应。结果表明,对于客观内容一致的新闻,人们的认知框架效应中,情感框架比渠道框架具有更强的框架效应;在同样的情感框架中,虽然测量结果并不显著,但能发现中国媒体渠道的效应要略强于外国媒体渠道的效应④。

## 二、政治传播与历史

2018 年政治传播的历史研究主要集中在两方面的内容:第一,中国古代政治传播活动与思想;第二,革命时期以来的政治传播实践和经验。

在针对中国古代的政治传播研究方面,阮丽萍通过北宋使辽诗与使臣研究了中国古代的跨文化政治传播活动。作为政治传播主体,使臣肩负着对外政治沟通与形象建构的使命,通过政治修辞,体现着作为文化输出国的大国情怀,在宋辽交聘中不同程度地体现出文化的民族中心主义倾向,同时导致使臣跨文化传播的身份焦虑。宋辽两国和谐、理性的跨文化传播的可能性仍在于传播主体(使臣)自身的文化身份认同,重新建构"我"与文化环境的关系,从文化主体性走向主体间性。这带给现代跨文化政治传播以重要的启示⑤。

张一弛从御制《盛京赋》的发布、传播与阅读出发,讨论御制《盛京赋》这一清代重要的政治传播活动所映射的清代政治文化。在《盛京赋》中,"盛京"成为一个符号,象征着清代政治文化的深层含义:淳朴的社会礼俗,展现满人道德风尚;肇基建都的历史,启示后人不可"忘本"。继而,皇帝通过行

---

① 参见刘晶:《认知·规训·抗争:图像与政治的历史溯源》,《华中师范大学学报(人文社会科学版)》2018 年第 5 期。

② 参见李政:《主流媒体政治传播的融合创新路径》,《青年记者》2018 年第 17 期。

③ 参见张晗、罗小艺:《集体谬误:社交媒体时代政治议题两级传播的社会后果》,《现代传播(中国传媒大学学报)》2018 年第 12 期。

④ 参见邵梓捷、季程远:《政治传播中的认知框架效应分析——基于中国的一项调查实验》,《上海行政学院学报》2018 年第 1 期。

⑤ 参见阮丽萍:《北宋使辽诗与使臣跨文化政治传播》,《贵州民族研究》2018 年第 1 期。

政体系与文教组织的渠道制造、传递诗册,促使臣僚阅读。在传播《盛京赋》的过程中可以看到,清王朝政治权力的运使方式十分多样。它可以充分利用自己庞大的官僚体系,施加对精神世界的影响,从而将政治渗入文化的领域中。这一微型案例的解剖,呈现了18世纪清朝统治的复杂性——它不仅是一个军事财政国家,还具有将政治文化图景推向臣民的强大力量①。

杨兵探究了法家的集大成者韩非子的政治传播思想,认为韩非子的传播思想是以"实用主义"为基础,以"工具理性"视角认知世界和受众。韩非子的文章主要是为君主构建一个治国蓝图,其政治传播思想主要是讨论如何构建一个有助形成信息和利益共同体的传播结构②。

在革命时期以来的政治传播研究上,国内学者总结了中国共产党政治传播的实践和经验,并深入分析我国政治传播的制度与变迁。有些研究从政治传播的特定媒介材料出发。申唯佳从标语口号的角度研究中国共产党政治传播的战略转型。标语口号将语言赋予政治目的和政治态度,具有悠久的历史渊源和深厚的群众认同基础,是中国共产党标志性和特色性的政治传播方式。中国共产党经典标语口号发展历程,表现出使政治现实由观念化走向符号化,令政治传播者及受众共同进入一个理想化的命题,这种政治传播技巧与策略能够在最大程度上实现政治传播的有效性,对今天的政治传播依旧具有现实意义③。

沈正赋基于《人民日报》国庆日头版报道及社论的分析,研究中国政治图谱的演变。中华人民共和国成立以来,中国的政治版图发生了几次大的历史性变化,这些变化在《人民日报》国庆日头版的报道中都被记录并以不同形式呈现出来。党报国庆社论与政治倡导和仪式传播之间的关系主要体现为,党报社论具有强大的政治动员功能和力量,舆论引导是党报社论传播的重要手段和方法,党报社论是议程设置的独特资源和政治优势,这共同反映出党报社论是党的新闻舆论工作最高规格的仪式传播④。

周韧研究了中国邮票图像中的政治蕴涵演进。邮票作为一种将信息内容、渠道与受众有机结合为一体的图像传播媒介和政府主导发行的有价经济凭证,从诞生伊始就自然形成了高度的政治意义。邮票图像的政治传播功能也远远早于它的文化、艺术和审美功能。在140年的中国邮票发行史中,邮票的图像政治传播功能经历了一个从简单到丰富的演进历程。晚清由于封建王权的诸多禁锢,邮票的政治传播功能仅仅局限为政权的符号象征。中华民国创立之后,政府在延续邮票图像政治符号功能的同时,宣传功能也开始萌芽、发展,之后由于多个割据政权的并存,这些政权充分利用邮票这一媒介,进一步强化了其图像宣传功能。中华人民共和国成立以后,在中国共产党基本的工作方法思想指导下,邮票图像的宣传功能发挥到极致,成为传播党和国家政治、经济、外交、文化、意识形态等各领域方针、政策、路线的有力媒介。改革开放以后,中国国家政策转为以经济建设为中心,为了满足人民日益增长的精神文化需要,邮票的文化、艺术功能开始全面发展和繁荣,但这并不意味着邮票的政治传播功能减弱或消弭,而是演绎为一种具有更加成熟政治语义的图像媒介⑤。

①　参见张一弛:《御制〈盛京赋〉与清代政治文化——以〈盛京赋〉的发布、传播与阅读为中心》,《清史研究》2018年第1期。

②　参见杨兵:《韩非子传播思想研究》,辽宁大学博士学位论文,2018年。

③　参见申唯佳:《标语口号演变与中国共产党政治传播的战略转型》,《郑州大学学报(哲学社会科学版)》2018年第6期。

④　参见沈正赋:《传播仪式观视阈下中国政治图谱的演变——基于〈人民日报〉国庆日头版报道及社论的分析》,《现代传播(中国传媒大学学报)》2018年第2期。

⑤　参见周韧:《政治符号、宣传与隐晦的政治表达:中国邮票图像中的政治蕴涵演进》,《新闻与传播评论》2018年第4期。

孙卫华和肖爱丽研究了 1949 年至 2015 年间我国六场阅兵式的政治传播。现代阅兵作为政治仪式与媒介景观的双重特征愈加显现,特别是将国家、社会、个人作为统一体,将国家力量、民族情感、社会文化转化为极具影响力的政治秩序方面尤为突出。我国自 1949 年至 2015 年间举行了 14 次国庆阅兵和一次纪念中国人民抗日战争暨世界反法西斯战争胜利 70 周年阅兵式,这一过程中,阅兵式的布演及媒介呈现发生了双重变化。符号传播逐渐成为阅兵式的主要传播路径,反映出我国阅兵式的政治传播试图在更具普适性的仪式展演中塑造民众内心的忠诚和信仰①。

有些对革命时期以来的政治传播研究聚焦在制度、结构、文化和话语等更为宏观的层面。苏颖研究了中国政治传播的制度结构及其变迁。她指出,中国政治传播是一个系统运作的过程,这一系统又被称为"宣传文化系统"。通过对文件或官方公开出版物的梳理,研究发现,中国政治传播结构有以下特征:一是政党领导原则,二是合纵连横的大宣传系统,三是在结构上分为内容输出、信息管理两个部分。以上结构性特征是中国政治坚守的原则性问题。当前中国的政治传播在政治发展的进程当中,或主动调整、或被动适应着中国社会与媒介环境的新变化,这甚至影响到稳定的制度设置。中国政治传播相关组织机构的增减或结构变化,实际上是各机构职能范围的重新界定与调整,深层次反映了国家战略的调整以及政治价值的变迁。从制度变迁来看,中国政治传播不再仅仅是意识形态的宣传,还成为一种混合现代价值倾向的国家治理手段②。

易前良关注转型期农村宣传动员的话语问题。由于国家发展战略的实施需要向农村大规模征用土地资源,宣传体系在转型期农村的运作因而更多地被赋予"说服"功能。基层政府在移民动员过程中即兴发挥,摸索出一整套灵活的话语策略。第一,通过征用乡土社会基于"关系"的象征资源生产副文本,发展出一种颇具效力的人情话语;第二,借助日常化和非正式运作两种行动机制,培育具有丰富地方性知识的动员主体,提高说服效率;第三,通过对"发展"的阐释与描绘,唤取移民的价值认同。移民搬迁的过程总体平稳,基层的话语说服为之提供了一定助力。然而,"即兴发挥"也体现出"权宜"的一面,一些局部的实际问题并未从根本上加以解决,也对政府治理提出了新的挑战③。

张涛甫和王智丽研究了改革开放 40 年来中国政务传播的实践。改革开放 40 年,中国政府职能发生了深刻转型。在这期间,中国政务传播实践也发生了巨变,政务传播环境从封闭走向开放,政务传播的渠道由单一、线性的渠道变为多元融合,政务传播也从被动转为主动。知情权变现、政府职能转变、媒介技术驱动是政务传播转型的三大动因。在当下,我国的政务传播还存在短板,需在理念、制度、平台、能力等维度发力④。

潘祥辉关注了作为政治隐喻的"祖国母亲"话语的传播,指出"祖国母亲"的政治隐喻是在近代以来的民族和民主革命中逐步建构起来的,主要来自对欧洲政治文化的移植。这一隐喻植根于西方的宗教及政治传统。晚清以来,随着民族国家观念的引入,这种国家象征女性化的欧洲传统也传入中国,法国及苏联政治文化的影响尤其明显。这一隐喻的移植与内化也受到中国自身政治演变逻辑及

　　① 参见孙卫华、肖爱丽:《仪式　传播的符号学解读——以 1949 年至 2015 年间我国六场阅兵式为例》,《当代传播》2018 年第4 期。

　　② 参见苏颖:《守土与调适:中国政治传播的制度结构及其变迁》,《甘肃行政学院学报》2018 年第 1 期。

　　③ 参见易前良:《人情、说服与认同:转型期农村宣传动员的话语分析》,《南京社会科学》2018 年第 8 期。

　　④ 参见张涛甫、王智丽:《改革开放 40 年的中国政务传播实践》,《新闻与写作》2018 年第 10 期。

文化传统的影响。作为一种"隐喻结构",它通过"拟血缘关系"映射了个体与国家间的关系,建构了国家的合法性,也塑造了公民的国家想象和国家认同①。

## 三、政治传播内容与实践

政治传播的主体、客体和效果的研究集中体现在政治传播的内容和实践研究中。针对这一主题,2018年政治传播研究主要在政治秩序与认同、民主与政治沟通、意识形态与公共舆论、对外传播与国际传播四个方面展开。

### 1. 政治秩序与认同

在政治秩序与认同的研究中,最受学者关注的是国家认同和政治认同的问题。李彦冰研究了中国国家形象生成与传播的"多民族"视角,认为我国作为一个多民族统一社会主义国家,其国家形象内部生成机制的关键是在多民族国家内通过有效的政治整合机制实现民族认同向国家认同的转化。多民族国家形象的内部生成从传播策略来说,需要培育传播主体的多民族传播主体意识,挖掘能激发各民族"共同感意识"的传播内容,恰当处理新媒体技术发展给民族传播带来的社会影响,提高民众的民族传播素养②。

丁云亮探讨了媒介化社会的大背景下国家认同的修辞建构。信息传播革命引领下的媒介化社会,正改写着现代性、后现代性社会的政治秩序和文化版图,使国家治理技术、族群归属意识、个人生活方式获得重塑的机会,同时也带来边界的模糊性和意识的不确定性。以修辞传播为核心的国家观念、公民身份建构需要沉潜具体的社会文化语境,建立以人的全面发展为基底的开放性、包容性的"健康认同"③。

在政治认同问题方面,学者主要讨论了现有政治传播活动对我国政治认同的价值与影响。张健和张晶研究了以《战狼2》《红海行动》为代表的新军事电影,认为新军事电影在异邦图景的刻画、超级英雄的塑造与政治象征的利用等方面业已形成了一些被反复使用的影像"陈述",它们初步编织出一套有着国族力量所指的、自成一体且互为文本的"新军事电影"影像话语。新军事电影既叫好又叫座,是新时代语境下政治传播的一种有效途径,促进了政治认同水平的提高④。

任桐和丁柏铨基于对《辉煌中国》的分析,讨论了政论纪录片的传播心理机制和叙事策略,认为中央电视台制作播出的政论纪录片《辉煌中国》在政治传播、传播心理、叙事策略等多方面进行了探索,既充分展示了政治意义上的辉煌成就,又取得了较好的社会传播效果。政论纪录片在政治传播意义上需要注意政治和传播的同一性,在传播心理意义上需要注意关注传者心理和关注受者心理并重,在叙事策略的意义上需要注意叙事权力的部分让渡和叙事美感的激发⑤。

---

① 参见潘祥辉:《"祖国母亲":一种政治隐喻的传播及溯源》,《人文杂志》2018年第1期。
② 参见李彦冰:《中国国家形象生成与传播的"多民族"视角》,《贵州师范大学学报(社会科学版)》2018年第4期。
③ 参见丁云亮:《媒介化社会国家认同的修辞建构》,《学术界》2018年第4期。
④ 参见张健、张晶:《异邦图景、超级英雄与政治象征——"新军事电影"的影像话语探究》,《中国地质大学学报(社会科学版)》2018年第6期。
⑤ 参见任桐、丁柏铨:《政论纪录片的传播心理机制和叙事策略研究——基于对〈辉煌中国〉的分析》,《现代传播(中国传媒大学学报)》2018年第10期。

李丹研究主流媒体的政府形象塑造问题。研究发现,《人民日报》的精准扶贫报道通过对报道版面、报道体裁、报道基调等的选择,塑造了负责任、有成就、有领导力、重服务的政府形象。通过对政府形象的塑造,间接呈现了经济实力强大的国家形象,彰显了自强不息的民族精神。媒体在政府形象的塑造中,要实事求是,承担起相应的社会责任,从而达到维护社会和谐、造福人民群众的目的①。

**2. 民主与政治沟通**

新媒介的兴起和改革开放的深化是我国政治沟通调适与发展的重要动力。赵立兵和申启武讨论了从"宣传"到"对话"的社会主义协商民主的政治传播进路,认为社会主义协商民主理论建构与政治实践赋予政治传播在国家治理现代化中以新定位和角色。只有重新审视国家与社会的二元关系,深刻反思并系统优化作为现代国家治理术的政治宣传,着力解决政治信息单向流通、回馈乏力、传受不均等现实问题,努力构建多元、系统、现代的政治传播体系,深入推动国家与社会的协商对话,积极扩大公民政治参与,有效促进公共领域建设,才能在国家治理与社会利益之间寻求最具优化效应的中间点,在根本上推动以"平等对话、多元协商、社会共治"为主要特征的现代国家治理体系的建构②。

张涛甫和徐亦舒研究在新媒体改写中国传播格局的情况下,中国政治沟通体系为应对政治传播失灵所展开的制度调适。两人重点考量了"澎湃新闻"、"上海发布"和"上海网信办"所展示的政治沟通体系制度调适的上海经验。研究发现,以"澎湃新闻"为代表的党媒在媒体融合战略指导下完成新媒体转型,在传播形态、话语模式等方面进行传播调适,创造出政府与公众间新型政治沟通关系;以"上海发布"为代表的政务微信,展示了政府机构直接接入社交媒体的创新尝试,形成公共服务的媒体矩阵,重新配置政治时间与工作模式,推进了可沟通政府的建构;以"上海网信办"为代表的互联网治理机构的制度创新,对原有政府组织协作关系进行重组,推进新型治理逻辑的调适。以上实践展示了新传播格局下政治沟通体系的制度调适,有效回应了公众关心,增进了政治认同③。

在政治沟通方面,学者从现代治理和传播原理两个角度展开研究。周庆安和王华迪从社会治理现代化的角度研究了党的新闻发布工作,认为党的新闻发布工作已经成为一种重要的现代治理手段,能够推动治理工作的直观化、互动性,构建一个更加扁平化的政治传播机制。通过党的新闻发布工作,在更高层面上建立了现代政治传播的制度化路径,使得社会治理能力的现代化有了明确的规范,也为更高层面的新闻发布活动的推出提供了必要的制度保障④。

张原和赵甍源关注以"通道"新闻发布制度为代表的政治话语的空间转向和对话模式。发现"部长通道"、"党代表通道"等逐渐制度化的新闻发布活动在形式上扩大了会议时政新闻报道的采访信源,从作用上拓展了政府官员、具有特殊政治身份的代表与媒体交流的空间格局,创新了政治话语表达的媒体方式,也是对新闻发布制度的有益探索⑤。

---

① 参见李丹:《政治传播视角下主流媒体的政府形象塑造——以〈人民日报〉的精准扶贫报道为样本》,《江汉学术》2018年第6期。

② 参见赵立兵、申启武:《从"宣传"到"对话":社会主义协商民主的政治传播进路》,《新闻与传播评论》2018年第3期。

③ 参见张涛甫、徐亦舒:《政治沟通的制度调适——基于"澎湃新闻""上海发布""上海网信办"的考量》,《中国地质大学学报（社会科学版）》2018年第2期。

④ 参见周庆安、王华迪:《党的新闻发布工作与社会治理现代化初探》,《新闻与写作》2018年第7期。

⑤ 参见张原、赵甍源:《政治话语的空间转向和对话模式——以"通道"新闻发布制度为例》,《青年记者》2018年第29期。

周勇同样关注了中共十九大"党代表通道"的设立，认为该现象既是党代会这一重大政治题材更为开放透明的一个缩影，又与其在新闻报道上的专业性达到了新闻价值与传播效果的高度契合。这一案例是国家政治传播的理念、方式不断追求改进的结果，同时也是视觉化、社交化传播背景下彰显视听传播魅力的一次创新尝试①。

周庆安和吴珅展开了新时代政治传播中的叙事能力研究。他们认为，在新闻发布中，发布者要重视对关系性叙事能力、数据性叙事能力、情绪性叙事能力和差异性叙事能力的培养。其根本，是从传统新闻发布语境中的告知转向构建一个有"共情"、可分享、有信息增量的新时代传播语境②。

### 3. 意识形态与公共舆论

国家治理仍然是国内学者研究意识形态和公共舆论问题的主要视角。张志安和聂鑫探讨了互联网语境下意识形态传播的特点和挑战，并从技术和话语整合两个层面提出了加强网络意识形态传播的对策建议，包括：以大数据分析方法为技术支撑，抓取和把握网络舆论动向和网民情绪；支持主流传统媒体向平台化、智能化转型，构建政务机构的新媒体传播矩阵；逐步推动粤港澳平台媒体开放和跨境舆论场交流，共建跨境数字公共领域；转变舆情事件处理范式，提升舆情回应能力，兼顾社会心态引导③。

张文君和程同顺聚焦媒体融合情境下主流意识形态传播模式的转型路径，指出主流意识形态的有效传播在新媒体主导的后真相政治时代遭遇"脱媒"的巨大挑战，其政治整合功能呈现某种程度的式微。内容为王、渠道为王、终端融合是主流意识形态传播的三个不同阶段，其共同点是认为只有通过"占领"才能提升主流意识形态传播的有效性。媒体融合时代主流意识形态的有效传播是由传播内容与传播渠道两个因素共同决定的，这两种因素的匹配形成了萌芽型、发展型、过渡型、理想型四种传播模式④。

张峰和姜黎黎关注新媒体政治传播视角下少数民族大学生社会主义核心价值观教育问题，指出相关教育活动应将新媒体传播媒介运用到高校思想政治理论课教学，建设有少数民族特色的新媒体政治传播平台，将少数民族优秀文化融入社会主义核心价值观传播内容，打造社会主义核心价值观新媒体政治传播团队，提升少数民族大学生社会主义核心价值观教育效果⑤。

在公共舆论方面，张洪忠等采用实证方法考察"两个舆论场"的不同传播效果。通过测量社交媒体上的"官方舆论场"和"民间舆论场"分别对应的官方账号信任度和个人账号信任度是否对网民的社会信心产生不同影响，研究发现，官方账号信任度和个人账号信任度都对网民的社会信心具有显著的正向中介效应，两者的影响是一致的，只是官方账号信任度的中介效应高于个人账号信任度。这反

---

① 参见周勇：《十九大"党代表通道"：政治传播的语态创新》，《现代传播（中国传媒大学学报）》2018 年第 1 期。
② 参见周庆安、吴珅：《新时代政治传播中的叙事能力研究》，《新闻与写作》2018 年第 11 期。
③ 参见张志安、聂鑫：《互联网语境下意识形态传播的特点、挑战和对策》，《出版发行研究》2018 年第 9 期。
④ 参见张文君、程同顺：《超越"占领思维"：媒体融合时代主流意识形态传播模式的转型路径》，《天津行政学院学报》2018 年第 4 期。
⑤ 参见张峰、姜黎黎：《基于新媒体政治传播理论的少数民族大学生社会主义核心价值观研究》，《新疆大学学报（哲学·人文社会科学版）》2018 年第 3 期。

映出我国媒体的"喉舌"功能已经从传统媒体覆盖到整个社交媒体。研究还指出,社交媒体上"两个舆论场"的说法是不成立的,我国社交媒体上其实只有"议论",没有"舆论"①。

林荧章对中国舆情研究进行了反思,认为在中国当前的舆情研究和舆情工作中,舆情的政治属性、经济属性被不断强化,形成了"主流"的政治取向和经济取向,而更符合现代公民社会的公共性相对缺如。在新媒体时代,舆情的公共性日益显现,从公共性的维度重新认识舆情,能够不断拓宽舆情研究的边界,挖掘隐藏在舆情深处的具有丰富现代意义的内涵和价值②。

张爱军和秦小琪讨论了网络空间的政治焦虑与舆论传播失序的问题。网络公共舆论空间既是培养网民理性心态的重要场所,又是网络政治焦虑产生的平台。产生网络政治焦虑的原因有经济因素、政治因素、文化因素和社会因素。个别国家机关工作人员公共权力滥用是网络政治焦虑产生的外在因素,政治价值相互激荡是网络政治焦虑产生的直接动因,"沉默的螺旋"是网络政治焦虑产生的内在因素。网络政治焦虑通常以非理性化、群体化、放大化的方式表现出来,由此而产生的社会舆论也具有同样特性。网络政治焦虑易于形成群体性事件,降低政府公信力,引发"道德愤怒"等社会舆论。维护宪法权威和尊严、净化网络道德空间、提高网络技术治理水平、强化网民政治参与、顺畅网络政治流通等是化解网络政治焦虑引发社会舆论的基本途径③。

### 4. 对外传播与国际传播

在对外传播和国际传播方面,国内学者一方面总结了我国对外政治传播的实践经验,另一方面关注了国际的政治传播实践。陈华明和李畅从展示政治的视域对"人类命运共同体思想"的对外传播展开了研究。"人类命运共同体"思想作为应对全球风险的先进理论,加强其对外传播与推广,以创造性、多元化的方式促成传播对象国成员的认同和内化,是推动"人类命运共同体"构建实践的重要途径。在该思想的传播过程中,展示政治可以作为理解人类命运共同体思想对外传播的新视角。"展示"不单单是一种行为,更重要的是"展示"本身即蕴含路径选择。"人类命运共同体"思想的对外传播,应充分发挥"一带一路"这一有利战略支点的作用,发挥其展示空间的社会属性,并以多元主体协同传播、视觉符号表达为手段,积极展示"人类命运共同体"思想的深刻内涵,深化对象国成员对其的认同与理解,从而助力于构建"人类命运共同体"的伟大实践④。

苏林森研究了涉华新闻关注与美国人对中国的认知、态度的关系。研究通过一项针对18岁以上美国人的在线调查,发现美国人对中国的态度较负面,美国受众对中国政治话题(如人权)和中美冲突的新闻相对较感兴趣,而对中国文化和旅游的新闻兴趣较小。研究发现,美国人对涉华新闻关注度显著增强了其对中国的了解,但并没有显著影响其对华态度,即媒介也许能告诉受众"想什么",可是很难劝服人们"怎么想"。美国人对中国的了解程度与对华态度间并无显著相关,直接经验(来华旅游、与中国亲友交往等)与对中国的兴趣不但显著正向影响其对中国的态度,也显著提

---

①　参见张洪忠、何苑、马思源:《官方与个人社交媒体账号信任度对社会信心影响的中介效应比较研究》,《新闻大学》2018 年第 4 期。

②　参见林荧章:《从政治性到公共性:中国舆情研究的反思》,《广西师范学院学报(哲学社会科学版)》2018 年第 5 期。

③　参见张爱军、秦小琪:《网络政治焦虑与舆论传播失序及其矫治》,《行政论坛》2018 年第 5 期。

④　参见陈华明、李畅:《展示政治视域下"人类命运共同体思想"对外传播研究》,《四川大学学报(哲学社会科学版)》2018 年第 6 期。

升了其对中国的了解①。

董军梳理了国家形象研究的学术谱系与中国路径,认为当前的中国形象研究不仅表现出浓重的"西方情结"(尤其是"美国情结"),也表现了深深的"受害者情结"。这集中体现在:普遍比较重视西方(尤其是美国)的中国形象,忽视世界的中国形象;重视异域的中国形象,忽视本土的中国形象;重视负面的中国形象,忽视正面的中国形象。在这个过程中,"东方主义"不仅成为研究者使用最为得心应手的理论武器,更成为在思维上无法摆脱的一种统治方式。其带来的障碍不仅在于它作为一种理论范式遮蔽了他者声音,更在于其限制了学者提出问题和思考问题的边界。因此,走出东方主义的理论陷阱和思维方式,重新深入形象话语的"历史脉络"和"社会谱系"中,并从中发现它们的行走轨迹及其背后的动力机制,是当前学术界破解"中国形象"话语迷思的重要途径之一②。

在国际传播研究方面,吕尚彬和徐键指出,在 2016 年美国第 58 届总统大选中,共和党候选人特朗普制造了"黑天鹅效应"。这次选举是一场传统媒体与新媒体的博弈,更是新媒体对传统媒体政治广告传播的成功颠覆。新媒体条件下的美国政治广告传播的特点表现在新媒体对政治广告传播效果的颠覆、新媒体技术对选民传播方式的革新和新媒体运用对美国政治格局的变构③。

## 四、政治传播与技术

随着新媒体技术不断地发展和普及,媒介技术变迁对政治传播的深刻影响也越来越为学者所关注。在 2018 年的政治传播研究中,相关研究探讨了媒介技术如何改变政治传播的概念、环境和功能。

谭咪娜研究了媒介技术演变视角下的公共外交概念变迁,梳理了人际传播时代、大众传播时代和新媒介时代下公共外交的不同概念,认为这些概念实际上经历了一系列的嬗变:从早期人际传播时代的政治舆论,到大众媒介时代的说服宣传,再到互联网时代的电子外交④。

许哲和吴家清关注了自媒体环境变革下政治传播面临的挑战,指出在当下,大众媒介已难以适应自媒体时代的话语环境,其意识形态话语的功能出现了去中介化的现象。大众媒介的科层组织模式导致其话语封闭、控制模式低效、话语权行使过程固化、个体非人格化,必须对其进行"脱耦"式重构。措施在于通过建立协同竞争规则以建构话语秩序,采用自组织管理以提升话语自我进化能力,尊重个性需求以争夺话语市场,从而实现意识形态话语权的再中介化⑤。

微博、微信等社会化媒体的政治传播功能是政治传播研究者关注的热点。刘晓扬从较为宏观的层面总结了社会化媒体的政治传播功能与影响,认为社会化媒体是党政机关政治功能的延续,媒体面向公众起到了重要的政治导向作用,媒体信息传播功能的强弱与信息传播效率的高低影响着公众参与政治活动的兴趣。社会化媒体在政治传播中具有更为显著的信息传播与反馈和重构政治参与模式

---

① 参见苏林森:《美国人眼中的东方巨龙:涉华新闻关注与美国人对中国的认知、态度的关系》,《国际新闻界》2018 年第 5 期。
② 参见董军:《国家形象研究的学术谱系与中国路径》,《新闻与传播评论》2018 年第 6 期。
③ 参见吕尚彬、徐键:《新旧媒体博弈与美国政治广告传播的转折——对近年来美国总统大选的分析》,《郑州大学学报(哲学社会科学版)》2018 年第 4 期。
④ 参见谭咪娜:《媒介技术演变视角下的公共外交概念变迁》,《传播力研究》2018 年第 32 期。
⑤ 参见许哲、吴家清:《去中介化与再中介化——自媒体语境下意识形态话语权的"脱媒"困境及对策》,《天津师范大学学报(社会科学版)》2018 年第 2 期。

的功能。当这些功能被有效发掘后,公民的政治参与意识会得到有效强化,社会化媒体的政治信息传播效率越强,媒体所体现出来的公民权益意识也就越高,社会的政治生态会得到良好构建[①]。

余初月探讨了新媒体的政治传播功能和实施途径,认为新媒体在政治传播中具有传播政治信息更丰富,增强政治认知更有效,扩大、方便公民政治参与,引导政治行为更主动,有助于政治社会化进程,以及有助于政府塑造良好的公共形象六大功能[②]。

陈华明和冯月季从文本诠释学的视野对微信政治传播功能进行研究。通过比较微信与传统媒介,两位学者得出微信是一种偏向关系传播的新媒介的结论。他们认为,虽然微信在概念层面上具有"元传播"的特征,但在社会现实维度难以找到实践的根基。尽管微信空间中生成了新的政治传播格局,但是主客体二元对立的政治传播模式并未发生变化。某种程度上甚至可以说,微信空间放大了主客体二元对立政治传播模式所带来的风险[③]。

# 五、总结

2018 年中国的政治传播研究成果相当丰富,呈现出两个鲜明的特征:第一,2018 年的政治传播研究有着较为明显的行政取向,集中在回应舆论引导和宣传工作中出现的问题;第二,2018 年的研究持续关注了传播领域的两大新变量,即物质上的媒介技术变迁和心理上的后真相时代。这两个鲜明的特征反映了中国政治传播研究有极大的研究潜力,但仍需进一步打开研究视角。

撰稿人:王震宇(复旦大学新闻学院 2018 级博士研究生)

---

①　参见刘晓扬:《社会化媒体的政治传播功能与影响的分析与研究》,《传播力研究》2018 年第 25 期。
②　参见余初月:《新媒体的政治传播功能和实施途径》,《赤峰学院学报(汉文哲学社会科学版)》2018 年第 8 期。
③　参见陈华明、冯月季:《文本诠释学视野下微信政治传播功能建构研究》,《西南民族大学学报(人文社科版)》2018 年第 11 期。

# 公共传播与人际传播研究

## 一、公共传播

2018 年,学界对于公共传播的关注度似乎延续了 2017 年的下降趋势,在知网中关于"公共传播"的论文数量只有十余篇,相对于其他研究议题来说比较弱势。笔者将现有的文章进行分类梳理,发现目前学界对公共传播的讨论主要分为对公共传播的理论探讨、基于公共传播背景下的传播实践和传播教育的讨论。

### 1. 公共传播基础理论研究

华金香认为,公共传播背景下,探讨传播中"传""受"关系具有重要价值。随着哲学范式从"主体性"向"主体间性"转变,传播过程中的"传""受"双方可理解为互为主体的"主体间性"关系。哈贝马斯哲学中的"主体间性"理论主张颇具代表性,公共传播视角下对其理论价值的探索,有助于厘清新媒体环境中信息传播者与接收者之间的关系,指导现实的传播实践。"主体间性"理论与"公共领域"理论、"理想传播情境"理论以及"交往有效性"理论等密切相关,在"主体间性"的传播关系下建构的传播行为能够打破信息传播者与接收者之间的二元对立关系,建立起互为主体的平等关系,有助于信息双向、对称、平衡地传播和交往理性的实现[①]。

### 2. 公共传播实践研究

（1）国家治理

公共传播是社会传播活动中的一个重要组成部分,并越来越被传播学者所重视。它具有传播信息、引导舆论、教育科普以及交流互动的作用和功能,但同时在网络公共传播中,又暴露出诱导消费、扩散谣言、过度娱乐化、网络民族主义等负面问题。出现这些问题的原因有很多,例如:注意力成为一种特殊的货币,成为当今经济的一大驱动,人们为了博眼球所以打"擦边球";另外,网络本身的匿名性给传播乱象戴上了隐形斗笠。杨子娇认为,解决目前公共传播领域内的传播乱象,需要参与传播活动的各方共同努力:首先,网络运营平台要扮演好"把关人"角色;其次,上级管理部门要及时出台应对法规,使得问题出现后有法可依、有法可惩;再次,公众号等应用账号不可随意申请开办,要符合相关规定,遵守公共传播秩序;最后,基数最大的网民和舆论领袖,要争做合格公民、合格网民,共同维护公

---

① 参见华金香:《公共传播背景下传播关系范式的转变——基于对哈贝马斯"主体间性"理论内涵的解析》,《传媒》2018 年第 3 期。

共传播环境,提高自己的媒介素养①。

随着经济、社会与信息技术的发展,新媒体已逐步成为党群沟通与交流、政府公共传播的新平台。王连峰通过构建由传播者、传播内容、传播渠道、传播对象和传播效果构成的5W框架,对2004年以来北京两次暴雨事件中"北京发布"、"平安北京"、"头条新闻"等政务及社会微博账号发布的数据、内容及公众互动情况进行对比分析,发现了公众对政务微博的关注时间、关注点以及政务公共传播在新媒体应用方面的一些特征,并得出政府在应对紧急事件方面所取得的进步、形成的经验及其面临的挑战②。

王欣分析了智库与政府之间信息传递的关键环节,在此基础上建立智库与政府信息传递的基本框架,基于对某中央部级机关部分干部的结构化访谈丰富和完善框架中信息传递的细节。研究发现,体制约束对通信链路能力、匹配信息需求能力影响较大,智库公共传播能力对调节信息过滤能力影响较大,数据搜集能力、科学客观的数据分析能力、专家的洞察力构成了智库收集和生产信息的能力③。

牛耀红采用公共传播分析框架,通过线上民族志和田野调查相结合的研究方法,考察了一个西部农村的微信群实践。她发现,基于社交媒体的微信群成为社区公共空间,村民借助微信群实现了群体虚拟在场,使得村民从"私领域"走向"公领域"。微信群对于基层秩序的作用在于改变社区黏合纽带。村民借助社交媒体形成了互联网自组织,成为乡村社会重要"中间组织"。这一能动性较强的开放组织进一步将分散在不同空间的村民纳入媒介化合作网络。基于微信群的线上交往、话语交流、公共行动将多元主体融入一个"共同场域"。村民由"原子化"状态转变为媒介"共在",通过舆论形成"共识",经由媒介形成共同行动。从关系、意识、行动三个层面强化了村民之间的社会关联,从而建构了乡村秩序,再造了跨越边界的社区④。

（2）新闻传播教育

公共传播背景下,社会结构与连接方式发生了颠覆式变革,媒介化社会正在形成。代雅赤认为,在这种背景下,培养适应社会需求的新闻传播人才是高校面临的严峻任务。当前,网络社会发展的速度远超过高校新闻传播教育改革的速度,新闻传播学科的教育改革与挑战迫在眉睫。公共传播背景下,要改变传统的新闻传播教育范式,以公共传播教育范式来统领新闻传播的学科建制、专业设置、课程设置、教学方式、培养目标等,发挥高校在培养传播主体的多元化、构建主体间性的传播关系、培养新时代适应传播内容需求的融媒体人才等方面的作用⑤。

（3）组织形象建构

万展豪和王远舟认为,当前组织形象建构的主体不再是组织一方,在公共传播背景下,传播的主体多元化,既包括组织自身,又包括个人和其他组织等。这种多点传播会产生关于组织形象的不同声音,组织要以谦虚、宽容的态度面对不同传播主体的声音。随着传播渠道的丰富,无论是媒体形式还是线下形式都是组织形象建构的渠道,组织可以充分利用各种渠道进行传播,同时通过各种渠道收集个人和其他组织传播的信息,以掌握关于组织的舆论动向,有针对性地进行进一步的传播。公共传播

①   参见杨子娇:《公共传播面临的问题与对策——以微信朋友圈为例》,《传媒论坛》2018年第10期。

②   参见王连峰:《政府公共传播中新媒体的应用——基于北京两次暴雨事件中政务微博实践的分析》,《中国广播电视学刊》2018年第6期。

③   参见王欣:《信息传递视角下智库影响力评估框架》,《图书情报工作》2018年第62期。

④   参见牛耀红:《社区再造:微信群与乡村秩序建构——基于公共传播分析框架》,《新闻大学》2018年第5期。

⑤   参见代雅赤:《公共传播范式下的新闻传播学教育改革》,《传媒》2018年第12期。

视野下的组织形象建构也要以双向平衡沟通为原则,鼓励组织公开、平等、双向地与公众进行互动,在向公众传递信息的同时充分倾听公众的声音,以期达到信息平衡,防止因传播不畅而造成的误解和曲解。组织也应主动承担社会责任,一个有社会责任感的组织会赢得公众的尊重和认可①。

### 3. 公共传播与新媒介研究

袁金霞和罗彬指出,泛媒介时代的到来虽然使公共传播得到了革新,增强了互动性和受众参与感,使公共传播成为现实,但我们不能忽略这一时代下它所存在的弊端。"信息孤岛化"与公共和个人边界的消失,工具理性和价值理性的失衡,对公共传播的侵蚀,以及网络中个人情绪化的表达,都阻碍了公共传播的进步。我们应该试图解决它的弊端以促进公共传播的良性发展②。

公共传播理念是随着新媒体兴起而出现的,音乐传播也因此需要革新其传播理念,树立起"公共利益至上"、"音乐之外的传播"理念,确立新型的"传受"关系。在音乐传播的实践中,公共传播理念要求坚持以人民为中心的创作导向,探索音乐传播的分类分级制度,高度重视音乐传播对社会,特别是青少年价值观塑造的功能,从而实现"寓教于乐"的目的③。

## 二、人际传播

2018 年,人际传播研究与 2016 年、2017 年相比,略有发展,主要体现在论文数量的增加和研究议题的增加上。就研究议题而言,徐百灵和李小琴对近些年我国大陆人际传播研究文献进行统计分析,发现我国大陆人际传播议题泛而大,讨论新媒体中的人际传播现象的居多,方法和理论都有待进一步深入。在其研究的统计数据中显示,有一大半的研究议题集中在这一领域,而其中的近一半则是讨论经由社交媒体的人际传播研究,例如社交媒体上的自我呈现、符号互动和形象建立等④。也有部分学者关注借助人际传播如何推动媒体融合或者媒体转型的问题。从研究方法来看,主要采用的是田野调查、文献研究法等质性研究方法和基本的统计研究。总体上来看,国内人际传播研究依然缺乏对人际传播过程和人际关系发展动力的研究,而这些是人际传播需要着重推进的。

### 1. 人际传播与新技术

工业化与城镇化步伐的加快,使我国乡村社会人口结构发生改变,文化生态和社会交往日趋复杂。顾广欣通过在宁夏 Y 村长期的田野调查发现,村民收看方式的转变削弱了电视对家庭成员的凝聚功能,但其影响通过手机和人际传播得到进一步延伸;电视观看的时间、频率,所选择的接收技术与家庭经济结构有着直接的关系;地方电视与乡村传统媒介的互动,促进了新风尚的传播与民众的广泛参与,在乡村振兴中产生了积极的效果。在 Y 村,电视与手机的普及并未取代面对面的人

---

① 参见万展豪、王远舟:《公共传播视野下组织形象建构的"公共性"原则》,《传媒》2018 年第 4 期。

② 参见袁金霞、罗彬:《浅析泛媒介时代下公共传播的重构》,《新闻研究导刊》2018 年第 1 期。

③ 参见董燕娜:《公共传播视野下音乐传播的理念变革与发展路径》,《新闻战线》2018 年第 6 期。

④ 参见徐百灵、李小琴:《中国大陆人际传播研究的量化分析——基于中国知网学术期刊数据库相关文献的研究》,《传播与版权》2018 年第 6 期。

际传播,"闲聊"、"走动"、"帮忙"、"随礼"等人际交往使得村民间互助传统得到维系,农村社会的结构稳定有所增强①。

李楠楠强调,新媒介背景下的人际传播研究更值得关注。她归纳了新媒介人际传播的新特点,包括延展性、隐藏性、多媒体性,并指出新媒介背景下的人际传播也不可避免地出现了隐私暴露、媒介依赖化等问题。作为传播主体的我们在进行人际传播时不仅要提高个人媒介素养,更好地完成人际传播,更要用一颗主观能动性的心来应对人际传播在未来可能会出现的各类问题②。

杨慧从对场景和移动场景的阐述出发,来探讨移动场景下微信对人际关系重构的影响。她认为,作为移动场景下社交平台的代表,在人际关系的构建、维护以及转换的过程中,微信一直都是移动互联时代传播新形态的最好诠释。其中,移动场景下微信对人际关系的重构主要体现在亲密关系的改变、陌生人关系社交的崛起以及微信中社群关系的形成与稳定三个方面。移动场景下微信对人际关系的重构补充了现实环境中的人际关系,实现了受众个体之间的资源共享,有利于开阔视野。然而在填补传统"关系"漏洞的同时,也因为人们过度的媒介依赖使现实中的人际关系淡漠化,这样的问题日渐明晰,这也是需要我们注意并亟待解决的问题③。

李宁和黄健通过问卷调查、文献分析两种方法,探讨互联网医疗平台上医患人际传播所面临的困境,并提出解决方案。研究结果显示,在线问诊的医患沟通方式和患者的人际网络对就医选择有着重大影响,同时人际沟通的情感因素比医疗专业性更能影响医患关系④。

刘宏发现,在通常的大众传媒的传播界面上所呈现的医生形象过于强调技术性,由此形成人们对医患关系的想象模式的固化。随着临床医生开始运用新媒体平台进行人际传播,由此开辟正面形塑职业形象的新模式。面对医患关系中的信息不对称,新媒体的传播特征是从沟通中产生沟通,具有社会性弥合的功效,有助于提升专业服务的社会品质和社会关系的积极传播⑤。

伴随着社交媒体的不断发展与网络游戏的分享性和参与性的不断完善,网络游戏在社交中所占的地位日渐凸显,在游戏和社交媒体中,逐渐出现了一种新的人际交往互动模式。任程和李士林从这一角度出发,探究社交类游戏对玩家之间人际关系的正负面影响,认为网络游戏有助于维系人际关系的强联系,强化人际关系的弱联系;有助于扩展现实人际关系的交往圈;并使人际传播主体之间平等来往。同时,网络游戏的匿名性引起低俗人际关系拓展,使人们放弃对传播主体的认同,并用虚拟社交取代现实。因此,营造稳定和谐的社交游戏环境就显得尤为重要⑥。

### 2. 人际传播与媒体发展

王晔从人际交往的空间关系、人际关系距离和日常交往媒介化三个方面来研究拟态环境下人际传播的现实生成意义,从而为转型媒体的传播效果研究提供理论参考。王晔认为,社会信息技术的变革不仅影响着人们信息接收的方式,更是在潜移默化中影响了人的思维方式和行为习惯,以此推动整

---

① 参见顾广欣:《电视与乡村关系的重构——对宁夏 Y 村的传播民族志研究》,《当代传播》2018 年第 6 期。
② 参见李楠楠:《新媒介背景下的人际传播特点研究》,《传播力研究》2018 年第 2 期。
③ 参见杨慧:《移动场景下微信对人际关系的重构》,《传媒论坛》2018 年第 1 期。
④ 参见李宁、黄健:《网络环境下医患人际传播的困境探究》,《东南传播》2018 年第 7 期。
⑤ 参见刘宏:《论自媒体沟通势能与医患关系的积极传播》,《现代传播(中国传媒大学学报)》2018 年第 40 期。
⑥ 参见任程、李士林:《社交性游戏环境下的人际传播及其影响探究》,《新闻研究导刊》2018 年第 9 期。

个社会的变革①。

袁映雪和徐阳指出,技术驱动着社会变革,而媒介"统合—分化—再统合—深度融合"的发展过程也是人类社会的发展史。从口语时代、印刷时代、电视时代再到融媒体时代,媒介载体的多元化融合发展的过程,也是人际传播在不断深化与延伸的表现。融媒体的发展过程,也是媒介与人相互作用,最终达到合二为一的过程。拓宽人际传播的途径,加快人际传播的速度,影响人际传播的发展趋势,将对人际传播产生潜移默化的影响②。

王晨曦和李劭强以"南广人事"公众号为例,在媒介快速更迭的背景下,以媒介化的人际传播——"类人际传播"视角来审视高校新闻传播工作,为高校微信公众号的运营提供更具互联网思维和新媒介特性的指导策略:一是要提供用户需要的专业"工具箱";二是建立具有归属感的圈群关系③。

王倩则将微信订阅号分类,分析人际传播与组织传播如何在其中交织进行。订阅号传播中,无论是"点"与"点"之间的传播,还是"点"与"面"之间的传播,既涉及人际传播,也与组织传播有关,可以说是这两种传播交织进行。为增强订阅号的传播影响力,企业应当增加"点"的传播并且同时扩大"面"的传播,既关注人际传播也注重组织传播④。

陈依玟就广播电视传播中的人际化现象展开探讨,认为人际化现象是大众传媒在发展的道路上一次成功的变革。通过人际化传播,人与人之间的关系更加亲密。人际化传播中,节目不再是冷冰冰的机器,主持人不再是物化的人和传媒的附属,受众者不再是被动的接受者,他们都是具有鲜活生命的个人。人际化传播弥补了大众传播的缺点,对其发展有着重要影响⑤。

范芷欣认为,电视访谈节目以特定时空环境下的人际互动交流为传播纽带,为大众提供了一个自由表达意见的社会公共空间。它所形成的极具特色的大众化人际传播,其实是以人作为传播符号,将动态的"谈话场"完整地加以保留然后进行整体传播的过程。可以说,电视访谈节目的"谈话场"就是一种对人物(语言、心态、个性、动作等)、环境、人际互动氛围等的全方位展示。一个真实、完整的"谈话场"能够使受众从信息势态的延伸状态中获得更多超越言语以外的感知和体验。因此,一档访谈节目人际传播和大众传播的互动性如何与该节目"谈话场"效应的发挥密切相关,我们既要注重展现"谈话场"中实质意义上的人与人的交流,同时也要考虑融媒时代访谈节目如何运用多元化的传播形式扩展"谈话场"效应,如此内外联动,才能实现充满人情味的大众化人际传播⑥。

### 3. 人际传播与社交媒体

熊影等认为,微信、微博、QQ等社群媒体已经成为人们日常信息和情感交流不可缺少的工具。它们不仅弥补了现实人际传播网的局限,通过信息技术的延伸和桥接,放大、织密了人际传播信息网,而

---

① 参见王晔:《新媒体维度下拟态环境对人际传播的意义生成》,《新媒体研究》2018年第4期。
② 参见袁映雪、徐阳:《论融媒体视角下人际传播的新特征与新趋势》,《新闻研究导刊》2018年第9期。
③ 参见王晨曦、李劭强:《"类人际传播"视阈下高校微信公众号的运营创新——以"南广人事"公众号为例》,《传媒》2018年第11期。
④ 参见王倩:《微信订阅号中的人际传播与组织传播》,《新闻世界》2018年第7期。
⑤ 参见陈依玟:《广播电视传播中人际化现象探讨》,《电视指南》2018年第11期。
⑥ 参见范芷欣:《融媒时代电视访谈节目的"场"式传播》,《新闻研究导刊》2018年第9期。

且在一些重大突发事件传播中,发挥了传统人际传播无法实现的应急动员作用。在重大突发事件面前,微信等社群媒体也是人们最先获知信息和验证信息最重要的媒介。在应急信息传播中,微信等社群媒体与现实人际传播的交织互动变得更加紧密。研究者通过直接参与观察某社区舆情事件发现,社群媒体和现实集会在舆情现场动员和舆情放大中发挥了关键作用。在舆情爆发的关键时期,社群媒体中的口语和图像传播大幅增长,与现场人际互动相互促进,成为比文字更具备感染力和影响力的工具①。

（1）微信运动

岳山和李梦婷以微信朋友圈中出现的"运动打卡"现象为研究对象,基于欧文·戈夫曼的"拟剧理论",通过文本分析和深度访谈,分析"运动打卡"现象中人际传播的特点及其产生的动力机制。研究探讨了在人际传播中人们不愿提及和承认的问题,即人际交往可能只是个体对他人的虚假的表演。但是在现实生活中,人们的实践活动只有符合社会公认的道德标准、行为规范、价值准则时才能得到观众的认可,这套社会准则挪用到虚拟社群中也同样适用。因此,人们交往中表演的意义除了获得认同外,还具有对自己内心的反叛、冲动等不安因素进行约束的作用②。

（2）微信表情包

邱源子认为,随着移动互联时代的到来,表情包的制作数量与使用频次呈现跨越式增长,俨然成为用户的传播日常,源于用户兴趣创造的图像化生活已经成形。表情包映射了人的情感释放与现代审美表达,消解了主流意识与严肃话语,构建了视觉表征与表意实践,凸显了商业价值与市场空间,同时,引发了伦理缺失与侵权问题的产生③。

张皓然就即时通信软件用户的使用习惯,分析 emoji 表情符号在人际传播中的作用与效果。研究发现,使用 emoji 表情符号可以直接表达自身情绪或者传达信息,简化互联网人际传播中从文本到情绪、由理性到感性的过程,直接作用于参与者的情感反馈。用户在使用 emoji 表情符号时,一般会优先选择最符合自己情绪与个性的表情符号,使参与者直接感知对方的心理,更为直观地构建个人特色属性。这些优势使得 emoji 表情符号成为互联网人际传播中的强势模因,emoji 表情符号在近几年得到良好的发展。emoji 表情符号在互联网中的流行,有望成为一种世界性交流方式,但其在人际传播中的传播效果仍存在缺憾,表情达意的功能仍有待完善。随着人们对互联网中人际传播更深入的认知,会推动 emoji 表情符号长足的发展④。

（3）微信朋友圈

李文指出,微信朋友圈的使用在人际互动与信息传播中具有不可比拟的重要性,从"炫耀"到"分享",需作出有益的选择。克服"以自我中心"的炫耀心理、"窄化"信息传播范围、在自我展现的同时顾及他人感受、选择恰当的方式和交流节奏以及理性对待朋友圈的信息传播,是对微信朋友圈人际传播进行自我管理、优化网络人际交流环境和促进人际关系和谐的重要策略⑤。

---

① 参见熊影、陆玥、陆高峰:《桥接、放大与应急:作为人际传播延伸的社群媒体——基于实证研究》,《西部学刊》2018 年第 5 期。
② 参见岳山、李梦婷:《表演与互动:网络运动场上的人际传播——以微信朋友圈"运动打卡"实践为例》,《新媒体研究》2018 年第 4 期。
③ 参见邱源子:《移动互联时代之表情包传播阐释》,《新闻与写作》2018 年第 8 期。
④ 参见张皓然:《emoji 表情符号在互联网人际传播中的作用》,《新闻研究导刊》2018 年第 9 期。
⑤ 参见李文:《"分享"抑或"炫耀":微信朋友圈的人际传播审思》,《宜宾学院学报》2018 年第 18 期。

### 4. 人际传播的其他议题

（1）文学中的人际传播

张阳通过文献研究法对《西游记》中悟空的人际传播进行了搜集整理，在对悟空的自我认知以及他与唐僧之间相互印象变化的研究中，指出个人能够在与他人交往的过程中形成自我认知，同时在交往中也会修改、完善别人对你的整体印象。研究也将悟空和师弟以及白龙马之间的初次见面做了对比分析，证实了沟通的重要性①。

范舒灵认为，《红楼梦》中林黛玉的角色扮演是多元的，她在文化角色上是香菱的老师，教香菱作诗，为她传道授业解惑。在贾府中，林黛玉是一个"边缘人"，是没有话语权的"孤女"，但在大观园的诗社活动中，林黛玉又是不折不扣的"意见领袖"。她具有反叛精神但又努力地扮演好自己的性别角色。这些身份的转变都是林黛玉由于自身的文化背景、所处的不同环境而做出的行为上的改变，而这种角色扮演也会影响她不同情境下的人际传播②。

李雨恬从满足被说服者的"心理前提"、获得被说服者的"信誉证明"和巧用言语的模糊性等三个方面分析《战国策》在言语交际方面的特色，指出科技与互联网的发展，扩大了当代社会人际传播的方式，但言语交际仍然是人际传播的主要组成部分。《战国策》中体现出的说服艺术对当代人际传播的研究仍具有指导作用③。

（2）中国文化与人际传播

汪振军和杨利贞指出，西方传播学的人际传播理论建立在心理学和语言学的基础之上，他们侧重研究人与人之间符号的互动、编码与译码、选择性接触、选择性理解、选择性记忆等，他们认为人际关系主要是建立在以语言符号所构成的关系之中，但是他们忽略了人与人更本质的关系，即社会关系。同时，这种单纯的符号互动和信息互动并不能深刻地揭示人与人之间深层次的交往关系。人与人之间的交往主要还是受社会背景、阶级关系、思想意识的制约，人际传播的关系构成主要是基于传播者的态度和传播者的价值观。老子的人际传播观强调"谦下不争"，实则强调一种"让"的精神，引导世人摆正心态。这一点，在老子的人际传播思想中讲得非常明白。老子反对粗暴地对待一切，强调人应该"守柔"、"守雌"，以柔克刚，才能在天下立于不败之地。这种谦下不争、贵柔尚弱的处世精神为人们在社会关系中提供了一个人际传播的准则④。

王晨试图运用欧文·戈夫曼的戏剧理论分析中国人的面子文化在生活中的体现，并结合印象管理策略探讨人际传播活动中的原则和禁忌。真诚的交往其实往往是虚假的表演。我们认为的成功传播的方法，更多地依赖于狡猾的伎俩。为了达到良好的传播目的，我们不可避免地需要进行"前台表演"，而根据什么来表演、在什么样的情境中表演、怎样表演，需要结合恰当的印象管理策略与方法。在中国，这些方法和策略需要结合特有的面子文化来进行⑤。

---

① 参见张阳：《〈西游记〉中孙悟空的人际传播探究》，《新闻研究导刊》2018 年第 9 期。
② 参见范舒灵：《浅析角色理论视阈下的人际传播——以〈红楼梦〉为例》，《东南传播》2018 年第 11 期。
③ 参见李雨恬：《从〈战国策〉看人际传播中的说服艺术》，《新闻传播》2018 年第 12 期。
④ 参见汪振军、杨利贞：《从四个维度看老子〈道德经〉的传播观》，《郑州大学学报（哲学社会科学版）》2018 年第 51 期。
⑤ 参见王晨：《基于戏剧理论分析人际传播活动中的面子文化》，《新闻研究导刊》2018 年第 9 期。

冯丽军探讨了人际传播对于潮汕童谣的传播作用。人际传播的最大特点在于它是人与人的意义交流。方言童谣作为一种方言口传文化,世世代代在老百姓中间口耳相传,这里既有有声语言的声音表达,又有无声语言的意义传递。对于这种非物质文化遗产的内涵传播,人是最佳媒体。人际传播使童谣更接近其本质,使童谣的社会性功能更好发挥。所以,应在统筹各种传播方式的过程中,尤其重视童谣的人际传播策略。在传播活动中,重视"人"的因素,以人为媒①。

（3）组织与人际传播

王慧敏和陈政男以心理契约理论为视角,以 L 集团的标志性组织活动 Y 董激励性讲话和人才选拔比赛为个案,考察并分析了人际传播型组织传播的激励机制与功能。研究发现,人际传播型组织传播直接作用于组织中的上下级关系和员工间关系,其营造和维系的组织内人际关系会对员工的人际型契约和发展型契约产生调节作用。企业通过履行契约促使员工产生积极回应,实现心理平衡,从而产生激励作用②。

总体来看,近年来,随着媒介技术的发展以及我国社会转型时期社会关系的改变,人际传播也相应地发生了变化,尤其是以计算机为中介的人际传播丰富了人际交流的手段,学界开始更多地关注人际传播的研究。与国外的人际传播研究相比,我国人际传播研究在日常人际传播交流互动方面非常缺乏。研究者不仅要对社交媒体平台中的人际传播现象进行研究,对线下的人际关系及传播的研究也需要拓展和细化。例如,家庭关系中的夫妻关系、亲子关系的维护,老年人的人际情感交流等,都是现实社会中亟待讨论的问题,也是值得进一步研究的人际传播议题。

撰稿人：赵敏（复旦大学新闻学院 2018 级博士研究生）

---

①　参见冯丽军：《略论童谣的人际传播——以潮汕方言童谣为例》,《白城师范学院学报》2018 年第 32 期。

②　参见王慧敏、陈政男：《人际传播型组织传播的激励作用：一个心理契约的视角》,《新闻界》2018 年第 4 期。

# 健康传播研究

健康传播作为交叉学科,研究者不仅需要掌握传播学方面的基本知识,也需要掌握公共健康、医学、公共政策等方面的知识。健康传播研究者主要由医学领域(包含公共卫生等相关专业)的研究者与社会科学领域(主要是传播学、社会学)的研究者构成。医学视角与传播学/社会学视角进行的研究偏重不同。简言之,医学领域的研究者将焦点放在如何进行更好的医疗行为,以医生为中心进行研究;传播学/社会学领域的研究者将焦点放在传播过程、大众媒介的疾病呈现等议题上,更关注这一特定情境中的传播而非医疗问题。在移动互联网无处不在的当今中国社会,健康传播早已不是宣教模式,人际、组织、大众、互联网,多种传播渠道叠加之下,相关研究涉及议题多样,研究内容丰富。

本文以 2018 年全年为时间维度,在中国知网核心学术期刊网络出版总库内,选取"哲学与人文科学"、"社会科学Ⅰ辑"、"社会科学Ⅱ辑"、"信息科技"四个文献目录,以"健康传播"为关键词进行检索、阅读,筛选出 89 篇相关论文作为本文的研究样本,呈现 2018 年中国健康传播研究的概况。

## 一、健康传播实践趋势及对策性研究

孙少晶和陈怡蓓对中国自 1987 年至 2016 年的健康传播相关论文(以知网为数据库)进行梳理,使用科技文本挖掘、机器学习语义分析、人工编码内容分析等研究方法,对论文的时间分布、学科与主题变迁等进行定量和定性分析。研究发现,健康传播中跨学科合作有所增加,传播学者成为研究主力,这与 2002 年之前传播学者在健康传播问题上缺席的情况明显不同。同时,健康传播研究存在"内眷化"现象;健康传播研究议题本土化和应用导向明显,缺少理论关注,亦缺少对新技术的关注;此外,不同学科的研究取向不同,对于一些基本概念,不同学科的使用也有差别。这使得健康传播研究既百花齐放,在不同学科中均有所进展,也存在着过于碎片化、经验化而理论进展不足的问题[1]。

李成波和周瑾聚焦于抗战时期的根据地健康传播。这一研究的背景是,抗战时期,在中共领导的敌后根据地,由于医疗资源短缺、医药知识缺乏,对日军的细菌战等化学武器难以抵抗,疾病瘟疫流行。为应对严峻的公共卫生形势,中共在各根据地展开了健康传播活动。研究表明,这一时期的健康传播是在特定的政治和战争环境中展开,可视作一种高度组织化、政治化的社会动员,一种形式多样、强势有效的传播行为。这一时期的健康传播行为,不仅促进了健康素养的提升,也为后来的爱国卫生运动和健康传播实践提供了机制模式、经验借鉴和样本参考[2]。

朱晔针对新媒体环境下健康传播面临的机遇与挑战,提出了应对策略。由于健康传播具有科学

---

① 参见孙少晶、陈怡蓓:《学科轨迹和议题谱系:中国健康传播研究三十年》,《新闻大学》2018 年第 3 期。
② 参见李成波、周瑾:《抗战时期根据地的健康传播》,《青年记者》2018 年第 30 期。

传播的特征,对真实性与科学性要求极高,因此在新媒体环境下,遭遇的挑战就格外严峻。新媒体平台为大量信息的产生提供土壤,官方发布的权威信息也常被淹没在信息的海洋中,使官方无法达到为公民传递信息的目的,研究者从政府的角度提出了相关对策①。

张易昔的研究从分析新媒体时代健康传播的特征开始,对处于这一新传播环境下的健康传播实践提出了建议。新媒体为人们提供了传统媒体无法比拟的各种新型的信息传播体验,而健康又是人类不断祈求的愿望,与人类自身发展息息相关。新媒体环境下的健康传播呈现出既丰富多彩,又处于可信度危机的阴影中。其中,营销口号猖獗,缺乏公共服务意识;信息质量低;信息传播缺乏核实监督系统;新媒体的过度包装与伪专家的流行是新媒体健康传播的最大缺陷②。

李文井指出,大健康传播时代,如何讲好医疗故事,传播科学的健康知识,提升公民健康素养是健康科普期刊编辑的任务。研究者对微信传播健康信息的特点与缺陷进行分析,提出了微时代健康编辑力提升的几点建议。研究者认为,未来健康传播一定要以新媒体传播为主阵地,用互联网思维研究提升编辑力是健康期刊出版单位保持核心竞争力的关键所在③。

## 二、健康传播与效果研究

### 1. 传统媒体的健康传播研究

部分学者对我国新闻报道、电影、电视剧、电视节目等不同大众媒介中的健康传播呈现进行了研究,具体方法有文本分析、调查问卷等。作为传统健康传播研究的经典议题,在2018年发表的期刊文章中,这类文献以对策性分析为主,实证研究较少,并且多为单个案例研究。

由于健康类新闻报道涉及媒体伦理、专业知识等,对记者本身的素质提出了较高的要求,并且有关医药类事故的新闻往往会造成巨大影响,因此在新闻报道中也是需要重点关注的对象。赵鹏和朱帆的研究以"鸿茅药酒事件"新闻报道为例,梳理了媒体对该事件报道的进程,依照时间线索归为三个阶段,并选出了三篇典型稿件进行具体分析④。

姜海的研究运用新社会史的方法,对我国电影中的健康传播行为进行文本分析,指出中国电影通过符号打造、叙事关系、场景重塑和信念普及的方式,在个体、人际、组织和大众等不同维度对观众实行健康启蒙、普及与传播⑤。

魏瑾和吉平对《急诊科医生》(一部医疗题材电视剧)进行案例分析,分析了其对医患关系的议程设置⑥。康培林和周蕊从中国健康类电视节目的发展现状出发,探讨中国电视节目的弊端,并对未来发展方向进行展望⑦。

①　参见朱晔:《新媒体环境下健康传播的发展机遇与挑战》,《传播力研究》2018年第2期。
②　参见张易昔:《新媒体时代健康传播力提升策略研究》,《传播力研究》2018年第2期。
③　参见李文井:《"微时代"健康科普期刊编辑力与提升策略》,《科技期刊发展与导向》2018年第11辑。
④　参见赵鹏、朱帆:《如何在新闻报道中践行健康传播理念——以"鸿茅药酒事件"新闻报道为例》,《传媒》2018年第14期。
⑤　参见姜海:《中国电影中健康传播行为的文本分析》,《传媒观察》2018年第9期。
⑥　参见魏瑾、吉平:《从〈急诊科医生〉看国产医疗剧的新突破》,《传播力研究》2018年第2期。
⑦　参见唐培林、周蕊:《中国健康类电视节目发展现状与展望》,《中国电视》2018年第6期。

季峰的研究针对北京卫视健康类节目《我是大医生》，对该节目的内容建构进行分析，认为该节目用综艺的外衣包装传递健康知识的科普内容，且实现了娱乐化与专业知识科普的融合。研究者认为，如何将专业知识"翻译"成通俗易懂、易于被普通观众接受的内容，大众媒介的效果值得重视①。

田天的研究以《养生堂》电视健康节目为例，指出在新媒体环境下，电视健康栏目以"深"制胜，不断创新并引领新的传播语态，同时借助新媒体传播手段，通过多重传播手段的运用、丰富的信息整合，发掘健康传播内容的丰富矿藏，形成多维度健康传播平台。

研究者认为，电视健康栏目仍然占据内容的专业性、信息解读的权威性、表达的文人性的巨大优势。在电视健康节目的发展中，宜强化新媒体所拥有的服务性、传播的便利性，强化视野的国际性，则电视节目将会有更广阔的发展空间②。

李志卿对一个常年被大众媒介忽视的疾病——厌食症进行分析，呼吁大众媒介应对这一疾病进行科普。疾病的诊断与认知不仅是一个医学问题，也是一个社会文化、社会心理问题。而在如何构成疾病的隐喻上，大众媒介是现代社会不可忽视的重要力量。研究者认为，大众媒介过分强调渲染完美苗条身材，传播大量减肥产品广告，事实上不利于公众正确理解厌食症③。

常亚轻利用中国综合调查数据，从大众传媒、生活方式的视角分析居民健康的影响因素及其作用机制。研究发现，大众传媒对健康水平有直接影响，居民使用大众传媒的频率越高，健康状况越好；生活方式也直接影响健康，参加体育锻炼的频率与居民健康水平正相关；生活方式作为大众传媒影响居民健康的中介变量，发挥了部分中介效应，其影响机制可以解释为：大众传媒使用越频繁的人越倾向参加体育锻炼以维持健康的生活方式，而生活方式又直接影响了人口健康水平④。

### 2. 新媒体的健康传播研究

胡小素等对北京某三甲医院患者的健康传播需求进行调研。研究指出，不同就诊患者的健康知晓度差异较大，医方应积极推广渠道，尤其是新媒体传播渠道的方法，提高患者知晓度⑤。

杨玉宛以"微信运动"为例，探讨了基于互联网背景下的个体运动社交化，及其对健康行为的影响。微信融合了大众传播和人际传播的功能，由个体运动促进团体活动。研究通过分析个体运动社交化趋势，对个体运动中的数据化、社交化和健康行为的关系进行探讨⑥。

宋凯和周偁同样以社交媒体的兴起为背景，探讨健康类电视节目如何通过新媒体的方式，为民众提供健康素养的基本信息与服务。研究还关注视频类健康新媒体的运营与传播现象，认为视频类健康新媒体传播的主要优势在于碎片化⑦。

徐思凡认为，互联网的崛起为健康传播领域的发展带来了不确定性，这同时意味着难得的机遇。

① 参见季峰：《〈我是大医生〉健康传播策略探析》，《电视研究》2018年第5期。
② 参见田天：《〈养生堂〉品牌打造的创新之道》，《北方传媒研究》2018年第2期。
③ 参见李志卿：《从健康传播角度看如何帮助暴食症患者走出进食障碍》，《电视指南》2018年第8期。
④ 参见常亚轻：《大众传媒、生活方式与健康水平——基于CGSS2015数据的实证分析》，《江汉学术》2018年第6期。
⑤ 参见胡小素、李曼、张文丽、魏孝侃：《"互联网+"模式下北京市某三级医院患者健康传播需求分析》，《实用预防医学》2018年第12期。
⑥ 参见杨玉宛：《基于互联网背景下的个体运动的社交化对健康行为的影响——以"微信运动"为例》，《中国战略新兴产业》2018年第44期。
⑦ 参见宋凯、周偁：《健康类电视节目社会化媒体传播探析》，《当代电视》2018年第11期。

健康传播学者不仅应当更重视实用性与指导性,更应当借此机遇建立与政府、业界之间的联系,将研究更好地回馈社会①。

樊阔以《人民日报》法人微博内容为研究对象,描述了媒体如何利用微博平台,呈现抑郁症,建构抑郁症议题。其中,对抑郁症患者形象的确立中,更注重对抑郁症患者形象的客观性和积极性呈现,且更关注抑郁症患者的内心②。

徐龙超则以"丁香医生"为例,探讨了健康类微信公众号的传播现状。随着传播手段的不断丰富,微信公众号作为普及率很高的传播平台,为健康传播的效果和价值提供了新的发展前景。以"丁香医生"为代表的健康类微信公众号,其主题内容丰富,贴近生活,内容原创度高,传播形式多样,取得了一定的传播效果;但在内容比例安排、板块设计、受众互动上也存在不足之处。研究者提出,可从改善内容比例,提供优质服务;建立微信矩阵,提升精准多元服务;优化信息回馈机制,提升互动质量三个方面着手,优化微信公众号健康信息的呈现。

金晓玲分析移动社交媒体中健康信息采纳意图的影响因素③。研究发现,对于健康信息而言,受众涉入度和专业性对健康传播效应有着显著的直接作用,但是其调节作用不显著。除健康信息质量和来源可信度会对移动社交媒体用户的健康信息采纳意图产生影响外,不同类型的用户之间健康传播效应也存在显著差异④。

杨阳以人民日报微博为平台,分析这一平台对乙肝议题的建构。分析表明,微博发布呈现"应景现象",即更巧妙地把事实信息转换成意识形态;主题具有刻板化倾向,难以引起用户共鸣;文本缺乏足够的人文关怀,微博的原意或许是为了消除隔阂与歧视,最终却导致强化偏见的消极后果。针对种种问题,研究者提出相应对策:增强议题关注;主题宜广泛且有深度;新闻价值与社会价值应相统一⑤。

随着通信技术的普及化,医疗机构与受众的信息传播早已不是"单向"、"双向"可概括的简单流动关系。信息传递与反馈的即时性大大增强,影响健康传播的因素也更为多样,需要用跨学科的角度和视野进行产品形态的分析。李晓珊从健康传播、服务设计角度入手,对移动医疗新媒体产品进行分类研究,提出基础层、服务层、运营层和公益层四个逐级递进、互为支撑的产品层及内容和设计要素,并对移动医疗视域下健康传播及其相关产品顶层设计的规律与方法进行总结与提炼⑥。

## 三、健康教育与健康促进研究

陈维璐对土家族农村地区的健康传播渠道进行研究。该研究以重庆市酉阳县的土家族村落作为研究对象,使用健康传播的四个传递层次——个体、人际、组织、大众四个层级对该地区的健康传播状

① 参见徐思凡:《机遇即挑战:新媒体时代的健康传播研究》,《青年记者》2018年第32期。
② 参见樊阔:《健康传播视域下我国抑郁症报道的议题建构——以〈人民日报〉法人微博为研究对象》,《新闻知识》2018年第10期。
③ 参见徐龙超:《健康类微信公众号传播现状与优化策略研究——以"丁香医生"为例》,《东南传播》2018年第9期。
④ 参见金晓玲、章甸禹、冯慧慧:《移动社交媒体中健康类信息传播效应实证研究》,《情报科学》2018年第9期。
⑤ 参见杨阳:《健康传播视域下微博平台乙肝议题的建构——以@人民日报为例》,《青年记者》2018年第21期。
⑥ 参见李晓珊:《移动医疗新媒体产品生态系统建构》,《现代传播(中国传媒大学学报)》2018年第7期。

况进行调查研究。研究发现,个体传播和人际传播发挥重要作用,而新媒体尤其是社交媒体正在改变村民寻求健康知识和传播健康信息的方式。这一描述性研究不仅对这一特殊地区的健康传播现状进行了描述,也提出了优化土家族农村地区健康传播的路径①。李士艳以天祝藏族自治县为例,对该地区居民健康素养的状况进行综合分析②。对少数民族地区的健康教育与促进进行调研提供描述性的参考资料,为我国健康传播研究带来了珍贵的资料。但值得注意的是,相关研究多停留在使用某一理论框架描述现象、提供对策的层面,而缺少进行理论探索的自觉和努力。

雷毓秋采用问卷调查和田野调查的方法,以杏塘村为个案,对新媒体语境下农村健康传播进行研究。研究指出,农村人的健康传播意识淡薄,以手机、电脑等为终端的新媒体没有促使农村人养成更多的健康行为,反而致使农村青年群体的晚睡、嚼槟榔等不良行为增多,并出现认知冲突、认知失谐现象③。

杨杰把网络社群视作一种社会化媒体的典型形态,认为这一社群为健康传播注入了新的活力。与传统的宣教式传播相比,网络社群具有更加平等自主的传播特点,成为公众参与健康传播的一个可供拓展的有效路径。由于传统的传播理念和模式无法维持受众的吸引力,健康教育与促进频频寻找新的传播渠道,游戏科普就医指南即是一种选择。杨杰以"肝胆相照"论坛为例,指出在这一网络社群媒介中,乙肝病毒患者积极参与,探索了一条主动学习科学知识、维护自我权益的健康传播实践之路,其注册会员已超过 100 万④。

史松坡等对广州大学城高校学生对抑郁病的认知状况进行焦点小组访谈。数据表明,大学生群体对抑郁症的致病因素、治疗理念等都存在不同程度的误区,对抑郁症患者带有一定的偏见。研究者根据调查结果提出,可在教育模式、机构设置、媒体内容三个方面针对大学生进行抑郁症相关知识的普及⑤。

进入 21 世纪,我国经历了一系列突发的公共卫生事件,如 2003 年的"非典"、2009 年的"甲型H1N1 流感"等。应对突发事件时,不仅需要保持信息畅通,健康教育的作用值得重视。马国庆的研究指出,在应对突发公共卫生事件时,要充分重视健康教育及健康传播的作用,通过各种措施加强对社会公众的健康教育及健康传播,提升突发公共卫生事件的应对效果,维护我国社会的和谐与稳定⑥。

## 四、健康传播中的特殊议题研究

喻国明以 2016 年中国食品报舆情系统采集的热点事件和相关案例作为舆情数据库,通过梳理2016 年热点舆情事件的时间分布和地域分布,对问题集中的行业、影响范围与涉及主体等进行分析,并将食品药品舆情事件与一般性的社会舆情事件进行比较,对中国食品药品舆情热点事件传播的主

① 参见陈维璐:《土家族农村地区健康传播渠道及优化路径研究》,《东南传播》2018 年第 5 期。
② 参见李士艳:《大众媒体对农村居民健康素养提升的探索——以天祝藏族自治县为例》,《赤峰学院学报(汉文哲学社会科学版)》2018 年第 5 期。
③ 参见雷毓秋:《新媒体语境下农村健康传播现状研究——以杏塘村为个案》,《新闻研究导刊》2018 年第 6 期。
④ 参见杨杰:《网络社群中公众参与健康传播实践及其评价》,《健康教育与健康促进》2018 年第 5 期。
⑤ 参见史松坡、袁玉琼、罗韵娟:《提高大学生对抑郁症认知的健康传播策略研究》,《新闻研究导刊》2018 年第 9 期。
⑥ 参见马国庆:《健康教育及健康传播在应对突发公共卫生事件中的作用分析》,《中国卫生产业》2018 年第 15 期。

要特点与常态分布进行总结。其中,在时间分布上,2—4 月为一年中食品药品舆情事件的盛发期;在空间上,除全国性事件占比最多外,地区性事件主要集中于东部沿海一带;在行业分布上,餐饮、医院、疫苗和乳制品是舆情集中爆发的行业;在舆情的传播渠道上,当下食品药品舆情事件的"发酵期"的主要传播与蕴含的场域是微信微博等社交媒体,第一时间在社交媒体上发声和应对显得至关重要①。

张莉对健康传播的特点进行分析,并从传播源、传播过程和受众三方面提出健康传播公众信任机制的构建策略。研究表明,新媒体时代改变了信息生产关系,健康信息的传播内容泥沙俱下、真假难辨,公众信任机制的构建迫在眉睫。政府及主流媒体的公信力是公众信任的基础,传播过程中的控制机制是关键,受众的媒介素养是基础,三种协同作用,能在更大范围内建立公众参与感与信任度②。

汪莉以健康传播的亚文化养生朋克为例,分析健康传播所表现出的风格化、抵抗性、娱乐性和象征性的亚文化基本特征及影响,为健康的有效传播提供了参考。研究指出,可借助新闻热点,减少健康传播的知识鸿沟③。

钟智锦认为,医患关系不仅在微观上影响患者的治疗效果,并且在宏观上影响公共健康的良性循环。简而言之,公共卫生、大众对健康与疾病的认知、医疗政策在医院这一场域的实施等,均体现在医患这一微观环境中,也被这一微观环境的实践所塑造。研究者采用量化研究的方法,结合韦纳的"行为→归因→情感反应与行为预期→后继行为"归因模式,发现患者从其早期就医经历得出对医院总体专业水平与诚信水平的判断。此外,健康知识素养更高的患者更能理解医院的行为,会表现出对医院更高的满意度④。

赵金萍认为,新媒体改变了传统的健康传播主体,革新了健康传播的途径与方法,加快了健康信息传播、扩散的速度,扩大了传播范围;同时,新媒体也使得一些以偏概全、不够科学的信息得到广泛传播。近些年,越来越多的新媒体平台加入对健康谣言的破解和治理中,如科学松鼠会、腾讯较真、果壳谣言粉碎机等。这些科普性微博对缓解健康谣言风潮起到了积极的推动作用⑤。

## 五、结语

纵观 2018 年我国健康传播研究,主要呈现以下几个特征:

第一,以对策性研究为主,注重与实践应用的联系,探讨理论发展与实证研究的文章比例较少。

第二,作为跨学科的研究领域,传播学与医学的合作并不多见。

第三,健康传播话题百花齐放,从关键疾病在媒体上的呈现到医患关系,从探讨电影里的健康话题到新媒体如何助力健康信息的传播,均有关注。

撰稿人:周小溪(复旦大学新闻学院 2018 级博士研究生)

---

① 参见喻国明:《健康传播的舆情特点与常态分布——基于 2016 年国内食药安全热点事件的量化分析》,《新闻与写作》2018 年第 5 期。

② 参见张莉:《新媒体时代健康传播公众信任机制的建构》,《新闻论坛》2018 年第 5 期。

③ 参见汪莉:《健康传播的亚文化特征——以养生朋克为例》,《传播与版权》2018 年第 8 期。

④ 参见钟智锦:《医患关系如何影响遵循医嘱行为:人际沟通的视角》,《学术研究》2018 年第 4 期。

⑤ 参见赵金萍:《健康谣言的生命伦理透视——兼评果壳网〈谣言粉碎机〉》,《新闻战线》2018 年第 2 期。

# 城市传播研究

根据国家统计局 2017 年年底发布的最新数据,在 2017 年年末,中国城镇化率已达 58.52%,这就意味着,相比乡村,中国当前有更多的人口集中地生活在城市。城市传播,正是在这一语境之下提出的。早在 21 世纪之初,城市研究的学者就提出:"城市是一种复杂的全球性或地方性相互交往的聚集地,从中产生多样的社会、文化、政治和经济空间与形态,如果人们只能从一个视角来审视城市的话,无论是从文化还是经济角度,现在不再可能。"①与此同时,新媒介技术正在中国城市中以迅疾之势快速铺展开来,移动新媒体、大数据、VR/AR、5G 技术和人工智能等新型技术形态层出不穷,在多个维度改变城市的物质传递、人类交往和意义生成。大众媒体在新技术语境下展开融媒体转型,以全新的姿态嵌入城市信息的传播之网当中。"城市传播"作为一种新型的学术研究范式,正是在城市化、新技术和全球化这三大浪潮之下提出的。城市传播的研究者的核心关切,正是立足中国本土化的历史与经验,在三大浪潮互相激荡的时代,反思新闻传播学的研究范式,重建传播与人的根本性关系,进行不懈的理论创新,以做出新闻传播学对这个时代的回应。在复旦大学信息与传播研究中心提出城市传播的理论范式创新以来,中国的城市传播研究正在呈现快速发展的局面。不论是理论延展,还是在经验方法上,2018 年的城市传播研究都展现了蓬勃发展的新气象。

本文中,笔者将以城市传播的理论要旨和核心议题为参照系,通过相关文献的回顾与评议,对 2018 年中国大陆城市传播研究进行脉络式的爬梳,试图勾勒出城市传播研究的最新进展,寻找各项研究之间的相互关联与共同关切。在此基础上,笔者将对 2018 年城市传播研究的发展趋势进行归纳总结,发现 2018 年度研究的热点和亮点,以期为之后的城市传播研究提供参考与借鉴。

## 一、城市传播的理论创新研究

### 1. 城市传播的核心议题和研究取向

2018 年,城市传播的理论研讨有了进一步的发展,体现在城市传播的核心要旨进一步明确,与城市传播相关的几个热点概念,如位置媒介、赛博人、媒介实践、媒介场景和媒介公共性等有了更深度的研讨。这些学术理论的发展和创新,对于今后的城市传播研究具有重要的参考价值。

在理论探讨之中,孙玮的论文《城市传播的研究进路及理论创新》是一篇集大成的研究成果,对城市传播的理论关切和研究的各个面向和维度进行了深入的阐发。文章从四个关键概念,即"城市"、"技术"、"媒介"和"传播"入手,来探析城市传播的基本内涵。第一,关于城市,孙玮认为,对于城市有

---

① 参见加里·布里奇、索菲·沃森:《城市概论》,陈剑峰、袁胜育等译,漓江出版社 2015 年版。

着复杂的定义,城市传播所推崇的理想城市是"可沟通城市",即由传播创造打破各种区隔、障碍,化解分歧、冲突的良性生存状态。她的核心观点是,要深度挖掘"城市"这一概念本身特有的特质、动力和内涵,建立传播与城市历史的、理论的、现实的内在勾连。城市性(urbanism)在主流传播学中是一个被抽空的概念,所以公共领域、公共空间这些概念也就失去了其本来意义,变成一个泛化的概念。第二,技术是城市进程中的关键力量,技术改变了人类社会的基本状况。孙玮认为,主流实证传播研究对技术的理解是工具性维度的,而技术哲学、媒介学、存在论等视角被完全遮蔽了。通过对海德格尔、唐·伊德、斯蒂格勒等学者对于"技术"观念的反思,她认为,当下城市传播研究要关注新技术时代传播技术在城市语境之中发生的革命,观照新传播技术如何重构了人们的时空观。需要注意的是,除了新传播技术时空变化的探析,学者们还应该进一步挖掘这种变化的社会意义究竟为何,从而对中国城市发展的现状予以回应。第三,我们要反思媒介概念本身。新传播技术到来,极大地挑战了我们对媒介的理解。孙玮认为,城市传播可以从四个方面理解媒介,一是媒介的基本意涵是"中介和居间";二是媒介不是工具、容器和手段,媒介是"生产性"的,参与社会建构和意义生产;三是大众媒介仅仅只是特定历史阶段的产物,无法含括媒介的所有内涵;四是城市本身就是一种媒介,勾连了人、自然和实体虚拟世界的多重关系。第四,孙玮回到"传播"这一关键词。她认为,传播一词有着漫长的发展史,14世纪是"聚会的方式",而到了18世纪变成"被传递的信息",大众媒介产生以后,传播逐渐远离了实体空间的具身传播,变成了信息的"再现"和"反映"。在当前的时代背景之下,我们必须突破既有对传播的预设,从四个方面重新理解传播:一是,传播是生产和构成性的;二是,传播应被视为一种日常生活实践;三是,传播具有表征和交流形式的二重意义;四是,传播的意义在于编织各种各样的关系网络。通过以上分析,孙玮希望传播学能够回应当前中国社会迅速变动的现实,并且重建传播与人之存在、社会进步和人类文明的根本性关系①。笔者认为,孙玮的研究高度凝练地阐明了城市传播的理论要旨和核心关切,对后续城市传播的理论创新和经验性研究都具有极高的参考价值。

对于传播学在当前数字媒介语境之下遇到的挑战,众多学者都表达了"重构"和"转型"的观点。吴予敏指出,近年来,在传播学界提出"重构"或"重建"中国传播学主张的学者逐渐多了起来。这个现象在某种程度上反映了中国传播学建设的主体自觉。这一现象背后有三重原因:中国经验的丰沛、网络化社会的发展和传播学知识视野的日趋多元。吴予敏认为,在当前的这种时代场景下,有三个研究取向值得学者们重点关注,一是媒介形态为知识轴心的媒介学取向,二是以"公共性"为伦理基点的传播研究,三是以"城市"(包括了乡村)为视角的传播研究。值得注意的是,吴予敏对"城市传播"与"乡村传播"之间的关系给予了清晰了当的回应。他指出,城市传播研究并非不关注乡村,而是二者本质上是一个问题的同构:城市传播问题和乡村传播问题在中国现代化和城市化的语境中有时也可以融合成一个问题,或者说,当今的城市传播问题中内含了乡村传播问题,而乡村传播中也延伸了城市传播的问题。城市传播研究从来不是和乡村二元对立的,城市传播始终在中国城市化的语境和大背景中去关注和思考中国乡村的变迁和转型。事实上,许多城市传播的研究者已经做了许多中国乡村的经验性研究②。

---

① 参见孙玮:《城市传播的研究进路及理论创新》,《现代传播(中国传媒大学学报)》2018 年第 12 期。
② 参见吴予敏:《"重构中国传播学"的时代场景和学术取向》,《国际新闻界》2018 年第 2 期。

### 2. 城市传播研究与新媒体理论

澳大利亚墨尔本大学的斯科特·麦夸尔提出"媒体城市"和"地理媒介"的概念,意指当下新媒介技术正在日益和城市建筑空间相叠合,形成一种崭新的媒介形态。关于这一研究思路,中国学者也展开了积极的思考。许同文探究了位置媒体是如何与城市空间融合,并在此过程中参与城市空间的生产。他认为,位置媒体重新将互联网带回了地球。一方面,位置决定信息;另一方面,这种信息反过来影响人们对于位置的感知。关于位置媒体,我们必须同时关注两重维度,一个是具身的维度,一个是空间的维度。所谓具身的维度,就是位置媒体始终和具身性关联,实际上,位置媒体是"具身代理人";同时,位置媒体也重新定义了"空间"。位置媒体时刻改变着空间的形貌,而且不是一种简单的叠加和嵌入,而是一种"交互性生成"。同时,他还指出,位置媒体对于城市生活的意义在于,它使得陌生的空间熟悉化,实现城市移动的"灵活校准"(信息检索改变出行计划),以及增进了社会交往的丰富性①。笔者认为,许同文的研究结合多学科理论,指出了时下正在中国城市中迅速发展的位置媒体的内涵、维度和影响,对于将要从事相关经验研究的学者而言有启发价值。

谢沁露对西方媒介地理学的发展做了清晰的梳理。她认为,媒介地理学最早的缘起是20世纪七八十年代西方学术思想的"空间转向"和"文化转向",众多学者开始关注媒体与地理之间的关系。媒介地理学的研究取向到了20世纪90年代末和21世纪初发生了转变,这体现在从单纯的探讨地理(空间)与媒介的关系,到思考"空间媒介化",即空间作为媒介的体验与实践渗透在人类日常生活的感知和想象中,空间的生产也成为一种媒介,展现出空间奇妙而丰富的人文与社会内涵,呈现出空间媒介化的特征和作用。特别是新技术,诸如 GIS、GPS、RS 和计算机技术的发展,"空间压缩"、"空间折叠"、"空间拉伸"成为新的空间现象,空间思维与媒介传播之间的明与暗、虚与实的关系进一步凸显。这一时期,媒介地理学者已经开始意识到地理与媒介/传播不是两元关系,伴随新技术的发展,它们日趋融合,伴随"位置媒体"的出现,这一转向已经日渐显露。谢沁露指出,与早期关注大众媒体影响下空间与地方的生产不同的是,空间与地方开始作为媒介,执行媒介的生产与传播功能,体现出空间与地方的特质及关系。她对媒介地理学的期望是,结合社会学与人类学研究的方法论,更真实地进入日常生活研究中,跨越虚拟环境,结合现实在媒介环境中的体验与实践②。这恰恰与许同文的研究形成互文关系,也就是媒介地理学也必须要关注"位置媒体"的具身维度与空间维度,打破地理/传播两分的预设,从日常生活实践中探寻媒介的空间生产和空间的媒介化解释。

从以上研究综述中,我们可以发现:2018年城市传播在多个面向展开理论创新,一是学术取向和轮廓的进一步明确,二是与城市传播密切相关的新媒体理论不断延展,对我们进一步展开相关研究提供了宝贵的借鉴。

## 二、城市文化研究

自城市传播成为一个清晰的学术旨趣以来,城市文化就是研究的热点和焦点。因为当前城市文

---

① 参见许同文:《"位置即讯息":位置媒体与城市空间的融合》,《新闻记者》2018年第6期。
② 参见谢沁露:《从空间转向到空间媒介化:媒介地理学在西方的兴起与发展》,《现代传播(中国传媒大学学报)》2018年第2期。

化已经和城市政治经济建设,乃至"全球城市"的打造、未来城市的布局密切相关,许多城市排名指标、城市发展规划中,城市文化与艺术都是相当重要的参照系。正如沙伦·佐金在其著作《城市文化》中指出的那样,"创造城市形象、定格城市画面的文化力量正变得越来越重要。那些创造形象的人也塑造了一种集体的认同"①。

回顾 2018 年的城市文化研究,我们会发现如下现象:一是研究的空间与场所日趋多元,从日益兴起的实体书店,到城市公共文化空间,如广场、博物馆、图书馆、游乐场、城市地标等;二是研究理论视角日趋凸显,学者们日渐意识到光有研究对象还不够,必须要有清晰的理论视角与研究问题;三是研究方法的多元,除了传统的文本材料分析和访谈法,还出现了人类学民族志方法、多点民族志、视觉修辞分析(修辞学)等新兴和多元的研究方法。

### 1. 城市公共文化空间与传播

城市书店正在作为一种新的城市公共文化空间而崛起,以书店为个案的相关的研究也层出不穷。司新丽就以实体书店这种特殊的城市文化空间形态,探讨了它对城市生活的意义。研究指出,实体书店不仅仅只是图书销售,它更应该成为城市文化的地标,就像巴黎的莎士比亚书店、旧金山的城市之光书店那样,民营书店的实践就已经表明,书店为读者提供了人与人、人与物面对面对话、接触的途径,从而成为对话交互式和体验式的文化传播场所,使书店从一个普通的图书交易场所变成一个可供阅读和精神交流的空间②。

### 2. 城市影像、传播与空间

在城市中日益繁荣的不仅有实体书店,还有城市民间影像空间的发展。宋嘉伟探讨了在当代的民间影像项目在不同城市空间的放映实践,并试图思考影像、空间和集体记忆之间的复杂勾连。他对不同类型的影像空间进行细分,包括俱乐部、艺术空间、书店、非政府活动和校园空间,认为影像的传播不仅仅发生在电影院,城市场所中的放映与传播实践正日趋多元。在传统的大众传媒与线上虚拟空间之外,建立起一个依托于数字化制作、传播与放映工具,以城市实体空间为载体的,人与人之间交流更加直接的信息传播系统。这些宏大叙事之外的民间记忆,也使得人们对历史的认知更为多元和开放③。

城市影像研究作为长期的研究焦点,同样得到了学者们的关注。刘娜和常宁从列斐伏尔空间生产的理论切入,认为城市影像再生产了城市物质空间,塑造了城市的文化空间,并建构了城市的社会空间。多元主体和多样体验成为当下新媒介时代影像创造的新特点,城市主体的社会经验和实践为城市影像开辟出新的意义空间,有意识的个体探寻和发掘使城市社会空间摆脱同质和单一,建立起富于意义的多重场所,它与传统、主流的社会风貌互为对照和补充。正如康纳顿提到社会记忆的生成,就区分了"刻写实践"和"体化实践",后者能提供亲身参与的体验和深刻有效的记忆,而城市影像片

---

① 参见沙伦·佐金:《城市文化》,张廷佺等译,上海教育出版社 2006 年版。
② 参见司新丽:《公共文化传播空间的构建——以民营实体书店转型发展为例》,《国际新闻界》2018 年第 5 期。
③ 参见宋嘉伟:《城市传播、公共影像与记忆空间——以"民间记忆计划"放映实践为例(2011—2015)》,《浙江传媒学院学报》2018 年第 2 期。

作为一种媒介正能够成为新兴体验的有力塑造者①。

### 3. 城市文化与日常生活

20世纪以来,日常生活成为西方理论家关注的焦点,诸如列斐伏尔、阿格尼斯·赫勒和米歇尔·德·塞托等理论家都将日常生活作为研究的切入点,对社会日常生活的历史画卷做出生动的描绘。2018年的城市传播研究中,城市日常生活也得到了学者们的重视。王冰基于广州城市20世纪二三十年代的日常生活的变迁,思考了媒介城市形成的公共文化空间是如何推进城市空间的生长,同时激发了民主革命和现代社会的新型思潮。王冰认为,对媒介城市的认识,不仅仅是信息的层面,还要考察媒介城市如何定义、影响了人们的日常行为和日常生活实践。研究发现,(媒介)通过塑造不同的社会结构,构成特定的因果关系,界定如何完成日常的任务,从而干扰生活的偏向。媒介与日常生活的共生关系包括:通过舆论治理的空间来约束日常交往的内容,通过隐匿的纪律训练形成日常交往的方式和规则,通过监控及干预确定日常交往的范围和道德,等等②。

胡翼青从空间社会学的角度切入,将马拉松赛看作是一种媒介,重新反思马拉松赛热闹背后所暗藏的种种权力关系,以及马拉松赛如何建构了新的空间意义。他认为,"南马"实际上就是一种新的"生产工具",用于城市的文化生产和空间生产。南京马拉松赛不仅仅是城市地标的串联,它也通过种种媒介再生产的方式,改变着人们对南京城市空间的想象和认知,例如在直播画面中,南京城市是作为"全景式"的空间而呈现的,电视镜头也消灭了城市景观丰富的时空差异,呈现出来的空间与消费和权力暗藏多种关联。他通过翔实的田野观察发现,在"南马"的空间生产之中,两种主体被大大地遮蔽和忽视了,即参赛者和城市居民。参赛者和市民也通过一些机制对"南马"的主流话语进行抵抗,虽然微弱,但体现了德塞托所讲的普通民众在日常生活中的"战术"与"策略"在社会空间生产中不可被忽视的面向③。

## 三、城市形象传播研究

学者们曾说:"城市是构想出来的,反过来又影响着人对城市的想象能力……人类的这些想象与行为不仅是认知性的和创造性的,而且是无意识和神奇的。"④自从多种多样的媒介诞生以后,城市形象就呈现出嬗变的姿态,报纸、广播、摄影、影像,一直到今天的虚拟现实和人工智能技术,都在改变着城市形象的传播。学者孙玮就指出,镜头的介入改变了人与城市的关系⑤。纵观2018年城市形象传播的相关研究,呈现出多地域、多媒介、多视角的特点,城市形象的研究涉及上海、广州、深圳、澳门和武汉多地,媒介文本横跨报纸文本、LED屏幕、城市空间与地标等,理论视角也十分多元,诸如框架理论、日常生活实践理论、修辞学理论、城市共同体理论等,对于城市形象的研究从多空间、多层面、多维

---

① 参见刘娜、常宁:《影像再现与意义建构:城市空间的影视想象》,《现代传播(中国传媒大学学报)》2018年第8期。
② 参见王冰:《媒介城市的"日常"议题与偏向——以20世纪初广州为中心的考察》,《湖南师范大学社会科学学报》2018年第6期。
③ 参见胡翼青:《作为空间媒介的城市马拉松赛——以南京马拉松赛为例》,《湖南师范大学社会科学学报》2018年第4期。
④ 参见加里·布里奇、索菲·沃森:《城市概论》,陈剑峰、袁胜育等译,漓江出版社2015年版。
⑤ 参见孙玮:《镜中上海:传播方式与城市》,《苏州大学学报(哲学社会科学版)》2014年第4期。

度展开。

上海城市形象在新媒介兴起之后经历了怎样的变迁？如何从城市传播的视角来思考上海城市形象？钟怡从"可沟通城市"的概念出发，以上海人民广场为案例，思考传播究竟是如何与城市之间形成互动。研究发现，第一，人民广场的建筑实现了历史空间与现实场景的拼贴，而在这其中，手机二维码发挥了重要的作用，新媒介技术对于历史场景的嵌入，更是拉伸了其传播内容的广度，将历史感延伸到物理空间之外。第二，通过媒介的传播与再建构，形成了不同的空间感知。第三，人民广场的"相亲角"通过不同主体的空间实践使得这一地点承载了丰富的传播意义。她认为，在当前新媒介深度嵌入城市实体空间的时代，我们需要从媒介融合的角度来理解城市传播，看到城市空间、媒体、个体等多元主体所承载的媒介意义①。在她的另一篇论文中，她提出了在新媒体时代，对城市体验的方式正在从"表征"转向"实践"，也就是人们不再仅仅通过大众媒介所塑造的再现和表征的城市来体验城市空间，而是更多通过具身实践来体验城市空间。城市形象不再是符号化的，而是嵌入市民的日常生活之中。而实践范式的到来，也意味着城市居民主体性的转变。人和人的城市实践……作为城市的缔造者、拥有者和居住着，城市市民才是城市生命力的来源②。

吕晟以广州市的黄埔村为案例，思考它在广州城市变迁的过程中所具有的媒介特性。研究认为，黄埔村作为广州"城市形象的窗口"，具有指示功能、代表功能、情感功能；黄埔村作为城市空间的媒介，能够实现空间再造和文化记忆传承。广州黄埔村这一地理空间在现代化社会当中，其媒介作用并没有因为新媒体而减弱，而是进一步彰显。实体空间的媒介与虚拟空间融合，相互影响，构成了一个更加复杂的城市景观。值得注意的是，实体媒介嵌入人们的日常生活，在潜移默化中传播文化内涵与意义③。

邓力以"窗口"为隐喻，探讨深圳主题公园和深圳城市博物馆如何通过视觉材料的选择、"全球"与"地方"元素的拼贴，实现了在视觉的修辞学维度将深圳作为中国对外开放之窗口这一形象的目标。通过多点民族志的研究方法，研究者观察了深圳这两个城市地标的空间修辞元素、文字信息和市民的空间使用行为。研究发现，两处深圳的"窗口"都显现出现代性过程中全球化、地方性二者之间互动的张力关系，在对全球与地方符号的视觉拼贴中呈现为一种混杂的现代性想象④。

潘霁以框架理论为视角，对2013年到2017年的中英文媒体文本进行分析，比较它们如何使用不同的框架建构澳门的城市形象。研究指出，中文媒体建构中突出的经济领域分别对应了普通居民在城市中居住栖息、旅游出行和休闲娱乐等日常生活实践。这些活动多是必须居民身体在场的本地化实践。而英语媒体框架则呈现出差异，更多突出澳门是全球金融投机和休闲娱乐的目的地。媒体与城市语言的接近度会改变城市形象的呈现，澳门的城市形象也从"东方赌城"到"日常生活之所"呈现出复杂而多变的面向，与不同的受众之间保持着多重的关系⑤。

①  参见钟怡：《多元传播视角下的城市沟通：上海人民广场"可沟通性"研究》，《现代传播（中国传媒大学学报）》2018年第9期。

②  参见钟怡：《从"表征"到"实践"：移动媒介时代城市形象建构的新范式》，《学习与实践》2018年第7期。

③  参见吕晟：《城市传播视角下解读黄埔村的空间媒介文本》，《记者摇篮》2018年第8期。

④  参见邓力：《地标与认同：城市"窗口"空间的视觉修辞分析》，《新闻界》2018年第12期。

⑤  参见潘霁：《本地与全球：中英文媒体与澳门城市形象——框架理论的视角》，《国际新闻界》2018年第8期。

## 四、大众媒介转型与城市新媒体研究

谢静以"上观新闻 App"为例,思考城市移动新媒体是如何改变了城市人的时空体验。谢静从时空机器与城市尺度、信息流、叙事流和"中间时空"四个维度,对移动媒体所带来的变化作了详细的阐释。她认为,移动新媒体是一种"时间机器",即整体性的时空架构,形成了体验与建构城市图景的基础框架,移动新媒体所建构的图景是一个变幻不定的时空体,多样的时空构型在其中穿插、交错、并置,与作为另一种体外化器官的城市本身形成同构。在叙事层面,时空结构则呈现出越来越差异化的剪辑、多维松散拼贴的流动状态,而这些在一起共同构成了"中间时空",它是流动的、相对不可见的,是多种时间并置在一起的,这形成了人们对时空之流复杂的体验[1]。

李淼以"城市可沟通性"为视角,探索了政务媒体"西安发布"的传播策略。她认为,政务媒体在当下的传播中已经出现以政务传播沟通城市、以信息传播连接城市、以文化传播激活城市的特点,而这意味着传统媒体不再只是单纯的新闻生产,而是通过成为城市各个部分的"连接者",从而找到了新的连接方式。研究认为,"西安发布"不同于传统媒体着力于新闻生产,而是增强与政务部门的信息联系,汇聚网友内容生产智慧,建立线上线下社区体验,将传统的新闻生产转变为与城市各传播参与者的连接[2]。

## 五、结语

在中国城市化、新媒体迅速发展的语境下,城市传播研究成为学者们对于日新月异的中国城市发展现实之回应。回顾 2018 年的城市传播研究,笔者发现如下特点:一是城市传播的理论创新有了长足进展,学者们结合多学科理论,反思大众传播既有的预设和面临的困局,尝试通过跨学科的视野,将新闻传播学研究重新置于人文科学和社会科学的交叉点上,推动传播学科与其他学科的跨学科交流。二是经验研究呈现出创新性、多元性的特点,"多元"体现在研究地域、经验材料和案例选择、城市空间与地理、理论视角和研究方法的多元性上。城市文化与城市形象、新媒体/新技术与城市、大众传媒在新媒体时代的转型问题,这些议题是 2018 年城市传播研究所关注的焦点议题,在 2019 年依然将会成为研究热点。三是不同的学者都在尝试对"空间"、"媒介"概念作出重新理解和定义,试图丰富传播学研究的图景。笔者认为,城市传播研究的核心议题、核心概念、核心旨趣正在逐渐明确和清晰,它们是一个研究共同体的尝试,试图对正在剧烈变动的中国都市做出中国学者的回应。

撰稿人:褚传弘(复旦大学新闻学院 2018 级博士研究生)

---

① 参见谢静:《时空之流:移动新媒体的城市尺度》,《探索与争鸣》2018 年第 10 期。
② 参见李淼:《政务类新媒体的融合传播与实践模式》,《视听界》2018 年第 3 期。

# 时尚传播研究

时尚传播作为 2018 年中国教育部特别设置的新专业(专业代码:050308T),得到了学界和业界的关注和热议,许多高校相继开设时尚传播专业,甚至时尚传播学院。2019 年 7 月,"时尚传播:在传统与数字未来之间"国际学术研讨会在瑞士阿斯科纳举行,时尚传播的学术共同体正在形成。从"时尚"到"时尚传播",2018 年度关于"时尚传播"的研究对象不再局限在服装与服饰领域,研究的视角已拓展到城市文化、新媒体和消费主义等新兴领域。本文的综述将从基础理论谈起,进而探讨时尚传播的价值导向,以及在新媒体环境下的发展,并拓展到应用层面的品牌、消费等问题。本文是对 2018 年在中国大陆公开发表的有关时尚传播研究的一次考察和阶段性总结,所涉及的论文以"时尚传播"为引线串联,但又不局限于新闻传播学科。笔者希望通过此项梳理,能够使阅者便于查阅 2018 年时尚传播研究的概况,简单明了 2018 年度时尚传播研究主要涉及的研究对象,以及研究者所立足的理论与应用视阈。

## 一、时尚传播理论

时尚传播的现象几乎与人类文明相伴而生,但学者们对其真正开始关注却始于 19 世纪末。国内较早研究时尚传播的主要是社会心理学和服装与服饰设计领域的学者,随后新闻史学研究者开始对时尚杂志的内容研究给予更多的关注。无论是在时尚传播的定义和身份体认上,还是在传播生活时尚、营建消费空间、表达女性话语权上都具有明显作用。显而易见,时尚传播作为新闻传播学研究的一个新的方向,其地位已经日趋凸显,并在跨学科领域发挥着画龙点睛般的作用。

时尚传播的核心理论立足于传播学,但其显著的审美性、商业性和艺术性是与其他传播学分支最大的差异。2015 年至 2017 年,时尚传播的理论研究已经对时尚、时尚传播的内涵,以及时尚信息、媒介、受众的研究路径进行不同视角的阐述。因而 2018 年度时尚传播的研究多偏向于应用研究和媒介效果研究,在理论研究上,着重从认识论、方法论和价值导向进行深度探究。

葛瑶和刘行芳撰文指出,时尚传播承载着重要的价值导向和人文关怀的责任,从历史文化、政治、文学作品、社会文明水平等方面阐释不同时代有不同的时尚追求和时尚标准。

研究认为,时尚价值的引领需要在本质上实现人性的释放,倡导时尚的多元化、多样化,并从认知社会、关注审美、突出使命感和自由选择权等方面说明时尚传播需要引领价值[①]。传播时尚,应具有包容性,允许不同流派、不同风格、不同审美情趣的时尚并驾齐驱。

随着信息时代的到来,基于互联网、移动互联网、物联网等新兴媒介的不断发展,传媒对于文化的

---

① 参见葛瑶、刘行芳:《论时尚传播中的价值导向与人文关怀》,《新闻爱好者》2018 年第 2 期。

影响,尤其是时尚文化的影响表现得越来越深入,而媒介之于时尚传播的功能亦愈加凸显。从传统媒介承载时尚文化到时至今日,媒介可以引导时尚、推动时尚、制造时尚甚至批判时尚。陈肖雄和邵璐研究了媒介的发展与时尚传播存在怎样的联系,以及如何影响展开研究,并提出相应的发展策略。全媒体环境下,时尚文化传播不再局限于单一渠道和形式,要更快地展现角度更新颖的时尚内容。借助新旧媒体,时尚文化传播效果的两面性空前放大,在清晰认识到时尚传播新力量的同时,需要从正面积极的角度引导和构建这种文化力量,以利于我国时尚文化事业的繁荣发展①。

有学者在认识论和方法论上提出了诸如实证描述等研究方法。刘丽娴和凌春娅通过分析高级时装之父查尔斯·弗莱德里克·沃斯的下传理论,发现沃斯的成就来源于契合了当时时代的发展和特定的传播路线,以及对时代精神的把握。研究采用社交圈分析的方式来解析19世纪流行模式与沃斯现象之谜,论证高级时装除了证明消费它的人有着相应的支付能力之外,还显著地表明她们所处的社会阶层。在某种程度上,我们可以认为,高级时装是有闲阶级金钱文化的一种表现。研究者运用20世纪初乔依·思米尔(Joey Simier)提出的"下滴论"(Trickle Down Theory)来理解时尚传播在19世纪的传播方式,即流行从具有高度政治权利和经济实力的上层阶级开始,依靠人们崇尚名流,模仿上层社会行为,逐渐向社会的中下层传播,进而形成流行。上流社会的生活方式、意识形态和审美情趣对于当代的高级时装发展和时尚传播的理论研究具有指导意义②。

戴端和肖宇通过梳理中外学者对身体美学在时尚领域的研究,指出当今的时尚传播理论除了西美尔的"水滴理论"外,还存在由下往上逐级传播、可倒转的"沙漏理论",并探索当下时尚在身体上的不同运作方式与传播机制,构建一种"情境化的身体理论"模式,为今后研究不同时期、不同类别的时尚与身体美学之关系提供一定的学理参考。研究认为,当下及未来的时尚研究更应从身体和身体美学出发,特别是从"切身化"的角度来思考时尚问题,它能让身体获得创造与追求时尚的话语主动权,形成一种基于身体的时尚话语体系,为我们深刻理解身体对于时尚的重要性以及时尚的本质特征提供理论支撑③。

## 二、时尚传播与新媒体

媒介发展到全媒体时代,时尚自上而下的渗透周期减慢,普通的民众也成为时尚资讯的创造者、传播者和评论者。从传统媒介承载的时尚文化到时至今日可以制造时尚、引领时尚、推动时尚甚至批判时尚的新媒体,单向的大众传播逐渐被去中心化、交互性强的网络传播所取代,时尚传播与新媒体的应用研究形式和角度也随之不断地拓展。新媒体给时尚媒体行业带来了许多新的理念和模式,为品牌在转型或创新经营中赢得生存和发展的空间,通过"触网"对接年轻消费者开展电商运营、开通官方微博、微信等品牌传播。

### 1. 时尚社交媒体传播

费雯俪认为,"网红"效应一方面反映出新技术与时尚的多重互动关系,即新技术成为时尚传播在

---

① 参见陈肖雄、邵璐:《媒介发展对时尚传播的影响》,《传播力研究》2018年第9期。
② 参见刘丽娴、凌春娅:《下传理论与查尔斯·F·沃斯的社交圈》,《艺术与设计(理论)》2018年第7期。
③ 参见戴端、肖宇:《我国身体美学融入时尚研究的学术进程》,《南通大学报》2018年第9期。

新时代兴起与构建的重要依托与公共空间;另一方面,"网红"效应映射出时尚审美与商业价值,重构了现代社会大众的生活方式。研究者从消费主义的视阈指出,时尚的传播不再是社会上层精英人士的专属,而是由单向传播转向多渠道、快速度"自下而上"的扩散过程①。通过"网红"实证案例在现实与虚拟社区中衍生出多维度的传播方式与演进规律,映射时尚传播的特征。

艾怡坤指出,社交媒体通过人的聚合和图像的分享,构建"拟态环境",缩小甚至弥合了虚拟的网络世界与现实的鸿沟,突破网络传统概念。时尚文化的传播,时尚信息的持续传递,也在不断构建一个虚拟的"真实"世界,影响着受众的态度、观念及行为,为现实世界提供新的建构手段②。

李欧伦从微博的社交性视角来研究社交媒体对时尚传播的影响及意义。研究认为,微博庞大的用户群和广泛的关注度,建立起一个广泛又细密的社交网,使时尚传播在微博中大放异彩,尤其是微博对受众的识别和细分,从而使时尚品牌在采取微博营销时更具体,将对应的时尚信息传送给合适的受众群。微博的社交性带动时尚产品成为社交货币,通过话题分享和口碑营销实现交流沟通的目的,消除了时尚传播的界限,拉近了时尚产品与潜在消费者的距离,促进了消费者的自我认同和情感宣泄,使时尚传播更具效果③。

### 2. 时尚类公众号传播策略

时尚类微信公众号是微信平台构建的新型社群,颠覆了时尚高不可攀的形象,创新了时尚传播新模式,让时尚传播更加便捷化、广泛化和平民化。魏菊以微信公众号"黎贝卡的异想世界"为例,分析其在内容编辑、平台定位、推广渠道、广告投放四个方面的运营策略,为时尚类微信公众号的运营提供一些策略。例如,运营内容上,坚持原创,内容为王;运营对象上,精准人群,紧贴受众;运营渠道上,渠道互补,联动共振;商业模式上,花式推广,诚信盈利④。

闫涛涛等通过数据统计与分析,对时尚芭莎微信公众号的发展现状归纳总结,并提出建议:利用微信发展广告营销业务提高媒体收入,更加突出本土信息推送迎合本地受众需求,利用微信平台加强网络监测及时澄清谣言,加强互联网和线下商家合作推广等方式提高其时尚类微信公众号影响力⑤。

肖玉清运用微信公众号时尚传播框架,梳理时尚公众号的传播特点,从内容生产、互动管理、运营推广、用户参与等方面分析其发展动力因素,对微信时尚传播产业可持续发展路径进行了探讨。研究指出,首先要抓住移动场景传播,其次要基于优质内容的 IP 化运营,持续产品迭代与创新⑥。

袁谅对时尚类公众号"深夜发媸"进行研究,对此类公众号出现的背景、传播的内容、特征及传播效果等几方面做出分析,并对此公众号存在的问题提出几点看法。"深夜发媸"作为时尚类公众号,能够抓住人们追求时尚的心理,传递时尚信息,受众通过对公众号的阅读与使用,在接受其推送的内容时获得满足感。对时尚类公众号来说,推文所推荐的时尚物品的质量保证也是维持公众号公信力的

① 参见费雯俪:《从"网红"效应透视时尚传播的演进》,《新闻爱好者》2018 年第 3 期。
② 参见艾怡坤:《社交媒体"时尚文化"的传播现状与现实构建》,《西部广播电视》2018 年第 18 期。
③ 参见李欧伦:《微博的社交性对时尚传播的影响及意义——口红如何从化妆品成了社交货币》,《新闻研究导刊》2018 年第 3 期。
④ 参见魏菊:《时尚博主微信公众号运营策略研究——以微信公众号"黎贝卡的异想世界"为例》,《视听》2018 年第 12 期。
⑤ 参见闫涛涛、王静楠、别业鹏:《时尚类公众号的传播策略》,《新闻前哨》2018 年第 5 期。
⑥ 参见肖玉清:《移动传播背景下时尚公众号可持续发展探索》,《中国编辑》2018 年第 7 期。

途径。确保产品质量、坚持原创内容并定期与受众积极互动,多渠道平台的推送做到有的放矢、互相补充,才是公众号发展的长远之道①。

# 三、时尚文化传播与品牌消费

## 1. 时尚文化传播

时尚是一种城市现象,在早期时尚生成过程中,城市的人口聚居为时尚的产生提供了模仿者,以百货商店为主体的街头城市生活为时尚传播提供了物理空间,城市中陌生人不断相遇的环境为以外表解读他人身份提供了需求。伴随着资本主义的发展,城市生活具有了新的特质,城市中时尚的引导者开始主动吸纳街头时尚,城市的管理者也开始通过城市规划等来主动构建城市时尚。赵高辉认为,时尚设计师、时尚产业和城市管理者分别从城市时尚的对内传播和对外传播入手,协同构建并传播城市时尚。尽管城市构建时尚的路径会有差异,但是存在着城市社群需要培养多元的文化包容、时尚仪式传播城市时尚、城市管理者引导城市时尚的构建及传播等一些规律②。

时尚产业的产生和发展与城市的转型与发展密切相关,时尚作为日益活跃的城市元素,逐渐成为丰富城市内涵、塑造城市风格、传递城市文化的重要载体。当前,国内许多城市纷纷提出要发展时尚产业,建设国际时尚之都。相较而言,北京作为全国政治中心、文化中心、科技创新中心和国际交往中心,建设国际时尚之都具有重要的战略意义和一定的比较优势。陈文晖和熊兴在研究国际时尚之都发展经验的基础上,立足北京市时尚产业发展现状和新时期北京市城市建设发展的新形势和新要求,提出北京打造国际时尚之都的主要思路和战略路径③。

湛江地区"非遗"文化丰富,截至2016年,入选国家级"非遗"名录的有8项,其中传统舞蹈类别就占3席,舞蹈文化对湛江的影响深远。随着"海上丝绸之路"文化传播的崛起,湛江舞蹈产业正在面临转型。湛江傩舞和东海人龙舞大多保留了原始风貌,研究他们的舞蹈服饰脉络,进行设计改良,与时俱进十分必要。张盈认为,当今社会跨学科交流频繁,时尚传播作为新媒体,发展迅速。与"非遗"舞蹈服饰跨界合作,是趋势也是机遇,对提高湛江傩舞和东海人龙舞知名度起到推动作用。研究在时尚传播的导向下对两种舞蹈服饰进行分析与对比,尝试提出创新设计舞蹈服饰的方案④。

肖爱云和王佳滢认为,在时尚文化传播的背景下,影视作品人物服装造型表现出明显的时尚化特征。时尚不会独立存在,通常会与人物化妆、拍摄技巧、音乐风格等融为一体,形成新的时尚,产生广泛影响。又因为每一个剧都不同,所以由影视作品的服装服饰带来的时尚之风时时处于变动之中。正是这种变动不居,使得影视服装造型的现代性时尚表现较其他形式更吸引人⑤。

《时尚大师》是中央电视台财经频道在2018年第二季度周六晚黄金时段播出的一档全球时尚文

---

① 参见袁谅:《以"深夜发媸"为例分析时尚微信公众号的传播特征》,《新媒体研究》2018年第5期。
② 参见赵高辉:《城市时尚传播的文化起源与当下建构》,《当代传播》2018年第3期。
③ 参见陈文晖、熊兴:《关于北京打造国际时尚之都的思考》,《中国纺织》2018年第6期。
④ 参见张盈:《时尚传播语素下湛江傩舞与东海人龙舞》,《吉林广播电视大学学报》2018年第4期。
⑤ 参见肖爱云、王佳滢:《时尚文化传播视域下中国影视作品服装造型时尚化表现分析》,《艺术科技》2018年第4期。

化竞技类节目,以"让时尚触手可及,让世界爱上中国"为主题,旨在打造中国最权威的设计师创意比赛。杨晓晖对《时尚大师》如何填补中央电视台财经频道节目生态布局中"衣"这一项的空白,如何在同类题材的时尚节目中做到脱颖而出,如何在消费升级的背景下体现对时尚产业发展的关注进行解析,并提出将文化学者引入导师评委团、给服装设计比赛注入文化内涵、专业度与可视性相结合、"秀"出新意等相关建议①。

### 2. 时尚品牌传播与消费

媒介技术崛起,为大众带来新的阅读方式,纸媒发展步履维艰。然而,我国女性时尚杂志在纸媒衰落的环境中依旧保持良好的经营势头。袁小芳选取国内具有代表性的四本女性时尚杂志为研究对象,综合品牌影响力、知名度等指标对其品牌经营与管理进行分析,并对杂志的品牌定位、商业模式、内容渠道等方面提出建议。研究认为,品牌是杂志最具代表性的文化符号,是杂志的特征,也是杂志实力的象征。国内女性时尚杂志的发展离不开品牌的建设与经营。研究指出,内容是生存之本,是品牌的核心价值;定位是制胜关键,是品牌差异竞争优势;全媒体整合传播,是品牌推广的有效渠道②。

随着我国产品质量的提高、国家实力的增强,消费者对本土品牌的信心大大提高。具有鲜明的传统文化背景的老字号重新流行起来。白玉苓以具有 87 年历史的老字号品牌百雀羚为例,分析其品牌时尚化定位的市场背景,深入探讨百雀羚在产品、销售渠道、品牌传播、定制化服务等方面的品牌重塑策略。在国内化妆品消费市场的时尚化、品质化、个性化需求的基础上,百雀羚实施的品牌时尚化定位和品牌重塑的转型,实现由传统单品类向全品类化妆品的转变,赋予老字号品牌时尚化新特征的策略,对其他老字号品牌发展具有借鉴意义③。

张景云等强调,消费观念的变化以及新媒体信息技术的发展,品牌营销和传播的内容和方式发生了变化,老字号面临新的营销环境,需要在创新经营中赢得生存和发展的空间。百年品牌"内联升"通过"触网"对接年轻群体开展电商运营、开通官方微博、开展微信品牌传播,与动漫、影视开展 IP 跨界运营,与时尚网红合作设计限量款产品并在线上推广,与国内外老字号开展线上联合营销等策略,取得了初步成效,对于老字号年轻化转型中如何运用新媒体开展品牌传播具有借鉴价值。"内联升"在时尚化转型中,品牌经营战略还不配套,网络传播中还没有形成浓厚的社群文化氛围,IP 运营模式在积累已有经验的基础上有待进一步优化与拓展④。

林一诺从商家和消费者两个角度,通过对北京几家 ZARA 店铺的实地考察,并结合广告学和传播学的理论知识,对 ZARA 的橱窗陈列广告形式进行分析,讨论在当今快节奏的传播趋势下快时尚品牌的广告形式应考虑的因素及其影响。橱窗广告对于快时尚品牌来说的确是一种非常好的广告形式,但是要保证橱窗广告的更新换代的速率,商家要把握好消费者心理,避免让消费者对所陈列的样式及形式产生审美疲劳⑤。

---

① 参见杨晓晖:《"文化+时尚"彰显中华文化大美内涵——浅谈〈时尚大师〉创作思路》,《电视研究》2018 年第 10 期。
② 参见袁小芳:《国内女性时尚杂志品牌经营模式与发展策略探究》,《新闻世界》2018 年第 8 期。
③ 参见白玉苓:《老字号品牌重塑中的时尚化定位及策略研究》,《品牌研究》2018 年第 11 期。
④ 参见张景云、康泽彪、杨强:《"内联升"品牌时尚化转型中的新媒体传播策略》,《品牌研究》2018 年第 11 期。
⑤ 参见林一诺:《当代快节奏传播趋势下的品牌广告策略分析——以快时尚品牌 ZARA 为例》,《传播力研究》2018 年第 3 期。

中国社会中"90后"青年消费者正逐渐成为消费主力人群,消费结构从生存型消费向享受型、发展型消费升级,重品牌、重品质、重服务、重享受、个性化、重精神体验是目前中国青年消费主体的主要人格特征。随着中国社会中青年这一群体的不断壮大,必将刺激新一轮的消费结构升级,也因此将迎来新的商业机会。魏子皓等对青年消费者的组成及发展进行分析,重点探究了青年的消费行为,探索了青年消费者消费升级带来的新商业机会,并提出有意识地界定属于青年消费者的商品和服务,提供个性化服务和提高商品的创新能力等相应对策①。

## 四、结语

依据宏观理论和微观个案、类型差异等线索,2018年时尚传播研究的特点主要有三个方面。

首先,关于时尚传播在宏观层面的理论范式问题受到关注和讨论,学者们希望借此使时尚传播研究能够立足新的理论视角,采用新的研究方法论,突破已有研究的窠臼,取得新成果。

其次,在具体研究的个案方面,研究者把时尚传播研究的时间维度进一步拓展,并从时尚品牌传播与消费视角分析时尚品牌在新媒介时代的战略模式和优化方案。

最后,由于新闻传播领域的研究基础薄弱,使得时尚传播常常浸没于时尚文化研究、时尚产业研究中。与时尚传播应用性研究的丰富性相比,有关时尚传播的理论研究少之又少。

撰稿人:费雯俪(复旦大学新闻学院2018级博士研究生)

---

① 参见魏子皓、黄睿、汪骞、徐登峰:《消费升级对我国青年时尚消费的影响》,《商场现代化》2018年第9期。

# 艺术传播研究

艺术传播是指人们运用各种传播方式对艺术信息加以传播的过程,其目的是要让更多的人有机会接触并了解艺术,从而提升大众的艺术修养。随着艺术学、传播学两个学科相关理论研究的不断发展,艺术传播已经成为当代艺术史和传播学研究不可或缺的一个角度。2018 年,国内关于艺术传播的研究主要涉及:艺术传播思想与理论、新媒体与艺术传播、传统文化与艺术传播、影视戏剧与艺术传播、公共艺术传播、艺术传播史、国际传播与艺术传播。

## 一、艺术传播史论

艺术传播史论研究有自身的规律,一方面是对关键概念的辨析延伸发展,另一方面是对历史和当下实践的理论观照。表现在 2018 年的艺术传播史论研究上,既有对艺术传播思想的重新发现,对艺术传播历史的回溯,期待以艺术作为传播媒介介入公众事务,又有对艺术传播权利、艺术的重构和趋势、传媒艺术等概念的辨析与重申。

### 1. 艺术传播思想与理论

20 世纪 90 年代以来,随着数字艺术的迅猛发展,当代艺术秩序发生了重大嬗变。新的艺术秩序一方面呈现出生产与传播方式的无与伦比的自由化、民主化、多样化、多向度化和平等化,另一方面也呈现出日趋严重的致瘾化、低俗化、虚假化和功利化等"高碳"特征,对其进行法哲学观照成为一个非常紧迫的前沿课题。马立新通过辨析艺术传播权利的渊源、本体特征及其影响因素,认为艺术传播权利是艺术传播主体在人类社会政治共同体中天然享有的从事艺术交流传播行为的一种自由或资格。同其他权利一样,艺术传播权利也是人类主体性、自身利益和自由意志的彰显,具有明显的历史性、社会性、文化性特征,是人类发展到一定历史阶段的产物,并受到政治权力、社会舆论和法律权利等多重因素的影响。艺术传播权利不仅是艺术传播主体的权利,在很多情况下也由艺术生产主体和艺术接受主体所分享,它在艺术传播客体和艺术传播媒介中表征为权力,标志着人类感官的延伸。阐明艺术传播权利的内涵与边界,是建构健康的可持续发展的当代艺术秩序的必要环节①。

孙玉明发现,媒介的发展、变迁与进化,一是为艺术形式的生成提供日趋多样的物质基础和表现途径,艺术逐渐形成了丰富的样态;二是改变原有的艺术观念,艺术的边界被不断突破,形成了开放与包容的多元格局;三是影响和改变着艺术传播的历史进程,艺术的传播渠道与感知方式也在逐步得以拓展和完善。他认为,媒介的不断进化,一方面促使艺术产生了从形式到观念的本体重构,另一方面

---

①　参见马立新:《人类艺术传播行为法哲学考察》,《山东师范大学学报(人文社会科学版)》2018 年第 3 期。

也使其传播过程呈现出"人性化"的发展趋势①。

通过对艺术传播领域近年来一个新兴的术语——"传媒艺术"的分析,张骋发现,国内对"传媒艺术"的界定最早见于 2014 年,指自摄影术诞生以来,借助工业革命之后的科技进步、大众传媒发展和现代社会环境变化,在艺术创作、传播与接受中具有鲜明的科技性、媒介性和大众参与性的艺术形式与族群。这个艺术族群为什么要以"传媒艺术"来命名,而不以"媒介艺术"或"媒体艺术"来命名呢?研究者从符号学视角进行解答:"媒介"在使用过程中通常意指一种中介化实践,"传媒"在使用过程中通常意指一种带有传播意味的传播工具或技术,而"媒体"在使用过程中则通常意指一种携带解释规则的传播机构。因此,"媒介艺术"和"媒体艺术"这两个命名都不能标识出一个新的艺术族群,因为所有艺术符号都拥有媒介,自身也都携带着解释规则。而"传媒艺术"这个命名能够标识出一个新的艺术族群,能够突显这个艺术族群的特征,因为"传媒"与"艺术"的结合能够彰显这个艺术文本的意动性和接触性②。

### 2. 艺术传播史

当下艺术传播史研究还未形成系统,大多为个案研究,较为零散,缺乏整体的艺术传播史观。

王若伊和刘云舟提出"中央苏区战斗艺术传播"这一概念,并从地理范围——"中央苏区",以及研究对象——"战斗艺术"两个方面,对这一概念作了界定。研究摒弃了"艺术宣传"的概念而采用"艺术传播"的视角,探讨了"中央苏区战斗艺术传播"概念的理论空间——本体、机制和来源,以及"中央苏区战斗艺术传播"的若干特征:传播渠道的"组织性",俱乐部、戏剧社团是苏区艺术进行组织传播的重要渠道;传播场域的"集体性",其重要性在于能够调动苏区群众的革命情绪,提升苏区群体的关系等级,以及促进苏区革命的权威构建;传播过程的"仪式性",灵活融合了乡村文娱活动中的传统手段,为战斗艺术的传播时空营造出乡土生活的节庆氛围;传播群体的"互融性",试图通过通俗的民间形式和广泛的群众参与来实现传播者与受传者之间的"互融化"③。

王万宏对 20 世纪二三十年代中国现代艺术传播模式及失败的原因进行探析。他指出,20 世纪二三十年代在中国轰轰烈烈爆发而又戛然而止的现代艺术运动中,艺术运动社、决澜社和中华独立美术协会是最有代表性的三大团体。研究梳理和分析了各艺术团体在传播西方现代艺术思潮过程中的成立经过、传播刊物和画展,用"五 W"传播理论考察了各个艺术团体的传播模式及其效果。研究认为,因现代艺术由外向内的单向传播模式的影响、艺术界自身对现代艺术的争议、传统文化对其的阻碍以及抗日战争的爆发,最终导致西方现代艺术在中国传播的失败④。

吴艳春对新疆古代器乐的艺术传播进行探究。研究发现,新疆古代器乐音律在其发展过程中一直与中原文化保持着紧密的联系。这其中广泛的文化交流,首先取决于新疆古代器乐音律独特引人

---

① 参见孙玉明:《媒介进化视阈下艺术的本体重构及其传播趋向》,《广西社会科学》2018 年第 7 期。

② 参见张骋:《符号学视角论"传媒艺术"的命名——兼辨"传媒/媒介/媒体艺术"之异》,《现代传播(中国传媒大学学报)》2018 年第 9 期。

③ 参见王若伊、刘云舟:《"中央苏区战斗艺术传播"初探——传播学视域下的理论空间》,《福建论坛·人文社会科学版》2018 年第 8 期。

④ 参见王万宏:《20 世纪二三十年代中国现代艺术传播模式及失败的原因探析》,《艺术生活-福州大学厦门工艺美术学院学报》2018 年第 3 期。

的魅力、历代杰出的新疆乐人高超技艺和音乐艺术修养;同时,中原地区对新疆器乐艺术的认同与欣赏,也是这种交流交融的关键因素。中原与内地自新石器时代以来就与新疆保持的文化联系,使两地的音乐文化交流具有坚实的基础和优良的传统,所以才有唐朝以来新疆音乐艺术在全国的广泛传播和繁荣发展①。

　　彭俊媛梳理了中国歌剧发展的历史概况,指出中国歌剧艺术作品创作之路从 1920 年至今,近百年间大致经历了摸索期、定型期、成熟期、变革期四个不同的历史发展阶段。中国的歌剧艺术的传播和发展值得重视,与它丰富的审美延展性是分不开的。研究还以中国歌剧史上较为重要的两部歌剧作品《白毛女》《洪湖赤卫队》为例,追溯其传播路线,透视其经典化过程,将其经典、传奇之处总结为:第一,在创作上叩响时代主题,不断开发作品的内在审美含量;第二,遵循"常演常新"的舞台传播策略,跨时空、跨地域传播;第三,借助大众媒介广泛传播;第四,学演、移植和改编的多样化传播热潮不断;第五,借助现代技术,进行不断创新;第六,对演员有极高的要求②。

　　谢丹从艺术传播学角度对柳永词对宋代民间歌曲的影响进行了探讨,认为柳永的词作具有叙事与抒情相融合、柔婉与沉健互为表里的特点,并且他在内容和形式方面对词体进行创新,不仅开拓了长调、慢词的词作新形式,还开创了宋代词作描写内容的新领域,他敢于描写社会较底层群众的生活状态,同时他的词作在内容上贴近人民群众,有广大的社会群众基础作为其词作的传播媒介,因此在当时社会广为流传,这也对宋代民间歌曲的流传有较大的影响。另外,他的以俗为美的口语化词作语言表达形式也对宋代民间歌曲的传播产生了深远的影响③。

　　薛雯和钱星通过对笔、墨、纸的历史流变进行梳理,以及对三者的起源、发展及当代发展所处境地的探讨,考察了中国传统水墨画的艺术传播。研究指出,笔、墨、纸三者自身形制的演变,不仅为作家提供了重要的作画、抒情言志的工具,而且也对水墨画的发展起到了重要的促进作用④。

## 二、新媒体与艺术传播

　　与传统传播方式相比,新媒体技术的创新性与开放性,以及在艺术传播中的运用,符合当代艺术的发展规律,可以更好地满足人们对文化艺术的需求。新媒体技术促进了当代艺术传播的发展,并为实现艺术传播的社会价值发挥了积极的作用。

　　孙为对当下社会化媒体的艺术项目进行分析和阐述,提出这一新兴平台型媒体已然成为艺术家创作的工具和媒介,并阐述了互联网思维对艺术形态、艺术创作方式、艺术表现语言和艺术传播形式所产生的影响:以"分享"和"互动"为特征的社会化媒体为艺术创作提供了平等协作的技术语境,艺术家与观众的身份相互融合,创作成为一种交互式集体写作的过程,作品形态往往呈现为互联网空间中的相互链接的"数字微文本",闪现着群体智慧的灵光。基于社会媒体的艺术创作在形式要素、艺术语言、形式结构、形式特点、创作方式等方面具有独特的媒介性特征。新技术与媒介一方面推动了艺

---

　　①　参见吴艳春:《新疆古代器乐艺术传播中的故事》,《新疆艺术(汉文)》2018 年第 2 期。
　　②　参见彭俊媛:《中国歌剧艺术的传播思考》,《音乐传播》2018 年第 1 期。
　　③　参见谢丹:《从艺术传播学角度看柳永词对宋代民间歌曲的影响》,《中国音乐史》2018 年第 2 期。
　　④　参见薛雯、钱星:《简析笔、墨、纸三者的历史流变及艺术传播——以中国传统水墨画为例》,《艺术研究》2018 年第 2 期。

术形式和语言的创新;另一方面,传统艺术观念与主题也逐渐消解与重构①。

李紫薇从创作者与观众的身份关系、文化解读方式的颠覆、城市文化审美的碎片化,以及未来体验感的塑造等维度来研究新媒体艺术传播的社会性交互特征与文化力量,并通过对新媒体艺术带来的社会影响和大众审美变革进行分析,围绕新媒体艺术作品案例本身对其社会性交互特征进行研究。她认为,新媒体艺术因本身的社会交互性而影响现有的大众话语领域,这是后现代主义文化的具象表现,也是个体和社会审美知觉改变的重要标志②。

史鹏飞认为,作为新媒体时代一种信息传播自由度较高、信息传播速度快的传播渠道,微博已经成为艺术传播的新载体。目前,传统艺术微博具有经营随意无规律、艺术传播专业度较低的问题。要充分发挥微博的传播优势,正确全面传播艺术:提高艺术传播的专业度,创新艺术传播策略,加强艺术传播的互动性③。

随着信息技术的发展,利用移动终端传播艺术内容成为艺术传播的一种新趋势。技术革新的同时,也对艺术传播提出了新的理论研究课题。杨东润和孟翔以故宫精品《韩熙载夜宴图》为例,从符号学角度研究文化符号在交互设计中的应用,为艺术内容的数字化传播提供思路。他们发现,交互设计中的符号强化艺术资讯的审美情感,优化交互过程的指向意义。具体到《韩熙载夜宴图》上,符号在App交互设计中的应用策略包括:一是突出画作本身,在符号集的概念下实施交互;二是拓展内容符号,精简交互符号;三是在交互过程中激发符号内容认知。此外,在这一过程中,App交互设计还分别在系统结构层面和内容审美层面带给用户符号指向体验④。

王欢认为,"互联网+"所带来的新思维与新范式,深刻影响到诵读艺术的传播与发展。诵读艺术传播产生了新变化,呈现出新的特征:创作主体社会化,从"诗人的诗"转变为"大众的诗",促使诵读艺术传播走向更加实用和多元的道路。题材内容丰富化,除了宏大叙事、气势磅礴、激情宣导的内容之外,具体入微、情感细腻、还原生活的小型叙事题材越来越受到推崇和青睐,诵读作品的主题更为多元,视角更加微观,表达更为朴实。语言表达个性化,主要体现在其感悟作品、表达处理的能力、自身声音条件以及网络媒介传播特点等方面。呈现形式多样化,一方面,出现了具有创新意义的"声音众筹模式";另一方面,呈现景观逐渐有了全方位、立体化的趋势。传播价值扩大化,首先,网络环境的虚拟化,给了众多诵读爱好者莫大的鼓励、更多的自信和极大的满足;其次,一些网络媒介平台推出线下诵读活动的分享与交流,不仅让更多的人能够欣赏、体验有声语言的独特魅力,还可以产生一定的经济效益。最后,互联网超文本、超媒体的传播优势,可以促进世界文化的交流,让国内外更多的人相互交流、分享诵读⑤。

朱俊瑛同样对诵读艺术借助互联网的发展进行了探析。研究以微信公众号《为你读诗》为例,指出借助新媒体的草根平台、明星效应、娱乐化的传播方式等,诗歌朗诵开启了文化艺术的大众化传播之路。这种回归日常生活的"诗意的栖居",既显示了新媒体在勾连诗歌与大众方面取得的胜利,也显

① 参见孙为:《基于社会化媒体的艺术创作与传播探微》,《南京艺术学院学报(音乐与表演)》2018年第2期。
② 参见李紫薇:《挣脱桎梏——新媒体艺术传播的社会性交互特征研究》,《黄河之声》2018年第3期。
③ 参见史鹏飞:《微博语境下当代艺术传播的向度转变》,《新闻战线》2018年第9期。
④ 参见杨东润、孟翔:《符号学视角下的艺术资讯APP交互设计研究——以〈韩熙载夜宴图〉为例》,《传媒》2018年第1期。
⑤ 参见王欢:《"互联网+"时代诵读艺术传播的新特征》,《新闻爱好者》2018年第10期。

示出在市场化、娱乐化的背景下,艺术性只能退居其次的无奈。学者提醒诗歌朗诵类平台要坚守专业水准,警惕商业化带来的庸俗化和肤浅化的消费主义倾向①。

刘慧娇分析了现代信息环境下舞蹈艺术传播的特征与趋势:互联网技术的成熟,使舞蹈的传播模式发生了根本性的改变,由传统的传播模式向以互联网技术为依托的网络平台转变;同时,舞蹈传播方式也不像过去那么单一,多个体共存、多局面共存是舞蹈传播在新的形势下所表现的多元化特征②。尹航认为,以网络为信息载体的舞蹈艺术,不可避免地带有网络媒介的深刻烙印,表现为全方位、快更新、碎片化和互动性。舞蹈艺术的传播因此而呈现出强烈的活跃性、时代性与生命力③。

高寒冰对新媒体时代书法传播进行探析。研究认为,新媒体时代的书法传播呈现出传播者大众化与精英化并存,内容多样化与虚拟化,渠道数字化与灵活化突出,以及效果的符号化与象征化明显等特征。但同时新媒体导致书法艺术陷入了传播困境:第一,新媒体商业化、娱乐化特征消解了书法艺术人文性、审美性;第二,书法艺术自身特性决定了其无法融于新媒体传播媒介。研究者还从传播学的视角对新媒体时代书法艺术传播进行剖析,探索了书法艺术在新媒体语境中的传播路径:首先,应当立足于民族文化,尊崇当代书法多元化发展,探索新媒体环境下,书法艺术两种路径——艺术探索型和实用设计型不同的发展方式,借助新媒体传播手段将不同书法艺术呈现在大众面前;其次,加强书法艺术的对外传播;再者,培养新媒体书法艺术传播者④。

张福朋则指出,新媒体背景下,书法的传播不仅有传统的实物传播、口语传播、纸质媒体和广播电视传播,还有网络媒体和手机媒体的传播、数字化出版物传播等传播方式。网络媒体与手机媒体作为当下书法艺术传播最重要的两大媒介,二者既有融合又相互区别。在移动传播、媒介融合、大数据等技术的包围下,书法传播面临着重大挑战,因此,必须充分发挥书法传播的优势,探索书法艺术传播的发展路径:进行多元媒介融合,构建书法传播网;重视书法传播内容,增强文字吸引力;依托现代信息技术,推动传播优质化;优化网络管理模式,展现书法独特性⑤。

## 三、传统文化与艺术传播

传统文化如何传承,美学精神如何获得更为真切的人文关怀,是当下国内艺术传播研究重点关注的问题。此外,随着越来越多的非物质文化遗产通过互联网的传播方式迅速得以传播,许多研究也开始关注"互联网+"时代的传统文化如何通过新技术得以更广泛地传播。

马宁认为,进入互联网时代,"互联网+"成为趋势,而"互联网+戏曲"也是传播的必然趋势。戏曲艺术作为一门传承有序、体系完整的艺术,本身对传播有着非常高的要求,需要相对完整的传播体系和理念,需要保护戏曲艺术严肃、严谨的风格特色。而互联网有着传播信息的海量性和开放性、空前

---

① 参见朱俊瑛:《移动媒体时代诗歌朗诵艺术传播的新路径——以〈为你读诗〉为例》,《传媒》2018 年第 14 期。
② 参见刘慧娇:《现代信息环境下舞蹈艺术传播的特征与趋势》,《艺术教育》2018 年第 3 期。
③ 参见尹航:《论网络对舞蹈艺术的传播》,《北方音乐》2018 年第 17 期。
④ 参见高寒冰:《新媒体时代书法艺术传播探微》,《中国书法》2018 年第 10 期。
⑤ 参见张福朋:《新媒体背景下书法的传播方式和发展路径》,《艺术生活-福州大学厦门工艺美术学院学报》2018 年第 4 期。

的强时效性、多媒体功能、高度的交互性与易检性、传播环境的个性化等特征,这些都对戏曲艺术的内容传播有着一定冲突。怎样扬长避短,找到适合于戏曲在互联网传播的独特方式尤为主要。研究者认为,借助互联网,戏曲的分众传播得以更好地实现;运用互联网思路,打造完整的传播事件,使戏迷成为参与者、创造者、传承者的一部分,可推动传统戏曲作品创作实现创新;借助互联网,推动戏曲名家等成为网络热搜关键词,或可导出一条新的传播思路和方式①。

孙玉明对中国传统造型艺术的传承与延续及其传播活动进行考察。研究认为,面对中国传统造型艺术网络传播进程的不断推进,对其传播效果的分析是认识这一艺术传播现象需要解决的一个重要问题。在网络环境下,艺术信息游离于现实的物质构成转化为虚拟的数字化形态,艺术受众也从真实的被动接受转为虚拟的主动参与。这样就突破了现实世界的时空阻碍,使中国传统造型艺术获得了更为广泛和迅速的传播。同时,由于"把关人"的缺失以及信息源的多元化,艺术信息也变得相对不稳定,同时在数字转化过程中所产生的信息失真,也将使之存在一定的误读风险②。

高澜和叶柳认为,借助网络直播平台对赣剧进行推广传播,不仅能实现对非物质文化遗产的形象化传承,也能促进赣剧文化自身的创新,提升赣剧文化自身的市场竞争力。基于网络直播媒介的赣剧保护与传承策略包括:人际共享信息,实现裂变式传播;互动模式趣味化,满足用户需要;根据细分需求,开启个性化精准营销;线上多种方式整合,线上与线下整合③。

叶艳宁以东方卫视节目《喝彩中华》为个案,探讨了如何利用当下的媒介形式进行传统艺术的现代书写,使传统艺术在现代的传播语境下焕发出新的光芒:坚守以人为本的核心思想,在传达信息的过程中真正站在受众的立场,以受众所能接受的形式、方法进行传播;充分利用现代媒体的传播优势,规避劣势,积极锻造传统艺术在现代媒体中的经典呈现;重视传统艺术的创新,打造线上线下互动发展的新型模式④。

陈彦卿对世界上唯一存在的性别文字——女书的艺术传播研究与应用进行了探讨。研究认为,女书虽有汉字的影子,但又不同于汉字,其不仅独具自身的艺术价值,而且更是集汉字书法的美学价值于一身。因此,对女书艺术传播应区别于传统的文字传播方式,要注重从女书的形、女书的载体角度研究,同时要结合与女书相伴而生的女书习俗。通过研究女书和女书文化,更深刻地认识当地的社会历史环境,挖掘其蕴涵的文化内涵,从艺术的角度,创造各种形式的女书艺术形体,为女书的传播开辟一条精准的传承之路⑤。

潘玥从艺术传播视角出发,对无锡地区民间艺术的瑰宝——惠山泥人的审美变迁进行了分析。她认为,随着时代的发展以及新媒体技术的不断涌现,惠山泥人在造型、色彩、图案上表现出新的变化,体现了传统与现代相融合的艺术美。惠山泥人以地域性传承为主,当地人审美认识的不断创新,给惠山泥人的发展带来新机遇。在传承与发展的过程中,惠山泥人逐渐从精神寄托变成了一种文化艺术景观,实现了自身的新生⑥。

---

① 参见马宁:《"互联网思维"下的戏曲艺术传播浅论》,《中国戏曲学院学报》2018年第1期。
② 参见孙玉明:《互联网络环境下中国传统造型艺术的传播效果论析》,《艺术百家》2018年第2期。
③ 参见高澜、叶柳:《基于网络直播媒介的赣剧保护与传承研究》,《新媒体研究》2018年第22期。
④ 参见叶艳宁:《〈喝彩中华〉的特色及对传统艺术传播的启示》,《青年记者》2018年第35期。
⑤ 参见陈彦卿:《后女书时代女书的艺术传播研究与应用》,《美与时代(中)》2018年第9期。
⑥ 参见潘玥:《艺术传播视角下惠山泥人的审美变迁》,《美与时代(上)》2018年第10期。

甄慧霞对唐山皮影艺术的传播与发展进行了探析,指出唐山皮影艺术传播过程中存在传承后继无人、观众群体大量流失、有皮影表演没有唱腔的困境。她指出,要解决这些问题,保护、传承、开发、利用唐山皮影,首先需要从自我内部革新,创新唐山皮影剧目,改变陈旧的皮影剧目现状;其次要与现代传播媒介结合,借助各种媒介的传播优势,增强唐山皮影的传播效力和文化影响力;最后还要在巩固既有受众的基础上,培养青少年、外国人等唐山皮影戏的现代受众①。

近年来,国产动画根植于传统文化沃土,从中华文化 IP 宝库中摄取养料,孵化出了一批以中国传统文化为核心的、具有中国味道和中国气派的时代作品。米高峰和王少杰结合上海嘉定八百年地方文化项目之一的"中国唱诗班"系列动画的跨媒介艺术叙事,探究中华传统文化 IP 在国产动画中的艺术传播策略。研究发现,民族化的符号意象,在动画中的主要表现形式有显性视觉物象符号、隐性文化心理符号、声乐听觉艺术符号三种,这些文化符号在民族性的辨别上具有直观的指代功能,能够直接引发受众的民族认同和情感共鸣。该系列动画叙事的民族性表现为以"中国话语"讲述"中国故事"的东方叙事风格,具体有隐性叙述话语、寓言式叙述话语两种形式,独具东方韵味,呈现鲜明民族化风格。此外,动画的创作者还重视对中华民族的内在核心进行把握和发掘,对社会精神层面的思想内容、文化现代诉求的丰富内涵进行新颖的故事编排和创造性的演绎,以优质的故事、艺术的叙述传达出民族深厚的文化心理②。

路广以"乌兰牧骑"这支建于 1957 年的内蒙古"红色文艺轻骑兵"为个案,从"5W"模式出发,分析了它为民族艺术的传承与传播作出突出贡献的原因:乌兰牧骑队员们在民间有扎实的群众基础;其演出作品形式上涵盖了蒙古族主要的表演形式,内容方面也充分传播了党对于牧民们的深切关怀;传播方式包括送戏上门、面对面宣讲、微信公众号推送演出视频等多种;受众从农牧民扩大到城乡接合部及一些县级市、地级市的市民;以口传心授、集中培训等多种方式强化了民族艺术瑰宝在乌兰牧骑团队中的代代相传。学者也对新时代乌兰牧骑发展定位提出了建议:弘扬民族艺术,拓宽传播路径;高举红色旗帜,紧跟时代步伐③。彭文祥指出,乌兰牧骑艺术实践具有"人民主体性"、"传统超越性"、"中华本土性"等审美现代性意义,其深刻意旨不仅契合社会主义文艺的时代精神,还预示着当代中国文艺繁荣发展的方向④。

和璇对流传于滇西北多个民族的勒巴-塔城热巴舞进行了研究。她认为,勒巴-塔城热巴舞是边疆多民族地域艺术传播与进化的典型形式。已有研究中,很多学者关注到勒巴舞与热巴舞的关系,学界以"同源异流"说为主,认为勒巴舞是藏地热巴舞的一种流变形式,此观点对探讨艺术形式文化特质的传播连续性具有意义。她在此基础上对勒巴-塔城热巴舞的内外边界的多重性表达进行了探讨,指出其边界的多重性表达是艺术传播地方化及时间选择、文化适应的必然结果。同时,她还探讨了族群艺术交流及相对边界的形成机制,认为族群艺术存在边缘地对古老文化特质的保留,而文化模式建构并保存了艺术形式,艺术边界呈现动态化的重构特征⑤。

---

① 参见甄慧霞:《唐山皮影艺术的传播与发展》,《美术教育研究》2018 年第 14 期。

② 参见米高峰、王少杰:《中华传统文化传承与国产动画艺术传播》,《青年记者》2018 年第 11 期。

③ 参见路广:《乌兰牧骑对民族艺术传播的意义与价值》,《传媒》2018 年第 17 期。

④ 参见彭文祥:《现代性视域中的乌兰牧骑艺术实践及其深刻意义》,《内蒙古艺术》2018 年第 4 期。

⑤ 参见和璇:《以勒巴-塔城热巴舞为案例的族群艺术边界研究》,《北京舞蹈学院学报》2018 年第 1 期。

## 四、影视戏剧与艺术传播

随着社会的不断发展,影视戏剧艺术的传播方式有了明显的变化,传播的手段更加现代化,促进了影视戏剧艺术的大众化发展。

张湘锋指出,虽然影视戏剧艺术传播的现代化与大众化扩大了群众的基础与传播的效力,但是也导致目前影视戏剧艺术缺乏文化内涵,大多数影视戏剧艺术作品都在一味迎合观众,主要表现在:影视戏剧艺术商业气息浓厚,艺术气息较淡;影视戏剧艺术作品的原创性不足;影视戏剧艺术盲目塑造明星效应,追求轰动性。他认为,这主要是由于当下影视戏剧艺术作品人文精神和社会批判功能缺失所造成的。影视戏剧艺术现代化与大众化的发展过程中需要注意的问题包括:突出影视作品人文价值与艺术品位的升华;合理运用数字化技术与视觉美学,升华影视戏剧艺术作品的内涵①。

张靖雯和王利剑以世界上第一部手绘油画长篇电影《至爱梵高》为例,从霍尔模式出发,考察绘画电影化传播之符号形态。他们认为,当绘画由画布走向银幕、由图像走向影像时,其艺术符号的生产、流通、消费、再生产等环节,必然发生新的变化。具体到《至爱梵高》中所使用的艺术符号,则有以下几项新的特征:高迭代次数、梵高图式、艺术符号互媒性、艺术符号不对称性。这样的艺术符号形态之变则主要源于:不同的艺术创作者存在知识框架上的差异,生产关系与技术基础结构的差异,以及消费主义浪潮下的艺术符号消费②。

许波认为,新媒体技术与数字化技术为影视艺术提供了新的创作平台与表现空间,为观众带来了前所未有的体验。通过分析新媒体时代影视艺术的创作、传播、营销手段,研究发现,新媒体艺术发展格局下的影视艺术传播存在过度炒作、机制薄弱的问题。为此,应摒弃过度炒作,开展适度营销;建立健全机制,开展持续运营;注重评估监测,开展有效反馈③。

姜艳认为,电影美学是新时代独有的一门艺术,它承载着世界的文化气息,并且在不同国家的影视行业发展过程当中有不同的表现形式。她强调,应考虑到当前我国电影美学在影视艺术传播中的具体表现形式,从而更好地呈现出应用优势④。

梁辰对新时代背景下影像艺术传播进行了探讨,认为作为新的艺术形式,与传统形式有一定的区别,影像艺术在技术要求、现场体验、娱乐性上面,都形成了自身的审美特征。研究认为,要创新影像艺术传播,一要充分认识新时代,了解影像艺术的特点;二要充分进行创新,研究新的传播方式,走特色的发展道路;三要充分进行技术创新,为影像艺术传播提供支撑⑤。

杨佳指出,以数字文化艺术为核心的数字创意产业,是21世纪最具发展前景的产业之一,数字化艺术符号文本的生产和消费,是一个信息编码与解码的传播过程,也是一个风险建构的过程。研究从风险传播理论的视角,探讨了数字化艺术的传播形态,提出可从坚守艺术的人文关怀、培育艺术家和

---

① 参见张湘锋:《影视戏剧艺术传播的现代化与大众化趋势探讨》,《新闻传播》2018年第10期。
② 参见张靖雯、王利剑:《从霍尔模式看绘画电影化传播之符号形态——以〈至爱梵高〉为例》,《电影评介》2018年第17期。
③ 参见许波:《新媒体艺术发展格局下的影视艺术传播》,《西部广播电视》2018年第20期。
④ 参见姜艳:《电影美学在影视艺术传播中的具体表现及应用》,《传播力研究》2018年第28期。
⑤ 参见梁辰:《新时代背景下影像艺术传播策略的创新》,《新闻传播》2018年第8期。

消费者的数字媒介素养等方面规避风险①。

# 五、公共艺术传播

公共艺术作为一种自带文化艺术传播和与大众进行交流性质的艺术观念,符合当代人与城市发展的需求,提升了城市人的生活环境与生活品质,当下艺术传播研究对此颇有介入。同时,新媒体视域下,公共艺术的发展突破原有艺术形式的瓶颈,如何借助新媒体技术手段,实现公共性、材料表现、艺术创作和价值重构的飞跃,也是 2018 年艺术传播研究的一个关注点。

刘洋指出,公共艺术品往往是某一文化传播的载体。由于公共艺术的全员参与性、公共欣赏性,使得艺术的传播较其他的传播方式更加广泛快捷。他还对公共艺术的文化传播功能进行了探究:审美文化的传播功能是公共艺术的核心功能;公益文化的传播是其维系艺术公用性的支撑点;历史文化传播的功能是公共艺术品深层次文化的内核;地域文化特色的传播是公共艺术文化特殊性传播的因子②。

洪荣满结合他组织发起的“移动美术馆”计划,对公共艺术的在地性及其在互联网时代的新趋势进行分析阐释。研究指出,在互联网高速发展的数字时代下,公共艺术首先无可避免地出现了新媒体趋势,包括“电子艺术”、“数码艺术”、“计算机艺术”、“交互艺术”等一系列新的艺术技术手段;其次,新媒体艺术中逐渐多地呈现出专注交互和公众应用的趋势;再次,数字时代对公共艺术的影响显著地体现在传播渠道和展示空间上;最后,新媒体艺术与公共艺术在不同领域呈现出的交叉形态,使得艺术边界愈发模糊,在一定程度上拓展了艺术家的创造力③。

李鹏指出,近几年在中国兴起的艺术介入乡村建设,把公共艺术在乡村空间上的拓展和乡村可持续发展结合在一起。建设社会主义新农村一方面加快了生产力的发展,满足人们物质方面的需求;另一方面,则从乡村文明方面,满足了人们精神方面的需求。公共艺术介入乡村不仅加强了农村文化的建设,更有助于乡村公共空间的建设④。

程粟以微信公众号“苏州艺术志”为对象,通过对公众号在传播内容、形式与效果等方面的调查,分析苏州市艺术活动现状和市民对艺术传播的接受行为。另外,学者还从加强艺术机构与自媒体平台的整合传播、平衡学术性与大众化、丰富传播内容与形式的多样性方面对地域性艺术类自媒体的发展提出初步对策与建议⑤。

安宁的研究同样涉及苏州,选取城市公共艺术作为研究对象,对苏州公共艺术的功能以及苏州城市公共艺术的发展趋势进行探析,并以苏州古典园林、苏州古镇、苏州轨交站点、苏州火车站雕塑群为例,分析了苏州城市文化对城市公共艺术的影响⑥。

张琦认为,以高雅表演艺术为代表的高雅艺术文化以其符号性、群体性、仪式性、审美性的特征在

---

①　参见杨佳:《数字化艺术的传播形态及其风险规避》,《衡阳师范学院学报》2018 年第 2 期。

②　参见刘洋:《公共艺术的文化传播功能研究》,《赤峰学院学报(汉文哲学社会科学版)》2018 年第 3 期。

③　参见洪荣满:《公共艺术的在地性与跨媒体趋势研究——以“移动美术馆”计划为例》,《美术学报》2018 年第 4 期。

④　参见李鹏:《艺术介入乡村——公共艺术助力乡村公共空间的建设》,《艺术科技》2018 年第 5 期。

⑤　参见程粟:《地域性艺术自媒体与城市空间下的艺术传播——以公众号“苏州艺术志”为对象》,《新闻世界》2018 年第 11 期。

⑥　参见安宁:《苏州城市文化对城市公共艺术的影响探析》,《美与时代(城市版)》2018 年第 1 期。

都市文化认同过程中具有潜在的优势。高雅表演艺术与都市文化在文化生产与分配、文化消费与传播以及文化冲突与融合的动态接触与频繁互动中，潜移默化地实现文化形式、文化规范和文化价值的认同。其对于都市文化的构建与传播也引发了主体重构、分层认同体验以及打造公共文化事件等创新理念①。

张宁的研究涉及行为艺术在"创意问政"中的传播过程。研究对 2010 年至 2014 年广州地区发生的 18 起"创意问政"进行了过程分析，发现创意问政最大的特点就是具备明显的行为艺术特征，这些行为艺术获得媒体、社会的关注度甚至会超越议题本身的关注程度。从这些行为艺术的表达方式来看，可以分为直接的行为对立（举牌反对、举报）、建言献策（给市长送单车、呈万言书）、讽刺性表达（送鸭梨、送"锦旗"）、借助焦点事件（冰桶挑战）和温和对抗（蓄须、裸体俯卧撑）。这些行为本身具有较高的新闻价值，几乎所有行为都有现场、有主角、有故事，借助传统媒体和网络媒体的传播，易于成为社会舆论关注的焦点②。

# 六、国际传播与艺术传播

21 世纪以来，中国政府大力推进艺术的海外传播战略，从政府、单位到艺术家个人都在积极推进艺术的海外传播，取得了较大成绩，但传播方式仍有待改进。相关理论研究主要集中在战略策略研究上。

蒋晖指出，近年来，随着中国经济的发展和国际地位的提升，海外受众对于中国传统艺术的需求日益增长，从政府到普通民众积极推动和参与到传统艺术的海外传播，并取得了较好的成绩。但也应当看到基于中国传统艺术海外传播的局限性和不足，还有很多有待加强和提升的部分。根据当前传统艺术现状以及海外受众的需求，海外传播首先不可丢失中国传统文化精髓，继而需要着力了解海外受众的需求，选择符合海外受众欣赏习惯并能充分表现中国传统艺术的作品，运用多元化的传播媒介，从而达到推动中国传统艺术走出国门、走向世界，向世界展示中国艺术之美，提高中国的国际影响力的目的③。

徐梅认为，书法艺术作为我国传统文化的典型代表，是文化"走出去"的重要组成部分。研究分析了中国书法国际传播面临的瓶颈：中外文化差异阻碍书法国际传播；书法师资力量薄弱制约书法国际传播效果；书法国际交流机制不健全影响书法"走出去"的实效。研究指出，公共外交对书法国际传播具有重要促进作用。研究基于传播学理论提出了在公共外交视域下推动书法国际传播的模式和路径：一是组织传播模式下的书法国际传播路径，包括基于孔子学院的书法国际传播路径和基于各层次书法团体的书法国际传播路径；二是人际传播模式下的书法国际传播路径，主要基于个人外交；三是大众传播模式下的书法国际传播路径，包括基于"互联网+"的书法国际传播路径和基于符号化传播的

① 参见张琦：《高雅表演艺术与都市文化认同》，《当代文坛》2018 年第 4 期。
② 参见张宁：《"创意问政"：公共参与中个体的表达、路径及传播过程——以广州地区为例》，《西北师大学报（社会科学版）》2018 年第 1 期。
③ 参见蒋晖：《基于传承开拓创新：中国传统艺术海外传播的现状与策略论析》，《艺术百家》2018 年第 2 期。

书法国际传播路径①。

王丹丹探析了中国艺术在印度尼西亚的传播研究。研究认为,中国艺术在印度尼西亚传播的动因是文化、政治和经济多种动因共同作用的结果。中国艺术在印度尼西亚传播的媒介主要包括华人华侨、印刷媒介、设施、电子媒介和网络媒介等;传播路径主要包括市场路径、教育路径和国际移民路径等。中国艺术在印度尼西亚的传播使得印度尼西亚受众对中国艺术的认知有所提高,但并未引起他们对于中国艺术乃至中国形象观念和行为认知的根本变化。针对这种现状,应更加精准细分传播受众,打造中国艺术国际品牌,注重运用网络新媒介进行传播②。

中国传统艺术作为文化"走出去"的主要内容,越来越频繁地出现在世界舞台上,成为传播中国声音、讲述中国故事、弘扬中华优秀传统文化的重要手段,在对外文化交流和国际文化产业贸易中,有着无可替代的作用。王安妮以舞台表演艺术为切入点,探讨在"一带一路"倡议背景下,舞台艺术"走出去"的机遇与挑战,并借此描绘国家文化发展战略与演艺产业链设计之间的动态关系,寻求舞台表演艺术海外传播的创新路径和传播对策,为文化"走出去"提供新的思路和方向③。

鉴于其在传播过程中无需过多翻译与解码,舞蹈一直在跨文化及国际传播方面扮演着最佳国家"代言人"的角色。但何薇发现,从现实层面看,目前中国的舞蹈面临着在国际舞台上的缺位以及在舞蹈话语体系中的失语的双重困境;而在学术领域,艺术类文化传播,尤其是舞蹈传播,长期被传播学研究边缘化。她认为,从传播学视角来研究舞蹈在传播中的规律、现象和效果,一方面将助益中国在国际舞台上国家形象构建的现实议题;另一方面,亦可填补传播学长期以来忽视艺术文化传播研究造成的一些空白,开启传播学与舞蹈学之间的跨学科探究之旅④。

张蓓荔和陈文贵在对我国主要国际艺术节的中华文化艺术国际影响力现状进行客观评估的基础上,分析了其存在的突出问题及原因,并借鉴世界知名国际艺术节的运营战略与经验,提出着力加强我国艺术节国际化的战略定位与使命、国际化的经营理念、国际化的市场培育和国际化的传播能力等对策建议,从而不断增强中华文化艺术的国际影响力⑤。

撰稿人:陶禹舟(复旦大学新闻学院 2018 级博士研究生)

---

①　参见徐梅:《公共外交视域下的书法国际传播模式和路径研究》,《书法》2018 年第 12 期。
②　参见王丹丹:《中国艺术在印度尼西亚的传播研究》,《民族艺术研究》2018 年第 6 期。
③　参见王安妮:《路径与对策:中国传统舞台表演艺术的海外传播》,《北京舞蹈学院学报》2018 年第 6 期。
④　参见何薇:《对外传播中,不该被边缘化的舞蹈传播学价值》,《传媒观察》2018 年第 5 期。
⑤　参见张蓓荔、陈文贵:《国际艺术节对提升我国文化艺术国际影响力的作用探究》,《艺术百家》2018 年第 2 期。

# 跨文化传播研究

2018 年,跨文化传播依然是传播学研究主要关注的一个领域,众多学者持续在这一领域辛勤耕耘,不断贡献智慧。跨文化传播不是一个单纯的传播学领域,往往有许多跨学科的问题。因此,2018年的跨文化传播研究除了一直以来持续关注的电影、电视等传统媒体的跨文化传播,以及国家形象的跨文化传播、近些年来引发关注的新媒体跨文化传播,还有许多与其他学科相关的跨文化传播问题得到了学界的关注,比如网络文学、孔子学院、翻译等的跨文化传播。值得注意的是,随着"一带一路"战略的提出,出现了一波"一带一路"沿线跨文化传播研究的学术成果。总之,跨文化传播一方面在经典议题上不断推进;另一方面,随着相关政策及现实的发展,始终观照现实、与时俱进。

## 一、跨文化传播研究分析

单波和周夏宇通过分析 2015 年至 2017 年跨文化传播研究领域的 546 篇英文文献发现,延伸的跨文化传播研究没有脱离传统的跨文化问题,同时表现为问题的循环,在一定意义上被纳入传统主题与理论框架。跨文化传播呈现出拓展性的同时又表现为内卷化:身份认同研究走向多重身份的情境化,但未能揭示把各种跨文化情境组织起来的社会结构;文化适应理论的细化与固化;跨文化能力与跨文化理性的失衡;被旧框架套住的媒介跨文化传播角色研究;缺少历史文化纵深感的语言与跨文化传播研究。近年来,学者们已经开始不断反思传统跨文化传播研究的问题,并且相应地调整和更新了研究范式与视角,不论是从理论视角还是从研究对象、方法上来看,研究都在努力地吸纳非西方元素,但西方化思维的惯性依旧支配着研究者,跨文化传播的研究依然存在着理论盲区[1]。

刘桂杰指出,跨文化传播的应有之义是文化上不追求文化帝国主义,即不期望以中国文化统一世界,消弭文化距离,从而使文化张力隐身。我们的目标是在文化自信的基础之上,创造人类文化共同体,这就是在共同利益中或利益链接中创造文化的"和而不同"或"在异之同",即各种差异之间的相互认知、应和、应接和包容,从而走向人类命运共同体[2]。

"泛喜马拉雅地区"具有多元学科研究价值,从跨文化传播角度看,它是一个多元文化汇聚且保持历史交往和当下互动的文化生命体,是一个具备建立多元文化共同体的地理空间。肖珺认为,新闻传播或跨文化传播角度的"泛喜马拉雅地区"研究尚处空白,相关国别研究聚焦印度、尼泊尔、巴基斯坦、阿富汗、缅甸、不丹,它们成为跨文化传播共同体的研究起点。"泛喜马拉雅地区"作为具有生命力的多元文化体是人类命运共同体的多极之一,需要加大、加深彼此间的信息沟通、文化讨论,通过协商互

---

① 参见单波、周夏宇:《新探索与内卷化:2015—2017 年西方跨文化传播研究述评》,《新闻与传播评论》2018 年第 71 期。

② 参见刘桂杰:《跨文化传播研究中的多维思考——基于多元、生态和世界的视角》,《山东理工大学学报(社会科学版)》2018年第 34 期。

信达致文化间的认知和理解。因此,可以从理念、平台、内容创新三个层面思考跨文化传播共同体建构的可能性①。

世界主义和民族主义在构建跨文化传播伦理时是经常被援用的两个理论。刘国强和汤志豪结合既有文献,梳理了两者以及依照它们构建的底线伦理思想在跨文化传播中的正当性基础、基本诉求以及所面临的质疑与批评等。为了走出世界主义与民族主义理论冲突造成的跨文化传播伦理困境,研究从全球化对文化身份造成冲击的视角出发,揭示世界主义和民族主义概念所具有的流动性,致力于以一种"传播"的视角来重新审视二者在全球化状态下的精神内核及其有效性范围,并以此构建一套全球化背景下的跨文化传播伦理。研究提倡将世界主义视作一种主体间的"理解–合作"原则,将民族主义视作一种"情感关怀",并在此基础上重构一套底线伦理准则,对跨文化传播参与主体提出次序性与程序性要求,倡导在拥抱世界主义精神的基础上保障对民族同胞的情感关怀②。

刘志强指出,在我国,民间力量在跨文化传播中的发展呈现出自我定位、传播载体、传播动力等方面朝向多元化发展的趋势,但遭遇了文化差异、认同失利、主体不明、发展受限等瓶颈,极大地削弱了民间力量在跨文化传播中的题中应有之义。要想充分发挥民间力量的作用,就必须紧抓多元文化主体这一发展方向。依托多元文化主体,有利于促进民间力量从分散走向系统,实现有序整合,从依赖走向独立,高效激发能量,增强民间力量的系统化优势力量③。

民族国家内部的跨文化传播研究面临着很多现实的困难,郭建斌对出路在哪里做出一些粗浅的回答,但是他所指出的所谓出路,无论在理论上还是在实践中,均会面临很多困难。根据他在国内民族地区调研的经验(或体验),尤其是对于某些民族,政治化的倾向尤为突出。前些年有学者提出了"去政治化"的观点,此后,又有学者对"去政治化"提出了批评。跨文化传播研究虽然主要关注的是文化,但是一旦涉及文化"权利"问题,它又变成了政治问题。但文化间的差异可能是人类学难以完全消除的一个永恒问题,因此仅仅把跨文化传播研究停留在国家与国家之间的层面上,是一种狭隘(或是片面)的,既然文化之间的差异可能是人类社会的一个永恒问题,那么若把跨文化传播研究放到这个层面上(包括民族国家内部的跨文化传播研究),或许会使得这样一个研究方向的未来,会更加长久一些④。

## 二、跨文化传播载体研究

### 1. 媒体的跨文化传播

(1)电影的跨文化传播

赵明远以藏族题材纪录片的创作和宣传为重要切入点,在跨文化传播视域下探讨其对在不同文化及受众群体中树立西藏形象,进而推动西藏旅游发展所起到的作用,以期从学术上探索出其中的联

① 参见肖珺:《"泛喜马拉雅地区"跨文化传播共同体建构的可能性》,《新闻界》2018 年第 11 期。
② 参见刘国强、汤志豪:《世界精神与民族关怀:全球化时代的跨文化传播伦理构建》,《国际新闻界》2018 年第 40 期。
③ 参见刘志强:《论跨文化传播中民间力量的创新性发展》,《传媒观察》2018 年第 12 期。
④ 参见郭建斌:《民族国家内部的"跨文化传播"研究:困境? 出路?》,《新闻界》2018 年第 8 期。

系,也从实践层面为西藏旅游发展提供不同的视角和策略。他认为,跨文化传播研究以社会学、人类学、符号学、心理学、哲学等多种学科为基础,其目的在于指引我们在跨文化传播领域的思维和行动。在此视域下的藏族题材纪录片从不同文化的差异和体系、社会互动与文化建构、文化心理认同等方面积极有效地传播着藏文化,因此在西藏今后的文化产业发展中,应当更加重视藏族题材纪录片的创作与宣传,从而通过塑造和完善西藏形象有力地推动作为当地支柱产业的西藏旅游业的发展①。

置身于全球化语境下,中国电影如何充分发挥影像的跨文化传播功能,成为当前我国电影业需要面对的重大课题。我国一些导演,如张艺谋、贾樟柯、李安等,都对中国电影“走出去”做了一定的尝试,他们的电影关注个体、关注底层,通过电影中的社会底层反映当前中国的社会问题,强调只有解决当前存在的实质性问题,中国才能真正强大。可见,中国电影人具备了跨文化传播的国际意识。在中国电影“走出去”的过程中,中国电影人探索出了适合中国电影跨文化传播的发展策略②。

陈亦新从宝莱坞电影发展的全球化历程出发,以《神秘巨星》为文本,从内容创作和宣传发行的角度分析全球化语境下跨文化传播的方法和运用。研究强调,中国电影应该讲好“中国故事”,以情感认同引发文化认同;要树立全球意识的传播观念,我们要时刻铭记过度教条的政治化的文化传播、漫无目的的观念宣传都无法让不同地区的人们产生共鸣,要学会用全球通用的传播模式,合理而不张扬地表达自己的意图。另外,建立国际化品牌亦是关键一步。国际化品牌会带来可靠、持久的世界性声誉。企业在市场运作上,应该引进一套完整的国际惯例。就像印度宝莱坞一样,积极寻求和世界各国品牌的合作与推广③。

(2)电视的跨文化传播

随着汉语国际传播力度的加大,我国电视媒体纷纷推出各类汉语节目,竞相参与到汉语跨文化传播中。许雪华分析了成功的跨文化传播电视节目——《快乐汉语》独特的传播要素和跨文化传播策略,提出需要加强电视媒体的主导功能,提高传播者的传播实力;坚持遵循跨文化传播规律,循序渐进提升传播效率;借鉴国内外语言推广媒体经验,增进传受双方的跨文化适应度,这样才能更好地开展汉语的跨文化传播④。

由于日本与中国等东方社会都处于高语境的环境下,各自的历史、民俗、文化传统和风土人情等具有高度相似性和重叠的地方。正是因为在既定的文化语境下储存着大量的社会成员共享的信息,人与人之间则更容易沟通与友好交往。石相宜认为,从跨文化传播的角度来看,电视剧作为重要载体,为处于不同文化语境下的社会成员了解其他民族的文化打开了一扇窗。促进我国电视剧出口,不仅可以获得经济方面的利益,更重要的是电视剧可以作为精神文化的载体,通过它的贸易来传达中国的文化价值观,展示国家形象。面对日本借助“软实力”在文化上的崛起,中华文化作为提高中华文化国际影响力的前提基础,必须要迎头赶上,努力提高我国的文化软实力,实现“走出去”战略⑤。

陈莹认为,电视纪录片作为人们文化和思想的影像化表达方式,能够有效推进多样文化的交流和

---

①  参见赵明远:《谈跨文化传播视域下藏族题材纪录片对西藏旅游的影响》,《新媒体研究》2018 年第 4 期。
②  参见何继军、雷梦恒:《国际视野下的中国电影跨文化传播策略》,《对外传播》2018 年第 9 期。
③  参见陈亦新:《从〈神秘巨星〉看宝莱坞电影的跨文化传播》,《今传媒》2018 年第 26 期。
④  参见许雪华:《跨文化传播视角下〈快乐汉语〉的国际推广》,《新闻战线》2018 年第 24 期。
⑤  参见石相宜:《从跨文化传播角度分析中国电视剧对日传播》,《传播力研究》2018 年第 2 期。

繁荣,这对于加强不同民族、文化之间的理解和认同是不可替代的,在跨文化传播过程中有着十分重要的意义。从国家层面来说,电视纪录片在跨文化传播时,在实现文化输出和交流的同时,也有效呈现了一个国家和民族的文化知识、传统和意识,这对于塑造国家形象,提升国家文化软实力有着重要的意义①。

姚爱华认为,"一带一路"对我国影视文化产业发展的作用不容小觑,它不仅为改变国内影视作品出口薄弱的现状提供良好机遇,利于开拓更广阔的海外市场;同时它也是传播中国声音、加强国家文化交流的有利载体,加强"一带一路"建设,提升中国文化软实力②。

(3) 新闻媒体的跨文化传播

常美艳认为,随着经济的不断发展,电视节目变得越来越多元。国家对电视节目越来越重视,跨文化传播成为我国英语新闻节目发展的重点。当然,与之有关的一切还处于探索的过程中,不可否认的是,其中也存在一些问题。我们只有在节目制作过程中找准定位,重视中西方文化的差异,提高相关工作人员的专业能力,才能在国际舞台上展示出中国媒体的魅力,使中国媒体拥有一个美好的明天③。

我国新闻媒体的跨文化传播实力较弱,因此,提高基层媒体的对外传播能力变得尤为重要。由于文化、语言等方面存在的差异,使我国媒体始终未能找到跨文化传播的有效途径。冯军霞认为,从提高地方英语新闻网站的传播能力抓起,合理调整其内容和形式,努力开拓地方英语新闻网站的发展道路,可以增强我国媒体对外传播的影响力,提升我国媒体的国际话语权④。

英语是目前应用范围最广的语言,在文化传播中占据重要的地位。尤其是全球化进程不断加深的今天,任何一种文化都可以通过英语传播到世界的任何一个地方。刘爽认为,英语新闻作为一种传播媒介,可以将各国的文化传播到世界各地,并在新的土壤里生根发芽。因此要想发展,就要依赖于英语新闻进行文化的交流和融合,让更多的人从英语新闻中受益⑤。

刘萍认为,我国的电视英语新闻节目并不拘泥于新闻节目的形式,其传播形式顺应时代发展需求,在内容形式上进行不断创新,在追求真实时效性的同时提升了其观赏性、娱乐性、知识性。它不仅满足观众的信息和精神的需求,同时搭建了中国和世界文化的桥梁,向世界更客观、更真实地传播我国悠久、深邃的文化⑥。

全球化时代,不同民族文化在碰撞中互相融合。在新闻业高度成熟的当下,不同文化背景下的个人、组织与国家之间通过媒介进行交流,从而不断消除文化差异,相互增进了解。杜志娟认为,我国的跨文化传播主要为引进英语国家的新闻,以及已经翻译成英语的国内新闻。在传播的过程中,不仅要吸收外来文化,还要传播我国文化⑦。

经济全球化的今天,通过东北网日文版来输出我国文化,向世界展示中国形象,开展非官方友好

① 参见陈莹:《中国电视纪录片跨文化传播策略探析》,《新闻研究导刊》2018 年第 9 期。
② 参见姚爱华:《浅谈"一带一路"对影视跨文化传播的影响》,《科技传播》2018 年第 10 期。
③ 参见常美艳:《中央电视台英语新闻节目的跨文化传播》,《新闻战线》2018 年第 24 期。
④ 参见冯军霞:《地方英语新闻跨文化传播能力的提升策略》,《新闻战线》2018 年第 24 期。
⑤ 参见刘爽:《英语新闻在跨文化传播中的作用》,《新闻战线》2018 年第 24 期。
⑥ 参见刘萍:《英文新闻节目在跨文化传播中的独特作用》,《新闻战线》2018 年第 22 期。
⑦ 参见杜志娟:《跨文化语境下英语电视新闻的文化交流》,《新闻战线》2018 年第 22 期。

交流活动已经成为新闻媒体肩负的重大责任。潘娜认为，东北网日文版还有很大的发展空间，在进行栏目定位时要充分考虑到国内外多方面因素，积极进行栏目内容的创新策划，大胆尝试多种形式报道，立足于我国本土特色，面向日本等国际受众群体，深入交流合作，结合媒体的传播途径，在跨文化传播中迈出历史性的一步①。

### 2. 技术与跨文化传播

李舟和陈川指出，詹姆斯·凯瑞为我们理解媒介技术提供了另一个角度：技术作为物质产品，它始终与社会的历史、文化结合在一起，并改变着作为社会主体的人的行为和观念。当我们重新审视媒介技术对跨文化传播的影响时，仍然会发现媒介技术并不是孤立存在的，它与文化相伴相生，它既能突破跨文化传播外在的时空限制，又能改变人们的行为和内在意识。正如凯瑞对媒介技术的评价，它是一种有机体，是我们思想、行动和社会关系中的矛盾的真实缩影，媒介技术对跨文化传播的影响反映的就是社会与人的关系②。

### 3. 新媒体的跨文化传播

陈孝柱等指出，推动中国文化的跨文化传播需要借助社交媒体。研究社交媒体下中国文化的跨文化传播，对我国文化的发展、文化的对外交流与对外传播，对提升我国的文化软实力和综合竞争力都具有重要的意义。利用好社交媒体这一优秀的传播方式与传播手段对加快我国文化的对外传播与交流，促进社会主义经济建设，提升文化软实力具有重要意义③。

马冲宇认为，汉语国际传播应借鉴国外经验，积极利用 3D 虚拟世界拓宽传播渠道，扩大传播范围，创新传播理念和运行机制，在激烈的语言文化传播竞争中占据主导权④。

### 4. 孔子学院的跨文化传播

温庆运用内容分析的研究方法，在跨文化传播的语境中去展现中国教育"引进来"和"走出去"的现状、问题和传播效果，通过对中国教育输入和输出意义的阐述，以期提出对未来中国跨境教育发展的启示。他认为，中国跨境教育在塑造国家良好形象方面有着不容小觑的力量。一方面，中国跨境教育的传播可以促使更多不同地域的人了解中国的背景和文化，增加他们对中国这个国际传播信源的可信度和依赖感，这对于塑造中国的国家形象显得尤为重要；另一方面，中国教育"引进来"的过程中使得西方先进的思想文化、教育方式和中国本土的思想文化发生碰撞，为未来中国跨境教育的发展奠定了良好的基础。但是中国教育"引进来"和"走出去"的战略自身的发展仍然存在着一些不足和缺憾。在中国跨境教育未来的发展过程中，我们首先要提升教师、教材和教学模式水平，加大政府扶持力度，跨境教育机构要善于和企业合作。在传播过程中注意规避文化冲突，使传播效果受到的损失降到最低⑤。

---

① 参见潘娜：《我国外语新闻网跨文化传播思考——以东北网日文版为例》，《新闻战线》2018 年第 22 期。
② 参见李舟、陈川：《试论媒介技术对跨文化传播的影响》，《新闻世界》2018 年第 5 期。
③ 参见陈孝柱、雷小磊、张燕：《社交媒体下中国文化的跨文化传播研究》，《新闻研究导刊》2018 年第 9 期。
④ 参见马冲宇：《3D 虚拟世界中的语言文化传播》，《传媒》2018 年第 22 期。
⑤ 参见温庆：《跨文化传播视角下中国跨境教育的现状及意义》，《新闻研究导刊》2018 年第 9 期。

何国华和安然对孔子学院跨文化传播影响力进行了探讨。研究首先对孔子学院跨文化传播影响力的内涵进行界定,指出孔子学院跨文化传播影响力中存在自我形象与他者形象的矛盾及其相互关系。然后从阴阳视角对孔子学院的跨文化传播过程和自我形象与他者形象的关系进行解读。最后提出缓解自我形象与他者形象的矛盾,以 AMO 三因素为分析框架提出提升孔子学院跨文化传播影响力的三种途径①。

**5. 翻译的跨文化传播**

孙敏庆认为,在跨文化传播过程中,翻译策略的选择,不仅取决于文本类型及其主要功能,更要考虑不同民族的语言差异和文化差异。电影片名不同于一般文本类型,它所承载的商业广告功能使其翻译具有很大的自由空间。不同语言文化背景下的译者往往会采取不同的翻译策略。通过对英文电影片名的汉译和俄译情况进行定量比较分析可知,汉译体现了较强的归化策略倾向,这是语言内外因素共同作用的结果②。

跨文化传播的一个核心观念是:文化是人类社会物质财富创造和精神财富创造的过程及成果的体现,只有不断充实于全人类的整体发展过程中,并同其他国家和民族的文化进行不断的交流、融合,才能得到继续前行的动力。陈欣认为,字幕组的跨文化传播实践建立在本土文化与境外文化的差异之上,体现出跨文化传播的积极力量,字幕组的发展推动了不同文化的交流与融合,推进了文化的丰富程度,形成了多样化、宽容的新文化语境③。

# 三、跨文化传播内容研究

## 1. 传统文化的跨文化传播

文化传播受到综合国力的影响,反过来,文化传播又可以为国家的发展营造一个良好的国际舆论环境。在跨文化传播中存在着碰撞与冲突,存在着差异与误解,因而需要以文化交往与文化交融的策略实现文化的交流。刘连营提出,一是要加强文化自信,谋求文化认知公约数;二是要构建跨文化传播平台,实现多层次、立体化、柔性化交流;三是要重构框架,实现中西文化的意义连接④。

夏志等以唐山皮影戏、华县皮影戏和环县皮影戏为例,研究皮影戏在跨文化传播视角下向国外扩散的空间特征。皮影戏传播在空间上主要分布在欧洲和东北亚地域,传播的高峰期主要在 1978 年、1985 年、1992 年、1994 年、2001 年、2009 年和 2016 年。基于扩散效率、地理集中指数和信息熵分析,研究指出,皮影戏扩散强度高的国家主要为法国、日本、德国等发达国家;唐山皮影戏在三类皮影戏中扩散范围更广,空间扩散分布的均衡性最高。基于空间自相关分析,研究指出,皮影戏在空间上呈现

---

① 参见何国华、安然:《孔子学院跨文化传播影响力研究——基于阴阳视角的解读》,《华南理工大学学报(社会科学版)》2018 年第 20 期。

② 参见孙敏庆:《跨文化传播视域下电影片名翻译策略分析》,《新闻传播》2018 年第 24 期。

③ 参见陈欣:《浅析跨文化传播视域下的字幕组传播效果》,《新闻传播》2018 年第 10 期。

④ 参见刘连营:《人类命运共同体理念下跨文化传播的创新策略》,《传媒》2018 年第 23 期。

显著正相关,以及在空间上的集聚分布特征①。

文化误读指的是解读者基于自身的文化传统去解读另一种文化,在解读的过程中,常常会引起偏差、歧视,甚至是文化冲突。张曦萌认为,黑格尔就基于一种"欧洲中心主义"的视角来理解中国文化,认为中华民族由于缺少内在性和主观性,而没有真正的历史。对于这种文化误读,我们在努力纠正的同时,还要反思自身文化的匮乏和不足②。

张楠楠基于跨文化传播理论的研究视角,剖析红色文化的价值功能,结合燕赵红色文化对外传播的重要机遇,明确当前红色文化国际化传播的现状与存在的问题,探求河北红色文化国际传播中政府机构、高等院校、红色资源、文化市场与文化产品共赢的跨文化发展之路③。

索格飞和张红玲以"接触区"理论为基础,以知名国际慕课平台开设的与中国文化密切相关的"跨文化交际"课程为研究对象,采用内容分析、调查问卷和邮件访谈方法,对该课程进行了实证研究。他们认为,为使国际慕课在中国文化传播上更好发挥作用,国内高校和其他教育机构作为中国文化的传播者,要主动承担应有的社会责任,借助具有全球影响力的慕课平台推出更多中国文化相关课程,积极向世界传播中国文化;要加大力度提升国际慕课讲师和管理员的文化素养,着力提供真实丰富、形式新颖、反映中国文化精华的传播内容;要加强多元文化学员之间的互动频次,以提升"接触区"的对外文化传播效果;同时,每一位参与国际慕课的中国学员要注重文化自觉和个人修养,在"文化接触区"扮演好负责任的文化传播者角色④。

## 2. 网络文学的跨文化传播

武文颖和蒋璐认为,中国网络小说跨文化传播,是全球网民在"人类命运共同体"主题下展开的网络文化领域的互动与交流。中国网络小说在"一带一路"倡议引导下,理解国外网民对中国文化符号的认识与互动方式,把握跨文化传播中网民的需求与互动动力,将中国特色的地理历史、神话传说,以及仙侠题材中的公平正义、奋斗励志、人文道德等中国精神通过"中国故事"的方式讲述。在保持与世界文化沟通的同时,中国网络小说构建中国特色的文化符号体系,沟通拓展共同意义空间,增强多元文化之间的符号互动,更好地讲述中国文化故事,传播好中国声音⑤。

中国的网络文学已通过民间化的方式冲出国门,获得海外读者的支持,在一定程度上彰显了中华文化的自信与内涵。叶雨菁认为,中国的文化传播还需基于通约化的价值理念,将作品与大众的日常生活、情感需求紧密勾连,将中国文化内容融入作品中进行精准化的表达。当然,目前网络文学"走出去"还仅仅处在起步阶段,还有众多的潜在领域有待开发,还有更多的海外市场亟待开拓⑥。

## 3. "一带一路"的跨文化传播

当前,"一带一路"建设的跨越发展为对外文化传播提供了重要机遇,同时也面临着重大挑战,在

① 参见夏志、刘畅、金石柱:《跨文化传播视角下皮影戏的空间扩散特征》,《天水师范学院学报》2018 年第 38 期。
② 参见张曦萌:《从跨文化传播的视角看黑格尔对中国文化的误读》,《传播力研究》2018 年第 2 期。
③ 参见张楠楠:《跨文化传播下燕赵红色文化传承与发展的研究》,《文化创新比较研究》2018 年第 2 期。
④ 参见索格飞、张红玲:《中国文化对外传播新路径——基于国际慕课的实证研究》,《对外传播》2018 年第 6 期。
⑤ 参见武文颖、蒋璐:《符号互动论视域下的中国网络小说跨文化传播》,《对外传播》2018 年第 10 期。
⑥ 参见叶雨菁:《中国网络文学的跨文化传播解读》,《对外传播》2018 年第 5 期。

对外传播中还存在很多问题和不足。首先是一些对外传播内容不够深刻和鲜活,缺乏生动性、趣味性和互动性,无法增强沿途国家民众对"一带一路"倡议的吸引力和参与积极性;其次是一些对外传播方式过于单向传统和流于形式,缺乏与"一带一路"沿途国家的深入沟通交流与互动,使"一带一路"倡议受到部分国家的误读和误解;再次是对新媒体和信息技术传播媒介重视不足,难以形成"一带一路"文化传播与经济建设融合发展的合力。这些问题需要我们在构建"一带一路"的对外文化传播体系时着手解决①。

史安斌从跨文化传播的传播学本位出发,从理论、实践和方法三个层面探讨了"一带一路"倡议给这门学科的转型升级所带来的机遇与挑战。研究提出,"新全球化时代"与前两波全球化浪潮不同,它要以"人类命运共同体"为核心理念,以"赋权"的方式带动世界各国共同发展,促进文明的平等交流与互鉴。因此,原来的跨文化传播也要转型升级为"转文化传播"②。

赵永华和刘娟基于既有研究基础,把"一带一路"倡议的跨文化传播视为获取文化认同,以完成承认政治和实现共同体构建的过程。具体而言,研究基于乔纳森·弗里德曼提出的文化认同维度——生活方式认同、现代族群认同、传统族群认同、种族认同,结合"一带一路"的跨文化语境,提出从日常生活的物质需求和符号意义诉求层面入手,借助间性对话和文化传播"在地化"路径,挖掘沿线国家历史和文化记忆资源,构建起"一带一路"共同体,实现真正意义上的"民心相通"③。

在"一带一路"倡议不断推进的背景下,面向东盟国家周边文化传播的战略意义越发凸显。刘峰和严三九以周边传播理论为视角,基于面向东盟国家周边文化传播过程中存在问题的分析,借鉴战略性传播的相关理念,结合周边传播与区域传播、国际传播、跨文化传播的对比,思考面向东盟周边文化传播的战略定位,并在科学把握几对关键关系的基础上,从挖掘文化渊源与共性、绘制东盟文化受众画像图、打造周边文化交流平台、创造性应用新兴媒体平台、人才队伍建设与培养等方面探析周边文化传播的创新路径④。

面对沿途诸多国家和省份的多元化文化背景,媒体在媒介生产和跨文化传播的过程中,也势必会面临国别差异化、文化多元化、语言多样化、传播语境复杂化的现实。陈亮认为,"一带一路"语境下的跨文化传播是一个相对具有挑战性的使命,涉及国家、人口、文化、宗教等各种复杂的问题,我国媒体在跨文化传播的过程中,要充分整合国内外一切可以调动的选题、内容、媒介平台和资源,摸索出既符合国内受众喜欢又能被"一带一路"沿线国家乃至国际社会所喜欢和接受的传播策略和话语体系⑤。

### 4. 国家形象的跨文化传播

韩磊主要分析在跨文化传播背景下影响中国国家形象塑造的因素。他认为,在对外交流中,一是我国对于中华文化的传播、展示只是局部的,对于中国文化的运用力度不足,无法有效展示五千年中

---

①　参见王丽:《加强"一带一路"对外文化传播的路径》,《青年记者》2018 年第 29 期。
②　参见史安斌:《从"跨文化传播"到"转文化传播"》,《国际传播》2018 年第 5 期。
③　参见赵永华、刘娟:《文化认同视角下"一带一路"跨文化传播路径选择》,《国际新闻界》2018 年第 40 期。
④　参见刘峰、严三九:《东盟国家周边传播的文化捷径》,《现代传播(中国传媒大学学报)》2018 年第 40 期。
⑤　参见陈亮:《"一带一路"背景下的跨文化传播——以央视纪录片〈远方的家〉之〈一带一路〉系列为例》,《新闻战线》2018 年第 22 期。

华文化的魅力;二是中国文化在文化输出时受到技术等经济因素的限制,导致中国文化输出数量有限①。

我国国家形象在"他塑"中呈现出复杂的影像景观,纪录片跨文化传播有责任向世界展现一个真实、立体、全面的中国。李燕群认为,以"他者"观照自身,我国纪录片创作者需要坚定文化自信,不断提升自身素养,提高跨文化传播能力,理清跨文化传播思路,明确纪录片跨文化传播目标指向,从而以自觉的创作努力承担起我国国家形象的"自塑"重任。中国文化形象的定位应当是"传统中国"、"现代中国"与"未来中国"三种形象的综合,其"理想模式"可概括为:一个历史悠久、为世界文明作出重要贡献的国家,一个处于现代化进程中的多元发展的国家,一个融入世界文化体系、有能力承担特殊责任的国家。纪录片创作实践可以从选题、内容、叙事、经营和传播等多方入手,建立国际视野,将国际化与本土化相结合,与网络新媒体技术相结合,通过品牌建立与国际市场开拓,逐步建立多层次的国家形象传播体系,"自塑"并传播更为真实、可信且丰富的中国形象。当然,这一切离不开作为国家形象对外传播的主导者的政府层面的投入,立足本国国情,革新观念,重构对外传播整体战略,整合优化资源为创作者所用,创建更多对外传播渠道,加强相关学术研究有效投入,为我国文化被信任、理解和尊重提供更多可能②。

### 5. 城市国际形象的跨文化传播

昌敬惠和关颖通过对在穗外国留学生对广州城市感知及媒介使用习惯调查问卷进行分析,在此基础上指出跨文化传播过程中城市国际形象构建存在的问题,并提出城市形象构建中跨文化传播的策略。根据调查结果以及当前广州城市形象跨文化建构环境来说,应该以多元策略完成对广州国际形象的跨文化传播③。

### 6. 品牌的跨文化传播

美国玛氏公司凭借其独特的广告跨文化传播策略,经过十几年的成长与发展,在中国占据一席之地。董凯欣和张笑主要从市场背景、跨文化传播策略等方面对玛氏公司跨国发展做简要分析,认为玛氏公司从以下几个方面对巧克力产品实施"本土化"广告传播策略:第一,以中国文化为基础,用中国传统节日活动传达产品理念;第二,以中国审美为突破点,将中国独特的文化元素融入本土化广告;第三,以中国人物为标签,用中国知名人物为产品代言;第四,以中国消费者特点为创作依据,用中国流行用语传播产品内涵④。

## 四、结语

2018 年,中国新闻传播学界对于跨文化传播的关注度依然不曾衰减,所关注的问题始终离不开国

---

①　参见韩磊:《国家形象的跨文化传播分析》,《学理论》2018 年第 4 期。

②　参见李燕群:《跨文化视域下纪录片国家形象的"自塑"策略》,《当代电视》2018 年第 7 期。

③　参见昌敬惠、关颖:《跨文化传播语境下城市国际形象的传播策略研究》,《新闻世界》2018 年第 11 期。

④　参见董凯欣、张笑:《跨国品牌在中国的广告跨文化传播策略》,《中国市场》2018 年第 28 期。

家形象、文化传播等经典议题。与此同时,随着"一带一路"国家战略的提出,学者们也开始把注意力转移到"一带一路"周边国家的文化交往及相关的跨文化传播问题。另外,除了理论性的探讨之外,跨文化传播依然以应用性研究为主,注重解决各个领域内的实际问题,以期提供借鉴和参考。

　　未来的跨文化传播研究应该继续推进学科间的对话;同时,除了对于宏观问题保持关注,还需要将视野进一步扩展到跨文化传播的中观和微观层面,才能形成一个体系完备的跨文化传播图景。

撰稿人:赵敏(复旦大学新闻学院 2018 级博士研究生)

# 受众与传播效果研究

利文斯通认为,在新媒介环境中,受众变得更主动,更富选择性、个人化、自主和多元,兼为媒介内容生产者和消费者,因此也使传统受众理论面临挑战。全球化、城市化和新媒介技术,改变了传播方式,也改变了社会存在,包括个体观念、日常行为方式、人与物的关系、人与社会的关系,受众与效果研究也发生了变迁,值得关注与检视。

本文对受众与效果研究的若干关键词进行检索,对该领域新近发表的学术期刊文章进行梳理,并从中选取 53 篇展开综述,以期呈现出 2018 年研究的丰富性以及发展和创新之处。本文将从"受众与效果研究的理论和方法发展"、"不同身份特征下的效果研究"、"受众与效果研究的媒介视野"、"媒介的社会使用:效果研究的热点议题"四个方面展开阐述,希望从理论的反思与发展、研究方法的创新、研究对象的丰富以及对社会现实的观照中,尽可能完整地呈现受众与效果研究的图景。

## 一、受众与效果研究的理论和方法发展

以 1978 年的思想解放为背景,传播学进入中国 40 年,无论是因为时间节点,还是由于媒介环境和受众的变化,抑或是回应该领域研究进程中出现的问题,众多学者都对受众与传播效果研究中的新现象、新问题进行再思考,对经典理论进行讨论或延伸。议程设置仍然是最受关注的效果理论,也有学者探讨传播政治经济学"受众观"、新媒体语境下"新受众研究"的实践转向,以及从技术视角探讨受众观。

### 1. 受众研究的理论反思与发展

张开对媒介素养理论框架下的受众研究做了梳理、分析和阐释。他发现,在四个历史发展阶段中,不同的传播模式和环境,都要求不同的媒介素养,而媒介素养所关注的中心话题一直集中于如何将媒介信息服务于个人的发展。媒介素养受众研究主要有强调赋权、注重能力、重视审美和立足创新四个特点。研究者也对新媒体环境中的媒介素养受众研究进行了反思,认为今后还要对媒介素养各要素之间的互动、媒介素养与受众心理和社会经历的关系、青少年消费行为的根本动因、媒介素养在不同媒介中的转化问题等进行更多的探索①。

郭颖认为,除了通过议程设置理论、铺垫效果理论、媒介劝服理论等常见的媒介效果理论考察媒介对受众认知和行动的影响之外,还需要关注敌意媒介理论(hostile media perception),来考察受众对媒体的认知以及这一认知产生的效果。该理论提出,观点对立的社会大众认为均衡报道是对己方带

---

① 参见张开:《媒介素养理论框架下的受众研究新论》,《现代传播(中国传媒大学学报)》2018 年第 2 期。

有偏见的心理认知现象。敌意媒介效果研究关注媒体敌意对他者的影响、情绪反应以及对公共舆论的判断和行动。新媒体重新定义了媒体的传受双方,因而敌意媒介效果研究还将面临新的研究问题。研究认为,我国媒体存在公信力危机、媒体报道冲突性议题增加等问题,在信息传播与舆论引导的过程中,需认识到提高议程设置能力的局限与迷思,注重受众感受①。

蒋俏蕾和程杨将现有的对网络议程设置的理论化延伸至对于非西方语境中特定国际事件的考察。作为第三层次议程设置的网络议程设置是近几年来议程设置理论的最新演进。研究者开展对"萨德事件"的实证研究,通过收集和分析 680 篇新闻报道和 538 份调查问卷,发现媒体与公众议程网络之间显著的正相关支持了网络议程设置模型。研究结果表明,传统媒体在受众理解重大国际事件中仍然起到重要作用。对网络议程设置中公众的显性和隐性议程的区分和考察表明,在隐性和显性两种思维层面上,媒体议程网络都与公众议程网络呈现出正向的显著相关;同时,媒体议程网络与隐性公众议程网络的关联要高于显性公众议程网络②。

范红霞和叶君浩对议程设置功能理论在网络传播时代的作用机制与内涵变动做了讨论。研究从大众媒体议程设置中的"微议程"层面出发,通过对传统媒体新闻选择原则与社交媒体信息排序算法的对比分析,比较二者在不同时代发挥信息选择的基础性功能变化,揭示排序算法对当下议程环境产生的深刻影响。研究还基于算法新闻的视角,分析论证由算法驱动的信息环境与议题建构中的作用机制与理性原则③。

"受众劳动何以生产剩余价值"这一问题关乎"受众劳动论"的合理性,近年来引发了学界争论。蔡润芳梳理了传播政治经济学受众观,认为被诟病为"经济简化论"、"被动受众"是对斯麦兹传统的误读。传播政治经济学强调"积极受众"的生产性,受众具有主观能动性,是意义的真实制造者。正是基于此种能动的受众观,Web2.0"受众劳动论"揭示了数字媒介用户被卷入新的数字经济流通形式中服务于数字生产、消费和市场多个环节的过程;论证了受众劳动生产剩余价值,是生产性劳动;广告生产商品的"使用价值承诺",通过作用于实践意识来完成价值实践。但是,当前的"受众劳动论"把政治经济所代表的压制性权力与劳动个体二元对立,忽视了在资本前置的媒介化社会中,资本、技术、权力与劳动者都要在资本关系中确立自身④。

丹尼斯·麦奎尔将受众研究区分为三类:结构性研究、行为性研究和社会文化性研究。在社会文化性研究的诸多传统中,"新受众研究"无疑是最新近也是学术影响力最大的一支。李青昱和王琛元认为,20 世纪 90 年代以来,媒介环境的剧烈变化对受众研究提出挑战。研究从传播理论史的视角梳理"新受众研究"的重要节点,力求厘清其理论发展的内在规律,从而找到与当下媒介经验对接的逻辑线索。"新受众研究"的发展可以划分为三个阶段,分别以文本多义性、受众对文本意义的阐释以及受众对媒介技术的使用为中心。在媒介技术与个体生活高度嵌入的时代语境下,"新受众研究"应当从社会理论的实践转向中寻找理论资源,围绕受众的形态各异的被媒介所型构的实践展开研究,从而将

①　参见郭颖:《敌意媒介效果研究:问题与本土化适用》,《理论月刊》2018 年第 11 期。
②　参见蒋俏蕾、程杨:《第三层次议程设置:萨德事件中媒体与公众的议程网络》,《国际新闻界》2018 年第 9 期。
③　参见范红霞、叶君浩:《基于算法主导下的议程设置功能反思》,《新闻与传播研究》2018 年第 4 期。
④　参见蔡润芳:《"积极受众"的价值生产——论传播政治经济学"受众观"与 Web2.0"受众劳动论"之争》,《国际新闻界》2018年第 3 期。

"新受众研究"进一步推向深入①。

胡翼青认为,受众研究是传播研究的核心范畴。长期以来,两种完全不同的受众观左右着这一领域,即作为心理实体的受众观和作为话语实在的受众观,这两种针锋相对的受众观各有所长,但也各有所短,只是盲人摸象式地展示了一些关于受众的碎片化的观念和想象,无法解释今天发生在互联网上的受众实践。鉴于技术的偏向常常会改变受众与传播者的关系并进而影响到受众的观念和行动,因此,将媒介看作是一种关系汇集和展演的空间,并就此分析技术与受众的相互建构,是更为科学的受众观②。

**2. 效果研究的方法创新**

目前,数据可视化的研究方向主要集中于呈现类型、可视化工具、存在问题与改进办法等,研究方法也以文献研究和案例研究为主。但是,对数据可视化传播效果的研究却寥若晨星。许向东采用眼动仪实验的方法,对数据可视化的传播效果进行测试。研究通过对注视时间、注视计数、注视点序列、眼跳距离和回视次数的纪录,导出注视点轨迹图和热点图,并由此探寻数据可视化作品的七个视觉规律。这一研究具有较高的现实意义,同时也有助于完善数据新闻的理论研究框架③。

互联网技术的迭代创新推动传统媒体实施融合传播发展战略。但是,传统媒体尚未形成适应融合传播的效果评价体系,"两微一端"、"中央厨房"融合传播的实践对主流的传统媒体效果评估方法提出了挑战。赵彤运用大数据研究的方法,建立了传统媒体融合传播效果评价的指标体系和理论模型。研究联合数太奇大数据中心,共同研发了以传播力、引导力、影响力和信任度为基础的融合传播效果评价指标体系,并通过网络爬虫抓取了微博、微信公众号、头条号、客户端、新闻网站等平台的数据,验证了报纸、广播、电视等传统媒体的融合传播效果④。

在对明星吸毒新闻传播效果的实证分析中,王天铮采用深度访谈和问卷调查法,实证研究了新闻关注程度对受众框架,进而对受众态度和行为的影响,创新性地引入中介变量测量传播效果,在我国框架研究和明星吸毒新闻研究方面都具有一定的学术意义和应用价值。研究将受众框架作为中介变量,利用AMOS21.0软件构建出明星吸毒新闻对受众影响的过程模型,进一步明晰明星吸毒新闻影响受众对毒品的态度的具体过程,突破了我国现有明星吸毒新闻传播效果研究不重视或者无法量化新闻对受众态度的影响过程的局限⑤。

周敏等进行了一项关于不同视觉媒介可视化方式对受众风险感知影响的实验研究,致力于探索风险放大的影响因素。研究发现,普通视频能够有效提升受众的风险感知程度,图片、普通视频和VR均能有效增强受众对风险的熟悉程度,VR视频能够显著增强受众对风险后果严重性的认知。但是,不同视觉媒介可视化方式下,受众的风险感知程度变化未出现显著差异。此外,个体的沉浸程度与风

---

① 参见李青昱、王琛:《新媒体语境下"新受众研究"的实践转向》,《社会科学战线》2018年第11期。

② 参见胡翼青:《超越作为实体的受众与作为话语的受众——论基于技术视角的受众观的兴起》,《南京师大学报(社会科学版)》2018年第5期。

③ 参见许向东:《数据可视化传播效果的眼动实验研究》,《国际新闻界》2018年第4期。

④ 参见赵彤:《媒体融合传播效果评估的路径、模型与验证》,《新闻记者》2018年第3期。

⑤ 参见王天铮:《诱导还是警示:对明星吸毒新闻传播效果的实证分析》,《国际新闻界》2018年第1期。

险的可控性程度呈负相关关系。研究认为,媒介的叙事功能是影响受众风险感知的一个重要因素①。

## 二、不同身份特征下的效果研究

随着新传播技术的发展,在传播学界,从"大众"到"受众"再到"用户"的概念变迁已经发生。在这样的媒介环境中,一方面,受众研究的对象本身发生了变化,许多新的受众类型进入研究视野,研究对象从现实社区转向网络社群,也意味着研究者需要在多种时空中来回穿梭;另一方面,正如利文斯通所说,在新媒介环境中,受众变得更主动,更富选择性、个人化、自主和多元,兼为媒介内容生产者和消费者,因此也使传统的受众理论面临挑战。

### 1. 效果研究中的"粉丝"研究

粉丝和游戏玩家现已成为受众研究的热点对象。陈天虹发现,随着互联网的普及化,中国青少年能够通过网络习得媒介和科技素养,而线上粉丝社区的出现,则便于他们与不同地区的粉丝在虚拟空间实现连结,发展詹金斯所说的"参与式文化"。通过对百度贴吧《猫吧吧刊》的文本分析和网络民族志的田野工作,研究者认为,粉丝把媒介生产者的"知识产权"视为"共享软件",把自身对媒介客体的幻想转化成多元的表现形式。"90后"及千禧代的中国青少年粉丝掌握了一定的科技与媒介素养,能以媒介融合的方式,把喜爱的媒介客体转化成偏好的表现形式,从被动的文化消费者转变成参与者。粉丝也在业余文化的生产中,在视觉上,以"超真实"的方式,把自身喜爱的角色和"世界观"带到"现实世界",并完成个人自身的成长②。

当下,以互联网为核心的新媒介对社会文化生态的影响是多方面的,推动了文化朝着开放、民主和多元的方向发展,文化的存在形态也朝着数字化方向转向。从青年亚文化视角入手,张睿探索了新媒体时代的粉丝文化。研究以女团选秀节目《创造101》为例,通过文献法、虚拟民族志法和内容分析法,对粉丝群体的身份构建、迷群形成、粉丝实践内容进行分析。研究认为,网络新媒体使得粉丝可以实现对偶像信息和资源的收集,互联网所创造的虚拟社会为青年亚文化群体建构理想身份提供了多种可能,并通过心理投射、"圈内人"的风格建构来建立个体身份认同。同时,互联网还建构了虚拟的粉丝社区,并创造了独特的语言符号与粉丝文化③。

张自中和彭兰认为,玩家在线下游戏环境中依旧维持着自己的化身。线下游戏化身成为线上游戏化身在真实世界中的延伸;后期沉浸动机强化玩家对化身的共情;冲突社交环境更容易体现玩家线上化身和线下化身的融合;AR游戏建构的全新世界强化了游戏玩家的临场感。研究发现,AR游戏能够创造出无数化身世界,多重化身给玩家带来自我认同感的混淆。此外,在线下的团体性交往活动中,尽管游戏玩家个体之间的关系疏离,但集体认同得到强化④。

---

① 参见周敏、侯颗、王荟萃、兰美娜:《谁才是风险的"放大镜"？——一项关于不同视觉媒介可视化方式对受众风险感知影响的实验研究》,《新闻与传播研究》2018年第2期。

② 参见陈天虹:《青少年粉丝的参与式文化与业余文化生产——以百度贴吧〈猫吧吧刊〉为例》,《现代传播(中国传媒大学学报)》2018年第5期。

③ 参见张睿:《青年亚文化视角下的粉丝文化探析——以〈创造101〉节目粉丝为例》,《文教资料》2018年第26期。

④ 参见张自中、彭兰:《AR情景下的游戏玩家线下化身认同及其模式研究》,《新闻界》2018年第6期。

虚拟现实技术以其高度的感官沉浸感、体感交互性带来了存在论意义上的颠覆性。虚拟现实类游戏玩家通过高度拟真、再造现实的技术入口进入游戏营造的虚拟环境后,展现出相对以 2D 画面和键鼠交互为特点的传统游戏更为独特的身体经验。周逵以索尼公司 PSVR 主机与 PlayStation 商店最畅销的《蝙蝠侠:阿卡姆 VR》虚拟现实游戏为个案,采用扎根的方法,以焦点小组为单位,参与式观察大学生群体玩家在沉浸式传播中的身体经验。研究者以积极的玩家视角作为研究视角,讨论了虚拟现实的沉浸式传播中,参与者的身体经验的类别和结构关系。研究通过 MaxQda 软件对讨论的内容文本完成编码过程,将沉浸式传播中参与者的身体经验分为作为感官体验、空间实践、身份替换、情感主体和虚假记忆的五个方面,并试图建立这些身体经验的结构性关联[①]。

李彪和吴倩采用社会网络分析方法,针对偶像危机情境下鹿晗粉丝社群的内部传播结构展开研究。通过对粉丝社群的网络关系、网络效率、网络权力和子团体进行分析,并结合相应文本分析,研究发现:社群空间中存在着空间生产、空间规训和空间的异质性与并置性的特点,而偶像危机情境下粉丝社群的话语空间存在着液态与自组织、多维空间的生产与共存、意见领袖的危机沟通策略与社群维系,粉丝社群是关系束集、相对独立和半自主、多元社会对抗和共时态与历史态并存的多维话语空间[②]。

### 2. 效果研究中的乡村受众

新的传播技术的发展使得呈现高度城市中心主义的媒介传播格局发生转变,"抖音"、"快手"等应用和直播手段的兴起,使得来自乡村的用户/消费者逐渐引起了传播学者的关注。

杨慧和雷建军对乡村的"快手"媒介使用与民俗文化的传承进行考察。"快手"是少有的在二线城市以下乃至乡村拥有主体用户的现象级互联网应用产品,民俗文化表演也成为"快手"上的景观之一。研究结合对民俗艺人关于"快手"的媒介使用的访谈,试图厘清以"快手"为代表的直播短视频形式对民俗文化传承的意义和可能。研究发现,以使用偏好为算法原则的"快手"短视频,催生了乡村传播中的一种替代性媒体,为传播秩序中处于边缘的乡村提供了一种自我表达,并且通过视频社交的方式形成了某种文化共同体,由此,城市中心主义的传播图景中出现了乡村文化表达的群体。这种赋权的、参与式的、个人化的媒介,也为乡村受众带来了经济赋权与竞争性收入、文化赋权与仪式感的消逝的双重影响[③]。

沈致远和骆正林对淘宝"村红"直播这样一种全新的直播模式进行考察。他们以使用与满足理论作为参考,通过田野调查的质化方法和问卷调查的量化方法,从心理动机需求和媒介接触行为两个维度对观看直播的受众进行调研。他们发现,"村红"直播满足了受众获取信息、消遣娱乐、社交互动、情感归属的要求和猎奇心理。受众在观看"村红"直播过程中的情感态度与媒介接触行为呈相关关系,直播唤起了受众的乡土情结,使得他们产生一种情感归属,看得见的"原生态"食物使得受众产生了一种安全感。受众在观看淘宝"村红"直播过程中的媒介特征与感知需求呈相关关系,传播与互动的实

---

① 参见周逵:《沉浸式传播中的身体经验:以虚拟现实游戏的玩家研究为例》,《国际新闻界》2018 年第 5 期。

② 参见李彪、吴倩:《危机语境下趣缘社群话语空间重构与维系研究——以鹿晗粉丝群为例》,《现代传播(中国传媒大学学报)》2018 年第 12 期。

③ 参见杨慧、雷建军:《乡村的"快手"媒介使用与民俗文化传承》,《全球传播学刊》2018 年第 4 期。

时性与同步性保证最真实的用户体验;直播的形式迎合了大多数人希望通过网络来寻求精神寄托和存在感的心理;淘宝"直播"平台还能够精准触达受众,满足消费心理,使得跟风效益最大化[①]。

### 3. 效果研究中的青少年、女性和儿童

近年来,随着社会化媒体的兴起,新媒体的使用对受众的媒介素养、社会资本及隐私的影响逐渐为学者所关注,并且青少年、女性和儿童等不同的群体都得到了相当的重视。

潘曙雅和刘岩的研究关注微信使用对大学生社会资本的影响机制。通过一项实证研究,研究者探究了大学生群体的微信使用行为与其所拥有的黏连社会资本和桥接社会资本的相关性。研究使用问卷调查的量化研究方法,对 296 份有效样本的回答进行数据分析,在控制了人口学及其他社会化媒体的使用等变量后,研究发现,整体上微信使用强度越大,大学生所拥有的这两类社会资本越多。不同的微信使用变量对大学生的黏连社会资本和桥接社会资本产生了不同的影响,父母的教育程度、性别和家乡所在地都与桥接社会资本有相关性。研究还对微信使用对大学生社会资本的影响机制进行了系统的分析和讨论,在一定程度上具有实践价值和创新意义[②]。

有学者关注微信使用中的隐私关注、认知、担忧与保护。徐敬宏等通过调查中国六所高校大学生的微信使用情况,考察了大学生微信使用中的隐私关注、隐私认知、隐私担忧和隐私保护的相关状况及其相互关系。研究发现,大学生微信使用程度越高,其隐私关注和隐私认知水平越高。大学生对社会隐私信息的认知水平高于个人隐私信息的认知水平。总体看来,大学生在使用微信的过程中,对个人信息的认知水平越高,其隐私关注和隐私担忧水平越高,采取隐私保护措施的可能性越大。此外,大学生在微信使用过程中存在明显的"隐私悖论"现象,即大学生一方面表示担心自己的个人隐私泄露,另一方面又主动披露大量的隐私信息[③]。

卢家银对中国境内的大学生进行了网络问卷调查($N=2\,188$),系统分析了新媒体环境下青年网民的个人信息权意识。研究结果显示,不仅社交媒体中的新闻使用对青年的个人信息权意识具有正向推动作用,而且社交媒体中的社交使用对青年的个人信息权意识同样具有促进作用;与此相比,社交媒体中娱乐使用的作用则恰恰相反,重度娱乐内容使用者的个人信息权意识更淡薄。青年网民的隐私心理需要越强烈,则其个人信息权意识越浓厚。隐私心理需要既部分中介了新闻使用和社交使用对青年网民个人信息权意识的正向作用,又完全中介了娱乐使用对青年网民个人信息权意识的负向影响[④]。

还有学者对受众媒介使用的代际差异进行考察。陈素白和邵舒认为,媒介技术作为一种技术与文化的复合体,引发了学界关于"媒介如何影响人类与社会文化"的不断探讨。他们根据马克·波斯特的媒介时代划分,选取成长于不同媒介时代的"70 后"与"90 后"作为研究对象,着重考察其"点赞"行为。研究发现,作为"数字移民"的"70 后","点赞"时倾向于增进沟通,始终遵循其喜欢、支持等正面含义,注重"点赞"的仪式感,担心他人无法理解自己的延伸而产生误解,即普伦斯基所描述的"数字

①  参见沈致远、骆正林:《乡村的味道——淘宝"村红"直播的受众研究》,《新闻爱好者》2018 年第 6 期。

②  参见潘曙雅、刘岩:《微信使用对大学生社会资本的影响机制研究》,《国际新闻界》2018 年第 4 期。

③  参见徐敬宏、侯伟鹏、程雪梅、王雪:《微信使用中的隐私关注、认知、担忧与保护:基于全国六所高校大学生的实证研究》,《国际新闻界》2018 年第 5 期。

④  参见卢家银:《社交媒体对青年网民个人信息权意识的影响研究》,《新闻与传播研究》2018 年第 4 期。

移民"的"口音"现象。而作为"数字土著"的"90后",会将"点赞"用于增进沟通和回避沟通,调侃、挪揄等引申义也被逐渐开发。他们将"点赞"视作具有多重语义的"全能型"沟通工具,这无疑与其成长期所处在开放的、双向互动的第二媒介时代密不可分①。

薛可等基于媒介效果的视角,探讨人际信任的代际差异。研究者认为,媒介使用与人际信任的关系已引起学者的较大关注,但其研究结论却莫衷一是,甚至互相矛盾,因此,有必要从更加细分的变量来考察媒介使用对人际信任的影响。基于中国社会综合调查数据,该研究从代际差异和媒介效果理论视角出发,重点探讨了不同代际的居民媒介使用与人际信任的关系。研究发现,居民人际信任和媒介使用均存在显著代际差异。总体效应上,媒介使用对不同类型人际信任具有多重效应,报纸使用对个人化和社会化信任均具有显著负向影响,互联网使用对社会化信任具有显著负向影响。差别效应上,报纸使用对个人化信任的影响存在显著代际差异,而报纸、电视和互联网使用对社会化信任的影响均存在显著代际差异②。

章玉萍将目光聚焦于流动女性的数字媒介使用,将社会学的生命历程视角应用于数字媒体研究,探讨个人和家庭层面的因素对流动女性手机使用的重要影响。研究发现,珠三角地区的流动女性内部的差异性和多样性被以往的农民工媒介使用研究所忽视。流动女性群体的内部差异,不能简化为年龄变量本身,而是与流动人口性别化的、充满不确定性的生命历程有关。一方面,国家主导的社会经济政策和教育政策结构性地影响了流动人口的生活机遇;另一方面,处于不同生命阶段的流动女性在家庭内部和就业市场上有着不同的角色期待和身份定位。基于不同生命阶段的个体和家庭决策,她们的工作性质、居住环境和家庭劳动分工是多样化的,这些因素形塑了她们的手机使用习惯和媒介内容偏好③。

随着媒介环境的快速更新和信息化社会的逐渐成形,儿童成长中传媒的影响作用日趋明显。流动儿童与非流动儿童相比,在媒介素养建构中处于特殊境遇,迁出地与迁入地之间的文化差异和不同社会构型使他们面临更多挑战。王倩和李颖异从关系视阈下研究流动儿童的媒介素养是如何构建的。研究认为,从关系的角度看,流动儿童作为主体,在媒介使用的过程中会与外部环境产生冲突与对抗,并且这种冲突在无外来帮助的情况下,难以与外部环境达成"冲突—和解"的动态平衡。流动儿童由于其特殊的社会属性,与城市儿童相比,在媒介素养的构建方面处于弱势,因此,无论家长、学校、媒介还是社会都应对流动儿童的媒介素养给予更多关注。在媒介即关系的信息社会中,只有改变家庭关系、校园关系和社区关系的失衡状态,才能实现流动儿童媒介素养的构建④。

## 三、受众与效果研究的媒介视野

尽管新媒介技术的发展改变了信息传播的结构和形态,网络平台、社交媒体对受众的感知、认知

---

① 参见陈素白、邵舒:《点赞行为的代际差异研究》,《现代传播(中国传媒大学学报)》2018年第10期。

② 参见薛可、余来辉、余明阳:《社交媒体政治新闻使用的性别和代际差异——基于中国网民调查的实证分析》,《新闻记者》2018年第7期。

③ 参见章玉萍:《手机里的漂泊人生:生命历程视角下的流动女性数字媒介使用》,《新闻与传播研究》2018年第7期。

④ 参见王倩、李颖异:《冲突与和解:关系视阈下流动儿童媒介素养构建研究》,《现代传播(中国传媒大学学报)》2018年第1期。

效果产生了深远的影响,但传统媒体仍然是人们获得信息的重要来源,媒介建构对受众的认知仍具有很大影响。同时,新技术还使得传统媒体发展转变,从传统的新闻报道模式到沉浸式新闻,新闻报道叙事思路的改变也会影响受众的认知、情感态度和行动意向。

### 1. 传统媒体与传播效果研究

拉斯·韦纳等基于一项针对 803 名中国公民所进行的问卷调查,考察了在媒介剧变、融合和创新的新时代背景下,公众对中国记者、新闻媒体和假新闻的看法。研究有三个主要发现:第一,中国公众普遍对媒体和记者持积极态度,但对新闻报道是否公正有所顾虑;第二,受访者认为记者和媒体还不够关注社会中的边缘化群体,并期待记者继续在传统媒体平台的"战线"上提供优质报道;第三,大多数中国人意识到假新闻已经成为社会的一个主要问题,但同时他们也倾向于认为假新闻主要对他人而非自己产生危害①。

苏振华通过运用全国综合社会调查 2013 年数据,考察了传统媒体建构对民众社会公平感的影响,发现尽管中国社会存在较大的收入差距,但民众对社会公平程度的评价较高;主流媒体信任度、主流媒体使用频率和媒体传播效果显著增强了民众的社会公平感。研究认为,民众的社会公平感是媒体建构和社会建构的结果,与民众的收入水平没有必然关系,其中媒体建构较之社会建构的影响更大。但是,随着中国的现代化进程以及媒体形态的日趋多元化,加之民众对主流媒体信任度的下降,媒体建构和社会建构对公平感的影响将呈弱化趋势。若期望维持较高的社会公平感,关键在于主流媒体为低收入群体发声以及提高低收入群体的收入水平②。

周勇等通过选择《纽约时报》两则不同新闻材料的文字版、360 度全景影像版和虚拟现实版展开实验室实验法研究,对不同新闻报道形式在受众认知、情感态度和行动意向层面产生的效果进行测量。研究结果表明,在相同新闻事件的前提下,受众在接触沉浸式新闻报道时,对于新闻信息的掌握低于文字阅读,在细节认知上更容易发生遗漏与缺失。沉浸式报道中虚拟现实新闻给受众带来的情感强度高于文字阅读,而 360 度全景影像新闻与文字阅读无明显差异。在可信度层面,受众对于沉浸式新闻的信任度高于文字新闻,且对虚拟现实新闻的信任程度又高于360 度全景影像③。

近年来,数据新闻逐渐成为国内外新闻业界关注和实践的热点。蒋忠波采用控制实验法,从受众对数据新闻的感知(对新闻呈现形式的喜好程度、对新闻的易理解程度的感知、对新闻客观性的感知)、受试者对数据新闻的识记效果(再认、主题回忆效果、细节回忆效果)、数据新闻对受试者态度改变的影响三个层面检验了数据新闻相对于传统新闻的效果。研究表明,受众对数据新闻这一形式的喜欢程度要显著高于传统新闻,但是在新闻的易理解程度感知、客观性感知、识记效果、态度改变等指标上,数据新闻并没有表现出显著的优越性。

---

① 参见拉斯·韦纳、唐硕、石鉴、张洪忠:《中国公众如何看待记者、媒体和假新闻——基于 2017 年全国性问卷调查的研究》,《新闻记者》2018 年第 5 期。

② 参见苏振华:《理解社会公平感:媒体建构与公众感知》,《新闻与传播研究》2018 年第 1 期。

③ 参见周勇、倪乐融、李潇潇:《"沉浸式新闻"传播效果的实证研究——基于信息认知、情感感知与态度意向的实验》,《现代传播(中国传媒大学学报)》2018 年第 5 期。

**2. 新媒体视野中的效果研究**

数字时代,随着社交媒体的不断发展,公众生产的新闻逐渐成为人们的重要信息来源。与专业媒体的新闻传播路径不同,公众新闻更多是利用新媒体进行传播。陈昌凤和马越然的研究以发生在2017年11月的"携程亲子园虐童事件"作为案例,运用PKUVIS分析工具对其扩散路径进行分析,以一窥公众新闻的传播路径。公众新闻的传播路径应该包括人际传播路径、平台间传播路径和事件当事人传播路径三个维度,它们协同完成了公众新闻在舆论场中的扩散,也促使公众新闻在公共事务中发挥作用。该研究对三个维度的信息传播路径进行讨论,并分析其产生的原因①。

新媒介技术的发展极大地改变了受众的情感认知和媒介行为模式。在"媒介间碎片化"和"媒介内碎片化"的环境中,张雪静和刘燕南基于对互联网受众的问卷调查,通过量化研究对互联网受众的媒介使用行为进行描述,并从跨屏触达、手机使用、内容选择、场景渗透、参与互动等方面对其特点及影响因素进行分析。研究发现,网络受众倾向于采用同步跨屏的方式使用媒介,人们已经成为"屏之民",屏端构成了新的媒介生态系统。与其他媒介相比,手机"高渗透+高黏性"的特点,成为跨屏行为中的重要引擎。感知易用、自我效能、终端属性等因素,以及用户信息机制对受众的行为意愿具有显著影响。此外,场景渗透与媒介的个性化使用交织共进,参与互动日益深化等新特征,也给不断变迁的媒介生态带来新的冲击②。

陈芝发现,在媒体融合深度发展、传播技术迭代升级的背景下,受众参与有声语言的传播行为呈现出新特点。在有声语言传播中,受众具有注意力在场、参与者/传播者和生产者消费者的双重身份,以及激活关系传播等特点。这种参与行为与大众文化流行的环境、技术进步背景下话语权的转移,以及受众主体意识不断增强有关。但是,这种受众参与很可能是"懒人行动主义"而非真正意义上的"深度参与",同时,也有可能背离真正的社会潮流。研究认为,未来需要构建有声语言传播的平台型媒体,建立受众与媒介之间的认同感,了解受众参与的心理动机,满足受众参与的心理需求,对受众进行及时正确的舆论引导,并提升受众的媒介素养——认知能力、审美能力和创造力③。

互联网的开放性使得人们更容易表达观点、交流思想和宣泄情绪,这也使得情绪传播产生了新变化。朱天和马超对情绪传播在舆论学、心理学、计算机科学三个学科面向的研究路径进行了探讨。研究认为,互联网中的情绪传播具有四点发展特征:互联网的公开性大大提高了社会情绪的"能见度";互联网的连接性拓展了情绪传播的覆盖面;互联网的匿名性助长了负面情绪的流动性;互联网环境增加了情绪传播的变异性。在未来的情绪传播研究中,应注重从"事件导向型情绪"向"全域整体型情绪"研究深化;聚焦网络公共事件中的反向认知情绪研究;关注行业舆情中的情绪判别与口碑营销④。

随着移动终端的普及和数字媒介技术的发展,直播权力下放,使得普通个体可以通过直播展现一系列个人信息与情况,向直播平台上的海量群体进行自我表露。刘德寰和及桐聚焦移动直播语境下的用户自我表露与社交关系。研究发现,移动直播社交与用户自我表露呈现相互促进的作用机制,用

---

① 参见陈昌凤、马越然:《连接、联动、认同:公众生产新闻的传播路径研究》,《新闻与写作》2018年第2期。

② 参见张雪静、刘燕南:《媒介使用:跨屏、移动和参与——互联网受众行为扫描和特点简析》,《新闻与写作》2018年第7期。

③ 参见陈芝:《有声语言传播中受众参与行为研究》,《探索与争鸣》2018年第6期。

④ 参见朱天、马超:《互联网情绪传播研究的新路径探析》,《现代传播(中国传媒大学学报)》2018年第6期。

户的社交关系发展动机会促进高程度的自我表露行为,而高度自我表露会进一步促进社交关系的发展。移动直播社交与自我表露的相互促进机制能增强用户黏性,带来商业机遇①。

作为重要沟通方式的新媒介也给人们的心理和情绪带来了负面影响。董晨宇和段采薏发现,随着通信技术的日益发达,手机逐渐成为人们的生活必需品。它在为人类提供方便的同时,也使一部分用户患上了"手机失联焦虑症"(nomophobia)。他们的研究主要介绍了西方学界对"手机失联焦虑症"的两种研究取向。其一是智能手机用户对内容的依赖,此依赖源于人类对社交的渴望和恐惧的矛盾;其二是用户对技术本身的依赖,相关研究借助"自我延展"的概念,将手机看作是人们实现一种延展自我的工具②。

近年来,抖音、快手、美拍等移动短视频软件日益流行,其轻松的基调和创意的内容让移动社交从文字、图片向视频过渡,俨然成为一种新的传播形态。马叶娜和王国燕以抖音 App 为例,结合使用与满足理论,发现抖音 App 之所以能够流行,原因在于能够满足用户多层次的媒介需求,并且能够满足用户不断出现的新需求。其中,主层次需求包括社交互动的需求、休闲娱乐的需求、展示自我的需求;子层次需求包括经济效益的需求、获得关怀的需求、记录生活的需求,并且能够满足用户不断变化的新需求③。

## 四、媒介的社会使用：效果研究的热点议题

### 1. 政治的感知、认同与表达

随着新技术的发展,社交媒体成为公众了解政治新闻和公共议题信息的重要渠道,也使公众拥有了更为广泛的言论发声渠道和平台。许多研究者将目光聚焦于此,探讨社交媒体政治新闻使用、社交媒体时代的公民政治参与、受众在热点议题中的传播行为以及突发公共事件中公民的信任和行为等。

薛可等认为,社交媒体日益成为人们获取政治新闻的重要渠道,但社交媒体政治新闻使用尚未得到足够的重视。他们基于中国网民社会意识调查数据(N = 7 838)的研究,比较分析了社交媒体政治新闻使用的性别和代际差异性效应。结果表明,不同类型社交媒体政治新闻使用差异显著,弱关系社交媒体政治新闻使用水平显著高于强关系社交媒体;社交媒体政治新闻使用具有性别差异性效应,男性弱关系社交媒体政治新闻使用水平显著更高,女性强关系社交媒体政治新闻使用水平显著更高;社交媒体政治新闻使用具有代际差异性效应,老一代使用强关系社交媒体获取政治新闻水平显著高于新生代。社交媒体政治新闻使用存在性别-代际的差异性效益,女性弱关系和强关系社交媒体政治新闻使用的代际差异均显著,新生代女性弱关系社交媒体政治新闻使用水平显著更高,老一代女性强关系社交媒体政治新闻使用水平显著更高;男性使用弱关系社交媒体获取政治新闻使用的代际差异显著,老一代男性弱关系社交媒体政治新闻使用水平显著高于新生代男性④。

---

①　参见刘德寰、及桐:《移动直播语境下的用户自我表露与社交关系》,《新闻与写作》2018 年第 9 期。

②　参见董晨宇、段采薏:《我的手机哪里去了　手机失联焦虑症的两种研究取向》,《新闻与写作》2018 年第 3 期。

③　参见马叶娜、王国燕:《"使用与满足理论"视角下的移动短视频研究——以抖音 App 为例》,《科技传播》2018 年第 7 期。

④　参见薛可、余来辉、余明阳:《社交媒体政治新闻使用的性别和代际差异——基于中国网民调查的实证分析》,《新闻记者》2018 年第 7 期。

通过媒体促进公民有序政治参与的重要基础,在于提升公民通过媒体参与政务的广度和深度、主动性和积极性。顾洁等以新闻价值为理论框架,以地方政务微博时政新闻为分析对象,探讨 12 个新闻价值要素如何影响政务微博受众的参与行为。研究发现,在社交媒体时代,新闻价值理论框架对于受众的新闻信息选择和参与实践仍然具有指导意义。12 个新闻价值元素在整体上对受众的评论、转发和点赞行为均具有显著影响作用,其中,时新性、周期性、趣味性、显著性、个体性和争议性这六大要素对受众参与具有显著预测力。研究认为,这提醒媒体人需要更新政务新媒体的话语方式,加强对新闻属性和传播规律的重视①。

卢家银对社交媒体对青年政治参与的影响及网络规制的调节作用进行讨论。在回顾互联网对公民政治参与影响的基础上,通过对中国大陆九所高校的大学生进行问卷调查,研究发现,与互联网的负向作用不同,社交媒体不仅推动了青年群体的线上政治参与,而且促进了青年人群的线下政治参与。并且,互联网规制对青年的线上和线下政治参与具有限制作用。其中,网络规制虽未能有效减弱社交媒体对青年线上政治参与的促进作用,但是它却削弱了社交媒体对青年线下政治参与的积极影响②。

还有学者对大学生在社会热点事件中的社交媒体传播行为进行了研究。李静和谢耘耕基于对上海十所高校大学生的问卷调查,对其社会热点事件的传播现状、传播渠道、传播形式和传播目的进行分析。研究指出:第一,近八成的大学生参与过社会热点事件传播;第二,大学生主要通过微博、微信和知乎三大社交媒体参与社会热点事件的传播;第三,点赞、文字表达和转发是大学生主要的传播形式;第四,大学生传播社会热点事件的主要目的是获取更多信息和了解他人看法;第五,不同背景大学生的传播现状、传播渠道、传播形式和传播目的有显著差异;第六,大学生在微博、微信和知乎上的传播行为有显著差异③。

在新媒体背景下,民众对突发公共事件的态度和行为也具有新的特点。突发公共事件引发民众对生存环境的担忧,在新媒体背景下,更多的民众选择上网查阅事件信息,网民对不同社会角色信息发布者的信任成为影响其认知、参与事件的重要因素。张旭阳基于信任理论,利用问卷调查数据,对网民的社会角色信任现状、影响因素及其与网民行为的关联展开研究。研究发现:第一,网民更信任发布突发公共事件信息的法律人士和专家学者;第二,不同背景的网民对各社会角色的信任存在差异;第三,媒介接触与媒介信任会提升网民对社会角色的信任;第四,媒介信任因素对网民的角色信任评价的影响最为重要;第五,网民越信任普通网民,其网络攻击、人肉搜索意向越高,越信任法律人士,采取网络暴力行为的意向越低④。

## 2. 消费者研究视角下的效果研究

互联网时代的受众被称为用户,他们与传统的媒介受众不可同日而语。用户作为有主体意识、民

① 参见顾洁、闵素芹、詹骞:《社交媒体时代的公民政治参与:以新闻价值与政务微博受众参与互动关系为例》,《国际新闻界》2018 年第 4 期。

② 参见卢家银:《社交媒体对青年政治参与的影响及网络规制的调节作用——基于大陆九所高校大学生的调查研究》,《国际新闻界》2018 年第 8 期。

③ 参见李静、谢耘耕:《大学生在社会热点事件中的社交媒体传播行为研究——基于上海十所高校的实证调查分析》,《新闻记者》2018 年第 1 期。

④ 参见张旭阳:《突发公共事件中社会角色对网民信任及行为的影响——基于三个城市问卷调查数据的实证研究》,《新闻记者》2018 年第 6 期。

主意识、关注公共事物的一个群体,不再是传统媒介环境中被动、面孔模糊的大众,而是成为左右媒介生存、发展的"原点"。张勇军认为,受众对媒介的需求可以从人性的贪婪、懒惰、自私所对应的价值、便利、优选三个维度来进行分析。首先,从媒介价值维度,受众不再是单纯的信息输入者,而要成为能够自主生成内容的信息输出者,他们能够通过媒介实现自己的参与权、表达权、监督权。其次,从媒介便利的维度考察,受众希望打破传统媒介在时间、空间上的偏向,能够利用新型媒介,突破时空限制,实现传播自由。再次,从媒体的优选角度,受众希望减少冗余信息的困扰,在保障丰富信息的同时,接受信息的个性化、精准化推送。如果能从这三个维度,不断满足用户的真实需求,就能将普通用户发展成粉丝用户,增强用户与媒介的黏性①。

互联网上的消费升级使知识付费成为付费时尚,在线知识付费逐渐为更广泛的受众所接受,知识产品的售卖成为内容创业新的方向。知识产品开发如何才能获得用户黏性,林子琪试图进行探讨和归纳。她认为,知识转化为知识产品的过程涉及巩固和拓展产品层次,而这也与用户习惯的培养和用户黏性的增强密不可分。内容创业者应根据在线阅读和学习环境的特点,对知识内容质量严格把控,在细分知识领域开辟深耕垂直化的内容产品;在此基础上,根据用户需求和产品发展路径开发衍生产品,拓宽盈利渠道;同时,积极运用关系产品和营销手段传播内容,通过流量红利和用户黏性提升产品价值②。

杜智涛和徐敬宏对用户在线知识付费行为的影响因素进行研究。他们认为,在线知识付费行为是用户在互联网环境下有偿获取知识的行为,包括付费知识问答、内容打赏、付费课程与内容订阅等多种形式。为探讨用户在线知识付费行为的影响因素和形成机理,该研究将影响因素分为需求因素和体验因素两个类别。其中,需求因素包括外在需求和内在需求两个变量;体验因素包括专业性、趣味性、便捷性和主观规范四个变量。通过构建结构方程模型,研究者发现,这些变量对用户在线知识付费行为意愿均有显著正向影响,但体验因素的影响程度明显大于需求因素。同时,用户对于能力、时间、价格等方面的感知也会作为调节变量在行为意愿对行为的作用中起到抑制作用,但抑制程度比较弱。此外,性别、年龄、文化程度及居住地等因素也对用户在线知识付费行为产生影响③。

燕道成等关注网红微博营销对受众消费态度的影响路径,并试图归纳其应对策略。通过网络平台走红的草根偶像,在各自擅长的领域具有相当的影响力。其中,在淘宝网开设个人店铺的微博红人在流量变现经济模式中表现不凡。该研究以淘宝网红店主为研究对象,将网络消费者行为分析模型"AISAS模型"与ABC消费态度理论作为理论视角和基础,来构建微博营销影响因子对受众消费态度的影响模型。研究发现:内容相关性、网红个人魅力、品牌影响力、互动和评论因子能够对消费者认知和情感态度产生正向影响,并对购买意愿产生间接影响;与预期不同,有奖促销和互动性因子对消费者认知和情感态度均无正向影响;剔除有奖促销和互动性因子的修正模型具有更优的理论解释度。根据研究结果并且考虑到网红的发展趋势,研究提出红人品牌化、运营专业化、顾客情感化、平台中心化四大方向的应对策略④。

---

① 参见张勇军:《新媒体时代媒介用户需求的人性之维》,《现代传播(中国传媒大学学报)》2018年第7期。
② 参见林子琪:《用户黏性视角下内容创业的知识产品开发》,《新闻论坛》2018年第8期。
③ 参见杜智涛、徐敬宏:《从需求到体验:用户在线知识付费行为的影响因素》,《新闻与传播研究》2018年第10期。
④ 参见燕道成、刘振、王淼:《网红微博营销对受众消费态度的影响路径及应对策略》,《国际新闻界》2018年第7期。

婚恋网站已成为现代社会成员建立婚恋关系的重要中介。作为一种交往媒介的婚姻网站,是否能使受众在使用后获得婚恋满足? 张慧文和张国良采用定量和定性的方式,开展了一项婚恋网站使用与婚恋满意度关系实证研究。研究发现:第一,婚恋网站的使用人群目前还未占主导地位,但已有一定规模;第二,大龄、高学历、高收入者更倾向于使用婚恋网站;第三,通过使用婚恋网站而建立的婚恋关系,比其他方式更为融洽;第四,在人们使用婚恋网站的过程中,受到媒介优势、示范效应、规范趋势、认知转变等因素的影响[①]。

王茜基于使用与满足的理论框架,结合问卷调查法与深度访谈法,设计构建了针对运动健身类App用户使用行为与动机的量表。她的研究利用因子分析确定了运动健身类App用户的主要使用动机变量维度,以及使用动机与满足情况。研究发现:第一,使用运动健身类App动机变量包含四个基本维度,即运动功能、社交互动、自我实现和娱乐消遣;第二,在对用户使用运动健身类App动机的具体分析中,"社交互动"动机的解释度最高,"娱乐消遣"动机的解释度最低;第三,社交互动与运动健身类App媒介使用频率显著正相关,而与其余三个维度无显著相关性;第四,相比轻度使用者,运动健身类App重度使用者更多将"社交互动"作为主要使用动机;第五,"自我实现"与"娱乐消遣"的使用动机维度与其相对应的使用满足间存在显著差异;第六,职业身份、社交互动和运动习惯是影响使用运动健身类App使用频率的重要自变量因素[②]。

### 3. 科学健康议题中的效果研究

媒介健康传播议题呈现的框架结构及其信息组织方式不同程度地影响受众个体健康观念及行为。冉华和耿书培以宫颈癌健康传播为例,基于劝服效果理论,通过线上随机实验的方法,重点探究媒介信息的威胁强度以及数据型、叙述型两种信息证据类型对女性受众的恐惧效力感知和积极预防意愿所产生的影响。研究发现,相较威胁程度低的信息,高威胁强度信息对于提高受众的疾病恐惧效力感知具有显著作用,但提高信息威胁强度并不一定能够增强公众的预防意愿。相反,低威胁的数据型信息比具有较高恐惧效力的高威胁叙述型信息更能提升个体的预防意愿。研究认为,受众个体的疾病恐惧效力感知和预防意愿并非受某个单一因素的影响,还受到威胁强度、证据类型等信息组织方式的交互影响[③]。

会话分析可以帮助医患双方完成有效沟通。陈娟和高静文以好大夫平台的医患会话个案为研究对象,基于医患双方的会话文本,探讨了医患双方在在线医疗社区环境下的互动,目的是了解:医患之间如何通过会话建立信任;为建立良好的医患关系,双方的会话应遵循什么原则;就医患会话而言,影响医患沟通的因素有哪些。研究发现,中国的互联网医疗是对当下集中于大城市的优质医疗资源的再利用,患者带有极强的目的性,医生通过"以患者为中心"沟通建立信任关系,遵循医生主诉、修正原则,最终完成消除患者不确定信息到情感慰藉的切换[④]。

---

① 参见张慧文、张国良:《婚恋网站使用与婚恋满意度关系实证研究》,《新闻大学》2018年第1期。

② 参见王茜:《社交化、认同与在场感:运动健身类App用户的使用动机与行为研究》,《现代传播(中国传媒大学学报)》2018年第12期。

③ 参见冉华、耿书培:《健康信息的特质与组织方式对受众接受效果的影响研究——以女性宫颈癌预防传播为例》,《新闻与传播评论》2018年第10期。

④ 参见陈娟、高静文:《在线医患会话信任机制研究》,《现代传播(中国传媒大学学报)》2018年第12期。

在科学议题的公众认知探讨中,转基因议题作为争议性科学议题和极化议题经常出现在研究中。胥琳佳和刘佳的研究从议题判断的角度分别对事实性知识和不同子议题所构建的态度形成阶段进行分析,主要探讨了媒介使用频率、媒介态度感知和社会规范感知对公众对转基因食品态度的影响。通过1 089份问卷调查和定量分析,研究发现,我国公众对事实性知识的了解有所欠缺,电视新闻对公众转基因态度的形成呈显著正相关,但是其对事实性知识的影响并不显著[①]。

王玲宁以转基因科学传播这一风险性议题为例,以大学生群体为研究对象,通过问卷调查和深度访谈,考察自媒体科学传播对大学生科学素养的影响。结果表明,对自媒体转基因信息的关注度无助于大学生在转基因事实知识方面的累积,但是关注程度对风险感知和利益感知均产生了显著影响,越关注此类信息,风险感知度和利益感知度也越高;关注程度对是否支持转基因技术的发展也有显著影响,但是为负向关联,即越关注此类信息,越不支持发展转基因技术[②]。

项启端认为,在互联网普及的今天,人们的生活与网络息息相关,网络传播的特性辐射到各个传播领域,一定程度上推动了科普的发展,使得科学通过网络平台得以传播。科学可视化如今作为一种创新的科普表达方式,将科学生动形象地表现出来,使内涵能被受众充分理解。研究以 Google Analytics 为数据来源,对受众群体进行分析,发现网络技术的发展为科学可视化的传播提供了很大便利,受众能够更加便捷、更加广泛地接触到科普内容。对于用户年龄阶层的平衡值得进一步研究,科普不仅要做给年轻人,更要面对大众[③]。

撰稿人:徐子婧(复旦大学新闻学院 2018 级博士研究生)

---

①　参见胥琳佳、刘佳:《媒介使用与舆论态度感知对公众转基因食品认知及态度的影响研究》,《自然辩证法研究》2018 年第10 期。

②　参见王玲宁:《自媒体科学传播对大学生科学素养影响的实证研究——以转基因传播为例》,《新闻大学》2018 年第 5 期。

③　参见项启端:《对科学可视化受众群体的分析——以美丽化学为例》,《视听》2018 年第 11 期。

# 国际传播研究

在全球化和新媒介技术的时代背景下,国际传播成为新闻传播研究领域的前沿和热点话题。2018 年,国际传播研究依然保持活力,并呈现出在横向上跨学科、跨专业,在纵向上进一步深入发展的新态势。笔者以"国际传播力"、"讲好中国故事"、"国家形象"、"一带一路"、"命运共同体"等为关键词,在中国知网检索到与之相关的学术期刊文章千余篇。本报告从中选取 96 篇进行综述,从"中国国际传播的话语体系"、"'一带一路'视野下的国际传播"、"国家形象的国际传播"、"中国国际传播能力建设"四个方面分别进行阐释。通过全面梳理与整合重构,希望能够抓住国际传播研究在 2018 年的创新和不足之处,在此基础上看清我国国际传播研究的未来发展方向。

## 一、中国国际传播的话语体系研究

按照李青昱的说法,话语体系是一套完整有序的话语建制,通常以特定的价值取向为基础,承载着一定的道德伦理范式和文化特质。话语体系中通常包含一些宏观概念,这些概念对话语体系起到支撑作用。一个国家的话语体系越强大、越吸引人,该国的国际话语权就越大,同时也说明该国的软实力和巧实力较强。因此,建构强大的话语体系是国际传播能力建设的重点[①]。

### 1. 习近平关于国际传播的论述

翟桓指出,党的十八大以来,以习近平同志为核心的党中央高度重视对外话语体系建设。"加强国际传播能力和对外话语体系建设,推动中华文化走向世界","精心构建对外话语体系,增强对外话语的创造力、感召力、公信力","讲好中国故事就是要讲好中国理想、中国道路、中国文化,讲清中国方案、中国实践",这一系列重要指示都为我国构建对外话语体系指明了方向[②]。

陈力丹梳理了习近平总书记关于国际传播的论述:

2013 年 8 月 19 日,习近平在全国宣传思想工作会议上用较大篇幅谈到中国面对世界如何传播的问题。他指出:"要着力推进国际传播能力建设,创新对外宣传方式,加强话语体系建设,着力打造融通中外的新概念、新范畴、新表述,讲好中国故事,传播好中国声音,增强在国际上的话语权。"

2015 年 5 月 4 日,习近平就《人民日报》(海外版)创刊 30 周年作出重要批示,要求该报"总结经验、发挥优势、锐意创新,用海外读者乐于接受的方式、易于理解的语言,讲述好中国故事,传播好中国声音,努力成为增信释疑、凝心聚力的桥梁纽带"。

① 参见李青昱:《新时代中国国际传播能力建设思考》,《中国广播电视学刊》2018 年第 10 期。
② 参见翟桓:《精心构建我国对外话语体系 有效传播中国好声音——以习近平总书记关于宣传思想文化工作的重要论述为指南》,《新闻爱好者》2018 年第 11 期。

2016 年 2 月 19 日,习近平在党的新闻舆论工作座谈会上进一步论证了国际传播的问题。他说:"讲故事,是国际传播的最佳方式……要创新对外话语表达方式,研究国外不同受众的习惯和特点,采用融通中外的概念、范畴、表述,把我们想讲的和国外受众想听的结合起来,把'陈情'和'说理'结合起来,把'自己讲'和'别人讲'结合起来,使故事更多为国际社会和海外受众所认同。"

2018 年 8 月 21 日,习近平在全国宣传思想工作会议上再次提出:"要推进国际传播能力建设,讲好中国故事、传播好中国声音,向世界展现真实、立体、全面的中国,提高国家文化软实力和中华文化影响力。"

陈力丹认为,贯彻习近平总书记关于国际传播的重要论述,核心在于落实习近平提出的"创新对外宣传方式,着力打造融通中外的新概念、新范畴、新表述"的要求①。

### 2. 中国的世界观：新世界主义

邵鹏和张盈认为,中国的新世界主义是指习近平主席及党中央领导集体对世界和人类文明现状以及发展趋势所持有的系统性认识、论述、主张与行动方案,具体包括:反对霸权主义和西方中心主义,主张世界多极化和文化多元化;反对地域保护主义,主张人、财物和通信自由流通、开放合作;反对利己主义,主张共商共建、共赢共享、共生共荣;反对干涉他国内政,主张和谐包容、市场运作、和平发展;反对否认、歪曲、篡改历史,主张牢记历史,防止历史悲剧重演。新世界主义致力于构建具有相同世界愿景的整体互动、和谐包容、开放合作、共建共享、共生共荣的新型国际政治、经济、文化生态②。

邵培仁和沈珺指出,新世界主义已经在宏观、中观和微观三个层面初步形成"一体同心多元"理论体系:"同心打造人类命运共同体"是新世界主义的核心思想,也是中国与世界各国合作与交往的基本价值准心;"五点主张"则分别从政治、经济、文化、历史、地理等中观层面诠释出中国新世界主义的发展理念、战略选择和努力方向;而"一带一路"、"亚投行"、丝路基金等则是微观层面的行动方案。在国际传播的视维中,新世界主义具有包容性、层次性、策略性、发展性的特点,服务于新世界主义的国际传播必须遵循媒介尺度、混合咖啡和格创结合的三项原则。其面向未来、面向世界的发展策略和进路主要是:积极构建信息传播的命运共同体,积极建构兼容本土性和全球性的价值体系和话语体系,努力构建科学有效、层次分明的传播结构和机制,组建强大的具有跨文化背景的内容生产与传播队伍,为新世界主义的国际传播和落地提供强有力支撑③。

### 3. 中国的价值观：人类命运共同体

程曼丽认为,国际传播话语建设是国际传播能力建设的重要组成部分,也是其中的一项核心能力。在这方面,"构建人类命运共同体"的价值理念和共同话语应当成为我们的话语基石。国际话语的较量归根结底是价值观的较量。为此,中国的国际传播话语建设应当找准突破口并上升一个层面:由战术层面上升到战略层面,在"构建人类命运共同体"价值观的引导下对话语资源进行组织建构,形

① 参见陈力丹:《学习贯彻习近平关于国际传播的论述》,《当代传播》2018 年第 5 期。
② 参见邵鹏、张盈:《新世界主义推动华莱坞电影"出海"的新方略》,《新闻爱好者》2018 年第 10 期。
③ 参见邵培仁、沈珺:《新世界主义语境下国际传播新视维》,《新疆师范大学学报(哲学社会科学版)》2018 年第 2 期。

成超越语言、言语范畴的，具有思想内涵的系统性的"陈述群"①。

唐润华和曹波对"人类命运共同体"理念做了比较全面的概述。他们认为，"人类命运共同体"理念是在继承中国优秀传统文化价值，吸收中国当代社会文化价值，结合当今世界共同文化价值的基础上提出的，具有强大的生命力和丰富的内涵。"人类命运共同体"理念揭示了人类利益和价值的通约性，展现了世界人民追求和平发展的愿景，符合人类文明演进的趋势。这一理念极大地推动了我国向世界讲好中国故事、提出中国方案、贡献中国智慧，对于中国价值观的构建以及在国际上的传播有着重要的理论指导意义，为中国价值观的国际传播带来新的启示②。

陈鑫指出了"人类命运共同体"在对外传播中的现实困境。一方面，国内层面话语能力偏弱，缺乏丰富的话语主体，缺乏有效的话语内容，缺乏过硬的话语平台，缺乏灵活的话语方式；另一方面，国际层面"人类命运共同体"思想面临着发达国家的抹黑和发展中国家的质疑，这些挑战均消解了对"人类命运共同体"思想的认同③。

周继业认为，提升"人类命运共同体"的国际话语权，是向世界阐述中国发展道路的必然要求，是回应外部对我国种种质疑和误解的内在需要，是提升中国软实力的现实之举。但当前我国"人类命运共同体"的国际话语权仍存在一些问题，需要围绕"人类命运共同体"议题进行顶层规划，提升人类命运共同体的全球话语传播能力，积极拓展公共外交传播新路径，科学构建对外传播话语体系④。

王丹和孙敬鑫提出"人类命运共同体"对外传播的实施路径：首先，以习近平新时代中国特色社会主义思想为统领，着力提升"人类命运共同体"理念的传播力；其次，以重要时间节点和场合为契机，全面主动设置议题，着力提升"人类命运共同体"理念的引导力；然后，以高访外宣为重要传播渠道，着力提升"人类命运共同体"理念的感召力；此外，以新媒体思维推动表述方式和传播方式创新，着力提升"人类命运共同体"理念的影响力⑤。

### 4. 中国特色社会主义价值观的国际传播研究

张树军和贾亮指出，新时代中国国际传播应向世界贡献越来越多的"中国精神"和"中国价值"，而不是日益增多的"中国制造"和"中国创造"。习近平新时代中国特色社会主义思想国际传播，是实现从"物质传播"、"信息传播"到"价值传播"的新跨越。做好习近平新时代中国特色社会主义思想的国际传播，就是认真贯彻习近平总书记做出的国际传播战略部署和提出的国际传播战略思想，站在新的历史起点和新的时代高度，更好地向世界阐述中国道路、塑造中国形象、传递中国声音⑥。

杨晶认为，当代中国价值观首先强调中国特色社会主义价值观对于中国人民而言是一元主导下的价值多元，"一元"是指马克思主义价值观以实现人的全面自由发展作为最高价值目标，"多元"主要体现在价值形式上的多样性。其次，当代中国价值观在国际传播过程中是与其他国家价值观地位平等的国家价值观，它是向国际社会呈现一种不同于西方现代性的当代现代性道路，是向广大国际友

---

①　参见程曼丽：《新时代中国国际传播话语建设思考》，《国际传播》2018 年第 2 期。
②　参见唐润华、曹波：《人类命运共同体理念对中国价值观国际传播的新启示》，《中国出版》2018 年第 20 期。
③　参见陈鑫：《"人类命运共同体"国际传播的困境与出路》，《宁夏社会科学》2018 年第 5 期。
④　参见周继业：《不断提升"人类命运共同体"的国际话语权》，《人民论坛》2018 年第 18 期。
⑤　参见王丹、孙敬鑫：《做好人类命运共同体理念的对外传播》，《当代世界》2018 年第 6 期。
⑥　参见张树军、贾亮：《习近平新时代中国特色社会主义思想国际传播策略探析》，《对外传播》2018 年第 3 期。

人展现中华文化的独特魅力与社会主义国家形象。最后,当代中国价值观的国际传播是积极参与全球现代性发展,贡献中国道路的历史经验,为全球治理提供一种可能性的方案①。

陆彩荣认为,习近平新时代中国特色社会主义思想是中国智慧、中国方案的精神内核与潜在灵魂,是指引中华民族伟大复兴、构建人类命运共同体的强大思想武器。对于习近平新时代中国特色社会主义思想的国际传播,战略上要尽早谋划,抓好顶层设计;战役上要严密布置,做好中期对外宣介的指导方案;战术上要积极行动,着眼于短期活动,做好精准传播,重点把握好系统化整理、科学化解读、全媒化宣介、借力式传播、规范化推介五大环节②。

项久雨和张业振指出,在当代中国价值观国际传播中,过分强调自我而无视、敌视他者是不可取的;同样,一味迎合他者而放弃自我也是不可取的。由此可见,自我与他者的关系是当代中国价值观国际传播躲不开、绕不过的基础问题。一方面,要理直气壮地坚持自我立场,坚持传播内容由中国自己生产,传播重点由中国自己选择,传播过程由中国自己主导,传播效果由中国自己评估。另一方面,要正视他者在传播中的地位和作用,将他者视为传播内容生产的必要助手、传播活动展开的客体要素、传播效果评估的主要参考、传播策略构建的基本依据。坚持自我,是正视他者的前提;正视他者,是坚持自我的限界。为此,当代中国价值观的国际传播必须在坚守自我立场的前提下,尊重他者;在自我与他者的和谐互动中,增进价值理解,达成价值共识③。

莫凡围绕如何构建中国化马克思主义国际传播的文化逻辑展开研究。他指出,中国化马克思主义国际传播的文化逻辑包括两个层面:首先,从政治话语到文化话语的转向是其逻辑起点,包含文化融通话语出场、以故事性话语为纽带、交流型话语突显等多重含义;其次,从"争文化"到"和文化"的转向是其逻辑归宿,包含以主体间性基础上的文化间性超越"争文化"的主客对立,以融合与重构的文化特质实现普世与民族的有机统一,以实践性的文化精神推动理想与功利的和谐融通等多项内容。中国化马克思主义国际传播的文化逻辑具有世界历史意义,其更新了中国文化的世界认知,推动了文化鸿沟的当代弥合,促进了文化资源的丰富拓展④。

## 二、"一带一路"视野下的国际传播研究

2018年,新闻传播学界对"一带一路"的相关研究主要集中在以下几个方面:一是将"一带一路"这一议题作为内容对象的研究,二是以"一带一路"为背景的跨文化传播研究,三是"一带一路"倡议下的国际传播能力建设研究。

### 1. 以"一带一路"为内容对象的国际传播研究

"一带一路"不仅是重要的国家战略框架,也是我国国际传播的重要内容之一,"一带一路"议题在海外媒体上的传播对我国"一带一路"建设具有非常重要的意义。

---

① 参见杨晶:《"全球现代性"背景下中国价值观的国际传播》,《青年记者》2018年第14期。
② 参见陆彩荣:《扎实推进习近平新时代中国特色社会主义思想国际传播》,《对外传播》2018年第10期。
③ 参见项久雨、张业振:《当代中国价值观国际传播中的自我与他者》,《武汉大学学报(哲学社会科学)》2018年第2期。
④ 参见莫凡:《中国化马克思主义国际传播的文化逻辑及其世界历史意义》,《社会科学辑刊》2018年第4期。

　　胡岸和陈斌以"Belt and Road"为关键词,采用等距抽样法,在某海外社交媒体上抓取 2015 年 4 月至 2018 年 4 月期间,新华社(@ XH News)、人民日报(@ PD China)和中国环球电视网(@ CGTN Official)三家中国主流媒体发布的关于"一带一路"倡议的新闻。两位学者运用内容分析法,以框架理论为基础,对 385 条新闻的来源账户、日期、转发量、评论量和点赞量做了记录,并对每条新闻按照"新闻框架"和"话语包"两个维度进行编码。研究发现,关于"一带一路"互惠性的新闻发布数量多,但是关注度较低;向外界解释"一带一路"政治意图的新闻数量少,但是传播效果更好。由此,两位学者建议:在利用海外社交媒体发布新闻时,更应当主动融入国际话语体系。具体来说,在新闻角度的选择上,要摒弃传统的"宣传"模式,善于倾听且主动回应相关问题;在新闻的创作方法上,以更人性化、趣味性的方式生产新闻①。

　　汤景泰等使用内容分析和社会网络分析法,借助数据挖掘及数据可视化技术,以 Twitter 上关于"一带一路"高峰论坛的传播数据为研究对象,分析了 Twitter 平台围绕"一带一路"高峰论坛形成的相关议题及其话题子群,从而勾勒出"一带一路"在国际社交媒体平台上的传播网络结构。通过分析数据,研究者评估了中国媒体在该话题中的传播效果,探索验证了子群结构与传播效果的相关性。研究认为,传播网络作为控制各类社会网络间信息流的基本结构,与传播效果呈正相关。因此,中国媒体要想提升"一带一路"话题中的国际影响力,其关键不仅在于要讲好"中国故事",还需要主动与"一带一路"传播场域中的关键节点和子群进行良性互动,从而提升国际传播话语权②。

　　曹雪盟以中国环球电视网官方 Twitter(@ CGTN Official)为例,选取该账户于 2017 年 5 月 12 日至 5 月 16 日期间对北京"一带一路"国际合作高峰论坛的 67 条相关报道为样本,从报道主体、体裁选取、词汇分布、话语群设置、转推量与点赞量等方面进行统计分析。研究发现,我国国际传播主要存在以下问题:单兵作战缺乏联动,故事性与可读性较弱,文化差异导致信息误解误读。对此,研究建议,在国际传播渠道方面要打造传播矩阵增强互动,在叙述方面要采用故事化和趣味性的表达方式,此外,还要善用、巧妙、借助外国记者、主持人参与讲述中国故事③。

　　张莉和陆洪磊以《金融时报》《经济学人》《泰晤士报》《卫报》和《每日邮报》五家媒体关于"一带一路"的报道为分析对象,对国际新闻生产的全球化和本体化论争进行新的辩证思考,探讨国际传播中影响我国"一带一路"倡议报道的因素。研究发现,全球化和本土化因素在海外媒体关于"一带一路"新闻生产的不同环节产生了不同的影响,而且在"一带一路"国际议题的新闻生产中,媒体市场的区域定位比媒体市场的阶层定位影响更显著。因此,研究建议,在"一带一路"的国际传播中,需要加强与跨国市场媒体的联系,借助其在国际舆论场上的影响力对"一带一路"倡议做广泛报道和正面解读,同时,在国际传播话语权建设中也可以借力跨国市场媒体及其影响力④。

　　王占宏以大型电视纪录片《一带一路》为例,讨论了丝绸之路题材纪录片的守成与创新。研究发

---

　　①　参见胡岸、陈斌:《国家议题的对外传播效果分析——以"一带一路"在海外社交媒体上的框架分析为例》,《编辑之友》2018 年第 12 期。

　　②　参见汤景泰、星辰、高敬文:《论"一带一路"国际话语权的提升——基于首届"一带一路"国际合作高峰论坛 Twitter 传播数据的分析》,《新闻大学》2018 年第 5 期。

　　③　参见曹雪盟:《主流媒体社交平台的国际传播力》,《青年记者》2018 年第 12 期。

　　④　参见张莉、陆洪磊:《影响国际议题报道的全球化和本土化因素的再思考——基于"一带一路"报道的比较研究》,《现代传播(中国传媒大学学报)》2018 年第 10 期。

现,该纪录片以国际视野、时代视角,真实记录了"一带一路"沿线国家打造"绿色丝绸之路"、"健康丝绸之路"、"智力丝绸之路"、"和平丝绸之路"的努力与实践。该纪录片依托时间、空间、景观等概念解读了"一带一路"建设中所具有的开放、包容精神,由此实现了纪录片在国际传播方面的新突破①。

俞虹和蒋锐以央视大型旅游节目《远方的家·一带一路》为研究对象,指出该节目向海内外受众展示了丝路沿线国家间的相逢相知、文明互鉴和民心相通,节目主题和内容的预设性与侧重性强,叙事逻辑强调服务于"一带一路"的国家倡议,是媒介化公共外交的一次积极尝试②。

### 2. "一带一路"背景下中国文化的国际传播研究

袁媛和贾益民认为,推动中华文化国际传播是构建人类命运共同体、促进各国文化交流互鉴、维护人类文明多样性的客观需求。我们必须坚定文化自信、挖掘文化内涵、创新文化表达,从而增强我国新时代中华文化的国际传播能力,让中华文化更好地走向世界③。

邢弘昊强调了文化自信在国际传播中的作用。他认为,在信息化社会,网络不仅改变了地域间的隔离,也改变了世界政治、经济与文化的旧有格局。信息经济主导下的文化资源通过互联互通与共享传播,为国际文化的交流与合作增速。作为亚洲大国和世界第二大经济体,中国影响着区域文化的潮流与走向,有义务承担起创新前沿文化的探索重任,引导国际文化在理解、尊重、求同存异的道路上理性传播④。

逄增玉对当代中国文化国际传播的现状进行总结。研究指出,中国文化跨国传播的历史源远流长,改革开放 40 年来,随着我国经济的崛起和国际地位的提升,中国走向世界和世界走向中国成为历史大趋势。与此相应,我国的文化软实力建设、文化"走出去"战略取得了巨大成就,包括海外孔子学院、中国文化中心、国家电台电视台的国际频道、国家级主流媒体在国外的分支机构、电影电视、文学艺术、民间工艺和场馆展播等,极大地丰富了中国文化国际传播的内容和形式,并在创新手段的基础上取得了与预期目的一致的传播效果⑤。

王雄指出,中国文化"走出去"承载着传播中国文化、塑造国家形象、服务国家政治和经济目标的重要使命。中国文化"走出去"已经迈出了坚实的步伐,但在遵循国际传播规律、突出文化引领,增强阐释中国文化"IP"能力,正确处理文化民族性与普适性、文化传统与文化现代性之间的关系等关键战略问题上仍然存在着不可忽视的短板。但是,只要观念复位、阐释得力和创新有道,中国文化"走出去"的路径就会越来越宽广⑥。

王仁忠指出,广电媒体的"一带一路"跨文化传播亟待创新。跨文化传播一直受到来自文化中心主义、国家语言的复杂多样性和单向传播的宣传话语体系等方面的严峻挑战。而主体间的互惠性理解、周边传播和新世界主义的分析框架,能够为广电媒体"一带一路"跨文化传播寻找到创新之路⑦。

① 参见王占宏:《丝绸之路题材纪录片的守成与创新——以大型电视纪录片〈一带一路〉为例》,《电视研究》2018 年第 9 期。
② 参见俞虹、蒋锐:《开拓与创新:"一带一路"上的中国行者——行走七年的〈远方的家〉》,《电视研究》2018 年第 9 期。
③ 参见袁媛、贾益民:《新时代如何进一步提升中华文化影响力》,《人民论坛·学术前沿》2018 年第 21 期。
④ 参见邢弘昊:《文化自信在国际传播中的作用》,《新闻爱好者》2018 年第 12 期。
⑤ 参见逄增玉:《当代中国文化国际传播的现状与路径述论》,《现代传播(中国传媒大学学报)》2018 年第 5 期。
⑥ 参见王雄:《对中国文化"走出去"战略的几点思考》,《杭州师范大学学报(社会科学版)》2018 年第 5 期。
⑦ 参见王仁忠:《广电媒体"一带一路"跨文化传播的挑战与创新》,《中国广播电视学刊》2018 年第 4 期。

杨乐以新疆电视台为例,认为新疆广电地处"一带一路"对外宣传的桥头堡位置,肩负着对外传播优秀中华文化、传达"一带一路"政策、传递群众诉求以及引导社会舆论的重要使命。研究者为西部广播电视媒体在"一带一路"背景下加强国际传播能力建设提出了相关策略,认为牢牢把握新闻舆论是前提,加强广播影视公共服务建设是保障,加快传统媒体与新媒体的融合发展是捷径,加强广播影视文化输出是关键①。

"一带一路"倡议赋予了汉语国际教育新的发展机遇和使命。刘云杉和雷庆以语言经济学为研究视角,对汉语国际传播的现状与问题、政策与策略进行分析,力求为汉语助力"一带一路"国际传播提供一定思路。研究认为,汉语作为"一带一路"经贸投资合作、文明交流互鉴的重要桥梁和纽带,对推进我国国际传播能力发挥着重要作用。汉语作为学习了解中国文化的必要工具,正在成为世界各国,特别是"一带一路"沿线国家民众的共同需求。此外,两位学者还指出,要以数字"一带一路"建设为依托,实现大数据战略与"一带一路"汉语国际传播教学深度对接,充分发挥大数据企业的创新实力和优势,提升"一带一路"语言信息处理水平,加快建设"一带一路"多语种识别、多语言感知等语言技术系统,开发智能语音教学互动平台,为"一带一路"汉语国际传播教学提供基础数据资源和有效技术支撑②。

### 3. "一带一路"倡议下的国际传播提升策略研究

田龙过认为,传统的"中国中心主义"传播理念、单向线性主体论传播模式和僵化教条的功能主义传播思维以及自我中心的话语实践是影响我国国际传播成效的几大因素。我国要在"一带一路"国际传播实践中增强国际话语权,就必须客观认识"一带一路"的历史与现实,在"一带一路"场域中重新看待中国的位置、中国与世界的关系,重新确认自己的身份,改变以往虚幻的自我中心意识和自尊自大的文化扩张意识,作为一个平等的参与者与世界各国一道,构建多方主体间多向互动的对话系统,共同推动"一带一路"倡议的落地见效、健康发展③。

王宏亮提出以"一带一路"倡议搭建多元传播共同体。他认为,借助"一带一路"倡议构建多元传播共同体是提升国际传播能力的基本路径,强大的国际传播是在传播主体、内容和受众的相互影响之中建立起来的。因此,提升国际传播能力必须厘清三者之间的关系及其影响因素。从传播主体的角度来看,吸引力、权威性、主导性是最核心的特征和要素;从内容的角度来看,内容多样化、生活化、生动形象非常重要;从受众的角度来看,能够从传播内容中获得效用满足至关重要。因此,我们应在传播主体建设和扩大受众两方面把握机会,坚持多边主义,建立以汉语为基础工具的传播平台体系,提高传播服务的质量④。

针对"一带一路"背景下对外文化传播中的问题与不足,王丽提出了加强"一带一路"对外文化传播的路径,包括四个方面:首先,融合传播主体,充分调动政府、社会组织、科研机构、智库、企业联盟等方面的积极性,实施精准化和差异化传播策略;其次,运用大数据和互联网思维,开设有关"一带一路"

---

① 参见杨乐:《"一带一路"背景下电视媒体如何加强国际传播力建设》,《西部广播电视》2018 年第 2 期。
② 参见刘云杉、雷庆:《汉语国际传播助力"一带一路"策略研究》,《国家行政学院学报》2018 年第 6 期。
③ 参见田龙过:《"一带一路"国际传播中的问题:理念、心态与话语策略》,《西部学刊》2018 年第 6 期。
④ 参见王宏亮:《以"一带一路"倡议搭建多元传播共同体》,《中国广播电视学刊》2018 年第 10 期。

的门户网站和公众号等新媒体传播平台,向世界各国民众展示"一带一路"沿途各国的优秀历史文化资源;再次,建立"一带一路"对外文化传播高层磋商机制,为"一带一路"对外文化传播确定行动指南和引领发展方向;最后,构建"一带一路"对外文化传播合作与保障机制,为"一带一路"对外文化传播活动提供充分的政策支撑、资金支持和基金保障①。

陈宇以中国国际广播电台亚洲总站在泰国曼谷的传播实践为例,说明对外传播的本土化经营和传播的重要意义。他指出,"一带一路"沿线国家国情各异,信息传播的速度、深度、广度与效果方面大不相同,国内外传播差引发受众对信息的认知差。传播差与认知差的存在需要媒介传播实施的本土化策略。本土化传播一方面使传媒组织避免在拟态环境中"以己度人",另一方面是减少异国文化误解中国意图的有效方法。本土化包括传播主体本土化、传播内容本土化、传播渠道本土化、传播人才本土化②。

李宇也对中国媒体国际传播的本土化策略进行了思考。他指出,本土化有助于传播内容更贴近目标国受众需求,传播渠道更符合当地市场特点,宣传推介也更接地气。但在实际操作过程中,尤其是在中外两种不同的媒介体制和市场环境中,本土化存在诸多风险点。规避本土化风险的关键点有三:其一,公司化是媒体全球化发展的重要方式和途径;其二,做好配套的政策保障,完成从财政事业投入模式转向境内购买服务方式和境外的公司化投资模式;其三,是法律法规与评估机制③。

李宗伦认为,中国影视艺术与"一带一路"沿线国家之间有着互通融合、资源共享的历史渊源。"一带一路"战略布局推进以来,中国电影作为中国文化"走出去"的先导,在国际话语权、内容叙事、合作模式、产业营销等方面都取得了一系列引人注目的成果。如何在"一带一路"语境下找寻中国电影自身的发展定位、前行方向、新的个性化传播路径,需要从对外传播的视角进行更为深入的思考④。

王昀和邵培仁指出,随着"一带一路"倡议架构呈现出中国全球传播叙事的宏大愿景,华莱坞电影如何回应世界政治格局和文化地理的变迁走向,则成为当代电影跨国化发展的全新命题。对于新时期华莱坞的跨国媒介实践,我们必须重新认识到:其一,电影作为内容资源必须延展和深耕跨国化市场,并传递"一带一路"文化认同的动力机制;其二,电影作为复合性的工业产制应该纳入丝绸之路经济带的整合过程;其三,跨国市民社会将华莱坞国际传播导向公共化空间的相应媒介实践。华莱坞电影研究应当在当前国家主导性全球叙事的变化语境之下,进一步探讨如何以平等、交流、合作、共同发展的姿态持续融入新的国际文化流动体系⑤。

## 三、国家形象的国际传播研究

2018 年 8 月,习近平总书记在全国宣传思想工作会议上发表重要讲话,强调完成新形势下宣传思想

①　参见王丽:《加强"一带一路"对外文化传播的路径》,《青年记者》2018 年第 29 期。
②　参见陈宇:《"一带一路"背景下中国传媒海外传播的本土化实践》,《内蒙古社会科学(汉文版)》2018 年第 9 期。
③　参见李宇:《中国媒体国际传播本土化策略再思考——以中央电视台在日本实施的本土化项目为例》,《中国记者》2018 年第 11 期。
④　参见李宗伦:《"一带一路"背景下分析中国电影走出去的着力点》,《影视制作》2018 年第 10 期。
⑤　参见王昀、邵培仁:《华莱坞作为跨国媒介实践——兼论"一带一路"的全球传播叙事》,《江西师范大学学报(哲学社会科学版)》2018 年第 5 期。

工作必须自觉承担起举旗帜、聚民心、育新人、兴文化、展形象的使命任务。这里的展形象具体来说,就是要推进国际传播能力建设,讲好中国故事、传播好中国声音,向世界展现真实、立体、全面的中国。

### 1. 中国国家形象研究的总结与反思

相德宝和张弛对近 30 年中国国际传播研究做了回顾。研究发现,中国国际传播研究经历了从关注国际主权硬实力的研究转向国家形象、国际话语软实力塑造,再到建构具有中国特色的国际传播理论和话语体系三阶段。国际传播研究网络形成明显的中心,但相对松散,中国国际传播研究共同体初步显现。国家形象、国际传播、国际舆论、软实力、公共外交、跨文化传播等成为中国国际传播研究的关键词。国家形象塑造、国际传播能力建设、国际涉华舆论研究、对外报道研究、公共外交和跨文化传播成为中国国际传播研究的五大领域。在此基础上,两位学者提出了中国国际传播未来的研究方向①。

韦笑对中国国家形象的国际传播研究做了全面梳理并指出,早期国家形象研究主要从国际关系、对外传播渠道及传播策略等角度展开分析。随着中国国际地位的提升,中国国家形象的国际传播逐渐得到学界重视,研究主要集中在国际媒体对中国形象的塑造以及国际公众对中国形象的认知两方面。信息化时代到来后,国际传播中的国家形象塑造在国际政治中具有前所未有的重要性,如何发展本国的国际传播、改变当前国际传播信息流向不平衡的态势、规避不良信息已成为第三世界国家争取独立自主的重要问题。把握国际话语权、加强外宣活动、塑造良好的国家形象将为我国的长远发展提供友好的国际舆论环境。在我国未来数年的发展中,中国国家形象的对外传播研究将毋庸置疑成为重要的议题②。

张昆认为,中国的国家形象在改革开放 40 年来发生了重大变化,表现为从贫穷走向富裕,从弱国转身为强国,从闭塞走向开放,从一个落后的国家转身为一个先进的国家,从韬光养晦到有所作为、积极进取,呈现出继续发展、充满活力、独立自主的大国形象。这就是现实的中国形象。相对于习近平主席描绘的理想的中国形象,即“四个大国”形象,还存在着一定的落差。中国理想国家形象的建构,需要我们心无旁骛,全面深化改革开放,坚持把自己的事情做好,把自己的国家建设好。还要站在国家战略的高度,加强顶层设计,统一筹谋内外传播,实现内外融通、朝野并举、军民互济、多元表达③。

刘燕南和刘双对国际传播效果研究的相关概念进行梳理,对既有的效果评估体系进行分析,在此基础上,以“能力–效力”框架为主,建构了一个由基础建设、内容产制、传播影响、市场经营四项一级指标组成的综合性国际传播效果评估指标体系,采用层次分析法对指标进行了权重处理,并对若干问题进行了分析探讨④。

陈文泰和李卫东认为,“国家实在”是国家形象研究的逻辑起点,准确认识和理解“国家实在”是国家形象研究的基础性问题。“国家实在”是构成国家形象的“源像”,也是连接国家形象与国家客观

---

① 参见相德宝、张弛:《议题、变迁与网络:中国国际传播研究三十年知识图谱分析》,《现代传播(中国传媒大学学报)》2018 年第 8 期。

② 参见韦笑:《中国国家形象的国际传播研究述评》,《青年记者》2018 年第 32 期。

③ 参见张昆:《理想与现实:40 年来中国国家形象变迁》,《人民论坛·学术前沿》2018 年第 23 期。

④ 参见刘燕南、刘双:《国际传播效果评估指标体系建构:框架、方法与问题》,《现代传播(中国传媒大学学报)》2018 年第 8 期。

现实的重要桥梁。在国家客观现实、"国家实在"和国家形象的关系模型中,三者分别处于物质世界、信息世界和精神世界三个层次。在此基础上,研究者探索了国际社交网络中"国家实在"的传播机制和国际社交网络中国家形象的演化机制。研究认为,国际社交网络中"国家实在"的核心传播机制主要包括多元主体互动机制、裂变机制、共振机制和衍生机制。国际社交网络中的国家形象演化主要包括片面国家形象的强化机制和真实国家形象的消解机制。对于如何在国际社交网络中提升国家形象,研究建议:全方位展示中国真实"国家实在"信息,积极融入各大国际主流社交网络平台,打造中国自主的国际社交网络平台,推进中国权威媒体中有关中国"国家实在"信息的数据开放,以及加强国际社交网络中虚假信息的治理①。

国家形象的塑造分为"自我陈述"和"他者叙事"两个维度。王鑫认为,"他者"关于中国的叙事存在着从历史到逻辑的定式,诸如个人叙事的偏见与历史语境的缺席、奇观化的处理方式以及政治归因的叙事框架等,共同制造了理解中国的"盲区"。随着新时代中国对外传播战略的调整,"他者叙事"也从叙事角度和讲述心态上发生"新变",这为"自我陈述"提供了新的契机。"自我陈述"的"入乡"策略,用共通感稀释政治归因和奇观化,以及利用"五维价值域"达成文化互通,都是可期的路径和做法。"自我陈述"与"他者叙事"将在互动中建立中国形象的意义交集②。

顾洁和黄若鸿以意大利发行量最大的全国性日报《晚邮报》为研究对象,选取其在2008年至2015年间刊发的386篇涉华报道作为研究样本,采用质化与量化相结合的研究方法,对报道中呈现的中国形象及其嬗变轨迹进行分析。研究发现,在2008年至2015年间,《晚邮报》对中国的刻板和负面印象逐渐得到扭转,具体表现为议题逐渐多元、立场逐渐客观、态度逐渐肯定三个方面③。

曾耀农和徐脉沐指出,过去的中国国家形象多是"他塑"的结果,是由国外媒体镜像构造的中国。"中国"本身长期处于"沉默者"、"被动者"的角色,失去了"发声"的渠道与机遇。如今,随着党的十九大报告中"走出去战略"的提出,以及我国技术渠道与文化产业两驾马车齐头并进的飞速发展,文化遗产纪录片正逐渐成为国家形象建构的"发言人"之一。对中国本土文化遗产的记录与传播,不仅在国内环境下唤醒了国民对民族文化的自信,更是在国际舞台上塑造一个具有深厚文化底蕴的正面健康的中国形象的有效途径④。

朱勇和张舒基于国际汉语教材里中国人物的设计情况考察,并借鉴国外有关研究,探讨了如何更好地自塑中国人物形象问题。两位学者指出,中国人物形象的设计原则包括内部系统性和外部有效性两个方面。在中国人物形象的设计思路上,需要把握人物角色选择、人物性格设计、跨文化情境的选择三个方面⑤。

**2. 新媒体对中国国家形象的塑造研究**

王润珏和胡正荣指出,媒介融合的持续深化使得媒介形态、传播规律发生了颠覆性的变化,给中

①　参见陈文泰、李卫东:《国际社交网络中"国家实在"传播与国家形象演化机制研究》,《新闻大学》2018年第6期。
②　参见王鑫:《从自我陈述到他者叙事:中国题材纪录片国际传播的困境与契机》,《现代传播(中国传媒大学学报)》2018年第8期。
③　参见顾洁、黄若鸿:《超越刻板:意大利媒体呈现的中国形象——以〈晚邮报〉涉华报道为例》,《当代传播》2018年第3期。
④　参见曾耀农、徐脉沐:《文化遗产纪录片的国际传播策略》,《浙江传媒学院学报》2018年第1期。
⑤　参见朱勇、张舒:《国际汉语教材中国人物形象自塑研究》,《华文教学与研究》2018年第3期。

国国际传播工作的开展带来了前所未有的挑战,但同时也造就了难得的历史发展机遇。能否顺应媒介融合的趋势,把握新的传播规律,快速建构起基于融合化媒体平台的影响力、话语权,成为未来中国国际传播工作能否顺利展开的关键因素①。

何建华指出,面对当今世界大变局,立足中国新时代新发展,如何在新媒体语境中发出中国声音、讲好中国故事、体现中国立场、作出中国贡献、塑造中国形象,这既是学术研讨议题,更是新闻传播实践课题。应当找准抓实切入点和着力点,善于充分利用国际发言权;克服人的能力建设短板,抓住国际社会重大议题发声;学术话语应关注全球性宏观前沿课题,着力打造智库舆论场;调动激发人民大众参与展形象,不断改进跨文化国际传播,真正做到善讲故事、善展形象,切实改变当今世界西强我弱的传播舆论格局②。

杨晶和吴文艳认为,新媒体以数字技术和互联网技术作为支撑,天生具有全球传播的优势,其超时空性、交互性、个性化、融合性与公共性等特征重塑着价值观的国际传播形态,新闻网站、社交媒体与视频网站成为当代中国价值观国际传播的三大重要新媒体平台。当前,我国利用新媒体开展中国价值观国际传播仍然存在影响力不足、建设资源不均衡、队伍建设不充分等诸多问题。据此,推进当代中国价值观新媒体国际传播的理念更迭、体制机制创新与人才队伍建设都是极为迫切的③。

韦笑和潘攀以 2017 年 CGTN 在 Facebook 主页含"China"英文单词的贴文为总样本,采取构造周抽样方法,对传播者和受众发布的内容进行分析研究。两位学者发现,总体来看,作为一个新生的国际传播机构,CGTN 获得了较为积极、正面的传播效果。但是与此同时,CGTN 并没有完全发挥出自身的媒体资源优势,具体表现在:传播的主动性和个性化色彩较弱,其主页更像是一个新闻机构的分发账号,发布的报道多为二手新闻,互动性不强,不能引起海外受众的兴趣,某些新闻的消极影响还对国家形象塑造起到了反作用。由此,研究给出了四个方面的建议:其一,改变思维方式,注重受众体验;其二,深耕内容,形成差异化优势;其三,利用社交媒体特性,建立对话模式;其四,"硬新闻"与"软新闻"并重④。

杜康以人民日报、China Daily、CCTV 三家央媒在 Facebook 上对中国共产党第十九次全国代表大会的相关报道为研究对象进行内容、数量、发布形式等方面的分析,研究三家央媒中共十九大报道的国际传播特点,在此基础上对主流媒体在国际传播过程中的中国形象建构策略提出了几点思考:第一,发挥主流媒体的规模优势,打造国家形象对外传播媒体矩阵;第二,主动设置报道议程,多层面多角度建构国家形象;第三,讲述普通人的故事,关注普通人的生活,从寻常百姓的视角报道中国发展成就⑤。

杨航和徐嫦聆以 Facebook 熊猫账号为例,探索中华文化符号全球传播的逻辑与策略。研究采用实证研究方法,对 Facebook 熊猫账号信息及受众评论进行合成周抽样,考察了信息传播形态、语义与镜头语言特点、熊猫形象再现、受众行为、反馈以及受众社会特征等六项内容,提出了缩小符号异项标

① 参见王润珏、胡正荣:《融媒体时代国际传播的新特点与新格局》,《社会科学文摘》2018 年第 2 期。
② 参见何建华:《新媒体语境"展形象"多种路径研究》,《当代传播》2018 年第 6 期。
③ 参见杨晶、吴文艳:《中国价值观国际传播的新媒体平台构建策略》,《中国广播电视学刊》2018 年第 9 期。
④ 参见韦笑、潘攀:《社交媒体时代中国国家形象的对外传播策略——基于 2017 年 CGTN 海外社交媒体的中国报道分析》,《传媒》2018 年第 19 期。
⑤ 参见杜康:《主流媒体的国际传播与中国形象建构——以央媒 Facebook"十九大"报道为例》,《传播力研究》2018 年第 21 期。

出性、构建迷文化群体、内容垂直化、传播融合化、反馈机制常态化和突破高低文化语境屏障等国际传播策略①。

### 3. 影像对中国国家形象的塑造研究

胡智锋和杨宾指出,中国影视文化面临着新的发展和机遇,讲好中国故事、实现中国影视"走出去"必须加强影视传播力建设。他们认为,影视传播力指的是影视在传播主体、渠道、内容、对象等方面到达、覆盖范围和程度的能力。增强影视传播力,从理论视角来看,是提升影视文化软实力的重要保障;从现实视角来看,是打造影视强国的必由之路。我国影视传播力经历了宣传品、作品和产品三个发展时期,虽然得到了长足的发展,取得了相当了不起的成绩,但是整体上较为薄弱,存在着"看不懂"、"讲不清"、"达不到"和"吃不透"等突出问题。目前应从全局性、针对性、接近性和有效性四个方面入手,提升我国影视传播力②。

黄会林和杨卓凡从构建国家形象的角度研究了我国电影的国际传播。研究发现,首先,大众文化的有效传播是国家形象影像建构的基础。其次,以艺术电影为代表的当代现实题材中国电影,在构建中国文化形象方面影响力显著,而历史题材的中国电影在积极建构国家形象的同时,一定程度上可能加深外国观众对中国的某些偏见。再次,中国电影中隐性的价值观与显性的文化符号相比,在建构中国文化形象方面的贡献更大,其中,"家国本位"价值观表现最为突出。此外,中国电影中的积极人物形象有助于减弱外国观众对中国形象的刻板印象,但中国电影海外传播体系中也不乏消极、西化、迎合西方口味的人物形象③。

20世纪90年代以来,电视成为中国国际传播的重要形式。李宇指出,当前电视国际传播在政治和技术层面正面临新的传播形势。针对国际政治、市场监管、文化差异、与华侨华人及其媒体机构合作是电视国际传播的风险点。首先,电视国际传播要推进国际传播规划精细化,按照"一国一策"研判风险、妥善预防;其次,推进国际传播业务国际化,需要按照利益共同体构建深度国际合作关系;再次,推进国际传播管理规范化,按照国际贸易和市场规则开展国际合作业务④。

作为一种传媒形态与艺术载体,中国纪录片对于树立正面、积极的国家形象具有重大意义。杨会认为,主旋律纪录片能够巧妙地呈现特定文化场域下的主流意识形态和思想文化,并且充分反映时代风貌与主流文化的价值取向。主流纪录片展示了融入中国故事的民族文化、哲学思想、价值观念、人文情怀等优秀传统文化内涵,向世界展示客观、真实的中国,建构本土观众认同、异域观众认可的表意范式,探索中华民族发展状态的当代表达,构筑中国的对外话语体系,促进中外文化交流,增进人类文明互鉴。因此,主旋律纪录片是基于国际化视野和道路自信视角建构国家形象并进行国际化传播的典型样式⑤。

沈悦和孙宝国研究发现,"一带一路"视域下的纪录片在主题、立意、叙事呈现、传播维度、播放平

① 参见杨航、徐嫣聆:《熊猫频道国际传播策略研究——以脸谱网熊猫账号为例》,《电视研究》2018年第6期。
② 参见胡智锋、杨宾:《传播力:中国影视文化软实力提升的重要保障》,《清华大学学报(哲学社会科学版)》2018年第3期。
③ 参见黄会林、杨卓凡:《我国电影国际传播与国家形象建构》,《中国党政干部论坛》2018年第9期。
④ 参见李宇:《新形势下电视国际传播的主要风险点及应对策略初探》,《电视研究》2018年第11期。
⑤ 参见杨会:《主旋律纪录片国家形象的国际化传播探究》,《电影评价》2018年第17期。

台等方面有新的突破。针对瓶颈问题,两位学者提出了纪录片国家形象建构的传播路径:其一,打造"一带一路"共同体理念;其二,加强参与丝路纪录片国际影视节展与海外合作;其三,开创"一带一路"纪录片品牌;其四,立足国内,权衡"三方话语"①。

何晓燕以中国电视剧在 YouTube 上的传播与接受为个案,梳理中国电视剧在 YouTube 上的传播主体、传播内容和商业营销等方面的现状,分析了目前存在的跨文化传播能力不强、品牌度不够高等现实问题,进而提出中国电视剧在海外网络平台提高传播质量的"三重门"策略——字幕翻译、互联网思维和跨文化传播能力,认为电视剧须在新媒体时代的国际传播中担当向世界讲述中国故事的重要力量②。

### 4. 政党形象和城市形象的国际传播研究

政党形象是一个政党的实际表现和总体特征在公众舆论中的投影,是一个政党的精神面貌所在,它关系着政党内部成员的政治忠诚和外部群众的信赖与支持,更影响着政党在国际社会中的地位和认可度,以及在国际事务中的话语权。

许正林和王卓轩系统梳理了十年来中国共产党政党形象对外传播的理论和实践。研究内容包括政党形象的内涵与价值、中国共产党国际政党形象的塑造、当前中共政党形象对外传播的现实基础、政党形象对外传播的战略意义、他者视角下的中国共产党政党形象、中共政党形象对外传播存在的问题、打造国际政党形象策略等③。

针对提升中国共产党执政形象的国际传播力问题,张一和吴倩倩指出,要精准把握国际传播中党的形象定位,塑造中国共产党以人民为中心、担当有为、清正廉洁的执政形象,积极探索党执政形象国际传播的有效方法,强调共同价值、注重分众传播、实现双向理解,以国际视角打造权威媒体、以主动姿态引导国际舆论、以意见领袖强化良好形象,充分释放党执政形象国际传播的媒体力量④。

城市形象传播是中国国家形象传播总体格局的重要组成部分。2018 年形成了一系列城市形象国际传播的案例研究。

上海市政府新闻办联合多家中外机构,分别于 2018 年 1 月和 6 月,先后在美国纽约、奥地利维也纳、英国利物浦等多个国际知名城市举办"魅力上海"城市形象推广活动。从策略上看,上海开展城市形象对外传播围绕国家外宣战略,突出外宣重点区域、重点国家,瞄准国际主流社会、主流人群并覆盖各阶层,分国别、分地区、分阶段制定切合实际的传播方案,从而取得了良好的传播效果,不仅赢得了海外主流舆论的关注,还增强了上海的国际影响力和国际竞争力,充分展示上海城市的魅力和中国良好的国家形象⑤。

南京响应总书记"建设国际和平城市,传播中国和平之声"的指示精神,以国家公祭为统揽,开展

① 参见沈悦、孙宝国:《"一带一路"视域下的中国纪录片国家形象传播路径探析》,《中国编辑》2018 年第 6 期。
② 参见何晓燕:《从点击的量到传播的质:中国电视剧海外网络平台传播研究》,《现代传播(中国传媒大学学报)》2018 年第 6 期。
③ 参见许正林、王卓轩:《十年来中国共产党政党形象对外传播的理论与实践》,《现代传播(中国传媒大学学报)》2018 年第 9 期。
④ 参见张一、吴倩倩:《提升中国共产党执政形象的国际传播力》,《红旗文稿》2018 年第 11 期。
⑤ 参见上海市人民政府新闻办公室:《"魅力上海"城市形象对外传播的探索》,《对外传播》2018 年第 10 期。

系列和平活动;以"和平学教席"为助推,构筑理论体系支撑;以大屠杀海外展为载体,争取国际社会认同;以全媒体传播为路径,提高对外发声力度,将国际关注、中国方案和南京实践有机结合起来,形成共同的话语体系,塑造中国负责任大国形象、和平构建者大国形象,对阐释中国和平发展理念和实践具有不可替代的地位和作用①。

吴忠华以联合早报网为例,研究海外华文媒体对杭州形象的建构。他认为,海外华文媒体作为国际传播体系构成的有机要素,宣传效力非常显著,特别是在华人华侨密集生活和工作的区域,它分布广,贴近当地实际,是传播中华文化、提升中国形象的渠道②。

# 四、中国国际传播能力建设研究

## 1. 传播主体:多元联动模式

长期以来,国际传播常被认为是宣传部门或新闻工作者的事情,国家形象好不好,主要取决于新闻媒体。

高晓虹和赵晨指出,新时代的国际传播,应以"大外宣"的理念将官方与民间相结合、组织与个人相结合、中央媒体与地方媒体相结合,共同传播命运共同体的理念,助力建设"一带一路",展现立体、真实的中国,提升中国文化吸引力,塑造大国形象,为中国和平发展创造有利的国际舆论环境③。

吴世文和侯彤童指出,国际传播本是大众传播媒介的"主战场",无论是塑造遥远的"拟态环境",还是对他者进行议程设置,我们原来都主要依靠机构化的大众媒介来开展国际传播。互联网在全球的扩散形成了互联互通的景观,而自媒体的快速发展使得个体能够进入国际传播场域,把"个人之音"转变成"世界之音",自媒体可谓是国际传播场域中的新角色。通过考察自媒体之变,研究对自媒体在国际传播中的应用持乐观的态度,并鼓励个体运用自媒体开展国家传播,助推"交流与理解的共同体"的形成。同时,研究也提醒我们要对个体自媒体传播缺乏连续性、条块化、易偏差等问题保持必要的警惕④。

刘秀峰和李文明提出了"离岸传播"的国际传播新理念。"离岸传播"借用自"离岸金融"的经济学理论,强调在国际传播中,努力淡化中国这个"在岸"或"中心",对"构建人类命运共同体"倡议的海外传播,采取去中心化的"离岸"策略,即利用中外经济合作、投资和商贸、文化交往所带来的良好机遇,从不同国家或地区的实际出发,关注"互利共赢"的共同愿望,调动本地政、商、学界意见领袖与相关群体及媒体网络,用本地语言与思维向大众传播"构建人类命运共同体"倡议,传播中国理念,解读相关政策,促进更多国家和地区民众对"构建人类命运共同体"倡议的了解与认同⑤。

---

① 参见南京市委外宣办:《主动高站位,传播中国和平之声——南京创建"国际和平城市"的实践和启示》,《对外传播》2018 年第 10 期。
② 参见吴忠华:《海外华文媒体杭州形象的建构与对策——以联合早报网为例》,《青年记者》2018 年第 12 期。
③ 参见高晓虹、赵晨:《新时代国际传播的任务与思考》,《对外传播》2018 年第 1 期。
④ 参见吴世文、侯彤童:《自媒体在国际传播中的应用:助推交流与理解共同体的形成?》,《对外传播》2018 年第 1 期。
⑤ 参见刘秀峰、李文明:《主流媒体国际影响力提升的理念创新及路径拓展》,《电视研究》2018 年第 11 期。

### 2. 关注内容: 如何讲好中国故事

习近平总书记强调,"对新闻媒体来说,内容创新、形式创新、手段创新都重要,但内容创新是根本的"。一方面,"讲好中国故事"是战略框架性的提法;另一方面,"讲好中国故事"落在国际传播内容建设上。

袁亮杰以习近平近年来发表的出访演讲为例,分析中国新型叙事理念所具有的特征。研究发现,叙事功能上,习近平在受访国家讲述的中国故事是真实发生的中外友好交往的史实,真实的故事有利于客观、立体地展现当代中国;叙事方式上,习近平在遵循中国传统政治叙事观念的基础上,又考虑到受访国的文化和交往特点,采用内视角(又称"个人聚焦")讲述自己的亲身经历,拉近叙述者与受众的距离;叙事策略上,总书记的演讲内容因时、因地、因事、因人而变,具有很强的时新性和动态性,此外,习近平还经常引用受访国传统文化中的名言,与中国文化中具有类似意义的名言进行互相对举和阐发[1]。

刘明认为,讲好中国故事,不但要讲得正确、讲得清楚,还要讲得有效、讲得艺术。具体从三个方面着手: 第一,善于对鲜活的、带有泥土味的、冒着热气的生动实践进行理论抽象和思想总结,由浅入深、由表及里地阐释故事背后的中国理念。第二,强调注重议题设置,突出中国实践、中国理念对世界的意义,这些理念必须既有中国和东方特色,又具有世界意义和全球价值,既切合当代实际,又着眼长远未来。第三,创新传播方法和手段,对业务内容、工作流程、推广方式、发展格局、人员结构等进行全方位、全领域的再思考、再构造,推动国际传播能力建设实现跨越式发展[2]。

白紫冉在对第25—27届中国新闻奖的72篇文字类国际传播获奖作品进行分析的基础上,总结了近年来国内优秀国际传播作品在内容深度建构上呈现出的四种"借力"叙事策略,包括:"借机行事"与"节点铺面"进行议题深度挖掘,"借事论事"助力议题得当转移,"借口发声"强化观点立场,"借史论今"与"合理预见"延伸报道内容。研究建议,国内媒体在实际操作层面,一方面,需立足于中国立场与理念,借助更多于我有利的传播内容支撑点,以凸显中国特色的叙事策略;另一方面,也需基于国际共识,适时、适度借助外来的潜在机会将中国议题与国际视角有机结合,从而使兼具理智与情感的深度传播内容在参与国际权威对话时具有渗透力[3]。

郭金认为,《今晚报(海外版)》在加强国际传播能力建设、讲好中国故事方面走出了一条"刚柔并济"的路子,发挥了"硬"和"软"两种不同风格的角色作用。在"硬功夫"方面,《今晚报(海外版)》执行严肃的外宣任务,发布"硬苦"内容,对外阐述中国政府的严正立场和态度,对外宣布中国政府的新政策和新主张;在"软身段"方面,《今晚报(海外版)》选择典型人、典型事,从细节上挖掘共性,从看似普通的事情上体现价值观追求,从人物和事件背后的社会意义角度,耐心地、精心地为海外受众潜移默化讲好中国故事[4]。

---

① 参见袁亮杰:《中国新型叙事理念的特点与表现》,《青年记者》2018年第8期。
② 参见刘明:《用全新理念讲好新时代的"中国故事"》,《学习时报》2018年10月24日第2版。
③ 参见白紫冉:《媒体"借力"叙事与国际传播内容的深度建构——对近年中国新闻奖国际传播类获奖作品的分析》,《青年记者》2018年第27期。
④ 参见郭金:《练好"硬功夫"巧施"软身段"》,《新闻战线》2018年第17期。

张梦晗以纪录片《习近平治国方略：中国这五年》为分析对象，总结了国际主流媒体讲述中国故事的主要经验。研究指出：首先，巧借"他塑"展示中国形象，让他者书写与"自我建构"形成互文往往更容易形成认知一致，达成价值层面的共识。其次，以跨文化理念建构国际传播模式，以中国为内容的纪录片选题不能局限于"出口本国信息"，而是要更加关注与本国国家利益密切相关的国际问题。另外，在切入严肃而宏大的中国话题时，可用民间、行业、专业的身份将概念化、符号化的政策内容，转换成受众易于感知、深感亲切的文本，再配合适当的仪式化修辞①。

司达抽取阿姆斯特丹国际纪录电影节从创立至 2017 年这 30 年间参展的中国题材纪录片，从影片内容、制作背景、创投资助情况、竞赛与获奖情况，以及历史变化特征等方面进行文本编码，加以定量分析，考察中国纪录片在国际传播方面对国家文化安全的影响力度。研究发现，大多数中国题材纪录片的国际传播和其最终获奖，并不是靠故事本身的敏感程度，或者题材是否具有某种非主流政治意识形态倾向来决定的，而是基于题材在当代全球社会中的普适性，对个体生活的记录是否深入，并结合作品拍摄的技术性与艺术性来综合考量的。这也提醒人们，中国文化的传播必须从易到难，须先在文本中建立可供移情的普适情感价值核心，博得观众的认同和兴趣关注度，之后再推广更加深层次的文化命题②。

陈哲敏和解庆锋以纪录片《科恩眼里的中国》为案例，研究该片国际化的叙事策略，认为其记录了真实的中国风貌，将中国故事讲给全世界，通过镜头塑造了新时代的中国。带给我们的启示有：叙事主体方面，"他者"讲述者有利于真实呈现；叙事方式方面，中美、古今等多维度对比有利于聚焦新时代；叙事语言方面，通俗化的语言有利于阐述中国特色文化；叙事内容方面，普通人与寻常事有利于展现宏大主题③。

**3. 拓展渠道：打造国际传播传媒矩阵**

改革开放以来，我国日益推进国际传播发展，打造对外传播体系建设，形成以中国国际广播电台、中国国际电视台、中国环球电视网、《中国日报》为代表的中央级主流媒体，以上海外语频道为代表的地方媒体，以及以 Twitter、Facebook 为代表的国外互联网新媒体平台，形成国际传播的矩阵格局。

高岸明认为，构建全媒体对外传播格局，根本目的是为了巩固壮大主流舆论阵地，是在新时代向世界讲好中国故事、塑造中国形象、传播中国声音的职责与使命④。

贺幸辉等以《中国日报》新媒体中心为例，通过考察新媒体中心的平台搭建、微视频的品牌创建、新闻传播方式的改变等方面，勾勒出移动互联网时代主流媒体在国际传播中架构设计与传播方式拓展的新特点与创新趋势⑤。

江和平回顾了我国主流国际媒体中国国际电视台（CGTN）的成立、建设与发展历程，提出了我国

---

① 参见张梦晗：《国际媒体视野中的"中国故事"——以〈习近平治国方略：中国这五年〉为例》，《中国电视》2018 年第 12 期。
② 参见司达：《中国纪录片的国际传播现状——基于阿姆斯特丹国际纪录片电影节的定量研究》，《云南社会科学》2018 年第 5 期。
③ 参见陈哲敏、解庆锋：《讲好中国故事的国际化叙事策略——以纪录片〈科恩眼里的中国〉为例》，《新闻爱好者》2018 年第 4 期。
④ 参见高岸明：《让"中国声音"响彻国际舆论场》，《新闻战线》2018 年第 19 期。
⑤ 参见贺幸辉、柯荣谊、张霄：《〈中国日报〉：适应媒介新格局的国际传播架构设计与传播拓展》，《中国记者》2018 年第 4 期。

国际传播需要具备四种思维——全球思维、本土思维、数字思维、商业思维,点明了我国做大做强国际传播的路径在于重新定义"电视"、"内容"、"技术"、"受众",同时指出了国际传播能力建设,尤其是新闻传播能力,主要可以分解为现场到达能力、国际表达能力、持续报道能力、编辑思想能力、资源整合能力、融合传播能力、议题设置能力七个方面①。

李艾珂等同样以中国国际电视台的传播实践为例,发现中国国际电视台的理念和实践蕴藏着建制世界信息与传播新秩序新模式的可能:摆脱自由市场的丛林竞逐逻辑,在尊重文化多样性的普遍理解中进行媒体实践,从而超越一国利益和二元对抗的思维模式,实现多元共容和人类命运共同体的普遍发展。从某种程度上说,这种新的模式体现了 20 世纪七八十年代的国家间合作和新秩序的建制精神,又采取了当下最有效的媒体实践的反抗策略,同时以人类命运和多元价值为依归,以超越国家的普遍理解为具体表现,以共容代替选择,以理解代替二元对抗②。

吴敏苏等选取 CGTN 新媒体端 2018 年 3 月 5 日至 20 日全国"两会"专题报道,结合具体报道案例,详细分析当下时政新闻对外融合传播的特点。研究发现,CGTN 在报道中国时政新闻方面议题覆盖面广、视角多样、高低兼顾、直播比重大,突破了以往单一的宏观叙事框架。同时,CGTN 利用电视端的优势资源,与新媒体端进行"配合战",实现新闻报道的短视频全覆盖,并在内容可视化上深入实践。关于 CGTN 新媒体端报道优化分析,研究建议:实现新闻产品化,增强交互性;扩充专家储备,增强观点说服力;减少内容同质化,探索多元栏目③。

吴言认为,在国际舆论环境下,英语媒体的话语权可以直接影响我国文化软实力的提升,但是,由于民俗文化、思维方式、语言等各个层面的差异,我国英语媒体的对外传播工作一直困难重重。研究指出,从本质上来说,对外传播原则就是我国英语媒体对外传播的立场和态度倾向。我国英语媒体坚持的对外传播原则分为两个方面:其一,内外有别;其二,维护国家利益。新形势下英语媒体对外传播策略包括:强化受众与媒体之间的互动,做好受众信息需求的调研工作,重视国际传播人才的引进与培养④。

李冬梅和张红认为,我国英语媒体国际传播公信力的构建,对于推动我国英语媒体国际话语权和经济效益的提升具有重要意义。为优化我国英语媒体在国际传播工作中的公信力,我国英语媒体要选择可信度较高的信息源,彰显自身社会责任感,通过与国际受众开展互动、收集国际受众反馈信息,为国际传播战略和公信力构建策略的调整提供依据⑤。

张咏华等认为,上海外语频道(ICS)为地方对外传播媒体以全球视野讲好中国故事、克服对外传播中来自文化差异的障碍方面做出了可贵的探索。首先,上海外语频道通过与国外主流媒体、海外华文媒体合作等方式实现传播内容有效落地,让更多的海外受众了解中国、了解上海;其次,在节目策划、摄制、选题、呈现和叙述等方面,上海外语频道与国际接轨,找准国际受众的接受习惯,从而突破了

---

① 参见江和平:《做大做强新时代的国际传播》,《浙江传媒学院学报》2018 年第 5 期。
② 参见李艾珂、吴敏苏、赵鹏:《世界信息传播秩序演变与中国的贡献——以中国国际电视台(CGTN)的传播实践为例》,《现代传播(中国传媒大学学报)》2018 年第 6 期。
③ 参见吴敏苏、刘子衿、魏雨虹:《中国时政新闻的对外融合传播——基于 CGTN 新媒体端 2018 年全国"两会"专题报道的研究》,《电视研究》2018 年第 6 期。
④ 参见吴言:《英语媒体对外传播策略研究》,《新闻战线》2018 年第 20 期。
⑤ 参见李冬梅、张红:《论我国英语媒体国际传播公信力的构建》,《新闻战线》2018 年第 18 期。

来自文化差异的障碍;最后,上海外语频道不仅实现海外有效落地,还致力于当好在沪外国人了解中国的向导,这无疑有利于频道在合力讲好中国故事中发挥自身优势和特色①。

刘滢认为,新媒体环境下的国际传播理论酝酿着新一轮的转向与重构。她从历史、理论、现实三个维度梳理了国内外新媒体国际传播相关理论的研究脉络,同时基于国际传播实践的现状,从传播格局、传播主体、传播内容、目标受众四个方面前瞻性地分析其未来的发展态势。研究认为,国内、国际传播一体化趋势将加强;多元主体的"复调"传播将成为主流;"全球新闻"是内容建设的努力方向;基于用户画像的分层触达是必然选择②。

刘晓燕选取我国两大中央级新闻媒体新华社、《人民日报》,和美国媒体美联社、《纽约时报》在Facebook、Twitter、YouTube上的用户数据进行对比。研究发现,在媒体"四力"的构建方面,我国两大主流媒体在Facebook上的情况较好,通过几年的努力,取得了一定成绩。但在Twitter和YouTube上的"四力"构建有待进一步加强。研究建议,在当今国际格局和融媒体背景下,要善用新媒体技术体现中国新时代主题,要用互联网思维讲好中国故事③。

冯海燕和陈安繁以人民日报在Facebook上的账号(@ PeoplesDaily)为研究对象,探究我国主流媒体跨文化适应的影响因素和关系模型。通过数据采集和深度访谈,研究发现,语言是影响我国媒体跨文化适应的一般性因素,意识形态和刻板印象是我国媒体国际传播面临的特殊影响因素。通过跨文化适应影响因素模型可以发现,跨文化适应的主动性是跨文化传播活动的出发点和前置因素,越是积极进行跨文化适应,遭遇的文化冲突强度越小;文化冲突的强度是媒体进行跨文化传播的外部情景条件;跨文化传播效果是跨文化实践的落脚点和最终目标,效果的好坏可以反过来影响跨文化适应的主动性,二者是正相关的关系④。

何继良以东方网为研究对象,探索新型主流媒体集团的国际传播能力建设。研究认为,东方网有较好的国际传播基础,在地方新闻网站中率先开设外语频道,拥有较为稳定的用户群,致力于向海外传播中国和上海的发展变化,大量稿件被境外网站转载、援引。同时,东方网也在不断地探索国际传播理念,一方面,加大媒体融合、境外合作和技术输出力度,目前已形成覆盖PC端、移动端、报纸三种不同介质,建成美国站、加拿大站、中东站三个海外站点;另一方面,加强线上线下联动,通过人员交流、展会演出、文化贸易等方式,以更民间、更柔性的方式开展海外传播⑤。

余碧琳和罗青林以第六声(Sixth Tone)为例,研究新媒体新闻机构国际传播的方式与效果。针对第六声传播力和影响力的不足之处,研究建议:首先,继续完善国际传播矩阵,坚持"网站-社交媒体"的内在结构,以网站后台聚合优质线上新闻内容,以网站、客户端和社交媒体等形式投放。其次,加强对相关媒体偏好和新闻传播习惯的研究,不断提升内容精细化程度,做出有针对性的传播安排。再次,以评论为题材,以人文、社会和文化为关切的主题,以可视化信息为传播形式,切实发挥现有禀赋优势。最后,科学实施差异化传播策略,对不同主题偏好的多个媒体加强国际议题传播,对同一主题

① 参见张咏华、王立俊、扶黄思宇:《地方对外传播媒体的传播路径研究——以上海外语频道为例》,《新闻爱好者》2018年第3期。
② 参见刘滢:《新媒体环境下国际传播的转向与重构》,《新闻与写作》2018年第10期。
③ 参见刘晓燕:《构建"四力",用互联网思维讲好中国故事》,《青年记者》2018年第9期。
④ 参见冯海燕、陈安繁:《主流媒体跨文化适应的影响因素——以人民日报Facebook账号为例》,《青年记者》2018年第6期。
⑤ 参见何继良:《从新闻网站向新型主流媒体集团迈进——东方网的思考与探索》,《新闻记者》2018年第9期。

偏好的多个媒体,具体识别其开展新闻传播的独特方式①。

### 4. 形态创新：社交短视频成热点

杨凯和唐佳梅通过对 2009 年、2011 年和 2017 年在穗外国人进行的三次媒介使用和信息需求的问卷调查和数据比较,描述历时性视野下在华国际受众的动态面貌。研究表明,在华国际受众的变化主要表现为：组成结构更加多元,社交媒体已超过传统媒体成为获取中国信息的主要渠道,而各类信息需求也因在华逗留原因的不同呈现出群体差异。这意味着对外传播要提高精准度离不开历时性的国际受众研究,需根据国际受众构成特征和媒介使用及信息需求的变化,制定针对性的信息投放和媒介渠道选择的策略②。

张梦晗发现,近年来一些国际民众有主动关注中国议题的意愿,但他们通常选择社交媒体作为观察、了解中国的窗口,这与我国传统的对外传播方式形成错位。在对外传播实践中,绝大多数的互动反馈行为需要借助移动互联网形成合力,这其中善于使用社交媒体的青年网民成为一个新的突破口。青年网民利用新媒体平台容易产生群聚效应,是对外传播舆论场上的"新意见阶层",他们参与程度高,偏好精要、新颖、易传播、可以互动的对外传播表达形式。这就要求对外传播转变"灌输式"思维,以短视频渠道为重要抓手,利用青年流行文化产业增强对外传播的"内容支撑力"。重视移动端、顺应融合传播生态趋势,找到与青年网民的心理契合点,占据主动地位,创新话语策略,减少国际受众的认知障碍,增加对外传播的落地率③。

董媛媛和田晨认为,短视频具有时长短、互动性强、传播速度快、传播范围广等特点,凭借丰富的视听表达成为社交媒体时代建构国家形象的重要力量。两位学者在视觉说服的视角下,通过对目前我国社交媒体上短视频的视觉符号分析,探究其传播方式,考察其说服技巧及对国家形象的建构作用。研究发现,我国的国家形象短视频主要采用诉诸幽默提高"解码共通性"、诉诸感性营造"传播共情性"、情感卷入促发情感共鸣这三种说服技巧。在短视频对国家形象建构的切入点方面,研究建议：以平民视角透视国家形象,以议题设置扭转文化逆差,以全民传播瓦解话语霸权。从更长远、更具针对性和时效性来说,未来短视频对国家形象的塑造方面,在传播内容上,要将理念与故事贯通;在传播技巧上,要将陈情与说理融通;在制作方式上,要将专业和"草根"联通;在制作方向上,要发挥政府的引导作用,突出国家形象传播的侧重点;在传播渠道上,要发挥社交媒体的优势主动传播④。

张晓羽立足新时代国际传播面临的新形势,以中国国际广播电台的代表性语种系列微视频传播为例,探讨多语种微视频产品在国际传播中的重要作用,分析其在内容、形式、传播主体等方面的特点,从中总结出可供参考的发展路径。研究认为,在国家形象塑造过程中,微视频适应全球范围内的移动互联媒体需求,面向的主要受众是年轻人和知识分子,他们是国际传播的重点人群,而其生动的

---

① 参见余碧琳、罗青林：《新媒体新闻机构国际传播的方式与效果——以第六声（Sixth Tone）为例》,《青年记者》2018 年第 33 期。

② 参见杨凯、唐佳梅：《精准对外传播视角下国际受众的历时性研究——基于对广州外国人媒介使用和信息需求的连续调查》,《现代传播（中国传媒大学学报）》2018 年第 6 期。

③ 参见张梦晗：《青年网民的互动与沟通：复杂国际环境下的对外传播路径》,《现代传播（中国传媒大学学报）》2018 年第 12 期。

④ 参见董媛媛、田晨：《社交媒体时代短视频传播与国家形象建构》,《当代传播》2018 年第 3 期。

内容和视觉传播方式能够快速克服跨文化传播的障碍,拉近与对象国受众的距离,但是,由于微视频的主题碎片化、多元化、分散性、快节奏等特点,容易主体分散,内容纷杂,缺乏明确的主题主线。因此,在微视频传播中,国家级媒体应牢记职责使命,明确主题主线,维护国家利益,塑造良好国家形象①。

马玉莹以新华网上合组织青岛峰会系列微视频为例,探讨时政微视频的国际传播创新。研究发现,制作方面,短视频呈现去电视化风格,摒弃了传统电视新闻第三人称的解说方式,采用第一人称配以画面和字幕的形式;内容方面,微视频传播紧紧把握社交媒体时代下受众的信息接收方式,注重贴近性和趣味性;时间方面,峰会期间新华网推出的微视频时长基本在 5 分钟以内,符合受众碎片化的消费习惯,适应社交媒体生产传播的特点。同时,研究认为,不可忽视微视频的局限性。重大时政新闻通常带有强烈的意识形态,同社交媒体时代下娱乐化倾向的大众审美有着很大的不同。因此,在选择以微视频的形式呈现新闻内容时不可一概而论,要选择与微视频形式相匹配的内容,强化形式为内容服务的理念,真正将着力点放在有价值的信息呈现上,更有效地向全世界讲好中国故事、传播好中国声音②。

### 5. 制度设计:从战略层面构建中国国际话语权

严功军认为,国际传播概念的话语演变与选择,是一个社会知识生产的过程,与全球化转型进程紧密关联。国际传播能力建设,也因此必须在正确的理念下进行科学抉择。当前以反全球化运动为特征的全球化转型,有利于中国再次理性审视国际传播概念内涵,并在国际传播场域重构的斗争中,确立新的国际传播能力建设策略③。

胡钰和沈沁怡分析了意识形态权力的内涵,讨论了软实力、巧实力、锐实力的内涵与运用,阐释了美国国际话语体系持续更新的国际背景,提出在新的历史阶段,中国发展应跳出西方各种话语体系陷阱,增强国际传播中的话语权与意识形态权力,实现中国特色社会主义的话语创新④。

徐翔基于数据采集和实证挖掘,发现中国文化在全球社交媒体信息流动秩序中呈现出美欧中心圈—亚太次级传播圈—其他传播区之间的关系结构。面对社交媒体中西方中心的国际传播格局,中国文化的对外传播在夹缝格局和张力关系中要加强重视"中介突围"策略:充分利用亚太近邻的"次级传播圈",针对中国直接对外传播在覆盖和影响力上的不足,选择若干对中国文化具有较好传播能力的亚太近邻国家进行重点传播,加强社交媒体乃至多方位的文化纽带,在直接传播存在一定困难或影响效力不足的情况下,通过这些亚太亲邻中间国家,强化面向国际范围的"突围"和传播能效⑤。

史安斌和盛阳从国际传播历史、理论和策略等多维视角切入,分析并探讨在新形势下如何开创我国国际传播能力建设的新局面、新理念和新形式。研究认为,在中国特色社会主义建设进入新时代,世界进入新全球化的关键历史节点上,我们需要准确把握国际传播能力建设的三个基本思路。首先

①　参见张晓羽:《CRI 多语种微视频国际传播分析》,《国际传播》2018 年第 4 期。
②　参见马玉莹:《时政微视频的国际传播创新——以新华网上合组织青岛峰会系列微视频为例》,《青年记者》2018 年第 35 期。
③　参见严功军:《全球化转型:国际传播与能力建设再思考》,《新闻界》2018 年第 8 期。
④　参见胡钰、沈沁怡:《从"锐实力"概念演变看国际传播中的话语权与话语创新》,《中国记者》2018 年第 4 期。
⑤　参见徐翔:《"西方中心"与"中介突围":中国文化在社交媒体国际传播中的区域张力与结构》,《福建师范大学学报(哲学社会科学版)》2018 年第 6 期。

需要明确,国际传播能力建设是一项任务艰巨、责任重大的系统性工程,需要全党全国人民共同努力,开创以"大外宣"为核心的国家战略传播新格局。其次,国际传播能力建设无法脱离其所处的政治经济生态,国际传播工作者也需要在思想和行动中打通历史和理论逻辑。最后,国际传播工作者需要牢记以人民为中心的立身根本,着力打造中国故事的 2.0 版,同时运用借船出海与造船出海并举的方式牢牢把握住舆论和文化领导权,将国际传播工作扎根于中国人民与世界人民的生产生活和文化实践①。

《中国日报》总编辑周树春认为,提升中国话语力量要做好以下几个方面:第一,增强历史自觉,以高度责任感使命感推进国际传播,国际传播理论和实践要跟上"守正创新"新阶段的历史步伐,以理念创新推动传播创新;第二,增强理念自觉,让对外宣传更好适应新形势新要求,具体来说,更好把握以我为主和于我有利,更好兼顾正面宣传与全面反映,更好处理内外有别和内外无别;第三,增强实践自觉,在提升共振共鸣共识中彰显吸引力影响力感召力,在讲好中国故事中讲清中国道理,从构建世界的中国观到传播中国的世界观,打造中国话语要逐渐破除西方中心主义,在不断进入世界话语中实现引领世界话语②。

## 五、结语

新媒体技术的变革和全球网络社会的崛起,为国际传播研究带来新的面向。综观 2018 年我国国际传播研究,主要呈现出以下特征:

首先,国际传播研究议题丰富多样。当前的国际传播研究已经不仅仅局限于新闻传播学,而是与哲学、社会学、政治学、语言学、计算科学等其他学科相互吸收和借鉴。一方面,反映了国际传播研究(或者说新闻传播研究)日益受到重视;另一方面,跨学科跨领域的交叉融合也为国际传播提供了多样化的研究视角、方法和路径,有利于学术创新。

其次,理论研究和经验研究互相补充。从研究主体看,国际传播研究除了高校师生和专门机构的科研人员之外,有不少新闻传播行业一线的记者、编辑和管理人员也加入研究行列中,他们无疑从最新最直观的层面为学界提供了相当丰富的案例素材,也正是这些经验材料的补充,为国际传播研究注入了生机与活力。不论是学术研究,还是业务操作,从来都不是闭门造车的产物,学界与业界之间的良好互动有利于更好地看清国际传播在理论研究和实际应用中的当下现状和未来趋势。

再次,新媒体环境是当下国际传播研究的前提和背景。可以说,脱离了新媒体语境,国际传播研究也就失去了意义。技术和环境引发了全球传媒格局的深刻变革,也使得中国国际传播能力建设面临新的机遇和挑战。聚焦国际社交媒体平台、关注移动社交短视频、强化互联网思维,是 2018 年国际传播研究呈现出的新特征,既反映了国际传播研究的国际化,又体现了国际传播研究的年轻化。

值得一提的是,2018 年我国国际传播研究突出了全球化语境下的中国特色。这一年,中国国际传播话语体系建设成为国际传播研究的亮点。"新世界主义"、"人类命运共同体"、"一带一路"等中国

---

① 参见史安斌、盛阳:《开创国际传播能力建设的新局面、新理念、新形式》,《电视研究》2018 年第 11 期。
② 参见周树春:《以高质量传播提升中国话语力量》,《中国记者》2018 年第 10 期。

价值观的国际传播研究在数量上占有较大比重,这既得益于党中央及国家领导人对中国国际传播问题的重视,更体现了中国在世界范围内的地位变化,带着中国特色的故事,前所未有地走上世界舞台,发出中国声音。

与此同时,有必要指出,尽管2018年我国国际传播研究在数量和范围上取得了一定成就,但是我们发现,在众多研究成果中有研究背景套用、研究内容杂乱、研究对象分散的情况。另外,我国国际传播研究在理论层面的探索较为不足,甚至可以说在具体的研究中很少看到学术意义上的理论发现和反思。在研究思路上,国际传播研究更多地体现为以"现象描述"、"问题与不足"、"建议与策略"、"新的机遇和新的挑战"为套路的模板式研究,不免让读者产生"新瓶装旧酒"的千篇一律之感。在研究方法上则比较单一和薄弱,与2017年的情况类似,观察经验性的实践描述多于理性深刻的内在思索,泛谈策略的文章较多,实证研究偏少。因此,兼顾宏观和微观、理论和经验、质化和量化、本土和全球,将是国际传播研究需要努力的方向。

撰稿人:于晴(复旦大学新闻学院2018级博士研究生)

# 第五部分　视听传播与编辑出版研究

# 广 播 研 究

在传统媒体中,广播具有伴随性、时效性、互动性等特征,和新媒体的特征相似或相对应,广播是移动媒体中的传统媒体,是传统媒体中的移动媒体,相较于报纸和电视,广播更加接近新媒体①。在后移动互联时代,声音传播的魅力,广播的场景化使用使得广播得以搭载新技术和平台不断逆袭,在媒体融合、全媒体和智媒化浪潮中不断展示其魅力和影响力。

2018 年广播研究领域的学术论文发表数量较 2017 年大幅增加。从中国知网期刊全文数据库的检索结果可以发现,以广播为主题词,在中国知网全文数据库检索,论文共计 7 000 余篇,大大高于电视相关研究论文数量(3 000 余篇)。这从一个侧面反映了移动互联网时代广播的影响力。从内容上来看,集中在业务研究和新的业态上,尤其是对于人工智能带来的影响、网络广播平台,对广播媒体转型发展也比较关注,广播理论研究与历史研究也有学者关注,数量较少。融媒体环境下广播媒介的创新转型仍然是备受关注的焦点之一,在类型广播研究中也很常见,媒体融合的探索也是重中之重。值得注意的是,5G 技术的应用研究也开始起步。

下文将按照"广播理论与历史研究"、"广播业务研究"、"类型广播研究"、"广播版权与组织研究"、"广播人才培养研究"五个方面来梳理 2018 年学者们在广播研究领域的主要成果。广播媒体的媒介融合研究、经营管理研究由本报告集的其他文章进行专项梳理。梳理的研究成果主要是期刊论文,不包括出版的专著、教材等其他出版物。

## 一、广播理论与历史研究

### 1. 广播理论研究

常江通过文献解读,并结合对一线广播新闻从业者的深度访谈,探讨电台广播的"强媒介属性"文化加诸广播新闻专业理念的强大影响,以及这种影响在媒介融合时代所发生的变化。研究发现,在媒介融合已成为全球新闻业的主导性传播模式的当下,广播新闻从业者仍普遍对于"融合"持有一种工具论的态度;广播新闻从业者所秉持的新闻专业理念始终以广播的"本地性"为话语基础;新技术给总体传播环境带来的改变仍然在客观上强化了广播新闻从业者的专业认同。研究基于对广播媒介的个案研究,指出真正的融合只会发生在每一种媒介的本质属性发挥出最大效能的那一瞬间②。

高国庆和马玉坤从学科建设的视角,对中美播音理论源头进行比较,将中国第一本广播播音理论

① 参见姜海清:《新技术:为广播带来更有想象力的未来》,《中国广告》2017 年第 2 期。
② 参见常江:《仪式化认同:媒介融合时代的广播新闻理念革新》,《编辑之友》2018 年第 11 期。

著作——出版于 1937 年徐卓呆著的《无线电播音》一书,与出版于 1946 年的美国播音相关著作《广播播音》两本著作内容进行比较,发现当时中外广播从业者对播音的理性思考和认识。从学科建设的角度来说,主要体现在:确立了播音人才的培养规格;建立了较为全面的播音学习、训练基本体系;延展了播音教育的研究历史这三个方面①。

对广播与公共领域、共同体的关系研究值得关注。割裂新旧媒体,割裂视频产业历史的视角,会对变革时代的政策思维产生不利的影响。云国强和吴靖将音视频传播技术以及音视频产业传播模式与文化模式的历史放在一个更长的时段,从 19 世纪电报、留声机、电影等传播媒介和储存媒介的社会使用开始,从宏观视角出发讨论新旧媒体在当下社会语境和社会需求下的融合与发展②。

米歇尔·希尔穆斯等指出,20 世纪 20 年代,广播这一表现形式的诞生与发展,是基于特定的文化规范和价值观的认可的。这套文化规范和价值观的影响远超过节目播出这一行为本身。听众们通过广播创造共享的共时性经验,对于本尼迪克特·安德森所建构的具有现代国家意识的"想象的共同体"至关重要。广播用共同的语言通过半官方、半私人的形式面向整个国家播音,谈论事关整个国家的事情。这呼应着日后本尼迪克特·安德森的论断③。

### 2. 广播历史研究

2018 年是改革开放 40 周年,以此为时间节点,对广播事业和学术研究历程回顾总结的论文较多。

欧阳宏生和唐希牧对改革开放 40 年中国广播电视学术研究的历史进程进行了回顾。改革开放 40 年来中国广播电视研究的发展历程,大致可以划分为学术研究的探索期、学科意识的觉醒期、学科独立与成形期、学科的多元与繁荣期这四个阶段。研究对曾经在历史进程中产生过重要影响的事件与成果进行了新的挖掘与整理,以此分析了不同阶段的特色,论述了各个阶段广播电视学术研究的具体内容与价值取向,并就其存在的问题进行反思,以期为我国广播电视研究未来的发展提供借鉴与参考④。

覃榕和覃信刚对 40 年来中国广播电视五个时期的发展历程进行了梳理,归纳了事业发展、宣传工作、体制改革、产业发展、媒体融合、国际传播等八个方面的成就,并总结出坚持马克思主义新闻观、坚持党的领导、坚持以人民为中心的宣传导向等方面的宝贵经验。改革开放 40 年最大的启示,就是坚持中国特色社会主义道路,发展有中国特色社会主义的广播电视,坚持解放思想、与时俱进,坚持新闻规律、市场规律,努力使我国广播电视早日走进世界舞台中央。这既是重要启示,也是中国广播电视人的光荣使命和再造辉煌的起点⑤。

谢明辉指出,改革开放 40 年来中国广播在体制与机制创新上进行不间断的探索,在管理、经营、内容传播、技术升级等方面取得了突出成绩。研究围绕传播理念、传播内容和传播技术等方面,对 40

---

① 参见高国庆、马玉坤:《中美播音理论源头比较:学科建设的启示》,《现代传播(中国传媒大学学报)》2018 年第 8 期。
② 参见云国强、吴靖:《重新寻找公共领域:时间、空间与"广播"的生产》,《新闻与写作》2018 年第 6 期。
③ 参见米歇尔·希尔穆斯、王敦、程禹嘉:《广播与想象的共同体》,《文化研究》2018 年第 1 期。
④ 参见欧阳宏生、唐希牧:《改革开放四十年:中国广播电视学术研究的历史进程》,《现代传播(中国传媒大学学报)》2018 年第 8 期。
⑤ 参见覃榕、覃信刚:《改革开放 40 年中国广播电视主要成就及启示》,《中国广播电视学刊》2018 年第 12 期。

年中国广播变革创新大事记进行了梳理,有助于清晰、全面地认识广播所应担负的信息传播与舆论引导责任①。

郭馨雅和王东林以新中国成立为时间节点,将我国广播新闻播音划分为探索与初创期(1949—1959)、范式形成与发展期(1959—1979)、融合与创新期(1979年至今)三个主要时期。广播新闻播音进入21世纪以后的变化尤为显著,完成了由传者本位到受众本位的理念转变;在播音语速、情感融入、范式创新等核心要件方面也都发生了本质变化②。

周小普和胡岑岑指出,自2008年起,以央广中国之声和央视新闻频道为代表的一批广播电视新闻台完成了新闻播出模式的轮盘式改革。作为一种尊重新闻传播规律的播出方式,轮盘模式曾经对我国广电新闻台的发展起到过促进作用。但面对当下的话语环境,经历了将近十年实践的轮盘模式逐渐显露出疲态,致使我国广电新闻在不断变迁的信息传播环境中处于争夺话语空间的不利地位。因而,适当弱化格式固化的轮盘播出模式,寻回新闻节目的特色和卖点,增强内容的可选择性,是当下广电新闻台应当考虑的一种以退为进的话语空间建构策略③。

中国改革开放走过的40年,同样是中国广播事业飞速变革的40年。从报刊有声版到广播自己走路,从专业化频率遍地开花到在音频社交平台上不断拓展,从内容生产中的"内容为王"到不同广播终端的个性化精准推送,中国广播业始终在改革开放的历史洪流中向着新的征程不断迈进。高贵武和周亮从新中国广播事业的历史出发,立足当今广播业态深刻的变革现状,通过纵向梳理和横向类比,展示中国广播"自己走路"的特色和越来越清晰、越来越深入的改革历程④。

## 二、广播业务研究

### 1. 综合业务

段鹏从内容、渠道、平台、管理四个层面探究媒介融合背景下我国广播电视媒体的实践路径,就我国广播电视媒体创新能力不足的现象进行了原因探索,对媒介融合背景下广播电视媒体的发展提出了建议。首先,充分认识当下国内外媒体环境,树立正确的媒介融合理念,包括正确认识新媒体的传播特性和市场潜力、受众的身份转变、技术的核心作用等。其次,针对当前媒介融合实践所遭遇的困境,革新媒介管理方式,着力进行媒体内部组织机构的重组升级,着力建设一支优秀的人才队伍。再次,加强对用户的引导,提高受众的媒介素养⑤。

广播媒体在与网络新媒体融合的过程中,既遵循各种媒介的传播规律,又相互滋养、相互融合,形成有机的生态圈,使得广播成为全媒体的新广播。宫静结合青岛交通广播媒体融合实践,对融合的新特征、新思维和全流程变革进行深入探讨,建议在多渠道传播、与各新媒体平台共融、受众生成、内容

①　参见谢明辉:《中国广播在改革开放40年中的几个重要变化》,《中国广播》2018年第2期。
②　参见郭馨雅、王东林:《我国广播新闻播音范式的流变与辨析》,《中国广播电视学刊》2018年第11期。
③　参见周小普、胡岑岑:《"轮盘式"的弱化与我国广播电视新闻台话语空间的再建构》,《现代传播(中国传媒大学学报)》2018年第6期。
④　参见高贵武、周亮:《中国广播的变革与融媒体发展》,《中国广播》2018年第10期。
⑤　参见段鹏:《媒介融合环境下我国广播电视发展的实践路径与建议》,《中国电视》2018年第3期。

为王等方面不断探索①。

韩朝对当下广播电视产业存在的经营管理停滞不前、受众流失现象严重、过度依赖广告盈利模式等问题进行分析,就发展广播电视产业的创新路径提出几点建议:创新改革产业管理体系,发展延伸产业;优化广播电视的经营模式;培养媒体融合型人才②。

宫承波和陈曦从用户体验角度,分析不同场景下的音频传播特性及听众需求,进而探讨智能互联时代私人移动、私人固定、封闭公共、开放公共四大场景中的智能音频传播策略③。

### 2. 新闻广播业务

岳翔等指出,郑州新闻综合广播始终坚持用热线打造城市广播"服务"品牌,收听市场份额始终稳居郑州上空第一位,成功走出了一条城市广播发展之路。研究从热线节目服务市民生活、助力城市发展、发挥社会动员能力多方面入手,分析郑州新闻综合广播城市广播的发展路径④。

从传播规律的角度来看,新闻的重要性不取决于形式而在于内容,宣传的影响力不取决于数量而在于质量,报道的感染力不取决于长度而在于深度。曾宇佳以广西人民广播电台为例,分析新闻报道如何做到碎片化传播⑤。

吴穷认为,在突发事件发生的第一时间,所有的媒体都为获得最新资讯而大展身手,作为广播新闻在突发事件中起到应有的作用是所有广播新闻工作者的目标。在长期的发展中,广播仍能够跻身于新闻报道中的前列,发挥出它无可替代的能力⑥。

移动互联网的冲击与新媒体时代的到来迫使传统的广播生态格局进行调整与重构,广播新闻的伴随性优势被打破,重构广播新闻的媒体场景对于未来广播行业的发展具有重要的意义。杨庆生以媒体场景理论为切入点,分析新媒体时代广播媒介传统场景的颠覆与重构,提出广播新闻在新媒体时代进行场景重构以应对新媒体冲击的策略和方法,旨在为推动广播行业产业结构转型,打造广播新闻多媒体战略平台提供理论参考⑦。

安琪指出,河南新闻广播处于多元竞争的格局中,承担着多重社会责任,在长期发展中格外重视频率建设、内容生产、流程创新,在内容生产上实行专业化、碎片化以匹配、引领用户需求,在表达上革新方式增强节目的贴近性、思想性,通过数字技术、人工智能技术变革生产流程,与其他媒体建立联动、共享机制,开发多产品形态,实现了平台融合与内容融合⑧。

### 3. 文艺广播业务

作为广播文艺语言类节目的重要体裁样式,广播纪实文学兼有新闻性和文学性的特征,既是对新

---

① 参见宫静:《融合中提升:广播的多渠道交融、分发与变革——以青岛交通广播融媒体探索为例》,《中国广播》2018 年第 2 期。
② 参见韩朝、焦睿:《融媒环境下广电产业的创新之路》,《中国广播电视学刊》2018 年第 2 期。
③ 参见宫承波、陈曦:《智能音频传播策略:基于多维场景用户体验的探讨》,《当代传播》2018 年第 4 期。
④ 参见岳翔、汪昆明、张尧:《以热线构建城市广播发展新路径》,《中国广播电视学刊》2018 年第 10 期。
⑤ 参见曾宇佳:《广播新闻报道"碎片化"传播》,《西部广播电视》2018 年第 14 期。
⑥ 参见吴穷:《广播新闻如何增强应对突发事件的传播能力尝试》,《传播力研究》2018 年第 30 期。
⑦ 参见杨庆生:《广播新闻的场景重构与应对策略研究》,《传播力研究》2018 年第 28 期。
⑧ 参见安琪:《河南新闻广播的转型与融合发展》,《新闻知识》2018 年第 10 期。

闻故事的还原和现实场景的再现,也是通过声音对新闻故事进行的二度创作。这类以声音叙事为特征的作品,有利于深化故事的思想内涵、丰富语言的表现方式、增加故事的代入感、激发听众思想情感上的共鸣。张晋升以广播纪实文学《梁家河》为例,系统分析作品在故事创作和声音叙事方面的特点,总结其在声音传播方面的经验,希望为"讲好中国故事、传播好中国声音"的实践提供有益的借鉴①。

目前传统媒体的运营面临一个瓶颈期。广播媒体尽管是传统媒体中唯一逆势上扬的特例,但在运营层面也承受很大的压力。依赖广告和线下活动的广播营收主流路径面临着"天花板"效应。很多电台试图回归频率本身的优势,重新寻找新的盈利点。是单纯依赖广播节目的精良制作提高节目品质?是改造广播内容生产制作的流程?还是以广播营销为核心,寻找互联网化的转型之路?类似的思路很多,却缺少具体的抓手和路径的示范。安琪从微广播剧切入,试图分析其有节奏和规律性高频布点传播,以鲜明的"人设"和持续性的剧情迭代,在短时期内高强度吸附粉丝,达成频率节目内容的整体化战略传播态势,建构起突出的区域性广播品牌化形象,成为互联网术语中大 IP 养成的案例。这一探索为广播音频流的内容建设和互联网化运营转型搭建起桥梁②。

近几年来,伴随着网络小说 IP 热潮的涌现,网络广播剧亦被视作 IP 营销与 IP 改编中重要的一部分,成为互联网音频平台中的固定版块。网络广播剧过去非专业、无盈利、自娱自乐的制作方针也发生了改变,开始进行商业化转型。魏梦雪通过概括网络广播剧的发展历程,探讨将网络广播剧视为平台重点开发对象的"猫耳 FM"的开发战略,思考网络广播剧的商业化转型之路,并对网络广播剧未来的发展方向提出了建议③。

### 4. 对外广播业务

英文广播媒体是我国对外传播工作的重要窗口。在新的国际舆论发展环境下,我国英文广播媒体需要审视并创新对外传播方法和渠道,为自身对外传播成效的提升奠定良好基础。王红霞从分析我国英文广播对外传播方法的创新出发,探讨我国英文广播的对外传播渠道,包括:依托新媒体平台,拓展传播渠道;利用海外落地,降低信息干扰等④。

### 5. 新媒体平台业务

随着移动互联和数字技术的深入发展,广播媒体获得了新的发展机遇,从单纯的声音媒体,延展到文字、图片、视频等复合手段的综合运用,极大地丰富了节目的表现力。孟娟娟对广播与微信公众平台融合发展的策略进行了初步的探讨,指出内容生产创新、活动营销创新和管理机制创新是当前广播媒体与微信公众平台融合发展的三大维度⑤。

王岚岚对全国 60 家电台进行跟踪调查发现,国内广播媒体正大力发展自主音频平台,并在新媒

---

① 参见张晋升:《用初心讲好故事 以情感传递信念——广播纪实文学〈梁家河〉评析》,《中国广播电视学刊》2018 年第 9 期。
② 参见安琪:《微广播剧作为电台 IP 建构的入口》,《中国广播电视学刊》2018 年第 8 期。
③ 参见魏梦雪:《网络广播剧的商业化转型——以"猫耳 FM"为例》,《视听界》2018 年第 5 期。
④ 参见王红霞:《英文广播对外传播方法与渠道的创新策略》,《新闻战线》2018 年第 8 期。
⑤ 参见孟娟娟:《广播与微信公众平台融合发展的创新策略》,《中国广播》2018 年第 8 期。

体发展的资金来源、人才来源、盈利模式、激励机制等方面进行了多种探索。在电台微信公众号中,交通、新闻、音乐、生活等广播频率的微信公众号异军突起,成为创收新生力量①。

姜红星结合微信公众号"中国华艺广播"三年多的运营经验,从积极探索线上线下互动等融合途径、巧妙运用微视频和直播等喜闻乐见的新媒体形式以及善用热点事件和网红人物发声等三个方面,对广播与新媒体融合发展进行了初步的梳理和总结,并针对未来发展趋势,提出建设移动传播矩阵、尽快布局"车联网+广播"新风口以及加强广播新媒体人才建设等思考方向②。

### 6. 专题广播业务

（1）地方广播

广播在其诞生之后的一百多年里,对社会发展发挥了重要作用。近年来,信息技术日新月异,网络用户数量剧增,数字电视、手机媒体、微博微信等迅速崛起,并且发展迅速。以广播、电视、报纸为代表的传统媒体受到猛烈冲击,面临严峻挑战。地市级广播要想在激烈的竞争中生存下来,就必须适应多媒体并存的全媒体市场环境,不断提高自身竞争力,寻找有效的发展途径。吴涛就全媒体时代下地市级广播新闻如何提升竞争力展开讨论:动态新闻、突发事件要建立快速反应机制;民生新闻要有新角度;舆论监督报道要坚持;利用互联网实现"广播+"③。

周军和王占宏指出,河南广播电视台交通广播作为区域性影响力最大的广播媒体和河南省人民政府应急广播,在媒体融合中坚守新闻理想、坚持用户思维、专注于交通领域,在成熟期选择蜕变转身,以融合实现焕然新生,以创新带来系统优势,推动传统广播媒体向现代视听媒体转型,增强了与听众的互动分享,形成了传播新格局、竞争新优势,走出了一条跨界发展的融合之路。通过梳理和分析可以看到,传统广播媒体完全可以采用新媒体所长,提高自身优势,形成传播新格局④。

（2）对农广播

习近平总书记曾多次指出,扶贫开发贵在精准,重在精准,成败之举在于精准。刘智力和张磊指出,在这一重大思想的指引下,中央人民广播电台中国乡村之声开播近六年来,立足国家对农广播的定位和特色,聚焦精准扶贫、精准脱贫主题,在广播报道、新媒体传播、外联合作等方面,积极实践探索,形成了较为有效、独具特色的广播扶贫模式。主要做法有:第一,聚焦脱贫重点区域,加强深度调查报道;第二,围绕精准扶贫最新政策部署,及时进行解读评论;第三,讲好扶贫故事,创新扶贫实践;第四,开展横向联合,增强广播扶贫针对性、实效性;第五,新媒体同步呈现,为精准扶贫开启更多更新传播渠道⑤。

廖小红结合大名县精准扶贫工作的现状,分析对农广播应如何发挥自身作用。具体策略包括:通过对农广播节目解读政策、提供资讯、传授技术;通过对农广播节目传播扶贫精神;通过线下扶贫活动的开展更好地做到精准扶贫等⑥。

---

① 参见王岚岚:《国内广播新媒体发展概览》,《中国广播》2018年第3期。
② 参见姜红星:《广播与新媒体融合发展探讨——以微信公众号"中国华艺广播"为例》,《新媒体研究》2018年第15期。
③ 参见吴涛:《地市级广播如何提升新闻竞争力》,《中国广播电视学刊》2018年第9期。
④ 参见周军、王占宏:《河南交通广播媒体融合创新与思考》,《中国广播电视学刊》2018年第7期。
⑤ 参见刘智力、张磊:《央广对农广播:讲好扶贫故事　创新扶贫实践》,《中国广播电视学刊》2018年第8期。
⑥ 参见廖小红:《发挥对农广播在精准扶贫中的作用》,《中国广播电视学刊》2018年第2期。

曹文贤和狄春华通过探究甘肃广播电影电视总台农村广播振兴乡村文化的新途径,提出广播可以在以下几方面对乡村文化振兴发挥作用:以舆论为引导构建文明乡风,以精准扶贫帮助困难群众,以乡村旅游留住乡愁,以信息服务推动乡村经济增长①。

农民受众的构成具有复杂性和动态性,为对农广播的发展带来了机遇和挑战。李沛对对农广播的受众群体、收听现状和影响因素三个方面进行分析,相信未来对农广播会出现更多的亮点和新意②。

（3）民族广播

"西新工程"的实施,使西藏广播电视的技术设施条件得到了极大改善,广播电视宣传和事业建设获得了空前发展,真正做到了把党和国家的声音传进千家万户;同时,推动了藏语广电节目译制工作的快速发展,藏语广播影视节目的译制工作条件得到很大改善,译制量成倍增长,极大地丰富了藏族群众的精神文化生活。普布多吉对西藏广播影视藏语译制工作的现状和传播效果进行重点分析,深入分析制约发展的突出问题,提出解决思路:组建西藏自治区广播电视译制机构,进一步加强技术力量支持,强化队伍建设与专业培训,继续加大对藏语节目经费投入,解决藏语卫视落地问题③。

（4）应急广播

应急广播体系的建设是国家"十三五"规划重点建设内容。因此,在全国各地广电体系中建设一套既符合国家总体规划又能快速落地实用的应急广播系统十分必要。赵镜平从应急广播的定义、功能及作用、建设内容、整体架构,市级应急广播系统建设思路,省、市、县三级典型代表案例建设经验,监测效果评估大屏、移动应急广播平台、覆盖网络前端/台站传输适配功能及应用场景,以及与广电相关的 CDR、TVOS、无线 U 频段等新技术方面做了思路分享,最后展望应急广播的发展趋势④。

近年来,在自然灾害、突发事件中,广播的应急功能凸显。王岚岚通过对多家电台应急广播的调研,分析了应急广播的功能与作用、机制与流程、困难与挑战,在此基础上提出了建议:政府加大支持力度,建立科学有序的应急机制,扩大应急广播网络的有效覆盖等⑤。

章惠来在应急广播行业技术分析的基础上,指出应急广播的新需求和技术发展趋势,并提出应急广播新解决方案,包括多网融合应急广播系统、公共安全综合预警指挥系统等⑥。

### 7. 广播新业态

随着新技术的发展,人工智能、5G 等在广电领域应用并不断发展,广播领域业态与高新技术的结合成为一大亮点。

吴卫华认为,移动互联网对传统广播的发展提出了挑战,同时促进了新的媒体形式出现,在线音频媒体正是移动互联网发展的结果,它集合了内容和渠道双重优势,迎合移动互联网背景下用户个性化、多样化的媒介消费需求。当然,在线音频媒体也有一些难题,例如版权、内容质量、用户活跃度等,

---

① 参见曹文贤、狄春华:《广播媒体在乡村文化振兴中的作用——以甘肃农村广播为例》,《中国广播》2018 年第 12 期。
② 参见李沛:《对农广播的受众特征分析》,《中国广播》2018 年第 2 期。
③ 参见普布多吉:《西藏广播电视藏语译制工作现状及发展研究》,《西部广播电视》2018 年第 10 期。
④ 参见赵镜平:《应急广播在广电建设的思路分享》,《中国有线电视》2018 年第 2 期。
⑤ 参见王岚岚:《应急广播的发展思考》,《视听界》2018 年第 2 期。
⑥ 参见章惠来:《媒体融合时代应急广播新需求及技术发展趋势》,《中国有线电视》2018 年第 1 期。

但其发展可为传统广播提供一些启示。移动互联网时代对于传统广播来说,内容、渠道与技术是创新发展的三个主要方面①。

随着移动互联网技术的飞速发展,车联网时代已不再遥远,未来车载环境内受众将会逐步解放双手甚至双眼,这为传统广播提供了全新的发展空间。谢洁和腾藤通过对广播电台既有资源、优势、劣势、机遇的研判,探索其与车联网融合发展的实践路径,提出传统广播进驻车联网产业的方法与要点,以期对未来广播媒体进驻车联网提供借鉴与参考②。

当下,短视频成为潮流,资讯的传递与获取都在片刻间完成,内容被分解为“短”信息,传播的广度和频度却大大增加。黄学平对短音频的市场前景、现状与问题进行深入探析,提出推动短音频市场发展应发力的几个方向,并预言未来短音频可能成为移动互联广播的下一个风口③。

传统广播电视技术体系以制播域、传输域和覆盖域为核心,越来越难以满足指数级增长的用户需求。立足于我国智慧广电战略,冯景锋等梳理并讨论了未来智慧广电的网络架构和业务生态,提出了一种未来广播电视技术体系架构构想④。

高宪春认为,广电媒体正进入智能传播时代,智能信息聚合、智能移动互联、智能终端普及等为广电媒体提供了实时连接的技术支持。广电媒体流程机制的智能扁平化、传播空间的立体扩展、场景的智能契合、复杂内容生产的新体验、无缝隙服务的延伸等方面构成了广电媒体智能发展的五个维度,推动了广电媒体功能、方法和形式上的系统性融合和多维度的发展,促进了广电媒体的智能化创新⑤。

黄智锐指出,5G 时代即将到来,在超高速率、超低延时、超大连接数、灵活组网的技术支撑下,新一代移动通信网络足以应付各类复杂业务场景的需求。广播电视行业应把握机遇,充分利用优势资源,创新内容生产方式,推进跨界融合,不断巩固壮大舆论宣传阵地,扎实推进广播电视发展再上新台阶⑥。

在传统媒体与新兴媒体融合发展的背景下,网络广播电台应运而生,涌现了一大批优秀的网络广播电台。李春贤以国内最大的网络广播电台喜马拉雅 FM 为例,梳理分析网络广播电台的发展路径。研究结合网络电台的特点、运营过程中的发展机遇以及发展过程中存在的突出问题,探讨网络广播如何依托移动互联网构建具有发展前景和活力的发展策略⑦。

## 三、类型广播研究

### 1. 交通广播

交通广播在技术应用和理念转型方面走得比较靠前。李建刚结合交通广播的宣传创新、科技创

---

① 参见吴卫华:《移动互联网背景下传统广播的创新发展》,《中国广播电视学刊》2018 年第 8 期。
② 参见谢洁、滕藤:《广播+车联网:未来广播智能化发展的实践路径》,《视听界》2018 年第 2 期。
③ 参见黄学平:《短音频:移动互联广播的下一个风口》,《中国广播》2018 年第 9 期。
④ 参见冯景锋、刘骏、曹志:《基于智慧广电战略的广播电视技术体系构想》,《广播与电视技术》2018 年第 5 期。
⑤ 参见高宪春:《论智能传播时代广电媒体发展的五个维度》,《电视研究》2018 年第 8 期。
⑥ 参见黄智锐:《5G 技术助力广电业务创新》,《有线电视技术》2018 年第 7 期。
⑦ 参见李春贤:《网络广播发展策略研究——以“喜马拉雅 FM”为例》,《声屏世界》2018 年第 7 期。

新、平台创新和服务创新,并将其与智慧交通的发展趋势相融合,探索交通广播专业服务的新格局、新形态和新发展,提出为了适应数字环境的变化,交通广播应从实现系统性的创新出发,借鉴服务设计的方法,在理念、管理、生产、采集、发布和影响等方面,真正形成适应未来发展的创新策略和定位①。

广播媒体在与网络新媒体融合过程中,既遵循各种媒介的传播规律,又相互滋养、相互融合,形成有机的生态圈,使得广播成为全媒体的新广播。宫静结合青岛交通广播媒体融合实践,融合的新特征、新思维,以及全流程变革进行深入探讨,在受众生成内容、内容为王等方面展开探索②。

林凡以福建省广播影视集团交通广播与新媒体融合的创新实践为例,对"广播+智慧交通"的融媒体转型进行探索和分析,提出交通广播应该以拓展和完善交通服务的内容、形式和终端来抢占先机,成为智能化交通管理系统的自动调节器和发布终端,以新技术和更贴心的服务巩固和扩大交通广播的受众市场③。

### 2. 音乐广播

在新的信息传播环境中,受众细分已经成为音乐广播电台吸引受众、强化受众忠诚度的必然选择。在此背景下,类型化发展战略对于推动音乐广播电台适应新的信息传播环境、提升自身吸引力与影响力具有重要意义。冯超然在分析我国音乐广播电台类型化发展现状与发展意义的基础上,探讨音乐广播电台类型化发展的策略④。

李建刚指出,古典音乐广播应专注严肃音乐的媒介定位,建立适应现代社会的广播风格,从专业化的内容编排策略入手,塑造强有力的广播品牌。新的媒体技术与传播渠道并不能解决节目的质量与品味问题,也无法替代优质节目内容对于听众思想与情感的影响。古典音乐广播能够丰富国家与地区的音乐涵养,促进开放社会的文化教育交流,增强人们对于音乐中严肃情感的感知,推动社会个体通过聆听理解现代自我,并帮助人们在复杂环境中丰富对于世界的理解。古典音乐广播的发展应当包含媒体技术的进化与音乐内容的变化两个范畴,单独以进化的视角来观察古典音乐节目的创新与趋势是不恰当的⑤。

融媒体就是建立在现代网络技术之上,融合了多种媒体形态的新型媒体的总称。多点、多元、多向的融媒体形式,使得信息的传播更快、更广泛,其最大的特点是开放性、互动性和社交化,优势是传播精确化、透明化和获取用户的参与度。王妍佳重点阐述了音乐广播在融媒体大潮到来时应如何培养互联网思维方式,又该如何转变,具体包括主持人品牌塑造、挖掘粉丝经济等⑥。

### 3. 网络广播

互联网技术的迅速发展,使得传统的广播媒介有了新的可依附载体,可移动设备的普及与流行又

---

① 参见李建刚:《论交通广播智能化发展的创新与策略》,《中国广播》2018年第7期。
② 参见宫静:《融合中提升:广播的多渠道交融、分发与变革——以青岛交通广播融媒体探索为例》,《中国广播》2018年第2期。
③ 参见林凡:《广播+智慧交通的融媒体探索——以福建交通广播的创新实践为例》,《中国广播》2018年第7期。
④ 参见冯超然:《音乐广播电台类型化发展意义与发展策略》,《新闻战线》2018年第18期。
⑤ 参见李建刚:《古典音乐广播内容与技术创新发展研究》,《现代传播(中国传媒大学学报)》2018年第12期。
⑥ 参见王妍佳:《从封闭专业到开放多元——融媒体时代音乐广播的思维变革》,《新闻前哨》2018年第8期。

催生了移动网络广播终端的研发与创新。郭凌云以当前网络广播领域中的现象级产品"喜马拉雅FM"为分析对象,通过研究其内容选取、生成、产出的方式、用户定位等传播策略,来探究目前我国网络广播App发展存在的优势与不足,并对未来中国网络广播的发展前景提出合理化建议。网络广播要脚踏实地,重视对传统广播优势的继承,并利用好新的媒介技术,长短互补地发展中国的广播事业①。

21世纪以来,随着互联网的快速普及和移动终端的更新迭代,传统广播与网络媒体不断深入融合。胡颖娟基于湖北广播电视台"九头鸟FM"客户端的建设,概括分析传统广播媒体在媒体融合过程中生产、编辑、传播网络广播节目时所运用的本土化策略,包括:立足本土特色,满足个性需求;推动融媒发展,打通渠道资源;顺应网络规律,打造优质品牌;提升产品质量,注重线下聚合等②。

### 4. 旅游广播

传统广播旅游类节目因为自身电波传播表现出来的不可视劣势,在电视节目及新媒体平台视频资讯快速传播的情况下,生存面临着挑战,受众也被大量分流出去,发展陷入瓶颈。李佳佩以传统广播旅游类节目在新媒体背景下的发展瓶颈及应对为主题,探讨传统广播旅游类节目受到的冲击,在新媒体环境下遇到的机遇和挑战。在这样的分析基础上,从传播方式和渠道融合、内容设计上的创新两个大方向提出传统广播旅游类节目的应对策略③。

黄建平以多年从事旅游节目的主播角度,解析广播旅游节目要想更好地生存和发展,必须要突破行业壁垒和广播局限性,进行跨区域媒体融合,进一步拓展与旅游文化、旅游市场、新媒体的融合,只有这样才能更好地融入媒介生态和产业生态的链条中去,从而形成新的生态体系,让广播旅游节目可持续发展④。

## 四、广播版权与组织研究

传媒产业的发展,促进了我国媒介市场主体性的逐渐增强,以法律法规为代表的法律规制和以监管部门政策为代表的行政规制的权威性受到一定程度的挑战。王炎龙和李玲以2006年至2016年制定或修订的广播电影电视法律法规和政策文本为研究对象,试图厘清媒介规制与媒介生产之间的关系。研究发现,在媒介规制过程中兼顾管理和服务功能、平衡政府与市场的关系,构建符合我国国情的媒介规制效果评价体系,才能达成媒介规制与媒介生产的契合与共存⑤。

康兰平指出,当前全面推进法治中国建设正处于攻坚阶段,广电媒体作为党和人民的喉舌,一方面要加强市场化改革,提升竞争力;另一方面,应当承担责无旁贷的社会责任,加强法治传播能力建

---

① 参见郭凌云:《我国网络广播App的发展现状与传播策略研究——以喜马拉雅FM为例》,《新媒体研究》2018年第3期。
② 参见胡颖娟:《媒体融合视域下网络广播节目本土化策略探析——基于湖北广播电视台"九头鸟FM"客户端建设的思考》,《中国广播》2018年第8期。
③ 参见李佳佩:《新媒体背景下传统旅游类广播节目发展瓶颈及应对策略》,《西部广播电视》2018年第15期。
④ 参见黄建平:《多元素融合,打造广播旅游节目新生态》,《视听》2018年第2期。
⑤ 参见王炎龙、李玲:《媒介规制与媒介生产:一种把关的制衡——基于2006—2016年广播影视法律法规和政策的分析》,《新闻大学》2018年第5期。

设,提升民众守法意识和参与热情。近年来,伴随着法治评估理论和实践的不断丰富完善,其已经成为推动法治建设的有力抓手和动力机制。因此,积极探索广电媒体法治传播效果评估具有必要性和可行性,通过构建科学客观的法治传播效果评价指标体系并进行具体测评和结果应用,不仅能够了解当前广电媒体法治传播效果的实际成效和真实水平,而且能够发现短板和不足之处,产生良好的法治传播效果,从而提升民众的法治意识和守法权能[①]。

2017年12月底,《国家新闻出版广电总局关于进一步加强广播电视节目备案管理和违规处理的通知》(以下简称《通知》)发布,意在加大对广播电视节目的监管力度,整治运行秩序,健全监管体系。赵凤华结合广播电视节目存在的问题,对这一监管新规范进行分析。监管新规范出台成因有二:一是结合职能定位贯彻落实党的十九大精神;二是针对广播电视节目存在的问题,必须加大监管力度。监管新规范的亮点包括:一是范围、时限十分明确的备案管理;二是违规节目立罚则;三是建立健全管理工作机制[②]。

## 五、广播人才培养研究

张卓和吴占勇指出,在媒介融合时代,传统的倚重知识传授、辅以实习锻炼的广播电视人才培养模式已无法适应时代之需,广播电视教育理念变革迫在眉睫。美国斯坦福大学提出的"绕轴翻转"教育理念主张将"先知识后能力"翻转为"先能力后知识",实现了教育理念从"知识检测"到"高峰体验"的重要转变,为我国广播电视教育提供了可资借鉴的参考样本。"绕轴翻转"在着力架构"以能力聚合知识"的核心理念体系时,紧紧围绕"能力"这一圆点做向心运动,既涵涉了复合能力、可迁移能力的跨学科知识学习,又突显了其牵引知识运用的实践维度。美国密苏里大学新闻学院、台湾政治大学传播学院、英国皇家霍洛威大学艺术系等院系的广播电视教育都在不同程度地实践着"绕轴翻转"的教育理念。依托"绕轴翻转"理念所形成的创建树状课程体系、学生生成内容驱动教学、联动地区媒体助力产学融合等教学流程再造方式,以及开拓专业媒体发布渠道、利用自媒体服务教学、建立动态能力评估机制等检视学生跨媒体生产能力的手段,为我国广播电视教育理念变革与范式转型提供了新的思考向度[③]。

郝连科等指出,"工匠精神"讲求精益求精、德艺双馨,这对培养对社会有用的人才有着重要的指导作用。广播电视编导专业在人才培养过程中存在缺乏理论知识和实践应用等问题,传统教育理念不能满足学生的学习需求。广播电视编导专业人才培养中引进"工匠精神"的理念,进一步分析"工匠精神"中的"精"、"专"、"德"和广播电视编导专业人才培养中的"编"、"导"理念进行互通,能有效增强学生的学习意识,促进我国广播电视事业的健康发展[④]。

撰稿人:王瑞娟(复旦大学新闻学院2018级博士研究生)

---

① 参见康兰平:《广电媒体法治传播效果评估及提升策略》,《中国广播电视学刊》2018年第1期。
② 参见赵凤华:《新时代广播电视节目监管新规范》,《青年记者》2018年第18期。
③ 参见张卓、吴占勇:《绕轴翻转:媒介融合时代广播电视教育的理念革新与范式转型》,《现代传播(中国传媒大学学报)》2018年第3期。
④ 参见郝连科、付雅雯、潘树坤:《"工匠精神"与广播电视编导专业人才培养理念的互通研究》,《通化师范学院学报》2018年第8期。

# 电 视 研 究

2018 年电视研究领域的学术成果的数量不减从前,笔者以"电视"作为题名关键词,在中国知网期刊全文数据库搜索到 3 000 余篇期刊论文。其中涵盖的内容包括融媒体环境下电视的发展探索、各类型电视节目及传播策略、电视的受众效果与新闻工作者等,可以看出,新媒介环境下电视事业的实践发展成为广播电视及新闻传播学研究人员选题的直接来源,丰富而极具包容性的学术成果是对其充分的反映,在电视领域,理论与业务总是协同求进。本文选取 2018 年度发表于国内新闻传播学 CSSCI 期刊及核心期刊的主要文献,对 2018 年的电视研究进行述评。在此需要强调的是,鉴于部分电视研究成果不免与媒介经营管理、影视艺术学等具体学科存在交叉,且显示出典型的强专业性,遂本文将略去该部分文献。

## 一、电视理论与历史研究

### 1. 电视理论研究

相较于电视业务的研究,2018 年研究者对电视进行的理论性研究略显单薄。少数几篇引用不同的跨学科理论对电视媒介进行创新阐释。

关于电视本体论的探讨,学界形成了中西方为背景,历史和技术两个不同出发点之上的两种视角和声音。刘斌等通过对民国电视史进行考察,指出虽然民国时期中国电视业尚未诞生,但是当时的国人通过译介国外电视技术、电视产业的相关新闻报道与研究文献,对电视媒介属性、媒介社会功能以及电视业未来发展方向进行了较为清晰的梳理,从而完成了电视本体论的建构。民国期刊中展示的国人对电视媒介的认知,对于强化当前电视理论研究具有必要的借鉴意义①。

学者陶冶试图从语言学指向的角度界定今天的电视本体,并剥离出传统看电视行为的内核。他认为,随着移动互联网时代的来临,"电视"与"看电视"这一行为的两个属性发生了彻底背离,这一技术革命不仅从时空概念上解放了电视,更是直接将"电视"从传统电视理论的家庭属性解放出来;也不仅仅使"看电视"裂变成为一种个体行为,更是带来了背后融资模式、盈利模式乃至整个电视经济体系的重构。此外,研究从内容提取能力的角度分析传统电视理论的场域,声称电视移动化、缩小化、双向互动化都是基于本体重构而发生的"涅槃",最终重构出"互联网+"时代的电视本体②。

冯丹阳和刘海蕾援引文化研究学派斯图亚特·霍尔的编码—解码理论,对近两年热播的部分文

---

① 参见刘斌、邹欣、景俊美:《想象中的本体论建构——民国报刊中的电视观研究》,《中国编辑》2018 年第 6 期。
② 参见陶冶:《死亡与涅槃:电视本体的重构——兼与战迪教授商榷》,《中国出版》2018 年第 2 期。

化类电视节目传播过程中的主题、主体、节目具体环节、受众等因素进行分析,解读文化类电视节目的传播策略。研究认为,由于受众的知识水平、社会背景等不同,文化类电视节目的编码者在编码时,一方面应注重传递通俗易懂的大众文化,弥补编码者与解码者之间的信息不对称;另一方面,应积极运用当下的新媒体环境,拓展文化信息的传播渠道,从而让中华优秀文化更容易走出国门、走向世界①。

基于文化的符号叙事学方法论,彭白羽认为,政论纪录片《习近平治国方略:中国这五年》借助媒介的符号化载体,将人类言语交际的重点转向了叙事话语的表述,生成了一种"话语视像"。纪录片本质是一种交际行为,由叙述者和故事原型主人公创造出各种"符码",在特定时空语境下,传播给目标受众,引导受众进行符号化阐释。一系列叙事"符码"是以一种独特方式表现出的行为者引起或经历一系列的关联事件为根基,通过视觉符号化、功能性选择和情境化组合,构成纪录片中的"话语视象"。对于西方媒体"他塑"中国形象的举动,影像以包容性的对话立场以及"话语权释放"策略应该引起西方国家对自身发展境况和路向的反思,谋求不同话语系统及文化体系的共存,重"间性"和"他性",并在基础上寻求相互生发的基点。整部纪录片的"他塑"手法,使得每一种叙事话语的建构均是对"他者"表述的应答性反应,话语交际变成积极的思想交流,受众在充满他人话语的回声和余音中完成对中国形象由感性—知性—理性的进阶性认知活动②。

谷疏博和常瑞将艺术场理论与当代中国电视的创作实践相结合,探索作为方法论的艺术场理论在跨文化领域下的适用性。他们提出电视艺术场能够得以建构,主要是因为其艺术自主性在电视圈内部得以确立,即拒绝经济的、政治的、宗教的、科学的等外部因素的干扰。同时,在与外部因素斗争中,电视艺术在自身的艺术探索层面也形成了有别于宣传期时代的语言、风格等方面的特征,对其自身进行区别于其他艺术场子场域的"赋魅"。然而,电视艺术场也面临着内忧外患导致的弱化,比如资本竞争下同质化的加剧、新媒体场域占有下的压制与妥协。因此,当下的电视艺术创作实践应该从内部、外部两个方面再度建构其作为艺术场子场域的独立性和自主性。创作要坚持"内容为王",加强其在自身艺术审美层面的坚守;面对经济场的渗透,电视艺术场要守住自身的艺术底线,维护好自身的场域边界,否则它将彻底沦为资本的附庸,其象征价值也将大打折扣③。

关于电视节目如何更好地传播,李彬从长尾理论中受到了启发。他认为,基于长尾理论,传统电视媒体可从三方面改进。第一,重构长尾,搭建平台,开拓电视长尾市场。让电视行业中大量沉淀的视频资源数字化,把分散在各处的资源汇聚起来,建立统一的具有权威性的信息数据库,通过储存、梳理、陈列,提供售卖渠道,实现二次或多次重构长尾,使专业化服务向纵深无限延伸,把长尾价值和效益开发到极致。第二,细分用户,延展长尾,主动地推进消费者个性化需求的发展,将是电视未来的发展方向。第三,紧抓机遇,开放内涵,开发电视衍生产品。互联网时代的电视人需要从单纯的节目制作向产业思维转变,立足于好的内容进行更多元化的产品开发。未来的电视节目应该具有高度媒体融合属性,兼具社会价值、产业价值以及新兴传播模式的业态。在坚持品质的同时围绕内容展开一系列创新性和精细化的运营,做足内容实质,做强形式展示,做通传播渠道,做实传

　　① 参见冯丹阳、刘海蕾:《"编码—解码"理论下文化类电视节目传播策略分析》,《中国电视》2018年第11期。
　　② 参见彭白羽、党争胜:《〈习近平治国方略:中国这五年〉话语视象的符号化叙事研究》,《现代传播(中国传媒大学学报)》2018年第9期。
　　③ 参见谷疏博、常瑞:《电视艺术的原初视野与当下审视——基于艺术场视角的考察》,《当代电视》2018年第9期。

播效果①。

### 2. 电视相关历史研究

杨继红通过回顾电视媒体的研究史,以节目内容为基点勾勒出电视媒体尤其是电视新闻的进化路标:从"移动优先"到"深耕社交"。研究以中央电视台为例,用三个"当"总括出移动互联时代电视媒体的突围策略与布局媒体传播生态的方法,即用户在产生内容,同时也在创建市场。当传统媒体人拿起移动端,拿起移动互联、智能互联、可穿戴设备的时候,就是新媒体;当用户有可能参与到主流媒体的报道中时,中央电视台将真正改变过去单向传播、受众被动接受的方式,以"智慧社交"的理念,构建起全新的用户关系;当全国广电媒体以央视新闻移动网为平台,建立起广电融媒体"朋友圈"时,当全国视频新闻工作者联合起来的时候,获得的将不仅是信源,还有更丰富的数据资源、更具权威性的媒体地位、更强的舆论引导力,在融媒体时代占据领军地位②。

朱长久通过把握电视剧"走出去"的历史脉络,总结问题,展望未来的对外传播。他认为,我国电视剧的对外传播自 1980 年中日合拍片《望乡之星》伊始,经历了萌芽、尝试、低谷与高歌四个时期,从无意识到有意识、从非营利到商业化、从单一路径到多元路径的发展变化,文化实力和文化自信的高涨使得电视剧出口经历冷遇后回暖,在全面的外宣战略下,多元类型的电视剧成功被输出到海外。但仍有一些阻碍因素导致我国电视剧在总体进出口贸易中仍处于逆差状态,所达到的地域局限在亚非地区,比如政策出台滞后、题材单一及配套译制服务不专业等。研究鼓励相关扶持政策前置,加强专业译制人才培养等措施应相应跟进③。

## 二、作为媒介的电视研究

### 1. 融媒时代的电视媒体

赵子忠在谈到媒介融合下广播电视行业遭遇什么的问题时认为,媒体融合的核心问题是影响人。在信息爆炸的环境下,信息的采集、处理、存储、传输的能力在信息社会有了质的发展,电视媒体融合要解决的问题就是如何提高自身的信息能力,在信息社会中找到自己的信息地位④。

田龙过重新定义了电视媒体影响力。研究认为,媒体融合改变了电视媒体的生存环境,也改变了电视媒体影响力的生成机制和构建路径。基于结构—功能主义的大众传媒影响力定义及评估体系已不足以解释媒体融合时代电视媒体的影响力。准确把握媒体融合的深刻内涵和基本精神,对媒体融合带来的信息生产方式、消费方式,传媒经营方式、管理方式变化进行深入探讨,在节目、渠道资源整合与开发生产、社会公共服务、节目/受众/影响链拓展、区域媒体合作及组织结构、组织形态和管理模式等方面进行全方位的建设,电视媒体才能在媒体激烈竞争时代继续保持和发挥自己

① 参见李彬:《长尾理论对电视节目传播的启发》,《中国电视》2018 年第 3 期。
② 参见杨继红:《从"移动优先"到"深耕社交"——电视媒体的进化路标》,《新闻与写作》2018 年第 9 期。
③ 参见朱长久:《我国电视剧"走出去"的历史、问题及策略》,《青年记者》2018 年第 7 期。
④ 参见赵子忠、陈雪:《电视媒体融合需要理解信息革命》,《传媒》2018 年第 4 期。

独特的影响力①。

孙宜君和王建磊指出,融媒时代下电视传播生态从内涵到外延都发生了很大变化。纵观电视传播的实践,虽然过去电视传播生态曾出现过失衡与错位的现象,然而,经过电视与新媒体之间的竞争与融合、调适与包容的努力,电视传播生态构建已初露良好的态势,表现为:大视频格局已初步形成;电视媒体重整旗鼓再创业,利用资本力量,积极拓展渠道,台网融合传播;视听产业再升级,视听内容生产主体的竞争与合作进一步深入②。

曾静平的电视媒体融合发展对策研究表明,我国电视媒体融合发展过程中出现品牌摇移不定、立足点混沌不清和复合型人才缺失等症结,因此有必要铸造品牌形象,以人无我有、人有我精、人精我融的姿态,不拘一格吸纳超一流多栖复合人才,以技术创新为先导,以制度创新和理论创新为引领,闯探出一条既兼容融化又熔铸溶透的全球化突围路径③。

屈波和李阳雪基于移动短视频的发展趋势,对比研究国外电视媒体发现,欧美电视媒体已经在移动短视频的融合实践方面探索出相对体系化的模式,而中国电视媒体在移动短视频实践上的系统化程度较低,类型和维度相对单一,缺乏独立的短视频品牌,对短视频产品的用户体验重视度仍然不足,仍处于融合实践的起步阶段。结合国外电视媒体的前沿探索经验,中国电视媒体在未来实践中的机会与挑战并存。我国电视媒体在移动短视频融合上应发挥先天优势,整体构架为"品牌矩阵+渠道矩阵",加大对独立品牌的探索力度,优化短视频产品的用户体验④。

杜友君等借用产品循环发展理论提出,目前正处在衰退期的电视媒体,如若能够在新媒体发展进入瓶颈期时,利用新媒体优势,着力打造成一个中央型信息资源整合梳理的集控平台,将重塑电视媒体权威性,在极速变化的信息时代重新构建电视媒体的传播力、引导力、影响力与公信力,最终为传媒业发展注入新的生机⑤。

史安斌和王沛楠探讨"新全球化"时代下电视媒体的格局与路径。研究梳理了全球电视文化从美国主导向多元流动转变的理论脉络和实践意义,认为基于"一带一路"倡议和"命运共同体"的理念,中国正成为"新全球化"的重要力量,塑造着未来全球电视文化的新版图。这个新版图与英国学者罗伯特森(Alexa Robertson)提出的"媒介化世界主义"不谋而合,即意味着在社交平台兴起导致传播生态"浅表化"、"稀薄化"的当下,传统电视媒体应当肩负起"增稠加厚"的使命,根植于不同历史和文化语境下的多元内容和不同声音进行"复调传播",彻底改变"美式全球化"主导的"同质复刻"和"单向传播",转而践行世界主义语境下的、追求体现人类"命运共同体"理念的新型电视文化,这既是中国对"新全球化"时代全球电视媒体文化发展变局的回应,也是按照习近平新时代中国特色社会主义理论,重新界定我国电视工作者所肩负的使命和担当的起点⑥。

① 参见田龙过:《媒体融合重新定义电视媒体影响力》,《编辑之友》2018年第1期。
② 参见孙宜君、王建磊:《论融媒时代电视传播生态的嬗变与建构》,《现代传播(中国传媒大学学报)》2018年第3期。
③ 参见曾静平:《试论我国电视媒体融合发展的创新思维》,《中国电视》2018年第2期。
④ 参见屈波、李阳雪:《移动短视频:国内电视媒体融合实践的新路径——中外电视媒体的移动短视频对比研究》,《电视研究》2018年第8期。
⑤ 参见杜友君、李淑美、李人杰:《产品循环发展理论视阈下电视媒体的融合创新》,《新闻记者》2018年第10期。
⑥ 参见史安斌、王沛楠:《"新全球化"时代的电视媒体文化建设:格局与路径》,《电视研究》2018年第1期。

### 2. 技术赋权与未来电视

陈积银梳理了国内外 3D 电视运营中取得的经验与不足,结合我国现有的政策环境、技术发展、行业前景等方面,考察了 3D 技术与电视媒体。研究指出,目前全球 3D 电视产业发展艰难,3D 电视产业正处于衰退期。许多国外主要 3D 电视频道纷纷陷入停播的窘境,中国也不例外。3D 电视发展受到节目片源短缺与用户收视体验感不佳等因素的困扰。随着裸眼 3D 技术被纳入"十三五"规划、全息显示技术的来临、5G 时代传输速度的提升、3D 技术与虚拟现实技术结合的趋势,中国 3D 电视产业需要进行产业结构的调整,才能实现 3D 视听新媒体产业更好的发展①。

陆地和唐国俊称,VR 技术目前已在众多领域进行了应用和尝试,在电视节目领域的应用颠覆了千年不变的金科玉律——眼见为实。研究梳理了 VR 技术在国内外广电节目中初步的应用情况和特点,以及可能给电视节目带来的冲击和改变,并对 VR 技术发展中存在的一些问题进行分析,同时展望其发展前景②。

徐立军研究了受众收视大数据,阐述了 CSM-huan 智能电视实时收视系统的诞生及其计算方法。研究认为,互联网的飞速发展,改变了观众的传统收视方式;智能电视的出现,为收视率调查提供了新型的海量样本;传媒市场对节目播出的实时收视率的需求也越来越迫切。因此,基于智能电视的实时收视体系的建立迫在眉睫③。

## 三、电视节目研究

### 1. 电视新闻节目研究

2018 年,学界集中对电视新闻的理论、实务及新闻工作者主体实践三方面进行研究,考察了西方被广而深热议的新闻观的适用性,并结合当下融媒介环境的新情势,观照电视新闻及其主体业务的发展境况与可能性。

(1) 理论视野下的电视新闻探索

不少学者立足现实,援引新闻学经典理论框架,反思当前的电视新闻实践。纪忠慧从新闻专业主义出发,认为融媒体环境下,受众对机构媒体的原创内容及专业权威的新闻服务仍有期待。我国新闻媒体的事业属性可以克服西方纯商业媒体的弊端,使新闻专业主义的核心理念得到最大程度的实现。作为新闻专业主义在电视新闻领域的实践范本,电视新闻故事化将新闻性和故事性相融合,创造了传统媒体时代新闻品牌影响力和舆论引导力的巅峰。媒体融合环境下,电视新闻的故事化既要讲求观赏性,又要讲求价值引领,以情感和价值观的共鸣为基础,形成品牌效应与品牌价值,切实提高公信力和舆论引导力④。

---

① 参见陈积银:《3D 电视产业的发展困境与转型》,《甘肃社会科学》2018 年第 4 期。
② 参见陆地、唐国俊:《VR 技术在电视节目中的应用与前景》,《当代传播》2018 年第 2 期。
③ 参见徐立军:《智能电视收视大数据:标准与应用——"CSM-huan 智能电视实时收视系统"解析》,《电视研究》2018 年第 8 期。
④ 参见纪忠慧:《新闻专业主义视域下的电视新闻故事化——探寻融媒体环境下的电视新闻品牌塑造》,《电视研究》2018 年第 7 期。

　　王思认为,后真相时代对真相定义的解构,直接导致了新闻业的震荡。相对于情感及个人信念,客观事实对形成民意的影响微乎其微的现象已然成为一种常态,无疑给电视新闻报道带来同样的困境。全媒体时代,电视新闻的叙述文本在信息传递之外应注重文本的互动与共享,打破传统的传播观念,积极应对传播的仪式观。此时,公众的接受程度有明显差异,经验共享对比客观的文字陈述能获得更好的效果。在现代,传媒高度发达,不可否认,在某种意义上人们正如让·鲍德里亚所说的那样生活在媒介构建的仿真世界中。人们通过媒介构建的拟态事实来了解真实。公众分辨事实的基础依赖媒介的形塑和自身经验的补充。在多元媒介发展的时代,电视新闻报道应该始终如一地坚持新闻客观性原则,又要及时改变原有的叙事思路和方法,探索新型传播环境下电视新闻报道的路径①。

　　(2)融媒介环境下电视新闻实务

　　胡岑岑研究了新闻样态在新媒体语境下如何革新路径。她认为,多屏终端、移动互联网以及其他新媒体技术的普及和发展,在给电视新闻带来了压力的同时,亦带来了变革的动力。受其影响,主流电视新闻样态在报道主题、叙事方式、视觉呈现和编排模式上都发生了或多或少的改变。这种基于电视新闻样态的革新是基于电视媒介自身的属性与传播规律的,而不是一味强调电视的"新媒体化"乃至"去媒体化"。在可预见的将来,我国电视新闻样态的革新或将在两个方面实现进一步的突破。第一,如何进一步将电视媒介的属性和电视新闻作为政治仪式的功能深入结合,使电视成为有别于互联网的公共文化平台,将是电视新闻在中国独特语境下不可替代性的重要根基。第二,如何在报道内容本身实现与新媒体内容的差异化,也是电视媒体在与新媒体进行内容竞争时要坚持思考和探索的问题②。

　　张诗婷结合近年获中国新闻奖的作品,来考察电视新闻语态在社交媒体时代的表达方式和特点。她认为,社交媒体时代电视新闻语态(电视新闻报道的话语方式)面临转型困境,比如落后于技术更迭、面临受众认同危机等,由此,需在社交媒介赋予新闻以不同的时代面貌和技术特征时,构建相适应的可视化的、动态性表达方式的电视新闻语态③。

　　电视新闻实务方面的研究还涉及在融媒体环境下,类型化新闻(如民生新闻、时政新闻等)的演进发展,故事化创新及直播方式转型等面向。但实务领域的研究多为一些青年研究者所做的模式化的浅尝辄止的分析尝试,未被专家学者视为关注的重点。从研究成果来看,结论也在很大程度上沦为换汤不换药的千篇一律的重复,在深度迥异的发展对策方面几乎已达到潜力的极限。刘红明讨论了融媒体直播新方法的实施。汇入传统媒体与新媒体加速融合的大潮流,电视新闻频道现场直播必须改变过去从视频信号采集、传送到播出全部靠电视媒体单打独斗,节目只在电视上呈现的情形,积极探索融合电视、网站、手机客户端等平台的融媒体直播④。

　　(3)电视新闻工作者研究

　　随着媒介生态的日益进步和复杂化,学界逐渐给予新闻工作者更多的观照,相关研究多采用实证研究方法展开并讨论得出结果。常江在对数字时代新闻编辑室生态研究中,通过对一线电视新闻记

①　参见王思:《后真相时代电视新闻叙述性嬗变》,《当代电视》2018年第3期。
②　参见胡岑岑:《新媒体语境下我国主流电视新闻样态的革新路径》,《中国出版》2018年第6期。
③　参见张诗婷:《社交媒体时代电视新闻语态的新发展》,《青年记者》2018年第11期。
④　参见刘红明:《融媒体直播——电视新闻频道现场直播转型方向》,《中国记者》2018年第2期。

者展开的深度访谈,描摹前沿传播技术及其文化在心理和观念层面对业内资深人士的影响,进而判断电视新闻编辑室生态在新技术的冲击下所经历的转型历程。研究发现,新技术话语对固有电视新闻编辑室生态的冲击主要体现在其对新闻内容的改造,以及这一过程可能导致的公共性丧失问题;而在从业者心理层面,新技术对作为物质实践的电视播出形式和原有的平等主义的传受关系并未产生显著的影响。相比印刷媒体,电视媒体的传统新闻生态在其从业者的认知中有更加牢固的基础,其对各种类型的新技术话语的吸纳和改造能力也更强大,这使电视新闻成为我们研究数字化时代新旧新闻理念冲突的最佳田野①。

张伟伟通过对成都和重庆两市 8 家电视及报纸媒体的新闻工作者的实证调查发现:在当下媒介融合进程中,传统媒体新闻工作者的日常工作高度依赖互联网,但他们较少运用互联网来推进社会化新闻生产,较多使用互联网来辅助专业化新闻生产,一定程度上显示出他们抗拒公众参与新闻生产的态度。相较于人口学变量、市场影响、政治影响等静态和结构性因素,互联网工作性使用对传统媒体新闻工作者的职业角色认知的预测力最强。整体上,作为实践的互联网工作性使用对新闻工作者的三种职业角色认知(监督者、娱乐者和宣传者)均具有显著正向预测力。具体地,辅助专业化新闻生产和推进社会化生产两种维度的互联网使用行为分别对新闻工作者的不同角色认知具有正向预测力。职业角色认知作为一种实践知识,新闻工作者依赖于从具体实践中习得②。

燕晓英指出,新闻工作者本着一种改革自觉意识,主动提升自身技能以适应融媒体环境下新的新闻生产方式。电视新闻开始融媒体改革之后,释放生产力和改造语态的作用是不言而喻的。传统媒体人的可贵在于高度自觉的专业性,但受到网络生产的挤压,速度和精确性产生对立。此事无法一概而论,但"把关人"的作用和新闻专业主义在网络时代仍然被需要,效率必须提升,但是生产者必须对每一个产品负责。对于新进入这个行业的从业者,在期待他们带来鲜活语态的同时,新闻基本价值的传递和传承依然珍贵③。

### 2. 文化类电视节目研究

互联网时代信息技术的发展和传播生态的变革,推动文化的传播交流呈现出日新月异的变化。随着优秀传统文化越来越受到社会的关注和人们的喜爱,优质的文化类电视节目横空出世,如《中华诗词大会》、《朗读者》、《国家宝藏》等,这一现象同时掀起了理论讨论的热潮,不少研究考察受众、节目内容形式的创新、功能价值等方面,以期为电视实务增益。

电视文化类节目是指能够明确表达一定文化信息,以传播科学文化知识为主要内容,以提升大众审美品位与思想水平为主要宗旨和功能,具有深刻内涵和品位的电视节目。作为电视文化类节目的基础性研究,李霞认为,现象级的电视文化类节目,是当下娱乐化、碎片化的社会环境中人们对优质精神文化渴求的生动注脚。电视文化类节目采取演讲、竞技、访谈、诵读等多元化形式,诉之观众的理性认知、情感需求,从内核到形式直指人心,强调节目深刻的思想性、艺术性、感染性,对荧屏生态和社会

---

① 参见常江:《多屏化视界:数字时代的电视新闻编辑室生态转型》,《编辑之友》2018 年第 9 期。

② 参见张伟伟:《传统媒体新闻工作者互联网工作性使用与职业角色认知研究——一项基于报纸和电视媒体的实证考察》,《现代传播(中国传媒大学学报)》2018 年第 3 期。

③ 参见燕晓英:《场景改变对内容生产的压力和改造——电视新闻人的融媒体之路》,《新闻与写作》2018 年第 4 期。

风气起到积极引导作用。研究概述了这类节目演变的三个特征：其一，文本框架从"精英气质"走向"大众审美"；其二，致效机制从"诉诸理性"走向"诉诸情感"；其三，表现手法从"单向度"展演走向"场景化"叙事。研究指出，要警惕节目在对"文化记忆"进行重塑、对"情感共同体"进行建构之时出现对中华优秀传统文化深层结构、丰厚情感的疏离和平面化、浅薄化的理解，也要避免市场经济侵蚀，因过度消费而丧失其自身得以安身立命的文化意识。如是，"文化寻根"与"节目远行"才可兼得①。

赵娅军探讨了传统文化的电视传播意义、可能性与路径。她认为，传统文化是中国电视保持民族性的支柱，其本身具有的极强的黏合性与电视媒介的"建构社会一体化"的职能高度一致，二者结合更有利于中国一体化进程。传统文化作为一种稀缺的社会资源，精髓集中在少数人手中，为了让其重回更广泛的人群，实现它的当代意义，借助公共传媒的力量是必然之选。如此势必会为我国影视艺术的创作和发展提供美学启示。从传播路径看，利用电视和"互联网+"的广阔平台，实现传统文化的现代化，这不仅是未来一段时间传统文化类电视的发展路径，也是中国电视在"娱乐至死"语境下的突围之策②。

刘嘉以媒体融合日渐深化发展为背景，结合文化传播理念和大数据应用，指出目前电视文化类节目的发展存在诸多问题，比如电视媒体与新兴媒体契合度欠缺，竞争导致越来越同质化、泛娱乐化，质量低下。鉴于此，应提高电视节目创作者的文化传承意识，督促其深入学习研究中华优秀文化，结合大数据对电视观众和互联网用户的分析，积极探索文化知识进行电视传播的多样化呈现形式。同时，技术上加强电视与新媒体间的深度融合，以达到符合媒介多元融合发展特点的理想传播效果③。

胡智锋和邓文卿则警醒电视节目以贴上文化标签为时尚的繁荣现象，从电视类文化节目的内涵与外延、功能价值延伸出关于如何创新发展的思考。他认为，电视文化类节目是中国特色社会主义文化建设的重要载体，是集知识性、情感性、价值性三种基本特质于一体的一种节目形态。推动文化类节目发展创新，对于提升我们的文化软实力，弘扬核心价值观，促进中国电视创新，满足百姓多方面的情感需求，具有重要的功能与作用。我们要在深挖中华优秀传统文化的同时，不断地进行内容融合、形态融合、渠道融合，坚持创造性转化、创新性发展，推动文化类节目的创新，不断铸就中华文化新辉煌④。

王梅以原创文化类节目《国家宝藏》为个案，分析了中国电视节目如何走向自主创新。她认为，该节目组立足本土文化资源，进行文化整合创新；节目在模式设计上创造出独特的叙事进程，在制作上注重创造视觉冲击与惊喜，通过"印信"的传递、标志性动作和视听语言形成较强的仪式感，营造出庄重典雅的氛围。总体而言，该节目在表达上前进了一步，制作水准亦有提升，为中国电视节目由自主创新向模式输出迈进积蓄了力量⑤。

张科以《经典咏流传》为例，指出中华优秀传统文化创造性转化与创新性发展的一个有效途径是通过媒介化编码，将中华优秀传统文化编码成流行性、常识性知识以传播，即可利用现代电视传播理

———————————

① 参见李霞：《电视文化类节目的演变特征透视》，《当代电视》2018年第3期。
② 参见赵娅军：《对当前传统文化类电视节目热播的思考》，《传媒》2018年第1期。
③ 参见刘嘉：《融媒环境下电视文化类节目创新发展探究》，《中国广播电视学刊》2018年第5期。
④ 参见胡智锋、邓文卿：《电视文化类节目创新发展三思》，《电视研究》2018年第1期。
⑤ 参见王梅：《模式时代文化类电视节目的自主创新》，《中国广播电视学刊》2018年第4期。

念与技术,将中华优秀传统文化与大众文化融合、传统元素与流行元素结合,巧妙连接起中华优秀传统文化与人们对美好生活需要的契合点,以达到满足民众心理需要、文化体验、情感认知、审美需求等诉求,实现中华优秀传统文化流行化①。

张步中和李晨比较两部书信领域深耕创作的文化类节目《见字如面》与《信·中国》,认为从叙事角度上来看,可资借鉴的成功做法是在文本选择上彰显家国情怀与党性光辉,在主体设置上注重多元人物角色与功能定位,在方式上创新使用视角转换、凝练结构与纪录风格,在场域构建上善于营造历史原貌与沉浸体验等独特之处②。

电视文化类节目的发展日益凸显出价值与功能反思研究的必要性。栗睿认为,优秀文化类电视节目秉承了中国传统美学真、善、美统一的价值判断,将中国传统文化艺术与现代科技媒体艺术相结合,构建出赏心悦目的审美形式,在引发受众的审美活动并满足受众的审美需要的同时,也注重挖掘艺术背后真、善、美的精神价值,从而实现美育功能③。

赵钦则创造性地提出,文化类电视节目近几年的备受关注,不仅丰富了电视荧屏,而且为思想政治教育主题的传播提高了关注度,为思想政治工作教育的开展创造了更高效、更富价值的渠道④。

王子荣认为,文化类节目的不断创新,一方面突破了传统文化类节目的枯燥乏味和综艺类节目依赖引进国外的模式,将丰富的知识内涵体现在趣味性的电视节目之中;另一方面,大力弘扬中华优秀传统文化,助于树立文化自信⑤。

李苏云从数字技术应用的角度,开创性地以依托数字化传播的文化节目为背景,重思电视的功能与使命。她认为,电视文化类节目悄然兴起,是文化传承与数字艺术结合的创新性探索,反映了观众对于电视节目的审美已经从单纯追求放松娱乐向着追求更深层次的文化体验过渡。湖南卫视的《中华文明之美》以数字艺术形式解读中华文明,独具匠心的数字艺术表现形式及其对文化传播的功用,更加深化了电视作为现代社会的主流媒体,必须肩负起传承优秀传统文化、创新现代数字艺术使命的认知⑥。

### 3. 电视综艺节目

电视综艺节目研究在一些老生常谈的问题上依旧断续地进行,例如各类型综艺节目的发展策略探析等,成果林总繁杂,本文不一一赘述。然而变与不变间,需引起注意的是过去一年的综艺研究比以往更富于反思性,并且因现实综艺节目的文化转向也增加了该面向的理论探讨,多表现为娱乐化与文化性间的张弛与平衡。

文卫华和李建霞对2017年综艺节目进行总括性的观察与思考,发现2017年中国电视综艺节目的整体表现相对平淡,缺少兼具收视与口碑的现象级节目,综N代后继乏力。结构性调整与转轨成为

　　① 参见张科:《论优秀传统文化的"流行化"策略——以〈经典咏流传〉为例》,《当代电视》2018年第10期。
　　② 参见张步中、李晨:《〈信·中国〉:书信题材文化类节目的叙事创新——与〈见字如面〉的对比分析》,《中国电视》2018年第8期。
　　③ 参见栗睿:《论文化类电视节目美育功能的实现》,《电视研究》2018年第8期。
　　④ 参见赵钦:《文化类电视节目的思想政治教育功能探析——以〈儿行千里〉为例》,《中国广播电视学刊》2018年第1期。
　　⑤ 参见王子荣:《谈文化类电视节目价值与发展》,《当代电视》2018年第8期。
　　⑥ 参见李苏云:《文化类电视节目的数字艺术应用——以〈中华文明之美〉为例》,《中国电视》2018年第2期。

2017 年度电视综艺市场的关键词。在市场竞争和政策引导的双重作用下,自主创新的文化类、科技类综艺节目步入发展快车道;泛娱乐类综艺遭遇发展瓶颈,亟待找到新的突破口和增长点,摆脱模式老化与同质化的困局①。

张璐和薛耀文认为,文化类电视综艺节目的高热度,是电视综艺节目从量到质的转变,也是观众文化审美提升的体现。研究从传统文化的传播、影视传媒信息生态的重构和网民多元话语空间的构建三个层面来阐述在新媒体视域下文化类电视综艺节目扮演的新角色。研究认为,文化类电视综艺节目成为新时代传播传统文化的新途径。一部文艺作品是否为优秀作品,取决于其是否能为人民抒写、为人民抒情、为人民抒怀,坚持人民导向是新时代文化类电视综艺节目的根本出发点②。

石丹认为,电视综艺节目的最大收获就是全面的文化转向,过度娱乐化得到了有效遏制。电视综艺节目如今出现一种文化转向与价值回归,具体体现为:其一,传统文化的现代意识传达。真人秀等综艺节目借助传统文化元素传递出现代人对历史文化的心灵应和,激活了人们对于传统文化的文化记忆。综艺节目同样开始关注“匠人精神”,并在社会生活、行业领域、道德层面上,对大众进行引领与培育。其二,大众文化的审美意识回归。例如《向往的生活》中明星们采取日常化的文化视角对历史、生命、信仰等重大议题进行解构,为观众找回了在快节奏生活中遗失的属于大众本体的审美情感和审美认知③。

孔令顺和张佳阳比较分析了文化节目与综艺节目,批判性地阐释作为文化电视的深度娱乐的转向与救赎问题。近几年来,电视文化生态悄然发生着转变:一方面,《朗读者》等文化类节目强势逆袭,引领受众眺望精神的远方;另一方面,慢综艺渐成新宠,引导受众营造诗意的栖居。电视综艺节目开始了从浅层娱乐向深度娱乐的审美转向。这种深度娱乐,是对长期浅层娱乐的反驳,是对高端文化的位移。无论是浅层娱乐还是深度娱乐,最终都是为了快乐,娱乐显然并不是玩物丧志的代名词④。

也有学者洞察电视综艺的危机,并对寻找何种出路进行反思性研究。田龙过和轩峰指出,2012 年至 2016 年,我国电视综艺市场发展迅猛,快速增长的综艺内容、大量涌入的资本、天价的明星及节目强烈的感官体验,形成了当下综艺市场的奇观。这种奇观现象可从三方面进行归因:资本与明星的催化、电视台与电视消费者共谋、新技术与新媒体助推。然而,电视综艺狂欢式跃进背后实则遭遇着资本危机、原创危机和合法性危机三重危机。基于综艺市场呈现出的这些新特点,节目生产者有必要从小处着眼,即从大题材中提取小题材,寻找垂直细分领域,从美中发力,提高综艺节目的营养与能量,促进中国综艺的精品化发展⑤。

## 4. 电视剧生产与传播研究

相较其他节目类型,电视剧的相关研究显示出充分的学术活力,研究方法和理论视角相异交融,方法上有国内外剧种比较研究,与不同变量为基础的量化研究,包括价值评估体系、传播效度、效果因

① 参见文卫华、李建霞:《2017 年中国电视综艺节目年度观察与思考》,《中国电视》2018 年第 3 期。
② 参见张璐、薛耀文:《新媒体视域下文化类电视综艺节目的新角色》,《当代电视》2018 年第 10 期。
③ 参见石丹:《媒体融合视角下电视综艺节目的文化转向》,《传媒》2018 年第 5 期。
④ 参见孔令顺、张佳阳:《文化电视:深度娱乐的转向与救赎》,《中国电视》2018 年第 6 期。
⑤ 参见田龙过、轩峰:《中国电视综艺的危机与出路》,《出版广角》2018 年第 1 期。

素等等。理论视角包括视觉传播、价值生成、框架理论、性别研究等,也产生了基于文化艺术、经济与技术等不同语境的影视剧生产与传播的研究。

张海欣认为,互联网语境下的国产电视剧 IP 生产日益繁盛,但也出现了盲目囤积 IP 资源、题材单一、原创缺乏和侵犯知识产权等问题。若要实现国产电视剧 IP 生产的可持续发展,需要将电视剧 IP 生产的内容来源、题材、受众多元化,实现其认知度、知名度、影响力方面的品牌化,以及发行模式、用户发展和 IP 培育等方面的系统化。多元化生产是根本,品牌化生产是关键,系统开发是助力,三者齐头并进、联合发力。此外,基于互联网思维的国产电视剧 IP 生产要做到创新性发展,促进其走出去并拓展海外市场,需要利用网络文学自身的影响力和天然优势,方能使国产电视剧 IP 生产之路越走越宽、前景广阔①。

杨柳在电视剧产品供给机制重构的研究中指出,电视剧产业面临着整体转型和结构升级的需要,电视剧产品的供给机制也必须进行重构。因此,要跳脱陈旧的供需模式,打破电视剧产品供给产能过剩、有效供给缺乏的局面,构建新的电视剧产品供给机制,并不断优化电视剧产品供给、消费、流通媒介系统整体能力动态,以最大限度地实现电视剧产品的社会效益和创意价值,满足用户需求,并从流通环节引导产品的供给和消费②。

蒋淑媛认为,我国电视剧产业在表面繁荣的背后还潜藏着危机。她以框架理论为视角,遴选出粉丝、舆论、流量、资本这四个影响电视剧发展的核心要素,追溯电视剧资金来源、受众角色、收视指标变迁,并分析指出粉丝成为资本评估开发一部电视剧时的重要判断依据,网络舆论场成为资本实现商业利益增值的主战场,电视剧的生产陷入了以资本为驱动力的恶性循环,有必要重塑精品化的创作原则,营造电视剧的良好生态③。

电视剧的传播方面,不少学者的研究涉及诸多维度,如传播策略、创新路径等。王筱卉和翁弋然认为,社交媒体的发展,形成了电视剧传播社交化的全新格局。从社会意义的角度来看,社交媒体对电视剧的作用主要体现在文化领域,能够让电视剧的审美解读更加多元化,彰显电视剧艺术的魅力。从经济意义的角度来看,社交媒体让电视剧的宣传省时、省钱,大大降低了成本。因此,不管是基于人际关系的口碑营销,还是基于热点话题的事件营销,抑或是基于影响力的粉丝营销,都可以成为电视剧社交化传播过程中的重要尝试,为电视剧产业带来全新的发展空间④。

孙铭欣认为,作为世界上生产和消费电视剧最多的国家,我国电视剧在海外传播方面面临层层障碍。全媒体时代的到来为我国电视剧的海外传播提供了巨大的机遇和挑战。研究以"内容银行"理论为基础,构建了新型电视剧交易平台,以期推动电视剧产品货币化和价值增值,借助新媒体及信息产业的快速发展,为我国电视剧产品海外传播提供一种创新的路径选择⑤。

何晓燕以中国电视剧在 YouTube 上的传播与接受为个案,研究电视剧的海外传播平台。她认为,在新媒体时代,中国电视剧纷纷在海外视频网站平台布局。研究通过对 YouTube 上的传播主体、传播

①　参见张海欣:《互联网思维下国产电视剧 IP 生产问题再思考》,《电视研究》2018 年第 7 期。
②　参见杨柳:《逻辑与步骤:我国电视剧产品供给机制重构研究》,《中国电视》2018 年第 2 期。
③　参见蒋淑媛:《粉丝·舆论·流量——资本驱动下的电视剧生产逻辑研究》,《北京联合大学学报》2018 年第 4 期。
④　参见王筱卉、翁弋然:《互联网+时代电视剧传播的社交化研究》,《中国电视》2018 年第 5 期。
⑤　参见孙铭欣:《全媒体时代我国电视剧海外传播的创新路径》,《编辑之友》2018 年第 3 期。

内容和商业营销等方面的现状分析,提出其存在的跨文化传播能力不强、品牌度不够高等现实问题,进而提出中国电视剧在海外网络平台提高传播质量的"三重门"策略:字幕翻译、互联网思维和跨文化传播能力①。

黄秋秋以《西游记》为例,研究电视剧"走出去"的效度与对策。中国电视剧的跨文化传播,要注重国际化表达。因为其输出的不仅是产品,还有隐含其中的文化价值与意识形态。因而,应该注重反思,借鉴美、韩、日等国家跨文化传播典型案例,找寻影视剧海外传播的经验和教训,挖掘我国文化和世界文化的共通与差异。学会因地制宜,运用传播对象国能够接受的表达方式进行传播表达,而非停留在本国民族和文化的角度自说自话②。

# 四、电视纪录片研究

电视纪录片的相关研究多以个案为主,主要类型集中于 2018 年多产的政论纪录片。研究者基于全球化和本土语境,探讨了纪录片在媒介融合环境中的生态状况,并对内容创作、叙事策略、社会建构以及长盛不衰的对外传播问题进行了详尽阐释。

## 1. 媒介与纪录片生态

媒介技术背景下,学界对纪录片之于整个影视文化的处境及发展空间进行了生态学视角的考察。张宗伟在以《二十二》为例分析媒介融合生态下纪录片的生产传播模式时认为,21 世纪以来,文化体制改革和媒介融合的不断深入深刻影响了中国纪录片的走向。首先,媒介融合加速了纪录片产业化的进程,处于产业链前端的生产模式在新的语境下发生了不同于传统纪录片生产模式的巨大改变,如众筹融资模式、UGC 生产模式、跨界模式。纪录片与其他影像形态之间的边界愈发模糊,可与其他领域互融互通,从而使生产环节保持可持续性吸引力。其次,媒介融合生态下的纪录片行业处于产业结构亟待更新、全产业链呼唤升级的阶段。纪录片生产与传播方式进入更加紧密、频次深入的行业协作阶段,台网联动、全媒体传播成为纪录片传播格局的新常态。如与焦点事件"搭便车",宣发与营销双管齐下,是当下纪录片宣发的新策略。总之,互联网为新时代中国纪录片的生产与传播提供了更加广阔而多元的空间③。

李鹏飞研究了新媒介环境下的地域人文微纪录片生态。他认为,2016 年以来,在媒介技术与商业力量的双重推动下,地域人文微纪录片异军突起,引领了新的选题热点。微型纪录片是在杂志型节目进一步拓展的背景下应运而生的。它以制作周期短、耗资小、传播速度快等优势大量涌入电视节目。媒介技术的创新为地域文化微纪录片建构了公共文化生产的产业潜力,并描绘出跨屏融合与互动的崭新图景。对传统媒体来说,正视与利用新媒体所负载的青年文化特质,彻底拥抱纪录片产业融合的发展大势,是解决资源流失、观众流失、广告流失的一大妙方。在多元化的制播主体与渠道参与业态

---

① 参见何晓燕:《从点击的量到传播的质:中国电视剧海外网络平台传播研究》,《现代传播(中国传媒大学学报)》2018 年第 6 期。

② 参见黄秋秋:《中国电视剧走出去的效度与对策研究——以 86 版〈西游记〉在缅甸的传播为个案》,《传媒》2018 年第 11 期。

③ 参见张宗伟:《媒介融合生态下纪录片的生产与传播——以〈二十二〉为例》,《中国电视》2018 年第 8 期。

下,微纪录片 IP 模式的尝试与展开为媒介流量的商业转化探索了多种可能性①。

## 2. 国产纪录片的创作

国产纪录片的创作在学界成为不同学科视角研究者涉足的一个广域性的实践蓝本。研究数量少却状貌多样。成果大致可分为国产纪录片的内容创作、社会功能、叙事三个方面的研究。内容上,纪录片的题材选取引发热议,比如直面社会矛盾现实、传播民族文化以及迎合全球化潮流,都在不同程度上拓展了纪录片的新实践。社会功能上,多数研究表明,纪录片是建构性、阐释性的影像文化,不仅促进了文化、社会、民族认同、集体记忆与政治传播的建构,在当代社会阐释方面也发挥了相当的作用。叙事策略似乎是每个纪录片研究绕不开的话题,学界对此能够充分展开对话并形成基本共识。

纪录片真实动态的影像符码在传播民族文化、提升民族成员文化身份的自我认同感方面具有先天优势,它是以真实去引发人们思考的艺术形式。毛现辉认为,20 世纪 90 年代以后,我国纪录片创作在趋向多元化的繁荣中,充分实现了其自身作为提升民族认同感及国家形象的认知中介和载体的自我定位。当前纪录片按照社会成员主体大致可被分为三类:具有导向功能的主流纪录片,具有人文关怀的精英纪录片,以及推进民族文化认同感的大众纪录片。三种类型的纪录片都不同程度地发掘了民族精神内涵,推动着不同主体的身份认同,形成了一个流动的信息流通体系。同时,不论纪录片创作本身还是市场化的传播策略,都以受众为中心,将民族意识的情感纽带融入内容的张力中,为作为大众文本的纪录片提供快感产生的共情来源。当然,纪录片作为展示国家民族形象与文化的一张鲜活的影像名片,在创作理念和维度上仍需不断更新以适应时代语境②。

纪录片个案研究的对象选取多元且具有独特性。随着健康传播在国内传播学界的兴起,医患关系的题材进入了纪录片的内容范畴。"直面社会矛盾的时代大作"《生门》是一部直面医患矛盾的现实题材纪录片,该片创造性地以矛盾来建构故事、推动故事,并以微相学视听手段成功地塑造了一批社会角色形象。刘何雁认为,这部时代大作以小见大地展现了普通群众在面临医疗、经济、传统文化、伦理道德等一系列矛盾冲突时的抉择,受众可以看到一个城乡差别巨大、阶层分化、农村医保尚不健全、医患关系紧张微妙、重男轻女观念根深蒂固的现实中国社会。同时在技术上,生之门实现了跨屏传播,其交叉剪辑使得本剧带有美剧的色彩,不但加快了节奏,而且产生了意味深长的对比。此外,研究警示,纪录片要在商业片的夹缝中打开一道生门,实现困局突围,除了练好内功还需要国家的引导和大力扶持,从而不断创作出富有营养的作品,为观众提供健康绿色的精神食粮③。

刘煜以主导性较强的政论纪录片为例,提出建构集体记忆是塑造和维护共同体认同的重要方式,而作为集体记忆的重要表征,政论纪录片在融媒体时代的再度崛起,使其堪当主流意识形态的视听表征,亦是民众自发心理需求的影像呈现。政论纪录片擅于通过政治内容的影像修辞、宏大叙事的微观切入、公共议题的文化观照和融媒体传播的跨屏遍在等诸多路径,以实现视听冲击的强化、个体共鸣

---

①　参见李鹏飞:《新媒体语境下地域人文微纪录片的媒介生态》,《电视研究》2018 年第 5 期。
②　参见毛现辉:《当代纪录片传播中的民族认同构建策略》,《出版广角》2018 年第 9 期。
③　参见刘何雁:《直面社会矛盾的时代佳作——评纪录片〈生门〉》,《电视研究》2018 年第 7 期。

的触发、国族认同的厚植以及共同体谐振的涵化等意义输出的目标,受众在这一过程中完成了以记忆为线索的价值认同,这正是政论纪录片建构集体记忆的内在机制①。

政论纪录片如何建构政治,有赖于从政治传播学的角度切入进行观照。任桐和丁柏铨将《辉煌中国》界定为政治色彩浓厚的政论纪录片,批判地检视了其他学者关于政治传播范畴的理解,并形成双方对话。他们不认同人们将"政治"与"传播"两大核心要素视作平行关系来理解,因其预设了充足自洽的"政治"与"传播"两种事物,无论怎么构架与规制,政治传播的框架似乎总是一种机械的"合成物",其中始终横亘着"政治"与"传播"两个轴心。但实际上,政治传播是一种政治与传播"同一"的事物。《辉煌中国》等政论纪录片在政治传播意义上需要注意政治和传播的同一性,在传播心理意义上需要注意关注传者心理和关注受者心理并重②。

彭聪创新地从声音纪录片角度阐释广播节目《这里是四川》。《这里是四川》节目通过声音纪录片的形式传播四川省非物质文化遗产,使部分面临消亡的非物质文化遗产项目得以保存和传承。节目从小角度切入,用声音记录人文历史。声音纪录片是以多种有声语言,多角度挖掘素材、多方面展现事物的听觉节目形态,这对纪录片的叙事方式提出了要求。该片深入蜀地人文风物,具有浓郁的地域性、民族性和民俗性特征,实施故事化传播策略,重组编码和解码互动过程,营造轻重缓急的韵律感和韵味感,建构声音形式之美,懂得搭建与受众的联系纽带,让传承"被听见",进一步拓展受众范围,以更好地进行非物质文化遗产项目的传播和传承③。

新媒体平台营销背景下,纪录片的当代阐释与传播问题亦待探索。陈万怀认为,中央电视台中国历史节目《国家记忆》开辟了一种以大历史观的视角来考察近代中国历史发展的必然之路,借用影视剧大故事套小故事、讲述中国故事,既阐释时代背景,还原波澜壮阔的大历史,也捕捉人心微变,再现历史进程中的局部细节,迸发出直指人心的传播力量。该片借助现代化电视叙事手段,将宏观历史叙事和细节再现方式相结合,以其具象叙事进行故事化表达,以动画虚拟的影像再现历史场景,植入当代价值观,还原历史本来面目,并契合当代受众接受心理④。

此外,纪录片的叙事策略基本是大部分研究涉猎的内容之一,多数研究认为,纪录片如同讲述一个真实的故事,需结合宏观和微观视角,契合中西方文化心态。纪录片叙事固然本质上也属于叙事,但它是严格受制于客观事实并恪守真实性的叙事,以此而有别于文学叙事。一般创作需遵循:叙事主体体现创制者部分叙事权力的"让渡",叙事逻辑讲究分总布局、因果联系、先后次序,叙事架构精心确立坐标轴与注重构建叙述框架,同时兼顾激发叙事美感。

### 3. 纪录片与国际传播

纪录片的国际传播成为文化产品输出的必然趋势。学界认同这一趋势并在理论层面持续做出努力。研究者基于不同类型的影片文本探索了纪录片如何在生产实践中更好地达到输出目标的品质,

① 参见刘煜:《论当下政论纪录片对集体记忆的建构路径》,《当代传播》2018年第2期。
② 参见任桐、丁柏铨:《政论纪录片的传播心理机制和叙事策略研究——基于对〈辉煌中国〉的分析》,《现代传播(中国传媒大学学报)》2018年第10期。
③ 参见彭聪:《非遗保护理念下"声音纪录片"的传播创新——以广播节目〈这里是四川〉为例》,《传媒》2018年第20期。
④ 参见陈万怀:《〈国家记忆〉的影像叙事与传播策略解读》,《电视研究》2018年第6期。

比如根据全球化趋势甄别选材、塑造国家形象、构造跨文化性等,以及在具体的对外传播过程中使用何种有效的路径和策略。

立体化、国际化已成为中国纪录片传播的重要向度。裴武军分析了当前中国纪录片的不足并论述了传播新趋势,亦即发展建议。他指出,全球视野下,我国《神奇的中国》等国际合作栏目平台的建设,有效地推动了东方文化题材纪录片与国际化创作接轨。然而不可回避的是,当下中国纪录片创作在一定程度上仍受控于国家形态,外宣效应浓重,导致传播效果并不理想。如何变被动输出为主动接受,提升国家形象与文化软实力,是中国纪录片国际传播深入思考的问题。中国媒体亟待打造具有东方文化气质、国际影响力的纪录片作品,培育具有中国属性、国际化制作、运营的品牌传播平台。同时,针对美国学者乔舒亚·库珀·雷默指出的国家形象与现实国情之间存在认知鸿沟这种对外传播的不足,建构跨文化语境下立体多元的中国形象应及时跟进。当前,中国纪录片国际传播面临重要转型,应平衡国家与个体、外宣与市场、效果与策略之间的动态关系①。

对外传播是一个长链条过程,不仅涉及终端的输出,更重要的是前端内容品质。学界对纪录片的不同阶段都给予了相应的关注。以亮相BBC的《你所不知道的中国》第三季为例,陈超探讨了中国电视纪录片前期选题甄别的方向和原则,指出国际化表达有两个路径:一是选题全球化使其在国际社会具有共通性;二是要将全球化选题落实到具体的中国情境与人物上。借全球化题材大主题,有意识勾连当下国情,挖掘典型中国故事。电视纪录片能融汇中外,成为架起跨文化沟通的桥梁。在选题筛选上,要考虑西方观众的电视审美。一般而言,选题需要有故事张力,这符合纪录片戏剧化特征。同时,要评估预设选题是否具有娱乐性。另外,考虑电视纪录片悬念性强和快节奏特点,对于晦涩难懂的题材,要学会适当放弃②。

内容方面更为专门化的探讨还体现在全球化语境下纪录片对于经济传播的重塑上,这是基于“工匠精神”的政策把握与纪录片现象学的思考。经济传播在全球传播中具有重要地位,讲好中国经济故事、塑造中国经济形象是经济传播的重要使命。吴玉兰和何强以“工匠精神”系列作品为研究对象,运用叙事分析的方法解读了《大国工匠》、《舌尖上的中国》、《我在故宫修文物》等全新形态的纪录片,认为这些纪录片重新阐发了作为现代经济精神的内核的工匠精神,传达了励精图治的社会精神风貌,促进受众对其文化意义的追寻。同时,用匠心打造了民族品牌,拓宽了经济传播的维度和深度,在经济全球化和文化多元化的语境下建构经济传播的新格局,为中国智造提供了文化支持,对新形势下我国经济行稳致远发展具有重大意义③。

跨文化输出内含了文本跨文化性的构造。韩岳在研究国际合拍纪录片如何从文本处构建跨文化性时,提出关键是在国际化与本土化、文化的相似性与差异性之间寻找平衡点。一方面,从文化的相似性入手聚焦全球共同主题,在认知维度上针对与人类生存息息相关的问题创造全球性知识,在情感维度上通过付诸普适性的情感诉求,进而引发不同文化圈的受众的广泛关注和思考。另一方面,从文化的差异性入手,将不同文化中新奇、有趣的元素进行不同程度的混杂与重构,通过差异

① 参见裴武军:《中国纪录片国际传播新趋势》,《艺术评论》2018年第7期。
② 参见陈超:《对外传播国产纪录片的选题方向与原则——以〈你所不知道的中国〉第三季为例》,《电视研究》2018年第11期。
③ 参见吴玉兰、何强:《全球化语境下经济传播的重塑与建构——基于〈大国工匠〉等纪录片的叙事研究》,《当代传播》2018年第2期。

化的文化视角、特色化的表达手法,开发独具特色的文化景观,努力为本土和国际受众营造熟悉的陌生感①。

沈悦对"一带一路"语境下的纪录片的国家形象建构进行了持续探索。她和孙宝国认为,纪录片建构国家形象与新媒体的融合打开了新的市场格局,但由于政府官方话语、大众民间话语与周边及西方国家话语之间的指向性不同,国家形象便出现了国内与国外不平衡等关系。纪录片工作者应立足本土受众对于国家形象的诉求,分析纪录片的叙事框架的构思是否具有包容性与延展性,探究纪录片创作是否在当前社会引发强烈的共鸣,在世界话语体系中是否获得价值、观念上的适应,同时以"一带一路"这一核心点作为总揽,从中挖掘对外传播的契机,方能实现内外联动的传播生态②。沈悦和尹如歌指出,中国纪录片对于国家形象的言说经历了从刻板到生动、单向到多维、被动局面向主动建构的嬗变,然而国家形象等软实力的传播与经济、政治上的影响力等硬实力仍处于不相匹配的局面。因此,纪录片在塑造国家形象,破除西方话语的刻板印象,提高国内群众民族凝聚力、自尊心与自豪感方面的潜力亟待挖掘。构建丝路共同体理念、参与国际影视节展、打造丝路品牌,增强纪录片叙事创新是"一带一路"语境下中国纪录片建构国家形象传播的必由之路③。

面向国际社会,本土纪录片如何走出去成为学者关切的对策议题。纪录片《云之南》历经与主流平台合作、电影节获奖、被学术界关注与推动的国际传播路径,在世界范围内得到广泛传播。任志明和左丹丹认为,该片之所以成功地走向世界,得益于它高超的传播策略:传播观念上的文化共享、传播主体上的他者眼光、传播内容中的当地故事,并通过多元立体的传播渠道,直接瞄准全球受众,形成了自己的品牌传播效应。藉此,纪录片的跨文化传播努力有了一个较为清晰的方向。创作者应以互联网思维提升国际传播格局,以平民化姿态讲好中国故事,以世界性眼光彰显中国元素,以全媒体思维打通国际传播渠道,以全球化视野铸就国际传播品牌,使中国纪录片真正走出去,促进中华文化在全球范围内的有效传播,进而产生相当的传播力和影响力④。

# 五、结语

本文选择性地梳理了 2018 年较为典型的电视相关研究,但因篇幅与主题相关度等原因,舍弃掉了对于总揽电视研究全貌仍有必要的枝节。总体而言,电视研究是一个密切联系实践的领域,研究多依据"热现象"开展,呈现出理论与方法多元,研究视角宏阔,研究对象去传统、去中心化的特点。不同的跨学科理论被创造性地运用来检视电视发展,方法上量化的实证研究及比较研究明显增多。电视研究的视角更加宏观,带有结构功能化的批判色彩。多数研究置于技术与媒介、整个时代与全球化视野的语境下,且出现了越来越多权威声音的争鸣。不少学者希望通过中西方比较研究,能够更好地助益于国内电视传播生态的改善。研究内容上,一些涉及电视媒介本身及类型化内容生产、传播策略的

①  参见韩岳:《跨文化传播视域下国际合拍纪录片的传播策略探析》,《编辑之友》2018 年第 9 期。

②  参见沈悦、孙宝国:《"一带一路"视域下的中国纪录片国家形象传播路径探析》,《中国编辑》2018 年第 6 期。

③  参见沈悦、尹如歌:《中国纪录片的国家形象建构与跨文化传播——"一带一路"视阈下的再思考》,《云南民族大学学报(哲学社会科学版)》2018 年第 2 期。

④  参见任志明、左丹丹:《纪录片〈云之南〉的国际传播路径与策略考察》,《现代传播(中国传媒大学学报)》2018 年第 3 期。

传统议题日渐在学者笔下失宠。少有的数篇研究为青年研究员的浅表分析,并且从研究成果中可以看出,诸如此类对于发展路径的探讨,除了技术加诸的不同,其他基本可被固定为一套套程式,研究的实际效用较之前更低,只剩理论换了主体的增量。

撰稿人:王雅琪(复旦大学新闻学院 2018 级博士研究生)

# 广播电视主持人研究

本部分研究相比书中其他部分来说较为特殊,因为该部分的理论研究与研究者的自身工作经验密切相关,这带来两方面的效果,一是"理论"与"实践"紧密相关,研究与行业的发展贴合度高,文章所涉及的内容比较准确地反映了广播电视主持人在一线工作中的所思所想;二是因为作者更倾向于实务,所以有的文章存在某种工作总结的味道,虽然是从实践中来,但是没有上升到一定的理论抽象水平。本研究将收集到的文献分为播音主持基本理论研究、新媒介环境下广播电视主持人发展趋势研究、广播电视主持人业务技能研究三类。

## 一、播音主持基本理论研究

张政法认为,融媒时代,播音主持学科亟须理念转换、重新定位和结构调整。面对技术进步与时代更迁,"重文"也不"轻语",应当透视口语传播繁兴的内在脉络,确立学科自信;聚焦外延扩宽与内涵减限,从"工作岗位"回归"功能本位",用逻辑规律观照播音主持之"名"与"实"深层互动,拓宽学科领域;实现实践探索与理论自立,夯实学术根基以推进播音主持学科全面、均衡发展,强化学术研究以强化学科主体性,厚植学科根基;推进模式汰换与教学转向,从"表层"指向"中层",以语言规律和教学规律修正偏误、适应实践要求,引领学科方向①。

钱锋回顾了国内广播节目主持人的诞生与成长,以及广播主持人的发展历程,观照了"北徐南李"的出现、"珠江模式"的推广、"东广现象"的变化和广播频率系列化等几个节点,以节目主持人视角阐述了改革开放以来广播传播的巨大改变②。

陈竹和林妤基于艺术符号论对播音情感问题进行探索,认为播音情感的特殊性在于情感主体用属于他们的特殊媒介来感知、感受。声音是播音主体的创作媒介,播音语感则是播音主体进行声音创作时的特殊感觉。语感不仅使播音员可以将声音内化为一种感觉进入审美理解、感受、体验、运思的创作心理过程,而且也是运用声音在头脑中进行创作构思、构形的重要心理要素。播音员正是借助语感在心理层面进行声音艺术构思、构形。播音员应该善于以自己积累的声音图式作为记忆支点,这个记忆支点使得创作活动处于灵活可变的状态③。

庞淼认为,有声语言是一门独特的艺术,它能穿透灵魂、启发智慧。电视节目主持人要想更具魅力,就要特别注重起着至关重要作用的语言风格与表现形式。每位主持人都需要在不断的磨炼中找

---

① 参见张政法:《播音主持学科新理路:理念、定位、结构》,《现代传播(中国传媒大学学报)》2018 年第 11 期。
② 参见钱锋:《国内广播节目主持人的诞生与成长》,《中国广播》2018 年第 12 期。
③ 参见陈竹、林妤:《基于艺术符号论的播音情感新探》,《现代传播(中国传媒大学学报)》2018 年第 2 期。

准自己的语言风格和方向,把好音节和韵律,以制作出精美的有声语言节目①。

李忆农和李根亮认为,麦克卢汉"媒介即信息"的传播学理论,将主持人由单一的社会职位系统化、公理化、概念化为传播子媒介。索绪尔、皮尔斯符号学理论解读了主持人媒介的角色定位、符合意义、传递信息效能及引导属性,特别强调了主持人媒介的符号学属性。在主持人媒介的发展过程中,要不断增强主持人媒介的引导属性,坚守主持人媒介的语言结构,肩负塑造大众价值体系的重要使命②。

纪懋雷认为,在媒体行业正向着百花齐放、百家争鸣的态势不断发展的状态下,主持人对于品牌意识的建立随着媒体融合的趋势也越来越强烈。电视节目制作人应通过理念的转变带来价值的提升,给予主持人更多的发展空间,帮助他们理性分析自身的品牌竞争力。主持人自身要不断地突破自己,重塑自我,深入挖掘自身潜质。真正优秀的主持人,他的作用绝不仅是对节目负责,更重要的是明白观众心中所想③。

於春和李娜从思想史角度梳理了中国改革开放初期节目主持人传播的主体性蕴涵及其话语转型,包括从播音员到主持人的身份转型与主体性话语,主持人与制作团队、观众之间关系转型与主体性话语,理性化的舆论监督、世俗化的民生话题和"我在场"的真实性追求等。研究认为,由于我国传媒的结构性制约和主体性本身的历史局限,节目主持人的身份建构、关系建构、观念建构不易,主体性建构仍需努力。改革开放初期节目主持人传播现象具有一定的意义,是改革开放以来中国传媒现代性再探索乃至整个社会现代性再探索的创新举措之一④。

## 二、新媒介环境下广播电视主持人发展趋势研究

张世轩认为,在传统电视新闻节目中,主持人以个体行为出现,并作为媒介组织把关人和大众传播的载体,代表群体观念,以有声语言为主干或主线驾驭节目进程,直接面向受众,平等地进行传播。随着数据可视化手段在电视新闻领域的广泛应用,主持人作为传播主体,如何充分运用口语传播和副语言传播手段统摄动态图像和有声语言两种符号,在仿真性的在场交互、多层级的信息传播场域中进行多模态互动,成为值得研究的重要话题。随着沉浸式新闻、场景化传播、互动传播等虚拟现实技术的广泛应用,未来电视新闻节目主持人作为人格化界面的媒介符号作用将越来越凸显。社会化媒体时代是一个"关系"时代,而"人"正是关系的核心。在人工智能、大数据技术的帮助下,主持人组织数据、调用数据、互动数据的能动性将大大增强,成为主流媒体视听新闻节目中受众可信任的意见领袖⑤。

李雪涛认为,随着媒介融合步伐的不断加快,电视节目主持人面临的挑战越来越大。电视节目主持人作为视频媒体的重要传播符号,必须以更加全面、饱满、丰富的形象出现在观众视野。一是电视

---

① 参见庞淼:《略论主持人有声语言的风格与魅力》,《电视研究》2018 年第 1 期。
② 参见李忆农、李根亮:《浅谈主持人媒介的符号学意义》,《湖北社会科学》2018 年第 3 期。
③ 参见纪懋雷:《树立主持人品牌价值的重要性》,《青年记者》2018 年第 33 期。
④ 参见於春、李娜:《主体性建构:改革开放初期节目主持人的话语转型研究》,《现代传播(中国传媒大学学报)》2018 年第 8 期。
⑤ 参见张世轩:《电视新闻中的数据运用与主持人角色转型》,《青年记者》2018 年第 33 期。

节目主持人必须在增强主持方式、语言功力、形体动作等综合素养的基础上,找准新的角色定位,向观众展示出一专多能、角色复合化的新形象;二是电视节目主持人必须在竞争激烈的大环境下,形成个性化的定位,以强大的个人魅力撑起舞台,吸引观众;三是在节目播出过程中,一旦发生突发状况,主持人必须充分调动自己的主观能动性,迅速做出反应,灵活掌控节目的走向;四是电视节目主持人必须结合实际需要,丰富知识储备,提升精神境界,以综合优势展现个人强大的人格魅力①。

刘超以社会学"角色冲突"理论为视角,结合传播学理论,分析了主持人在新时代的媒介角色冲突,论证了主持人同时作为政策宣传者与社会监督者、文字传播者与事件参与者、舆论引导者与受众服务者、文化传播者与娱乐提供者角色上存在的冲突。研究认为,解决主持人媒介角色冲突的原则是平衡、顺应、坚守与提升②。

殷航认为,媒介技术的流变为职业主持人多场域传播构建了宽广平台,但也加剧了传播风险和舆论危机的滋生。主持工作中的文化理念、技术理念、职业理念等传统的传播理念显然无法应对新局势所带来的新传播要求。为适应媒介融合的挑战和动态演变的岗位规则,职业主持人亟须将固有的传播理念与新兴传播规律相融合,将价值观传播、跨界传播、亚传播、跨介传播与话语传播的思维嵌套进整体的传播链条之中,以期实现主持传播的应时而动与顺势而为③。

殷航还认为,主持传播作为一种特殊的话语表现范式,一直在语境和技术的规制下嬗变并发挥其能动作用。研究提出以场景适配力、社群聚合力和语境链接力为重要因素的主持人新型传播力,认为在媒介融合的背景下,主持人新型传播力的构建应当坚守新闻专业精神和工匠精神。无论是文字语言还是内部语言,在转化成有声语言和副语言时,必须重视自己的创作成果能够符合传播工具、传播语境的转换,能够满足受众兴趣、爱好和接受水平转移、变动的需求,特别需要重视主持人在创作中融入自身对形式、内容所表现的人文关怀,对传媒生态和社会价值的认知、理解与感受④。

王瑜从传播认知、传播角色、传播语言和传播形象四个维度探讨媒介融合背景下如何提升主持人传播力。媒介融合背景下,人人都是时代的主角,主持人更应把握受众心理,个性化服务大众、服务社会,实现内容、样式及功能的多方融合,努力提升传播力,在坚守社会主流价值取向的前提下,成为内容传播的先行者、样态多元的领航者、文化精髓的坚守者⑤。

李静和邱蔚分析了当前节目主持人即兴口语传播力缺失的现象,提出了主持人即兴口语传播能力的提升路径:广泛积累是即兴口语传播力提升的前提;大量训练是优化即兴口语传播力的必要环节;良好的心理素质是即兴口语传播力的重要保证⑥。

刘玮和詹晨林探讨了在媒体融合背景下如何打造新型主持人。研究认为,新型主持人是主流媒体在融媒体传播过程中的核心品牌形象,具备过硬的导向把控能力、新闻直播互动能力、多媒体应用能力和人格化传播能力。打造新型主持人,需要主持人自身积极行动,更需要媒体平台创新手段,以

---

① 参见李雪涛:《论全媒体时代电视节目主持人的转型》,《当代电视》2018年第2期。
② 参见刘超:《论新时代主持人媒介角色冲突》,《中国广播电视学刊》2018年第11期。
③ 参见殷航:《论职业主持人的五大新型传播理念》,《中国广播电视学刊》2018年第11期。
④ 参见殷航:《融媒时代主持人的新型传播力构建》,《青年记者》2018年第20期。
⑤ 参见王瑜:《媒介融合背景下如何提升主持人传播力》,《中国广播电视学刊》2018年第6期。
⑥ 参见李静、邱蔚:《媒体融合背景下节目主持人即兴口语传播力探析》,《新闻世界》2018年第5期。

制度激励、引领主持人转型升级①。

黄蕾认为，开拓创新是传媒主持人匠心精神的动力和方向，爱岗敬业是传媒主持人匠心精神的素养和底蕴，执着奉献是传媒主持人匠心精神的风范和品格。主流媒体的主持人必须按照习总书记全国宣传思想工作会议上提出的要求，做好宣传工作，发扬工匠精神，树立坚定的信念和信仰，放下身段，调整心态，接轨转型，创新奋进，在学习与实践中不断历练成长，以工匠之心打造主持人的融媒体形象，才能在竞争中立于不败之地②。

李红认为，互联网技术的迅猛发展和传播观念的进化以及移动终端的普及，在一定程度上加速了传统广电媒体在大众传播中的角色转型。专业主持人作为广播电视的核心优势资源之一，在既有的传播模式中角色相对单一，缺乏用户思维，传播偏于单向性。融媒体语境下，原有的传播格局已被打破，拓展广播电视主持人的发展新路径，使其在实践中融合新媒体元素，主动转换角色定位，强化社群建设，重新焕发群体对受众的吸引力、引导力，具有现实意义和行业战略意义③。

王梅认为，全媒体时代，舆论环境和传播规律都发生了重大变化，巩固宣传思想文化阵地、壮大主流舆论传播显得尤为重要和迫切。研究分析了狭隘的演播室思维主导下新闻节目主持人采访、写作、评论三种关键能力的缺失，以及由此带来的与新型传播格局的不适应性，探讨了全媒体时代新闻节目主持人的三个转型路径，通过认清"我是谁"、主动"练内功"、融入"新媒体"，放大传统媒体的权威性和信息辨识度，实现向复合型新闻传播者的转型④。

段晓华认为，在全媒体时代，电视主持人要适应时代变化，充分挖掘自身价值。主持人要懂得不断创新节目样态，在保持原有观众群的基础上，运用社交媒体扩大自己和栏目的知名度、影响力，激活粉丝和用户，有针对性地营造固定受众群和用户群。主持人需要整合资源，结合自身优势和特长，打造属于自己的品牌节目和影响力。双屏优势也是电视主持人的独特优势。优质电视节目可以在互联网上传播，但网络节目在电视台播出的机会是有限的。电视媒体和主持人在选准目标定位后，结合网络双屏播出，可产生不小的影响力和关注度⑤。

李菲和张红艳认为，在大众传播中，主持人不同身份角色定位所塑造出的形象，成为受众对其职业认同感、个人魅力的关键评价标准。全媒体时代，主持人不再是单一身份，而是适应社会发展，融合网络新媒体、担当采编播、具有较高创新意识和审美情趣的综合身份的代表。研究从广播节目主持人如何增强内功、提升角色塑造性入手，探讨如何在不同节目中转换身份，成为新时期有影响力的主持人⑥。

邓丽君认为，从中央广播电视总台到地方电视台，近来热播的综艺里，主持人的转变背后隐含了传播主体功能和角色的延拓。制作节目"内容为王"的理念正在被越来越多的人所青睐与追求。"发声者"、"朗读者"、"导师"、"国宝守护人"等，这些灵活性和适应性极佳的主持人称谓，体现了节目角色中主持人自身的价值与功能更大程度上的作用，与节目本身融为一体，起到画龙点睛的作用。而传

① 参见刘玮、詹晨林：《媒体融合背景下如何打造新型主持人》，《中国广播电视学刊》2018 年第 3 期。
② 参见黄蕾：《浅析融媒体时代主持人应具有的匠心》，《当代电视》2018 年第 3 期。
③ 参见李红：《强化主持人社群建设拓展融媒体时代广电发展新路径》，《电视研究》2018 年第 6 期。
④ 参见王梅：《全媒体时代电视新闻主持人的能力缺失和转型路径》，《中国广播电视学刊》2018 年第 6 期。
⑤ 参见段晓华：《全媒体时代电视主持人的能力建设》，《中国广播电视学刊》2018 年第 6 期。
⑥ 参见李菲、张红艳：《全媒体时代广播主持人的身份转换》，《中国广播电视学刊》2018 年第 1 期。

播主体的文化传播功能不仅对传统文化的传承与发扬具有更加深刻的影响力,而且还对我国文化软实力的提升有着至关重要的作用。随着受众的细分化,传播主体的文化传播功能会在更大程度上被挖掘,其角色转移与延拓也会演变得更加合理贴切①。

肖思为和苏凡博认为,融媒体环境下,播音主持艺术教育中存在着多种不适应现象:一是培育的人才能力素质与党和政府对新闻舆论工作者的要求不适应,需更加重视专业素养培育;二是播音主持专业与融媒体环境不适应,专业价值需重新评估;三是人才培养与媒体需求不平衡不适应,专业内涵需重新审视。研究认为,应重申播音主持艺术教育的文化价值,坚守文化自信与道路自信;重申播音主持艺术教育的专业价值,坚守专业素质与专业素养;重申播音主持艺术教育的理论价值,坚守理论自信与职业自信②。

王丽和鲁颖认为,在融媒体时代,面对网络主播和新兴文化的冲击,如何推动传统媒体主持人转型融合迫在眉睫。由于互联网的迅速发展,受众需求发生了转变,广播电视节目主持人遭遇了现实瓶颈。为了应对这些机遇和挑战,融媒体时代主持人要以全新的用户思维、互联网思维为统领,加强全方位知识积累,善于运用全媒体布局来重塑自身,真正成为"魅力人格体"、"专业制作人"和"全程把关人",积极传播新时代正能量③。

宋国良认为,在新传播形势下,电视新闻展现出直播化、国际化、品牌化与分众化的特点,由此,电视节目主持人在工作过程中也应当据此进行相应的调整,在发展策略上应当加强立体化的新闻报道,根据分众化发展趋向构建转化平台,根据品牌化趋势加强个性品牌的树立,根据国际化发展趋势加强传播实力的提升④。

栗娜认为,新媒体的出现,丰富和拓宽了节目主持人的语言传播渠道。在新媒体环境下,技术的革新降低了主持人的门槛,而人们自我传播的需求也得到了空前的满足,广播电视节目主持人的"小众化"、"精英化"特征已不复存在。研究指出新媒体环境下主持人的未来发展方向:一是类型多样化;二是形象多样化;三是内容年轻化⑤。

王博认为,舆论空间相对开放、传递信息量大、主持人的话语空间相对自由是网络媒介所共同具备的特点。新媒体节目主持人为了博得更大的关注度,往往在节目中或被动或主动地采用搞怪夸张、内容低俗无趣的话语方式,忽视了新媒体节目所处的公共空间,特别是此类节目在青年受众群中所容易产生的负面影响和负向示范。作为新媒体节目主持人,明晰与节目相适应的个人文化品格定位,承担与社会责任相匹配的文化品牌定位,是一档节目及主持人能否在新媒体节目群中立足的关键。个人主持风格欲与媒介传播平台、受众审美期待、文化市场的多元需求等各层面高度契合,就要求在体现媒介所必备特性的同时,承担媒介角色赋予的职责,符合大众媒介视野下的社会期待,这些都给新媒体节目主持人提出了更高要求。主持人需参与节目策划、市场调研、节目选题、内容编排等节目制

---

①    参见邓丽君:《融媒视域下我国传播主体功能和角色的延拓——从电视综艺节目主持人称谓的转变谈起》,《中国广播电视学刊》2018 年第 8 期。

②    参见肖思为、苏凡博:《融媒体时代播音主持艺术教育的价值坚守》,《青年记者》2018 年第 23 期。

③    参见王丽、鲁颖:《融媒体时代主持人转型策略》,《决策与信息》2018 年第 9 期。

④    参见宋国良:《新传播背景下电视新闻节目主持人发展策略》,《当代电视》2018 年第 5 期。

⑤    参见栗娜:《新媒体环境下传统主持人的现实状态与创新思路》,《中国电视》2018 年第 5 期。

作播出的全过程,逐渐成为一档节目的引导者和推进者①。

赵霞认为,在媒体融合背景下,广播电视主持人受到极大的冲击,以往那种单一化的主持方式已经很难跟上时代的发展潮流,需要在节目理念、运作方式、知识结构、全媒体技能等综合素质方面进行全面的升级和提高。具体包括:音视频融合,做好广播电视跨界主持人;借助微博、微信等新媒体平台,做全媒体主持人;线上线下一体化,做全能型主持人;彰显用户思维,成为受众的良师益友;拓展知识储备,做专家型主持人;实施人才培养战略,促进广播电视主持人成长②。

张国光基于网络端口数据,对我国三大视频网站的节目搜索与播放数据进行取样分析,发现设置了节目主持人的节目数量仍占明显优势,其中,职业节目主持人数量更是占绝对优势。设置节目主持人与节目录制的时空要素是否集中有最密切关联。由于受众对"节目场"的天然需求,以及节目主持"场"艺术的本质特征对"节目场"的适应,在未来的视频节目市场上,节目主持人仍将占据重要地位,职业节目主持人仍将保有优势竞争力③。

## 三、广播电视主持人业务技能研究

许婷认为,在电视理论节目中,主持人要在深刻把握主题的基础上,充分驾驭内容,充分激活现场,通过巧妙的穿针引线,把原本有些"高冷"的理论变成有温度、接地气的话题,与观众形成互动,产生情感共鸣,真正吸引观众④。

包磊认为,随着真人秀、网络综艺等非传统形态的节目的兴起,以及受众的收视习惯从单向、线性接收向网络化、移动终端化点播的改变,"主持人"这一岗位存在的必要性受到极大挑战。这种挑战主要来自收视习惯的网络化、节目内容的专业化、从业门槛的扁平化和媒体功能的平民化四个方面。那些能够通过自己头脑而不是出镜频率成为"意见领袖"的新闻节目主持人,通过自身的专业素养博得民众信任的谈话节目主持人,通过自身的表演能力和口才获得观众喜爱的综艺节目主持人,无论在什么平台都会继续存在⑤。

孙良认为,主持人是电视文化形象的人格化显现,塑造主持人的文化形象对电视媒体发挥文化影响力具有重要意义。研究以《朗读者》为例,从民族审美文化意趣的呈现者、电视文化仪式的主导者和社会核心价值的阐释者三个方面,并对以董卿为符号的电视文化形象进行分析,指出彰显语言品位、营造并驾驭节目仪式以及采用多种手段阐发社会核心价值,是其文化形象完型塑造的基本手段⑥。

张丽君认为,电视问政节目主持人是节目中各方的"连接器"、观点的"孵化器"、现场的"恒温器"。电视问政节目主持人要常怀善意之心,可以犀利,但不可尖酸刻薄,要与人为善,体现主持人应

---

①　参见王博:《新媒体节目主持人文化品牌建构的困境与路径》,《当代电视》2018 年第 5 期。
②　参见赵霞:《以"融合"拓境界　以"培养"促成长——媒体融合背景下广播电视主持人素质提升浅议》,《新闻爱好者》2018 年第 7 期。
③　参见张国光:《因"场"而在:网络视频节目主持人的行业现状与职业命运》,《现代传播(中国传媒大学学报)》2018 年第 4 期。
④　参见许婷:《电视理论节目主持人的"三到位"》,《中国广播电视学刊》2018 年第 8 期。
⑤　参见包磊:《从〈演员的诞生〉谈电视节目主持人的"消亡"》,《当代电视》2018 年第 7 期。
⑥　参见孙良:《电视节目主持人文化形象的完型塑造——以〈朗读者〉与董卿为例》,《电视研究》2018 年第 1 期。

有的人文关怀;要不以自己的好恶、个人的主观臆断来引导现场的言论方向;应始终保持一个客观冷静的心态,平心静气地处理场上的"火药味",不是煽风点火,而是适当"撤火",甚至"灭火"①。

苏晓娟从传播学的视角,初步尝试构建主持人话语标记语系统,探究其类型和语用功能,通过分类加深学界对其内涵和外延的理解。研究从语用功能的角度,将主持人话语标记语分为话题标记语、话轮转换标记语、证据标记语、推理标记语、换言标记语、对比标记语、评论标记语②。

王筱认为,在全媒体立体化综合型的传播新时代,汽车广播服务类节目以其受众广、话题性强、互动性高越来越成为新的亮点。该类节目主持人的定位,必须从"宣传员、疏解员、服务员"的深刻内涵予以诠释和解读。以此为基点,这类节目的主持人必须深度洞察受众诉求,不断提升自我修养和文化水准,在表现形态、风格个性、互动水平等方面不仅要做到导向正确、定位准确、服务精准,而且节目要做到契合受众需求,优化节目内容,创新节目样式,使其在新时代的广播竞争格局中再创新优势、彰显新活力③。

陈玥针对后真相时代深度访谈主持人的角色定位的问题,认为人格化角色是深度访谈节目主持人的感性形象,思考者角色是深度访谈节目主持人的理性形象,对话者角色则是人格化角色和思考者角色有机融合的中介。通过三种角色的塑造和融合,深度访谈节目主持人在后真相时代可以获得更好的舆论引导价值④。

钟华和郑智泉认为,近年来,面对激烈的媒介竞争市场,许多节目以"跨界主持人"作为创新突破口,让越来越多的"非科班"人士加入主持行业。随着跨界主持日益常态化,"跨界主持人"数量加速增长,群体渐成规模,跨界主持的节目类型覆盖广泛,与节目联系紧密,参与程度深,从中央台到各级地方媒体,影响力越来越深。"跨界主持人"在吸引外在的人气流量和曝光率的同时,应积极修炼内功,强化自身思维训练,寻找到自己独特的主持风格,进行深入、透彻的研究,发挥自身特质和价值优势,提升专业素养,增强广泛适应性,承担起主持节目的媒介角色,并成为这方面的佼佼者,真正赢得受众的认可和青睐⑤。

李秀磊认为,在可视化广播节目运行的过程中,主持人必须深入研判广播直播与视频直播两种传播方式的规律和要求,在差异中求共性,寻找主持状态的最大公约数,才有可能同时兼顾广播与视频直播的要求。好声音不仅是广播节目主持人永远的追求,也是视频直播主持人应该努力的方向。无论是广播主持人还是视频主持人都必须言之有物、干货满满。一方面,杜绝刻板僵化;另一方面,坚持专业精神、专业标准,在平衡中站稳立场,这是可视化广播主持人对自己提出的新要求。可视化广播主持人既要有媒体人的担当,也要有文化创造者的情怀⑥。

段晓华认为,电视调解类节目主持人和调解员是该节目中的重要环节,其职业素养和人文情怀直接影响着节目的格调和走向。调解类节目主持人要清楚自己代表的是一种公众价值判断;要真诚不

①　参见张丽君:《电视问政节目主持人的功能定位分析》,《当代电视》2018年第7期。
②　参见苏晓娟:《访谈类节目主持人话语标记语的类型和功能综观》,《当代电视》2018年第6期。
③　参见王筱:《广播服务类节目主持人的角色定位与素能养成——以绍兴交通广播〈汽车管家〉栏目为例》,《中国广播电视学刊》2018年第11期。
④　参见陈玥:《后真相时代深度访谈主持人的角色定位》,《青年记者》2018年第26期。
⑤　参见钟华、郑智泉:《混搭模式下"跨界主持人"的创新维度与发展空间》,《电影评介》2018年第14期。
⑥　参见李秀磊:《可视化广播主持人的坚守与改变》,《中国广播电视学刊》2018年第1期。

做作,具有亲和力;要善于观察,具备现场把控力;要尊重求助对象,注意保护个人隐私①。

杨强认为,在突发事件的直播报道中,主持人是信息传播的核心人物。主持人既是信息的传播者,又是观众的代言人。突发事件直播的顺利优质播出,主持人的现场把控起着至关重要的作用。具体来说,突发事件直播报道中,主持人既是传播者,又是把关人,直接决定着节目的舆论导向。在与受众信息共享的过程中,对信息进行筛选、整合、把控不仅是主持人的必备素质,更是节目成功与否的关键。在突发事件的直播中,主持人播音表达的现场把控应遵循以"情"为先导的有声再现、以"准"为原则的信息传递、以"和"为美的副语言呈现。主持人在突发事件的直播中,应注重对心理因素的把控,以期达到与受众的情感共鸣②。

马嘉认为,网络直播主持人队伍发展迅速,但其存在以美色、污言秽语吸引注意力的诸多不良现象,且其讨论话题的社会价值较小。改变这些问题,需要加强网络直播主持人的职业素养,规范其职业行为,并不断提高其主持话题的社会价值③。

李亚铭和白钰认为,新媒体环境中人们应用口语或口语化文字的传播样式高度趋同于口语传播中交流、互动、平等、分享的状态。网络脱口秀主持人的话语生成以其鲜活性和影响力,已经成为当下网络语言生态中的典型的代表之一。网络脱口秀主持人的话语建构呈现出以受众为大,话语表达商品化;以内容为王,叙事话语大众化;以语境为先,话语呈现狂欢化;模态立体,话语建构视觉化的范式与特征④。

张瑞桓认为,2018年年初,移动直播答题类节目成为第一个行业风口。移动直播答题类节目具有即时且互动性强、时间短、场次多、用户黏性强、熟人社交属性明显的特点,要求主持人能够在播报语态与讲解语态之间自由转换,能够很好地把握节奏,具有一定的综艺感。这些都需要主持人在拥有相应资质、掌握基本功的基础上,勤于配音练习、戏剧表演,敢于自黑和吐槽,把握行业风向标⑤。

于云认为,电视节目主持人是电视节目传播过程中传播者与接受者之间进行联系的"人物化"桥梁,曾经是综艺节目不可或缺的重要角色。近年来,在以真人秀节目为代表的综艺节目中,主持人功能不断演化,边缘化现象日趋增多,主要表现在时间性、功能性和专业性三个方面,其原因在于节目编排剧本化、媒介技术发展变化和观众需求个性化。在新媒介环境里,综艺主持人应该成为复合型人才,这是未来主持人的功能转向。复合型的指向是职业技能的多方面、多层次发展,并能够相互结合,形成有点有面的整体⑥。

撰稿人:屠沂星(复旦大学新闻学院2018级博士研究生)

① 参见段晓华:《论电视调解类节目主持人和调解员的职业素养》,《中国广播电视学刊》2018年第3期。
② 参见杨强:《突发事件直播中主持人的把控空间》,《当代电视》2018年第1期。
③ 参见马嘉:《网络直播主持人伦理问题研究》,《传媒》2018年第5期。
④ 参见李亚铭、白钰:《消费与狂欢:论网络脱口秀节目主持人的话语范式》,《编辑之友》2018年第11期。
⑤ 参见张瑞桓:《移动直播答题类节目特点及主持人素养要求》,《电视研究》2018年第4期。
⑥ 参见于云:《综艺节目主持人角色边缘化现象思考》,《中国广播电视学刊》2018年第6期。

# 摄 影 研 究

自数码影像逐渐取代银盐工艺，在摄影的暗部与基底之处，断裂便悄然出现。近些年来，摄影已然发生了且仍在发生着重大变革。新媒介对传统新闻媒体的冲击不复赘述，仅就新闻摄影来说，优秀的摄影记者日益珍稀，许多媒体的摄影部门不复存在或岌岌可危，且新媒介的传播方式对图像的偏好也不同于以往。但在所谓的"图像时代"，新闻生产对于图像的巨大需求又与日俱增。两种情形并行不悖，新闻图像的生产来源逐渐转向独立摄影师、图片社乃至普通民众，且其编辑和传播要力求符合新媒介的要求。虽然新闻摄影的现状不容乐观，前景似乎黯淡，但若跳脱出专业媒体之外，媒介技术变革在更广阔的天地中，却生发出一种繁茂景象。普通民众的诸多传播实践，尤其是在新媒介平台上的图像制作与传播，赋予摄影以新的意义。而在摄影史论、艺术和人类学等方面，诸多学者力图以新的视野和理路，去反思过往或当今的摄影，成果丰硕。

司空见惯的照片生产与传播，弥散于社会生活的各个毛细血管，以至于很难用什么中心的本质去把握和概括何为摄影。摄影研究亦然，不同研究者的学科背景、旨趣、路数等均大为殊异。

## 一、新闻摄影

新闻摄影的研究大体可分为两类，一是对新闻照片、摄影刊物的某些特征的分析，二是新闻摄影在新媒介的影响下如何应变。

就前者而言，每年度的新闻照片中，获奖作品的影响力相当重大。作为当今世界上最著名的新闻摄影比赛，"荷赛奖"的地位无须多言，故而"荷赛奖"也向来为许多研究者所关注。王长潇和王丹敏从 1988 年至 2018 年的"荷赛奖"获奖照片中，遴选出 47 份来自中国的获奖作品，将之作为分析样本。他们发现，这其中呈现出的中国形象较多是中性和负面的。在照片的题材选择上，社会、文化、环境居于前列：社会方面关注转型期中国的社会问题和个体命运；文化上以体育和文化为主（尤其是体操）；环境上则大多表现污染问题。研究者认为，荷赛奖的中国获奖作品所展现的中国形象，延续了国际主流媒体所建构的刻板印象，其原因在于：主导比赛规则的评委多来自欧美，且喜好灾难、动乱题材；西方社会对中国存有"他者"的想象；大量中国参赛者可能会迎合"荷赛奖"的既有倾向和选择框架。然而，"负面"的照片较多，究竟是"荷赛奖"所有获奖作品的普遍倾向，还是只针对中国、有意为之呢？导致强化刻板印象的三点原因又是如何得出的，会不会是依凭某些既有理论或研究者自身价值观而作出的推断？ 相较于有量化分析作为依据的研究主体部分，研究的结论似还欠缺有力的支撑和更深入的思考[①]。

---

① 参见王长潇、王丹敏：《"荷赛奖"眼中的中国形象》，《当代传播》2018 年第 6 期。

秦璇关注的是 2018 年的"荷赛奖"和"普利策奖"的获奖照片,尤其是其灾难性事件的照片,立场相对中立。研究者认为,这两大奖项中有关灾难性事件的新闻摄影图片在历年的获奖作品中都占据着很大比例,这是新闻报道要把握事件的显著性和重要性所导致的。灾难性事件的摄影作品,常以尸体、伤者、断壁残垣为主要符号,而其中出现频率最高的则是"孩童"这一形象。在选取的 8 组共 49 幅获奖作品中,有 23 幅出现了孩童的身影,其中 20 幅作品将镜头完全聚焦在孩童身上。灾难性事件的照片,有着特定的视觉修辞手段。该研究的问题在于,对一些摄影或视觉文化理论的理解还有待深入,研究方法亦有不足,虽有启发,还显得比较薄弱①。

摄影刊物是整体图像文化的重要组成部分,王聚伍将国内首家综合性摄影期刊《人民画报》作为研究材料,探讨其特征。《人民画报》以影像记录历史,讲述了时代发展和社会变迁的进程,既呈现和塑造了普通大众形象,又全面展现了国家的发展变化和历史进程,具有代表性和时代特征。《人民画报》关注社会发展,传播正能量和主旋律,主动策划选题,关注与记录国家重大事件;开设专题栏目,提升传播价值,探究"全民共建"的影像创作模式,构建现代传播体系,以新媒体思维创新发展;创新传播符号,促进文化认同,增设特色主题,满足受众多元需求,影像资料表现力强,展现中国新形象。《人民画报》是文化传播的重要媒介,揭示其传媒叙事方式,有助于重新考量传统摄影期刊的价值②。

梁琛认为,随着数字信息技术的快速发展,智能化终端不断进入人们的视野,社交平台广泛使用,人们对依托智能化手机传播的大众新闻摄影参与性和积极性不断增强,新闻摄影格局发生了根本性改变。突发事件具有突发性和不可预见性,如地震、车祸、火灾、恐怖袭击等。在突发事件发生时,现场的目击者可以快速知晓事件过程,并利用手中的智能化手机进行信息采集。手机在新闻摄影中的应用,可以最大化为新闻报道的及时性提供帮助③。

新媒介可以作为新闻摄影的补充和帮助,但新媒介对新闻摄影的冲击也是巨大的。张永定认为,在新媒介环境下,公众不只是读者,还成为新闻影像的生产者,成为公民摄影师,同一新闻事件的多维度记录、多形态传播已成常态。但是,新媒介对视觉传播的要求也是不同的。报纸上大版面的新闻图片,推崇场景恢宏、细节丰富、富有视觉冲击力等要素;但这样的图片不适合新媒介,因为手机的屏幕的尺寸小,适合呈现小景别、构图简单的新闻图片。另外,在手机屏幕上,阅读照片通过翻页实现,这种阅读习惯,使摄影组照的阅读感受越来越接近动态影像的观看体验。面对这些变化,传统媒体的视觉部门和专业摄影记者既要坚守为时代留影、为历史存档、弘扬社会主义核心价值观的社会责任,又要主动了解新趋势、拥抱新技术,积极转型参与移动媒介上的影响力再造④。

邹文兵认为,新媒介时代的新闻摄影,传者与受者更容易通过新媒体的双向互动交换信息,并根据对方传达的信息做出回应,在同时空中共同控制传播活动,将受众高度卷入新闻事件的讨论中并激发其情感共鸣。新闻摄影图片与同期现场的声音、旁白解说等有机糅合,使之成为有声幻灯片、电子书、H5 等。媒体融合环境下,信息传播是核裂变式的链式扩散传播⑤。

① 参见秦璇:《灾难性事件新闻摄影作品的视觉修辞》,《青年记者》2018 年第 23 期。
② 参见王聚伍:《摄影期刊的传媒叙事研究——以〈人民画报〉为例》,《出版广角》2018 年第 10 期。
③ 参见梁琛:《全媒体时代新闻摄影中的手机摄影》,《新闻采编》2018 年第 6 期。
④ 参见张永定:《移动阅读时代的新闻摄影》,《新闻战线》2018 年第 15 期。
⑤ 参见邹文兵:《媒体融合语境下新闻摄影发展研究》,《华侨大学学报(哲学社会科学版)》2018 年第 5 期。

　　马俊岩认为,新媒介移动端对于报道摄影的影响,体现在流量的冲击和图片的呈现方式上的创新。而传统媒体日渐衰落,报纸的视觉版面不断被压缩,许多成熟的摄影记者离开报社。传播媒介更迭,越来越多的报道摄影记者离开或者转型,整体的报道数量也随之锐减,那么,报道摄影的出路在何方?研究认为,应坚持核心价值追求不变,走深耕之路。图片编辑自身定位也应转变,今天的图片编辑,职责已不再是单纯地编辑图片了,要扮演另外两个角色——产品经理和运营经理,既是图片内容生产的参与者,也是图片报道产品的运营者。多媒体是报道摄影的一个新方向,报道摄影的另一个新媒体维度是自媒体①。

## 二、新媒介与摄影

　　以上的一些研究,多来自媒体从业者,关注的当然是新闻摄影如何应对新媒介;如果换一个角度,新媒介与摄影的关系会更加丰富,不仅仅局限于"新闻"。也许可以打趣地挪用本雅明的话:与其争辩摄影是不是新闻,不如考虑新闻是不是摄影。例如,社交媒体时代,个体通过手机拍摄和记录自我形象并上传至网络已成为人们日常的行为方式。孙信茹和赵洁认为,人们常常更易关注到手机摄影中较为活跃和主导的年轻人,老年人则往往被视为这一活动中的"落后者"。有鉴于此,研究者将一群生活在都市的中老年女性作为研究对象,对她们手机拍照行为和社交媒体中的照片呈现进行观察与分析,发现处于"第三年龄"的中老年女性,借助手机和拍照,一定程度上实现她们的情感表达和心理调适。通过手机拍照,这群女性获得新的交往关系,进而展开社会参与。同时,他们也在手机拍照中进行自我身份的彰显和表达,从而完成个体在网络空间中的主体性建构②。

　　杨莉莉认为,在社交摄影的语境下,理解自拍的关键是对比传统相机自拍和社交网络自拍的场景意义。可以用一种横轴纵轴的"叠加"方法,横轴是自拍的艺术演进,纵轴是社交网络出现后的社交密度。研究者认为,社交关系的变化深刻地改变了摄影作品的"观看关系"③。

　　随着视听媒介的发展和视觉文化的流行,视觉素养已然成为媒介素养的重要组成部分。传统的媒介素养论,建立在单向的传播关系中,受众被看作是需要保护和教育的对象。在数字影像技术和移动互联网的冲击之下,由数字原住民组成的新型生产型的消费者兴起。梁君健认为,不同于早期的业余生产者及其以私人和家庭摄影图片为核心构筑起来的"柯达文化",普通人的视觉实践已经转向了"脸书文化"。现今的生产型消费者呈现出两种彼此勾连的特征:个人中心主义和日常生活的平庸美学,日常生活成为社会关系的节点和场域。视觉素养实践的主体和视觉文化均已改变,旧有的媒介素养概念不再适用,故而需要重新讨论作为媒介素养分支之一的视觉素养。研究者认为,生产型消费者的视觉素养有三个维度:社会维度,注重传播的责任与伦理,要求培养生产型消费者的批评性思维;文化维度,鼓励建立积极的自我认同和创造社会互动;技术维度,既注重对技术水平和审美能力的教育,又推动个体主动表达、生产新的意义,促进在视觉美学方面的多元化尝试,而不至于仅仅沦为庸俗美

---

①　参见马俊岩:《报道摄影在中文互联网的传播特点与出路》,《新闻战线》2018 年第 20 期。
②　参见孙信茹、赵洁:《手机拍照、社会参与及主体建构》,《现代传播(中国传媒大学学报)》2018 年第 2 期。
③　参见杨莉莉:《有社交维度的自拍:社交摄影的"场景性"》,《艺术当代》2018 年第 4 期。

学和商业美学的附庸①。

## 三、摄影史

摄影史、摄影理论、摄影艺术的区分,其实显得过于武断。为体例之故,勉强将有着不同侧重点的摄影研究划分为这三类。就摄影史而言,清末和民国成为研究的重点时段,许多研究者耕作于兹,如慈禧肖像、庄学本摄影、近现代上海的画报、晋察冀画报等。对1949年以后的摄影史书写则相对欠缺。此外,较为新颖的是几篇以媒介技术切入历史的研究。

伴随鸦片战争而舶入中国的摄影术,使新的图像形态在中国出现,也成为现代化漩涡中的一股力量。现代政治权力的运作,伴随着图像的生产和流通,权力结构中作为个体生命的人也是如此——政体与身体之间有着密切而复杂的关系。作为帝国日暮黄昏之时的最高统治者,慈禧对现代性政治的态度,与对摄影的态度之前后转变,也有着密切的联系。董丽慧以细致的考据,勾勒出清末新政中,慈禧的油画和照片肖像的制作、流通过程。传统王朝自然也有为帝王贵族绘像的惯例,但只能限于宫中,不可公共展示和流通。而庚子事变之后,慈禧因战败和西逃而痛定思痛,提出新政措施,着手改良,对西方文化技术的态度有所转变,也希冀重塑自己在西方社会中的形象。她有意识地以外国人为预设观众,精心摆布营造环境,召摄影师裕勋龄等为之制作了诸多照片、油画等肖像作品,其中充满了等级制隐喻的视觉符号细节,试图宣传"圣容"。但这些图像终究无法被完全编码,在西方大众报刊的传播过程中,遭遇改写和意义误读,最终被去神圣化。慈禧去世后的"东陵照相案",又被革命党人借题发挥。统治者的图像问题深深卷入了晚清的政治运作中②。

比起政治领袖的形象,宏大抽象的"民族"或"边疆"也通过摄影具化为可见之物。近年来陆续被发掘出土、拂去历史尘埃而渐为今人所知的民国影像与人物中,庄学本拍摄的西南少数民族照片,兼备高超的艺术造诣、开人类学之先河的学术意义和对抗战时期民族国家之构建作用,似一座矿产丰富的宝藏,尤为引人注目。应该说,对庄学本的研究,于今尚有可为之处。例如,亢宁梅提出,庄学本的影像文本被认为具有艺术和人类学的双重价值,对于庄学本影像文本的解读基本上也是从这两个维度展开的。然而,城市化、摄影、民族性、商业化作为现代性的组成部分,在他的文本中都有所表现,且存在着裂隙。必须从不同的维度进行还原解读,才能发现庄学本影像文本的多重意义。庄学本的摄影文本具有四重目光:人类学、国家意识、都市文明观照下的他者、审美的自失。人类学目光支配下的摄影文本具有体质人类学和社会场域活动记录意义。国家意识支配下的摄影文本具有现代民族国家认同意识。都市文明对比观照下的文本既有猎奇性,又有微妙的反讽意味。审美的自失使得他的文本超越了纪实和时间,记录了永恒的时间和人性③。

黄寒冰则认为,庄学本拍摄的山川人物、民俗活动、宗教仪式、生产生活等影像,其视觉图像型构和隐含在影像中的"新民族"构想,经由彼时的城市新兴媒体(如城市画报)而得以呈现和传播,显示出庄学本对某种现代性的自觉的追寻。庄学本的摄影作品独有一种宁静和高贵气质,充满诗意,成为

---

① 参见梁君健:《重新界定视觉素养》,《新闻记者》2018年第12期。
② 参见董丽慧:《20世纪初慈禧肖像的对外宣传及跨文化传播》,《艺术设计研究》2018年第1期。
③ 参见亢宁梅:《现代性的叠影——庄学本人类学影像的多重裂隙分析》,《内蒙古艺术学院学报》2018年第1期。

西部民族作为"想象中国"之一部分的视觉特征。这些关于国家独立和西部民族的想象，又是通过当时的城市画报作为引擎和载体得以传播和建构的。这一想象的共同体，还要放在更大的背景下去审视，即自晚清以来，民族主义一向是重要的社会思潮。在抗战爆发、中国面临危亡之际，庄学本的西部影像，尤其是人物肖像照，颇为急切地表现和传达出"精装敏慧"的西部民族形象，这是他对"新民族"，即民族统一、国家独立的大中华之美好未来的想象。这些图像、形象和想象，显露出其个人独特的民族主义精神①。

到了民国中后期，随着图像与新闻的日益勾连，新闻从业者的图像新闻话语意识日益觉醒，围绕于此，形成了各具特色的图像话语表达空间，成为时人传播舆论与新知意识的重要媒介。张慧兵通过对民国中后期不同主体、不同报刊的图像话语的解读，考察图像话语议题的设置，不难窥视其中的话语表达、技法与其背后权力之间的关系，也即冀望通过图像新闻对民众认知"符号"的建构，实现对"新闻事实"的占有和权利的建构性选择，进而实现对新闻及话语的重组与再现。这一时期图像新闻活动扎根于特定的历史土壤，且伴随着技术的发展及抗日战争全面爆发的大背景，呈现出特有的时代主题，突出表现为图像话语权争夺、图像编辑理念"自下而上"视角的兴起、"世界视野"等，图像新闻内容以"抗日图像"、"生活图像"、"世界图像"等几种不同符号的主题交叉出现，既呈现着民国中后期社会的复杂面相，又展示着中国抗日战争、解放战争的艰辛与曲折②。

在民国的不同时期，"新闻摄影"一词的概念随着不同的文化实践而有所变化。周邓燕提出，在20世纪20年代中后期到30年代初期，"新闻摄影"一词指涉的摄影实践与商业报刊密切相关，后者以市场为导向，以市民阶层为主要读者。东三省沦陷和淞沪抗战之后，众多摄影界、美术界的有识之士中爱国情绪和抗日呼声日益高涨，商业性的《良友》、《飞鹰》刊物也参与其中。在全面抗战爆发之后，作为报刊出版重镇的众多大城市陷落；相应的，以大城市为依托的文化网络被割断，摄影与商业的关系也被割断了。在此权力真空时期，中国共产党在华北敌后地区的摄影实践，重塑了"新闻摄影"的概念。沙飞挪用和转译了战前的都市摄影理念，并进行了新的探索，其"战时新闻摄影"说，呈现出艺术和科学、个人创作和组织宣传的不同话语彼此交织的过渡形态。石少华则引入左翼文学的"典型"和"反映"说，又将之与求学自延安的"调查"和"群众路线"等相结合，在《晋察冀画报》时期形成了可实际操作的"新闻摄影典型论"。"新闻摄影"的内涵被重新定义和改造③。

董卫民则将沙飞的"摄影武器论"追溯至更早的《真相画报》和"中华写真队"。广东在中国是向西方开放和受西方侵略最早的地区，对西方技术接受较早，又充满爱国和革命情怀，地缘一定程度上造就了广东籍摄影家的精神气质。当然，这种潜在的可能性之成为"摄影武器论"，还是在《晋察冀画报》的摄影报道、摄影培训、摄影批评等当中一点点展开和充实的④。

与华北抗日根据地的《晋察冀画报》可以构成"对读"关系的，是恰好在同一时空内日本"华北交通株式会社"所主办的摄影刊物《北支》。出于确立各自的军事政权合法性的目的，《晋察冀画报》和《北支》形成了两种不同的视觉编码模式和叙事方式，乃至于同一符号都产生了不同的意义。马娇娇

---

①　参见黄寒冰：《"想象中国"的视觉方式》，《中国美术学院学报》2018 年第 4 期。
②　参见张慧兵：《民国中后期图像新闻话语表达及技法研究(1937—1949)》，《编辑之友》2018 年第 12 期。
③　参见周邓燕：《"新闻摄影"：从文化商品到战时动员工具(1931—1945)》，《文艺理论与批评》2018 年第 2 期。
④　参见董卫民：《作为武器的摄影》，《青年记者》2018 年第 34 期。

以"长城"和"农村"等为分析案例,指出日本的《北支》的图像表征所隐含的认知框架,是先进的现代文明如何帮助愚昧落后的中国"进步";而中共的《晋察冀画报》对人(战士和农民)、对土地环境的呈现都饱含深情。《北支》对中国风俗器物的摄影报道充满了凝视和恋物癖特征,贪婪地以镜头之枪狩猎种种新奇之物;《晋察冀画报》对图像的生产则堪称苛刻,出于物质条件的限制、来自政治意义的规训,以及对革命工作严肃性的追求,敌后摄影主动限制了对非政治人物或是私人事件的观察,从而确保了图像的公共效用。英雄特写的视觉准则逐渐成形,政治赋予图像以话语逻辑,图像则归还政治以现实品质,《晋察冀画报》以其"图像-政治"的一体结构,始终维持着对于特定主体的询唤与动员。而从后续来看,此类"英雄特写"中所蕴含的视觉经验一直绵延至新中国,并成为社会主义"新人"塑造最常见的政治训诫手段之一[1]。

梁君健注意到,作为新中国成立后城市群众文化的一个重要部分,"郊游"题材成为彼时报刊图片报道中一个常见且稳定的视觉类型。在20世纪50年代《人民画报》郊游题材的摄影报道中,郊游野营的青少年群体一方面被建构为社会主义新人,在"故园"中实践现代化的健康生活方式;另一方面,他们也成为"时刻准备着"的社会主义革命和建设的后备军,是故园的新主人——工人阶级的接班人。摄影图片选择和放大了群众文化的特定意义,将少数城市居民才能亲历的社会主义的审美和生活方式通过图像传递给更加广泛的阶层和群体,群众文化也通过视觉媒介的方式呼应了社会主义改造和建设时期的历史背景和文化领域的基本任务,即对于新中国的革命性和现代化双重意义的建构和融合[2]。

顾铮指出,新中国成立后的前30年,摄影难免受到意识形态的束缚而有所停滞。而自20世纪80年代到如今的改革开放40年中,作为一种记录与表现的视觉手段的摄影,走上了不断探索的道路。20世纪80年代各种民间摄影群体出现,中国摄影家开始追求自主观看的可能性,追求个体的自主观看的精神与理想,展开了主体性的探索。到了90年代,摄影作为一种视觉表达样式,已获得了相当程度的艺术体制合法性。处于转型期的中国社会,大量社会矛盾凸显,体制内生存也不再成为从事摄影的唯一保障,作为一种社会观察与批判的手段的纪实摄影,尤其是独立于官方体制的纪实摄影异军突起。90年代中后期,观念摄影也在中国登场,大量作品以摆拍导演为手法,以摄影来表征"观念"。进入21世纪,中国摄影既在摄影观念与语言的发展方面取得了更大突破,又在艺术制度上获得合法性方面也有重大进展[3]。

新媒介改变了人类社会,技术哲学也风头正盛。用弗卢塞尔的话来说,摄影本就是技术化影像,带来的是技术化观视。如果说以上的摄影史研究的关注点仍是摄影内容,仍可以笼统粗疏地归纳为摄影内容或图像的研究,另外一部分研究则不约而同地注意到摄影的技术形式。以技术和物质来切入近代史,似乎成为一些研究者相近的旨趣,2018年的摄影与图像研究中,亦不乏此种风潮。

于红和李豫认为,已有的中国近代摄影史的书写,往往以南方为重。而通过考证摄影爱好者杨昉(1830—1894)生平的摄影经历,可以管窥近代摄影术在中国北方地区推广过程之一斑。杨昉少年即

① 参见马娇娇:《图像的政治——以〈晋察冀画报〉为中心》,《汉语言文学研究》2018年第1期。

② 参见梁君健:《群众文化的视觉建构——20世纪50年代〈人民画报〉郊游报道及其符号机制研究》,《郑州大学学报(哲学社会科学版)》2018年第4期。

③ 参见顾铮:《改革开放40年看中国摄影》,《上海艺术评论》2018年第4期。

从师学习文史、格致之学,周游欧陆,购买了照相机和其他材料,在家中建有摄影室和暗房。在 1845 年到 1880 年间,他以湿版摄影法在北京进行了长达 30 多年的摄影实践,不但钻研技术、进行拍摄,还向他人传授或与同好交流经验。他传播摄影的人群主要是家人和亲朋好友、在京学者、山西京官和翰林同事。杨昉拍摄的大量人像,使得许多朝廷官员和民间人士对舶自西方的新技术有了一定的亲身体验和认知。虽然一些被拍摄者将摄影术当作勾走魂魄的巫术或妖术来看待,但总的来说,起到了推广西方文化与技术的作用。杨昉的个案似乎还有继续探讨和思考的价值,例如技术与传播的关系问题①。

唐海江和刘欣梳理了新闻摄影在近代中国新闻场域中如何从无到有、树立合法地位的历史脉络。石印技术和早期的《点石斋画报》等开启了以图像表现新闻、传达时事的先河,以此吸引读者并逐渐培养民众接受图像新闻的习惯,并且其图像力求写实的风格表现出一种"写实主义的欲望",为新闻摄影能广为接受奠定了视觉基础。随着时局动荡,人们渴望看到真相的需求日益强烈,主观性较强的石印图画不再能满足于自身所开启的观看欲望。铜板技术传入的节点恰逢革命运动风起云涌,新闻摄影与辛亥革命彼此交织,照片发挥了政治动员的重要作用。在 20 世纪二三十年代以后,摄影理论与艺术的探索紧随摄影报道实务而起步,新闻摄影的机构和人员也逐步专业化,摄影超出纯粹的技术层面而成为一种知识并纳入新闻学科的教育体系②。

谢欣和程美宝认为,除文字之外,图画同样也是报刊中重要的信息传达方式。发轫于德国的石版印刷术以其成本低廉和操作便利的优势,自 19 世纪由欧洲传教士引入中国,迅速成为知识传播的重要助力,见证了近代中国一个多世纪的社会变迁。对晚清科普杂志中的图画和亚洲石印厂粤乐乐谱制作的研究,展现了石印技术在中国的本土化历程。众所周知,《格致汇编》是近代中国最早的以传播科学知识为宗旨的杂志。为了满足当时中国人了解西方科学的欲望,最大限度地使用插图也是主编傅兰雅的期望之一。石印成本低廉,效果好,性价比高,成为《格致汇编》中插画的主要印刷方式,而该刊也不吝向广大读者详细介绍廉价的石印技术。石版印刷术作为一种外来技术,其本土化过程受到设备、材料、人、市场等众多因素的形塑;但作为一种新的印刷方式,石版印刷术为中国的出版人提供了更有利于图文并茂的传达信息与知识,尤其给图像和乐谱的印刷植入了中国元素,创造了更大的发挥空间③。

除了报刊中的图像之外,幻灯也是近代中国向大众传播信息的重要视觉媒介。视觉文化、视觉媒介技术与中国的现代性之兴起的关系,是近年来新兴的研究主题。孙青通过呈现近代幻灯在中国的放映史,展现了技术在知识传播过程中的重要作用,注意到幻灯放映如何推动知识分子团体的活动从封闭走向公开。具体而言,17 世纪末"魔灯"进入中国以后,这种强光透镜投影装置便随着传教士的活动和海外贸易进入中国。从宫廷到民间,人们对它的最初体验偏重于娱乐与消闲。到 19 世纪初,基督教新教传教士开始在中国活动,"影戏"渐渐从娱乐和幻术展示变成了科学传教的重要工具,通过西方科学和经验主义原则来验证及传播超越性的教义。19 世纪和 20 世纪之交,中国旧有的知识形态与合法性论证模式都经历着内容与形式的近代转型。"魔灯"的出现更使教化与传播的具体程式发生

---

① 参见于红、李豫:《近代中国北方摄影技术的应用与传播》,《科学技术哲学研究》2018 年第 6 期。
② 参见唐海江、刘欣:《近代中国新闻界对摄影术的认知与运用考》,《现代传播(中国传媒大学学报)》2018 年第 5 期。
③ 参见谢欣、程美宝:《画外有音:近代中国石印技术的本土化(1876—1945)》,《近代史研究》2018 年第 4 期。

了很大的改变。通过科学传教,成功建立起对理性结论的经验主义论证途径,并进而将这一认知途径推演到人类之社会政治实践的合法性论证模式,成为中国现代科学主义的重要特征之一。幻灯从具有宗教含义的光学玩具渐渐变成承载与展示西方科学及其实证主义精神的教具,并成为大众传播媒介,向中国广大民众展示之前无法通过"亲见"去体验的那部分世界。该研究为讨论中国现代性的兴起提供了特别的切入点①。

## 四、摄影理论

摄影理论方面,多是对国外经典理论著作的解读和诠释。按照研究者梳理的摄影思想的脉络,大致可以分为四个时期:第一个时期是追求本质的现代主义艺术时期;第二个时期是关注摄影表意的图像学时期,以罗兰·巴特的符号学为代表;第三个时期是话语时期,以福柯、居伊·德波为代表;第四个时期就是视觉文化时期②。

罗兰·巴特生前最后的作品《明室》是摄影理论的一座高峰,但中国内地的研究中对之所作的论述还不多见。黄琼瑶提出,巴特出于丧母之痛,带着高度的主观情感来写作此书,放弃了早先的符号学路径,并反思传统现象学,以自身的情感为中介来试图抵达摄影的本质。照片是对某物的直接指涉,但照片自身轻盈透明,其物质性最大限度地隐退,如同现象学中所讲的意识总是关于某物的意识,摄影也具备现象学"意向性"。而一张照片对观看者的吸引,总是情感的,此意向性是"情感的意向性"。巴特提出的"刺点"与摄影之本质的"此曾在",可归结为"爱与死"的双重主题。不是冷静理性的符号学分析,而是带有高度主观情感的随笔散文,让巴特接近了摄影诞生之初的原始疯狂,最终得以揭示摄影的解放潜力和现代社会抑制摄影之疯狂的策略③。

与现象学颇有渊源的解释学,也成为一些学者的思想资源。王泽庆认为,同样是从作为技术性图像的照片与现实之间的直接指涉关系出发,解释学的侧重和理路与巴特的现象学不尽相同。图像能接近事物之存在,却不能等同事物,对图像作品,就需要通过体验、理解、解释的解释学来尽力抵达事物之存在。照片是某一时空情境的切片,也就是说,摄影得到技术性图像是瞬间的、具体的,不先天具备一般性意义,这个一般性意义是要由不同的解释者来赋予和充实的,这样的解释过程因而也是无限丰富深入的过程。摄影之机械性使得事物的各种属性、现实的各种细节得以丰富呈现,技术性图像也近乎"光学无意识",充分唤醒了事物的物性,这是摄影者难以完全控制的,人的主观性被物性所侵蚀,图像的意义也无法由摄影者编码和把控。面对照片具备的复杂与丰赡的意义,不同的解释者出于各自的文化背景和接受动机,会作出不同的理解,不可能穷尽图像的所有意义。也正是因此之故,图像的解释也会充满活力,能够历久弥新④。

摄影究竟是什么?从摄影诞生以来,这一问题尚无定论。及至现代主义和后现代主义,双方仍争执未果、各持己见,都认为掌握了摄影的本质,却回避了这一问题真正的复杂性。巴钦借助福柯之考

---

① 参见孙青:《魔灯镜影:18—20世纪中国早期幻灯的放映、制作与传播》,《近代史研究》2018年第4期。

② 参见杜爽、郭雅真:《摄影思想的脉络》,《美术教育研究》2018年第19期。

③ 参见黄琼瑶:《"爱与死"的双重主题——〈明室〉的摄影现象学》,《艺苑》2018年第6期。

④ 参见王泽庆:《技术复制时代的图像诠释学》,《河南社会科学》2018年第8期。

古学和谱系学方法,以及德里达的"解构"和"延异"等核心概念,对摄影的历史进行了精细的考古。吴毅强认为,巴钦通过回溯摄影诞生之初的种种话语交织,把对摄影起源的单一时刻的追求,转移到一种更为复杂的话语缠绕之中,指出了摄影这一媒介与生俱来的复杂性和不确定性。正是这种话语(或称之为"热切的渴望")促成了摄影的最终诞生。这一研究试图摆脱长久以来主导摄影史研究的技术决定论和艺术史模式,在后现代主义思想的启发下,发展并延伸了一种关于摄影自身历史的书写模式。当然,也应看到,尽管巴钦试图在摄影的本质问题上试图超越现代主义与后现代主义之间的二元对立,但他在具体论述中,却并未把自己与后现代主义的观点进行有效区分,譬如他对差异、去本质化和不确定性的迷恋,对受主流摄影史压制的民间照片的重视等,都表明了他深受后现代主义思想的影响。不过,现代主义和后现代主义都容易简单化处理的"本质"问题,在巴钦这里还原出了更为复杂的样貌①。

## 五、摄影艺术

风景或景观是一种重要的艺术类型,几位研究者不约而同地关注到这一话题。曹昆萍认为,自摄影术诞生之初,风景摄影就几乎同步出现。早期的摄影被用于殖民扩张的科学记录工具,在地理勘探、发掘地貌方面起到了很大作用;同时,这一时期的摄影又颇受绘画影响,追求如画的风景美学,记录自然风光。现代主义时期,尤其是在摄影分离派之后,摄影力求独立,探寻自身的媒介特征和艺术风格,纪实美学蔚然成风。当代风景摄影则与后现代主义脱不开干系,尤其受到景观理论和新客观摄影等影响,发展出景观摄影的路数,转而以废弃的工厂、膨胀的城市、污染的风景等为题材,以后工业景观的震惊和战栗来促成一种新的崇高美学,批判资本主义全球化和其消费主义价值观。中国在21世纪以来,市场化和城市化进程加速,也日益成为"景观社会",风景摄影转而走向景观摄影的范式,原本有着现实的原因,无可非议。然而,大量不经思考的低水平模仿,使得原本充满批判精神和艺术活力的景观摄影,也沦为一种平庸的新景观。研究通过追本溯源,对中国风景摄影的现状进行了较为深刻的反思,使我们可以进一步思考,来自西方的特定的视觉艺术实践是在何种土壤上产生,艺术家们面对和回应的是怎样的时代状况。由此,中国摄影或许才能够找到自己的路数和使命,而非盲目地随波逐流②。

李湮和李小然从"风光"和"风景"的词义入手,指出从前者到后者的语词转换,有着深刻的差异。表象上看,是从自然风光到人造风景的转换,从拍摄大自然到拍摄自然与工业社会的异化性交织景象的转换;但是,其本质是由农业社会过渡到工业社会,人与自然的关系从自在到人化的变异。这才是"风景摄影"之真意,也是其现实关怀所在。"自然的人化",是工业社会后人类不得不面对的、自己造就的人类命运,风景摄影或景观摄影,也是在思考人类肆意占有和消费自然的过错,亦即对人化自然或"人造风景"的反思与批判。这绝不仅仅是一个命名的问题,而是与宣扬如画风景的商业美学截然不同的态度。自郎景山到陈复礼的中国式"画意摄影"传统到现在,本就鲜有作品能抵达中国古代山

---

① 参见吴毅强:《摄影究竟是什么?》,《文艺研究》2018年第6期。
② 参见曹昆萍:《从风光摄影到景观摄影——风景摄影的美学发展研究》,《建筑与文化》2018年第4期。

水传统的真谛;更糟糕的是,随着手机的大众化,普通民众的日常生活影像与新媒介传播相互交织,但商业力量借机以艺术之名将之带入"风光摄影"的俗套中,反过来降低了整体的艺术水准。研究深刻地意识到,摄影艺术与现实、与时代密切相关,那么新信息革命背景下,人与自然、人与社会将会构建新关系、新文化和新价值意向,这是"新景观",也是摄影要去回应的问题①。

藏策认为,从摄影术诞生之时,摄影就在科学与艺术之间徘徊;摄影不是一种媒介,而是许多种媒介,是含混和不确定的。风景摄影也有着艺术(美学)和科学(文献)之争。但是,在中国,早期画意摄影经过新中国成立后意识形态的浸润,又遭遇大众文化的误读,最终沦为俗套的"糖水片",这使得艺术与科学之争在中国变异为荒唐的"风光"与"纪实"的对立。通过梳理德波、弗卢塞尔等理论家的论述,研究指出,国内一些以记录(再现)方式拍摄所谓社会景观的摄影师,恰恰误读了德波。因为对景观的再现,不过是再生产了另一种景观,而非"景观的破裂"。想要批判"景观",就不能简单地复制可见的景观之表象,而是要通过符号学意义上对"符码"的指涉、挪用与拆解等,使被表象遮蔽的、不可见的存在显现出来。研究者提倡一种"元摄影",即关于摄影的摄影、反观自身的摄影②。在另一篇文章中,他同样批评简单再现式的摄影,因为摄影并不等同于真实,更无法抵达真相。但是,优秀的摄影作品可以通过隐喻及转喻等符号学的方式,引发观者对真相的思考——通过表象的"秘密"去发现深层的"秘密"。真正有深度的纪实摄影,往往不是在拍摄具体事件的简单图解,而是将具体的图像当作引导观看者进行深度思考的切入点。中国当代艺术的一大弊病是将图式作为艺术语言的语法模型,来批量地复制生产图像,从而将个体的艺术创造,转为商业性的标准化生产(景观摄影亦然)③。

当代摄影中还出现了一类新作品,其共同特点是:摄影师没有前去现场拍摄,而是使用一些现成的图片进行艺术创作。摄影师的"在场"成为意识或意志的"在场",而不是身体的"在场"。戴菲认为,当摄影师从一种显性的在场到有意的不在场,其背后隐含了摄影师观看方式的转向,更重要的是作为艺术创作主体观念上的变化,其获得的艺术作品:过去,摄影师们以摄影艺术的纯粹理念为最高目标,呈现出经典、有着广泛美学意义上的作品;当代,摄影师们以视觉奇幻、刺激为基础,借助已有的视觉成果,将自己理性思考的过程表现在作品中,着意减少或降低情感的侧重。经典意义上的图像在极速萎缩直至消失,而重复、无意义的日常图像则会不断扩充甚至泛滥。由于图像持续地涌现,所以当代世界也正在悄然地被我们创造的图像改造、替代和置换。图像正在褪去人的情感附着,变成一种愈加中立的客体。人类正在以理性为核心,有意识地排斥自身作为情感动物的生物本性④。

在摄影艺术的个案上,慕晓东深入考察了陈从周的摄影作品。在1956年出版的《苏州园林》中,陈从周将摄影与宋词并置,来表现中国古典园林。研究者认为,已有的研究或者流于粗疏的描述或回忆,或者搬用福柯的理论,总之,既没有深究陈从周个人具体而微的学术与艺术经历,也没有将这一文化实践置于漫长的中国艺术史脉络中进行审视。首先,陈从周个人的词学修养和绘画训练创造性地衔接了中国传统艺术图文并置的内在理路和形式。在与中国园林相关的艺术传统中,可以总结出六种图文并置的类型,都是陈从周从事艺术创作时可以借鉴与参照的丰沛艺术资源。其次,摄影的画

① 参见李湮、李小然:《风景摄影:作为一种历史观看》,《中国摄影报》2018年9月4日第9版。
② 参见藏策:《风景与景观》,《中国摄影报》2018年9月28日第9版。
③ 参见藏策:《"秘密的秘密"——关于文本的深层意义空间》,《艺术广角》2018年第5期。
④ 参见戴菲:《从"在场"到"不在场":摄影师的观看转向》,《艺术评论》2018年第3期。

意、宋词的诗意、摄影与宋词并置的互通意境这三个层面体现了陈从周内在抒情审美的发生机制。他的内在意识仍然坚信中国文化的基本精神是互通的。摄影到底是一种客观的记录技术还是一种新的艺术媒介？他看待摄影采取了兼而有之的态度，客观性和艺术性的矛盾在他的内在意识中被消解了。再次，若是以整本著作作为分析单元，《苏州园林》包含着错综复杂的图文关系，从而使之具有成为一种特定的开放性文本的潜力①。

在现代艺术史上，包豪斯运动是浓墨重彩的一笔，其中心人物莫霍利-纳吉相当重视摄影。聂劲权重新审视了包豪斯艺术中的摄影美学，认为莫霍利-纳吉摄影教学的终极目的不是学习摄影技术本身，摄影只是其设计教学的一个阶段，探索光线重塑的表达潜力才是终极目标。纳吉强调艺术家掌握和精通自己所用媒介的重要性，当对媒介的使用技法炉火纯青时才能谈得上艺术创造和表达。他真正要探索的，是艺术家在工业时代的环境下，利用各种媒介，能够突破机械的束缚，实现个人化的表达。简言之，就是找到属于自己时代的艺术语言。也就是说，在纳吉的理念中，摄影不仅仅是拍摄照片，而是一个广义的概念，他是将摄影的视觉影响，当作一个时代的艺术语言。因为摄影已经渗透至人类的视觉习惯养成中，包括绘画、建筑、广告等领域的视觉标准都受到了摄影的影响，摄影视觉已经成为机器时代视觉的基础。一个成熟的视觉艺术家甚至可以不使用照相机，把摄影转化为其他媒介（如雕塑等），可以用其他视觉艺术形式来表达摄影的视觉体验。他围绕摄影进行的一系列艺术创造和教育活动，都透露出一个中心思想：为视觉表达服务②。

约翰·萨考夫斯基也是摄影艺术史上的重要人物。他的《镜与窗》从美国摄影的发展史出发，对当代摄影发展方向和路径提供了一种理解的视角和批评的视野。应爱萍认为，萨考夫斯基用"镜"和"窗"的隐喻来代表浪漫主义和现实主义，但两种批评模式并不是完全割裂、分离的，而是在每一个摄影师的作品中可能均体现出两者的内容。美国50年代左右的摄影，逐渐从对公众的关注转向对私人的关注。自我表述的浪漫主义和客观描述的现实主义统一于这种私人性："镜"即浪漫主义的照片走向自传体式的自我剖析，"窗"即现实主义的照片走向私人、私密空间、日常生活的描绘。其原因在于：第一，源于斯蒂格利兹和韦斯顿等人所形成的美国艺术摄影的传统；第二，图片杂志的衰落；第三，由于科技的发展，照相机技术的不断精进，拍摄照片的方式消除了神秘感。萨考夫斯基对摄影特性的思考以及有关浪漫主义与现实主义的区分，认真思考和探索了摄影作为一种艺术形式、作为艺术表达的媒介，自身所具有的与众不同的艺术特质③。

## 六、视觉人类学

视觉人类学或影像人类学的研究，与其他主题有所交叉、重叠。鉴于2018年可归入此主题的研究独具一格，故而特辟一节予以撰述。

爱德华-柯蒂斯在中文的人类学和摄影史书写中，常受到毁誉参半的评价，甚至有一些研究者，仅以道听途说的片面之词，便将之树为标靶进行批评，此种情形殊为遗憾。针对此种偏见，朱靖江较为

---

① 参见慕晓东：《图像、词语和中国园林：陈从周之于摄影与宋词的并置》，《同济大学学报（社会科学版）》2018年第5期。
② 参见聂劲权：《"为视觉表达服务"：试论莫霍利-纳吉的摄影观》，《新美术》2018年第7期。
③ 参见应爱萍：《镜与窗：约翰·萨考夫斯基的摄影批评视角》，《新美术》2018年第1期。

全面地介绍了柯蒂斯的生平事业,尤其是柯蒂斯的 20 卷巨作《北美印第安人》。他的照片可大致分为四类:印第安部落的居住地区和生活环境,日常生产和生活场景,一些部落的神话、信仰和仪式,印第安人的肖像。柯蒂斯的工作在 20 世纪初曾得到广泛好评和支持,但旷日持久的工作终于使得他与美国社会的变迁脱节。个人的悲剧命运尚在其次,正统学术界以科学专业之名质疑他的工作,使得他在人类学和摄影史谱系中都被边缘化。直至 60 年代后,文化人类学和视觉人类学的新范式兴起,北美印第安人以他的照片重新找回失落的传统,柯蒂斯这位"熟悉的陌生人"才得以正名①。

熊迅以社会纪实摄影和人类学影像为研究对象,来探讨摄影人类学的困境和前景。他通过梳理两者在建构他者的过程中形成互相呼应的表达范式,进而分析了其背后的具有一致性的认识论发展脉络。在主体和对象关系上,两者皆通过强化差异性来把他者对象化处理,都经历了从猎奇异化到系统性现场观察方法的方法论发展脉络,科学主义和形式美学成为文本的客体化建构的双重路径;而在意义网络的建构上,两者均需要通过阐释学的引入,来反思、拓展"自我"与"他者"的影像联系和文化关系②。

杨云鬯认为,人类学与摄影的关系是复杂的。对于人类学家而言,摄影既可以是用于研究过程中的记录工具,也可以是用以介入社会、文化现象研究的透镜。当以人类学的视角研究摄影这一实践行为本身时,需要一种以摄影为媒介,勾连图像、个体与社会的综合性研究方法,即"摄影-人类学"研究。它以摄影这一行为为起点,研究各种与社会、文化相关的社会学和人类学议题。"摄影-人类学"研究,既不是机械地用社会文化人类学的方法去研究摄影,也不是简单地去讨论人类学家对于摄影技术的运用。它把摄影作为一种勾连图像、个体和社会的媒介,作为一种分析社会、文化的理论导入,试图探讨不同的人类社会之视觉历史、观察技术和人们对图像的认知,以深入了解我们的视觉文化中潜藏着怎样的时代精神。在这个所谓的"图像时代"中,需要更加明确地知晓摄影为何重要,乃至"图像想要什么",引导我们走向一种真正的"图像本体论"③。

撰稿人:高鹏宇(复旦大学新闻学院 2018 级博士研究生)

---

① 参见朱靖江:《影像民族志的曙光:爱德华·柯蒂斯与〈北美印第安人〉研究》,《世界民族》2018 年第 6 期。
② 参见熊迅:《摄影人类学的困境与前景》,《广西民族大学学报(哲学社会科学版)》2018 年第 5 期。
③ 参见杨云鬯:《摄影人类学:图像、媒介、身体、社会》,《广西民族大学学报(哲学社会科学版)》2018 年第 5 期。

# 编辑出版与数字化转型研究

编辑出版是人类社会的经济、政治、文化发展到一定阶段的产物,也是知识生产、文化传承的重要方式,凝结着人类的思想与智慧。人类文明中每一次技术进步都带来交流方式的转型和行业样态的重塑,并重构了人类认知维度与知识体系。在新技术的推动下,编辑出版业态不断革新,传统生产方式与生产逻辑已然被颠覆,因此,研究维度也应随之调试重构,以适应不同时代环境下发展的需要。在如今数字化技术飞速发展的大环境下,编辑出版这一核心概念面临理论和实践层面的适应性挑战,亟待重新认知,丰富其内涵。

本文通过在中国知网数据库搜索"编辑出版"、"数字出版"等字段,查阅国内学者 2018 年发表的相关论文,从编辑出版学核心期刊中选取具有代表性的论文进行整理和综述,以此洞悉 2018 年编辑出版研究的新探索与新成果。

## 一、改革开放 40 年编辑出版业嬗变

2018 年正值中国改革开放 40 周年。40 年发展过程中,改革开放为我国社会主义建设事业注入了生机与活力,促进我国经济、文化等多领域繁荣发展,我国新闻出版业发展也取得了举世瞩目的巨大成就。

### 1. 出版业发展轨迹

周粟和袁媛从历史角度切入,全方位回顾和再现改革开放 40 年中国出版业的发展与成就,同时总结改革开放 40 年间,中国出版业的嬗变轨迹与规律经验,大致将我国出版业的发展分为三个阶段:1978 年至 2001 年,改革开放起始阶段,出版业萌芽勃兴;2001 年至 2008 年,进入世界贸易组织后出版业的内外应对阶段;2009 年至今,新形势下出版业的数字化转型与品质升级阶段。回顾改革开放 40 年,我国在出版领域取得了非凡的成就。从宏观上看,国家围绕改革开放不同阶段推出的相关文化出版政策,以及出版管理机构的建设与改革、出版经营单位的体制机制改革,始终保持着稳定的步调;从微观上看,我国出版行业在主题出版、学术科研出版、教材整体建设、大众读物开发、少儿读物打造等出版领域,以及"走出去"、"引进来"和数字出版方面都取得了长足的发展①。

### 2. 出版业体制改革路径

赵玉山认为,改革开放 40 年来,我国出版业得到了前所未有的发展,出版管理体制深化推进是综

---

① 参见周粟、袁媛:《改革开放 40 年中国出版业嬗变探论》,《出版广角》2018 年第 22 期。

合全面的,包括出版管理体制、出版机构经营体制、市场发行体制等。我国出版业体制改革路径分期大致为:1949 年至 1977 年,我国出版管理体制奠定期;1978 年至 2001 年,出版业管理体制改革搞活的探索期;2002 年至 2009 年,出版业转企改制的变革期;2010 年至今,出版业管理体制转型升级的深化期。我国出版业改革不仅需要敢于创新的理论勇气,也需要实践精神。在中国特色社会主义新时代,只有尊重规律、解放思想、大胆创新,才能激发体制机制活力,在日益开放的全球文化市场上讲好中国故事,推进新时代文化强国战略的实践[1]。

### 3. 出版科学研究

刘兰肖总结了改革开放 40 年来我国出版科学研究的发展历程,认为 40 年的出版科学研究通过建设专业学术团体和研究机构,创办具有影响力的专业刊物,建立科研评价激励机制,走上了建制化发展道路,形成了坚持以马克思主义为指导、重视基础理论和学科建设、关注出版业发展的时代课题、以资料整理出版夯实研究基础、积极吸收借鉴国外研究成果等研究特色,与此同时也面临着如何巩固自身学术地位、提升研究成果质量、加强研究队伍建设等迫切任务,需要进一步增强学术自信、加强科研协作、坚持创新发展,从而在服务中国特色社会主义出版事业和出版强国建设方面发挥更大作用。这 40 年既是出版实践的辉煌时期,也是出版科研的黄金时期,大体可划分为三个阶段:第一阶段,出版科学研究开始走上建制化发展道路;第二阶段,出版科学研究的学术地位初步确立;第三阶段,出版科学研究在理论和实践的结合上取得新进展。出版科学研究的发展与出版业的发展休戚相关。由于我国出版业尚处于剧烈的产业变革转型时期,因此要从基础做起,充分运用大数据,加快建设出版行业资料数据库,在不断的积累过程中提升认识、探索规律、寻求突破[2]。

### 4. 出版对外交流与国际合作

对外开放是中国特色社会主义事业的重要组成部分,是实现中华民族伟大复兴中国梦的必然选择。周蔚华和杨石华对 40 年来中国出版对外交流与国际合作的发展历程进行了系统梳理与分析,将我国出版对外交流与国际合作划分为三个大的阶段:第一阶段(1978—1992),走出国门开启合作;第二阶段(1992—2001),大规模"规范性引进";第三阶段(2001 年至今),版权引进输出快速增长,走出去成就卓著。40 年来,我国出版对外交流与国际合作总的来说实现了一系列重大转变:在行为特征方面,经历了从引进来到走出去的转变;在行为主体方面,经历了从"国家主体"到"企业主体"的转变;在行为模式方面,经历了从"传者中心"到"读者中心"的转变。在这些转变中,我国出版业得到了巨大的发展,并对国家形象的对外传播以及我国的文化发展与繁荣作出了巨大的贡献。为此,扩大出版对外交流与国际合作将是我们坚定不移的发展方向[3]。

方卿和王一鸣指出,改革开放 40 年来,我国新闻出版业坚持创新探索,实现了从单一事业体制向事业与产业并重的华丽转身。逐步构建起完备的社会主义新闻出版管理体制与运行机制,市场体系

---

① 参见赵玉山:《改革开放以来我国出版业体制改革的路径与经验》,《出版广角》2018 年第 17 期。
② 参见刘兰肖:《改革开放 40 年的中国出版科学研究》,《中国出版史研究》2018 年第 3 期。
③ 参见周蔚华、杨石华:《中国出版对外交流与国际合作 40 年》,《中国出版》2018 年第 20 期。

不断完善壮大,出版新业态强势崛起,产业发展展现出全新活力①。出版科学研究齐头并进,在市场化的实践过程中不断积淀,摸索规律,综合立体式提高。经过 40 年改革创新,我国新闻出版业释放新动能、展现新活力,文化事业建设稳步前行。

# 二、传统编辑出版研究

## 1. 出版概念

吴赟和闫薇认为,出版是人类知识生产、精神传递、文化传承的重要方式。历史上每一次技术进步都带来人类交流方式的转型和出版样态的重塑,并重构了人类针对出版活动的认知维度与知识体系。“出版”等核心概念是现代出版业和相关学术得以运行的重要话语基础。在新技术推动的出版理论研究维度与体系重构的过程中,出版概念在当下环境中面临适应性挑战,亟待重新认知。出版概念是近代史语境下中国、西方国家、日本文化交流与知识互动的结晶。在实践中演进的出版概念是一个具有现代性的概念。在现代性视野下,出版和传播概念相互依存又各有侧重。综上,可将出版的概念界定为:一种将不同主体创造的知识加以组织、加工、建构,并发布在公共载体上的社会互动行为②。

## 2. 传统出版产业认识与创新

沈小燕认为,在现代社会信息传播体系中,出版产业依然占据着主流地位,随着现代新媒体的不断涌现,传统出版产业面临着新的挑战。社会公众对于出版信息传播的要求越来越高,不仅在传播速度上提出了更快的要求,在出版物的传播形式和传播内容上也提出了更多元、更丰富的要求。在互联网背景下,基于出版产业的融合发展创新思维,提升出版工作效果,是现代媒体发展的重要方向。出版产业是现代传媒体系中的重要分支,如何通过宣传提升社会思维,创新编辑方式,一直是出版工作重点关注的问题,通过优化传播体系,实现信息的有效传播,对于出版产业发展具有重要意义③。

戴云波认为,我国已经组建的若干新闻、出版、广电等传媒集团,在一定范围、一定区域内都发挥着文化建设的主导作用,但不可否认也都不同程度地存在着许多缺陷。随着市场经济观念日益深入人心,市场体制与结构的变革不断深化,出版业市场的竞争日趋激烈,特别是数字化阅读技术的革新对纸质出版的冲击与电商平台的出现对上游出版社的话语权剥夺,使得我国出版业产生了普遍的危机意识与恐慌心理。因此,在出版业的经营理念问题上,要努力塑造出版社的性格与灵魂,恪守正义的价值观并将启迪民众、提升境界作为自身的使命。要加强行业自律,营造建设健康良好的出版生态环境。对于出版版权保护应当制定更为有力的措施。应当加强业内团结,积极争取政府政策支持,改变当前电商平台任意打折、出版社话语权逐渐丧失的状况。对于传统出版行业布局的优化与产业政策的调整尚需改革的进一步深入④。

---

①　参见方卿、王一鸣:《40 年新闻出版事业与产业发展》,《中国出版》2018 年第 22 期。
②　参见吴赟、闫薇:《出版概念的生成、演进、挑战与再认知:基于概念史视角的考论》,《中国编辑》2018 年第 10 期。
③　参见沈小燕:《新媒体时代传统出版产业转型升级策略探析》,《传媒论坛》2018 年第 23 期。
④　参见戴云波:《传统出版产业布局与经营理念创新》,《出版科学》2018 年第 6 期。

### 3. 编辑出版人才

纵观我国改革开放 40 年,中国出版业成就巨大,编辑出版人才在其中起到了中流砥柱的作用。万安伦等认为,改革开放 40 年来,编辑出版人才培养经历了四个阶段:破解"出书难"、"买书难"的"书荒"难题,解决出版队伍薄弱问题的初期培养阶段;构建出版"新体制",以提升人才队伍整体素质为目标的培养阶段;出版走向国际化、集团化,以实现人才队伍"高端化"为特征的培养阶段;推进转企改制、数字出版转型,以培育高端复合型出版人才为特征的培养阶段。编辑出版人才培养的四个阶段历程是由我国出版业发展过程中所面临的形势和任务决定的,要正确处理好编辑出版人才培养过程中所面临的问题和挑战[①]。

金平认为,通常对编辑含量的理解有狭义和广义之分。狭义的编辑含量体现为编辑依据编辑规范和学术规范对学术文章进行案头加工,主要起到使文章符合出版规范、查缺补漏、避免文字和语法错误的作用,同时也能通过推敲、斟酌起到润色文字甚至提升作品学术水准的作用。广义的编辑含量则体现于一篇文章、一本杂志的选题策划、组稿选稿、审读加工、整体设计以及数字化加工之中,也即编辑出版工作的各个环节之中。在作者原有劳动的基础上,编辑的参与会促使作者进一步推敲、斟酌,进一步提升作品水准[②]。

林潇认为,合格的编辑,至少应该具备编校能力、策划能力、管理能力和创新能力四个方面的素养。编校能力即书稿处理能力,能够从内容到形式对书稿进行总体把握、整理加工,以达到出书标准的能力,是编辑应具备的最基本的能力。策划能力是从选题策划到营销策划,每一个环节都反映了编辑是否适应激烈的市场竞争,能否将好的选题变成大众乐于接受的呈现形式。管理能力主要指项目的管理能力,对编辑来说,需要具备强大的执行力、控制力和沟通力,来保证各个项目正常顺利地推进和实施。创新能力是保证编辑主动学习、及时调整知识结构、保持与时俱进的能力[③]。

## 三、编辑出版数字化转型

### 1. 数字化出版概念

根据《2018 年中国数字出版行业研究报告》对于数字出版的概念定义,广义的数字出版是指有资质的企业或个人生产制作及发行以数字文件为内容载体的公开出版物。根据 2016 年颁布的《网络出版服务管理规定》,网络出版物是指通过信息网络向公众提供的,具有编辑、制作、加工等出版特征的数字化作品。狭义的数字出版指以文字图片内容为主的数字阅读产品,包括面向个人用户的网络文学、出版电子书、数字报纸杂志等,以及面向企业或教育机构的电子图书馆、电子数据库等[④]。

李长青认为,数字出版是人类文化的数字化传承,它是建立在计算机技术、通信技术、网络技术、

---

①  参见万安伦、刘浩冰、庞明慧:《编辑人才培养 40 年:阶段历程、培养机制及问题挑战》,《中国编辑》2019 年第 1 期。

②  参见金平:《编辑的工匠精神与出版物的编辑含量》,《编辑之友》2018 年第 10 期。

③  参见林潇:《回归"工匠精神"培养编辑素质》,《出版科学》2018 年第 6 期。

④  参见艾瑞咨询:《2018 年中国数字出版行业研究报告》,《艾瑞咨询系列研究报告》2018 年第 3 期。

流媒体技术、存储技术和显示技术等高新技术基础上,融合并超越了传统出版内容而发展起来的新兴出版产业。数字出版是出版革命的第三次浪潮,是传统出版转型升级的方向,它起始于 20 世纪下半叶,兴起于千年之交,在信息技术进步和商业模式变化的双重推动下一路高歌。然而,数字出版不是传统出版的简单化,它包括数字报纸、数字期刊、电子书、博客、网络广告等多种产业形态,各种产业形态仍在发展,尚未定型[①]。

刘学认为,数字出版作为一种新型的出版方式,使用数字技术编辑内容并通过互联网处理相应的数字内容产品,然后利用网络传播来展现数字内容。它的主要特征为内容生产数字化、管理过程数字化、产品形态数字化和传播渠道网络化。数字出版物的范围很广,涵盖广泛的主题,包括数字报纸、电子书、数据库出版物和移动出版物[②]。

张廉奉等认为,随着近年来移动互联网技术的发展和我国网民数量的持续增长,信息消费产品更加普及,数字出版行业及其产品对国民经济和民众生活的影响愈加重要。随着智能手机、平板电脑、PSP 等电子终端产品成为大众消费必需品,数字出版产品的外延不断扩展,不仅包括电子书、电子杂志、手机报等传统的数据出版物,还涵盖网络地图、数字音乐、在线教育、动漫游戏、影视文创产品。在今后一段时期内,数字文化消费将成为扩大文化消费的主要发力点,数字文创产业将迎来更广阔的市场空间[③]。

**2. 传统出版业转型**

祝璇璇认为,在媒体融合背景下,技术创新引发传统出版产业生存空间、资源、用户的重新定义,涌现的各种创新技术并没有孤立传统出版产业,相反,它们为传统出版产业的转型提供了丰富的渠道、平台,并从根本上实现了出版产业链的完善和优化。立足我国出版产业现状转型可从三个方面着手:第一,精准定位,扩大格局。媒体融合要求传统出版从业主体重新审视所面对的市场、资源、产品、服务,重新评估自身在产业链中的地位和形态,并以此为基础构建可持续发展战略。第二,把握机遇,转变思维。传统出版机构要把握机遇,充分利用行业政策、专项资金加速发展,实现开源节流,并利用资金支持完善平台建设、渠道开拓、数字印刷和数字出版等基础项目。第三,跨界合作,丰富产品。出版机构作为传统出版产业的主体,可以自我为中心展开合作探索,摆脱内容供应的单一功能,进一步扩大传统出版产业的经营范围,满足消费者对丰富多样的出版产品的需求[④]。

谢珺认为,互联网产业的飞速发展带来了人类信息社会的结构性变化,各类垂直产业不断突破彼此界限,实现了串联贯通。新兴的媒介形态与传统的内容产业迫切需要寻找一条能高度契合彼此并支撑未来持续性发展的共生路径。互联网时代与知识经济时代的并行不仅为传统出版业的发展提供了平台化转型的突围路径,也通过趋于激烈的内容产业竞争与趋向开放的政策流变使传统出版业的平台化转型具有一定的必要性与迫切性,因此,传统出版业要加速自身变革以顺应平台化的发展趋势:要自建销售渠道,掌握一手数据;借船出海,依托平台传播内容;经营产品背书,盘活内容资源。在

---

①　参见李长青:《我国数字出版产业分析与启示》,《出版广角》2018 年第 19 期。

②　参见刘学:《传统出版向数字出版转型中的编辑职业规划》,《传播力研究》2018 年第 34 期。

③　参见张廉奉、徐莹、郭炜、蒋阿简:《我国数字出版产业如何实现华丽转身》,《出版广角》2018 年第 19 期。

④　参见祝璇璇:《媒体融合背景下的传统出版业转型研究》,《出版广角》2018 年第 1 期。

国内出版业的转型过程中,若采取平台化的发展策略,应根据自身的发展思路及运营能力,随事制宜,统筹布局。若具有较大的市场规模和系统化的内容资源基础,能够协调既有产业及新的平台业务,则应及早统筹自身资源,抢占市场先机,稳步开展内容平台的建设和布局。传统出版机构的平台化探索为国内出版业转型路径带来了相当可贵的启示价值①。

### 3. 编辑出版人才转型

大数据时代的来临改变了人们生产生活方式的同时,对于新闻出版业也带来了巨大的变革,加速了新媒体与传统新闻出版行业的融合发展,同时对于编辑个人素养能力也提出了更高的要求。

周国清和朱美琳认为,编辑主体作为出版活动的中坚,必须具备以习近平新时代中国特色社会主义思想为统领的思想文化素养;坚持以奉献意识、服务意识和工匠精神为基点的职业追求;树立以优化知识结构和实现自我超越为动力的终身学习意识,勇担时代使命和文化责任。必须坚定文化自信,推动新时代中国出版业繁荣兴盛;把握编辑导向,以社会主义核心价值体系引领出版行为;始终把社会效益放在首位,为全社会提供优秀的精神食粮;面向世界,实施"走出去"战略,以国际视野讲好中国故事,提高国家文化软实力②。

黄素雯认为,新闻出版编辑应具备大数据思维理念,并将这一理念真正融入新闻出版编辑工作中,能够在专业技术的帮助下,辅以敏锐的洞察力,善于从海量信息数据中挖掘、提炼出最具价值的数据信息,并将这些信息应用到版面设计、策划报道等工作内容中,提升新闻的可读性与价值。新闻出版编辑还要具备全媒体业务技能,要洞察网络舆情,强化信息分析与舆论引导能力。新闻编辑作为社会舆论的"掌舵者",承担着弘扬社会核心主义价值观,正确引导舆论走向的重要责任。因此,要积极转变观念,顺应时代发展要求,不断增强自身的综合素养能力,从而为读者用户提供高质量的信息服务③。

崔洪权认为,现代信息出版技术不断增强,目前数字出版十分盛行。数字出版主要强调内容的数字化、生产模式的数字化、阅读消费的数字化等,虽然在我国起步比较晚,但是发展十分迅速,具有良好的前景。要想将数字出版产业规模不断扩大,传统编辑能力已经无法满足,需要对编辑岗位进行重新认识,转型可分为以下几个方面:第一,培养主动的文化承担意识;第二,具备全媒体编辑意识;第三,从单一的编辑工作转变为结合生产经营。处于数字时代的编辑应具备强大的综合能力,及时转变自身观念并树立市场化意识,不断进行新理论、新技术的学习,以顺应时代的发展,为读者提供更好的服务④。

## 四、编辑出版新形态、新业态、新生态

### 1. 人工智能技术打造编辑出版新生态

沈珉认为,人工智能技术逐渐进入人们的日常生活,对各行各业产生影响,对出版产业来说也是

---

① 参见谢珺:《国内传统出版业的平台化转型研究》,《编辑之友》2018年第2期。
② 参见周国清、朱美琳:《新时代编辑主体的核心素养与使命担当》,《中国编辑》2018年第4期。
③ 参见黄素雯:《试论大数据时代新闻出版编辑的新素养》,《传播力研究》2018年第34期。
④ 参见崔洪权:《数字出版引发的编辑转型思考》,《新闻研究导刊》2018年第21期。

如此。人工智能技术改变了出版生态的环境,也导致出版生产逻辑与生产方式的变化。从传统出版到数字出版再到融媒体出版,出版系统在外部环境不断变更的情形下也不断调整自身与其他媒介子系统之间的关系。而人工智能技术的发展显然有利于出版生态的再造,人工智能技术的大数据、云计算、机器学习是对出版系统生存大环境的重塑,它们以垂直切入的方式直接刺穿系统外壁,使得出版环境更加透明,媒介系统与出版环境的能量与物质之间的交换也更加频繁。同时,人工智能技术有利于全行业纵深、系统地布局,易于将媒介系统整合为一体,从而开拓平台入口。在微观层面,人工智能技术也有利于降低技术成本,推动出版子系统的升级①。

姜春辉认为,所谓人工智能技术,就是通过模拟、延伸和扩展人的智力行为,生产出能以与人类智能相似的方式做出反应的智能机器。人工智能技术作为计算机技术的一个分支,其优势体现在机器自主学习的能力和互联网资源的共享。人工智能技术应用于出版领域,主要从两大方面实现了出版业的革新:一是自主学习提升编辑效能。人工智能不仅拥有按指令重复某项动作的基本技能,还可以在一定程度上模拟人类的自主学习行为,从而提升机器自身的能力。例如在选题策划上,人工智能可以通过热门事件、热点词汇传播的频度和热度的全面分析,独立定制出完整的策划方案,并能自主选择所需材料,改变了传统出版业的编辑流程,在一定程度上弱化了人的作用。二是大数据分析实现精准营销。在互联网时代,各类资源依托网络资源实现了线上线下的互联互通。人工智能在出版融合中显示了强大的技术优势,能够部分或全部替代人工编辑操作,改变了传统出版的流程,大大提高了工作效率。人工智能技术与出版教育、出版物生产和消费等领域实现了深度融合,取得了较好的社会效益和经济效益。随着人工智能技术的不断成熟和壮大,出版业将迎来更大的变革②。

郭壬癸认为,人工智能的发展,对出版业产生了重大影响。人工智能对出版的积极影响集中表现在五个方面:自动智能创作,提高了出版内容的生产效率与数量;有效分析出版内容,有针对性地对出版内容做出选择与处理;精准捕捉目标阅读消费者的消费偏好,进行出版内容的个性化制作;基于大数据得出消费群体的消费信息变化,实时准确进行出版内容传递;自主"学习"出版内容,成为出版市场的可能消费者。消极影响表现为人工智能对出版业的就业结构会产生影响,在作品创作与传播过程中存在版权侵权风险。总的来说,虽然人工智能技术对出版业有利有弊,但总体来看利大于弊,人工智能的普及已是大势所趋,出版业应积极拥抱该技术,提升行业的整体竞争力③。

匡文波认为,越是刻意自动化、计算机化处理的工作,就越有可能交给机器来完成。但是,人类擅长的创造性思维是人工智能无法取代的,创造性的职业是机器人无法代替的。机器人是冰冷的,而人是有温度的。出版产品属于精神产品,其生产过程主要由人的大脑来完成,涉及物质生产的环节很少,比如报刊的印刷、视频的录制、唱片的刻录等,但实体生产部分是把人脑中的创意呈现出来落实在物质载体上。正是由于精神产品生产具有创造性,使出版人职业不易被机器人取代④。

武菲菲认为,从人工智能技术的潜能来看,其与出版行业的融合应用不仅仅局限于内容生产、图书编辑、选题营销决策和用户需求挖掘四个方面,还能监控整个社会的信息生产、流通与消费态势,为

---

①　参见沈珉:《人工智能技术再造出版生态》,《出版广角》2018年第1期。
②　参见姜春辉:《人工智能技术与出版的融合探析》,《出版广角》2018年第3期。
③　参见郭壬癸:《人工智能技术的发展对出版流程链的影响研究》,《编辑之友》2018年第10期。
④　参见匡文波:《人工智能时代出版业的变革之道》,《出版广角》2018年第1期。

整个出版产业管理、意识形态监控提供决策支持服务。人工智能虽然可以高效地完成它所擅长的工作,但目前仍处于人机分工、人机协同,人类智能仍占主导地位的弱人工智能阶段。因此,我们在正视人工智能技术为出版行业转型升级带来新机遇的同时,不能过分夸大其对出版行业的冲击和影响,也不能过分依赖人工智能对人类智能的替代,只有这样,二者的融合应用于发展才能获得长久发展①。

郭艳认为,人工智能创作丰富了作品市场,也带来了著作权制度规制难题。狭义著作权制度与人工智能创作物保护存在理念冲突与规制困境。针对人工智能创作物著作权制度存在的主体化障碍、客体化障碍、适用单位作品制度困境等,我国应借鉴国外相关经验,合理配置相应利益关系,通过完善立足版权保护的正当性、提升类型化处理的可借鉴性、强化基于作者权利邻接权保护,有效缓解人工智能创作物保护与著作权原理的冲突②。

### 2. 编辑出版新业态

（1）视频书

宰艳红认为,随着"互联网+"、大数据、云计算时代的到来,科技进步与发展对传统出版行业提出了新的挑战。一方面,电子阅读、手机阅读的流行对传统出版造成了挤压;另一方面,人们的阅读需求也对阅读产品提出了更高的要求。由此,传统书业也做出了一些积极应对,视频书就是其中一种。视频书,英文为 video book,它是指通过在传统的纸质书内嵌入二维码,读者借助手机扫描二维码便可通过手机听看相关音视频内容的书籍。2015 年年初,人民出版社社领导率先提出了制作视频书的设想,并带领人民出版社相关团队,在新华网与中央电视台的支持帮助下,制作出版了中国第一部视频书——《图解政府工作报告（2015）》（当时称"二维码版"、"多媒体互联版"）。继《图解政府工作报告》之后,人民出版社先后推出了《马克思画传》、《习仲勋画传》、《中华经典诗文诵读》、《精准扶贫》等多部视频书。这些视频书在阅读人群中的传播速度呈上升趋势的同时,还取得了社会效益和市场效益的双丰收。视频书是"互联网+"在出版领域的一个标志性案例,也是传统媒体与新媒体融合本质性区别的标志性产品,是一种创新的融媒体产品。视频书的出现既是对传统出版业的一种创新,又是顺应时代和读者阅读倾向的一种生存与传播之道③。

（2）出版+AR/VR

王扬认为,如果说 2016 年之前,"图书+AR"完成了从无到有的突破,那么 2016 年到 2017 年,"图书+AR"正在经历从小规模市场到大规模市场的过程,一批结合 AR/VR 技术、视听融合的新形态图书不断涌现。"出版+AR/VR"现状为:图书市场喜忧参半,选题同质化严重,AR/VR 图书传播渠道成为难点,标准和格式需要统一。5G 时代的到来将使人们的移动生活发生质的飞跃,下一代社交网络、浸入式内容体验等业务以及"万物互联"都将成为可能。更快的网络、更高的带宽以及不断加快研发步伐的 VR 硬件技术,为 AR/VR 技术的广泛应用铺平了道路。AR/VR 等新技术的兴起对于传统出版行业来说,是一个难得的机遇,科技化、智能化、交互式已经成为图书数字化出版的发展趋势。作为出版

---

① 参见武菲菲:《人工智能技术与出版行业的融合应用》,《出版广角》2018 年第 1 期。
② 参加郭艳:《人工智能创作物著作权制度难题及破解》,《中国出版》2018 年第 12 期。
③ 参见宰艳红:《视频书的出版及其意义探究》,《中国编辑》2018 年第 1 期。

工作者,应当积极探索新型技术的应用,牢牢把握内容质量,塑造良好、健康的出版生态文明,为人民群众提供更多的精神文化精品,为出版发展进入新时代而共同努力①。

何国军认为,当前我国数字教育出版产业快速发展,随着 VR/AR 技术在出版业中不断推广,部分出版集团大力促进 VR/AR 技术与数字教育出版平台的融合发展,例如凤凰传媒、时代出版等出版企业已相继推出一系列 VR/AR 数字教育产品。VR/AR 技术与数字教育出版平台的融合优势主要在于促进平台场景化、交互性和体验性特点的有效发挥。国家政策支持、教育信息化推动和出版数字化转型升级为 VR/AR 数字教育出版平台构建创造了良好的发展环境。其构建路径主要从科学选择开发形式、加强优质内容建设、创新知识服务方式和协同推进数字教育产业链建设等方面着手,从而有效促进 VR/AR 数字教育出版平台的持续健康发展②。

(3) Rich HTML

杨郁霞认为,随着网络技术的不断发展以及 iPad、智能手机等移动阅读设备的普及,读者获取知识信息的途径越来越广,阅读需求也在不断发生改变。PDF 格式是期刊网页和微信公众平台提供的主要阅读模式,读者只有下载 PDF 阅读器才能阅读全文,且只能获取单篇文章的内容,对与文字内容相关的其他信息仍需通过数据库或搜索引擎逐一查询。这种阅读模式显然已经不能适应新媒体发展潮流下便捷化、碎片化的阅读需求,因此 Rich HTML 应运而生。Rich HTML(也被称为 Enhanced HTML)是近几年科技期刊出版逐步采用的一种新的全文阅读模式。该模式主要通过专业软件,对已发表文章的电子版进行内容分析、知识标引等结构化加工处理,实现包括文字、公式、图片、表格、特殊字符等全部内容的 HTML 结构化,最终以 HTML 静态页面呈现在期刊网页和微信公众平台上,从而实现了科技期刊的碎片化阅读。Rich HTML 实现了科技期刊论文的碎片化,丰富了文章的信息量,有利于移动阅读,更方便读者的查阅和使用。对于科技期刊而言,Rich HTML 的应用能够提升期刊的传播效果,扩大期刊影响力,未来将会有越来越多的科技期刊采用 Rich HTML 全文阅读模式。然而,我国 Rich HTML 技术发展还不完善,今后可能遇到的版权、功能拓展等问题也应引起重视③。

(4) YA 文学出版热潮

YA 文学,英文全称是 young adult literature,也就是准成年文学。西方近年来分级阅读的细化,可以说和 YA 文学的流行关系密切。YA 文学出现于 20 世纪 30 年代,50 年代风靡,七八十年代进入狂热状态。

张立红认为,YA 文学风靡全球数十年,并引起各国教育部门的广泛关注和支持,开启了准成年人、新成年人分级阅读模式,促使学校阅读课程从单纯的经典阅读走向兼顾兴趣阅读的新教育模式。中国 YA 市场刚刚兴起,呈现创新性和多样化的特点,在国内 YA 文学市场与欧美发达国家还存在一定差距的情况下,勇于创新的出版社和作者都在探索中前行。二十一世纪出版社在国内首倡 YA 文学的理念,近年来引进了一批 YA 文学作品,并以创新精神将书系以 YA 为标志命名。二十一世纪出版社还启动了国内第一个 YA 文学专有奖项——中文原创 YA 文学奖,意在以引进版带动国内原创 YA

①　参见王扬:《"出版+AR/VR":出版行业的新机遇》,《出版广角》2018 年第 3 期。

②　参见何国军:《VR/AR 数字教育出版平台的构建环境和路径》,《中国编辑》2018 年第 1 期。

③　参见杨郁霞:《Rich HTML 在科技期刊出版中的应用与思考》,《编辑之友》2018 年第 1 期。

文学的发展。我国 YA 文学发展渐入佳境,具有探索精神的出版人正以融合思维,努力开拓这片潜力无限的出版领域①。

（5）共享平台

徐锐认为,共享经济作为全球新一轮科技革命和产业变革下涌现的新业态、新模式,已上升为国家战略,成为助力供给侧改革、扩大消费需求和新一轮经济增长的新功能。互联网成为共享行为的赋能者,放眼数字出版领域,搭建出版平台的做法早已有之,例如以方正、知网、万方、超星为代表的大众阅读类数字出版平台。共享平台是共享经济时代数字出版平台化转型的进路。数字出版共享平台作为共享经济的产物,是集成数字出版产业链中各模块的中间性组织,具有聚离资源、响应需求和创造价值的媒介功能。在数字出版共享平台的运营过程中,内容平台是数字出版共享平台资源集聚的基础,关系平台是数字出版共享平台供需精准对接的抓手,服务平台是数字出版共享平台价值变现的根本。开放、聚合、社交和跨界是未来出版业平台化转型的进路②。

秦琥认为,当今社会进入到一个共享的时代,知识共享的同时也在逐步实现经济共享,共享经济成为一种新型的商业模式被广泛应用。出版产业是在传统模式下成长的传统行业,具有稳定、权威的特点,但同时也存在出版效率低下、速度较慢的缺陷。而共享经济的时代趋势恰恰给传统出版产业提供了一个发展的新契机,帮助出版产业扬长避短,寻求更好的发展模式,探寻创新发展之路。出版领域需要明确共享经济的概念,找准共享经济与出版产业的契合点和突破口,需提高对数字技术的掌控力和专业度,充分利用已有的数据资源进行分析,并做好市场预测和监测。将共享经济的核心理念引入出版产业链中,进而实现体制机制的真正突破③。

（6）区块链技术与出版

区块链是比特币的支撑技术,具有可靠、透明、去中心化、合约自动执行和可追溯的特征,它能使并不相互信任的人在不经中介的情况下合作。区块链的驱动力是共识机制,即参与者通过运行算法来确认附于区块的数字签名并核实每笔交易。区块链的应用现已推广到金融支付、数据鉴证、物联网等领域,在出版市场也越来越受到重视。区块链应用于报纸出版的优势主要体现在核验新闻内容、量化广告效果、开发数字资产、回馈用户价值和优化版权流转等方面。同时,区块链在媒体信源认证、新闻内容审核、传播效果评估、数字版权保护、数字资产管理等方面的应用,能为报纸出版全流程数字化转型提供技术支撑。2018 年被视为区块链爆发的元年,中国报业应先将区块链技术与报纸出版数字化转型应用领域的技术链接起来,坚持创新驱动,推动国家数字化技术与产业的发展④。

黄龙认为,区块链为数字版权保护提供了基于过程的溯源机制、智能集成的管理机制和自动化的维权机制。区块链数字版权保护从法律、管理、产业和出版形态层面将给新闻出版业带来重要影响,应加强对区块链技术的理解、研究与布局,以抢占新一代信息技术的主导权⑤。

---

① 参见张立红:《从全球 YA 文学出版热潮到国内出版实践探索》,《出版广角》2018 年第 9 期。
② 参见徐锐:《数字出版共享平台构建与运营模式》,《中国出版》2018 年第 1 期。
③ 参见秦琥:《共享经济:出版产业发展新趋势》,《出版广角》2018 年第 10 期。
④ 参见李媛、方卿:《基于区块链技术的报纸出版数字化转型》,《中国出版》2018 年第 15 期。
⑤ 参见黄龙:《区块链数字版权保护:原理、机制与影响》,《出版广角》2018 年第 23 期。

（7）碎片化阅读

王韵涵认为,随着网络信息技术的进步,给编辑出版行业带来了一定的冲击,同时也带来了新的发展机遇。数字化移动设备得到了良好的发展,不仅存储容量不断增大,而且朝着更加轻便、功能更多的方向发展,在人们生活工作中得到了广泛的应用。同时,数字化阅读也越来越普遍,甚至逐渐取代了纸质化阅读,成为新时期年轻人最喜欢的阅读方式。虽然碎片化阅读有着便捷快速等优点,但是其过于随意、片面化,不利于良好阅读习惯的养成,并且对编辑出版行业带来一定的冲击。研究认为,要探索碎片化阅读趋势下编辑出版的路径创新策略,通过对碎片化阅读的合理利用,有效提高图书编辑水平,为读者提供种类更多、质量更多的图书,在提高后期销售效率的同时,推动我国编辑出版行业实现进一步发展①。

（8）有声书

张建凤和曾婉认为,近年来随着阅读产业环境的变化,有声书一跃成为出版业增长最为迅速的业务。2017 年全球有声书市场维持两位数的增长,2018 年有声书业务表现依旧抢眼。全球主要有声书出版商业绩持续飙升,国内有声书市场份额也不断扩大,用户规模迅速增长,势头喜人。艾瑞咨询数据显示,截至 2018 年 6 月,国内有声书阅读用户达到 2.32 亿,占网民总数的 28.9%,而有声书的发展呈现出与往昔不同特点:语音交互技术成为有声书的新热点;盗版和垄断双重困境限制了行业发展;我国有声书市场有待规范,海内外市场主体差异大。因此,要立足核心资源,创新管理。出版社最核心的资源是版权,对版权进行深度开发,延长产业链是提升其盈利能力、在市场上形成强有力竞争的保障。从消费者生活场景入手,提升产品的易获得性。协同发展有声书和纸质书,利用好两者的互利性,创新营销,利用自身优势打造有声书品牌,通过借势传播等各种方式创新营销②。

### 3. 数字时代出版商业运营模式

（1）众筹出版模式

吴菲菲和徐云松认为,众筹出版是众筹模式在出版产业中的延伸与应用,作为一种新型的出版经营模式,它反映了出版学、金融学、行为学、信息技术的跨学科交叉。通过对传统出版产业链从思维方式到运作理念、从生产流程到消费行为的重塑,承载了出版产业多维文化延续与弘扬的使命。传统出版模式是以出版机构主导为核心的线型产业价值链,属于经营文化范畴。由于图书选题要经过严格的论证与审批,确保了图书质量,但却在很大程度上限制了出版多样性与多层次性。众筹出版模式的核心是项目发起人、投资人、众筹平台。从具体运行流程来看,书籍作者或企业均可通过众筹平台提出申请成为项目发起人,众筹平台取代传统出版社编辑从而对提交项目进行审核,投资者对审核通过项目有选择性出资支持。项目成功后,发起者与投资者通过社群互动,进行集体创作,若图书顺利出版,发起人按照预定条款给予投资人相应回报,以及线下活动等服务。至此,众筹出版项目产业价值网得以形成,并随着用户社群的建立而得以延续。众筹出版使得参与者边界不断拓展,信息流取代了传统物流,单向传播路径转变为网状传播路径,深度改变了传统运营模式与产业规则③。

①　参见王韵涵:《碎片化阅读趋势下编辑出版创新路径探索》,《中国报业》2018 年第 3 期。
②　参见张建凤、曾婉:《出版社主导模式下的有声书发展策略——以企鹅兰登出版社为例》,《出版广角》2018 年第 24 期。
③　参见吴菲菲、徐云松:《众筹模式下我国出版产业的转型与挑战》,《中国出版》2018 年第 3 期。

（2）网络直播营销

李苗和王亮认为,纵观我国出版业网络营销现状,存在很多问题:营销内容单一化,双向互动延迟化,投入成本过大化。同时,出版业网络直播营销也具有其优势:实时互动传播获得持续性注意力;病毒式营销易引爆扩散;目标用户精准化,用户会根据自己的需求选择不同类型的直播活动;跨越地域限制,内容形式丰富;投入成本低,节省营销费用。针对出版业网络直播营销中存在的问题与风险,研究者提出如下建议:第一,强化互联网思维,实行多平台跨媒体直播营销。出版业要灵活地借助不同网络平台的直播营销活动,用互联网的传播特征来思考出版业的融合发展,适应网络直播即时互动、海量传播、精准营销的特点,改变单向传播,注重用户体验,满足多样化和个性化的读者需求。第二,培养直播营销专业人才,打造精品直播活动。出版企业应加强网络直播营销专业人才和团队的培养,提升从业人员的业务水平,从而策划出更多的优势品牌直播活动。第三,与优秀直播平台通力合作,兼顾社会效益与经济效益。出版社可以将内容与技术密切结合,整合出版信息资源,从而打造有趣的文化垂直类直播节目,采用付费观看的模式,使优质内容输出变现。第四,积极利用出版社独有优势,提升市场话语权。出版业应该积极利用得天独厚的优势,包括受保护的版权和势力范围、优秀的编辑团队、积累的人气作家品牌资源等,与网络直播平台深度融合,有效提高出版内容的到达率,提升自身话语权①。

（3）知识付费

赵京芳认为,近年来,随着互联网技术及其内容付费对知识付费市场多年的培养与打开,我国知识付费的轰然来袭不仅给传统的出版行业带来了史无前例的冲击,也为其创造了借知识付费东风趁势而为的机遇。分答、得到、知乎、喜马拉雅、微博问答等各种知识付费平台纷纷上线,创造了开展知识付费业务的生态环境。对出版企业来说,虽然拥有长期的出版经验与丰富的内容资源优势,但是涉足知识付费,毕竟是去探索一个属于互联网经济的新领域,去创新含有互联网技术的新价值,所以,出版社知识付费运营只有依据其生态环境及自身的状况与特点相适应的运营策略,出版企业才能够在知识付费领域得以长期持续发展,并取得辉煌的业绩,成功实现每个企业在互联网经济时代的梦想②。

（4）数字出版产业版权模式

郁舜和冯程程认为,知识付费的大趋势已经来临,互联网上作品的传播由过去免费共享开始转为知识付费;版权市场呈现金字塔模型,即少数知名作品收获了版权市场繁荣发展的大部分红利,绝大多数作品依然处于籍籍无名的状态;著作人呼唤平台参与打击侵权行为。针对数字出版产业的发展规划,应该注意结合互联网最新发展动向,充分调动司法、立法、企业、社会组织等各方面的力量,通过完善立法,让司法发挥示范作用、企业积极参与打击侵权行为,并为作品许可转让提供合法、便利的渠道,达到使数字出版良性发展的目的③。

付继存认为,网络环境下的版权授权面临着海量授权、快速授权、多层次授权等方面的挑战。为此,纷繁复杂的商业实践在突破传统授权模式的基础上探索了一些新的方案。这些方案可以归结为自治干预模式、市场自治模式与技术主导模式三种,所采取的要素可以涵盖在"制度—市场—技术"三

---

① 参见李苗、王亮:《出版业网络直播营销新探索》,《中国出版》2018 年第 4 期。

② 参见赵京芳:《出版社知识付费的运营与策略》,《中国出版》2018 年第 8 期。

③ 参见郁舜、冯程程:《数字出版产业发展之版权保障》,《中国出版》2018 年第 5 期。

维框架内。三维框架提供了各个授权模式所包含的成本、受益指标。版权授权模式的选择可以在尊重私法自治的伦理价值与遵守效率原则的功利价值这两个维度内展开,这也将为版权授权机制建设提供有益指导①。

李文怡认为,全版权运营就是围绕作品的著作权,通过多渠道资源的整合,将作品进行全方位运作,实现著作权经营的最大化。以热门网络小说为例,全版权发展就是让网络文学作品从线上走到线下,从网络连载延伸到图书出版、影视制作、游戏开发等,通过对作品著作权和改编权的利用,实现同一作品多种表现形态间的关联和转化,进而实现著作权市场经济价值的最大化。全版权运营要进一步适应多产业融合的大趋势,不仅可以强化版权人的知识产权保护意识,还可以更好地打造有影响力、覆盖多行业的产品。只有从国家到社会再到作家和社会大众多层面的共同努力,不断加强作品版权的保护,营造整个社会尊重知识产权的氛围,才能不断推动全版权运营的健康发展②。

(5) 社交短视频与出版物营销

国佳认为,社交短视频平台的迅速崛起为图书等出版物的营销带来了新的契机。抖音、快手、美拍等社交短视频 App 的火爆,促使一些传统出版媒体开始转向视频社交平台,利用短视频的传播方式展现出版物的特点。这种将出版物与短视频结合在一起的营销方式,正是利用了社交短视频的产品表现力丰富、传播力广泛及互动性较强等特性,表现为:产品表现力强,短视频能更好地展现出版物价值;传播力强,短视频平台让营销覆盖更多用户群体;互动力强,社交短视频可以打通出版物和读者关系间的最后一公里。因此,很多出版社都有自己的官方微博、微信公众号、社交短视频平台官方账号。在出版物营销过程中,应注重将不同渠道相互打通,让出版物在各种社交平台上形成多层次的影响,建立多平台、立体化的营销体系,让更多的受众通过不同平台接触到产品信息,为出版物的成功营销打下基础③。

## 五、我国出版对外交流

姚永春和曾冰认为,在出版产业"走出去"战略的推动下,我国出版产业的国际化发展日益深化,已经从出版物进出口贸易网点建设进阶到对外投资布局阶段。经过近十年的对外投资实践,我国出版产业对外投资方向日益明确,领域逐步拓宽,方式不断创新。但是,作为一项系统性、长期性战略,对外投资需要明确战略定位、政策设计、区位选择等,为出版产业的对外投资提供基本遵循。在出版产业对外投资战略定位方面,要服务于我国国际交往基本格局,形成合理的对外投资区域结构;要服务于我国文化对外传播的全球布局,建立出版文化联动机制。在统筹规划我国出版企业对外投资战略方面,要强化出版企业对外投资的产业链主导思路;以建设跨国出版集团为目标,合理规划海外分支机构网络;创新我国中小出版企业对外投资布局的集群发展力。在合理调整出版产业对外投资区域布局方面,要依托现有网络,进一步向我国需要重点发展的交往区域拓展,解决出版产业对外投资布局中的盲点问题,因地制宜推进沿边省份开展周边区域合作布局,为其后参与全球出版产业链治理

---

① 参见付继存:《网络版权授权的模式选择》,《中国出版》2018 年第 15 期。
② 参见李文怡:《全版权运营模式初探》,《出版广角》2018 年第 4 期。
③ 参见国佳:《试析社交短视频与出版物营销的融合发展》,《出版广角》2018 年第 22 期。

奠定基础①。

王卉和楼小龙认为,在互联网引领的时代发展机遇中,就目前我国出版"走出去"的总体现状与特征而言,内容、渠道、资本是创建数字化模式的三大根基。出版"走出去"成为体现国家文化软实力的重大战略。当前人工智能等新兴网络信息技术成为全球科技竞争的新高地,数字经济成为世界各国谋求经济增长的新动能。在这一新时代背景下,探索我国出版"走出去"的数字化模式与路径,能够推动新闻出版"走出去"各项工作的提质增效,加强我国国际传播话语权。我国出版"走出去"的模式创新,需要基于针对用户的需求分析,以及新兴科技驱动下的产品开发与服务升级,围绕内容、渠道与资本,不断探索数字化模式的实现路径。出版业具有经济与文化的双重属性,是国家经济建设与文化建设的重要支撑。构建我国出版"走出去"数字化模式,将同时体现国家出版的硬实力与文化软实力,意义重大。利用数字技术、遵循互联网思维、秉持合作共赢理念,强化内容输出、渠道建设与资本运作,是出版业构筑现代传播体系,建设长线、立体、开放、多元的文化输出数字化模式的根基②。

聂震宁认为,"一带一路"倡议中的我国出版"走出去",作为一个新的阶段,目前还处于开局之初。"一带一路"倡议的实现,是一个长期的国际合作过程,其中的文化交流,包括我国出版"走出去"在内,也将是一个需要长期实施的过程,需要有长期的思想准备和切实具体的安排。需要在以下几个方面有新的举措:一是要做好顶层设计;二是要加强相关翻译专业人才的培养;三是要及时做好"一带一路"沿线国家数字化出版合作;四是要循序渐进地实施好"外国人写作中国计划";五是要组织更多出版专业人才"走出去"。可以展望,只要"一带一路"倡议长期坚持下去,我国出版业"走出去"的规模必将得到更大的扩展,出版业国际化经营能力必将得到明显的增强,而中华文化的吸引力和感召力必将不断得到提升③。

韩文君认为,自 2003 年把出版"走出去"作为全面建设我国新闻出版业五大战略之一以来,我国出版业在"走出去"方面取得了显著进步。但是必须看到,我国的图书"走出去"了,但还未"走进去",我国输出的图书很多无法进入西方的主流社会。因此,我国出版"走出去"要在海外真正落地生根,可以从培育中国出版价值体系、推进融合出版、开展国际合作、打造中文主体图书数据库四个方面切实努力,增强我国出版业的国际传播能力④。

撰稿人: 赵静(复旦大学新闻学院 2018 级博士研究生)

---

①　参见姚永春、曾冰:《我国出版产业对外投资发展策略探究》,《出版科学》2018 年第 6 期。

②　参见王卉、楼小龙:《中国出版走出去数字化模式与路径分析》,《中国出版》2018 年第 24 期。

③　参见聂震宁:《我国出版"走出去"进入新阶段——兼谈"一带一路"我国出版"走出去"的新举措》,《现代出版》2018 年第 5 期。

④　参见韩文君:《中国出版走出去战略思考》,《新媒体研究》2018 年第 14 期。

第六部分　新媒体、媒介融合、广告、
　　　　　公关与文化创意产业研究

# 新媒体基础理论与实务研究

新媒体的概念自提出之时,就处于不断变化之中。"新媒体"一词始于20世纪60年代,美国哥伦比亚广播电视网技术研究所所长、NTSC电视制式的发明者戈德马克(P. Goldmark)发表的一份关于开发电子录像商品的计划中提出了"New Media"这个概念①。20世纪80年代,伴随计算机技术的发展,"新媒体"一词开始广泛普及。

学界对于"新媒体"的定义虽各有不同,却不乏共性特征:数字化、交互性、相对性、移动性、融合性等。笔者倾向于借用彭兰对于"新媒体"的界定,即指基于数字技术、网络技术及其他现代信息技术或通信技术的,具有互动性、融合性的媒介形态和平台。在现阶段,新媒体主要包括网络媒体、手机媒体及其两者融合形成的移动互联网,以及其他具有互动性的数字媒体形式。同时,"新媒体"也常指基于上述媒介从事新闻与其他信息服务的机构②。

事实证明,倘若采取微博、微信、手机、计算机网络这样的技术标签对新媒体进行区分,恰恰忽略的是不同载体躯壳下新媒体间的相互勾连与共同属性,尽管学者在研究时往往会选取其中一个载体、围绕一项议题展开,然而在做新媒体文献综述时要尽量避免"一媒一议"。本章节分为"新媒体媒介使用研究"、"社交网络研究"、"新媒体受众研究"、"新媒体研究方法及其局限与对策"、"新媒体与数据"、"人工智能在新媒体领域的应用与影响"、"新媒体新兴业务研究"、"新媒体与虚假新闻及其对策研究"八个议题,就是力图弥合技术平台的割裂。议题不仅涵盖媒介研究、内容分析、受众研究、效果分析,还就新媒体新的研究方法、伦理问题,以及人工智能、大数据等热点话题进行了分析。

# 一、新媒体媒介使用研究

## 1. 媒介使用与政治参与

韩晓宁和王军基于一项以914名网民为研究对象的在线调查数据,将人口统计学特征作为控制变量,研究互联网使用工具性变量和政治心理变量对网络政治参与的影响。研究结果表明,政治认知确实促进了网络政治参与行为;外部效能感比内部效能感更能对促进中国的网络政治参与发挥作用;公民的网络政治参与主要动机是基于政治关心、社交动机和娱乐动机,而较少基于利益动机③。

郑沅教通过弹劾朴槿惠总统烛光集会这一具体事例,尝试对媒体使用与政治参与之间的关系进行实证分析。研究发现,新媒体的政治性使用不仅对弹劾集会产生了直接影响,而且比起其他影响参

---

① 引自匡文波:《"新媒体"概念辨析》,《国际新闻界》2008年6月。
② 引自彭兰:《"新媒体"概念界定的三条线索》,《新闻与传播研究》2016年第3期。
③ 参见韩晓宁、王军:《网络政治参与的心理因素及其影响机制探究》,《新闻大学》2018年第2期。

与弹劾集会的变因,如社会信任和政治效能感,产生了更大的影响。尽管传统媒体的政治性使用没有对弹劾集会参与产生显著影响,却对政治知识的增加存在明显影响。与此同时,社会信任通向弹劾集会参与的路径显示出显著的影响,而政治信任对弹劾集会参与未产生显著影响。在不同媒体对弹劾集会参与的影响力方面,代表性社交媒体"脸书"的影响最大①。

**2. 媒介使用与社会抗争**

过往对维权行动的研究主要集中于底层群体,郭小安和杨绍婷则选取了知识群体中的医生、教师、艺术家、作家和记者作为研究对象。研究发现:一方面,作为拥有高度符号化表意实践能力的行为主体,知识群体的维权符号具有不同于底层维权的抽象性,通过行为艺术的身体叙事进行奇观化的视觉抗争;另一方面,受"层中层"的认知影响,知识群体在抗争过程中借助底层框架,运用弱者逻辑,形成了符号学意义上的"临时的标出性翻转"。需要指出的是,知识群体维权过程中尽管借用了底层抗争的框架,但维权行动总体还是在理性的轨道上运行,很少以暴力对抗的方式释放负性情感②。

**3. 互联网使用与民族国家认同感的构建**

吴志远认为,网络社会的技术逻辑正在重构传统大众传媒宏大叙事结构下对于国家的认同样态,使虚拟空间中的民族国家认同由聚合式的中心辐射走向圈层化的离散,具体表现为:网民身份认同的意义共享与价值判断既缺乏传统社会中仪式性的坚固和持续,也缺乏工业社会中科层化的整齐有序和统一。在流动的意义与价值之中,网络社会中的身份认同表现出意义共享的随机、无序,以及价值判断的去中心和去本质。这使得网络社会中基于身份认同而建构的共同体的本质意志被大大削弱,基于身份认同而形成的共同体变得更加多元,同时也更加离散。在网络社会中,个体处于一定的圈层之中,中心式的自上而下的传播方式正在被点状圈层式的传播结构所替代。不同于过去民族认同对共同的地缘、血缘和文化历史的强调,个体通过不同的圈层建构自己的民族认同感,这种民族认同通常基于共享的趣缘、话题和平台(贴吧、微博、微信等不同平台)而聚合为一体。互联网技术绝不仅仅是一种通信工具,它还内嵌了个人社会化和群体分化的技术逻辑,它将进一步改变人们认知自我和"他者"世界的意义和经验。在虚拟空间中,"他者化"冲突的不断放大导致新的认同危机,这种对自我、他者自反性的定义和强化,最终将表现为现代社会中民族国家认同的新命题。理解新的技术逻辑,才能积极地引导网络社会中的现代认同,建构共识性的社会基础与良性的网络社会秩序③。

**4. 互联网使用与婚恋交友**

张慧文和张国良对中国婚恋网站用户的现状、认知、态度、意愿和效果,尤其是婚恋满意度进行了实证研究。结果发现:中国婚恋网站用户已有一定规模;当下通过婚恋网站结成婚恋关系的人群还未成为主流,然而人们对婚恋网站的认知和态度趋于正面、积极;年龄较大、学历较高、收入较多的人群更倾向于使用婚恋网站;对比各种婚恋关系结成方式的核心效果(即婚恋满意度),婚恋网站方式明显

① 参见郑沅教:《新媒体与政治参与:以弹劾朴槿惠烛光集会为例》,《国际新闻界》2018年第4期。
② 参见郭小安、杨绍婷:《"层中层"的想象与行动:知识群体维权符号的抽象性与标出性》,《新闻大学》2018年第1期。
③ 参见吴志远:《离散的认同:网络社会中现代认同重构的技术逻辑》,《国际新闻界》2018年第11期。

优于其他方式。通过访谈发现,人们之所以选择使用婚恋网站,主要基于媒介优势——作为中介或媒介的婚恋网站,比传统婚介更快捷、方便、信息量大、自由度大、主动性强、选择性强;示范效应——周边亲友的成功经验,往往是他们能认真对待婚恋网站的最直接因素;规范趋势——婚恋网站市场趋于成熟化、规范化、完善化;认知转变——越来越多的人认识到,婚恋网站和传统婚介的实质并无差别,没有理由对其抱有好奇、歧视或偏见的态度[①]。

### 5. 网络视频与环境传播

胡怡和张雪媚通过实证研究考察了在线视频分享网站中与气候变化议题相关的视频。研究结果显示,当前网络视频中的气候变化议题在视频来源和类型上较为多样,网络媒体的传播优势得以体现。从这些视频的内容框架分布来看,中国气候变化问题的传播在倾向上整体呈现出高度的一致性,气候变化的存在及其威胁被广泛承认。但是从视频的点击率和评论量来看,气候变化议题的相关视频传播效果并不理想,一些持阴谋论的视频获得了很高的点击率和评论量。从内容框架上来看,"影响后果"框架的数量远远超过"解决路径"框架,而且其中热衷于单纯渲染气候变化恶果的"环境灾难"框架数量较高,真正有关气候科学、全球变暖科学知识的传播却稍显薄弱。当前我国的网络视频在促进公众理解气候变化议题时存在的问题包括:第一,传播内容仍停留在简单的现象告知及某种刻板化影像符号的传达上;第二,影响后果和行动号召较多,而面向普通公众的行动建议不足;第三,把气候变化当作确凿无疑的消息进行报道而缺乏科学知识的依托[②]。

### 6. 手机使用与技术反哺

朱秀凌以技术接受与使用整合模型为理论基础,通过问卷调查和深度访谈,揭示青少年家庭内部自下而上的手机技术传播,即"技术反哺"现象,探讨其发生机制及其社会影响。研究发现,家长的绩效期望、努力期望、社会影响、创新精神、受教育程度、职业和居住地均正向影响其被反哺意愿;城市大学生的反哺意愿高于农村大学生;亲子沟通质量越高,父母在教养过程中给予的情感温暖越多,大学生的反哺意愿越高,也即论证了家庭文化之于新技术在家庭场域扩散的重要性;便利条件、亲子双方的反哺意愿均正向影响反哺行为;亲子双方的反哺意愿越高、反哺的内容越丰富,反哺正面效果越好。技术反哺虽然有效地弥合了代际隔阂,提升了年长世代的新媒体素养,实现了家庭权力结构从单向权威向双向权威转变,但未从根本上改变亲子之间的地位[③]。

### 7. 手机与社会空间/关系网络的维系与建构

基于云南藏区僧俗手机使用的田野资料,陆双梅探讨了云南藏区当下的社会空间生产与手机使用之间的关系。研究认为,手机建构的空间特征是在"缺场"的状态下,通过媒介技术实现不同空间中

---

① 参见张慧文、张国良:《婚恋网站使用与婚恋满意度关系实证研究》,《新闻大学》2018 年第 1 期。
② 参见胡怡、张雪媚:《科学的缺位:新媒体环境下的中国气候传播——以在线视频分享网站为例》,《新闻大学》2018 年第 1 期。
③ 参见朱秀凌:《手机技术反哺、亲子沟通与父母教养方式——基于技术接受与使用整合模型的分析》,《新闻大学》2018 年第 4 期。

的社会实践行为和状态的虚拟的共享,即流动空间的超多样性文化景观的共享。具体表现为,手机打破了既往寺院与村落之间的区隔,在寺院与村落之间建构了新的宗教空间;手机促进了国家力量对寺院和村落社会空间的介入,改变着僧侣、村民与国家公职人员的社会交往,使得藏区宗教、政治、经济和社会交往处于一种现代转型的流变过程中;手机推动了跨越国界族群文化空间的交流与互动,构成全球媒介景观中的"现实的"族群与"想象的"族群的对话与交流,建构了新的族群身份与族群记忆,也呈现了族群文化的冲突和不稳定①。

高莉莎以在昆明打工的来自云南红河哈尼族彝族自治州 H 县 L 乡的哈尼族、彝族农民工为观察对象,论证了手机承载着重塑时空情境、重构熟人关系网络的功能。熟人社会并非决定于"主体"成员的固定与常在,城乡移动也不意味着乡村主体感的丧失,社会关系并不受身体在场的束缚,熟人社会的舆论、"面子"、社会资本等逻辑行为准则依然起着支配作用,共同构筑了既虚拟又实在、线上线下相结合的"移动主体熟人社会"。其特征体现为:既关注城市打工的乡村青壮年主体,也关照他们与乡村留守群体的关系;舆论压力经由网络空间作用于城市-乡村两个实体空间;乡土社会关系网络随着手机而成为可动用的社会资本,成为"乡土性"在城市空间的一种移植;"移动主体熟人社会"中"面子"具有了多元的展示方式,"面子"不仅仅在乡村的实体空间,也可以在城市聚落点,在微信群、在朋友圈;作为乡村主体的人是否在乡村不是重点,重点是他们心系故土,衣锦还乡是夙愿。情感眷恋、价值认同、人生意义等依然来自村落共同体②。

### 8. 手机使用与社会资本

马志浩和吴玫通过对山东省荣成市成年人口(农村居民样本 476 个,城市居民样本 505 个)进行调研,重点关注社会经济地位和不同地理空间(社区、县内、县外)的不同移动通信方式(通话、网络通信)对社会资本的影响。研究结果显示:在农村的基层生活中,教育依然是个体收获更好的社会资源、更具差异化的社会资源的重要指标。但对于基层的城市居民来说,通过教育获取社会资源的可为性不高。传统媒介接触对基层社会资本无显著关系。农村被试者通过手机上网来进行交流沟通的行为并不普及,移动传播对基层农村社会资本的影响有限。移动传播对基层城市社会资本的影响尚局限在县域范围内,在县以外的范围没有显著影响③。

### 9. 女性视角下的手机使用

章玉萍尝试将"生命历程"视角运用于流动女性的数字媒介研究。研究强调,要把流动女性及其家庭的生活史与对结构性不平等的宏观政治经济分析结合起来,充分认识这些结构性力量如何影响流动女性的生活境遇,流动女性如何基于自身意愿和家庭需求来回应社会结构和生活机遇的限定,以及这些互动如何影响她们的数字媒介使用。通过采用田野观察、焦点小组、非正式访谈的方式,收集珠三角地区 119 位流动女性手机使用的质化数据,研究认为:"信息中下阶层"不只是不同边缘社会群体简单相加的集合体,而是不同社会身份之间的互相影响、随时间而变化的动态过程。随年龄而变化

---

① 参见陆双梅:《手机与云南藏区社会空间的再生产》,《新闻大学》2018 年第 2 期。
② 参见高莉莎:《"移动主体熟人社会":基于少数民族农民工手机微信使用的研究》,《新闻大学》2018 年第 2 期。
③ 参见马志浩、吴玫:《通话中的农村与手机网络通讯的城市:移动传播与社会资本的基层图景》,《新闻大学》2018 年第 1 期。

的就业市场地位和家庭性别角色是她们差异化手机使用的根本原因。这些多样化的手机使用,展现了她们一定程度的个体能动性。不同生命阶段的流动女性基于自身和家庭需要而使用手机的不同功能,从使用中获得不同类型的需求满足。多样化的手机使用模式受到工作类型和生活环境的形塑,也反映了她们在外部环境限定下作出的具有能动性的决策①。

## 二、社交网络研究

### 1. 微信群与社区再造

罗伯特·达尔基于汉娜·阿伦特和哈贝马斯的"公共领域",将公共领域细分为宏观公共领域和微观公共领域。微观公共领域具有参与人数相对有限、直接协商对话、自愿参加讨论、共同解决公共事务等特征。面向基层社区、小型集会等小规模人群,力图将所有的利益相关者纳入协商民主范围中,它是使民主化进程与社区发展直接联系起来的一种有效途径。依托微观公共领域的理论框架,牛耀红基于对甘肃省陇南市康县城关镇冯村 581 人的田野调查,结合加入冯村"为村"平台所进行的线上观察发现:作为数字社区公共领域的"为村",使村民在数字社区公共领域中的对话、协商、动员等行为正在逐步实现村民自治制度要求的"自我管理、自我教育、自我服务"的目标。村庄多元主体基于移动媒介开展网络公共参与是实现基层民主的新路径。此外,研究还特别提醒,不可忽略琐碎的"拉家常"式互动,正是这些日常交往信息,成为强化社区连接的重要因素②。

肖荣春采用民族志考察和个案研究相结合的方法,对美国 L 城华人社区微信群的"社会互助"与"故事讲述"进行了探索性研究,分析了 L 城华人社区微信群的社会互动网络。研究结果表明,考察的华人社区微信群具有抗拒文化同化和适应美国文化的双重功能。一方面,微信群通过中文的语言和方式的使用,以及中国文化故事的"讲述",保持了"边缘人"群体文化的相对独立性,维系了一个独特的共同体想象;另一方面,微信群通过社会互助和地方性知识的"讲述",获取各种生存和发展的社会资源,来适应美国文化和实现社会融入。微信群把社区"故事讲述"系统的居民、地方性媒体和社区组织整合在一起,通过线上、线下的交往与互动,微观和碎片化地实现"弱关系"的连接,从而实现"归属感"体验。同时,微信的随时性、嵌入性和移动性的互动特点,使得社区成员"归属感"体验更加快速而具体③。

### 2. 自拍: 被环境构建的"自我技术"

彭兰将自拍定义为新媒体时代的一种进行自我表达与自我创造的"自我技术"。福柯将"自我技术"定义为:使个体能够通过自己的力量或者他人的帮助,进行一系列对自身身体及灵魂、思想、行

---

①　参见章玉萍:《手机里的漂泊人生:生命历程视角下的流动女性数字媒介使用》,《新闻与传播研究》2018 年第 7 期。

②　参见牛耀红:《建构乡村内生秩序的数字"社区公共领域"——一个西部乡村的移动互联网实践》,《新闻与传播研究》2018 年第 4 期。

③　参见肖荣春:《微信群的"社会互助"与"故事讲述"——一项基于美国华人社区微信群的探索性研究》,《新闻与传播研究》2018 年第 1 期。

为、存在方式的操控,以此达成自我的转变,以求获得某种幸福、纯洁、智慧、完美或不朽的状态。而新媒体技术作为与古典时期的自我审视、自我修炼相对照的新的"自我技术",给人们新的自我关注与自我创造了可能,并重新定义与自我的关系。

新媒体时代的"自我技术"不仅推动了个体的自我关注意识,而且将这种自我关注置于前所未有的互动环境中——人们每一种自我呈现与表达,都可能被其互动环境所监视、评价,这些反馈随时会反弹回个体。自拍可以通过彰显"在场感"来进行自我呈现与表达,是个体自我意识增强的体现,人们开始试图挣脱外在的摆布,自主地决定自己的存在方式。身体在场的背后,暗含着某种可以炫耀的能力或资本。然而,"在场"方式也往往是从他人的角度构建的,人们对"场地"的选择、表情与姿态的设计、拍摄与发布时间的选择等都会从他人的角度出发。因此,自拍中表现出来的"在场"方式,常常也是被环境与他人建构的。

自拍作为一种典型的自我建构方式,体现着"个体自我"、"关系自我"、"集体自我"这三重自我的冲突与调和过程,建构与解构、个性与去个性的矛盾也会体现在自拍的自我建构中。尽管自拍是一种不同于"权力技术"的"自我技术",但看上去自由的"自我构成"与"自我的转变",更多时候还是为了迎合物质化世界和外部力量的规训——通过自拍进行自我表现,从他者角度进行自我审查—自我调整的过程将变得越来越常态[①]。

### 3. 社交媒体中的意见领袖

王晗啸和于德山根据 2016 年 486 起微博热点事件参与情况对 325 名意见领袖进行关联,构建意见领袖事件耦合矩阵,以可视化的形式揭示意见领袖的活跃程度、彼此间的关系远近以及主题参与倾向。研究验证了部分意见领袖的主题参与倾向与其现实身份的差异性,同时也证明了微博生态泛娱乐化与生活化倾向明显,微博中主要活跃着四种意见领袖:休闲娱乐类意见领袖、社会民生类意见领袖、竞技体育类意见领袖和金融时政类意见领袖。其中,竞技体育类意见领袖虽然在人数和总值上偏低,载荷均值却居于首位;休闲娱乐类和社会民生类意见领袖在主题参与方面呈现出较高的相关性;金融时政类和竞技体育类意见领袖虽然在主题参与上与其他主题互有交织,但更多的是关注本主题下的事件,与其他主题的相关性相对较低。研究对实现微博舆情的精准化治理具有一定启发:第一,对意见领袖事件余弦距离矩阵的分析可有效判断营销号是否存在幕后推手与公关团队;第二,要打破意见领袖的固有标签,根据事件参与倾向重新对其定义;第三,实施分级监测,通过对意见领袖主题参与倾向性的分析,将重点意见领袖作为优先关注与监测的对象,以节省监测时间和成本[②]。

### 4. 社交媒体与离散经验群体

赵瑜佩在"两级社会资本"分析框架预设下,通过网络民族志研究 40 名"世纪潮一代"的在英流寓华人,对比 Facebook 和微信在构建他们跨文化社会资本过程中的异同和特征以及扮演的角色发现:社交媒体使"世纪潮一代"的在英流寓华人从离散的既定人群中不定期"脱出",以"想象融入"和"持

---

① 参见彭兰:《自拍:一种纠结的"自我技术"》,《新闻大学》2018 年第 5 期。
② 参见王晗啸、于德山:《意见领袖关系及主题参与倾向研究——基于微博热点事件的耦合分析》,《新闻与传播研究》2018 年第 1 期。

续认同"活跃在不同文化集体和社群,因此不仅创造文化再生产,也将跨国之中国的现象推向高潮。具体而言:第一,微信让在英流寓华人体现出较强的华人特性,而Facebook更容易使"世纪潮一代"形成网络(互联网)之网络(公共领域),通过Facebook建构社会网络的在英流寓华人虽然声称其具有包容性,但这类群体的跨文化传播过程却常与封闭的意识形态相伴;第二,流寓华人随着社交媒体的发展表现出多层次融入与多元化认同的动态呈现,而"世纪潮一代"也表现出民族身份和公民身份差异性共存,并且未感到在"不熟悉"的虚拟共同体中被边缘化或产生不安全感;第三,流寓华人试图建立更宏观的"双边社会",而"世纪潮一代"的流寓华人借助Facebook和微信可以不同程度地跨越文化空间、制度和话语①。

付晓燕通过对35名留学生的社交媒体使用经验进行编码分析,指出数字媒体社会的运作并未像麦克卢汉所预言的那样——消解国界,促成地球村。作为离散者的中国留学生早期在中国大陆的社交媒体使用经验与海外互联网文化形成了新的"数字文化冲突",加剧了"文化休克"现象,为离散者的社会融入带来了新的挑战②。

基于前期访谈研究,以在美国的中国留学生为对象,结合问卷测量的方式,张少科指出,中国留学生在两国文化参与程度类似,但对中国文化承诺的得分远高于对美国文化承诺的得分。当"中国文化承诺"越强时,被试者越不可能对美国社交媒体进行功能性使用,这在一定程度上体现了"分隔"现象;当"美国文化参与"得分越高时,被试者对中国社交媒体的功能性使用越低。然而,该得分与其对美国社交媒体的使用无关,这可能意味着边缘化现象,即虽然有人尝试从中国文化中抽离出来,但又很难通过美国社交媒体来帮助融入美国文化。中国留学生通过美国社交媒体融入美国文化的尝试,主要停留在认知与意愿层面,而未能深入实质行为层面,他们通过大量深度地使用中美两国社交媒体来维护中国文化认同③。

杨恬和蒋晓丽采用量化与质化分析相结合的方法,研究了在美中国旅居者在社交媒体上的主要呈现动机及其强弱排序,并比较了中美两国社交媒体上自我呈现动机的差异。研究发现,"维系国内关系"与"从众"分别是旅居者在中美两国社交媒体上呈现自我的首要动机。在关系动机层面,"维持国内关系"动机比"发展与美国人的关系"动机更显著;在个体心理需求动机层面,"从众"、"自我确认"、"减压"动机都在中国社交媒体上而非美国社交媒体上体现得更为明显。总体而言,除"自我强化动机"以外,中国社交媒体上每项动机均值都显著高于美国社交媒体,旅居者在中国社交媒体上的自我呈现行为更主动,而在美国社交媒体上相对被动,一定程度上表明旅居者在美国社交媒体上进行跨文化传播时依然面临阻力④。

### 5. 社交媒体与老龄群体

周裕琼采用问卷调查、深入访谈、新媒体工作坊等方法考察了深圳老人微信使用的情况。数据显

---

①　参见赵瑜佩:《"世纪潮一代"的网络社会资本重构:对比在英流寓华人Facebook和微信的数字化融入》,《国际新闻界》2018年第3期。

②　参见付晓燕:《网络空间的"文化休克"与文化认同:基于中国留学生社交媒体使用的生命故事》,《国际新闻界》2018年第3期。

③　参见张少科:《离散族群多元文化认同对社交媒体使用的影响》,《国际新闻界》2018年第3期。

④　参见杨恬、蒋晓丽:《在美中国旅居者在社交媒体上的自我呈现动机研究》,《国际新闻界》2018年第3期。

示,主观因素,即对微信特征和风行程度的感知对老年人微信采纳与使用的影响,大于客观因素,即人口变量和健康水平等。对老年数字弱势群体的研究应特别关注性别逆转现象(女性对微信的采纳高于男性),充分探讨数字排斥的发生机制(与客观的身体排斥相比,主观的心理排斥才是老年人数字融入的阻碍),深入研究数字融入的实现障碍(缺乏数字接入的设备、缺乏数字技能素养、数字思维的匮乏),同时需要全面考察数字代沟与数字反哺之间的制约关系①。

### 6. 社交媒体与社会信任度

张洪忠等通过对3 120人份网络调查数据分析发现,社交媒体使用对网民社会信心既有显著的正向影响,同时也通过官方账号和个人账号信任的中介效应产生间接正向影响。其中,官方账号信任度的中介效应明显大于个人账号信任度。尽管年龄、性别、学历、婚姻状况、收入等人口特征对网民的社会信心均没有显著影响,但是"中共党员"的党派身份却表现出显著的积极影响。由此可见,人们的政党属性会在社交媒体使用中得以表露。在我国当前的环境下,中共党员使用社交媒体越多,对社会的信心就越高②。

## 三、新媒体受众研究

郑雯和李良荣指出,网民的用户结构、基本诉求、主要心态已发生重大变化,随之而来的将是互联网结构环境的整体转型和网络舆论形势的深层重构。首先带来的是结构反转。中等收入群体取代"三低人群",收入、学历较高的中等收入群体在网络使用率上要明显高于底层群体,成为网络主力社会主力军。其次,是心态的变迁,具体表现为:第一,以"人身安全"、"财产安全"、"经济安全"为代表的"安全感"成为基础型、底线型的网络社会心态;第二,以"个人权利"、"社会保障"、"生活品质"为目标的民生议题取代"暴力拆迁"、表演式抗争等传统议题,成为网络表达的高发领域;第三,"三高"(高发展效能、高个人奋斗、高生活追求)、"三低"(低政治效能、低政治关注、低政治表达)是中等收入群体网络表达的主流,其诉求以发展型、建设型为主;第四,理性表达渐成主流,但问责范围扩大化,表现出反权威特征,具有垄断性权力的机构和个体成为网络舆论批评的最主要指向对象;第五,网络戏谑政治、"高级黑"消解官方话语的现象逐步显现。

中等收入群体得以强势影响网络舆论的动因,可归为以下几方面:第一,中等收入群体的急速扩大伴随着急速分化,使得该群体的构成复杂、认同感模糊、矛盾突出。其中,"底层中产"和"预备中产"成为"网络声音"的主要来源,具有很强的与"三低人群"、"民粹主义"结合的可能性。第二,伴随知识经济扩展,中等收入群体的基础从少数职业者到普遍的知识岗位从业者,其与网络"大V"、自媒体人的天然重合使得相关热点事件的共振强度更大,辐射范围更广,抗争诉求更加坚定、持久。第三,中等收入群体具有极高的媒介素养、持久的网络事件运作能力和更强的国际视野、网络技能,不仅能在国内网络舆论场主动设置议程,亦能在不同国家、地区之间影响跨境网络互动。第四,中等收入群

---

① 参见周裕琼:《数字弱势群体的崛起:老年人微信采纳与使用影响因素研究》,《新闻与传播研究》2018年第7期。
② 参见张洪忠、何苑、马思源:《官方与个人社交媒体账号信任度对社会信心影响的中介效应比较研究》,《新闻大学》2018年第4期。

体具有极强的消费能力,是商业资本和各大新媒体平台的核心用户,围绕中等收入群体诉求的网络话题已成为商业资本和各大新媒体平台炒作的新热点①。

## 四、新媒体研究方法及其局限与对策

曹晋等指出,互联网民族志是观察和理解人们如何在网络上进行社会交往和意义建构的民族志研究方法。不同于实验、问卷、访谈等去情境化的方法,民族志研究者践行整体式研究,通过具身浸入式参与,把握线上世界中展开的日常生活、社会交往与历史发展,描摹不同文化领域相互建构的关系。因此,作为新媒体研究方法之一的互联网民族志在互联网学者的研究中占据一席重地,它为我们提供检视研究对象日常生活的细致视角和高度效用。

互联网民族志本身的特点亦决定了其局限性,首先是对采用该方法的研究者真实性的质疑。民族志者永远都通过"他者"来讲述自己的"寓言",研究者也承认民族志是对"真实"的建构,而且这种建构贯穿于研究始终。因此,互联网民族志者必须追寻辗转于多个流动的田野网络中,从单一网站、游戏、社区、论坛等跳脱出来,构连更为广阔的社会文化背景。其次,互联网民族志面对复杂的伦理问题,民族志研究者需要仔细评估揭示真相的公共利益,权衡它可能对研究对象造成的伤害。理想的情况是,研究者既要首先保证被研究者的"知情同意",又应公开自己的研究者身份,同时提供研究内容和目的的准确描述,并且与被研究者分享研究发现,最后对他们的合作和帮助表示感谢②。

## 五、新媒体与数据

### 1. 数据在新闻业的应用

大数据传播为新闻业带来了全新的变革,具体体现在以下方面:首先,带来了传播语境的转换——从"信息传播"向"知识传播"转型。数据新闻则通过挖掘海量数据之间的关联规则,寻找连接的意义和信息价值,将碎片化的内容加以整合,形成我们关于某个人物、新闻事件、现象或者社会问题的全局性的认知。其次,算法改变了公共舆论——从传统媒体的议程设置到算法推荐下个性化的新闻阅读。

张淑玲通过对投身数据新闻实践的 14 位从业者的深入访谈,在罗杰斯的创新扩散模型基础上,对数据新闻在中国本土化的采纳扩散影响因素展开前期探索性研究。结果发现:数据新闻早期采纳者均接受过高层次的正规教育,拥有一定的技术知识,具有更强的向上的社会流动性,眼光普遍比较开阔,对创新新闻报道方式和新闻样态有着浓厚的兴趣。他们在各自的新闻实践中意识到应对当前新闻业面临的危机、满足用户需求的必要性,因此能够积极从外界获取并引入创新思想。就数据新闻本身而言,只有发挥其作为增值性创新而表现出的相对优势,满足中国媒体从业者在大数据时代求新

---

① 参见郑雯、李良荣:《中等收入群体在中国网络社会的角色与地位研究》,《现代传播(中国传媒大学学报)》2018 年第 1 期。
② 参见曹晋、孔宇、徐璐:《互联网民族志:媒介化的日常生活研究》,《新闻大学》2018 年第 2 期。

求变的需求,与中国的本土化语境逐步适配和兼容,并表现出一定规模的可试验性和可观察性,才能被更多的中国媒体人采纳和接受。此外,数据新闻的产制流程应该形成较为统一的行业标准和专业规范,并尽量避免其中涉及的技术工具过于复杂和难以操作,才能消除这项创新进一步扩散的壁垒①。

### 2. 数据新闻可视化研究

新闻生产的视觉化是全球新闻业发展的一个基本趋势,由大数据催生的可视化新闻正日渐成为融媒体时代的主流新闻形态。在可视化的生产逻辑下,视觉化或许不再仅仅是新闻的一种表现手段,而日渐成为主导新闻生产的一种全新的专业理念。

张向东运用眼动仪结合调查问卷的方式对 40 名受试者进行测试。结果显示:相比于阅读文字材料,受众对数据可视化作品的喜爱度、记忆度和参与度更高,但在理解度、信任度上差异不显著;信息的表达形式与受众阅读信息时的喜爱度、记忆度和参与度存在正相关关系,可视化的叙事方式不仅降低了受众的获知成本,而且提高了受众对信息要点的记忆效率和分享欲;注视记录长度与喜爱度之间存在显著相关。视觉元素更能快速抓取受众的眼球,营造不同的兴趣点;注视点计数与记忆度之间是正相关关系。看的范围广、内容多,耗费的阅读时间更长,记得更牢②。

### 3. 数据伦理问题

范红霞和孙金波指出,在算法专制主义的统治下,信息自主权和隐私权无法得到保护;人们丧失对内容的判断,算法控制数字专制下的阅读内容使得受众愈发无助③。

赵双阁和岳梦怡认为,算法新闻背后的价值逻辑从强调新闻记者普遍认可的公共利益,转移到基于用户属性和兴趣的个性化新闻,同时"把关人"的权利从编辑让渡给算法工程师,最终造成了信息真实性认知偏差、价值观异化、公共性缺位、算法偏见与歧视等问题。数据伦理的解决之道在于实现媒介伦理的生态平衡,健全法律监管,加强"人"在新闻传播中的主体性,建立多指标推荐系统,提升算法透明度④。

## 六、人工智能在新媒体领域的应用与影响

人工智能,英文缩写为 AI。它是研究、开发用于模拟扩展延伸人类的智慧的理论、方法的一门新的系统性技术科学。人工智能的本质是人类思维的模拟⑤。对人工智能领域的研究主要包括机器人、语言识别、图像识别、自然语言处理和专家系统等。2018 年 3 月,全国两会政府报告再次提及加强新一代人工智能研发应用,在医疗、养老、教育、文化、体育等多领域推进"互联网+"。人工智能已经成为国家战略的基础设施。媒体融合发展,传播科技力量,如何用实践去探索、去寻找一条更适合中国媒

---

① 参见张淑玲:《数据新闻的创新采纳与扩散影响因素分析》,《现代传播(中国传媒大学学报)》2018 年第 8 期。
② 参见张向东:《数据可视化传播效果的眼动实验研究》,《国际新闻界》2018 年第 4 期。
③ 参见范红霞、孙金波:《数据新闻的算法革命与未来趋向》,《现代传播(中国传媒大学学报)》2018 年第 5 期。
④ 参见赵双阁、岳梦怡:《新闻的"量化转型":算法推荐对媒介伦理的挑战与应对》,《当代传播》2018 年第 4 期。
⑤ 参见陈昌凤、霍婕:《以人为本:人工智能技术在新闻传播领域的应用》,《新闻与写作》2018 年第 8 期。

体发展的"人工智能+"的媒体融合之路,成为当前需要我们深思的问题①。

智能技术在新闻领域的应用表现在新闻采集、新闻生产、新闻分发和新闻消费等各个环节,出现了诸如传感器新闻、机器人写作、算法推荐、沉浸式新闻等智能新闻模式。在人工智能技术对传媒业的渗透中,智能推荐机制的应用是目前最为典型的代表。相应的,人工智能也成为新媒体研究的焦点。而大数据、物联网等新技术的研究,也越来越多地被置于智能化媒体的视角下。

**1. 算法推荐机制及反思**

王哲认为,目前的人工智能是一种弱人工智能,并不能完全模拟人脑的思考和判断。人工智能算法还无法做到从没有任何原始数据的情况下,通过逐渐的、持续的探索来学习某项专业技能,这就决定了人工智能技术能够取得成功的关键,很大程度上依赖于对用户数据的搜集和处理。没有可用的数据,人工智能的能力是相对有限的。当存在可用数据时,数据的真实可靠性对算法性能也有着巨大的影响②。

李林容指出,通过对现代人网络行为的持续性观察、学习、理解、调整与操纵,智能算法同时拥有"作恶"的权力,"技术中立"与"无价值观"等主张是平台逃避作为媒体的社会责任的一种手段,社会亟待对算法权力进行引导与规范。其"作恶"的一面具体表现在:第一,当算法搭建的"拟态环境"与受众的主观环境越趋于一致时,接收者的"译码"能力与选择权被剥夺;第二,算法对每个圈子设置着精准的规范,一个个通过类似算法形成的圈子将逐渐压倒人的主体性,人们在自己选择的圈子里活动,画地为牢将自己封闭起来;第三,智能算法以粉丝数、内容点击量等数据作为标准建立起一个隐秘的网络等级制度。"大V"拥有置顶优先的发言权,群众的"发声"却被瞬间淹没。应积极建设算法新闻专业主义,加强对新闻推送算法运行团队新闻价值观的培养;平衡机器分发与人工编辑新闻的比例,确保人类信息接收渠道及形式的多样性;规范算法背后的平台权限③。

喻国明等指出,算法作为数据与人工智能的节点,发挥着构造流量入口、捕捉用户黏性的关键作用。信息的传播与控制方式在新媒体时代受到来自技术赋权的挑战,算法作为"非人类行动者",和人类的传播活动编织成了新型关系网络。在一个媒体和代码无处不在的社会,权力越来越存在于算法之中④。

**2. 人工智能视域下的新闻再造**

(1)新闻话语的可计算性

话语的可计算性特征就是用结构化的形式描写话语,用清晰明确的程式化方式来表征话语结构、命题关系。话语意义是计算、求解问题和作出评价的过程,在此过程中,通过推理和语义操作来实现话语处理的目的。

李佐文和李楠从话语的结构性、连贯性、层次性和主题性四方面分析了新闻话语的可计算特征,

---

①　参见沈浩、袁璐:《人工智能:重塑媒体融合新生态》,《现代传播(中国传媒大学学报)》2018年第7期。
②　参见王哲:《人工智能时代新闻传播面临的机遇与挑战》,《浙江传媒学院学报》2018年8月。
③　参见李林容:《网络智能推荐算法的"伪中立性"解析》,《现代传播(中国传媒大学学报)》2018年第8期。
④　参见喻国明、杨莹莹、闫巧妹:《算法即权力:算法范式在新闻传播中的权力革命》,《编辑之友》2018年第5期。

为智能新闻写作、智能分发、情感分析及个性推荐等智能媒体的发展提供了语言学基础,有助于其进一步发展并加速自然语言处理的技术突破①。

（2）机器新闻写作

王琦等认为,"人工模板+自动化数据填充"的新闻生产模式不仅可以提高新闻生产的效率,而且可以保证新闻生产内容的质量,避免人为产生错误。因此,机器人写作在标准化新闻生产领域的生产效率更高,且生成的文本更加精准、中立、客观。目前的机器人新闻大都停留在"数据"领域,如财经新闻、体育新闻、金融新闻等②。

杨保军认为,智能机器不可能从根本上替代人作为新闻活动主体的地位和作用。智能机器是人的本质对象化的产物,智能新闻是人作为主体的意志体现,智能新闻生产中存在异化现象,在"人—机"共同主体结构中的新闻生产传播中,人依然是唯一主体③。余婷和陈实认为,大部分媒体的自动化新闻只依赖单一的、孤立的数据库,数据的完整性和准确性不能保证。此外,自动化新闻生产的透明度不够。新闻编辑室应告知受众人工智能工具是如何在分析、识别、报道中被使用的④。

### 3. 人工智能与媒体融合

根据 2018 年 2 月发布的《媒体融合蓝皮书：中国媒体融合发展报告（2017—2018 年）》,在全球范围内正在盛行人工智能借助技术手段,通过传感器技术极大地提高了新闻信息采集和新闻编辑等环节的工作效率,而通过智能推荐算法也更好地实现了个性化分发。此外,将算法技术应用于推荐系统,使得媒体与用户的交互更加精准,因而打造出"媒体+技术"的新形态。以传统媒体人机协作的智能化发展,人工智能时代下的 2018 年春晚盛宴,两会报道智能媒体的内容创作、内容呈现,以及日渐智能化的媒体报道形态都是很好的例证⑤。

吕尚彬和黄荣认为,未来智能技术体对传媒的域定,至少可能出现三重境界：在线域定、隐线域定、超线域定,这实际上将构成智能媒体发展的三个阶段。"在线域定"是基于人机交互平台的智能连接与推荐技术的选择；"隐线域定"是基于人机融合的去平台化智能技术的选择；"超线域定"是基于人机合一的智能生态圈技术体的进化与选择⑥。

## 七、新媒体新兴业务研究

### 1. 网络众筹

陈娟和李金旭对"轻松筹"项目的参与者（捐助或分享信息者）进行探索性研究。研究表明：当捐

---

① 参见李佐文、李楠：《新闻话语的可计算特征》,《现代传播（中国传媒大学学报）》2018 年第 12 期。
② 参见王琦、张扬、吴帅：《论人工智能背景下新闻传播的变革与反思》,《新闻前哨》2018 年第 9 期。
③ 参见杨保军：《简论智能新闻的主体性》,《现代传播（中国传媒大学学报）》2018 年第 11 期。
④ 参见余婷、陈实：《人工智能在美国新闻业的应用及影响》,《新闻记者》2018 年第 4 期。
⑤ 参见沈浩、袁璐：《人工智能：重塑媒体融合新生态》,《现代传播（中国传媒大学学报）》2018 年第 7 期。
⑥ 参见吕尚彬、黄荣：《智能技术体"域定"传媒的三重境界：未来世界传播图景展望》,《现代传播（中国传媒大学学报）》2018 年第 11 期。

助者与被捐助者/项目发起者之间的"关系"越近时,由于捐助者与被捐助者/项目发起者处于同一社交圈或关系网络——参与者对该项目的真实性较高的把握,同时也迫于隐形或直接的从众压力——其捐助意愿越强,捐助行为也会更多地出于获得认同、展示自己等越利己的原因。虽然"合群"、"关系"所带来的利己是一种非常重要的捐助动机,但从整体数据来看,"利他"动机比"利己"动机更容易驱使人们参与到"轻松筹"的公益众筹项目中,对求助者的同情心理已成为最普遍的捐助行为及捐助信息的分享动机。研究同时指出,当涉及捐助信息的传播时,参与者会非常慎重。人们在决定转发时会权衡"收益"和"成本"问题,而他人潜在的负面评价、自身形象受损是个体考虑的主要成本。数据显示,在要不要进行信息分享这一思考上,"利己"的倾向性非常显著,会进行成本—收益核算。即便在同伴鼓励或从众压力诱发了"利己"的捐助行为时,考虑到信息转发、分享可能带来的成本问题,信息分享也未必会出现①。

李静和杨晓冬通过对 20 位参与微信医疗众筹者进行半结构访谈发现,相较于为医疗众筹项目提供捐款,参与者转发或分享信息的意愿要低得多。参与者对转发"医疗众筹"有两种认识:第一,转发作为捐赠呼吁;第二,转发作为观点表达,由此获得认同和情感慰藉。参与者在决定转发时会权衡"收益"和"成本"问题——他人潜在的负面评价、自身形象受损是参与者考虑的主要成本,会阻碍他们对医疗众筹项目的分享;参与者的分享行为以关系为取向,转发的收益与成本还与人情相关,分别表现为送人情与欠人情。参与者首先判断自己与求助者、信息发布者的关系亲疏、关系发展需求,再根据人情交换规则来决定转发还是不转发②。

**2. 在线知识付费**

杜智涛和徐敬宏采用配额抽样和简单随机抽样相结合的方法,通过喜马拉雅 FM、知乎、豆瓣、在行一点、千聊、荔枝微课等平台发放问卷,针对 617 份有效问卷的数据统计显示:体验是决定用户在线知识付费意愿的主要影响因素;用户对于能力、时间、价格等方面的感知会作为调节变量在行为意愿对行为的作用中起到抑制作用,但抑制程度较弱;影响用户在线知识付费行为的主要还是其意愿;在线知识付费用户群体呈现出性别、年龄、文化与地域差异③。

# 八、新媒体与虚假新闻及其对策研究

史安斌认为,社交媒体时代的假新闻呈现出三个新特点:第一,假新闻形态发生变化。假新闻不仅指凭空捏造的虚假信息,更多的是指出于政治目的和商业利益而制造出来的误导性信息。第二,假新闻在社交平台主导的传播生态中发生了变异,成为受众表达抗议情绪的一种方式。在后真相社会中,情绪超越事实成为主导舆论的主要动力。受众用分享假新闻的方式来指代某种认知偏见和情感倾向。第三,假新闻借力于算法推送新技术,通过记录和分析用户以往的浏览偏好,向其推送可能感兴趣的新闻内容。为抵御共治假新闻,研究认为,互联网巨头需积极配合政府的网络规制,民间自组

---

① 参见陈娟、李金旭:《"利他"的捐助与"利己"的信息分享——"轻松筹"项目的参与动机研究》,《新闻大学》2018 年第 6 期。
② 参见李静、杨晓冬:《社交媒体中"医疗众筹"信息分享行为研究:转发还是不转发?》,《新闻与传播研究》2018 年第 2 期。
③ 参见杜智涛、徐敬宏:《从需求到体验:用户在线知识付费行为的影响因素》,《新闻与传播研究》2018 年第 10 期。

织加强跨国合作,为全球性互联网企业的内容审核提供来自"第三方"的支持,并携手主流媒体帮助民众提升新闻素养和辨别假新闻的能力①。

陈昌凤和师文围绕智能化新闻核查主流算法——基于内容模型的算法和基于社会情境的算法,从技术路径出发,分析其技术原理、运行逻辑以及与新闻界接洽所产生的价值风险,并在此基础上,跳出具体技术模型,从更为宏观的层面上反思纯粹的技术手段解决作为复杂的社会现象的虚假新闻的有效性,以及虚假新闻的复杂性及其新的表现形式对智能算法核查新闻的有效性带来的挑战。

从基于内容模型的算法维度来看,现实中新闻的形态早已超越了"新近发生的事实的报道"的最初定义,能在社会、经济、政治趋势的大背景下解读时事含义的解释性报道成为新闻工作者趋之若鹜的目标。记者尝试将文学写作的手法应用于新闻报道,重视对话、场景和心理描写,不遗余力地刻画细节的"新新闻主义"形态不断涌现。因此,传统智能化新闻核查算法中根据推文、消息的语义线索,只能反映部分新闻文本的特性,难以应对新语境下层出不穷的复杂新闻形态。

从基于社会情境的算法维度来看,该方法虽借助信息流通过程中的特征自动区分真假新闻,但其对于用户特征的强调和对传播网络的质量评估,意味着对社交网络上的机构账号、认证用户进行加权,这种做法容易导致传播伦理上的瑕疵。首先,可信度权值的不平衡意味着话语权的极化。社交媒体一定程度上承载着重构或补充传统媒体时代的信息传播秩序的期待,某种意义上实现对现实生活中相对弱势群体的"赋权"。但现实社会中具有影响力的机构和社会精英由于其雄厚的社会资本更容易在社交媒体上获得关注,使社交媒体再次出现中心化。其次,对社交网络上的机构账号、认证用户进行加权具有透明性的隐忧。算法的具体参数和量化细节属于商业机密,技术巨头对算法公正性的承诺难以被验证,导致公众难以对机器语言中海量参数的具体意义进行思辨考察,普通受众不仅没有增强从混杂的信息中辨别真相的能力,反而会更易因真伪不辨而被操纵,技术精英通过回收事实核查权,获取"真相定义权",引发"数字化独裁"的风险。

人工智能在纠偏谣言方面本身存在的局限性,包括假新闻在互联网时代出现的多种复杂生态和表现形式,以及社交媒体时代崛起的以短视频为主的视觉化内容,都决定了反谣言并不是一个单纯的人工智能问题,它需要上至国家政策,中有信息的生命周期,下至个人的心理和行为。要解决反谣言的问题,需要将这些因素变成一个有机的整体,更需要找到一种人与 AI 合作无间的方式②。

撰稿人:陈逸君(复旦大学新闻学院 2019 级博士研究生,
复旦大学上海新媒体实验中心主任助理)

①　参见史安斌:《假新闻阻击战:全球互联网共治的起点》,《青年记者》2018 年第 3 期。
②　参见陈昌凤、师文:《智能化新闻核查技术:算法、逻辑与局限》,《新闻大学》2018 年第 6 期。

# 网络安全与信息化工作研究

    党的十九大报告指出,要加强互联网内容建设,建立网络综合治理体系,营造清朗的网络空间。在 2018 年 4 月 20 日的全国网络安全和信息化工作会议上,习近平总书记强调,信息化为中华民族带来了千载难逢的机遇。我们必须敏锐抓住信息化发展的历史机遇,加强网上正面宣传,维护网络安全,推动信息领域核心技术突破,发挥信息化对经济社会发展的引领作用,加强网信领域军民融合,主动参与网络空间国际治理进程,自主创新推进网络强国建设。习近平指出,没有网络安全就没有国家安全,要树立正确的网络安全观,加强信息基础设施网络安全防护,加强网络安全信息统筹机制、手段、平台建设,加强网络安全事件应急指挥能力建设,积极发展网络安全产业,做到关口前移,防患于未然①。

    2018 年,新闻传播学界积极响应总书记的号召,围绕"中国网络安全与信息化工作导向"、"网络信息安全"、"网络治理体系"、"国外网络安全工作"四个方面进行研究。本文依据研究创新之处,在 2018 年出版的相关学术期刊文章中挑选出 39 篇文章进行综述,以期尽可能完整地勾勒出 2018 年新闻传播学界在网络安全与信息化工作议题的学术研究图景。

## 一、中国网络安全与信息化工作导向研究

### 1. 习近平新时代网络强国思想研究

    郑保卫和谢建东指出,党的几代领导人在不同时期,根据所处时代党和国家工作重心及互联网发展的实际需要,适时提出了一系列关于互联网的观点和论断,推动了我国互联网的进步,形成并丰富发展了中国共产党的互联网思想。研究指出,邓小平是开启我国互联网之门的关键领导人,江泽民创立了我国互联网发展与管理的基本思想,胡锦涛阐述了新世纪我国互联网发展的新特点、新规律,习近平开创了我国建设世界网络强国的新纪元②。

    汤景泰和林如鹏指出,习近平新时代网络强国思想是习近平新时代中国特色社会主义思想的重要组成部分,这一思想基于对互联网与社会发展规律的认识,对于互联网时代的人类社会前途、互联网与社会发展、网络空间治理、中国建设网络强国的具体战略、国际互联网治理等问题,提出了一系列具有原创性、时代性、实践性、理论性的新理念和新主张。习近平新时代网络强国思想的核心主张由战略机遇观、目标愿景观、网络主权观、依法治网观、核心技术观、网络安全观、舆论生态观、成果共享

---

    ①  《敏锐抓住信息化发展历史机遇　自主创新推进网络强国建设》,《人民日报》2018 年 4 月 22 日。

    ②  参见郑保卫、谢建东:《论邓小平、江泽民、胡锦涛、习近平互联网思想的主要观点及理论贡献》,《国际新闻界》2018 年第 12 期。

观、全球治理观、信息化发展观、人才支持观、数据治理观这十大思想观念组成,其实践意义在于:第一,加强党的领导,优化治理方式,为网络强国建设提供了坚强的政治保障;第二,加强统筹协调和顶层设计,推动形成了网络强国建设"一盘棋"的格局;第三,推动信息核心技术自主创新,壮大数字经济,有利于互联网更好地造福社会、服务人民;第四,创新互联网内容建设,构造网上网下"同心圆",推动了网络生态改善;第五,发出中国声音,推介中国理念,提供中国方案,贡献中国智慧,推进了全球互联网治理体系变革①。

贾金玺指出,党的十九大报告充分肯定了互联网发展五年来的成绩,明确提出了互联网发展的三大任务分别是加强互联网内容建设、建立网络综合治理体系、营造清朗的网络空间。加强互联网内容建设,首先要强化方向意识,牢牢把控住意识形态的主导权和话语权;其次,要注重内容建设政策与环境的持续优化,充分满足人民群众的精神食粮需求;再次,注重方法创新,善于运用各种现代化网络技术、网络手段,不断提升网络媒体的传播力和影响力,让最优秀的网络文化能够影响大众、服务大众,尤其是互联网时代成长起来的青少年群体。构建网络综合治理体系,首要任务仍是不断完善现有的法律法规体系,同时坚持社会协同思维,即更加强调全社会,尤其是企业个体、普通百姓(网民)等互联网参与者,根据各自角色和功能定位的不同,共同参与到互联网的治理过程中,使互联网的发展和使用得以平衡、规范。营造清朗的网络空间,需要多方力量的共同努力,政府层面依法加强网络空间治理,加强网络内容建设,积极回应网民关切;互联网行业层面,充分激发各类主体的自律功能;网民层面,要"从我做起",自觉呵护网络空间这一块"精神栖息地",做到依法用网、文明用网②。

金质纯认为,为切实践行党的十九大精神,应当以互联网内容建设作为网络管理的核心与关键,积极弘扬社会主义核心价值观,传播网络正能量,综合运用多种手段、多管齐下的方式建立网络综合治理体系。政府有关部门需要继续加大整合传统管理资源力度,打破利益藩篱,加强沟通,实现从内容建设管理手段到渠道和部门等环节的联动贯通,实现网络内容建设效益的最大化和社会治理模式的变革。同时,加强企业自律,确立责任分担机制,以此来营造晴朗的网络空间③。

### 2. 网络传播相关法律法规研究

王伟亮以"营造清朗的网络空间"这一网络传播治理目标为出发点,梳理分析了 2017 年制定或施行的网络传播主要法律制度,简要对比了前后规定与横向规定之间的异同,探讨了其对 2018 年或更长一段时期网络传播的可能影响。他指出,在网络传播法领域,基于党的十九大报告确定的"加强互联网内容建设,建立网络综合治理体系,营造清朗的网络空间"这一根本要求,考虑到网络安全法和《国家网络空间安全战略》所确定的目标、原则和任务,随着执法机关经验的积累,2017 年出台的这些规章和规范性文件或许会在某些方面有所调整,但整体基调不会改变,甚至治理力度还会加强。在网络安全和网络空间主权观念已然确立的情况下,相关从业人员不能再有任何"放松管理"、"回归自由"的幻想。准确把握国家对网络传播治理的思路,熟练掌握相关规定并积极应对,才是应有之道④。

---

① 参见汤景泰、林如鹏:《论习近平新时代网络强国思想》,《新闻与传播研究》2018 年第 1 期。
② 参见贾金玺:《十九大报告明确互联网发展三大任务》,《网络传播》2018 年第 2 期。
③ 参见金质纯:《践行十九大精神,营造清朗网络空间》,《传播力研究》2018 年第 16 期。
④ 参见王伟亮:《营造清朗的网络空间——2017 年网络传播法立法回顾与 2018 年展望》,《青年记者》2018 年第 1 期。

钟瑛和黄丽娜对 2017 年 9 月 6 日国家互联网信息办公室发布的《互联网群组信息服务管理规定》进行解读,认为互联网群组作为一个重要的公共舆论空间,依法管理已然迫在眉睫。《互联网群组信息服务管理规定》对互联网群组相关权责的界定,以及对建群条件、群组规模、群组管理方式等诸多细节的规制实际上正是建立在互联网群组公共属性基础之上的管理法治化。在具体责任分担上,《互联网群组信息服务管理规定》是在强调平台责任的前提下明确用户责任,这既是对个人权利和义务的一种合理权衡,也是体现了用户参与互联网治理的重要性,是推进互联网多方共治的必然选择①。

## 二、网络信息安全研究

### 1. 网络信息安全内涵研究

冯建华认为,随着网络与信息化技术发展及现实环境的变化,网络信息安全的内涵已从物理与技术属性的"硬安全"向媒介属性的"软安全"延伸。值得注意的是,在日常用语及实践中,网络信息安全不时偏离其本真含义,甚而出现了泛化特别是泛政治化的倾向。因此,要辩证把握网络信息安全的意涵,从习近平总书记提出的当代网络安全观的五个特点出发:第一,网络信息安全是以结果为导向的整体评价,而非以行为为主导的主观预判;第二,网络信息安全是开放性的动态演化过程,而非封闭性的静态单一结果;第三,网络信息安全的防线需要内外协力共同参与、共同建设,而非依靠单一主体的孤立行为即可轻易实现。只有正本清源、厘清界限,才能对网络信息安全抱持客观、理性的认识,不至于表现出过度紧张或敏感的状态②。

### 2. 网络信息安全现状研究

邵国松等就《网络安全法》的个人信息条款含义进行分析,通过对我国 500 家颇具影响力的网站(分政府、社会组织、教育、商业、敏感信息五类)的隐私声明政策进行分析,审查这些网站是否很好地执行了《网络安全法》相关条款。结果发现,《网络安全法》目前保护个人信息的效果是有限的,这迫切需要相关机构提升执法力度,将《网络安全法》相关规定付诸实施;我国大部分网站合规程度较低,不同类别网站的合规程度也存在差异,商业网站合规的程度一般较高,政府、教育和社会组织类的网站合规程度较低。通过技术检测,还发现 70% 的敏感信息类网站存在中级及以上的数据安全漏洞③。

徐敬宏等通过文献法,梳理当前移动互联网商业模式下的数据共享与隐私保护发展现状及学界研究动态。研究发现,移动互联网的商业模式是"社交关系"和"移动支付",即"人流+钱流"。其未来发展趋势有三点:一是机构间的联合,实现数据的开放与共享;二是算法的优化,提升数据处理和数据

---

① 参见钟瑛、黄丽娜:《构建互联网多方共治体系——〈互联网群组信息服务管理规定〉解读》,《网络传播》2018 年第 1 期。
② 参见冯建华:《网络信息安全的辩证观》,《现代传播(中国传媒大学学报)》2018 年第 10 期。
③ 参见邵国松、薛凡伟、郑一媛、郑悦:《我国网站个人信息保护水平研究——基于〈网络安全法〉对我国 500 家网站的实证分析》,《新闻记者》2018 年第 3 期。

投放的精准度;三是对数据进行脱敏处理。保护用户的数据隐私,是移动互联网商业发展的基础,主要体现在四个层面:个人层面的自我保护,公司层面的技术保护,行业层面的自律和媒体监察保护,以及国家层面的法律保护[①]。

刘丹丹从法制层面、传播层面,尤其是文化层面分析网络个人信息安全面临种种挑战的困境与成因,认为这是由于网络法制建设滞后于网络发展、网络传播造成了监管困难、网络个人信息"公""私"分际模糊所致[②]。

苏丹等认为,大数据时代个人信息保护面临个人信息成为网络攻击的新目标、大数据使个人信息的权利边界消失、大数据威胁现有的安全防护措施三项挑战,究其原因是源自信息主体缺乏安全保护意识、对个人信息的收集超出主体可控制范围以及个人信息使用者道德失范。为应对这些挑战,未来应该要树立"人"信息安全的主体地位,改良个人信息保护技术,强化个人信息法律监管[③]。

刘琴和张贤平立足技术论视阈,针对移动媒体特殊的媒介特征,从信息安全涉及的五个维度:内容安全、舆情安全、隐私安全、版权安全和网络安全等方面入手,分析其信息安全失范表现。研究发现:技术门槛低下导致信息内容失真,技术匿名性导致网络舆论安全偏离,技术赋权导致隐私安全失控,技术便车导致信息版权侵权法不责众。基于此,研究提出移动媒体信息安全生态治理的两个重要层面:以信息利益主导的治理逻辑和以技术治理为核心的治理框架[④]。

### 3. 网络信息安全管理研究

来向武和赵战花以国际网络空间中信息控制基本趋势的分析为背景,论证我国网络空间信息控制的六大基本动力(网络空间对社会政治、经济和文化生活影响力的增大,网络空间本身功能的变化,社会综合治理的需要,主管部门的综合推动力,舆论引导的需要,行业自律的促进)、所面临的三个主要问题(控制的权属问题,控制的方式和策略,对信息控制边界的认定),借鉴各个国家和地区对于网络空间信息控制的经验,分析网络空间中信息控制的动力、矛盾与焦点,进而与中国的互联网治理相结合,寻求更加恰当、更加符合国际趋势的网络空间信息流动与控制的治理方式[⑤]。

徐智华从风险管控和安全评估两方面总结提出网络安全管理理论,并在此理论基础上,构建基于大数据的网络安全管理平台,从而介绍了平台的技术特点、体系框架、核心系统及关键要素,最后对该平台在实践中的应用进行了总结和展望。研究者指出,基于大数据的网络安全管理平台已经从理论研究走向实际应用,但其发展也面临着一些问题:首先,网络安全管理平台是一种综合框架体系而非单一硬件产品;其次,该平台应用效果很大程度受限于硬件设备的数据处理能力;最后,该平台的推广应用需要专业人才队伍作为支撑[⑥]。

---

① 参见徐敬宏、段泽宁、侯伟鹏、胡世明:《移动互联网商业模式下的数据共享与隐私保护》,《情报理论与实践》2018年第1期。
② 参见刘丹丹:《数字时代的个人信息安全与挑战——网络个人信息安全隐忧的成因研究》,《今传媒》2018年第11期。
③ 参见苏丹、张媛、薛金丽:《大数据时代个人信息保护策略探析》,《新闻战线》2018年第13期。
④ 参见刘琴、张贤平:《移动媒体信息安全失范的技术原罪及治理》,《理论月刊》2018年第2期。
⑤ 参见来向武、赵战花:《网络空间中信息控制的动力、矛盾与方式》,《情报杂志》2018年第6期。
⑥ 参见徐智华:《大数据时代网络安全管理平台构建》,《网络空间安全》2018年第9期。

# 三、网络治理体系研究

## 1. 网络意识形态问题研究

网络意识形态问题是事关"旗帜"和"道路"的重要问题,是习近平总体国家安全观的重要组成部分。网络意识形态问题的本质是意识形态的博弈问题,因此,其话语权建构固然需要互联网技术的支撑,但其根本在于中国特色社会主义意识形态的建设和传播。林昱君提出,网络意识形态问题是意识形态问题在互联网平台上的具体表现,其本质是意识形态冲突问题。因此,要在"四个自信"的引领下,通过走中国特色社会主义道路,完善中国特色社会主义意识形态理论,构建中国特色社会主义制度,发扬中国特色社会主义文化,是网络意识形态话语权构建的必由之路、必然工作、必备支撑①。

胡正荣和王润珏指出,网络舆论工作与建设网络强国、维护网络安全密不可分。目前,网络舆情态势更加复杂:首先,互联网普及的结果是传播渠道的泛化和媒介接触机会的"无盲区"化。其次,媒介融合带来了媒介系统开放性的增加,一方面,极大地激发了公众参与国际传播相关信息生产、话题建构和公共决策的兴趣和热情;另一方面,又在很大程度上降低了信息传递的国界限制,提高了信息扩散的速度,增加了对舆论走向把握和控制的难度。当前网络舆论工作的思路,应是巩固红色地带,与黑色地带斗争,对灰色地带争夺。具体方法是构建多元主体参与的力量矩阵,重视我国公众的网络舆论安全教育,充分发挥现代科技支撑作用,开展新时代互联网治理工作②。

## 2. 网络传播治理研究

曾润喜和陈创从非传统安全视角对网络舆情进行研究,梳理网络舆情的系统性、复杂性和关联性特征,并从社会环境和技术环境两方面厘清网络舆情演化的动力机理,提出网络舆情智慧治理的新路径应逐步实现从危机管理向智慧治理的转变。网络舆情治理要坚持对虚拟社会和现实社会的预见性治理,实现"治未病"的目标。既要提高非传统安全意识,加强政治安全防范,改善网络舆情在现实社会中的生存基础;也要借助新信息技术,建立网络舆情治理的一体化决策支持体系、决策仿真平台、人工智能新范式、信息资源共享机制,阻遏网络舆情的不当蔓延,防止其向负面舆论转化③。

张爱军和秦小琪以自媒体和网络主权的关系为切入点,指出两者具有内在共生的逻辑功能关系。自媒体和网络主权是互联网技术的产物。自媒体是网络主权的构建物、传播物、衍生物。从传播功能主义视角来说,自媒体对网络主权具有功能性扩张的特质,既具有正向功能扩张,也有负向功能扩张。需要对负向功能性扩张进行规制,防止其破坏网络主权。自媒体的自由性、开放性、无边界性、多中心性与网络主权的秩序性、封闭性、边界性、单一性相矛盾。发展核心技术、加强法制建设、完善个人隐私法、提升善治水平、实现道德自律等是解决自媒体对网络主权的负向功能、自媒体与网络主权的矛

---

① 参见林昱君:《"四个自信"引领下网络意识形态话语权的构建研究》,《出版发行研究》2018 年第 9 期。
② 参见胡正荣、王润珏:《信息化时代网络舆论工作的新特点与新格局》,《人民论坛》2018 年第 13 期。
③ 参见曾润喜、陈创:《基于非传统安全视角的网络舆情演化机理与智慧治理方略》,《现代情报》2018 年第 11 期。

盾并保障网络主权健康发展的主要手段①。

郭鹏认为,作为一种新的传播载体,网络对社会的信息传播提供了新的渠道,带来的社会影响非常巨大。与此同时,在信息传播方面,网络带来的负面影响也非常明显,已经引起了社会的共同关注。要使网络更好地发挥其传播作用、承担相关的社会责任,应该从立法、自律、监督、技术等层面入手,从网络媒体工作人员和网络用户两个视角出发,使网络信息传播主体更好地履行好社会责任。第一,通过立法、执法加强网络信息传播主体的社会责任;第二,通过自律规范网络信息传播者的传播行为;第三,加大监督力度,督促网络媒体履行其社会责任;第四,从技术上跟踪信息的来源,采取应对措施②。

匡文波从网络谣言治理入手,认为后真相时代,人们获取信息的方式发生了重要变化,一些人对谣言的关注渐渐不再聚焦于是非对错的价值及理性评判,而是更多站在了自身立场看待问题,增加了感性和盲目的因素,使得"不真实"成为一种"真实"。就谣言的性质来说,可以将谣言分为抗议性谣言和非抗议性谣言。面对抗议性谣言,不能过于简单地对待,也不能不假思索地认为抗议性谣言就是有害信息,而是要合理科学地引导民众认清事实真相、转变错误观念。但是面对打着正义的旗号,利用社会热点事件或炮制热点事件来蛊惑大众的抗议性谣言,要旗帜鲜明地反对和抵制,用法律手段对造谣者进行严惩③。

许向东针对网络直播平台进行研究,指出随着移动互联网的发展和"互联网+"战略的推进,网络直播凭借准入门槛低、实时交互性高等优势迅速壮大。但是,面对高额利润的诱惑,一些直播平台和主播的违规、违法现象频发。对此,应当从政府管理、专项立法、行业自律、技术支持、全民监督等方面构建网络直播治理体系,既要"亮红灯"也要"亮绿灯",既要群策群力加强监管,又要有效引导,确保其具有发展活力和创新精神④。刘锐和徐敬宏发现,网络视频直播的政策网络有效地抑制了新媒体应用的野蛮发展,但还存在平台自治动力不足、行政权力始终要保持高压状态、政策社群内部和府际关系需要进一步整合、公众参与不足等诸多问题。网络视频直播的协同治理模式还存在进一步调适和协商的空间⑤。

吕鹏和王明漩从内容、平台、用户等互联网治理对象出发,对短视频平台治理存在的问题进行分析,发现目前主要存在雷同化、垄断化和低门槛化三大发展趋势,以及事后治理、模糊规范、手段单一等治理问题。为解决相关问题,研究依据多利益攸关方治理模式,从创新治理(禁令与引导性手段同步)、关系治理(建立行业组织,促进治理多中心化)和依法治理(规范先行,奠定治理根基)三个层面对短视频平台的互联网治理提出可行性对策⑥。

庹继光和蹇莉以《网络安全法》第十三条为中心,考察其通过强制性规范与倡导性规范并举的立法技术:一方面,针对逾越底线的行为展开法律规制;另一方面,引导网络媒体树立积极的社会责任和担当意识,自觉服务于青少年的身心健康、全面发展等⑦。

---

① 参见张爱军、秦小琪:《自媒体对网络主权的功能性扩张与规制》,《现代传播(中国传媒大学学报)》2018年第10期。

② 参见郭鹏:《如何加强网络信息传播主体的社会责任》,《青年记者》2018年第11期。

③ 参见匡文波:《网络谣言当止于"理"与"智"》,《人民论坛》2018年第13期。

④ 参见许向东:《我国网络直播的发展现状、治理困境及应对策略》,《暨南学报(哲学社会科学版)》2018年第3期。

⑤ 参见刘锐、徐敬宏:《网络视频直播的共同治理:基于政策网络分析的视角》,《国际新闻界》2018年第12期。

⑥ 参见吕鹏、王明漩:《短视频平台的互联网治理:问题及对策》,《新闻记者》2018年第3期。

⑦ 参见庹继光、蹇莉:《从强制性规范到倡导性规范:网络媒体对青少年的责任与担当——以网络安全法第十三条为中心的考察》,《中国记者》2018年第7期。

刘泓林以青少年网络安全教育问题为研究对象,讨论建立一个线上线下联动发展、宣传与教育相结合的青少年网络安全教育新媒体平台的必要性,力图使新兴的"网络一代"树立正确的网络安全观。他指出,青少年网络安全教育新媒体平台应当构建好教育培训机制、社会协作机制、调查研究机制、优化反馈机制,平衡好教育、管理与服务,家庭教育、学校教育与社会教育,普及性、基础性与发展性这三对关系①。

### 3. 网络治理体系构建研究

刘徐州和崔尧认为,2017 年的中国互联网管理路径已经从过去的监管变成具有系统性、目的性的治理,国家互联网信息办公室密集、连续地发布了多项规范性文件,一方面,为各平台运营商提供了明确的行为准则;另一方面,也切实落实了各方主体责任,为纠正网络乱象、维护网络安全以及完善治理体系作出了巨大贡献。未来网络发展治理的趋势应是建立网络综合治理体系,培养网民个体责任意识,培育预见问题能力,发挥主流媒体思想引领作用②。

邵国松认为,网络治理涉及的法律和社会问题相当复杂,尤其和国家安全存在密不可分的关系。如何对网络空间进行有效治理,使之服务于总体国家安全,是当今研究者和决策者迫切需要解决的重要问题。具体来说,在总体层面,如何将网络空间主权法治化,使得对内可以行使立法权、行政权和司法管辖权,对外可捍卫防卫权、独立权和平等权,以及在不同的网络层级,如何将网络主权贯彻实施;在内容层面,如何摆脱"因言获罪"的陷阱,对网络公共性表达进行合理规制,在维护公民言论自由权利的同时,最大程度减少非法言论对我国政治安全的威胁;在应用层面,如何对当下数字经济的引擎——网络平台企业进行有效监管,以促进数字经济的安全与发展;在物理层面,如何动用各种力量来加强对关键信息基础设施的保护,以确保对网络攻击做出有效回应,维护信息化时代我国的军事安全和社会安全。这四个方面构成了国家安全视角下网络治理体系构建的核心命题③。

匡文波和马茜茜认为,有必要建构新时代的网络综合治理体系,提高对虚拟网络空间的综合治理能力。新环境下网络治理体系的建立应该包括一个中心,即党的领导;四个外部主体,即政府、媒体、用户和国际;一个内部主体,即网站的主体责任。只有多方共同发力,才能维护互联网空间的稳定,保障网络的安全④。

杨凯和张辰提出,构建网络空间命运共同体,是我国提出的构建人类命运共同体理念在网络空间领域的具体表现。国际社会成员在互联网领域内存在众多的共同利益,共同期待国际互联网领域的和平稳定发展,是构建网络空间命运共同体的必备条件。构建网络空间命运共同体,中国将发挥积极作用,应以习近平新时代中国特色社会主义思想为指导,贯彻共商共建共享的网络治理理念,重视网络安全,促进网络治理的国际共商;着力外交舞台,开展网络合作的国际共建;通过自身发展,推动网络成果的国际共享;建设"一带一路",实现网络治理的国际共赢⑤。

① 参见刘泓林:《建立青少年网络安全教育新媒体平台的思考》,《传播力研究》2018 年第 16 期。
② 参见刘徐州、崔尧:《网络治理的主要成就与未来趋势》,《网络传播》2018 年第 8 期。
③ 参见邵国松:《国家安全视野下的网络治理体系构建》,《南京社会科学》2018 年第 4 期。
④ 参见匡文波、马茜茜:《保障网络安全需多方共同发力》,《国家治理》2018 年第 38 期。
⑤ 参见杨凯、张辰:《网络空间命运共同体的学理意义和建设思想》,《江西社会科学》2018 年第 5 期。

# 四、国外网络安全工作研究

高海涛从美国"网络中立"这个 21 世纪传播政策的重要议题入手,认为虽然特朗普政府已经废除网络中立的规定,但其理念在美国仍具有身后的土壤,未来仍有很大可能反复。我国坚持认为,各国的互联网应该由各国自己管理,网络空间前途命运由各国共同掌握,因此,美式的网络中立在中国是无法效仿和照搬的。我国应在坚持网络主权原则的前提下探索中国的网络中立,一方面,网络中立能够使中小企业拥有创新的活力和动力,为其提供公平竞争的机会并营造创新至上的氛围,对于互联网产业的健康、可持续发展有着深远的意义;另一方面,这也是应对美式网络中立挑战的需要,我国在互联网产业政策制定上必须具有世界眼光,充分考虑我国互联网产业政策的溢出效应[①]。

徐培喜对全球网络空间稳定委员会进行分析,指出该委员会成立刚满一年,便较为成功地提出了一条网络空间国际规则,并在各个最高级别网络空间治理会议上进行了宣讲。从某种意义上来讲,委员会提出的这条规则以捍卫之名,行纵容之实,看似高高地举起了捍卫公共核心的大旗,实际上默认了不具物理破坏性的渗透行为。对于美国、俄罗斯、英国、中国等网络强国的军事和安全部门来说,这条规则或许并不坏,但是对于民间团体和技术社群来说,这条规则的诞生和未来生长绝不是好消息,它充满世故和狡猾,不够真诚直白。未来中国等发展中国家应该要加大参与这些国际平台,才有可能做出改变现有国际规则的可能性[②]。

方师师关注了美国供应链风险管理咨询服务公司发布的《美国联邦信息通信技术中来自中国的供应链漏洞》报告,认为该报告聚焦在美国 ICT 商业供应链中与中国采购相关的风险漏洞,因此对我国判断自身 ICT 产业在全球供应链中的角色地位,以及未来如何应对美国的 ICT 产业链的 SCRM 战略等,具有一定前瞻性的参考意义。在产业竞争力、国家大战略和未来主导权三个方面对我国给予一定启示:第一,要高度重视并提升我国 ICT 产业自身供应链安全等级,高度重视并提升产品抵御全球供应链风险的能力,尽快建立起包括产品和行为体在内(其他层级供应商、其他供应实体)的全周期、可追溯的风险档案与风险管理预案机制;第二,要立足我国国家战略利益进一步促进全球供应链与供应链伙伴关系的透明度,以此开拓并扩展我国 ICT 产品的全球供应链业务;第三,提前关注来自软件供应链的风险管理并抢占规则制定主导权,当一系列的标准和规范形成体系之后,还可以寻求成为国际标准[③]。

此外,方师师对美国商务部和国土安全部 2018 年 1 月发布的《提高互联网和通信生态系统对僵尸网络和自动化分布式威胁的响应能力》进行分析,认为此份报告提出的问题、预期的目标、选择的路径都比较简洁直接,其中的一些看法虽然不是特别新颖,但也非常明确,并且由于其将广泛吸引企业的意见建议,从而最终会对网络安全产业的发展导向产生影响。通过对该报告的研析,可以为国内网

---

① 参见高海涛:《正确认识美国"网络中立"的本质——新自由主义"网络中立"批判》,《新闻与传播研究》2018 年第 7 期。

② 参见徐培喜:《全球网络空间稳定委员会:一个国际平台的成立和一条国际规则的萌芽》,《信息安全与通信保密》2018 年第 2 期。

③ 参见方师师:《美拟制定信息通信技术"供应链风险管理国家战略"以应对来自中国的供应链漏洞》,《信息安全与通信保密》2018 年第 6 期。

络安全企业在工具产品研发、技术支持服务和参与标准制定等方面提供发展启示：第一，要积极研发高效技术工具，促进产品推广与使用落地；第二，强化产品技术服务支持，获取政府与市场广泛认可；第三，抓住标准国际化窗口期，争取进一步拓展全球市场①。

　　李旖旎等以日本建设的大规模"云"数据中心和云安全监管政策为考察对象，对其"产学官"三位一体的合作体制以及"霞关云"和"自治体云"等"电子政务云"政策进行分析，从而得出日本云安全及其监管保护机制的基本特征。他们认为，日本目前虽未出台相关的专门法律对"云"产业作系统性保护，但日本政府通过利用云数据、云计算来实现"i-Japan战略"的措施，整体上提高了该国的行政效率。日本大力投资建设日本的"云"产业和保障云安全，大大促进了日本经济的增长，对展开研究对于我国云产业的发展具有借鉴意义。第一，应支持标准组织及产业组织开展针对云服务可用性、安全性、数据保护、可迁移性等关键方面的标准研制和评估认证，并鼓励企业开展符合标准的可信云建设，增强用户信心；第二，整合产业界、研究教育机构、国家地方政府三方的力量，应将着力点放在多个平台数据集中在一个统一"数据中心"的建设上，并给这个统一的数据中心添加强有力的安全设备和安全措施；第三，建立数据隐私保护倒逼机制，在国家安全、个人隐私、跨境服务、执法取证和知识产权等五个风险域制定相关的专业性隐私政策法规；第四，注重云安全技术支持和专业人员培养与国际合作，效仿日本加强与国际社会的合作，积极与其他国家和国际组织展开合作，以共同制定"云"保护的国际规范，有利于提高我国云安全保护的监测、预警、应急处置与恢复能力，以促进我国与全球云安全建设保持一致，这是我国建立和完善"云"产业保护制度的必然要求②。

　　胡炜对跨境数据流动立法予以研究，指出由于跨境数据流动的全球规则尚未达成，我国众多"走出去"的互联网企业随时可能遭受以数据安全为名义的贸易壁垒。跨境数据流动法律法规必须在商业利益与网络隐私、网络安全性与网络流动性、严格标准与宽松标准、本国特色与国际习惯之间作出价值选择。从全球范围上看，当前存在美国商业利益优先理念下的宽松立法、欧盟个人权利优先理念下的严格立法、俄罗斯数据主权优先理念下的本地存取型立法、澳大利亚利益均衡原则下的折中型立法等四种价值选择。我国需要确立数据主权优先、个人信息保护与经济发展并重的法律原则。在国内法方面，需对网络隐私权进行宽泛化、包容性的界定，分类监管跨境数据。在国际法方面，需依托跨境贸易的中国方案和"一带一路"沿线国家，先从区际规则着手积极参与国际规则的制定③。

撰稿人：辛艳艳（复旦大学新闻学院2018级博士研究生）

---

①　参见方师师：《美国商务部和国土安全部报告：提高互联网和通信生态系统对僵尸网络和自动化分布式威胁的响应能力》，《信息安全与通信保密》2018年第7期。

②　参见李旖旎、陈文兵、胡世明、徐敬宏：《日本云安全监管政策及其对我国的启示》，《情报杂志》2018年第3期。

③　参见胡炜：《跨境数据流动立法的价值取向与我国选择》，《社会科学》2018年第4期。

# 广告研究

　　2018年,适值中国改革开放40周年,同样作为中国广告恢复40周年的重要历史节点,也是回顾与思考中国广告学的重要时刻①。本文以中国知网期刊全文数据库为检索对象,将广告研究文献分为广告理论与史学研究、广告产业发展与经营管理研究、受众与效果研究、类型广告研究、广告实践、广告规制、广告教育七个板块,对2018年学界关于广告研究的文献进行梳理,既是在重要时刻对广告学科的总结与反思,也是从中发现目前该领域的研究热点、重点、痛点,以期描绘出广告学研究的整体面貌和显著特征,为研究者快速了解本学科研究现状提供一个索引。综述的主要文献来源是学术期刊和行业期刊,不包括出版的图书和教材。因篇幅限制,研究主题及研究内容重叠的文献、大量经验性或技术性或个案式分析类文献未能全部列出,而是在同类研究中选择最具代表性的成果予以评述。

## 一、广告理论与史学研究

### 1. 重新理解广告

　　跨学科和多学科融合的背景下,传统学科或专业之间的边界逐渐模糊,原有学科的内涵和外延随之变化。

　　具体到广告学科,数字媒体时代品牌传播快速变化引发了广告行业的重大变革。经典传播学结构的广告组成,与数字品牌营销的渠道技术,持续地分解、重组、形成生态聚合,广告的定义在酝酿重大变化。顾明毅等系统梳理了国内外广告学者的广告定义。一种观点是理查和库伦代表的广告经典定义:由可确认的来源所进行的,旨在劝服接受者现在或将来采取行动付费的,通过媒介完成的传播活动。另一种观点是2016年美国《广告学研究》发起的权威专家争辩中,多数广告专家认识到基于大众媒体信息分发基础上的传播学结构的广告定义在过去已达到顶点,应该向更为广泛的品牌营销传播需要方向靠拢,人际传播、用户自制与双向行动(多向互动)正在成为新广告定义的核心。研究者就此探索性地提出新的广告定义:品牌主动介入用户媒介行为,或品牌相关的用户媒介行为,意图产生联结与互动;并在经典的广告宗旨包含的信息、说服和品牌文化三项内容之外,新增了社会责任理念,即改变社会生活行为的主旨,构成新广告定位的四项主旨,以期迎接数字品牌传播与用户媒介互动的战略性变革重大命题②。

　　关于广告的定义和边界的讨论还有王家东对于纪录片与广告的比较。他认为,纪录片形态的广

---

　　① 参见章淑贞、蒲玉玺:《中国广告进入新时代——专访中国传媒大学广告学院院长丁俊杰》,《新闻与写作》2018年第11期。
　　② 参见顾明毅、姜智彬、李海蓉:《百年广告定义研究辨析》,《现代传播(中国传媒大学学报)》2018年第4期。

告一般采用纪实手法、实景拍摄、真人出演，看起来完全不像广告，很好地避免了传统广告带给观众的先入为主的拒斥心理。而借用纪录片之貌行商品形象展示之实的作品被命名为纪录片，最终受伤害的是纪录片自身，尤其是纪录片历经百年所创作的真实可信的形象①。

原生广告作为新的广告形式受到业界和学界的关注，但是对于什么是原生广告，则有不同的看法，陈力丹对之持肯定态度，而新榜创始人徐达内认为"虽然冠之以'原生广告'之名，熟悉传统媒体的人都知道，其本质也就是'软文'，只不过是在社交媒体时代有了个更好听的名字以及更富技巧的包装方式"。庞云黠对原生广告的定义、广告与软文的关系进行了辨析。研究认为，软文呈现的三种方式中只有纯广告的方式最大限度地模糊了新闻与广告边界，其他两种方式（内容为主和提及型）则不会。时政、财经类的公众号出现了投放非原创软文的情况，要给予伦理和法律层面的重视②。

重新理解广告是为了更好地发挥广告在新时代的职能。陈相雨和蔡雅雯认为，广告商通过"异质声音"压制、"消费假象"传递、"集体意识"操纵等途径促使广告舆论形成，广告舆论本质上是一种真实存在的舆论假象。根源在于无往而不胜的资本权力以及由其生成的资本宰制。在资本宰制中，资本成为广告舆论的强势保障，大众传媒成为虚幻的公器。受众不仅在广告的浪漫主义抒情诗里丧失斗志，而且还成为广告舆论传播的帮凶③。

### 2. 理论回顾与创新

陈刚和祝帅将广告学术发展过程分为改革开放后十年的理论启蒙、学科建设与实务对话、产业引领与理论建构、广告学的超越与重塑等几个阶段，每个时期广告理论建构与学术机构、广告实务、学科建设、产业发展紧密联系，广告学术研究历经广告启蒙、本土化理论创新、理论体系自觉建构的过程，当代中国广告学正在面临着互联网时代的回应以及自身学科地位的提升两方面艰巨的挑战④。

关于发展广告学理论，石晨旭对该理论作为广告史研究理论框架的价值进行论证。他认为，跳出西方视角，以跨学科的方法对中国问题的独特性展开研究，是建构当代中国广告产业发展理论体系的必经之路。运用发展广告学的框架进行分析，将会深化和推动广告史研究的进程⑤。

鲍德里亚的消费社会符号操纵机制是以20世纪70年代以前的西方社会的大众传播媒介，特别是电视媒体占据霸主地位为理论预设。在媒介环境的深层次变迁的当下，鲍德里亚的广告符号机制在新媒体时代是否适用、是否产生新的特点，广告符号运行机制又是如何，这些正是袁建研究的出发点。在新媒体环境中，广告符号机制呈现出主体多元性、内容生成的精准化与个性化、传播生命周期的短暂性等新特征，其运行的内在机制是大众消费仪式符号和小众亚文化符号的双重建构。但从本质上这仍然没有摆脱消费社会中广告符号操纵人的消费的本质，反而在貌似平等的环境中，让消费者

① 参见王家东：《要明确纪录片与广告的界限》，《中国广播电视学刊》2018年第11期。
② 参见庞云黠：《新闻与广告的边界真的模糊了么？——微信公众号10万+文章的软文现状分析》，《中国出版》2018年第16期。
③ 参见陈相雨、蔡雅雯：《广告舆论的生成批判》，《广告大观（理论版）》2018年第5期。
④ 参见陈刚、祝帅：《在批判中建构与发展——中国当代广告学术发展四十年回顾与反思（1979—2018）》，《广告大观（理论版）》2018年第2期。
⑤ 参见石晨旭：《发展广告学与广告史研究》，《广告大观（理论版）》2018年第2期。

感受到虚幻的心理满足,这一结论实际上肯定了经典理论在当下仍具有适用性①。

翟灿基于拉斯韦尔的 5W 模式提出了广告传播模式,即包括 Who(广告主和广告公司等)、Say What(广告信息)、In Which Channel(广告媒介)、To Whom(广告受众)、With What Effect(广告效果)五个环节。互联网和大数据等新技术的应用使这一传统传播模式的每个环节发生了新变化。具体体现在:广告主从幕后走向台前,小而美的广告公司崛起,广告公司和广告人受到人工智能的冲击;广告信息内容形式日趋多样化;新媒体成为广告传播的新阵地;广告受众更加精准化和小众化;广告效果评估更准确直观②。

沈蓓蓓分析了网购时代的广告传播模式。网购时代的广告传播已从线下广告为主向线上广告转变,用户更倾向于信赖一对一的、有情感联系的广告传播方式,并且更喜爱能触动内心的 UGC 类广告文案,吸引用户的关注,引起互动式参与成为广告传播有效性的关键③。

潘洪亮围绕"现代广告消亡"的理论假设进行了文献回顾与批评工作,提出数字技术正在深刻改变现代广告研究的基础理论假设,认为广告消亡具有理论上的可能性④。

关于广告话语权的生成要素与生成逻辑研究,周志平认为,广告话语权是指广告发起者、广告创作者及广告媒介通过对意义符号进行操纵,从而实现对受众产生预期效果的一种能力。广告话语权具有依附性、隐蔽性、策略性等特点。广告话语权的生成是基于广告主、广告创作者和广告媒介三方合力共谋的结果⑤。

未来广告理论研究的热点如何,赵新利和宫效喆详细考察了国家社科基金 59 项立项项目的项目主题,预测广告监管、广告史、重大基础理论研究将成为未来广告研究热点,立项数量也将会有较大的提升空间⑥。

### 3. 广告史研究

祝帅对高家龙《中华药商:中国和东南亚的消费文化》、科大卫《近代中国商业的发展》、芮哲非《谷腾堡在上海:中国印刷资本业的发展(1876—1937)》和卜历南《制度变迁的逻辑》这四部新史学视野的研究著作进行了学术史剖析。研究认为,以这四部著作为代表的海外中国广告史研究新视角,在很大程度上克服了文化研究视角和研究者受众视角的问题,体现出研究者对广告本体的了解和对生产过程的深度介入,而这种转变的背后显示出研究者对于广告自身特点的尊重⑦。

冯敏和胡明宇指出,《北洋画报》为研究 1926 年至 1937 年间天津及北方的社会文化氛围提供了图文并茂的珍贵史料,其中的商业广告在建构天津市民日常消费物质轮廓的同时,其内容也集中体现了画报"传统"与"现代"双重变奏的图像呈现的突出特点⑧。

---

① 参见袁建:《新媒体广告符号机制的传播特点与内在逻辑》,《传媒》2018 年第 7 期。
② 参见翟灿:《基于 5W 模式的广告传播新变化》,《传媒》2018 年第 2 期。
③ 参见沈蓓蓓:《网购时代广告传播模式分析》,《青年记者》2018 年第 8 期。
④ 参见潘洪亮:《广告如何消亡——关于"广告消亡"理论观点的文献回顾》,《广告大观(理论版)》2018 年第 6 期。
⑤ 参见周志平:《广告话语权的生成要素与生成逻辑》,《广告大观(理论版)》2018 年第 4 期。
⑥ 参见赵新利、宫效喆:《从国家社科基金立项项目看广告学术研究热点》,《广告大观(理论版)》2018 年第 3 期。
⑦ 参见祝帅:《新史学语境下的广告史研究——近年海外中国广告史研究的四种视角》,《新闻大学》2018 年第 4 期。
⑧ 参见冯敏、胡明宇:《"传统"与"现代"双重变奏:〈北洋画报〉中的商业广告》,《中国广告》2018 年第 2 期。

　　吴瑜以《时报》(1904—1911)为例展开了对晚清报载小说广告的研究。在清末工商业发展和近代知识体系影响下,小说广告得以诞生,受"中西会通"观念的影响对小说广告语言形态和创意手段进行探索。传统书商改变了"良贾深藏不露"的观念,从视广告为浪费到积极进行广告宣传,表现出主动开放的广告观念。而晚清文化运动和社会变革多是以政治为目的,以救亡图存和寻求变革为目标的模仿,缺少了自然的积淀过程,小说广告的形态也打上了时代文化的烙印,也难以顺利完成近代广告转型[①]。

　　赵新利以《人民画报》的报道和广告为中心,梳理了 1949 年至 1965 年间我国品牌对外传播活动,包括中国商品展览会、对外宣传报道中的品牌植入、中国品牌广告、图书和期刊广告等,并归纳了这一时期中国品牌对外传播的主要特征[②]。

　　书写中国广告史,不仅要借鉴海外史学研究的优秀成果,同时还要保持批判思维,注意中西方学者从不同的逻辑起点(理论起点或者历史事实)进行的不同解读,这正是学者李金正对中国近现代国货广告研究的学术立场。美国"中国学"学界宣称中国近现代国货广告从理论逻辑上确保了"国货"之名的正当性和合法性,作为商品宣传策略用以抵抗外来商品宣传固然有效,但是它很难厘清全球/地方、传统/现代之间的深层次矛盾,致使作为方法的国货广告及其背后的思想基础在逻辑上陷入了两难困境。研究认为,上述观点蕴含着明显的他者化和东方学思维,需要在与国内主流学界相关研究的平行比较中进行审慎细致的反思批判。研究从历史事实出发,认为"国货"概念是作为"他者",即"洋货"的一个反命题而出现;"国货"中带有近代资本主义因素具有开放性和包容性的特点。基于上述出发点,国货运动恰恰着意于自立自强、进步发展,力主科学和理性,表现出了相当程度的进步主义和理性民族主义精神。这种精神还进一步延伸到国货广告的宣传实践中[③]。

　　民国时期的商业广告作为一种大众传播活动进入了王玉蓉等的研究视野。他们选择中国近代期刊史上存世最长、最具影响力的政论性综合杂志《东方杂志》中的商业广告作为研究对象,以文化研究视角切入,分析了其商业广告中的中西文化冲突和中国的文化涵化过程,认为我国的文化涵化过程经历了一个从被迫接受的"消极涵化"向主动吸收的"积极涵化"的转变过程[④]。

# 二、广告产业发展与经营管理研究

### 1. 产业发展研究

　　正如开篇所说,回顾与展望成为中国广告发展 40 年的关键词。丁俊杰将这 40 年的广告称之为"新时期广告",即从向西方学习、模仿进而加以中国元素进行融合的广告之路。而从党的十九大开

---

　　① 参见吴瑜:《晚清报载小说广告研究——以〈时报〉(1904—1911)为例》,《青年记者》2018 年第 8 期。

　　② 参见赵新利:《新中国成立初期中国品牌对外传播研究(1949—1965)——以〈人民画报〉的报道和广告为例》,《广告大观》2018 年第 4 期。

　　③ 参见李金正:《近现代"国货"观念与广告的民族主义致思——基于美国"中国学"的批判性视角》,《现代传播(中国传媒大学学报)》2018 年第 8 期。

　　④ 参见王玉蓉、宋伟龙、张晓宇:《民国时期商业广告中的文化冲突与文化涵化——以〈东方杂志〉商业广告为例》,《传媒》2018 年第 2 期。

始,广告则可称为"新时代广告",即进入消费新时代、传播新时代、市场新时代和广告价值的新时代。这种基于时代发展和市场转型双重视角的广告时期划分高度凝练地总结了两个广告时期的总体性特征。在两个广告历史跨越的关键时期,重要的是要思考广告行业发展逻辑与路径如何。丁俊杰认为,广告业要立足传统,调整逻辑起点,即强调共享逻辑,重新把握事实与真相的关系、大数据逻辑以及个体与群体的关系等①。

邓敏以"组织-技术"为逻辑,采用内容分析法,通过把握数字广告组织与数字广告技术的动态演化特征,对中国数字广告产业 20 年的制度化进程进行历时性考察。研究发现,互联网企业与数字广告代理商是中国数字广告产业制度化进程的主要推动者,定向技术是中国数字广告产业制度化进程的核心驱动。广告主或将成为中国数字广告产业制度化进程下一阶段的主要行动方,展示技术与定向技术的深度融合也将可能成为中国数字广告产业制度化进程下一阶段的重要课题②。

马蕊通过对中国各省市十年间广告产业发展的区位商、集中系数等指数的分析指出,我国广告产业地区发展非常不均衡,产业发展梯度差异大;极少数地区广告产业的发展远超全国平均水平,但是绝大多数地区的发展都处在较低的水平;各省市的广告产业专业化普遍发展,呈现地区差异明显、聚集状态明显的特征③。

针对广告产业智能化发展方向,秦雪冰认为,应回归到对智能概念的本体、标准及实现方式的探讨,进而再来探讨广告产业的智能化的路径。人工智能技术在广告产业中的应用在运作流程上表现为基于自然语言理解的消费者洞察、基于智能推理的广告策略分析、基于智能学习的广告内容创作、基于智能推理的广告智能推荐、基于机器学习的广告效果深度应对与网络广告监管;在中观层面表现为广告主、广告公司、广告媒介与受众之间新的生态系统的形成,价值链的劣汰和重构④。

郑新刚对中国广告业界对众包的热情不足的问题展开了思考。研究分析了中国广告市场上广告众包面临的阻碍因素,从提高企业认识、洞察用户动机、选择合适平台和理顺运行机制等方面提出破除这些障碍的建议⑤。

关于产业生态问题,雷蕾通过对北京地区广告策划文案岗位的招聘广告进行系统抽样与内容分析,比较广告职业提供者角色(广告客户/广告公司)对于广告职业建构的影响。研究发现,相较广告公司,广告客户的广告策划文案岗位更偏向管理类工作,且在学历、从业经验与团队合作方面的要求更低,在薪酬待遇方面无显著差异。由此推断,广告客户构建的广告职业专业性与自主性更低。随着越来越多的中小广告主涌入市场,以及大量品牌开始自建广告团队自给自足,广告职业的自主性与地位将会从整体上被削弱,这也会对广告产业生态产生深远影响⑥。

毫无悬念,数字技术突飞猛进,互联网、数字技术、人工智能等力量将更为紧密地与广告业结合在一起,正如全球最早的广告公司之一智威汤逊被并入数字营销公司伟门,传统广告行业也将更依赖技术要

① 参见章淑贞、蒲玉玺:《中国广告进入新时代——专访中国传媒大学广告学院院长丁俊杰》,《新闻与写作》2018 年第 11 期。
② 参见邓敏:《中国数字广告产业二十年:基于"组织-技术"逻辑的制度化进程》,《国际新闻界》2018 年第 11 期。
③ 参见马蕊:《我国广告产业区域专业化水平十年变迁》,《中国广告》2018 年第 4 期。
④ 参见秦雪冰:《智能的概念及实现:人工智能技术在广告产业中的应用》,《广告大观(理论版)》2018 年第 1 期。
⑤ 参见郑新刚:《中国广告业众包模式发展障碍研究》,《广告大观(理论版)》2018 年第 2 期。
⑥ 参见雷蕾:《削弱的自主性:广告职业建构的比较研究——以北京地区广告策划文案岗位为例》,《广告大观(理论版)》2018 年第 8 期。

素焕发新的优势。或者正如陈刚所说,技术正在成为中国广告业的核心生产力。广告要在新时代获得长足发展,必须进行技术输血以完成自身造血,全面实现传统广告行业向数字广告产业的转型。

### 2. 经营管理研究

任学安认为,新时代的传播格局主要由两种媒体构成,一个是以 2018 年 3 月成立的中央广播电视总台为代表的传统主流媒体,另一个是以 2018 年 4 月召开的全国网络安全和信息化工作会议指示精神为奋斗目标的网络媒体。主流媒体与网络媒体之间的关系必将是新时代最重要的一对媒体关系。央视广告开始了自发的转型升级,提出"国家品牌计划",赋予国家电视台广告以使命和责任,为国家培养一批能参与世界市场竞争和文化交流的国家品牌[①]。

关于传统纸媒研究,张丽平从学者角度对不断下滑的传统纸媒广告的出路进行了思考,提出跨界、跨屏的创意变革。一是报纸打破媒体边界的限制,不断加大对互联网的渗透,融合发展已成为报纸改革的必然选择;二是重新定义报纸广告,打破纸媒的单一视角,走向跨界、跨屏,在更大的传播平台上创新报业广告。具体策略为:发挥报纸的公信力优势,实现广告"破茧"传播;重视广告策划,创建全案营销模式;保持对新技术的想象力,挖掘新技术的广告潜力[②]。

何辉深入探讨了互联网广告与大众媒体广告的促销力。互联网广告,尤其是社交媒体广告,因能够精准提取目标人群,为中小企业借以突破大企业通过大规模品牌广告制造的"包围"提供了可能性。由于互联网蓬勃发展,年轻一代使用互联网习惯的大规模养成,互联网广告将进一步获得广告主青睐。大企业在利用互联网广告促销产品和服务时,尽管媒体选择和组合难度很大,但是与中小企业相比,依然具有相对优势。此外,在一定时期内,只要电视观众群体依然巨大,电视广告就依然是一种经济的、高效率的广告形式[③]。

廖秉宜和任凯伦基于产业经济学的视角,提出数字户外广告产业创新的对策建议,即优化数字户外广告市场结构,追踪数字户外广告前沿技术,注重场景化内容与用户体验,整合多屏数字户外媒体资源,完善数字户外广告政策与法规[④]。

将研究视野从传统广告转型扩大到更为宏大的广告产业园区,从而探索地区的广告产业发展成为周立春的关注点。研究认为,集群创新兼具规模和效率,其本质是组织间的交互合作与知识外溢。研究从组织邻近性的内涵切入,通过根植性和社会资本两个维度,以 21 个国家广告产业园为案例,运用调查问卷和深度访谈,从组织结构、制度约束、社会关系三个层面分析了组织邻近对广告产业集群创新的作用机理,发现适宜的组织邻近关系可通过降低交易成本、控制机会主义、形成知识外溢、促进其他邻近关系四种途径实现群内的组织合作和知识外溢,从而对广告产业的集群创新产生影响。对中西部广告产业的发展而言,进一步从制度、社会、文化、组织安排等各个维度,迅速培育产业内的组织邻近关系,是这些地区获得后发优势的可行路径[⑤]。

---

① 参见任学安:《新时代的央视广告新探索》,《新闻与写作》2018 年第 7 期。
② 参见张丽平:《跨界、跨屏:报纸广告的创意变革》,《传媒》2018 年第 2 期。
③ 参见何辉:《互联网与传统大众媒体广告促销力博弈研究》,《现代传播(中国传媒大学学报)》2018 年第 9 期。
④ 参见廖秉宜、任凯伦:《中国数字户外广告产业组织优化与政策创新研究》,《广告大观(理论版)》2018 年第 6 期。
⑤ 参见周立春:《组织邻近性与广告产业集群创新的影响机制研究——基于国家广告产业园的实证分析》,《现代传播(中国传媒大学学报)》2018 年第 10 期。

# 三、受众与效果研究

## 1. 受众研究

庞慧敏和张倩在梳理公众对活体器官认知相关文献后,认为大众媒体对议题的关注、公益广告内容以及受众个体与媒介的接触互动等方面对公众相关认知产生影响,进一步提出了个体的认知冲突问题。在我国器官捐献议题中,个体认知冲突的来源主要是器官捐献行为牵涉的伦理道德、人道主义、群体共情、奉献精神等,与中国传统身体观、灵魂观等群体价值观产生的认知冲突。在此基础上,研究提出以建构主义的受众研究为视角,通过焦点小组访谈的方式探讨大学生对器官捐献广告的认知及其在器官捐献议题上的认知建构路径。研究发现,大学生对器官捐献议题存在显著的认知模糊与认知冲突。以器官捐献广告为代表的大众传媒对该议题的传播策略需进一步改善,应更多地从受众的认知建构入手,关注受众认知水平的提升和认知冲突的解决[1]。

余世红和王玉婷采用实证分析的方法,将描述性(定性)分析的实证方法与计量经济模型(VEC模型)相结合,运用协整检验的体系分析现有相关数据,以此探讨网络广告与网络消费相关性。研究认为,我国网络广告对网络消费增长存在正相关的促进作用,加尔布雷斯假设关于广告对消费的促进作用,在移动互联网时代的中国得到了一定程度的验证,而作为控制变量的人均可支配收入对网络消费产生的影响会更大[2]。

范蕊和江志全指出,信息社会人们的文化消费心理展现出新的特征:既有群体性从众消费心理,也有个性化的差异需求;有"娱乐至死"的隐私消费需要,也有"参与—贡献—分享"的创造性自我实现的心理需求。研究提出信息时代文化产品营销传播的对策,即抓住消费者心理,针对不同目标群体开展营销传播活动,并根据互联网多媒体融合特点,提供跨媒体、跨文本的多元化产品组合[3]。

已有最新研究发现,个体工作记忆容量与广告态度改变密切相关,表现为高工作记忆者在面对广告时有更强的抗干扰力,抵抗说服性信息,态度改变程度较少。单艳红和陈庆荣从产品卷入度、广告复杂度两个角度出发,应用实验法进一步考查工作记忆容量对于消费者态度改变的影响机制。两个实验结果表明,工作记忆容量对消费者态度的改变显著受到卷入度和广告复杂度影响[4]。

初广志和田啸基于深度访谈和现场测试探讨了公众对公益广告的认知和态度。研究发现,从整体来看,公众对公益广告的作用给予充分肯定,公益广告传播也取得了较好的效果。但是部分公众对公益广告的认知还比较模糊,对于公益广告引发的行动效果不甚乐观[5]。

---

① 参见庞慧敏、张倩:《模糊的意愿:器官捐献广告对大学生认知冲突的影响与重建》,《新闻大学》2018年第4期。
② 参见余世红、王玉婷:《网络广告与网络消费相关性实证研究》,《现代传播(中国传媒大学学报)》2018年第10期。
③ 参见范蕊、江志全:《信息时代大众文化消费心理与营销传播策略》,《当代传播》2018年第1期。
④ 参见单艳红、陈庆荣:《工作记忆容量、产品卷入度、广告复杂度对消费者态度改变的影响》,《南京师大学报(社会科学版)》2018年第5期。
⑤ 参见初广志、田啸:《公众对公益广告的认知和态度研究》,《广告大观(理论版)》2018年第3期。

### 2. 效果研究

广告效果研究可以分为传播效果、心理效果、行动效果、社会效果等,各种类别广告的效果评价指标体系的确定是效果研究的重点,也是广告研究中的重要内容。

李晨宇和杨璠展开了关于中国电视公益广告的社会行动效果的评估。研究认为,公益广告的社会效果包括告知、态度和行动三个循序渐进的评价指标。研究通过运用实验法、借助 SPSS 软件发现,代言人使用和广告作品的创作国别是影响公益广告社会效果达成的重要因素;画面是影响公众对电视公益广告作品评价的最重要因素;公众对公益广告作品的评价会影响公益广告社会效果的达成;公众对公益广告作品的接触频次对公益广告社会效果的达成影响有限。电视公益广告需要不断丰富主题、创新题材、提升品质,以保障其诉求的社会行动效果得以兑现①。

蔡梦婷和王迪通过文献梳理与深度访谈提出 SIASR 模式,重新讨论自媒体广告效果,构建以感知力、互动力、转化力、分享力、稳定力为五个一级指标的自媒体广告效果测量指标与评估体系,为自媒体广告效果评价体系提供了新思路②。

陈建华和刘中刚通过 6×2 因子实验获得实证调研数据,利用 SPSS 软件进行信度效度分析,发现可信度高的代言人和双面信息主张都能够提高广告可信度,而且二者之间存在互补性。同时,单双面广告信息对产品评价的影响不显著。在代言人可信度较低的情况下,采用双面信息的广告可以产生较高的购买意愿;而代言人可信度较高时,采用单面主张的广告在购买意愿上的效果优势不明显③。

李宝珠和魏少木采用心理研究领域中较先进的眼动追踪技术,对被试观看广告时的眼动过程进行了记录和分析,考察图片与文字两种诉求形式在影响产品反馈过程中的作用。研究发现,个体对不同类型产品的注意力受诉求形式和广告扩散方式的共同影响;对于功能型产品,以文字为诉求形式的广告可以显著增加个体的注视次数和注视时间,提高产品的认知程度;对于享乐型产品,以图片为诉求形式的心理模拟式广告可以显著增加个体对广告的注视次数和注视时间,提高产品的好感度④。

王迪基于"95 后"上海大学生调查开展了中国传统文化元素在品牌传播中的运用及其效果研究。研究发现,这一群体对中国传统文化具有高认同度、较高认知度;对运用中国传统文化元素的产品/品牌抱有明显的支持态度;认知和态度与中国文化传统元素产品/品牌的购买意愿正相关。产品/品牌运用中国传统文化元素的深度、传达的价值观以及涉及的文化形式,是该群体一致公认的三大最重要的品牌态度影响因素⑤。

秦雅芳和张烜以我国取得驰名商标认定的上市公司为样本,通过对广告的投入产出效益与企业财务绩效之间关系的研究,考察广告投入对商标资产和企业财务绩效的影响⑥。

---

①　参见李晨宇、杨璠:《中国电视公益广告的社会行动效果研究》,《新闻界》2018 年第 2 期。

②　参见蔡梦婷、王迪:《自媒体广告效果测量指标与评估体系研究》,《中国广告》2018 年第 10 期。

③　参见陈建华、刘中刚:《双面信息与广告代言人匹配效果的实证研究》,《河南师范大学学报(哲社版)》2018 年第 4 期。

④　参见李宝珠、魏少木:《广告诉求形式对产品反馈的影响作用:基于眼动的证据》,《心理学报》2018 年第 1 期。

⑤　参见王迪:《中国传统文化元素在品牌传播中的运用及其效果研究——基于 95 后上海大学生的调查》,《中国广告》2018 年第 4 期。

⑥　参见秦雅芳、张烜:《广告投入、产出与企业财务绩效——基于驰名商标品牌效应的分析》,《西北大学学报(社科版)》2018 年第 5 期。

# 四、类型广告研究

移动互联网的发展带来信息承载形式的多样化,广告随数字传播平台的变化也不断推陈出新,演变出多种广告类型。

段淳林和杨恒提出,广义的计算广告包括所有以数据和算法为底层技术的广告形态,数据、算法模型与智能决策是计算广告的三个基本研究维度。计算广告基于数字媒体平台的属性变化而不断发展流变,未来物联网时代的计算广告应是在获取全域智能数据基础上的全自动化用户导航,智能算法的优化升级吸引用户深度参与到广告互动中形成参与式互动文化生态,并最终实现品效合一的广告效果①。

熊洁芬用央视市场研究(CTR)发布的 2018 年 4 月广告市场数据证明生活圈媒体的增速领跑全媒体。作为一种新兴的媒体形式,生活圈媒体具有新颖性和独特性特征,与之相伴而生的生活圈媒体广告还具有精准性和高关注度的优势。充分认知我国生活圈媒体广告的发展现状,坚持可行性、受众导向、媒体网络化等原则,进行广告内容与形式创新,有利于让广告与人们的日常生活频繁接触,从而提高品牌的传播力和到达率②。

杨嘉则关注到大数据背景下百度地图广告推广创新模式。百度地图通过联合旗下产品布局 O2O 营销,利用大数据分析和场景细分,创新广告推广模式,取得了良好的效果,建立起完善的生态圈。百度地图广告推广模式存在缺少社交媒体平台开发、同质化现象严重、互动体验缺乏创新、传播力度有限等不足③。

业界与学界对原生广告的内涵和特性尚未达成统一性意见,以此为出发点,张哲和蒲信竹整合已有国内外定义和概念,总结提炼出原生广告的三个原始特性:将广告信息与内容信息融合到一起,在形式上随场景而变,在内容上提供用户价值④。原生广告同样对传统媒体带来新的增长点,《纽约时报》的超级创意空间(T Brand Studio)因原生广告的启动,在激烈的媒体竞争中,牢牢地占据一席之地。张希萌以此为个案对原生广告的特点做了较为详尽的分析⑤。

张轶楠提炼了微电影广告的主要特征:以宣传某种商品或品牌为目的,商业广告和故事情节相融合,突破传统广告宣传的速度和范围,精准定位目标受众群体,良好的传播劝服效果。研究提出,广告发展的关键在于专业人才培养、商业与艺术的融合,以及完善市场监管机制⑥。

伴随着《舌尖上的中国》、《我在故宫修文物》等纪录片热播,用纪录片的艺术叙事方式来表现品牌商业价值的广告也受到了关注。王昕和陈烨从纪录片广告的历程回顾和现状扫描入手,对纪录片广告的定义、分类及特征、价值、发展动因等基本问题进行了观察和针对性思考,并从内容导向、广告主、创意表现三方面提出了纪录片广告的发展策略⑦。

---

① 参见段淳林、杨恒:《数据、模型与决策:计算广告的发展与流变》,《新闻大学》2018 年第 1 期。
② 参见熊洁芬:《生活圈媒体广告发展现状与趋势》,《传媒》2018 年第 17 期。
③ 参见杨嘉:《大数据背景下百度地图广告推广创新模式研究》,《传媒》2018 年第 11 期。
④ 参见张哲、蒲信竹:《电视原生广告的特性及应用探析》,《中国广播电视学刊》2018 年第 7 期。
⑤ 参见张希萌:《美国〈纽约时报〉原生广告的成功之道》,《传媒》2018 年第 13 期。
⑥ 参见张铁楠:《微电影广告特征及发展趋势分析》,《现代传播(中国传媒大学学报)》2018 年第 5 期。
⑦ 参见王昕、陈烨:《历程·价值·趋势:论纪录片广告的基本问题与发展策略》,《现代传播(中国传媒大学学报)》2018 年第 12 期。

王娜认为,叙事是电视广告的自身属性,故事片电视广告成功的关键在于通过故事化表达构建受众群体认同,以情感因素刺激观众的符号消费,从而营造品牌神话①。

陈颖选择腾讯、微博和今日头条的自建程序化广告平台为研究对象,从平台、系统和价值等方面对其进行对比分析,既从整体上考察了程序化广告类型的投放平台对自身平台方、广告主和广告业未来的价值和影响,也较详细地分析了程序化广告的实现方式、定价方式和广告效果②。邓驰旻关注"户外广告+程序化广告",对全球重要市场,如美国、英国、澳洲、中国等程序化户外广告发展现状及探索方向做了较全面的梳理③。

# 五、广告实践

营销传播实践中,广告从来都不是单独存在的。从经典 4P 理论到 4C 到 5R,从传统媒体时代到新媒体时代,从大众传播到数字传播,广告的角色与功能依赖于传播主体、传播目的和传播技术不断变化进行演变与调整。这不断拓展了广告的边界,为广告与公关、传播、营销、品牌的关系提供了新的书写视角,也极大地丰富了广告实践的内容。

### 1. 广告创意与创作

广告学具有综合性、跨学科、实践性等突出特性,艺术、文化、建筑、美学、心理学、消费学、行为学、科技、哲学、社会学等学科皆囊括其中,广告创作主题包罗万象。

丁俊杰认为,内容的去媒介化、用户的渠道化、社群的内容弹性、渠道流量的被动性等因素促成了广告内容化的趋势,使得广告与内容泾渭分明,界限发生了新的变化。广告内容化趋势首先在自媒体营销内容创作中得到体现④。

朱盈臻通过整理国内 HPV 疫苗广告发现,该类广告诉求包括女性对健康生命保障、时尚潮流追求、人们对亲人健康关怀表达三种方式,这三种诉求同时存在着关于宫颈癌与 HPV 疫苗羞耻与积极的两种隐喻。研究认为,应该正确理性地审视疾病本身与其相关行为。与健康相关的生命大事都应该超越隐喻,而将目光直指疾病的本质与行为的初衷⑤。

### 2. 品牌传播

姚曦和李娜通过学科知识可视化分析的方法对国内品牌传播研究的现状和趋势进行分析,直观地勾勒出品牌传播研究的图景,厘清了国内主要从事品牌研究的机构、学者及关注的重点问题,总结出当下品牌研究的热门话题,比如新媒体环境下的品牌传播研究、品牌的国际传播和跨文化传播研究、国家形象和国家品牌研究、城市形象和城市品牌研究、媒体品牌研究等。研究对未来品牌研究的

---

① 参见王娜:《电视广告故事性叙事的逻辑、价值与策略》,《传媒》2018 年第 5 期。
② 参见陈颖:《关于腾讯、微博、今日头条程序化广告投放平台的对比研究》,《广告大观(理论版)》2018 年第 1 期。
③ 参见邓驰旻:《程序化户外广告的市场现状》,《广告大观(理论版)》2018 年第 3 期。
④ 参见丁俊杰:《广告呈现内容化趋势》,《青年记者》2018 年第 22 期。
⑤ 参见朱盈臻:《国内宫颈癌疫苗广告诉求及其疾病隐喻》,《广告大观(理论版)》2018 年第 6 期。

趋势作出了判断,即在互联网化、智能化和全球化趋势下,新媒体与品牌关系探索、全球化背景下品牌国际传播研究、品牌认知研究、跨学科的品牌研究方法将成为未来的研究重点①。

黄升民和张弛从宏观的、历史的和特殊性的视角,将品牌放置于改革开放的历史图景中去理解改革开放 40 年中国企业品牌的成长。从中国品牌成长的动力要素来看,生产力、消费力、传播力和创新力这四大基本动力在"无形的手——市场"和"有形的手——政府"的博弈之下呈现出独有的中国特色。这是中国特色社会主义经济发展的必然趋势,也是中国特色社会主义经济发展的独特优势②。

张慧子和梅小瑞探索了数字广告作为中国品牌对外传播的新路径。研究具体分析了三则中国品牌海外数字广告案例,总结了中国品牌海外传播的特点,结合中国企业数字广告海外投放环境,基于人工智能广告和视频广告的发展趋势提出中国品牌海外传播的新路径,即以中国制造为本,以中国元素为纲,以中国文化为魂,深入挖掘国际潮流新趋势,对接西方消费人群,讲好中国品牌故事③。

同样是经典案例分析,王晓斌从国内"曾经同宗同源,分割后又激烈竞争"、"既有与生俱来的同质性,又有去对方化的差异性"的王老吉与加多宝入手,从广告表现的策略规划、创意设计、表达手法等基本规律出发,对两个品牌在市场营销实战中所采取的广告表现策略进行比较研究,分析广告表现对企业塑造和维护品牌形象所起的重要作用④。

品牌是企业通过品牌产品获得消费者识别、认可,并与消费者达成信誉约定的符号。在如何达成与消费者沟通的问题上,品牌营销者各显神通。

伴随 20 世纪 60 年代的"后现代转向",波普艺术以其鲜明的时代特质深度参与到消费社会中来,并介入品牌建设之中,成为消费社会的缩影和利器,更影响并引导着时代的价值观与消费观。李佳蔚和王楚涵指出,波普艺术天然具有流行性和价值性,认为其在品牌建构提供信息载体、直接参与产品设计、塑造品牌艺术情怀和品质、提高品牌消费效率、对消费社会的正外部效应等方面具有积极意义。研究提出,提炼品牌的视觉符号、增加文化消费的品牌附加值、塑造品牌文化与品牌个性、运用事件营销增强品牌曝光度、运用体验营销增强品牌黏性是当代波普艺术参与品牌构建的基本路径与范式⑤。

舒咏平和祝晓彤则对中国品牌的实践给予批判性反思。由于改革开放之初我国普遍存在"崇洋尚外"现象,诸多中国本土品牌走上借助洋符号冒充洋品牌获利的所谓捷径。随着中国步入了新时代,我国本土品牌建设和传播富有了全新语境,愈演愈烈的本土品牌洋符化理应予以正视并给予遏制。研究借助符号学的涵指理论,剖析中国品牌洋符化的符号表现形式及意义生成,认为此类品牌符号的涵指过程,实质上构成了所指意义造假。研究还从符号造假角度分析了新语境下本土品牌洋符化面临的四重风险,继而指出中国本土品牌需走文化自信的符号建构之路⑥。

城市形象传播实践中,城市广告与城市传播是一对关键词组,广告与传播之间既有学理层面的逻辑差别,也有历史实践轨迹的不同。张婷婷认为,在城市塑造自身形象并与公众进行沟通的过程中,

① 参见姚曦、李娜:《中国品牌传播研究的学科知识可视化分析》,《现代传播(中国传媒大学学报)》2018 年第 5 期。
② 参见黄升民、张弛:《改革开放四十年中国企业品牌的成长动力考察》,《现代传播(中国传媒大学学报)》2018 年第 9 期。
③ 参见张慧子、梅小瑞:《数字广告投放:中国品牌对外传播的新路径》,《新闻与写作》2018 年第 5 期。
④ 参见王晓斌:《企业品牌广告表现案例研究》,《中国广播电视学刊》2018 年第 3 期。
⑤ 参见李佳蔚、王楚涵:《消费社会下波普艺术深入品牌构建的路径》,《现代传播(中国传媒大学学报)》2018 年第 7 期。
⑥ 参见舒咏平、祝晓彤:《中国本土品牌洋符化的符号学批判》,《新闻大学》2018 年第 2 期。

广告与传播作为城市形象的沟通介质,这两个概念从学理层面看存在内容和形式上的显著差异。从历史实践上并非是后者取代前者,这种逻辑推导与实践层面的矛盾站在城市形象理论与实践的总体高度上看,正体现了城市广告越来越传播化,城市传播也愈来愈广告化,两者都在向对方靠拢的趋势。根本原因在于城市管理者这个主体从城市形象塑造的需求出发并结合外部环境所作出的优化选择,这种选择是即时性的,会随着主体需求内容与外部环境的变化而不断发生改变。城市广告与城市传播既是这种变化进程的组成部分,也是内因变化的外在表现①。

叶凤琴关注视频广告中的品牌原型研究。研究基于对视频广告的实证研究发现,中国既有与西方相似的人物原型和叙事原型,又有中国特有的意象原型、象征符号原型及仪式原型,这些既有国际性又独具中国特色的原型形态,构成了丰富的中国品牌原型体系②。

**3. 营销传播**

逯宝峰认为,超大规模数据平台的支撑下的精准广告代表了广告业的创新转型,对其在传播实践中出现的问题给出以受众需求为导向、以内容创意为根本、以隐私保护为前提、积极采取有效措施进行优化改进等对策性建议③。梁毓琳从媒介机构的实践角度对如何利用数据平台,以数据驱动广播广告的问题提供了可操作性的对策④。

姜智彬和马欣认为,当下数字媒体的广告投放方式是基于用户的浏览记录,通过接触点进行行为标签推荐,进而不断地对用户进行广告信息缠绕,最终用户形成了极具个人特色的广告"茧房"。这种推荐方式即"茧房式推荐",这种推荐方式提高了广告的精准度和效力,但也存在缺陷。在智能化时代,需要向基于"产品—网络生活方式—用户"的"生活方式式推荐"转换⑤。

聂艳梅以传统纸媒到现代影视媒体的变迁为线索,探讨不同时代不同媒介上女性广告形象的呈现方式及其对社会价值观的引导作用,从视觉符号的角度入手,解析女性广告形象中蕴含的价值观⑥。

# 六、广告规制

广告规制(advertising regulation)又称广告监管(advertising supervision)。广义而言,指政府主管部门、行业管理部门和消费者个体通过行政强制、行业规范或者民事诉讼等方式对违法广告行为所采取的纠偏措施,使参与广告运行的各方主体在法制化轨道内运行。在现阶段,我国广告规制集中体现为对《广告法》及其配套规章的制定、修订及实施。自 2015 年 9 月 1 日实施新《广告法》以来,新法的规制实际效果如何? 违法广告表现出怎样的特点? 规制模式上存在哪些问题? 还有哪些问题未能作出清晰界定? 需要做出怎样的改变和迭代? 这些问题受到广泛关注。

---

① 参见张婷婷:《从广告到传播:城市形象的沟通图景》,《现代传播(中国传媒大学学报)》2018 年第 2 期。
② 参见叶凤琴:《视频广告中的品牌原型研究》,《广告大观》2018 年第 5 期。
③ 参见逯宝峰:《大数据时代精准广告传播的问题与对策》,《传媒》2018 年第 8 期。
④ 参见梁毓琳:《广播广告营销的利器——从数据孵化到数据驱动营销》,《传媒》2018 年第 20 期。
⑤ 参见姜智彬、马欣:《广告的智能化投放研究——从茧房式推荐到生活方式式推荐》,《广告大观(理论版)》2018 年第 1 期。
⑥ 参见聂艳梅:《媒介变迁中女性广告形象的呈现形态与社会意义》,《上海师范大学学报(哲社版)》2018 年第 1 期。

### 1. 广告法规研究

窦锋昌基于 45 起典型违法广告的分析展开新《广告法》的规制效果与规制模式转型研究。研究通过对新《广告法》实施后对违法广告的规制效果,概括出违法广告在违法平台、违法领域和违法类型三方面的特点。研究发现,新《广告法》延续了原《广告法》政府主导型的规制模式,但是在新媒体环境下,广告规制受到互联网广告实践的强烈冲击,规制模式面临着从政府主导型向社会主导型迭代的迫切需求①。

我国修订后的《广告法》、《反不正当竞争法》未对比较广告之概念、合法性标准及适用范围等核心问题作出直接规定,使得实践中只能以分散的立法条文作为对比较广告行为进行规制的依据。而分散式立法所存在的不衔接及缺失之处,使得对比较广告的规制在效果上大打折扣,这正是李毅和戴林莉研究的出发点。他们认为,随着比较广告运用的愈加频繁,模棱两可的立法态度应当被打破,立法的不衔接之处应当被缝合,《广告法》、《反不正当竞争法》及《商标法》须各司其职,立法缺失部分亦应当被补足②。

虚假鉴证广告是广告违法重灾区。韩仁哲和李季刚基于保护与规制的平衡视角对新《广告法》下自然人虚假荐证责任制度的问题展开讨论。他们认为,新《广告法》第 56 条第 2 款的规定忽视了广告荐证者主观心态、过失程度的不同,一味地对自然人荐证者苛以"严格责任"的规定过于极端,不利于广告市场的健康发展。以过错推定的归责原则取代原严格责任原则,在不损害消费者利益的同时,更为自然人荐证者提供了合理的救济路径。区分不同主体、不同主观心态下的荐证责任,并明确荐证者在已尽到合理注意义务、荐证责任期间已届满或者符合产品责任之免责事由的情形下无需承担荐证责任,将有助于平衡自然人荐证者民事权益与消费者利益,解决二者之间的"实质公平"的问题,实现新《广告法》法律效果与社会效果的统一③。

国外先进的广告规制经验对我国广告管理具有重要的借鉴意义。廖秉宜和刘雪琪认为,作为一个广告产业发达、广告管理体系相对完善的国家,新加坡互联网广告管理体系主要是以行业自律为主导,以政府管理为辅助,以公众参与为特色④。刘本燕和孔令南通过对美国社交媒体广告的法律规制研究,发现美国与中国不同,其并没有统一的《广告法》。因此美国对社交媒体的广告规制也不存在单独的法律约束,而是存在于虚假广告、不公平广告、比较广告、广告代言、特殊商品等各种类型的商业法典中,以此构成了社交媒体广告法律规制的根本⑤。

### 2. 广告管理实践

自媒体的迅速崛起不仅书写了广告实践的新业态,还给广告监管与规制带来了新的难题。窦佳

①　参见窦锋昌:《新〈广告法〉的规制效果与规制模式转型研究——基于 45 起典型违法广告的分析》,《新闻大学》2018 年第5 期。

②　参见李毅、戴林莉:《论我国比较广告的法律规制——以立法衔接与补足为视角》,《新闻界》2018 年第 8 期。

③　参见韩仁哲、李季刚:《新〈广告法〉下自然人虚假荐证责任制度之完善——基于保护与规制的平衡视角》,《新闻界》2018 年第 3 期。

④　参见廖秉宜、刘雪琪:《新加坡互联网广告管理体系建构及启示》,《中国出版》2018 年第 4 期。

⑤　参见刘本燕、孔令南:《美国社交媒体广告的法律规制研究》,《传媒》2018 年第 3 期。

乐和黄迎新聚焦于自媒体的广告规制,通过对自媒体人深度访谈的研究,发现来自平台运营者、用户在线投诉与举报的广告规制,以及自媒体人的自我规制具有实际的约束力。他们认为,这一约束力在此起彼伏的种种广告失范现象面前形成了规制失灵,其背后是商业逐利行为的投射。基于此,研究提出了自媒体运营商与行政主管部门、行政主管部门划区域实施广告监测与处理的联动机制等多主体规制体系的建构①。

邵国松和杨丽颖主张对在线行为广告进行规制,以更好地保护用户数据隐私。他们认为,规制的重点应从用户转移到政策制定者和网络服提供商方面。具体而言,通过立法手段要求从事在线行为广告的网络服务提供商恪守以下几项原则:确保数据的匿名化处理,杜绝敏感数据的收集,杜绝未成年人数据的收集,建立数据的访问、修改和保留制度,建立严格的追责机制,以及完善用户的投诉机制。以此将个人信息保护落到实处,同时推动在线行为广告和大数据产业的健康发展②。

唐英通过分析互联网广告低俗化问题及产生的原因,进而以建构监管机制为目标,探讨新《广告法》视域下如何适时适度地建立符合我国国情的互联网广告管理机制,为防控低俗互联网广告的社会危害提供法律保障,以此制定相应的监管制度③。

段淳林和杨恒认为,"创意中插"广告作为一种新型网络影视剧插入式广告,以其高相关性、娱乐化传播、高互动转化的差异化优势被市场认可。但隐匿性的广告特点也存在法律隐患,挑战了广告的合法性底线,应该对"创意中插"广告进行适当规制,将其纳入法律调整范围,才能保护行业的健康发展④。

苏昊针对运动员虚假广告代言的法律责任展开探讨。研究认为,该问题在本质上并非合同责任,而是侵权责任,承担责任的法理基础在于利益与风险的有效匹配,以及对消费者合理信赖的保护。单一的规制结构难以解决运动员虚假广告代言之乱象,应以新《广告法》为基础,构建由民事赔偿、行政处罚、刑事制裁共同组成的多元治理体系⑤。

### 3. 广告伦理研究

社会责任理念被学者康瑾所关注。研究者聚焦于广告伦理问题,发现西方社会对广告伦理问题的关注先后聚焦于医疗广告、欺骗广告、恶劣品位和物质主义等方面。20世纪初在专业化动机的驱动下,广告从业者开始建立行业协会,通过发布伦理守则等行动,争取广告职业的道德合法性。作为一个独立的研究领域,广告伦理研究具有典型的跨学科性质,即借鉴来自伦理学的理论回答广告实践中的问题,并从两个方面,即从"借鉴什么伦理学理论"和"聚焦哪些广告实践"分析广告伦理研究的趋势。一是通过借鉴跨学科的、更有解释力和相关性的中层理论或概念,如"道德缄默"、"道德情绪",对现实生活中的广告伦理冲突作出分析,并最终发展出广告伦理的专属概念或理论框架。二是按照研究对象的范围,可以将广告伦理研究划分为宏观、中观和微观三个水平分别给予观照。实践当中,

---

①　参见窦佳乐、黄迎新:《自媒体广告的规制失灵与多主体规制体系建构——一项基于自媒体人深度访谈的探索性研究》,《新闻大学》2018年第5期。

②　参见邵国松、杨丽颖:《在线行为广告中的隐私保护问题》,《新闻界》2018年第11期。

③　参见唐英:《新〈广告法〉视域下互联网广告低俗化监管机制研究》,《当代传播》2018年第1期。

④　参见段淳林、杨恒:《尺度与边界:"创意中插"广告的研究框架与规制构建》,《广告大观(理论版)》2018年第4期。

⑤　参见苏昊:《运动员虚假广告代言的法律规制——新〈广告法〉的变革与超越》,《武汉体育学院学报》2018年第11期。

原生广告、程序化广告、神经营销等新的广告或营销模式所引发的伦理冲突也应该是未来研究的焦点①。

# 七、广告教育

伴随着新媒体的蓬勃发展和新技术手段的不断演进,中国广告产业正面临前所未有的机遇和挑战,同时也催生着广告专业高等教育的变革。

### 1. 培养机制研究

刘祥和丁俊杰从中国广告教育30多年的发展历程中,结合三个基本面,即自身定位、理论支撑、内容体系来审视中国广告教育的过往历史与未来方向,指出中国传统体制改革所驱动的广告生态是中国广告教育曾经的生存之锚,也是造成目前困惑的重要根源。面对互联网带来的巨大冲击,中国广告教育的出路在于积极适应新的广告生态并在此中找准占位②。

佘世红和周智伟通过实证方法调查中国广告教育群体对移动互联网时代广告学教育转型的态度与看法,提出技术逻辑与产业转型正在驱动着我国广告学教育转型,并指出中国广告学教育转型的三个方向:创意传播管理方向、整合品牌传播方向、数字营销传播方向③。

姚婷结合新媒体、新技术的发展,以及新思想对高校广告教育的影响和要求,对广告学教育的教学模式、教学方法和教学思想创新做了三个方面的探索与研究。在教学模式上,利用新媒体的便捷性,变固态教学为动态教学;利用新技术的延展性,让学生变被动学习为主动学习。在教学思想的传导方面,可以利用学生求"存在感"的个性以及对新技术的广泛使用,激励学生秉承专业"传承"的理念去主动完成专业的内在变革,从而由内置外地让广告学专业焕发新生④。

秦福贵和郑新涛认为,数字技术浪潮下业界对从业者的能力提出了观念和技能两个方面的新要求。基于此,研究结合教学实践提出了产品经理式的广告人才培养模式⑤。

### 2. 课程改革研究

黄薇和祝凯从公益公告课程入手,以信息化教学为引领,以高素质创新型人才培养为核心,从理论与实践并重视角观照"公益广告"课程,指出找准课程定位、明确建设理念、整合教学方法、创新教学平台、打造高效课堂,真正实现公益广告的社会使命与传播价值⑥。

马亚琼以"广告策划与文案写作"课程为依托,通过"以赛促学"模式推动广告课程教学改革。将课程设计、应赛准备、能力培养和成绩评定等环节纳入课程改革程序中,以激发学生的学习兴趣,提升

---

① 参见康瑾:《西方广告伦理实践及理论研究的演进》,《现代传播(中国传媒大学学报)》2018年第8期。
② 参见刘祥、丁俊杰:《从"而立"到"不惑":中国广告教育发展的历史考察》,《中国广告》2018年第10期。
③ 参见佘世红、周智伟:《移动互联网时代技术逻辑驱动中国广告学教育转型——基于广告学教师群体的调查》,《广告大观(理论版)》2018年第6期。
④ 参见姚婷:《广告学"三位一体"教学策略探究》,《传媒》2018年第3期。
⑤ 参见秦富贵、郑新涛:《数字技术创新与广告专业人才培养模式重构的思考》,《广告大观(理论版)》2018年第5期。
⑥ 参见黄薇、祝凯:《基于高素质创新型人才培养的"公益广告"课程建设研究》,《传媒》2018年第23期。

广告专业能力素养,积累学生的创新创业实践经验,进一步提升本科广告教学的人才培养水平,以此探索建立一种系统化、定量化、目标化的教学考核体系,优化课堂教学内容,强化学生实践动手操作能力,改革成绩评定体系,提升教育教学质量①。

撰稿人:何晶娇(复旦大学新闻学院 2018 级博士研究生)

---

① 参见马亚琼:《"以赛促学"模式的广告课程教学改革探析——以"广告策划与文案写作"课程为例》,《传媒》2018 年第 24 期。

# 公共关系研究

公共关系学作为一门实务性强的新闻传播学子学科,主要探究组织与公众沟通的规律,从 20 世纪初学科实现独立以来,不断在实践助益中丰富理论,在与广告营销的相互交锋中逐渐完善。公共关系常与形象、危机并置讨论,公关部门在业界不同实体机构中成为一个常设性存在,这些独特性赋予了公共关系学科极强的生命力。2018 年,从媒介信息中席卷而来的各类危机事件持续考验着相关主体的公关素质与能力,同时对公共关系学的理论发展提出了新的要求。为了更好地了解 2018 年公共关系的理论与实践发展,本文以中国知网核心期刊数据库中"公共关系"、"公关"为主题词搜索到的330 多篇文献为基础,简要描摹学界与业界公共关系的大致状貌。梳理从公共关系理论、公共关系实务、危机公关、新媒体与公共关系四个方面进行。

## 一、公共关系理论研究

### 1. 公共关系学科理论述评

陈先红和秦冬雪以两本国际著名学术期刊 2017 年的 121 篇公关学术论文为研究样本,深入探讨了该年度公关研究的焦点叙事。研究发现:公关历史研究、公关理论研究、公关应用研究三大板块均有深入探讨。其中,公关历史研究主要集中在名人公关思想、国际公关史研究和案例或运动史研究三方面;公关理论研究除了继续探讨关系理论、情境危机传播理论、文化循环模型等主流理论外,还提出参与理论、媒介化公共外交理论、公共意义建构模型、复合型危机等新的理论概念和模型等,丰富了理论成果;公关应用研究则主要探讨了公关的职业化发展路径,媒体共生实践中存在的道德性、公平性、合法性问题。总之,公共关系的历史、理论和应用研究版图已然突破美国中心主义,多元思想和丰富的实践跨越不同的国家和种族;"公众"视角、"关系"视角打破了"组织中心"视角的主导地位,文化与媒介的影响力日益凸显,这些研究对于中国公关的学术研究具有重要的启发性和指导性[1]。

赵新利梳理了改革开放以来中国特色公共关系在学界与业界的发展。研究显示,公共关系进入我国后,人们就开始探讨公共关系的"中国特色"。1993 年 6 月,"中国公共关系特色再探"研讨会提出的七大特色,将"中国公关"表述为:社会组织通过沟通信息、协调利益、化解矛盾,理顺和改善人际、社际和国际间的各方面关系,调动一切积极因素,为社会主义的两个文明建设服务。而后,公共关系不断受到传统和社会主义文化及经济制度的影响,公关活动重视人际交往造成庸俗公关盛行、公共关系污名化严重。党的十九大明确指出,新时代中国特色社会主义公共关系的本质内涵值得深入研

---

① 参见陈先红、秦冬雪:《2017 年西方公共关系研究述评》,《新闻与传播评论》2018 年第 6 期。

究。中国公关应在充分吸收中国优秀传统文化和西方公关理论的基础上,结合改革开放 40 年来政治、经济、社会发展实际,形成中国特色公共关系理论体系①。

徐美恒论述了公共关系的源头确定问题,认为这关系到如何正确理解公共关系,也是公共关系学学科建设的基础问题。中外学界都有公共关系"自古就有"的说法,然而,这又与公共关系在人类社会发展到特定历史阶段在美国产生这一事实相矛盾,于是就有了"古代准公共关系"和"现代公共关系"的提法。公共关系不只是宣传和舆论制造技术,它还有时代精神。只有把这两者完整结合起来,才能准确理解公共关系的内涵。公共关系的时代精神可以概括为维护公众利益,它是在美国资产阶级的民主革命运动和资本主义经济危机的双重作用下孕育出来的。这些孕育公共关系的历史机缘基本可以概括为工业化进程、城市化过程、北美大陆开发中人口大流动的民间性牵引力量和乌托邦理想、城市化背景下的报刊宣传、企业竞争、资产阶级民主革命提供的时代精神。而今所说的公共关系,早已不是一个具有时代精神的"宣传"技术,而是社会组织必备的管理思想和管理职能②。

除了源头问题,张鹏探讨了公共关系学的归宿,即社会科学。研究基于学科定位的争论,认为公共关系学虽拥有部分人文学科性和自然科学性,但它实则是作为社会科学的学科。研究表明,首先,公共关系本身,从构词法角度看就有浓厚的社会科学性。在人与自然之间,因为人的群居性,自然而然地形成了人类社会。似乎是在人与自然之外,出现了国家、企业、社团等超"人"和超"自然"的组织。其次,公共关系无时无刻不以组织与公众的勾连为己任。再次,公共关系学面临学科属性意义上的去独立化的学术生存环境。公共关系学的依附性在于组织与公众关系的内涵过于丰富,只能向社会科学诸学科不断求教,以解决不同情境、不同时期的现实公共关系问题,而社会科学诸学科实际上都在某些块面解决组织与公众关系的问题。恰恰公共关系学关心一个核心的社会科学问题,那就是组织与公众关系。公共关系学必须定位好自己开展教学与研究的归宿,避免进入一种被放逐的状态③。

### 2. 公共关系理论微探

侯向平针对公关理论中诸多未阐明的问题面向进行思考分析。研究认为,在实际社会生活中,关系的含义是多面多维的,是立体的而不是单面的,由于公共关系在不同应用领域的实践及其应用,对关系的存在认识角度的不同、赋予的功能不同,从而对关系的理解会存在不同。研究提出,公共关系实践需要面对不断变化中的环境,关注并聚焦公共关系中的三种关系:在对抗性社会中增加"利益与责任"和谐关系;在对抗性社会中提升"共同意识"关系;在对抗性社会中创造"共同利益"关系④。

随着互联网变革作用的泛化,很多领域的理论都在其是否能适应现代数字社会方面受到质疑,公共关系领域的四种公共关系模式也是如此。祝佳琪认为,以新闻代理/宣传、公共信息、双向非对称和双向对称为特征的四种不同公关模型仍然可以应用于数字社会,但从业者应该学会根据不同组织情况甄别选用不同模型。例如,在双向非对称模型中,组织有助于改变公众的行为和态度而不是自身。

---

① 参见赵新利:《改革开放以来中国特色公共关系的发展》,《青年记者》2018 年第 7 期。
② 参见徐美恒:《试论公共关系的源头确定问题》,《公关世界》2018 年第 11 期。
③ 参见张鹏:《"社会科学"是公共关系学的归宿》,《社会科学报》2018 年 5 月 24 日。
④ 参见侯向平:《对公共关系的"关系"相关理论一点思考及其分析》,《公关世界》2018 年第 17 期。

因此,这种模型适合以消费者为导向的公关活动,从消费产品中获利的公司和拥有广告代理商的组织也会更倾向于使用此模型与公众进行沟通。而双向对称模型将更适用于现代管理企业危机。更重要的是,组织和公共关系人员都应该抓住趋势,进行批判性思考,并且始终对新技术持有敏锐的感觉。通过这种方式,在新时代对四种公共关系模式的理解才会更深入,运用更合理①。

对公关关系的理论探讨,学界不仅在本领域内细致深耕,而且将文学及社会心理学中的修辞与说服理论进行勾连。沈嘉达和杨丽以河南省"高考试卷调包"事件为例,阐述当事件发生并转化为公共关系事件后,政府部门如何运用说服理论进行处置,从而有效提升政府公信力和美誉度。研究指出,网络时代的来临给公共关系注入了新的内蕴。中国社会科学院中国舆情调查实验室首席专家刘志明认为,公共关系是各类组织、个人,为达到创造最佳社会关系环境的目的,利用各种传播手段与公众或他人之间的有计划的、持续沟通交流的行动或职能②。

胡百精和高歌重思修辞流派对公共关系研究的弥合与拓展。研究认为,修辞流派是公共关系研究的重要取向和范式之一。从学术源流看,公关修辞流派的兴起乃20世纪三场学术运动的产物:哲学的语言学转向、语言学的修辞学转向和修辞学的对话转向。而国内外学界对公关修辞流派缺少系统的介绍和批判,故研究通过全面介绍该流派的产生和发展,尝试解决四个关键问题:修辞流派对前述三个"转向"的响应与思想资源的转化;修辞流派的核心主张——人文主义、意义中心、对话、认同与批判主义;修辞流派对传播、管理、关系等其他公关理论流派的补充与拓展;对修辞流派的批判及对其进行改造、拓展可能性的分析。研究指出,近十年来相关学者试图协调传播、修辞和管理等不同视角,将组织和公众视为平等的对话者,双方皆以主体身份进入诠释共同体,分享意义,共创价值。皮尔森等学者持续将对话理论引入公共研究,以确立其伦理前提、哲学基础和实践模式,尝试构建多流派相互敞开的新范式③。

# 二、公共关系实务研究

## 1. 公关事业与活动

为反映2017年度公共关系服务市场的运行态势,正确评价中国公共关系业的发展状况,为专业机构提供积极的行业指引,2018年3月,中国国际公共关系协会(CIPRA)对中国大陆主要公共关系公司进行调查。报告显示,2017年,随着中国公共关系市场不断规范化、专业化的发展,整个行业呈良性竞争的发展趋势,增长率基本趋于稳定。行业呈现以下特点和趋势:第一,大战略为公关带来新机遇,中国公关行业服务领域更广,从业人员的视野更开阔。第二,资本加速使得公关行业的兼并、重组与融合成为常态。第三,内容营销已经成为企业传播的核心要素之一,技术及IP正越来越多地成为现

---

① 参见祝佳琪:《四种公共关系模式对现代数字社会适应性研究》,《中国管理信息化》2018年第21期。

② 参见沈嘉达、杨丽:《"说服"理论在公共关系事件中的运用——以河南省"高考试卷调包"事件为例》,《传媒》2018年第21期。

③ 参见胡百精、高歌:《修辞、对话与认同:修辞流派对公共关系研究的弥合与拓展》,《现代传播(中国传媒大学学报)》2018年第2期。

象级的内容营销概念。第四,公关行业正面临着从传统到新媒体公关的转型,由此带来的资金、技术,尤其是互联网思维成为行业最为关注的问题。第五,政府机构购买公关服务的趋势开始显现,为行业增长开辟了新领域[①]。

谈东晨和徐若婷研究了公共关系活动中的经济学原理,认为经济学家对市场和社会资源的关注,能让公共关系研究归于理性。在经济学视角下,社会普遍存在的信息不对称催生了公共关系,而公共关系活动利用信号显示和信号甄别行为改变了组织与公众之间的信息不对称状态。包括政府公共关系在内的各类公共关系活动在经济、政治生活中改善了信息环境,缓解了逆向选择现象和负面外部效应对市场经济的威胁,从而有助于市场有效地配置社会资源。可见,公共关系的存在能够提高社会资源分配和利用的效率,最终有利于整个社会的福祉。另从一些事件中可以看出,向社会公众传播信息的媒体既可以对组织的公共关系活动提供便利,也可能加深组织与公众之间的信息不对称状态,甚至影响某个行业的命运。这反映出媒体的责任与担当:既履行社会责任,不隐瞒真相,又要严格把关,不传播虚假信息[②]。

**2. 公关与广告营销**

彭荣华和李宇论及公共关系在现代市场营销中的作用与运用时认为,公共关系作为社会组织和公众关系的一种普遍联系,逐渐成为企业发展的一个重要组成部分。在市场营销的发展中,公共关系的作用日渐突出。公共关系与市场营销虽有不同的职责,但也有相互作用、相互影响的部分。公共关系对市场营销活动的主要影响集中在营销的方法与手段上,通过融入公共关系的经营理念、管理方法等达到促进市场营销的发展。因此,公共关系的应用对于市场营销来说是一种积极的影响力,不仅能为市场营销扩大市场、丰富营销内容、促进营销发展,同时也发挥着推动产品销售、打造品牌形象,以及对危机的应对处理的作用[③]。

陈俊杰分析了网络时代的公共关系与市场营销。研究认为,网络的发展对社会的各个方面都造成了深刻的影响,尤其是公共关系的变化。企业应该顺应时代的潮流,更好地趋利避害,有效地提升企业与用户之间的沟通和交流,在这样的情况下,可以化挑战为机遇,提高企业自身的影响力,推动企业的发展。利用了网络时代的公共关系,才能更好地促进企业市场营销能力的提升[④]。

潘颖以杜蕾斯品牌营销为例,分析公共关系视域下的借势营销策略。研究认为,公共关系是组织与公众沟通的学科,借势营销在本质上是一种公共关系的策划和营销活动,是企业利用能够吸引目标顾客注意并符合企业内在价值与外在形象的新闻事件、社会热点或名人效应等,来营销推广企业的产品的一种营销手段,以达到提升产品销量、品牌形象等目标。借势营销既要考虑企业与公众之间的关系建立,也要考虑所借之"势"与企业之间的关系建立。企业必须把握好这三者之间的关系,善于抓住并利用一切机会造势,瞄准热点,通过氛围的制造,创造出利于品牌传播的环境,达到与受众有效沟通

---

①    参见中国国际公共关系协会:《中国公共关系业 2017 年度调查报告》,《国际公关》2018 年第 3 期。
②    参见谈东晨、徐若婷:《公共关系活动中的经济学原理》,《国际公关》2018 年第 3 期。
③    参见彭荣华、李宇:《公共关系在现代市场营销中的作用与运用》,《改革与开放》2018 年第 19 期。
④    参见陈俊杰:《探究网络时代的公共关系与市场营销》,《现代商业》2018 年第 23 期。

的目的①。

### 3. 不同主体的公关实践

（1）国际公关

程曼丽从习近平总书记关于"中国特色社会主义进入新时代意味着什么"的讲话出发,以"一带一路"发展为例,阐述新时代我国国际公关的基本趋势与特征:第一,国家公关的主体意识将会进一步增强。第二,"构建人类命运共同体"已成为共识并在实践层面推进,具有"内而思维,外而行事,皆达正鹄"的逻辑自洽性。这种自洽性也应充分体现在中国国际公关和国际话语体系建设中,力求成为突破口与立足点。第三,"一带一路"将向高质量发展转变。对于新闻传播界和公关领域而言,更多地体现在活动和话语方式上。我国新闻媒体的对外话语多集中在建构性方面,包括对大政方针的宣传解读、有关领导人的表态、合作协议的签署等,而与落地效果直接相关的话语,如当地知识阶层、普通民众对于"一带一路"的看法、存在的疑虑与问题等却缺乏详尽报道和充分反映。而说到底,后者才是影响国家战略决策的更为重要的方面,需要媒体及公关界的共同努力②。

蒋楠指出,中国在"一带一路"实践中体现出十分精彩的公共关系策划智慧。"和平合作、开放包容、互学互鉴、互利共赢"这一主题是对该项目国家公共关系的高度概括。在公共关系活动中,公益事业是最为彰显公共关系力量的内容。中国通过长期雪中送炭式的公益项目,无疑在"一带一路"沿线国家中树立起了和平、友好、真诚、合作的中国形象,这样的公共关系不是体现在媒体的宣传上,而是惠及各国民众,走进了各国公众的心里。那些对中国的怀疑、揣测、攻击甚至诽谤自然不攻自破。当前,"一带一路"的国家公共关系已经呈现出令人欣喜的局面,世界经济正在复苏,亚投行正在成为"一带一路"这条巨轮的重要支撑,推动全球经济向好、向快方向发展③。

陈先红和江薇薇从传播学和知识考古学的角度,探究了中国公共关系污名化的思想行为根源与形成机制。研究认为,中国公共关系自诞生之始即遭受着污名化的困扰。其中,社会性别建构是公关污名化的思想根源,社会责任放弃是公关污名化的行为根源。公共关系污名化的形成机制是通过"贴标签、形成成见、社会隔离、地位丧失、结构性歧视、自我放弃"六大污名要素不断互动迭代,致使公共关系概念形成位移和偏移的结果。中国的关系文化传统对公共关系的负面溢出效应根深蒂固,恐难消除。中国公共关系的污名化在背负西方公共关系的沉疴的同时,也直接映射出中国文化传统对公关实践的"濡化"和"先结构"理解。因为在中国传统熟人社会文化机制下,人情和面子成为中国人际关系的基本模式。公关行业在这样一个充满"人情与面子"的关系社会中成长,其基于利益相关者的弱关系和双向沟通的组织交往属性必然会受到影响④。

张鹏认为,全球人口格局的巨变,使探讨世界城市秩序的国际公共关系意义触及秩序生成的本质问题。城市问题在国家治理中的权重在上升,城市本身也在成为一些对外关系领域的行为主体。世界秩序的变迁和国际关系的发展,说到底影响的是不同程度卷入国际化的公众及其生活,而城市正是

---

①　参见潘颖:《公共关系视域下的借势营销策略分析——以"杜蕾斯"品牌营划为例》,《新闻前哨》2018 年第 3 期。
②　参见程曼丽:《新时代我国国际公关的基本趋势与特征——兼谈"一带一路"的高质量发展》,《国际公关》2018 年第 6 期。
③　参见蒋楠:《"一带一路",中国气派的国家公共关系》,《公关世界》2018 年第 13 期。
④　参见陈先红、江薇薇:《中国公共关系污名化的思想行为根源与形成机制研究》,《新闻界》2018 年第 5 期。

大部分公众的生活所在。具体来说,世界城市秩序有三个方面的国际公共关系意义:首先,重点城市在世界范围内的竞争力体现,正在成为大国综合国力体现的依托,并形塑着公众的世界观。其次,世界城市秩序中的城市跨国联网效应,更加符合互联网时代公众的思维方式。再次,世界城市秩序中主要议题领域的较大规模去政治化,释放了跨国公众互动空间。城市的特性实际上给予了国际公共关系难以想象的空间感。可以说,国际公共关系事业和城市议题的结合,既具有天然性,又具有时代紧迫性,考验着中国城市主动为之和设置议题的能力①。

（2）政府公关

张鹏认为,近年来,政商"亲清关系"的提出,对于政府公共关系研究而言打开了新的研究领域,也是中国公共关系学界重新辨析"政府公共关系"概念的新时机。研究发现,在西方,各级政府中很少有使用"公共关系"一词的职位,不过有成千上万的公共信息官员和专家们为政府工作。事实上,"体制内"的公共信息官员和专家干的就是公共关系的事,但必须牢记为何不能直接使用"公共关系"一词作为头衔,就是提醒自己"不具攻击性"和"更富公共精神"。所以,在一种特定的逻辑下,公共关系确实只适合拿来研究,只做不说。但在国内的情境下,政府公共关系概念恰恰反而是需要向公权力机关大力普及的。就像最近提出的政商"亲清关系",就是政府公共关系的一个进步②。

叶蔚云指出,政府日常公共关系具有日常性、普适性、自然性、延续性和高效性,它是政府公共关系的主要内容、主要载体和检测工具。作为政府公共关系的基础与起点,它担负着政府形象塑造者和维护者的重任,具有最低代价效应、应激反应效应和心理预设效应等溢出效应。所以,必须要切实做好全员公关工作,科学设置机构和制度,坚持政府服务细致化、公众利益需求细分化,使政府日常公关充分发挥应有的效能③。

杨胜男指出,微博、政治、公共领域原本是三个空间领域,却因为微博问政的出现而有了不可分割的联系。微博问政是现代民众参与政治的一种有效手段,也是推动我国网络公共领域建构的有效方式。虽然说我国微博起步晚、发展迅速、问题诸多,但是微博问政这一形式已经作为一种直接参政的形式而不可阻挡地成为新的言论阵地,推动了我国民主化进程。网络公共领域中既需要有素质的、明确权利与义务的公众,也需要积极主动参与、与民众形成良好的互动、公开信息、关注民生的政府,还要有一个健康良好的参与平台。在网络的影响下,我国网络公共领域初步形成,网民拥有越来越多的发言权,进一步推动了微博问政的进程④。

朱小妮研究了微媒体中的政民关系。研究认为,互联网技术推动政府职能从管理走向服务,使政民关系由以政府为中心向以民众为中心转变。政务微媒体作为政府公共关系的中介要素,发挥政民沟通的渠道作用,具体表现为信息传递、在线服务与互动参与。微信因自身平台优势,自然地成了电子政务与政府信息传播的得力工具。研究通过对政务微信发布内容、形式等指标的量化统计,分析政务传播者的传播态度。研究指出,部分传播者对于政务微媒体的重要性认识不足,这将有碍新时期政

---

①　参见张鹏:《世界城市秩序的国际公共关系意义》,《国际公关》2018 年第 5 期。
②　参见张鹏:《关于"政府公共关系"的辨析》,《公关世界》2018 年第 5 期。
③　参见叶蔚云:《政府日常公关的再认识》,《探求》2018 年第 6 期。
④　参见杨胜男:《微博问政与网络公共关系》,《科技传播》2018 年第 1 期。

府职能的发挥,阻碍新型政民关系的构建①。

王笑圆从公关语艺的视角出发,探讨政务信息传播中语艺的运用对传播效果的重要性,并提出行之有效的政务信息传播策略。研究认为,言说者透过语艺进行对话,于意义传递中寻求共识、建立关系。告知、疏导和转移是公关语艺的整合策略。公关对话主要包括三重语境:一是历史、传承、习俗等文化语境;二是当下时代的观念、主题、风尚等社会语境;三是组织与利益相关者之间具体的交往语境。在政务信息传播中,政府部门作为信息传者,既要做到尊重客观现实,又要充分发挥主观能动性,为政府与公众建构有效的对话语境,从而实现政务信息的有效传播,促进社会的良性发展。例如,在传播内容上,政务信息传播网络平台要“改文风”,对话语言要根植于草根文化,避免官僚主义“一言堂”;倡导新话语表达机制和传播方式,将政治话语转化为大众话语,力求博文简练、诙谐、直白,打造亲民和气的“微话语”,真诚平等地与网民互动交流,让官博、官微成为公众的知心人②。

(3)企业公关

滕姗姗对企业公关的伦理实践进行概述。研究将2009年至2018年央视3·15晚会中被曝光企业的公关回应作为分析对象,以事实与价值为依据,将其划分为事实价值兼备型、事实导向型、完全利益导向型与价值导向型四类。面对企业公关实践中出现的伦理失范问题,应构建以德治与术治为核心的企业公关伦理决策框架,可通过提升诱惑识解水平、降低道德解脱心理与提高自我实现意识,构建企业公关决策者于德治追求与术治取向的平衡统一,进而实现企业公关实践的事实传播与价值构建③。

高碧瑶认为,社会责任作为公共关系的伦理基础,是各个社会组织在公关体系中不可缺少的部分。公关学术领域经过社会责任观的演变,逐渐由是否要承担社会责任过渡到如何更好地解决社会问题。目前大众对企业是否履行社会责任日益重视,并且良好的企业社会责任承担也为其在危机发生时形成了屏障。基于几年前企业社会责任实践以公益性宣传支持和慈善性社会捐助为主的状况,在新媒体环境下,其活动表现出通过多种途径和设计让受众主动参与、主动分享,提高美誉度的同时提升用户互动等鲜明特征④。

邵文博分析了公共关系策略在企业战略中的作用。研究认为,公共关系策略是企业管理者为了凝聚企业上下、赢得企业更好的发展而实施的文件性纲领,对企业今后一段时间的发展具有导向作用。从公关在企业的使用现状来看,意识淡薄、专业知识匮乏、组织能力、危机处理能力不足是当下我国大部分企业中存在的问题。从公关策略发挥积极作用的角度来说,建议和意见主要包括提高重视程度、系统学习知识、锻炼组织能力、制定危机解决措施⑤。

张迪等基于卓越公共关系的理论视角,分析了影响央企新媒体策略使用的因素。随着微博、微信等社会化媒体兴起,央企越来越重视通过新兴的媒体渠道发布信息、塑造形象。研究通过对60家央企进行问卷调查,从卓越公共关系理论视角出发,分析影响央企新媒体使用的因素。研究发现,央企

---

① 参见朱小妮:《微媒体:政民关系中的微渠道——基于三个省级政务微信的对比分析》,《新媒体与社会》2018年第1期。
② 参见王笑圆:《公关语艺视角下的政务信息传播研究》,《出版广角》2018年第4期。
③ 参见滕姗姗:《企业公关的伦理实践及决策框架:德治与术治》,《现代传播(中国传媒大学学报)》2018年第12期。
④ 参见高碧瑶:《公共关系视域下企业社会责任的新型表现方式及特征》,《传播与版权》2018年第6期。
⑤ 参见邵文博:《浅析公共关系策略在企业战略中的作用》,《当代经济》2018年第20期。

是否在公共关系领域与外部专家或咨询机构合作是最重要的影响因素,体现出外部知识对央企新媒体创新的重要意义。此外,是否将公共关系纳入战略管理、公共关系部门从业者的专业化程度也能够解释央企新媒体使用的差异①。

吕大鹏和张天雷阐释了"走出去"的中国企业如何塑造一个良好的公共形象。进入新时代,从中国制造到中国创造,从中国速度到中国质量,从中国产品到中国品牌,越来越多的中国企业需要借助公关的力量,在国际上打造闪亮的名片。外资企业"走出去"通常是公共关系、声誉管理等软实力先行,而中国企业"走出去"的基本路径是"资本→产品(服务)→技术→品牌形象→公共关系"。在业务开展过程中,总是出现负面舆情后企业才开始着手应对,而且不少"走出去"的企业缺乏与海外公众和利益相关方在文化方面的沟通,难以形成情感共振。这必须引起重视并加以改变。研究还指出,在国际竞争愈加激烈的形势下,很多中国企业存在着不愿说、不敢说、不会说的问题,一些反映当代中国发展进步价值理念的宣传资源被搁置浪费,一些重大工程项目因缺乏宣传而不被公众认可,甚至造成舆论风险,损失项目。这无疑是当前中国企业在公关和传播方面亟待解决的尴尬现状②。

## 三、危机公关研究

胡百精从理论上探讨了危机传播管理的对话范式。研究认为,危机传播管理对话范式于事实之维的核心主张或曰一级路径为还原真相和补救利益,二级路径包括议题管理、关系管理和话语权分配。每一二级路径之下又可拓展出契入具体危机情境的三级或更多操作策略:危机信息发布,参与意见竞争,有效响应核心议题;系统开放,双向均衡,构建协同网络;恢复话语秩序、话语转换、修辞与认同。认同的来源是复杂的,包括多元主体基于事实真相和利益互惠达成的一致性,也指向了价值之维的情感、伦理和信念等问题。如是,对话范式的事实之维与价值之维实现了必要的整合与衔接③。

黄安认为,随着新媒体运用的日益广泛,消息的传播渠道和传播速度都产生了深刻的变化,一条短信、一个微博、一个朋友圈的任何一个能吸引眼球的信息都有可能在下一刻成为整个社会关注的热点或焦点。传统的传播渠道已经无法与汹涌而来的信息数据化浪潮抗衡,对待社会热点的方式不得不由传统的掌控型向引导型转变。在这种新形势下,地方政府利用新媒体的危机公关能力就显得尤为重要④。

施雨认为,政府在处理危机时,必须认识到外部信息环境的变化,充分理解和利用以微博和微信为代表的新媒体,才能顺利化解公共危机。政务微博与微信在政府危机公关中的分工应该是:政务微博主要承担舆情监测、及时报道的责任,而政务微信则主要承担总结情况、深度报道的责任⑤。

赵丹彤从跨学科的视角出发,将话语引入企业危机公关研究领域,认为危机公关不仅是企业的管理实践和媒体的传播与报道实践等,更是以企业为主要信息来源的话语实践。研究以文化话语研究

① 参见张迪、周晓辉、高涵:《影响央企新媒体策略使用的因素分析:卓越公共关系理论视角》,《国际新闻界》2018年第11期。
② 参见吕大鹏、张天雷:《塑造新时代中国企业"走出去"的公关形象》,《紫光阁》2018年第12期。
③ 参见胡百精:《危机传播管理的对话范式(中)——事实路径》,《当代传播》2018年第2期。
④ 参见黄安:《地方政府运用新媒体的危机公关策略研究》,《传播力研究》2018年第36期。
⑤ 参见施雨:《危机公关中政务微博与政务微信的联动机制探究》,《新媒体研究》2018年第20期。

理论为指导,对恒天然集团通过网络途径应对 2013 年肉毒杆菌危机的话语策略进行系统、辩证的研究。研究认为,恒天然集团虽采取了明确的公关话语布局,但在话语实践中与中国媒体及大众的互动较弱,导致其危机公关效果不佳①。

张璐认为,在新媒体时代,企业领导者不再是身居幕后的筹划者,他们通过自媒体等方式积极发声,甚至能在一定程度上代表其麾下的企业形象及企业文化。具有良好形象的企业领导者能使大众产生认同感,从而发挥其社会影响力,给企业带来正面的评价。当企业受到不良信息的影响时,企业领导者塑造个人魅力并能够做出积极回应,可以达到引导民众情绪走向,从而减少形象损失或经济损失的目的,在危机公关中的舆情引导上发挥重大作用②。

其他危机公关研究中,学者都选取 2018 年发生的热点危机事件为研究对象,如餐饮酒店卫生曝光、高校危机、滴滴出行安全事件、明星危机、品牌话语危机等等。不同的个案研究较为一致地分析危机成因,并提出相应的化解危机的公关策略。研究普遍认为,新媒体时代下,信息传播迅速及时,热点事件极容易发酵,组织、信息传播与公众之间的联系更为紧密,因而危机管理的及时性和有效性成为必然条件。

## 四、新媒体与公共关系

关于新媒体与公共关系的研究,一方面为新媒体时代下公共关系学科及不同领域公关实践面临的挑战研究,另一方面为探讨最新技术在公共关系中的应用与赋能研究。

刘睿认为,自媒体在我国教育领域的应用,对我国传统的公共关系教学模式带来了一定的冲击。因此,公关教师要充分利用自媒体带来的机遇,结合公关实际的教学情况,教师要加强对自媒体公关教学的创新发展,积极转变教学模式,发挥自媒体的优势,使其更好地为公共关系教学而服务,进而全面提升公共关系教学质量③。

杨俊认为,公共关系在"互联网+"时代已经变得无所不在,任何组织、集团、个人均无法逾越网络公关的界域。因此,从学科角度来说,面对"互联网+"的新挑战,公共关系学必须做好充分准备,立足新背景,继承一百多年来的学科理论与实践积淀之优势,善于吸收、汇聚、融通多学科、多领域之优势经验,用公关智慧应对纷繁多变的状态,扬弃不适应网络发展之禁锢、陋习,甩掉包袱,轻装上线,重新开辟新的处女地,迎接新技术革命的挑战,创造出人类光辉灿烂的文明世界,为全面公关时代真正来临奠定优良之基础④。

高静波认为,企业公关与新媒体结合的表征为:第一,新媒体的"超能力"在风险社会背景下显得更加两极化,是危机的解决方案,亦是"催化剂";第二,企业公关对话效应扩张性增强。个体或群体可以通过新媒体在同一平台上对企业发布的信息进行报道和评述,甚至加入发布相关信息的群体中,以

① 参见赵丹彤:《文化话语视域下的企业危机公关——以恒天然 2013 年"肉毒杆菌"事件的网络危机公关为例》,《中国外语》2018 年第 6 期。
② 参见张璐:《自媒体时代下塑造企业领导者个人魅力在危机公关中的舆情引导作用》,《传播力研究》2018 年第 29 期。
③ 参见刘睿:《对自媒体公关的思考》,《智库时代》2018 年第 30 期。
④ 参见杨俊:《"互联网+"背景下公共关系学面临的契机与挑战》,《国际公关》2018 年第 4 期。

自己的视角进行信息的传播,从而对主流媒体、危机当事人造成一定程度的影响①。

安燕认为,2018年以来,以抖音为代表的短视频不可避免地影响到警察公共关系工作,新媒体平台已经成为传播警务信息、拉近警民关系和丰富自身宣传形象的重要载体。警察公共关系需要短视频来防患于未然,可以通过监测短视频来监视和预测公众舆情。通过短视频,可以真实地反映出公安机关人员服务态度、水平,在应对危机时的人员素质、精神面貌等。不同方面正面形象短视频的广泛传播,有利于在公众心里逐渐塑造公安机关内在气质和外观形象的正面印象,从而避免个别负面新闻对整体公安机关正面形象的不良影响②。

何龙等认为,新媒体以其形式丰富、互动性强、渠道广泛、覆盖率高、精准到达、性价比高、推广方便等特点已经全面走入公众的生活,为现代公共关系提供了新的发展机遇和挑战。各大高校为树立良好的公关形象,也纷纷创建了各具特色的官方微博,凭借着微博广泛的受众和软件的迅速发展,使得官方微博成为高校进行网络公关的新平台之一,有效地加强了高校在面对公关挑战、应对各类危机方面的能力③。

刘云鹏认为,大数据如何赋能公关传播业务,基本上可归纳为三个核心方向:基于第三方大数据资源的消费者洞察、基于网络爬虫文本数据的公关传播效果评估和网络舆情监测④。

撰稿人:王雅琪(复旦大学新闻学院2018级博士研究生)

---

①　参见高静波:《新媒体时代企业公共关系探微》,《重庆行政(公共论坛)》2018年第6期。

②　参见安燕:《短视频对警察公共关系的影响及应对措施》,《决策探索(中)》2018年第10期。

③　参见何龙、裴奇、徐远超:《浅析新媒体视域下高校公关的挑战与对策——以西安外国语大学官方微博为例》,《文化创新比较研究》2018年第2期。

④　参见刘云鹏:《大数据在公关传播业务中的实践应用》,《国际公关》2018年第6期。

# 媒介经营管理研究

2018 年媒介经营管理研究主要关注哪些议题？哪些议题是学界业界的研究热点？引起研究变化的要素为何？新时代媒介经营管理的新挑战和新机遇在哪里？本文尝试对这四个问题作出回应。由于媒介经营管理相关研究较难通过关键词进行检索，故本文通过地毯式搜索的方式，对 15 本新版新闻学与传播学 CSSCI 来源期刊正刊 2018 年度的研究进行了逐一搜集。2018 年的媒介经营管理研究基本沿着本体研究、媒介形态（包括终端形态、内容形态、产品形态）、媒介业态（企业经营管理、媒体组织、产业结构等）、传媒生态（政策规制等）、传媒动态（趋势分析）五条路径展开。从总体来看，技术要素和政策要素是 2018 年间媒介经营管理研究中的主要驱动力量，2018 年度传媒产业的机遇，尤其来自技术的不断革新和政策的全力支持；挑战则尤其来自政策在不断自我调整以适应日新月异的技术环境时带来的不稳定结构。

## 一、本体研究：概念反思与理论起点

随着技术的发展，媒介经营管理研究中"媒介"定义的内涵和外延在发生转变，传统媒体与新兴媒体的界限日渐消解。媒介经营管理研究对象和分类在发生怎样的转变？哪些理论是我们考察媒介经营管理新的出发点？

崔保国等在数字经济的背景下，对传媒和传媒产业进行了重新定义。他们指出，当今的传媒至少包含媒介、媒体、内容三个层面的含义。传媒既包括多种形态的媒介设备与信息基础设施，也包括多种媒体业态或媒体组织，还包括内容生产和数据存储的机构等，是多种媒介形态、多种媒体业态及社会信息系统乃至全球信息系统互联互动的大系统理论范式。他由此引入了新的理论方法——技术创新与路径依赖理论，并形成了新的研究范式。当今传媒产业发展的最主要动力来自科技创新，特别是信息技术和互联网领域的创新。所以，研究媒介形态变化必须研究信息技术和互联网技术，在这方面技术创新理论很受用。在研究传播生态方面，媒介生态学或媒介环境学理论是重要的理论方法。制度经济学、路径依赖理论也对分析传媒制度和体制问题提供了新的视角①。

冯洛苏认为，在数字技术广泛应用与媒介环境快速变化的背景下，传媒组织需要在既有的路径与惯性中不断突破，提出创新的思路与方法。经济学理论提出组织发展存在路径依赖的惯性，而管理学理论则指出创新是组织发展的源动力。如何在路径依赖的惯性中寻找突破与创新成为需要融合经济学与管理学理论来进行探讨的议题。研究依托上述理论框架，应用实证方法，分析了传媒文化产业中路径依赖与组织创新的关系。结果显示：路径依赖中的适应性预期与学习效应会对传媒组织的创新

---

① 参见崔保国、郑维雄、何丹嵋：《数字经济时代的传媒产业创新发展》，《新闻战线》2018 年第 11 期。

产生一定的掣肘,即经验和惯性有可能对传媒企业的创新发展产生负面影响;而同时,路径依赖中的规模经济、转化成本和法律文化等环境效应则不会对传媒企业创新带来显著影响。根据环境和政策的变化来调整企业的创新战略,利用环境与政策资源来鼓励与推动创新,也是传媒管理实践需要重视的内容①。

郑青华对传媒经济的本质进行了重新诠释。他以"价值创造"为切入点,在移动互联网时代新的"媒体—用户—商家"关系下,从微观、中观和宏观三个层面论述了传媒连接的形态、作用与演进逻辑。他提出,传媒经济的本质是一种连接经济,即传媒的价值在于作为"连接器",连接起商业关系与社会关系,在连接中创造价值,实现经济收益和社会效益②。程明和周亚齐也从技术变革催生的社群经济切入,指出社群经济的本质是关系经济,技术条件、产品/内容价值、情感认同度及信任体系是社群变现的基础③。

杭敏归纳了传媒经济学研究的三种主要范式:理论型范式、应用型范式与批评型范式。通过对传媒经济研究国内外发表的作品进行检索分析,研究指出,当前的传媒经济学研究呈现出应用型范式的加强、理论型范式的创新、批判型范式的不足三大整体特征。研究对此进行了反思,指出在精致性增加的同时,学术研究解决传媒问题的实用性却有所下降,尤其是批判型范式的式微体现出传媒经济研究中对媒介政策的社会效果、媒介制度和文化关注的严重不足④。

黄滢和陈堂发从城市文化经济学视角出发,指出文化与经济的融合是当代城市化进程的显著特征。城市文化经济学视域下,传媒产业在城市空间的集聚表现出深刻的内在逻辑:具备物资生产和精神生产双重属性的传媒产业,其生产要素的空间流动,导致其在城市空间集聚与地理集中,并演化成传媒产业集群,助推城市经济,彰显城市文化。当前,我国传媒产业在大城市及其周边已呈现集群化趋势,发展传媒产业需以现有传媒集团为核心,依托城市资源走协调发展的产业集群化之路⑤。

## 二、媒介形态:主流强化与关系经济

### 1. 传统媒体:主流价值与技术逻辑

栾轶玫和刘宏从传播学的意义上研究媒介身份的转变,通过对渠道产品化、介质产品化和场景产品化的探究来论述媒介产品化的进路。从渠道的产品化到介质的产品化,这中间隐含着一条历史的脉络,技术在这种历史中扮演了一个重要的角色。场景的产品化在一定程度上微妙地改变了媒介的原始含义,原有的媒介概念是不可交易的,而媒介产品化让媒介变成了可以交换的产物。原有的媒介概念是不能自生产的,而有了新媒体以后,媒介不仅仅可以自组织,还可以自生产⑥。

安珊珊依据社会互构理论,指出近年来中国报业集团的融合转型呈现出鲜明的"报网互构"特质,并着力深耕内容形态、渠道适配、流程中控、产品智能化、组织结构扁平化、业务衍生六个维度的实践。

① 参见冯洛苏:《路径依赖中的惯性与突破:对传媒创新的思考与探索》,《新闻大学》2018 年第 5 期。
② 参见郑青华:《连接经济:传媒经济本质的再阐释》,《新闻大学》2018 年第 6 期。
③ 参见程明、周亚齐:《从流量变现到关系变现:社群经济及其商业模式研究》,《当代传播》2018 年第 2 期。
④ 参见杭敏:《数据时代传媒经济学研究的反思与前瞻》,《新闻与写作》2018 年第 5 期。
⑤ 参见黄滢、陈堂发:《城市文化经济学视域下的中国传媒产业空间集聚发展研究》,《新闻与传播研究》2018 年第 8 期。
⑥ 参见栾轶玫、刘宏:《渠道、介质与场景:媒介产品化的进路》,《现代传播(中国传媒大学学报)》2018 年第 11 期。

这种六维架构,是融合理念转化为融合实践的动源,凸显了报网互构的融合特质及效应,也成为当下各纸媒融合发展的结构标配,具有极强的实践价值与仿效空间①。

禹建强和马思源选择浙报传媒、博瑞传播、华闻传媒、纽约时报四家具有代表性的报业上市公司,根据其近五年的财务报表,分析其主营业务的利润权重变化,总结报业上市公司的盈利模式:国内报业公司以发行和广告收入为主,但利润权重逐年下降,游戏业务、动漫产业和"互联网+"概念正成为新的利润增长点,主营业务日趋多样。以纽约时报为代表的国外报业公司则始终关注发行和广告业务,开发 VR 等新技术以吸引读者。对报业上市公司的发展趋势的归纳和建议是:应将经营视野从传媒业放大到文化产业,坚持新媒体转型,加速开发数字化产品②。

易旭明和倪琳通过分析中国电视和互联网媒体市场结构变迁,发现电视市场结构集中度几经起伏呈"M 型"变迁轨迹,集中度上升是因规制提高准入壁垒,集中度下降是因准入壁垒下降、退出壁垒高耸。中国互联网媒体广告市场集中度则因行政壁垒较低,在市场竞争与整合作用下呈现先降后升的"U 型"变迁轨迹。基于此,研究构建了中国本土传媒市场集中度与市场壁垒模型。研究指出,当前优化中国传媒业市场结构最大障碍是低效国有传媒机构退出机制缺失;对互联网媒体市场结构优化需引入社会效益与经济效率的双重维度;媒介融合规制则要以国有媒体结构优化为重心,打破壁垒,促进传媒整合,统一规制标准,促进公平竞争③。

何圣捷和贾旭东指出,完善电影投融资体制,降低市场风险是中国影视产业迫切关注的问题。欧美完片保险已经发展成熟,只有了解欧美完片保险概念、为何会出现、发展情况、盈利模式及制度流程,才能借鉴国外模式设计中国完片保险制度。进一步思考制度实施需要普及电影行业风险管理意识,完善相关法律法规,保障完片制度环境,推动行业协会的自我管理,维护演职人员的合法权益。保险公司应针对中国完片市场设计配套完片保险产品。建立中国电影制片信用信息平台,鼓励多方合作,进一步推动完片保险发展④。

**2. 网络媒体:数字版权与直播经济**

蔡翔等通过调研发现,我国动漫产业版权运营与保护的核心问题,在于作品创作、加工制作和平台传播,以及衍生行业版权变现的全过程,动漫版权价值未能得到正确认识与合理体现。具体表现为:创作阶段版权难以得到合理定价,制作环节版权价值未被充分肯定与释放,媒介平台侵权盗版时有发生,衍生行业盗版顽疾难除,版权变现道阻且长⑤。邹举指出,制度经济学对版权问题有着较强的解释力。从制度经济学视角来看,从版权制度确立到版权经济发展的变迁过程包括三个步骤:首先通过产权的界定使得信息产品的外部性得以内化,继而通过市场激励机制促进版权产品的商品化,最终通过市场竞争、权利扩张、交易成本控制等手段实现版权产业的发展⑥。

---

① 参见安珊珊:《中国报业集团融合转型新实践的六维架构》,《中国出版》2018 年第 24 期。
② 参见禹建强、马思源:《从利润权重解析报业上市公司盈利模式的转变——以浙报传媒、博润传播、华闻传媒、纽约时报(2012—2016 年)为例》,《国际新闻界》2018 年第 5 期。
③ 参见易旭明、倪琳:《中国传媒市场结构的变迁、模型及优化》,《现代传播(中国传媒大学学报)》2018 年第 6 期。
④ 参见何圣捷、贾旭东:《欧美完片保险风险管理模式及借鉴意义》,《现代传播(中国传媒大学学报)》2018 年第 3 期。
⑤ 参见蔡翔、夏月林、芦世玲:《我国动漫产业版权现状、问题与对策》,《现代出版》2018 年第 4 期。
⑥ 参见邹举:《制度经济学视角下版权制度与版权经济的关联分析》,《编辑之友》2018 年第 1 期。

　　张珊等认为,作为一个典型的知识密集型、技术密集型产业,动漫产业是一国彰显文化软实力的重要媒介,是国家和地区经济增长的新动力。她们基于社会认知理论,系统地考察了影响动漫产业创新效率的产业内部要素和外部环境要素。研究发现:中国动漫产业创新效率总体偏低但稳中提升;规模创新效率的低下是导致中国动漫产业整体创新效率滞后的重要原因;东部地区创新效率明显高于中西部地区。影响动漫产业创新效率的产业内部要素包括企业规模、从业人员素质与研发投入。外部环境要素包括地区文化消费水平。其中,产业规模、从业人员素质和地区文化消费水平与动漫产业创新效率正相关,研发投入对动漫产业创新效率存在负向影响①。

　　第 42 次《中国互联网络发展状况统计报告》显示,截至 2018 年 6 月,网络直播用户规模达到 4.25 亿,用户使用率为 53.0%,充分展现了网络直播的巨大市场。与此同时,网络直播的内容缺乏专业媒体的把关机制和环节,加之平台对主播的监管作用有限,网络直播行业一直是相关部门监管的重点。

　　学术界对于网络直播的研究始于 2015 年。已有成果主要体现在四个方面:一是对网络直播媒介互动性特点的确认;二是分析网络直播迅猛发展的成因,包括娱乐性、孤独陪伴、情感释放、超越现实的心理满足等;三是对网络直播现存问题的剖析;四是对产品生产与经营的现象性解读,主要发现网络主播集节目选题、创作、编辑、主持、拍摄等诸多角色于一身的生产现状和区别于传统媒体的支付方式的"打赏"。这几方面的研究具有一定的交叉性,但总体停留在现象层面,对网络直播的经济形态和产业发展策略的系统性研究较为不足。

　　贾毅从网络直播的经济形态切入,指出网络直播是以注意力经济为基础,以体验经济为框架,以关系经济为核心。其运行规律是,以人力资本为基础投入,以大空间群体性人际交互为主要形式,以信息和情感分享为基本内容,在获得人际资源的基础上,获得直接或间接的经济收益。基于此,研究提出网络直播两大发展思路:一是产品专业化和创意化,意在可持续吸引用户、提升体验、聚合关系资源;二是资源延展、产业延展、构建"直播+"战略,意在利用网络直播的传播特点和资源优势与其他产业协同发展②。

## 三、媒介业态: 热点聚焦与国际视野

### 1. 热点聚焦: 数字版权与知识服务

（1）中国出版

人工智能和数据技术正在进入出版业的各个环节,新技术重构了内容生产、制作和传播的方式,也改变着传统出版业的出版模式和发展方式。杨扬和张学骞分析了大数据对出版业智能化经营的驱动作用。他们指出,数据驱动是商业经济向前发展的核心,不仅改变了组织的生产方式和沟通方法,提升了行业的发展速度,缩短了产品的更新周期,同时也在影响着行业的发展架构和管理规则。研究以西方出版业推出的创新模式为例,分析了大数据对传统出版行业带来的颠覆性影响。机器算法的

---

　　①　参见张珊、王栋晗、刘筱寒:《中国动漫产业的创新效率及其影响因素研究》,《现代传播（中国传媒大学学报）》2018 年第10 期。

　　②　参见贾毅:《网络直播的经济形态与产业发展路径研究》,《编辑之友》2018 年第 7 期。

产生不仅让出版商对读者偏好有了更深入的认知，也推动着出版社在事务决策、管理规则和服务理念等各个层面不断求新求变①。

对出版产业的转型升级，殷克涛认为出版投融资有着重要影响。当前出版投融资活动存在缺乏有效的管理体系、投融资创新不足、投融资结构不合理、投融资效益不佳等问题，严重阻碍着出版产业的转型发展。他提出，要加强出版投融资的资源整合，创新投融资的模式，搭建投融资服务管理体系，以及与互联网金融对接提高出版投融资效率，以推动出版产业转型升级②。

付国乐和张志强指出，媒介融合与特殊管理股是当下中国出版传媒业面临的挑战与机遇。他们以八家典型中国出版传媒上市企业为案例，研究它们的媒介融合发展路径，从顶层设计和产业实践上验证其路径所产生的融合效果；厘清特殊管理股的政策演化，论证特殊管理股的推行方式；基于媒介融合和特殊管理股"看得见的手"，界定媒介融合与特殊管理股的关系，并从共生视角探索媒介融合与特殊管理股的创新关系，构建了一条基于寄生、偏利共生、互惠共生模式的中国出版传媒业创新共生路径③。

张健在分析传统出版社与数字转型要求的差距、出版数字转型重要参与方的基础上，对数字转型时代的合作机制进行了探讨。联盟的合作机制可以优化资源、协调多方利益，能够反映数字转型时代分工协作的发展特点④。

孙袁华和李东在互联网和大数据的时代背景下，引入创意传播管理理论，从消费者—社会—企业这三者与技术的综合关系来看待、解释和推进现代企业组织变革。他们通过将创意传播管理理论应用到出版领域，找出了现代出版企业组织变革的三大路径：一是出版组织定位要快速适应消费环境和阅读模式的整体转变，成为多元服务提供者；二是出版组织结构要更加扁平化、去中介化，建立分级自主经营体；三是出版组织运营要体现"从交易到交往"的传播模式，专设统整运营的传播管理中心，灵活运用精准传播、创意传播和融合传播三种模式⑤。

司新丽关注了民营实体书店作为文化公共空间的传播功能。20 世纪 80 年代快速崛起的民营实体书店，建立了新式的知识与文化传播机制。伴随着信息技术革命所带来的消费方式的变革和工具理性下阅读文化的转型，民营实体书店出现了转业、停业甚至倒闭现象，但其在维护阅读媒介生态、重建纸本阅读文化、营造公众阅读环境方面仍有生存价值。民营实体书店当下转型应立足文化性、空间性和公共性特点，在强化传播功能和文化担当、打造阅读场所和精神家园、参与公共对话和社会治理等方面发挥其在构建公共文化传播空间中的主体作用⑥。

（2）知识经济

知识付费平台经过一轮发展大潮之后，开始呈现出结构性分化态势。刘友芝探讨了影响知识付费平台持续发展的三大现实瓶颈：来自知识消费者的付费瓶颈和知识生产者的供给瓶颈，以及知识付

---

① 参见杨扬、张学骞：《大数据时代国际出版业的创新实践》，《编辑之友》2018 年第 12 期。
② 参见殷克涛：《出版投融资与出版产业的转型升级》，《编辑之友》2018 年第 2 期。
③ 参见付国乐、张志强：《中国出版传媒业的创新共生：媒介融合与特殊管理股》，《现代传播（中国传媒大学学报）》2018 年第 7 期。
④ 参见张健：《出版数字转型时代的合作机制探讨》，《科技与出版》2018 年第 11 期。
⑤ 参见孙袁华、李东：《创意传播管理视角下的出版组织变革路径探析》，《出版发行研究》2018 年第 12 期。
⑥ 参见司新丽：《公共文化传播空间的构建——以民营实体书店转型发展为例》，《国际新闻界》2018 年第 5 期。

费平台自身的生存瓶颈;指出了两种创新突破的经营战略思路:"存量"战略从平面化的粗放化,转向纵深的精细化;"增量"战略从单一化走向多元化,同时需加强版权保护、资本支持和经营管理水平等综合措施的协同配套①。

徐敬宏等探讨了当下知识付费产品的发展现状,指出知识付费存在的付费土壤尚未形成、内容泛轻知识化趋势,以及内容生产端的"二八效应"困境和用户端的"数字鸿沟"陷阱等问题。研究认为,知识付费产品应该坚持内容为王,深耕优质内容,建立健全定价机制、评价机制,完善商业模式②。

于文重点关注了知识服务转型过程中的知识版权问题。以知识付费为代表的新兴知识服务是基于网络时空而产生的全新知识生产和分享空间,围绕知识作品使用的各种权利义务关系也都随之颠覆与重构,引发了知识服务在"思想/表达"、"成本/效率"、"围墙/自由"方面的版权矛盾与冲突。出版业等数字内容产业在知识服务转型的过程中,应当从建立和完善侵权监察制度、版权许可方式、版权合作机制和版权经营理念等方面做好相应的版权制度调适③。

雷晓艳强调了知识服务平台、知识服务生态的构建。出版业实现知识服务转型,需从理念、产品结构、业态和产业链四个方面的转变实现突破。出版业知识服务转型的基本动因包括出版业的产业属性、知识付费的时代背景、信息超载与知识稀缺的"悖论",以及出版业的传统优势。在互联网技术的大背景下,建立核心的内容服务体系,立足特定用户需求和典型场景,搭建科学合理的知识服务平台,建设智能化的知识服务生态,是出版业实现知识服务转型的重要路径④。

### 2. 国际视野:数字经济与服务导向

辜晓进通过对《纽约时报》等美国主流媒体数字化转型的观察,重新引入了"服务新闻"的概念,即指提供实用性信息服务的新闻类型。他认为,重提"服务新闻"的价值有三:一是报业的数字生产不应以硬新闻或纯新闻为唯一内容;二是重视"服务新闻"体现的是受众优先的思维逻辑;三是提醒从业者以专业生产者姿态做好做优服务新闻⑤。

宣海林和李铎认为,当前,面对新媒体技术的冲击和公众阅读习惯的巨大变化,我国出版业在根据受众阅读习惯变化等情况调整出版产业结构、改进图书营销方式,从产品供给角度优化出版业、提升行业竞争优势等方面存在一定的滞后性。日本出版业在面临相似危机的情况下,从出版供给侧角度采取的一系列举措成效显著:第一是在出版内容方面进行精耕细作;第二是在出版物方面强调精品意识;第三是着力推动数字出版顺应潮流;第四是重视出版物销售渠道的流通作用;第五是重视出版调研;第六是日本政府鼓励出版、扶持出版的政策,对日本出版业的生存与振兴有积极的意义。因此,我国出版业根据公众的阅读习惯,从产品结构及营销方式等供给侧角度实现变革,对出版业的健康持续发展、中国文化的传播和"走出去"意义重大⑥。

戚德祥和陈万超将视线聚焦在国际化视野下的大学出版。他们以牛津大学出版社和剑桥大学出

---

①　参见刘友芝:《知识付费平台持续发展的现实瓶颈与创新突破》,《编辑之友》2018 年第 11 期。

②　参见徐敬宏、程雪梅、胡世明:《知识付费发展现状、问题与趋势》,《编辑之友》2018 年第 5 期。

③　参见于文:《知识服务转型中的版权制度调适》,《编辑之友》2018 年第 5 期。

④　参见雷晓艳:《"互联网+"时代传统出版业的知识服务转型》,《编辑之友》2018 年第 11 期。

⑤　参见辜晓进:《"服务新闻":报纸副刊价值的数字回归——美国报业转型观察之五》,《新闻记者》2018 年第 8 期。

⑥　参见宣海林、李铎:《出版业供给侧改革的日本样本及启示》,《科技与出版》2018 年第 7 期。

版社为参照对象,对北京语言大学出版社的海外拓展战略加以考察,归纳总结了大学出版社占领全球市场的五大要素,即经营理念上定位于全球市场、长期稳定出版经营某类或者多学科教育类产品、优秀的作者和编辑团队、立体化销售渠道及丰富灵活的营销推广模式、以数字出版为依托牢牢抓住出版数字化发展机遇①。

于成和王琳则对剑桥大学出版社的数字出版转型之路进行了研究。研究发现,Cambridge Core 平台在剑桥大学出版社的数字化转型中占有非常重要的地位。剑桥大学出版社没有在数字时代盲目跟风,而是在技术条件和经营模式较为成熟的情况下才开始学术数字出版平台建设的探索。依托内容优势、后发技术优势及深刻的学术出版理念,剑桥大学出版社生成了整合式学术数字出版平台 Cambridge Core。该平台的出现和发展为学术出版创造新的盈利模式提供了载体,为知识服务的创新积累了经验。尽管剑桥大学出版社的成功具有一定的不可复制性,但围绕 Cambridge Core 展开的数字出版实践表明,大学出版社结合自身条件建立整合式的数字出版平台,是实现数字出版转型的一种有效路径②。

## 四、传媒生态:规制问题与政策机遇

吴锋对 2018 年的中国传媒政策进行了逻辑梳理和趋势研判。他指出,2018 年是全面贯彻党的十九大精神的开局之年,也是中国传媒业快速发展的关键之年。党和政府及时推出一系列精准的政策举措,有力推动了传媒产业的转型升级和科学发展。回顾 2018 年传媒政策,总的基调有二:一是规制的取向,面对传媒领域的新问题、新苗头,及时出台相关规制政策,确保传媒业不跑偏、不脱轨,始终沿着正确的轨道健康发展;二是革新的取向,面对传媒业发展的难点、痛点,及时出台相关改革举措,以激发产业活力,扶植、激励并引导传媒业实现高质量发展③。

《网络出版服务管理规定》的出台引发了关于网络出版的定义、范围及其规制权限等方面的诸多争议。石亮和苗勃就网络出版的边界及其规制问题进行辨析。他们从分析网络出版与网络出版物的界定演变入手,揭示了其背后的权力扩大化倾向,通过比较视频网站与新媒体的规制权限,来分析其与网络出版的关联与区别,并以网络游戏的审批权博弈为例,分析包括网络出版在内的整个互联网产业的规制体系面临的问题与困境④。

传媒产业的发展,促进了我国媒介市场主体性的逐渐增强,以法律法规为代表的法律规制和以监管部门政策为代表的行政规制的权威性受到一定程度的挑战。王炎龙和李玲以 2006 年至 2016 年制定或修订的广播电影电视法律法规和政策文本为研究对象,试图厘清媒介规制与媒介生产之间的关系。研究发现,在媒介规制过程中兼顾管理和服务功能、平衡政府与市场的关系,构建符合我国国情的媒介规制效果评价体系,才能达成媒介规制与媒介生产的契合与共存⑤。

---

① 参见戚德祥、陈万超:《国际化视野下的大学出版"走出去"立体化格局建设——以牛津、剑桥和北语三家大学出版社为例》,《出版发行研究》2018 年第 12 期。

② 参见于成、王琳:《剑桥大学出版社数字出版转型之路》,《出版发行研究》2018 年第 11 期。

③ 参见吴锋:《规制与革新:2018 年传媒政策的逻辑主线及趋势前瞻》,《编辑之友》2019 年第 1 期。

④ 参见石亮、苗勃:《网络出版的边界及其规制问题辨析》,《现代出版》2018 年第 2 期。

⑤ 参见王炎龙、李玲:《媒介规制与媒介生产:一种把关的制衡——基于 2006—2016 年广播影视法律法规和政策的分析》,《新闻大学》2018 年第 5 期。

针对我国数字出版政策理论研究一直存在的研究方法单一、定量实证研究缺失等问题,陆维仪选取了截至 2018 年 9 月 30 日我国数字出版产业政策的高相关度重要论文 99 篇,在对数据进行定量分析的基础上,结合知识图谱和内容分析法,讨论了我国数字出版产业政策理论研究现状及其中存在的问题。他指出,我国数字出版政策理论研究的问题,主要包括研究客体分布严重不平衡、理论与实践脱节、研究的支撑学科理论运用不足等。研究据此提出建议:融合多学科知识,拓展研究视角;加强不同性质部门单位之间的合作,强化理论与实际的紧密结合;注意研究客体的平衡;着力加强数字出版产业政策体系、架构和政策绩效评估的研究;特别重视相关支撑学科理论的运用等①。

## 五、趋势研判:技术驱动与社会经济效益并重

崔保国指出,从发展趋势看,未来传媒将向媒介智能化、传播大众化、内容精品化、服务个性化、广告程序化、产业泛娱化、行业跨界化、市场集中化、运营国际化、监管自律化的方向发展。产业增长的重点在于三个方面:一是内容付费模式;二是内容和服务的竞争;三是规模效应带动利润增长。总而言之,传媒产业融合交叉使未来传媒业的去中心化特征愈发显著,互联网产业,特别是移动互联网收入的增长已经完全弥补了传统媒体的萎缩,进而带动产业整体发展向好②。

杭敏认为,在未来,数据时代的传媒经济学研究将进一步从"内容为王"让渡到"受众为先"。在业界,传媒创新的实践发展不断推进,网络媒体、社交媒体和移动端的传媒创业案例层出不穷,提供了大量的研究议题,也提出了传媒经济学研究者在数据和融媒时代应对产业变化、理解实践发展和提供战略对策方面的具体挑战。在这样的背景下,传媒创新创业将继续成为传媒经济学研究的主导性议题,引领这一领域未来的发展方向③。

周鸿铎以寻觅传媒经济发展新进路为切入点,以传媒经济时代理论为基础,系统分析了中国特色社会主义新时代背景下传媒经济发展的新进路,提出传播媒介的本质是人体结构功能能力的外化,人体结构体系内所拥有的资源就是传媒经济发展可开发利用的资源。实施单体媒体融合、建立叠加型传媒体制是打造我国新型主流传媒的最佳路径,也是开启新型主流传媒运作必须采用的基本策略④。

王茜结合案例分析了出版业在内容生产与创新、读者调研、市场决策等方面受到人工智能、机器学习技术的影响,探讨了数据驱动下出版业发展新趋势,并提出了出版业转型之路的六个方向:内容出版向知识服务的转型,出版流程从人工向智能化转型,传统营销向大数据营销的转型,业务驱动向数据驱动的转型,传统编辑向数据开发型人才储备的转型,数据生产向数据融合的转型。发展并运用人工智能与大数据技术,是出版业提升传播力和竞争力的关键要素⑤。

卜新章则从传媒产业经济效益、社会效益的博弈出发,指出媒体融合发展的核心竞争力体现为经济方面的盈利生存能力,这种生存能力依赖于经济发展规律的遵从。然而,传媒业具有典型的公共事

① 参见陆维仪:《我国数字出版产业政策理论研究回顾与展望——基于文献计量的分析》,《出版发行研究》2018 年第 12 期。
② 参见崔保国、郑维雄、何丹嵋:《数字经济时代的传媒产业创新发展》,《新闻战线》2018 年第 11 期。
③ 参见杭敏:《数据时代传媒经济学研究的反思与前瞻》,《新闻与写作》2018 年第 5 期。
④ 参见周鸿铎:《新时代传媒经济发展进路与前瞻》,《中国出版》2018 年第 1 期。
⑤ 参见王茜:《人工智能与数据驱动下的出版业转型研究》,《科技与出版》2018 年第 12 期。

业性质,肩负着为公众服务的使命,传媒业在逐利的同时必须受制于公共领域的社会责任、社会伦理。传媒业同样也是国家政令制度、国家意识形态的宣传工具,在盈利时也应该发挥喉舌的作用,具有维护国家安全和社会稳定的使命。政府规制向来对传媒具有严格的约束限制等作用,政府需要明确自身顶层设计的地位,探索切合中国国情的传媒法规,明确媒体融合发展中政府、传媒业和公众的职责权利,利用自上而下的法制规制,既为传媒产业的融合发展松绑,又为政府安全和公共利益提供保障,做到统分结合、管放结合、宏观与微观结合①。

撰稿人:钱威丞(复旦大学新闻学院 2018 级博士研究生)

---

① 参见卜新章:《媒体融合时代传媒经济发展中的利益博弈》,《当代传播》2018 年第 6 期。

# 媒体融合研究

2018 年的媒体融合研究呈现出怎样的总体格局？业界和学界提供了哪些理解媒体融合的视角？媒体融合研究的年度热点主题有哪些？未来的媒体融合会走向何方？为了回应上述问题，笔者以"媒介融合"、"媒体融合"为主题关键词，以 2018 年 1 月 1 日至 2018 年 12 月 31 日为检索时间范围，以《新闻与传播研究》、《国际新闻界》等 15 本 C 刊、9 本 C 刊拓展版期刊为文献来源，共获得相关性研究 599 篇，同时对 15 本 C 刊正刊、学科权威学者的研究进行了地毯式的补充搜集，以确保年度核心文献无遗漏。从总体来看，2018 年度的媒体融合研究大体可以分为传统媒体与新媒体技术融合的研究、媒介业务融合的研究、传媒产业融合的研究三条主线，进而分化出针对媒体融合本体及其演进、不同媒体（类型）在融合时代的发展策略、融合背景下传媒产业化路径、传媒管理政策体制等具体研究。值得注意的是，区县融媒体中心研究是 2018 年度新兴的热点研究主题。

## 一、媒体融合本体及其演进研究

严三九梳理了"媒介融合"概念的演进脉络。他指出，媒介融合这一概念最早由尼葛洛庞帝于 1978 年提出，指出了媒介融合的方向。鲍德温等学者在《大汇流——整合媒介、信息与传播》中对美国电信法改革后的媒介融合技术、市场、政策等进行了论述。延森从网络传播、大众传播、人际传播的不同维度思考媒介融合的信息传播方式、传授关系、传播理念、传播规律。随着新媒体形态的发展与传统媒体的创新，研究者大体从传统媒体与新媒体技术融合的研究、媒介业务融合的研究、传媒产业融合的研究三条线路展开①。

姚曦和李娜对媒介融合的本质进行了反思。她们指出，在信息技术范式下，网络社会崛起，网络逻辑重塑社会形态，在本质上改变着人们的生产方式、经验、权力和文化。在网络社会条件下，媒介融合暗含着社会关系的结构性变革，传者与受者单向线性传播关系演变为传者与传者、传者与受者、受者与受者互联互通的关系网络，网络运行逻辑重建传播秩序和传播规则。媒介融合的本质即是网络社会形态下传播关系重构的过程，显示出以下发展趋势：参与式生产网络将重塑媒介内容生产方式；人际关系网络将成为媒介内容分发的主要渠道；良好的用户关系网络将成为媒体价值实现的关键；网络化组织结构是媒介组织管理和创新的关键；媒介规制的建立将有赖于社会主体的共同参与。政府在进行媒介规制时，需要与企业、个体等协同作战，建立共同参与规制的平台②。

---

① 参见严三九：《中国传统媒体与新兴媒体融合发展的现状、问题与创新路径》，《华东师范大学学报（哲学社会科学版）》2018 年第 1 期。

② 参见姚曦、李娜：《网络社会形态下传播关系的重构——对媒介融合本质的认识》，《西南交通大学学报（社会科学版）》2018 年第 5 期。

孙玮指出了近年媒介融合研究的转向。此前,在新闻传播学领域,媒介融合的探讨主要集中在媒介技术形态的融合,如新闻生产的多媒体整合。近年来则开始向场景融合、产业融合、文化融合等维度扩展。随着新技术,特别是人工智能技术的发展,媒介融合已经溢出新闻传播行业的边界。当今媒介融合的态势是,将看似没有关联的社会领域汇聚在一起。这种融合的关键点是人与技术的互嵌①。

崔保国对新型主流媒体的发展进行了反思和研判。他指出,传统媒体面对融合发展和经营创新不足的挑战和深化改革、消费升级、供给侧改革的机遇,都在寻找新的发展空间和变革动力。报纸杂志和电视等广告投放仍将削减,机构整合和人员调整在所难免。推动传统媒体与新兴媒体融合发展已纳入中央顶层设计,这将成为确保传统媒体持续发展的重要战略之一,也是大势所趋②。

石磊强调,媒体融合是马克思主义新闻观和中国特色社会主义新闻传播理论的新探索和重大实践。我国在新媒体场景应用上的全球领先和媒体融合上的国家推动,使得我国在媒体融合的理论创新上具有世界领先的坚实基础。我们要坚持马克思主义新闻观,坚持中国特色,形成中国作风、中国气派,构建起中国风格的媒体融合发展理论。要坚持理论联系实际,为媒体融合的发展实践提供思想地图③。

从总体上看,现有的媒介融合研究综述侧重于主题归纳与内容分析,缺乏对量化数据的挖掘与考察。罗茜和沈阳基于 CSSCI 数据库,采用文献计量学的方法,利用知识图谱软件 Citespace Ⅲ 对我国媒介融合研究的知识生产脉络、重要作者及作者网络、知识基础、研究热点及其演化进行了挖掘与分析。研究发现,媒介融合研究在我国尚属新兴的增长领域;高产作者与高被引作者重合度低,作者合作频度低,存在派别分割现象;知识基础体现出稳定性和延续性。研究还通过统计关键词词频及其变化探讨了媒介融合研究的热点及其演化,发现研究热点呈现出技术层面—内容及产业层面—理念层面的变迁过程④。

## 二、媒体融合理论框架研究

曾繁旭和王宇琦尝试回应当前学界对于"传媒创新"定义、阐释的诸多理论困惑,从而引入颠覆性创新理论,提出了"持续性传媒创新"和"颠覆性传媒创新"两个概念,试图从更为宏观的视角来理解传媒创新,进而整合现有的研究路径。研究认为,已有关于传媒业创新与转型的研究,大多聚焦于持续性创新,强调通过内容创新、话语创新、经营管理创新或组织创新等方式,增强传统媒体新闻生产的质量和影响力。以商业模式重塑为核心的颠覆性创新,而非持续性创新,才是帮助传媒业摆脱困境的现实方案。因此,需要以颠覆性创新为关键概念,推动传媒业变革研究的范式转变⑤。

曾祥敏和方雪悦独辟蹊径地从新闻游戏切入。他们指出,随着媒体融合向纵深开进,媒体融合的形式与手段也越来越多元化,新闻游戏就是在这样的内容创新重组的背景之下产生的。但新闻与游戏的融合也让新闻游戏在成为人们关注的焦点的同时饱受争议。研究围绕新闻游戏的概念、意义、功

① 参见孙玮:《赛博人:后人类时代的媒介融合》,《新闻记者》2018 年第 6 期。
② 参见崔保国:《2017 年新型主流媒体发展概况及展望》,《新闻战线》2018 年第 1 期。
③ 参见石磊:《马克思主义新闻观与媒体融合发展》,《新闻与传播研究》2018 年第 S1 期。
④ 参见罗茜、沈阳:《我国媒介融合研究的知识图谱——基于 CSSCI 数据库的文献计量学研究》,《东南传播》2018 年第 2 期。
⑤ 参见曾繁旭、王宇琦:《重新定义传媒业的创新:持续性传媒创新与颠覆性传媒创新》,《新闻与传播研究》2019 年第 2 期。

能,从交互叙事规律角度下的文本解构原理以及相对应的分类研究等方面对新闻游戏进行分析,梳理某些新闻游戏的传播现象及背后潜藏的原理,进一步明确新闻游戏是一种新的新闻叙事方式,通过案例分析其叙事规律和模式,为今后新闻游戏的规划、设计、创新等提供建设性的建议①。

张辉刚和朱亚希引入社会嵌入理论,用以回应在媒体融合发展广度拓宽、速度加快、力度增强的语境下,国内对于媒体融合的讨论视角略显单一、理论创新严重滞后的问题。他们尝试打破过去以业态融合为主的路径依赖,从关系的角度重新观照传媒、用户与社会三者之间的关系结构互动,探索性地构建了一套适用于今后媒体融合转型的行动框架。关系范式作为媒体融合研究的应然范式,不仅有利于实现从"以内容为中心,以产业为延伸"的传统融合模式到"以关系为纽带,以人为中心"的创新融合路径的转换,也有助于再次确立关系视角在媒介研究中的方法论意义②。

常江和徐帅引入了亨利·詹金斯分析媒介融合的文化逻辑。他们指出,亨利·詹金斯对于媒介研究最大的理论贡献之一,就在于他对媒介融合文化逻辑的阐释。詹金斯为我们提供了一个技术和实践之外的另一个理解媒介融合过程的理论视角,即"数字叙事"是建立在文化视角的媒介融合观的基础之上的。在詹金斯看来,媒介融合的基本文化逻辑,就在于这一过程在前沿技术与参与式文化政治理念的形成之间,搭建了一座认知的桥梁,即内容拥有通过不同的媒体渠道得以生产、传递和消费的多种方式,并最终达成一个总体性的累积效果。詹金斯提出媒介融合概念的初衷,就是把学术性的媒介研究从单一媒体平台的角度,上升到考量不同媒体平台与实践之间的相互关系的层面③。

张放和杨颖则从符号叙述学的视角切入,在新旧媒体衔接与革新的十字路口,对"两微一端"作为一个有机整体所包含的多平台间融合机制进行了深入探索。符号叙述学视角下的"两微一端"不仅在内容层面通过分层叙述和全文本实现了平台间内容统筹与表达共享,还通过"条块结合"的部门设置和沟通高效的组织架构实现了底本的宽幅聚合,为内容融合提供了有力支撑。然而,在叙述文本类型配比、文本读者主动性激发及底本聚合轴扩幅等方面,"两微一端"的融合仍有进步空间④。

# 三、媒体融合业务研究

## 1. 行业研究

严三九指出,媒体融合发展已经成为我国传媒界的主题,传统媒体与新兴媒体融合发展的程度、深度、广度决定着我国未来媒体战略布局的进程。他对中国 24 个城市代表性的平面媒体、广电媒体和新兴媒体单位进行问卷调查与深度访谈,分别从内容、渠道、产业、体制等方面分析,对各种问题的成因作出判断,对加快推进传统媒体与新兴媒体融合发展的路径创新进行探讨⑤。

---

① 参见曾祥敏、方雪悦:《新闻游戏:概念、意义、功能和交互叙事规律研究》,《现代传播(中国传媒大学学报)》2018 年第 1 期。
② 参见张辉刚、朱亚希:《社会嵌入理论视角下媒体融合的行动框架构建》,《当代传播》2018 年第 1 期。
③ 参见常江、徐帅:《亨利·詹金斯:社会的发展最终落脚于人民的选择——数字时代的叙事、文化与社会变革》,《新闻界》2018 年第 12 期。
④ 参见张放、杨颖:《分层与聚合:符号叙述学透视下的"两微一端"融合策略》,《编辑之友》2018 年第 6 期。
⑤ 参见严三九:《中国传统媒体与新兴媒体融合发展的现状、问题与创新路径》,《华东师范大学学报(哲学社会科学版)》2018 年第 1 期。

张庆园和宋成对纸媒行业的融合策略进行了探索。媒介环境学视角下,新媒体时代纸质媒介的功能和属性都发生了变化。知识权威坚守知识传承和生产功能,居间人规模壮大并向多元产业化发展,普通读者的群体分化和出版意识激发,给出版功能创新带来了巨大的想象空间。专业出版机构应积极建构多领域的出版供需平台、跨层次的出版服务平台、基于社交和个性化的自出版平台、版权服务和增值平台、辅助决策和生产的智能出版平台①。

黄楚新回顾了 2018 年的中国报业融合发展之路。他指出,2018 年的报业融合中,智能化技术引领产品服务升级,内容迭代升级推动融媒体产品范式更新,平台聚合互动进一步激发了融合活力,县级媒体融合打通最后一公里②。

孙宜君和王建磊分析了融媒时代广电行业传播生态的构建。他们认为,在融媒时代下,电视媒体的传播生态从内涵到外延都发生了很大变化。他们从技术革新、制度政策、市场环境、文化融合、受众需求等维度对电视传播生态进行了多层面的考察,指出通过电视与新媒体之间的竞争与融合、调适与包容的努力,构建电视传播的优良生态③。

张晓雪对传统纸媒与音频媒介的融合发展进行了探索。她指出,媒体融合需要技术支撑,更需要思路创新。优质的新闻内容是传统纸媒的核心竞争力,将其与现代广播等音频媒介便捷的传播渠道相关联,变专注性阅读为伴随性收听,也许会为当前的媒体融合开辟出一条新的路径。只有充分研究受众信息接受期待的变化,以受众信息需求为导向,创新媒体融合思维,深挖不同媒体的核心竞争力,同时辅之以新技术的配合,才能实现更加科学高效的媒体融合④。

胡翼青和沈伟民对"两微一端"的技术嵌入困境进行了分析。他们指出,自社交媒体兴起以来,人们对媒介融合的兴趣便从"报网融合"渐渐转向"两微一端",并认为后者正在成为传统媒体摆脱困境的必由之路。然而,传统媒体"两微一端"的文化资本很难转换成商业资本,加之缺乏刚性信息,又无法与传统媒体的组织文化相契合,因此"两微一端"并未给传统媒体带来期待中的变革。政务"两微一端"可提供各种服务性和实用性的刚性信息,因此它为政府提供了一个重要的展示窗口,但同时也对政府的行政管理水平与社会治理水平提出了较高要求。企业"两微一端"的运作最为微妙,它可能带来更多文化资本,实现经济资本的增值,但它受制于太多的外在条件限制,运营时往往并非一帆风顺。一种技术嵌入的成功与否,在很大程度上取决于它是否能适应和改变所在组织的制度、观念及资本转换方式⑤。

### 2. 个案研究

曾培伦和朱春阳以《人民日报》为例,分析了中央厨房的实践困境与理论争议。在中央顶层设计推动下,以 2017 年为界,中央厨房从一种并不成功的全媒体历史实践样本,变身为当前引领传统媒体融合战略的"标配"和"龙头工程"。在以《人民日报》为首的中央媒体示范下,中央厨房建设在中央、

① 参见张庆园、宋成:《纸质回归与平台建构:专业出版机构的新媒体融合与运营探究》,《出版发行研究》2018 年第 10 期。
② 参见黄楚新:《回望 2018 中国报业融合发展之路》,《中国报业》2019 年第 1 期。
③ 参见孙宜君、王建磊:《论融媒时代电视传播生态的嬗变与建构》,《现代传播(中国传媒大学学报)》2018 年第 3 期。
④ 参见张晓雪:《融合中嬗变——传统纸媒与音频媒介融合发展路径探析》,《出版发行研究》2018 年第 4 期。
⑤ 参见胡翼青、沈伟民:《艰难的嵌入:反思"两微一端"的当代社会实践》,《编辑之友》2018 年第 6 期。

省级、地市级三个层面广泛铺开。2017 年之前的中央厨房被视为固定的采编流程,停留在"如何来用"的层面,其实践困境与理论争议也源于此。而 2017 年之后的中央厨房,则更多地被各媒体赋予了媒体融合"改革载体"的全新角色,以"用来如何"的视角,即基于或借助中央厨房的建设来开展融合与改革,包括面向内部的生产机制重构、数据中心建设、创新产品孵化、薪酬人事机制改革,以及面向外部的技术服务、党政宣传与政府社区服务的平台拓展,从而将中央厨房的"龙头"功能进行了载体化的实践改造,形成了顶层设计与基层改造的合力,推动我国媒体融合向更深层、更务实的层面发展①。

徐园和李伟忠以浙报集团的"媒立方"为例,分析了大数据对媒体融合的驱动作用。"媒立方"作为支撑浙报集团媒体深度融合的平台级产品,将大数据技术作为平台建设的重要组成部分,支撑起指挥中枢、PC 端、移动端在内的所有采编终端,打通全流程数据,驱动"策、采、编、发、反(馈)"进入在线环境,成为"数据驱动新闻,智能重构媒体"的理念实践样本②。

张芸则对省级媒体深度融合进行了反思。媒体融合正从中央层面向省级以下层面拓展,旨在构建横向到边、纵向到底的媒体融合格局。研究结合近期省级媒体深度融合的最新动向,以河北省媒体融合的调研为例,分析当前省级媒体深度融合中面临的现实问题,并进行相应的理论探讨③。

王梦宇通过梳理英国 BBC 和欧洲 RTL 集团的媒介融合实践,试图探索欧洲广播电视媒体在媒介融合背景下的发展策略,以回应为何在网络媒体发展的过程中,欧洲广播电视媒体不仅没有日渐衰微,反而在业务能力、影响力等方面取得了新的发展,从而为我国广播电视媒体的转型发展提供借鉴④。

## 四、媒体融合产业研究

### 1. 产业整体研究

陶喜红和党李丹指出,中国传媒产业生态结构在产业化发展进程中,面临着多重失衡的状况。在报业、期刊和广播市场中,全国范围的分散竞争和区域市场的寡头垄断已经延续多年,加上产业间出入壁垒的不平衡,使这些产业的市场结构表现出明显的失衡状态。各类媒体在区域布局上也存在一定的差异,东中西部地区、大中小城市、不同子产业间的区域结构失衡尤为显著。媒介产品对外贸易结构存在较为突出的不平衡问题,贸易逆差和区域性差异均表现得比较明显。上述因素导致中国传媒产业生态结构处于失衡状态⑤。

徐顽强等基于 SCP 范式对我国传媒产业进行市场"结构—行为—绩效"分析。研究发现,我国传媒市场仍处于集中度较低的竞争状态。但传媒产业融合使得市场集中度有所提升,媒介产品差异化增大。而市场进入壁垒逐步被打破,使得跨界并购与重组及技术创新渗透等市场行为有所增加,最终

①　参见曾培伦、朱春阳:《"如何来用"到"用来如何":中央厨房的"载体化"实践改造面向》,《新闻界》2018 年第 8 期。
②　参见徐园、李伟忠:《数据驱动新闻　智能重构媒体——浙报集团"媒立方"技术平台建设的实践与思考》,《新闻与写作》2018 年第 1 期。
③　参见张芸:《省级媒体深度融合的现实问题与理论思考——基于河北省的调研》,《新闻与传播研究》2018 年第 S1 期。
④　参见王梦宇:《欧洲广播电视的媒介融合实践研究——以英国 BBC 和欧洲 RTL 为例》,《中国电视》2018 年第 5 期。
⑤　参见陶喜红、党李丹:《中国传媒产业生态结构的多重失衡》,《当代传播》2018 年第 4 期。

实现传媒产业市场绩效的上升。未来,传媒产业的融合仍将继续,且互联网公司也会发挥出愈发重要的作用①。

蔡春霞探究了媒体融合时代中小型传统出版企业借势转型的策略。她指出,媒体融合环境中,中小型传统出版企业在资本、技术、资源方面的限制下,依靠自身努力构建数字内容体系几乎不可能。中小型传统出版企业的现实选择是通过合作方式参与到新媒体融合的某个环节并承担一部分工作②。

**2. 细分产业研究**

张彤等针对媒体融合背景下科技期刊面临人才缺乏的问题,阐述了复合型编辑人才梯队在期刊发展和创新驱动中的重要推动作用。研究以《机械工程学报》编辑部人才梯队建设的实践探索为例,深入分析该单位的复合型编辑人才梯队搭建方案,并借助 SWOT 分析法为梯队建设的实施提供有效参考。该编辑部采用"项目育人"的梯队建设方法,在实际工作中取得了显著成效,成功地将原有的传统纸媒编辑发展成为复合型编辑人才,并形成了具有战斗力和凝聚力的人才梯队,为更多科技期刊的媒体融合出版转型提供参考③。

高红波探索了中国电视的融媒体产业创新路径。他认为,所谓"电视融媒体产业",是指电视产业分别与电信产业、互联网产业相向融合发展过程中形成的"互联网+电视"新兴产业。当前,我国电视融媒体产业市场竞争主体主要有广电上市公司、视频网站和终端硬件厂商等。考察这些企业在"互联网+电视"方面的创新发展举措,可以蠡测"互联网+"视域下中国电视融媒体产业创新与发展的路径④。

# 五、区县融媒体研究

朱春阳指出,以县级融媒体中心建设的提出为标志,我国以行政力量主导的自上而下的媒介融合行动进入第二阶段,和第一阶段以大传媒集团"中央厨房"模式为主要特征相比,长期处于行业边缘地带的县级媒体终于有机会进入政策关注的焦点区域,获得政策扶持的发展机遇。县级融媒体中心的建设要解决"引导群众"和"服务群众"两个层面的任务,其操作经验主要来自之前的县区媒体与社区报实践、第一阶段大媒体的媒介融合探索实践,以及 BAT 等商业平台融合发展探索。研究在既有经验坐标基础上讨论了县级融媒体中心建设的路径创新,探讨了融合如何引导群众、融合如何服务群众,以及融合发展模式等问题,剖析了县级融媒体中心作为新型主流媒体建设的一部分需要解决的诸多关键问题⑤。朱春阳还指出,县级融媒体中心建设的核心目标在于:回到区县媒体层面建设融媒体中心;落到新型主流媒体的时代定位。由此生发出两条核心问题:如何打造新型主流媒体,打通舆论引

① 参见徐顼强、王剑平、王文彬:《中国传媒产业的融合实践及趋势》,《中国出版》2018 年第 13 期。
② 参见蔡春霞:《媒介融合环境下中小型传统出版企业借势构建数字内容体系研究》,《科技与出版》2018 年第 4 期。
③ 参见张彤、李月华、刘丹、岑伟、恽海艳、向映姣、王淑芹:《媒体融合背景下科技期刊复合型编辑人才梯队建设研究与实践探索》,《编辑学报》2018 年第 S1 期。
④ 参见高红波:《"互联网+电视":中国电视融媒体产业的场域空间》,《现代传播(中国传媒大学学报)》2018 年第 9 期。
⑤ 参见朱春阳:《县级融媒体中心建设:经验坐标、发展机遇与路径创新》,《新闻界》2018 年第 9 期。

导最后一公里;如何在遵循融合发展经验的规范中实现服务群众,这是县级融媒体中心的未来方向①。

谢新洲和柏小林对全国县级新媒体发展进行了全面调查。为了整体全面地了解全国县级新媒体平台发展情况,他们采用问卷调查方法对全国 2 741 个县级新媒体的平台搭建、平台功能与内容建设、经营管理、人才队伍建设等方面进行了调查,以此为基础深入分析全国县级新媒体发展现状、存在的问题、对县级融媒体建设的启示②。

田丽等对比了"全省部署"和"县级探索"两种县级融媒体中心建设模式的差异。目前就主导单位层级而言,全国县级融媒体中心建设主要存在两种模式:由省级单位主导、以全省融媒体集群带动县级融媒体发展的"全省部署"模式,由县级宣传部门或媒体机构主导的"县级探索"模式。研究在 A 省 Q 县和 B 省 Y 县实地调研的基础上,基于县级融媒体中心建设模式比较框架,对两种模式的指导思想、组织架构、技术架构等方面进行了优劣对比分析,提炼了两种模式的不足,并针对不同基础的县级融媒体中心给出了不同的建设重点建议③。

黄楚新和王丹丹对县级媒体融合发展的创新路径进行了探索。他们指出,在宣传思想网络中,县级媒体最接近基层群众,肩负着引导群众、服务群众的重要任务。通过研究北京 16 区、邳州广电"银杏传媒"④等多个县级媒体融合典型案例,他们为进一步探索县级媒体融合的创新路径提供了借鉴⑤。

## 六、媒体融合趋势研判

李彪对未来媒体融合的空间转向与产业重构进行了研判。他指出,技术的革新带来了传播格局的转向,接力传播、关系传播和情感传播成为媒体融合面临的新格局,新闻生产与内容分发呈现出多元主体参与的社会大生产局面,媒体融合概念受到了实践挑战,出现了逆火效应和盈利模式匮乏等问题。研究从社会空间再造、大内容产业转型、媒体基因革新和消费社群嵌入等角度提出了对策建议⑥。

谢新洲和黄杨基于 14 家媒体机构的 19 位新媒体部门负责人的访谈内容指出,媒体以融合作为转型路径,多年来已积累相当丰富的经验,在发展过程中也暴露出目标理想与现实情况脱节的问题。他们从平台融合、经营模式融合与组织结构融合三方面对设想与实践不符的现象进行了反思,指出传统媒体在用户需求意识建设、传播模式、传统组织模式三个方面本质上没有跳脱出过去的运营逻辑,据此提出传统媒体转型应在内容上打造覆盖用户需求的多样化产品;在经营思维保持主业优势,培育多元化经营链条;建设自主内容平台,掌握话语权⑦。

邓若伊和余梦珑指出,构建新型主流媒体既是时代趋势,也是必然选择;既包括传统主流媒体的新转型,也包括新媒体的主流化转型,这两种转型路径在媒体融合的大背景下并非各自为政,而是体

① 参见朱春阳:《县级融媒体中心建设的任务、核心问题与未来方向》,《传媒评论》2018 年第 10 期。
② 参见谢新洲、柏小林:《全国县级新媒体发展调查分析》,《出版发行研究》2018 年第 12 期。
③ 参见田丽、石林、朱垚颖:《县级融媒体中心"全省部署"和"县级探索"建设模式对比——以 A 省 Q 县和 B 省 Y 县为例》,《出版发行研究》2018 年第 12 期。
④ 参见黄楚新、王丹丹:《县级媒体融合的典型案例》,《中国记者》2018 年第 10 期。
⑤ 参见黄楚新、王丹丹:《县级媒体融合发展的创新路径》,《出版发行研究》2018 年第 12 期。
⑥ 参见李彪:《未来媒体视域下媒体融合空间转向与产业重构》,《编辑之友》2018 年第 3 期。
⑦ 参见谢新洲、黄杨:《当理想照进现实——媒介融合的问题、原因及路径研究》,《出版发行研究》2018 年第 4 期。

现为多元动态的价值。研究提供了三条塑造新型主流媒体竞争力的构建路径：总体成本领先战略,跨界竞合互动;差异化战略,凝聚有效注意力;目标聚能战略,重视垂直专业化。研究引入动态社会影响理论,提出新型主流媒体影响力应遵循可控制循环的传播体系中建立传播共识的基本逻辑[①]。

撰稿人:钱威丞(复旦大学新闻学院 2018 级博士研究生)

---

[①] 参见邓若伊、余梦珑:《新型主流媒体竞争力与影响力塑造研究》,《现代传播(中国传媒大学学报)》2018 年第 5 期。

# 文化创意产业研究

文化作为民族凝聚力和创造力的重要源泉,在综合国力中的地位越来越突出,成为国家核心竞争力的重要因素。党的十五届五中全会首次提出"文化产业"的概念,将文化产业纳入国家发展计划;党的十七大提出"推动社会主义文化大发展大繁荣",将文化产业纳入国家战略层面;党的十九大提出"坚定文化自信,推动社会主义文化繁荣兴盛"。中国文化产业的发展与祖国繁荣富强和民族伟大复兴息息相关,助推文化软实力和中华文化世界影响力不断提升。2018 年围绕文化创意产业的研究从基础理论研究到模型建构、文化产业要素分析、文化产业业态研究、文化政策研究、区域文化产业研究等层面展开,理论和实践全方位观照。

笔者对学术期刊论文进行综述,分别以"文化创意产业"和"文化产业"为关键词在中国知网进行搜索,2018 年学术论文共 1 700 余篇,相较于 2017 年略有上升。在研究上,延续了此前跨学科、多视角的特质,其中,创意产业集群、文化创意产业与新技术的融合、文旅融合等研究,"一带一路"、文化创意产业供给侧改革等议题依旧是热点,而 VR/AR、人工智能、"互联网+"、IP 等概念在 2018 年的强势发展也在文创产业与技术的结合中占有一席之地。文化创意产业与政策、经济结合紧密,因而对策建议性研究、区域经验或发展模式研究在其中占了重要位置,而批判性研究则不多。

此外,对技术的研究也多是应用性研究,对技术的学理化思考并不多见。媒介研究中,媒介与文化环境、文化偏向的思考也没有体现。未来的文化创意产业研究有待进一步丰富和拓展。

本文选取核心期刊论文和重要作者论述 400 篇左右进行综述。文化产业学术研究的重点领域主要聚焦于文化产业理论研究、文化产业要素分析、文化产业业态研究、文化产业政策研究、区域文化产业研究。

## 一、文化产业理论研究

文化产业理论研究包括宏观理论和文化创意产业的模型理论两部分,主要集中在引入西方理论研究、文化产业伦理、文化产业空间布局、实证分析等方面。

### 1. 文化产业基础理论研究

高军和吴欣桐将文化产业创新分为动态的文化载体创新和静态的文化内涵创新两种类型,并根据开放式创新、用户创新、包容式创新和责任式创新这四种创新理论,对不同类型的文化产业创新提出了发展路径和方向。文化产业与创新理论新发展的有机结合,能够为文化产业提供创新思维和创新管理方式,同时这也是理论在文化产业中的实践化过程,是不断丰富理论所需实践经验的过程,是重要的理论创新源泉①。

关于文化产业的意识形态,马克思主义、文化主义和结构主义等学派主要阐述了文化产业作用于意识形态的消极效应;大众文化抵抗"霸权"理论和后现代主义理论着重论述了文化产业作用于意识形态的积极效应。侯景娟指出,文化产业意识形态效应的理论研究对我国有多重启示:维护意识形态安全是文化产业发展的核心要旨;应充分利用文化产业扩大意识形态受众面、提升意识形态传播效果的优势改善我国意识形态话语表达内容硬化、方式僵化和形式行政化等问题;从政府主导、制定国家层面的文化产业法律、推动多种参与主体协同创新等方面建立文化产业与意识形态协同创新机制;通过改进传播方法、选择传播对象、加强传播效果监测、实施"互联网+"的内容战略等途径讲好中国故事,增强国际话语权②。

秦慧源认为,与早期发展阶段相比,当代文化产业发展呈现出新的特征和趋势,即文化生产内容的特色化与个性化、文化生产手段的高科技化、文化生产方式的跨界融合。表面看,当代文化产业发展不但满足了人们的个性化需求,也更加注重与高新科技的互动发展,还带动了传统产业的新发展,似乎更符合人们的消费需求和社会发展的趋势。事实上,文化产业的当代特征与趋势是资本在增殖本性驱动下进行生产机制创新的必然结果,它并没有扬弃资本逻辑的负面效应。这启示我们:在面向人类文明新形态建构新时代中国特色社会主义文化过程中,应在坚持唯物史观基础上,对资本逻辑保持清醒的认识和审慎的反思,既要发挥其作为文化发展动力的积极作用,又要对其进行良好的驾驭,保证文化发展的社会主义方向③。

### 2. 文化产业伦理研究

李丹林通过对新媒体现行资本准入制度及其带来的问题的研究,发现存在问题的主要原因是旧有意识形态造成的陈旧思维和观念的束缚。未来应该采取更加开放的态度,同时要相应建设理性严格的内容规范制度,从而促进和保障文化传媒产业的发展,如此才能提升主流新媒体的传播力,提升我国软实力,增强我们的文化自信④。

李伟民认为,随着互联网科技的发展,微电影、视频、网络直播等新型视听类作品出现。传统电影作品的法律制度面临挑战,全新的视听作品概念应运而生,成为可以涵盖电影、电视、录像、视频等新的作品类型。中国《著作权法修改草案》增加了"视听作品"概念,以涵盖电影、电视、录像等作品。构建新型的视听作品法律制度,以"视为作者"原则安排视听作品的权利归属,是文化安全的必然要求,是文化强国的重要保障⑤。

### 3. 文化产业空间布局研究

高晗和陆军认为,从经济社会学、管理科学的角度,可构建一个以创意产业集群创意行为为主体的社会网络结构。社会网络下的创意产业集群是以竞争优势为核心,从原来对成本优势和产品差异

---

① 参见高军、吴欣桐:《创新驱动下的文化产业发展:一种新的发展框架》,《西南民族大学学报(人文社科版)》2018 年第 7 期。
② 参见侯景娟:《文化产业意识形态效应的理论阐释及其启示》,《江西社会科学》2018 年第 4 期。
③ 参见秦慧源:《唯物史观视域下的文化资本逻辑批判》,《哲学动态》2018 年第 7 期。
④ 参见李丹林:《新媒体资本准入制度:传媒产业立法的核心》,《南京社会科学》2018 年第 1 期。
⑤ 参见李伟民:《视听作品法律地位之确立——以文化安全为视角》,《法学论坛》2018 年第 2 期。

化的追求转移到对客户价值需求的满足上,使其价值资源的整合更具有社会效率属性,进而实现社会网络内部组织的动态优化能力。从宏观、中观和微观三大视角,科学地、系统地研究创意产业集群的网络组织特性,可为丰富创意产业集群理论作出一定的贡献①。

戴俊骋等依托三次全国经济普查数据,利用"规模—效率"二维框架分析指出,中国文化产业整体呈现东部规模与效率具有全面优势,中西部地区需要整体提升的空间格局。其形成机理在于区域经济与文化产业发展的耦合程度高,市场的放大效应和价格指数效应以及政策的先导作用造成较强的累积循环因果链条。研究结合各个省、自治区、直辖市"十三五"时期规划纲要中提出的发展目标进行空间自相关分析发现,这种空间不均衡格局会进一步极化,不同区域可结合"规模—效率"模型推进差异化发展和特色文化资源开发②。

吴耿安等对旅游产业、文化产业与经济发展水平进行分析。结果显示,我国旅游产业、文化产业对经济发展有着密切的促进作用,但各省发展不均衡。总体来看,各个省空间错位程度呈现下降趋势,高错位省数量明显减少,北京、上海、贵州、江西、云南、西藏的错位指数为正值,旅游产业、文化产业对经济发展的贡献度较大;天津、河北、内蒙古、辽宁、吉林、黑龙江、江苏、山东、广东、青海、新疆的空间错位指数为负值,旅游产业、文化产业对经济发展的贡献度较低③。

解学芳和臧志彭指出,"互联网+"时代,文化产业上市公司空间分布呈现新集群格局,互联网类文化产业上市公司在东部区域呈现高度集聚的特点,而非互联网类文化产业上市公司的地理分布则较为分散。伴随互联网与文化产业发展的深度融合,文化产业上市公司的地理集群形成了基于智力资源的差序演化机理:一是文化产业上市公司地理集群与互联网经济增长极高度一致;二是文化产业上市公司地理集聚呈现二元经济性;三是文化产业上市公司地理集群是对网络文化产业为主导产业的判断;四是文化产业上市公司地理集群与文化产业制度创新呈现高度协同性④。

### 4. 理论模型和实证分析

向勇等认为,我国城市发展进入新时期,构建一种全面衡量文化在城市发展各方面所发挥作用的文化力指数体系,进而引导城市在发展各层面充分调动文化的力量,对于新时期我国文化发展和城市发展都有重要的指导意义。城市文化力发展指数结合以往理论及指标值得借鉴之处,充分考虑新时期文化发展特点,从文化基因、文化活力、文化渗透、文化交流、文化支撑五项核心要素出发,客观衡量城市文化力的文化原创力、文化生产力、文化创新力和文化软实力四个方面,形成科学系统的指数体系,为评价城市文化力提供新参考⑤。

陈羽洁等采用两阶段 DEA 模型测度了 2009 年至 2015 年我国创意产业知识开发阶段和经济转化阶段的创新效率,在此基础上构建混合 OLS 模型、空间滞后模型和空间误差模型,对我国创意产业创新效率影响因素进行探究。研究表明:我国创意产业整体创新效率值较低,其中知识开发效率表现优

① 参见高晗、陆军:《基于社会网络视角的中国创意产业集群创新研究》,《哈尔滨工业大学学报(社会科学版)》2018 年第 4 期。
② 参见戴俊骋、孙东琪、张欣亮:《中国区域文化产业发展空间格局》,《经济地理》2018 年第 9 期。
③ 参见吴耿安、刘巍、郑向敏:《旅游、文化产业与经济发展水平的空间错位分析》,《地域研究与开发》2018 年第 3 期。
④ 参见解学芳、臧志彭:《"互联网+"时代文化产业上市公司空间分布与集群机理研究》,《东南学术》2018 年第 2 期。
⑤ 参见向勇、白晓晴、李尽沙:《中国城市文化力发展评价指标体系研究》,《福建论坛(人文社会科学版)》2018 年第 4 期。

于经济转化效率;知识开发效率和整体创新效率具有显著正向空间溢出效应,而经济转化效率不显著;从我国创意产业创新效率影响因素来看,市场结构、第三产业发展水平、社会包容度和政府扶持力度有利于知识开发效率的提升,而对于经济转化效率和整体创新效率来说,无论是第三产业发展水平、政府扶持力度,还是社会科技化水平,均未起到有效促进作用①。

# 二、文化产业要素分析

### 1. 文化资本运营

近年来文化产业在国家一系列政策的大力扶持下获得了迅猛发展,而其在发展中面临的最大的困境是资金短缺问题,同时民间资本存量丰富,却缺乏适合的投资渠道,如何打通二者间的通道,使其顺利对接,对于破解文化产业融资困境、完善资本结构、提升产业效率乃至将其发展为中国经济的支柱性产业都具有重大意义。吴鹤认为,从文化产业的融资现状出发,应立足于民间资本投资文化产业的优势,构建民间资本投资文化产业的金融体系,包括:发挥政府的引导与扶持作用,构建良好的投资环境;建设民间资本与文化产业投融资平台,改善信息不对称状况;创新投融资模式,扩宽投资渠道;完善相关配套机制,减少投资风险②。

西沐和宗娅琼认为,文化资本是文化产业发展的重要血液,但目前我国支持文化产业投融资的有效路径少,金融机构对其支持力度弱,因此,亟须建构专业化的文化产业投融资平台。平台的公信力建立与培育是核心,大众化是灵魂,支撑体系的建立是基础,退出机制的构建是根本,监管体系的完善是前提。在公开、公正、公平原则的基础上,文化产业投融资平台通过整合社会资本及资源,为文化产业提供专业化、规范化的投融资服务,使文化资源沿着资源资产化、资产资本化、资本产权化、产权金融化、产权证券化的路径发展,实现投融资导向产业政策化、投融资业态多样化、投融资主体多元化、投融资方式多样化、投融资机制市场化、投融资服务产品化的发展目标③。

### 2. 文化企业经营管理

组织冗余对于企业内部决策有着重要的意义。针对文化产业,周城雄等提出了一个组织冗余与企业绩效、企业创新绩效的两阶段非线性关系模型,并对中国文化产业159个上市公司2008年至2011年的数据进行了实证分析。结果表明:组织冗余与企业绩效之间存在两阶段非线性关系,组织冗余在第一阶段对企业绩效的影响是负向的,在第二阶段对企业绩效的影响是正向的;然而在这段时间内,组织冗余与企业创新绩效之间没有显著的相关关系④。

文化企业激发人才创造价值的核心是通过治理机制解决人才与企业所有权的关系。公司制是以货币资本为基础的"资合"。合伙制把资本与劳动的雇佣关系变成合伙关系,能更好地发挥人力资本

---

① 参见陈羽洁、赵红岩、俞明传:《中国创意产业创新效率及影响因素——基于两阶段 DEA 模型》,《经济地理》2018 年第 7 期。
② 参见吴鹤:《民间资本投资文化产业金融体系构建》,《税务与经济》2018 年第 3 期。
③ 参见西沐、宗娅琼:《我国文化产业投融资平台建构的理论分析》,《北京联合大学学报(人文社会科学版)》2018 年第 2 期。
④ 参见周城雄、林慧、洪志生:《文化产业组织冗余与企业创新绩效实证研究》,《科学学研究》2018 年第 6 期。

价值。同时,传统的监督控制被自我激励管理取代,减少了委托代理问题,适合在以人力资本密集为重要特征的文化产业中应用。但是,合伙制也具有普通合伙人承担无限责任风险、合伙人的权益无法转让、无法进行股权融资、难以实现大规模扩张等缺点。彭健指出,对合伙制与公司制取长补短,针对不同类型的文化企业,设计创新型有限合伙制,探索文化企业治理的新理念与新模式①。

### 3. 文化产业园区

文化创意产业集聚区已经成为产业转型升级的必然趋势和城市经济发展的重要载体,集聚区所产生的效应逐渐成为反映文化创意产业发展态势的一个重要指标。方永恒和祝欣悦选取杭州作为探究对象,对该地区文创产业集聚的实际情况展开剖析。研究表明:杭州市文化创意产业集聚效应显著且高于全国平均水平,具有一定的比较优势。文化创意产业增加值、地区生产总值与集聚效应呈正相关关系,集聚程度越高,越能够带动地区经济的增长。研究总结"杭州模式"的文化创意产业集聚区,并据此提出我国文化创意产业发展的建议②。

游客感知是衡量文化产业园区服务水平的标尺,也是提升园区管理服务水平的基本依据。谭乔西利用扎根理论和量化分析方法,对典型的艺术街区类文化产业园区——北京 798 艺术区进行游客感知度的总体分析,提出艺术类文化产业园区游客感知的理论研究模型和评价体系,并依据量化方法对园区游客感知特征进行实证分析,发现游客对园区的地理位置及交通、园区的品质与服务、园区氛围与活动组织等,都存在较高的敏感度。其中,旧址原貌、园区氛围、活动参与是正面评价的主要来源,地理位置及交通、餐饮和商品价格、商品质量、园区管理水平则是负面评价的主要来源。这为文化产业园区的策划设计和管理优化提供了现实的经验基础,有利于促进文化产业园区提升管理和服务水平③。

褚岚翔和黄丽以我国 31 个省域为空间观测单元,结合探索性空间数据分析(ESDA)的方法,从时空演变和空间关联性两方面对我国 2000 年至 2015 年间文化创意产业园区数量的演变特征进行研究。结果表明:我国文化创意产业园区分布的集中程度较高,主要集中在东部沿海地区,但区域之间的差异性在缓慢减小;省域之间存在显著的正的空间自相关,表现为文化创意产业园区数量多的地区与文化创意产业园区数量多的地区相邻,文化创意产业园区数量少的地区与文化创意产业园区数量少的地区相邻;区域之间存在溢出效应。据此,研究提出应加强区域间的联系,重视国家政策的作用,避免盲目建园④。

## 三、文化产业业态研究

### 1. 传统业态研究

传统业态是区别于新兴业态的概念,传统业态主要是指那些不是在网络技术与数字信息技术推

---

①  参见彭健:《有限合伙制在文化企业治理中的创新应用》,《现代传播(中国传媒大学学报)》2018 年第 4 期。

②  参见方永恒、祝欣悦:《基于 CES 模型的文化创意产业集聚效应测度研究——以杭州市为例》,《实验室研究与探索》2018 年第 9 期。

③  参见谭乔西:《"扎根理论"视角下的文化产业园游客感知评价研究——以北京 798 艺术区为例》,《兰州大学学报(社会科学版)》2018 年第 3 期。

④  参见褚岚翔、黄丽:《我国文化创意产业园区的时空分布——基于探索性空间数据分析》,《企业经济》2018 年第 6 期。

动下产生的业态,诸如影视产业、音乐产业、动漫产业、出版产业等业态。

随着国内电影市场迅速扩容,作为重要细分类型的艺术电影获得更大的发展空间。以往商业片大一统的宣发方式带来的高成本和低发行效率对艺术片的传播造成很大障碍。王笑楠和王玉超结合对近年部分国内艺术影片发行案例的分析,探讨了我国艺术电影在宣传营销和发行放映环节的推广策略,指出在现有条件下,应实现产业链下游各环节的精耕细作,从而在优秀的艺术片作品与观众之间搭设一座桥梁①。

杨晓琳在分析新时代博物馆文化产业发展政策背景的基础上,深入解析博物馆文化产业发展的理论问题。研究通过对近年来国内外博物馆文化产业发展实践的比较,找出中国博物馆文化产业发展存在的问题,借鉴国际经验,提出今后中国博物馆文化产业发展的政策建议。包括:深化认识,完善体制机制;开发文创产品,创新经营模式;加强知识产权保护与利用;加强人才队伍建设②。

### 2. 新兴业态研究

2018 年新兴业态研究,一方面着眼于新兴业态的内涵与特征,如粉丝经济文化业态、二次元文化、IP 资源等;另一方面,聚焦于新技术的发展与应用,如虚拟现实、人工智能、大数据、区块链、互联网等。

肖宇和夏杰长认为,随着"互联网+"在文化领域的融合发展,以数字出版、数字影音、游戏动漫、智慧旅游等业态为代表的数字文化产业正日益成为文化产业发展的重点领域和中国数字经济的重要组成部分。数字文化产业是数字经济时代"互联网+文化"的体现,对我国高质量增长阶段转换意义重大。我国数字文化产业已取得一定成绩,但与国际发达国家的对比来看,还存在着文化资源数字化程度不高、没有形成成熟持续的商业模式、高质量的数字文化产品短缺、城乡发展差距大、人才队伍不足和政府监管缺位等问题,建议稳步推进文化资源数字化进程,鼓励数字文化企业发展壮大,加大数字文化人才培养力度,逐步构建规范有序的市场秩序③。

刘艳和李敏指出,近年来,围绕粉丝为中心的各种文化产品营销模式为文化产业的发展开拓了新路径,然而,与粉丝经济下的产业繁荣伴随而来的,还有一系列消费者和学界对以"粉丝产品"为首的文化产品艺术价值失落的抨击。深入剖析文化产品的二重属性和粉丝的消费文化特征后发现,"文化产业+粉丝经济"的发展模式下产生一系列产业发展的深层问题有其必然性,同时也折射出文化市场实际存在的普通大众消费意愿不足的问题④。

近年来,伴随着二次元用户的成长和二次元文化产业的发展,二次元文化产业开始成为泛娱乐产业的重要组成部分,二次元用户对二次元文化产品的消费热情和消费能力也不容小觑。魏梦雪通过探索二次元文化产品的形态、剖析二次元用户对二次元文化产品的消费行为、寻找二次元消费现象的形成原因,来解读二次元文化产品的消费现象,并归纳总结二次元文化产品消费现象中可能存在的问

---

① 参见王笑楠、王玉超:《中国艺术电影市场推广策略研究》,《河南社会科学》2018 年第 6 期。
② 参见杨晓琳:《新时代博物馆文化产业发展探析》,《经济师》2018 年第 9 期。
③ 参见肖宇、夏杰长:《我国数字文化产业发展现状、问题与国际比较研究》,《全球化》2018 年第 8 期。
④ 参见刘艳、李敏:《粉丝经济对文化产业发展的影响研究》,《市场周刊(理论研究)》2018 年第 2 期。

题,结合具体案例来展望二次元文化产业的发展①。

随着我国移动互联网技术的快速升级和粉丝经济的膨胀,以网络文学为代表的 IP 资源被不断挖掘开发,逐渐呈现产业化发展之势。张尧提出了 IP 产业化开发的优化策略,以期为我国 IP 产业的升级提供基本思路和方法:借助大数据,精准开发 IP 市场;注重内容的深耕,打造优质 IP;启动全媒体营销,提升 IP 品牌价值;打破行业壁垒,实现跨产业 IP 开发;健全版权保护机制,改善 IP 开发的环境②。

互联网视频平台的发展带来了网络自制内容的井喷式发展,其生产流程从用户生产 UGC 模式向专业生产 PGC 模式转变,节目形态复杂的网络综艺节目大量涌现。方浩等阐述了网络综艺节目中使用的大数据类别,对其基于大数据的节目内容生产现状进行分析,从综艺节目生产的各个环节入手,构建出基于大数据的网络综艺节目生产整体流程。大数据已经深入网络综艺节目内容生产的全流程之中,对其所有生产要素具有重要影响,使网络综艺节目采用了与传统模式迥异的生产流程③。

### 3. 文化科技产业研究

孙晶华和杜丹冰认为,在新媒体技术发展的全面推动下,文化创意产业发展迅猛,打破了传统文化创意产业的发展路径,呈现数字化、交互性和融合性等特点,并在科技、经济和文化三方面实现了产业融合。新媒体技术与文化创意产业在构建资源共享交互平台、调整文化创意产业结构和延伸产业链等维度内实现互动④。

杨毅等认为,人工智能作为一种具备机器智能和创意能力的新技术范式,具备与重内容、高创意的文化产业融合的巨大潜力,对文化产业生产转型、产品升级、消费提质等方面具有重要赋能意义。随着人工智能技术的不断发展,文化产业也呈现出与其融合发展的需求并进入实践。通过机器学习、自然语言处理等关联技术,人工智能与文化产业融合形成了文化生产融合、文化传播融合、文化消费融合三大主导实践模式。同时,智能技术在文化产品创意、文化灵韵和价值判断上也存在潜在风险,必须对二者的融合创新进行路径优化设计⑤。

花建和田野指出,近年来,中国跃居全球数字游戏市场规模第一大国,中国数字游戏产业在发展的过程中,显示出“大聚集、小群落”的鲜明特点。上海是中国数字游戏产业高度集聚、最具活力的城市之一,上海数字游戏上市公司的崛起,是在上海建设卓越全球城市的背景下展开的。上海促进数字游戏上市企业发展的有效举措在于:结合城市和产业的双转型,优化游戏产业的空间布局,形成专业化集聚又相互联系的网络状组团;推动游戏产业的对外开放与合作,通过“东扩”与“南下”,建设中国游戏产业的国际辐射中心;打造优良的游戏产业生态,结合智慧城市建设,提供高速率、多连接、低延时的技术支持;发展多个游戏产业的发展引擎,包括骨干企业、直播平台、电竞产业等,形成多核驱动

---

① 参见魏梦雪:《我国青年对二次元文化产品的消费现象解读》,《文化艺术研究》2018 年第 3 期。

② 参见张尧:《产业化语境下 IP 的开发与优化》,《出版广角》2018 年第 17 期。

③ 参见方浩、王廷信、甘锋:《大数据视域下的网络综艺节目内容生产:数据、现状与流程》,《文化产业研究》2017 年第 2 期。

④ 参见孙晶华、杜丹冰:《新媒体技术与文化创意产业的多维互动》,《出版广角》2018 年第 21 期。

⑤ 参见杨毅、向辉、张琳:《人工智能赋能文化产业融合创新:技术实践与优化进路》,《福建论坛(人文社会科学版)》2018 年第 12 期。

的模式等①。

### 4. 文体旅游产业研究

陈少峰和侯杰耀指出,近年来,伴随着"文化+"的产业融合趋势,"文化+旅游"催生的文化旅游产业成为当前中国经济转型升级的重要成果。开发旅游产业链需要:培养品牌意识,培育核心 IP;开发体验式旅游新项目,扩展二次消费市场;依托体验式旅游项目建构内部区产业链;重视新媒体,搭建线上线下双平台营销;聚焦目标消费者,建立垂直营销模式②。

孙爱民在分析旅游产业与文化产业融合发展现状的基础上,阐述了旅游产业与文化产业融合发展的方式:产业渗透型融合、产业延伸型融合、产业重组型融合。旅游产业与文化产业融合发展的对策建议包括:改进文化产业与旅游产业的融合方式,培养相关人员对景区文物的保护意识,完善文旅产业相关法律法规,扩大文旅产业投融资发展渠道③。

刘宁认为,只有通过不断深化管理体制的改革与创新、不断推进文化资源与旅游产业的融合、不断完善文化旅游市场、不断加快文化旅游园区的建设、不断加快经营模式的转变,才能达到促进文化产业和旅游产业健康、快速、持续发展的目的④。

### 5. 艺术产业研究

胡智锋指出,当前我国数字艺术产业正面临着全球化、媒体融合与文化产业自身转型升级的新时代环境。以纪实类、戏剧类、综艺类、游戏类为主要内容的数字艺术近年来都获得了长足发展,数量与质量都不断提升。但在文化影响力、产业影响力上都存在不足,有很大发展与提升空间。我国数字艺术产业的未来发展,应在监管的尺度、艺术的锐度、社会的关注度、产业的力度上加大加强,以求更好的发展⑤。

李玉琴认为,文化艺术与"互联网+"深度融合催生了"互联网+"艺术品平台。这种以科技为支撑、以海量创意品交易为载体的平台经济,颠覆了传统的艺术交易形式,催生了艺术品平台经济的新模式,要求艺术品平台经济在生产方式上进行多元化协作,实行整合营销的营销方式,采取以人为本的服务方式和需求主导的消费方式。但我国艺术品企业还存在诸多问题:投入缺乏、生产要素竞争力低;市场发达,但区域市场发展不平衡的需求竞争力低;画廊业不发达,拍卖市场倒挂等相关产业竞争力低;企业结构、战略、文化创新不足,企业竞争力低。我们可从政府、企业、技术、创意和媒介五个角度出发构建"互联网+"艺术品平台的竞争力模型,并从产业竞争力、服务竞争力、政策竞争力和文创竞争力等路径入手,寻求适合我国艺术品平台企业生存的竞争策略,从而提升其竞争意识和国际竞争力⑥。

① 参见花建、田野:《数字游戏产业上市企业的发展驱动力——以上海为重点的研究》,《深圳大学学报(人文社会科学版)》2018 年第 2 期。

② 参见陈少峰、侯杰耀:《文化旅游产业的最新发展动向》,《艺术评论》2018 年第 12 期。

③ 参见孙爱民:《浅析旅游产业与文化产业融合发展》,《市场周刊》2018 年第 11 期。

④ 参见刘宁:《浅谈我国文化产业与旅游产业融合发展路径》,《现代营销(下旬刊)》2018 年第 4 期。

⑤ 参见胡智锋:《我国数字艺术产业的发展现状及思考》,《中国编辑》2018 年第 3 期。

⑥ 参见李玉琴:《"互联网+"艺术品平台的竞争力提升问题与路径》,《深圳大学学报(人文社会科学版)》2018 年第 4 期。

## 四、文化产业政策研究

### 1. 文化管理与产业发展涉及的重大问题

王长松指出,在国家层面,文化产业政策通过不断调整着眼点和发展方向,逐渐形成了较为完整的体系。可将政策体系概括为五个主题:项目运营方式、文化部门转型发展、政府角色定位、新闻出版和知识产权、文化产业发展模式。在省市级层面,文化产业政策在主旨内容、发展方向和具体产业种类等方面都存在空间分布差异[①]。

王婧认为,由我国文化产业近 20 年的发展历程看,伴随着国内外环境变化,文化产业政策持续调整是保障文化产业健康发展的内在要求。需在未来进行文化产业政策转向:政策调控手段由行政干预转向市场调节,政策支持方式由财政补贴转向普及艺术教育,政策关注重点由消除城乡二元结构转向兼顾消除城市新二元结构,以及政策实施方式由"自上而下"转向融合社区文化治理[②]。

范玉刚认为,以提升文化贸易竞争力促进文化产业提质增效发展,是经济新常态下贸易转型升级与文化产业迈入全球产业链中高端的必然要求。文化贸易关乎国家文化"软实力",关乎中华文化在全球的位态,是中国文明型崛起的表征。文化贸易竞争力的提升需要增强国际分工体系和健全产业链意识,需要深刻理解"文化例外"原则[③]。

祁述裕和陆筱璐指出,放宽市场准入、形成全面开放新格局是党的十九大报告中提出的新要求,放宽文化市场准入、扩大文化服务业对外开放是题中应有之义。放宽文化市场准入、扩大文化服务业对外开放有助于完善竞争机制、激发文化创新创造活力、推动新时代文化繁荣兴盛。在国际贸易和投资自由化趋势中,怎样认识文化领域的对外开放与文化安全,是否应该坚持"文化例外",如何放宽文化市场准入及扩大文化服务业对外开放等重大问题迫切需要解决[④]。

### 2. 文化产业支持政策的绩效

赵迎红等将供给型、环境型、需求型政策工具结合文化产业的价值链维度,深入剖析了目前文化产业政策存在的政策不平衡、过溢、结构不合理问题,并给出了相应的用以优化产业政策的手段,以期为未来文化产业政策的制定提出合理的路径和方案[⑤]。

文化产业发展专项资金从最早设立至今已有十多年历史,该项政策是终结还是继续、调整备受关注。祁述裕和曹伟对 B 市等部分省市文化产业发展专项资金进行了绩效评估和专项研究。研究发现,从部分省市看,文化产业发展专项资金绩效处于较好水平。设立和继续文化产业发展专项资金政策仍有较充分的理论依据。文化产业发展专项资金政策不应终结,而是继续和调整。应因地施策、因

①　参见王长松、何雨、杨裔:《中国文化产业政策演进研究(2002—2016)》,《南京社会科学》2018 年第 7 期。
②　参见王婧:《论新时代我国文化产业政策转向》,《探求》2018 年第 5 期。
③　参见范玉刚:《以文化贸易竞争力的提升引导文化产业提质增效发展》,《学习与探索》2018 年第 2 期。
④　参见祁述裕、陆筱璐:《论放宽文化市场准入——扩大文化市场开放的若干思考》,《山东大学学报(哲学社会科学版)》2018 年第 3 期。
⑤　参见赵迎红、张筠浩、徐宏毅:《基于内容分析的中国文化产业政策的有效性实证研究》,《新闻知识》2018 年第 3 期。

区施策、因时施策,不能搞"一刀切"。从突出社会效益、推进精准扶持、加强政策协同和改善政策服务等方面,完善文化产业发展专项资金政策①。

# 五、区域文化产业研究

区域文化产业研究涉及宏观层面我国文化产业整体区域布局和发展战略的研究,中观层面城市文化建设路径的探讨,以及微观层面针对地方特色文化产业具体业态和发展模式的总结。

## 1. 文化产业区域布局和发展战略研究

文化产业的可持续发展需要在明确自身竞争力的基础上做好供给侧结构性改革。蒋楠楠和王俊运用因子分析方法,以贵州省作为西部地区的样本代表,从全国和西部双重视角对文化产业竞争力进行综合评价。研究认为,目前文化产业的发展一方面存在着竞争合力欠佳、竞争动力不足、竞争拉力较弱的比较劣势;另一方面,也具有较大竞争潜力和较强竞争张力的比较优势。对此,有必要通过调整产业结构、完善基础设施、加快要素集聚、优化文化生态等措施来推动文化产业的供给侧结构性改革,从而提升文化产业的核心竞争力②。

从文化共同体构建视角来看,文化合作不仅具有经济价值,而且具有政治、文化与社会价值。黄玉蓉和曾超指出,粤港澳大湾区文化合作既因应了区域经济一体化发展的诉求,又促进了区域性亚文化共同体的构建。粤港澳大湾区文化合作的目标是实现文化繁荣和社会稳定;合作基础是文化同源、资源共享、需求互补;合作主体是政府、社会组织、企业和个人;合作内容主要包括身份认同、公共文化服务、文化创意产业和文化交流等;合作路径主要表现为共建基础设施,发展第三部门,共享稀缺资源,整合平台优势,培育多元文化③。

杨头平和潘桑桑从基础竞争力、显性竞争力、潜在竞争力三个层面构建评价体系,运用因子分析法评价中部六省区文化产业竞争力,并根据评价结果采用对应分析法剖析竞争力差异的根源。结果表明:湖南、湖北文化产业竞争力在中部具有优势,江西、河南、山西、安徽四地区文化产业综合竞争力处于中部地区平均水平以下;基础竞争力对应分析表明,差异根源主要在于文化产业基建投资额和人均文化事业费,需要结合自身地区特征加强产业发展支撑;显性竞争力差异对应分析显示,提升的关键是各省区需结合自身的文化资源优势、特色,做长产业链条,调整行业结构,实现产业发展的提档;潜在竞争力差异对应分析表明,各省在产业创新、产业成长与产业需求上都有自身的相对优劣势,但不可忽视的是需进一步加大产业创新,进而培育新兴文化消费市场④。

## 2. 区域文化产业业态及发展模式研究

唐琳和陈学璞指出,要以习近平总书记坚定文化自信的重要思想为指导,引导广西文化产业结构

① 参见祁述裕、曹伟:《文化产业发展专项资金政策:绩效评估、理论探讨及对策建议》,《行政管理改革》2018年第11期。
② 参见蒋楠楠、王俊:《西部地区文化产业供给侧结构性改革研究——基于贵州省的样本数据分析》,《贵州社会科学》2018年第2期。
③ 参见黄玉蓉、曾超:《文化共同体视野下的粤港澳大湾区文化合作研究》,《广州大学学报(社会科学版)》2018年第10期。
④ 参见杨头平、潘桑桑:《中部地区文化产业竞争力评价与差异分析》,《经济地理》2018年第12期。

调整,扶持新型业态文化产业,建构广西网络消费文化产业发展的新格局;活化民族文化资源优势,筹划"高铁经济"中与周边省份文化互联互通,尤其是主动对接粤港澳大湾区,建构面向周边省份的网络消费文化合作体系;发挥重要门户区位优势,通过"一带一路"建设有机衔接建构面向东盟的网络消费文化交流合作体系①。

钟裕民和陈宝胜通过对温州文化产业发展的实证研究发现,温州具有丰富而优良的文化产业内在资源要素,但在文化产业发展外在环境和政府作用发挥方面都还有较大的提升空间。地方文化产业发展要坚持政府为主导,以内部资源整合和外部环境优化为手段,走政府和市场相结合的发展道路②。

何金廖等以全球生产网络理论为基础,通过问卷调查和深度访谈法,再现上海创意产业集群在地方—区域—全球三个不同地理维度的产业链接网络结构和联系强度,运用三角坐标法分别考察上海创意产业在劳动力市场、外部供给、消费市场、合作关系四个产业链环节的地方嵌入性和全球链接性,探讨学习和创新网络的重要作用。研究结果显示:首先,上海创意产业集群在各个产业链环节都表现出很强的地方黏性,尤其是在地方劳动力市场方面,上海创意产业集群的地方嵌入性最为显著。其次,上海创意产业集群的外部链接存在异质性,其中,技术类创意部门与文化类创意部门在劳动力市场、消费市场和合作关系等方面均表现出较大差异③。

陈政等分析了湖南文化产业发展的时空特征与主要影响因素。文化产业就业人数增加、互联网用户数增加、人力资本增加、产业结构调整与经济发展水平提升都对文化产业发展有显著的促进作用,而创新水平提高与基础设施改善则不具有显著的作用。研究提出了促进湖南文化强省的政策建议:一是促进湖南文化产业发展的着力点在于培养文化产业优秀人才;二是全方位完善湖南电信基础设施建设;三是更加重视提升文化产业的创新水平,支撑湖南文化产业的发展;四是充分发挥政府主导力、市场主体力和企业引领力的"三力"协同整体推动作用,提升文化新业态的产业链价值水平④。

### 3. 文化城市建设研究

向勇等认为,我国城市发展进入新时期,构建一种全面衡量文化在城市发展各方面所发挥作用的文化力指数体系,进而引导城市各层面充分调动文化的力量,对于新时期我国文化发展和城市发展都有重要的指导意义。城市文化力发展指数结合以往理论及指标值得借鉴之处,充分考虑新时期文化发展特点,从文化基因、文化活力、文化渗透、文化交流、文化支撑五项核心要素出发,客观衡量城市文化力的文化原创力、文化生产力、文化创新力和文化软实力四个方面,形成科学系统的指数体系,为评价城市文化力提供新参考⑤。

### 4. 区域文化产业的文化资源发掘研究

郭一铭指出,基于雄安新区红色文化、非物质文化遗产与历史文物、特色民居与建筑发展的特点,

① 参见唐琳、陈学璞:《文化自信下广西网络消费文化产业体系构建研究》,《广西社会科学》2018年第6期。

② 参见钟裕民、陈宝胜:《公共产品视域下地方文化产业发展路径研究——以温州为例》,《江苏大学学报(社会科学版)》2018年第3期。

③ 参见何金廖、黄贤金、司月芳:《产业集群的地方嵌入与全球生产网络链接——以上海文化创意产业园区为例》,《地理研究》2018年第7期。

④ 参见陈政、胡吉、洪敏、周怡岑、张亨溢:《湖南文化产业发展的时空特征与影响因素分析》,《经济地理》2018年第3期。

⑤ 参见向勇、白晓晴、李尽沙:《中国城市文化力发展评价指标体系研究》,《福建论坛(人文社会科学版)》2018年第4期。

在国家财政的支持下,文化产业的发展要遵循数字化、跨资源利用的理念,以现代化、国际化的视野,推动雄安新区文化建设,推动经济的增长,打造新区古文脉传承的新格局①。

傅才武和申念衢以打造武汉"诗梦小道"为例,探讨如何利用传统诗词文化资源营造现代城市特色街区的路径。研究讨论了中华文化的"诗性传统"与民众日常生活美学之间的关系,并通过武汉"诗梦小道"策划过程阐述诗词等中华传统文化资源融入当代城市文化建构的一般方法论,建立优秀传统文化资源创造性转化和创新性发展的范例,以期为我国其他城市同类资源的价值开发提供新的思路②。

知识经济时代,创意产业作为集经济、文化、科技与创新于一体的新经济业态,在旧城复兴和城市更新中扮演着极为重要的角色。孙鹏和王坚莺探讨了西安纺织城旧工厂改造形成的创意园区的本地嵌入路径与形成机制。研究发现:纺织城的地方特有文化资源,是艺术家创作的重要源泉;艺术家们基于学缘所形成的当地特有社会关系,是纺织城走上可持续再生发展的基石。但是仍然存在一些问题,纺织城的后期发展需要特别注意培养和嵌入创意环境,从物质和精神两个层次更深层地嵌入,创造出更有品质的创意作品,跨入全球轨道,从而实现其经济引擎作用③。

### 5. 发展路径探索

解学芳和葛祥艳指出,从全球视野来看,2012 年至 2016 年全球文化创意产业上市公司对无形资产重视度和开发力度持续加强,各国以"全球视野,在地行动"为指南,国家"搭桥"、文化公司"唱戏"。其中,欧美发达国家的创新意识和无形资产重视程度强,创新能力高,垄断地位难以动摇。从中国创新路径来看,"一带一路"倡议为文化创意产业区域协同发展提供了良好契机,中国应加强科技创新能力,加快研发成果转化,在夯实创新制度保障和达成知识产权共识方面起到典范作用,努力构建"一带一路"国家文化创意产业创新共同体④。

陈少峰和李源认为,由于文化产业的产业结构总是处于变动中,因此产业的发展需要坚持未来导向,以未来的眼光审视当下的发展,并通过前瞻性分析为企业提供方向和指导,从而避免文化企业的盲目发展,保证自身积累的持续性和稳定性。关于产业未来的讨论,通常较为抽象和复杂,因此要首先从原理角度进行思考,不仅要重视方法、关注本质、思考未来、反思节奏,同时还要坚持以人为本和改善主义。具体来说,文化产业的发展要坚持八个未来导向,包括自主性、前沿性、领先性、整体性、平台化、频道化、轻奢化和品牌化。认识和理解这八个方面,我们才能更好地把握未来,实现文化产业的持续繁荣和企业价值的不断增长⑤。

撰稿人:王瑞娟(复旦大学新闻学院 2018 级博士研究生)

---

① 参见郭一铭:《深入推进雄安新区文化产业发展的对策》,《经济研究参考》2018 年第 22 期。

② 参见傅才武、申念衢:《诗词文化资源在城市文化建构中的价值开发研究——以打造武汉"诗梦小道"为例》,《山东大学学报(哲学社会科学版)》2018 年第 3 期。

③ 参见孙鹏、王坚莺:《文化创意产业的地方嵌入性形成机制探析——以西安纺织城艺术区为例》,《现代城市研究》2018 年第 10 期。

④ 参见解学芳、葛祥艳:《全球视野中"一带一路"国家文化创意产业创新能力与中国路径研究——基于 2012—2016 年全球数据》,《青海社会科学》2018 年第 4 期。

⑤ 参见陈少峰、李源:《文化产业发展的八个未来导向》,《北京联合大学学报(人文社会科学版)》2018 年第 2 期。

# 第七部分　台湾地区新闻传播学研究

# 台湾地区新闻传播学研究

## 一、新闻学研究

### 1. 新闻实务

江静之研究发现,阅听人判断新闻与评估新闻动画真实,主要借由常识或经验、新闻组织和互文性、新闻类型及消息来源权威性,鲜少提及动画。喜爱"动新闻"者会注意动画,一般观众不在意新闻动画细节。大部分观众认为,新闻动画只是模拟旁白叙事,用以娱乐、示意与强调,着重动画新闻的感官及技术真实,而非实证真实①。

郭文平发现,弥漫媒介场域中新闻实践结构了主体在新闻处理上对网络服务器资料及社群特征的想象,导致对消费者资本竞逐,也增强量化评判及社群感知的新闻惯习,并成为新闻生产实践主控论述而进行各类资本竞逐②。

陈雅惠指出,懒人包不再只提供一个简单的报道而已,更强调以直观的、降低认知负荷的方式设计新闻情节,拓展新闻故事的想象,重新找到更适切的叙事意义③。

王淑美主张,网络虽加快新闻生产节奏,但新闻的韵律仍难脱社会运作的大秩序;新闻人自信专业能力足以因应网络速度,但认为网络时代的新闻价值不再是快速搜集资讯,而是回归记者的自主实践,反复提问并促进社会对话④。

罗彦杰从欧美案例检视聚合服务与新闻业的冲突,提出聚合服务与新闻业应通过行政管理手段导入两者的良性竞争⑤。

赵怡雯等发现,台湾大学生对网络新闻主题偏好阅读国际新闻主题;男性对科技主题较喜爱,女性则对生活、社会新闻主题较有兴趣⑥。

苏蘅指出,过去20年间,台湾地区新闻环境的剧烈变化造成媒体大量裁员、记者社会角色改变及专业价值消退,并提出"道德勇气"在专业价值中的重要性⑦。

---

① 参见江静之:《是真,还是假? 从阅听人角度看动画新闻真实性》,《中华传播学刊》2018年第34期。
② 参见郭文平:《当新闻遇见社群媒介:弥漫媒介场域中的新闻实践研究》,《中华传播学刊》2018年第34期。
③ 参见陈雅惠:《懒人包超文本叙事设计分析:顺序与结构元素的讨论》,《中华传播学刊》2018年第34期。
④ 参见王淑美:《网路速度与新闻——转变中的记者时间实践及价值反思》,《中华传播学刊》2018年第33期。
⑤ 参见罗彦杰:《竞争或合作?:聚合服务使用新闻媒体内容的法律与实务分析》,《资讯社会研究》2018年第34期。
⑥ 参见赵怡雯等:《以使用与满足理论探讨台湾大学生对网路新闻的选择偏好与满足度——以台湾大学为例》,《图文传播艺术学报》2018年4月。
⑦ 参见苏蘅:《新闻专业的新视野:媒体实践与台湾的问题》,《传播文化》2018年第17期。

### 2. 新闻媒体框架

一段时间里,台湾媒体如何报道新闻事件是学者们研究的重点。沉寂多年后,媒介偏见、自媒体与假新闻的突出现象,使得学者们再度聚焦传统的媒体框架研究,媒体中的社会真实如何再现成为2018 年新闻学研究重点之一。

罗彦杰探讨了新闻媒体对失智症的各种污名建构历程,希望促成反思对新兴疾病病名的思考①。黄雅兰研究《人民日报》1949 年至 2014 年的 1 628 篇关于妇女解放运动的报道,发现在不同历史时期各有侧重②。

夏守智分析各国媒体对南海仲裁案的报道,得到如下结论:第一,七家媒体对南海仲裁案的关注程度都很高,其中,《联合早报》报道数量最多,《人民日报》次之;第二,《人民日报》和《纽约时报》的评论数量最多;第三,消息来源不同;第四,存在持有不同态度的报道③。

丘忠融分析了台湾地区公共电视的报载论述,主张较有论述能力的社会成员吸引大众关注公视的政策议题,以累积社会“下而上”的改革能量④。

### 3. 假新闻

傅文成和陶圣屏发现,相较全假谣言,半真假谣言在被复制的持续时间、传统媒体复制次数、社交媒体复制次数均明显高于全假谣言。半真假谣言变异程度与扩散程度皆高于全假谣言,并且谣言在社交媒体上的传播能力明显高于传统媒体⑤。

罗世宏提出防制假新闻的可行性方案,包括跨地域的合作与研究、社交媒体平台自律与承担社会责任、社交媒体平台的公共问责与管制相关规定,并且致力于推动数字媒体素养教育、扶植优质新闻业和调查报道的发展、壮大数字公共媒体服务,以及鼓励并扩大新闻事实查核组织的能量和影响力等⑥。

胡元辉指出,商业社交媒体企图以若干消极的自律作为来消解外界压力⑦。

何吉森指出,台湾地区面对假新闻的对策包括敦促业者建立新闻真实查核机制、提升新闻自律与媒体素养⑧。

王亿晴和梁慈芳指出,假新闻使用的夸张手法搭配真假不一的文字,能吸引大部分阅听者的耳目⑨。林照真认为,新闻记者无法在场时,更容易有假新闻发生⑩。

---

① 参见罗彦杰:《“失智”病症污名报导之流变:以 1951—2010〈联合报〉档案为例》,《新闻学研究》2018 年第 137 期。
② 参见黄雅兰:《“妇女解放”还是“女权主义”? 以〈人民日报〉看中国国家叙事中性别话语的变迁》,《新闻学研究》2018 年第 136 期。
③ 参见夏守智:《南海仲裁案的媒镜像:基于五个地区七家媒体南海仲裁案报导的内容分析》,《传播文化与政治》2018 年第 7 期。
④ 参见丘忠融:《公视集团争议之报载论述分析》,《传播文化与政治》2018 年第 7 期。
⑤ 参见傅文成、陶圣屏:《以大数据观点探索网络谣言的“网络模因”传播模式》,《中华传播学刊》2018 年第 33 期。
⑥ 参见罗世宏:《关于“假新闻”的批判思考:老问题、新挑战与可能的多重解方》,《信息社会研究》2018 年第 35 期。
⑦ 参见胡元辉:《商营社群媒体的自律与问责:政治经济学取径的批判》,《传播文化与政治》2018 年第 8 期。
⑧ 参见何吉森:《假新闻之监理与治理探讨》,《传播研究与实践》2018 年第 2 期。
⑨ 参见王亿晴、梁慈芳:《假新闻对阅听者之影响探讨》,《图文传播艺术学报》2018 年 4 月。
⑩ 参见林照真:《假新闻情境初探:以阿拉伯世界的资讯逆流为例》,《传播研究与实践》2018 年第 1 期。

胡元辉系统性检视逆火效应与更正讯息的相关研究,厘清事实查核可能产生的作用,并就美国第三方事实查核机制的现行做法进行探讨①。

## 二、传播学研究

### 1. 传播学基础理论

黄惠萍以电话调查法访问台湾地区 1 074 位民众,发现全球变暖在台湾人民的个人层次产生第一人效应,在台湾当局执政层次则产生第三人效应。个人层次的第一人认知正向影响民众的节能减碳意愿,当局执政层次的第三人认知则负向影响推广环保及节能减碳的意愿。研究建议,媒体应持续关注全球变暖对台湾的影响,并加强报道台湾当局的因应政策及减碳行动,以提升台湾人民对气候变迁的警觉与环保意愿②。

李佩雯从跨群体沟通的理论视角发现,家长与同性恋子女间倾向以开放式讨论、间接行动参与、子女同理父母等综合策略维系其家庭关系;同性恋与其手足间的关系维系大体上未出现剧烈转变,多数以开放式讨论持续关系互动;家长、同性恋与手足间的互动侧重于手足扮演中间人的关系协商面貌③。

### 2. 新媒体

当前,人们的社交圈逐渐从现实生活转移到互联网,创造出新式的社会参与。台湾研究者们关注这个现象,聚焦社交媒体。其中,Facebook 成为主要研究对象,Twitter 和 YouTube 等次之,方法上、理论上都有不同的创建与应用。

赖伟嘉通过网络问卷方式探讨台湾大学生对社交媒体使用频度、工作经验及其社交焦虑度,发现大学生使用的社交媒体由高到低依序是 Facebook、Line 和 Messenger;有工作工读经验的大学生在社交媒体使用舒解的社交焦虑明显大于没有工作工读经验者;部分社交媒体使用频度对社交焦虑会有显著影响④。

姜坤彦等以社交使用者为研究对象,采取网络问卷方式进行方便抽样,将认知、态度、购票、支持度、社群营销方式、社群营销涉入程度这六个元素纳入问卷中,相互分析后证实社交媒体营销在台北市举办的第二十九届世界大学生运动会的重要性及影响力,认为社交媒体营销扮演在形势"一夕之间"逆转的关键角色⑤。

萧维杰和王维菁聚焦 Facebook 动态消息算法的能见度支配,发现算法作为分配秩序,替媒体建构出能见度的差别待遇和不确定性,媒体为争取被看见的机会,企图建立暂时的成功模式,以继续维持

① 参见胡元辉:《造假有效、更正无力? 第三方事实查核机制初探》,《传播研究与实践》2018 年第 2 期。
② 参见黄惠萍:《第一人或第三人效应? 探析全球暖化的二阶自他认知差异与影响》,《新闻学研究》2018 年第 134 期。
③ 参见李佩雯:《当"他们"也是"我们":已出柜同志与原生家庭之跨群体沟通关系维系研究》,《传播研究与实践》2018 年第 1 期。
④ 参见赖伟嘉:《大学生社群媒体使用现况与社交焦虑》,《图文传播艺术学报》2018 年 4 月。
⑤ 参见姜坤彦等:《民众对世大运社群媒体营销活动的认同与参与行为研究》,《图文传播艺术学报》2018 年 4 月。

流量换取广告营收的旧有生存条件,但最终此等交互作用形塑出组织经济、新闻市场、新闻产品三个面向的矛盾纠结,过往由大众媒体主导的利益分配、市场变化、品质产出已不复存在①。

吴筱玫和李蔡彦将资讯科学工具导入 Facebook 打卡(check-in)研究,尝试作为辅助定性研究的工具。研究先以塞杜与亨利·列斐伏尔理论概念为本,勾勒操作架构,作为开发视觉化行人(walkers)言说分析工具 VPSA 基础,接着以此工具进行定性个人化打卡实践分析,并将分析结果与大数据的打卡统计进行对话,最终反身性思考液态社会时期的方法议题②。

黄子珊研究"素人"美妆直播的阅听众。结果显示,确认、知觉有用性、参考群体皆与满意度有显著正相关,其相关程度为确认、知觉有用性、参考群体,由此可见,阅听众在收看"素人"美妆直播后,符合其收看前的期待影响满意度的程度最高,因此,若能提升阅听众的确认程度,便能最大幅度地提升满意度,进而提高其持续收看美妆直播的意愿③。

### 3. 图文传播

陈瑞麟指出,20 世纪 90 年代间天下文化出版社的科普书系"科学文化"的实现有赖于两个语文传播策略:第一是以选择传记型的科普书和文学性的修辞来引起兴趣;第二是以传奇化的书名标题来强化第一印象④。姚建华以上海两家出版社为案例,勾勒了传播产业与知识劳工所处的制度化的权力结构间广泛的社会关系⑤。钟予汧等研究特定时期的海报宣传⑥。

刘淳泓等研究发现,儿童观看绘本时,观看高美学程度动画的组别相对于观看低美学程度的组别,有较为正面的情感,观看后也有较好的记忆保留与较高的认知获得,实验结果验证了学习素材可借由美学来提升情感、情感能够促进学习,也意味着动画中除了造型外,镜头与动作设计同样能够唤起情感、影响学习,对于多媒体学习素材而言,也是重要的影响因子⑦。

### 4. 传播科技

刘育成从技术哲学观点出发,探讨科技与隐私的关系:第一,从理论观点来看"隐私不再"的现象,人们的隐私实际并不一定在尝试维护或保有传统上的隐私观点,而是透过实际来建构、形塑新的隐私观,这一新的隐私观也透过新技术的开发与使用,反过来与使用者共同建构这个新的隐私概念;第二,隐私或许不再具有价值中立性,而是"讯息/身体"这组区别运作出来的突现物(emergent)。相较于过去将隐私视为一种"权利",新形态的科技所形塑出来的隐私概念毋宁是一种反身性运作的暂时性成就,也更具有与科技共构、共生的特性⑧。

---

① 参见萧维杰、王维菁:《动态消息算法、能见度与新闻经营:以 Facebook 平台为例》,《信息社会研究》2018 年第 34 期。
② 参见吴筱玫、李蔡彦:《资讯科学与质性研究之对话:Facebook 打卡实践之视觉化行人言说分析》,《中华传播学刊》2018 年第 33 期。
③ 参见黄子珊等:《影响阅听众持续收看素人美妆直播之因素探讨》,《图文传播艺术学报》2018 年 4 月。
④ 参见陈瑞麟:《科普如何变成传奇:从文本析论 1990 年代"科学文化"书系的语文传播》,《新闻学研究》2018 年第 134 期。
⑤ 参见姚建华:《当代中国社会转型中知识劳工的困境研究:以出版产业的编辑人员为例》,《传播文化与政治》2018 年第 8 期。
⑥ 参见钟予汧、詹婷亘、吕坤彧:《政府宣传海报之视觉宣传力》,《图文传播艺术学报》2018 年 4 月。
⑦ 参见刘淳泓、李传房、李香莲:《镜头运用与动作表演对儿童观看绘本动画的影响》,《设计学报》2018 年第 2 期。
⑧ 参见刘育成:《隐私不再?——以身体与讯息作为隐私概念双重性的社会实作理论观点探究》,《信息社会研究》2018 年第 35 期。

黄冠华探索新媒体时代的"人机关系",论证当今行动装置媒体时代,科技本身的"媒介化"角色、科技"成为媒体"的含义及"非人的"事物的能动性,并进一步论述人类本身就是假体的与科技处于必然的共构关系。最后从注意力经济的议题切入,探讨当今社交媒体的模控系统翻转以人为中心的人机关系,凸显一种机器奴役的媒体分析[1]。

王瑛琪等以整合性科技接受理论为基础,找出影响 Facebook 的管理与使用者资讯交流的因素及构面[2]。

陈志贤认为,反对剥削的论点忽略了数字时代的隐形劳动与混杂经济,更低估了新经济在消费领域中利用媒体使用者的生产力,打造替"认知资本主义"需求管理而劳动的新主体[3]。

## 三、广播电视研究

黄文龙探讨了数字摄影机的创新对电影美学、摄制、后期制作等产业的经营、技术与人力资源的影响,指出出现了忽略对摄影师的美学与技术的教育训练、养成过度仰赖后期制作技术去弥补现场等几个缺点[4]。

项楚宁等调查台湾地区动画人才短缺的原因,认为在转型原创过程中,人才相对重视创意而胜于技术,导致基础人力与技术力不足,行业过于急切转型,意图达到原创,忽略了技术累积的过程而造成现状,建议未来学、产、官三方共同调整,从根本扎实训练人才基础美术能力,原创从小制作开始发展,积极保护自产、与境外进行合作交流等[5]。

文化全球化背景下,节目模式的输出与输入是传播全球化的重要议题。蔡佩指出,仅专注节目内容的全球化,反而会忽视节目模式全球化的开发潜力,建议转型为节目品牌经营与生产节目模式,以提升产业附加价值[6]。

郑志文依据全球价值链发展的四个面向:输入—输出结构、空间领域、治理结构及机构性框架的影响,通过对腾讯视频与爱奇艺的发展个案研究,指出 OTT TV(over-the-top)从内容整合商出发,循价值链向上寻求整合,目的多集中在内容资料库的充实。因此,在版权、品牌合作与自制的压力下,OTT TV 也建立了一个以内容为核心的 GVC 雏形[7]。戴瑜慧研究香港无线电视产业的变化[8]。冯建三分析当代拉丁美洲的另类传播,提供另一种资讯来源及理解框架[9]。

①　参见黄冠华:《从假体上帝到机器奴役——一个物质主义的媒体考察》,《传播研究与实践》2018 年第 1 期。
②　参见王瑛琪、余劲甫、吴孟儒:《以整合性科技接受模式探讨使用者对脸书社团获取资讯的接受度》,《图文传播艺术学报》2018 年 4 月。
③　参见陈志贤:《数位媒体与社群平台使用者之劳动分析》,《资讯社会研究》2018 年第 35 期。
④　参见黄文龙:《数位摄影机之创新发展对电影产制影响之探讨》,《传播研究与实践》2018 年第 1 期。
⑤　参见项楚宁、许庭维、谢坤宏:《台湾原创动画电影人材短缺原因》,《图文传播艺术学报》2018 年 4 月。
⑥　参见蔡佩:《从节目模式改编的价值链,思考综艺节目产业的升级与转型:以〈中国好声音〉为例》,《传播研究与实践》2018 年第 2 期。
⑦　参见郑志文:《中国大陆 OTT TV 的 GVC 分析:以腾讯视频与爱奇艺为例》,《信息社会研究》2018 年第 35 期。
⑧　参见戴瑜慧:《流动的资本与走出去的中国:以香港无线电视产业的资本并购与执照审查为例》,《新闻学研究》2018 年第 135 期。
⑨　参见冯建三:《当代拉丁美洲的另类传播:委内瑞拉英语另类媒介及其对主流新闻的回应》,《传播文化与政治》2018 年第 8 期。

# 四、广告公关与文创产业研究

## 1. 品牌研究

吴庭芳等研究保健食品的防伪包装与消费者购买意愿的关系,发现企业提高防伪商标的独特性,能提升品牌价值和产品的独特性,并使消费者感到安心及产生认同[①]。

黄靖惠和刘宏毅指出,药妆店产品使用的广告呈现有如下诉求:第一,科技内涵的说明偏重科技的效益;第二,对科技的称呼主要以过程语词、形容语词及命名语词搭配使用;第三,广告主要以功能价值进行理性的诉求[②]。

李贞怡和李秀珠研究五大人格、网络新闻媒体品牌个性与媒体使用三者间的关系,发现人们透过消费某些品牌,彰显真正及正面的自我形象;而个性也会影响媒体使用偏好,外向活泼型和和蔼宽容型特质者,最偏好网络新闻媒体的使用[③]。

张采苹和郑需绒研究发现,购物网站与行动购物 App 的购物流程并非影响网购者信任度的因素,购物网站和行动购物 App 的信任度不同与操作界面有关,行动购物 App 的操作界面使用性与信任度有关,原始版与改版后的行动购物 App 信任度差异与十大使用性原则的"系统状态的能见度"、"一致性和标准"、"使用者的操控自由"及"美观与简化设计"有关[④]。

高子涵和林慧斐以社会情绪选择理论为基础,经由多变量共变异数分析检视高龄族群的未来时间透视、社交目标及社交对象对行动广告效果的潜在影响[⑤]。林庭卉等指出,环境媒体广告相较于传统媒体广告更能提升品牌形象[⑥]。涂怡姿等研究形象广告沟通效果的重要影响因素[⑦]。

## 2. 消费者研究

洪钰雯等研究显示,广告受众在社交媒体的黏性表现良好,但如果要因此成为企业的忠实消费者,尚有一段距离。而多数受众对广告持正面评价,表示企业和 4A 公司联手合作,仍有造成正面回响的效果[⑧]。

冯昱棠和李雅靖发现,男性流行时尚杂志的娱乐性与知识技巧性内容会创造社群成员的功能性、享乐性、象征性、成本牺牲性、社交性价值效益[⑨]。何欣容指出,当广告中同时出现自我触碰的身体动

---

① 参见吴庭芳、邓意洁、黄香连:《保健食品之防伪包装对消费者购买意愿影响之研究》,《图文传播艺术学报》2018 年 4 月。

② 参见黄靖惠、刘宏毅:《以"科技"为名:药妆产品广告的说明、用词与说服策略之分析》,《新闻学研究》2018 年第 136 期。

③ 参见李贞怡、李秀珠:《从自我一致性理论检视五大人格、网络新闻媒体品牌个性、媒体使用之间的关系》,《中华传播学刊》2018 年第 34 期。

④ 参见张采苹、郑需绒:《行动购物程式之操作界面改善对网购者信任度的影响》,《国际数字媒体设计学刊》2018 年第 1 期。

⑤ 参见高子涵、林慧斐:《未来时间透视、社交目标及社交对象对行动应用程式之弹出式广告效果研究——以高龄族群为例》,《信息社会研究》2018 年第 34 期。

⑥ 参见林庭卉等:《环境媒体广告对品牌形象之影响与效应》,《图文传播艺术学报》2018 年 4 月。

⑦ 参见涂怡姿、谢奇明、谢奇任:《形象广告沟通效果之重要影响因素》,《中国广告学刊》2018 年第 23 期。

⑧ 参见洪钰雯、张奕萱、傅渼桦:《全联经济美学之视觉传达、社群黏着度与顾客忠诚度研究》,《图文传播艺术学报》2018 年 4 月。

⑨ 参见冯昱棠、李雅靖:《男性流行时尚杂志之内容行销效益评估》,《传播研究与实践》2018 年第 1 期。

作与裸露的身体展示时,阅听众可能有自我物化的媒体经验,广告成为涵化女性朝向自我物化的重要来源①。

陈思蓉等从体验经济视角发现,服务品质为行动体验中影响顾客满意度最大的因素,通过服务品质的提升,可以有效增加顾客满意度,并进而影响顾客忠诚度,使顾客愿意再次消费与散播正向口碑,使企业能够永续经营②。

### 3. 文化创意与设计

柯箓晏认为,媒介是人的延伸,并且在符号行动中起作用;在技术上,电玩系统是能再生虚拟实在的模拟媒介,在技术与人的关系上,人们不只诠释电玩,更要玩它;体感游戏系统是一种中介了悖论符号行动的肖似媒介③。

郑巧玫和王年灿经由文献探讨,选择三种较适合中高龄者的手机分页形式——前导式分页、卷轴式分页与资料夹式分页。研究设计采用单因子重复测量,让受测者进行三种分页形式的重复实验,以探讨三种分页形式的使用性,进而提出适合中高龄者的手机分页形式设计。结果显示,对中高龄者而言,使用性最高的为前导式分页,其次为卷轴式分页、资料夹式分页④。

### 4. 游戏与性别

梅嘉文和徐国清分析了展露女性体态以吸引大众目光的照片所包含的元素与内涵⑤。

金麟指出,Instagram 使用者的行动摄影实践是一种美的创造,其意义主要表现为日常生活美学和艺术美学的交织⑥。苏柔郡和吴筱玫研究发现,Instagram 以图为本的特性,成为高中女生日常生活中展演自我的场域;在不同 Instagram 社群的各自协定下,女生们游移在复数艺术世界中。Instagram 的界面设计,成功地将使用者的相片分享导向品位与美感,从而促使她们搜集更多 App 进行相片后制,藉此建立自我秀异风格,凡此都让美学成了一种日常生活实践。她们已将美化的生活分享当成了实存⑦。

杨美雪和赵以宁探讨线上游戏女性玩家性别认同与角色塑造的关联性。结果发现:第一,在性别认同方面,女性玩家在爱情与性的倾向上仍以男性为主;第二,在性别角色的认知上显示女性玩家已逐渐跳脱了传统性别刻板印象;第三,女性在玩具与游戏、职业与工作、家务分工及领导者的细项上跳脱了传统的性别角色思维;第四,在角色塑造方面,女性玩家倾向将角色塑造为女性,呼应了许多西方的实证研究;第五,游戏中的职业选择以魔法师与弓箭手居多;第六,外貌形象上倾向选择浅肤色与自信的形象。在性别认同与角色塑造的关联性方面,研究还发现,女性的心理性别、性别倾向及性别角

---

　　① 参见何欣容:《自我触碰更性感? 重探 Erving Goffman 检视 20 年杂志广告之身体动作、身体展示与性别意涵》,《传播文化》2018 年第 17 期。

　　② 参见陈思蓉等:《行动体验对顾客满意度和忠诚度之研究——以玩印工作室为例》,《图文传播艺术学报》2018 年 4 月。

　　③ 参见柯箓晏:《打造一个媒介分类学模式: 从体感游戏系统是什么样不同的媒介谈起》,《传播研究与实践》2018 年第 2 期。

　　④ 参见郑巧玫、王年灿:《中高龄者之手机分页设计研究》,《国际数字媒体设计学刊》2018 年第 2 期。

　　⑤ 参见梅嘉文、徐国清:《网络自媒体影像作品的性别权力再现——以"潮流艺术"Facebook 粉丝专页为观察分析》,《图文传播艺术学报》2018 年 4 月。

　　⑥ 参见金麟:《年轻世代的行动摄影实践与美感想象: 以 Instagram 使用者为例》,《传播文化》2018 年第 17 期。

　　⑦ 参见苏柔郡、吴筱玫:《高中女生使用 Instagram 之日常美学: 符担性观点》,《新闻学研究》2018 年第 135 期。

色认知均会影响角色性别与职业的选择①。

## 五、新闻传播教育研究

王正慧和林小蓉以核心职能探究缩小"学用落差"。业界人士多认为,学生毕业前必须具备沟通、自主学习及解决问题的"共通职能",学生则较重视传播专业知识及硬体操作的专业技术能力。研究据此提出,未来课程规划需兼顾"共通职能"及"专业职能",或能有效缩小"学用落差"②。

## 六、2018 年学术会议

3月1日,由台湾"中央大学"创办的公益传播中心揭牌记者会联合公益传播论坛在桃园市举办,探讨"公益新发展"、"传播新力量"两大议题。

3月16日,由铭传大学主办的"2018数字科技与媒体新趋势学术研讨会"在台北市举行,深入探讨现今数字科技的发展以及媒体新趋势的现状与未来。

3月29日至30日,由台湾网络信息中心举办的"2018因特网趋势研讨会"在台北市举行。

4月28日,由媒体改造学社、台湾媒体观察教育基金会、台湾师范大学大众传播研究所联合举办的"台湾媒体的现状与改造"专题论坛在台北市举行。

5月4日至5日,2018"新媒体对传媒产业发展趋势之影响论坛"在台北市举行,主要探讨:新媒体产业图像、新媒体对新闻传播的影响、新媒体形塑公共议题的影响、新媒体对版权广告的影响、新闻传播少儿社群、新闻传播性别呈现、新媒体信息素养等。

5月16日至17日,由世新大学传播管理学系主办的"第14届传播管理发展与趋势学术研讨会——全媒体、大数据、新世代"在台北市举行,探讨思辨全媒体时代下不同面向的相关议题。

5月18日,由台湾艺术大学主办的"2018图文传播数媒科技与艺术学术研讨会"在新北市举行。

5月19日至20日,由卓越新闻奖基金会主办的"2018亚洲新闻专业论坛"在台北市举行。

5月23日,由世新大学新闻学系主办的"第七届新闻的政治、文化与科技学术研讨会"在台北市举行。会议分为五大主题:政治传播、新闻实践的公共性、新科技与新闻文化、健康传播,以及其他新闻传播相关议题。

5月24日,由佛光大学传播学系主办的第11届传播与发展学术研讨会——"数字媒体、叙事与游戏"在宜兰市举办。研讨会分为七个讨论主题:媒体科技或媒体生态之演变与发展、数字媒体设计与信息设计领域、数字媒体发展所引发的新社会现象与议题、媒体与文化创意产业的跨界对话、数字媒体与行动传播的整合与应用、数字媒体教育的课程创新与实验、其他与研讨会相关的议题。

6月7日至8日,由汉学研究中心与捷克科学院亚非研究所共同举办的学术研讨会在台北市举行,探讨明代迄今社会及政治媒体出现相对剧烈变化的三个时期,分别为:出版业开始兴起的15世纪

---

① 参见杨美雪、赵以宁:《线上游戏女性玩家性别认同与角色塑造关联性之研究》,《新闻学研究》2018年第134期。
② 参见王正慧、林小蓉:《大众传播科系大学生之职能学用落差:以"品质机能展开法"(QFD)分析课程结构为例》,《传播研究与实践》2018年第1期。

末到 16 世纪初期的明朝;新式的新闻业开始出现的清末民初时期(19 世纪末至 20 世纪初期);因特网出现的 20 世纪末到 21 世纪初期。

6 月 15 日至 16 日,由台湾艺术大学主办的"2018 影音创作与数字媒体产业国际学术研讨会"在新北市举行。会议从产业界、学术界分享全球影视产业现状。

6 月 30 日,由文藻外语大学文教创意产业学院主办的"2018 文教与创意产业趋势论坛暨文教创意产业学院师生论文发表会"在高雄市举行。研讨会主题分为两大领域:文化创意与艺术、教育创意。

6 月 30 日至 7 月 2 日,由中华传播学会主办的"2018 年中华传播学会年会"在新竹市举行。年会主题为"新世纪与新媒体:媒体汇流风的再思考"。

7 月 26 日,"有线电视新未来"高峰论坛在台北市举行。论坛议题包括:有线电视整体产业发展趋势、有线电视数字化内容应用服务、有线电视数字化平台应用服务发展、有线电视多元付费方案的机会与挑战、全数字化创新应用服务商业模式与愿景。

9 月 14 日,由台湾通讯学会主办的"台湾通讯论坛 2018"在台北市举行。会议讨论有关国际运动赛事转播代理权、消费者权益保障及相关通讯传播政策与规管议题。

9 月 18 日,"2018 智能链接·数字应用论坛"在台北市举行,探讨社会、产业、法律与经济面临的挑战。

10 月 18 日至 20 日,由李国鼎科技发展基金会和中国科学技术协会共同主办,台湾自然科学博物馆承办的"第八届海峡两岸科学传播论坛"在台中市举行。会议主题为"科学演示新发展与演示舞台交流会"。

10 月 25 日,由台北医学大学图书馆主办,台湾医学图书馆学会等组织合办的"2018 年学术传播与研究影响力研讨会"在台北市举行。会议议题有:文献计量分析在医学科研管理中的应用、WOS 在研究力的实际运用经验、从学术传播之角度提升研究影响力、展示大学研究成果及提升研究影响力、数字时代对数字学术战略的再思考、运用网络分析法于领域分析。

10 月 26 日,由台湾大学动植物农业产业创新领域教学推动中心主办的"农业传播论坛——新旧媒体聚合之下的农业传播"在台北市举行。论坛以传播理论与实务应用为基础,跨领域至生物医学产业与新农业。

10 月 26 日,由台北科技大学文化事业发展系举办的"2018 文化与科技创新学术研讨会——在地与跨域的对话"在台北市举行。

11 月 2 日,由义守大学大众传播学系主办的"2018 传播与媒体生态学术研讨会"在高雄市举行。会议针对传播相关议题进行深度的研究与探讨。

11 月 9 日,由公益信托星云大师教育基金主办的"2018 年第十届星云真善美传播奖得奖人论坛——新时代传播媒体的机会与挑战"在台北市举行。

11 月 10 日,由台湾信息社会研究学会、新竹交通大学传播与科技学系主办的"第八届台湾信息社会研究学会年会暨论文研讨会"在新竹市举行。会议主题为"演算世界",聚焦人工智能 AI 与大数据。

11 月 15 日至 16 日,由台湾中国文化大学中国戏剧学系主办的"2018 影像·印象——戏曲传播在当代媒体之回顾与发展国际学术研讨会"在台北市举行。会议讨论的主题为"戏曲传播在当代媒体之回顾与发展"。

11月16日至17日,由中正大学传播学系主办的"第八届数字传播国际学术研讨会"在嘉义县举行。会议聚焦在与新闻创业与媒体创新相关的趋势、产业现状,以及教学设计等主题的讨论。

11月29日,由新竹交通大学传播研究所主办的"两岸交通大学传播研究生学术交流研讨会"在新竹市举行。主题为:阅听人探析及生产内容层面、新媒体之互动设计与用户经验、新媒体的营销与健康传播。

11月30日至12月2日,由亚洲大学和人工智能学会共同举办的"2018人工智能技术与应用研讨会"在台中市举行。会议探讨人工智能相关领域最新的议题,促进产、官、学、研各界在人工智能相关领域之研发成果交流与互动。

12月6日,由台湾政治大学传播学院承办的"假新闻怎么看? 怎么办?:产官学三方的对话"在台北市举行。

12月12日,由佛光大学传播学系主办的"第5届传播与创意学术及实务研讨会——新媒体、科技、环境与创意传播"在宜兰市举行。研讨会从"新媒体、科技、环境与创意传播"的观点出发,重新思考媒体生态的发展,为未来传播的科技运作与环境发展,融入如程序设计应用、远距教学、环境教育及文创与传播发展等领域的议题。

12月14日至15日,由世新大学主办的"2018科学传播研讨会"在新北市举行。讨论的议题有:科学传播的新科技与新媒体、科学传播与公民科学素养、科学传播的内容创制与营销、科学传播的流变与创新、科学传播与社交媒体——两岸观点、科学叙事的创新与实践等。

12月15日,由台湾艺术大学广播电视学系举办的"赛博光廊暨飙心立艺学术研讨会"在新北市举行。会议讨论的议题有:数字科技 AR、VR、MR 应用,数字美学,数字内容,文化经济与政策,数字传播伦理,数字平台等。

# 七、新闻传播学著作

蔡美瑛的《唯手机族与民意调查:混合移动电话与座机样本暨执行手机访问》论述混合移动电话与座机双架构样本,执行民意调查的可行性。作者回顾文献,探析"唯手机族"的比例和特征,并以定性研究资料协助建构以移动电话执行民意调查。

许志明的《批判和实践典范的会诊初探:以台湾电视游民新闻为例》主要运用美国学者凯尔纳所提出的"媒体奇观"来描绘电视游民新闻的呈现以及对社会造成的影响。同时,尝试将皮埃尔·布迪厄实践理论运用于电视新闻产制端。媒体奇观理论来自批判典范,而布迪厄的实践理论则来自实践典范,各别主张有其冲突与矛盾之处,但借由游民新闻的切入,它们在理论上却可以产生连结与互补。研究除了明确指出现今电视新闻的病灶所在,还提出具体改善措施,无论在理论和新闻实务的研究上,都开创了一种全新格局。

王毓莉的《两岸新闻场域分析》以媒介生态学考察两岸新闻业的新闻场域、新闻劳动、经营绩效管理、新闻工作者的专业表现及人才出走现象,为两岸未来的新闻工作者记录学习典范。

陈雅琪的《多元观点下的台湾媒体发声》以声音概念为核心,通过对媒体政策和新闻报道框架分析的观察,深入检视了媒体与政治发展的关系。

康文炳的《深度报导写作》是一本写给进阶新闻工作者的参考书。

赵振祥的《新闻评论学》除了阐述一般性的写作技巧外,也注重训练评论写作中思考问题的方式、训练看问题的角度,同时选取比较时新的新闻评论文章,作为新闻评论写作的范文供学习者参阅。

译著从日本引进较多,题材集中在印刷出版的实务经验总结上。这些翻译书内容虽达不到学术著作的严谨,但通俗易懂适合大众,又可作为专业人士实务与学术上的参考。具体概况如下:西山雅子编《一个人大丈夫:微型出版的工作之道》从出版不景气的现状切入,捕捉了因应不振而出现一个人做出版与小型书的新兴商业模式。李乔智翻译日本作者稻泉连的《制本仕事人:日本三百年出版简史》介绍了日本出版界随着科技进步从"纸稿"到"书籍"过程中发生的变化。胡毓容翻译《揭穿假新闻教战守则》是根据荷兰公共数据实验室与美国非营利组织"初稿"合作对假新闻或假讯息的研究成果,有助辨识假新闻的传播。重金敦之的《昭和微醺:门外不传的老派编辑术》了解日本印刷媒体的黄金年代。都筑响一通过《圈外编辑》谈 40 年体制外生涯回顾,探究现代社会生存的本质。新谷学著,陈妍雯译的《周刊文春总编辑的工作术:当大家都说往右时,你敢向左走吗?》倡导出版编辑是一种自我学习的能力。影山裕树的《进击的日本地方刊物》总结地方刊物除了传达在地信息外,还能起到发现在地的魅力、尝试发行形态的新实验、促进外地人与当地人相互交流三种功能。

阿瑟·伯格著,苏文贤、江吟梓译的《洞悉媒体:教学视野的精辟分析》检视了媒体解读的四种技术——符号学理论、马克思主义理论、精神分析理论、社会学理论,并提供实际应用的案例。罗伯特·金可、马尼·佩伊万著,陈毓容译的《串流庞克:YouTube 商务总监揭秘 100 个超级 YouTuber 经营社群粉丝的爆红策略》解说 YouTube 崛起与 YouTuber 发迹的历程。杰克·哈特著,谢汝萱译的《叙事弧:普立兹奖评审教你写出叫好又叫座的采访报导》是学习非虚构写作的教材,兼具理论与实务。罗拉·玛格尼、马可桑蒂尼与埃琳娜·切拉蒂著,吴孟真译的《纪实之眼:史上最伟大的新闻摄影师》精选 20 世纪到 21 世纪具有影响力的纪实摄影师,深入地介绍他们的传奇人生、历史评价和摄影遗泽,提供摄影伦理规范与美学的思考。斯特劳哈尔等著,林日璇、李育豪、王茜颖译的《媒体 ING:认识媒体、文化与科技》是从媒体、文化和科技三方面,剖析传统大众媒体(杂志、书籍、报纸、音乐、广播、电影及电视)和新媒体(网络、平板、电子阅读器、智能型手机及电子游戏),有助于读者以批判性思考来面对影响着当代社会及文化的崭新传播环境。出版社精选已经出版的学术书籍以"大众传播学套书"再发行,包括《麦奎尔的大众传播理论》、《大众传播理论:文化与社会的面观》、《媒介与传播的里程碑》、《媒体原理与塑造》。

撰稿人:黄裕峰(厦门大学新闻传播学院副教授)、
洪玉莲(厦门大学新闻传播学 2018 级硕士研究生)

**图书在版编目(CIP)数据**

中国新闻传播学研究最新报告. 2019/童兵主编. —上海：复旦大学出版社，2019.12
(复旦大学新闻传播与媒介化社会研究国家哲学社会科学创新基地成果丛书)
ISBN 978-7-309-14780-3

Ⅰ.①中⋯　Ⅱ.①童⋯　Ⅲ.①新闻学-传播学-研究-报告-中国-2019　Ⅳ.①G219.2

中国版本图书馆 CIP 数据核字(2019)第 288340 号

中国新闻传播学研究最新报告(2019)
**ZHONGGUO XINWENCHUANBOXUE YANJIU ZUJXIN BAOGAO(2019)**

童　兵　主编
责任编辑/朱安奇

复旦大学出版社有限公司出版发行
上海市国权路 579 号　邮编：200433
网址：fupnet@ fudanpress.com　　http://www.fudanpress.com
门市零售：86-21-65642857　　　团体订购：86-21-65118853
外埠邮购：86-21-65109143
江苏凤凰数码印务有限公司

开本 890×1240　1/16　印张 28.75　字数 676 千
2019 年 12 月第 1 版第 1 次印刷

ISBN 978-7-309-14780-3/G·2055
定价：70.00 元